2026년판

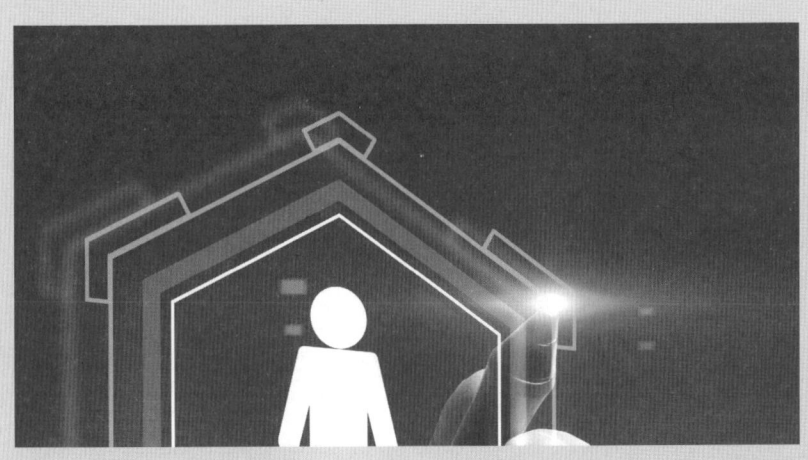

세무인명록

국 세 청 (2026. 3.)
재정경제부 (2026. 3.)
조세심판원 (2026. 3.)
행정안전부 (2026. 2.)

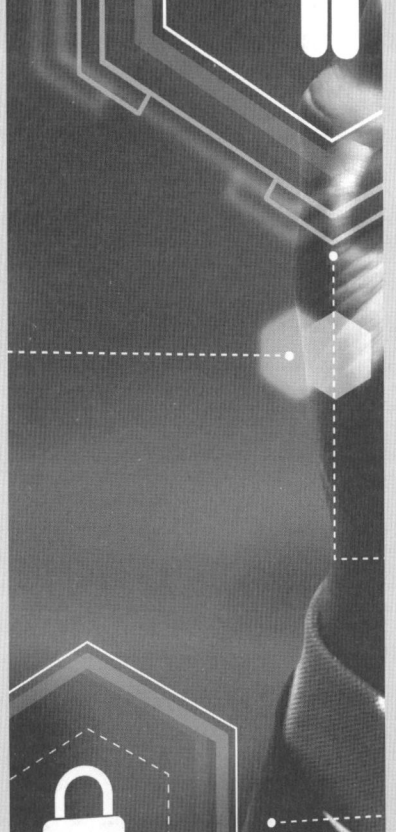

SAMIL | 삼일인포마인

차 례

〈지역별 가나다 순〉

■ 대구지방국세청 / 353

■ 부산지방국세청 / 393

◆ 유관기관 / 445

● 인명색인(가나다순) / 457

재 정 경 제 부

세제실장   조 만 희

☎ 044)215-2006

조세총괄정책관 김 병 철
☎ 044)215-4100

소득법인세정책관 박 홍 기
☎ 044)215-4200

재산소비세정책관 김 건 영
☎ 044)215-4300

국제조세정책관 변 광 욱
☎ 044)215-4600

관세정책관 최 재 영
☎ 044)215-4400

조세개혁추진단 윤 정 인
☎ 044)215-4350

대표전화 : 044)215-2114

주소 : 세종특별자치시 도움6로 42 정부세종청사 중앙동 재정경제부
⌖ 30112

재정경제부 세제실

● 대표전화 : 044)215-2114

● DID번호 : 044)215-내선번호

세제실장 **조 만 희** ☎ 044)215-2006

국장	조세총괄정책관					
	김병철 4100					
과장	조세정책과	조세특례제도과	조세추계과	조세분석과	조세법령운영팀	예규총괄팀
	최진규 4110	조문균 4130	김성수 4120	김정주 4140	서준익 4150	권순배 4160
사무관	이원준 4111 이종혁 4112 이 찬 4113 정하석 4114	정호진 4131 장효은 4132 유선정 4133	구본녕 4121 황 현 4122 기노선 4123	오다은 4141 김도경 4142	최관수 4151 이예솔 4152 윤민정 4153	김진홍 4161
주무관	양경모 4116 김석헌 4117 신명숙 4118	이건위 4136 유태건 4137	유석모 1426 김은정 4124	남지형 4144	이희범 4154	
전문 임기/ 연구원						
사무원	유혜정 4109 전경화 2036					
Fax	215-8060	215-8063	215-8062	215-8064	215-8069	215-8072

● 주　소 : 세종특별자치시
　　　　　도움6로 42
　　　　　정부세종청사
　　　　　중앙동
　　　　　재정경제부
　　　　　⊕ 30112

● 조만희 [재정경제부 세제실장]
 - 69년생, 경북 영주, 영주고, 서울대 경영학과, 행시 40회
 - 기획재정부 세제실 소득법인세정책관 국장, 재산소비세정책관 국장, 소득법인세정책관 과장

● 박홍기 [소득법인세정책관]
 - 70년생, 서울, 경신고, 서울대 경영학과, 경영학 석사, 행시 39회
 - 기획재정부 세제실 국제조세정책관 국장, 소득법인세정책관 과장, 조세총괄정책관

● 김병철 [조세총괄정책관]
 - 68년생, 전북 정읍, 정읍고, 전주대 법학과, 동북재경대 경제학 석사, 7급 공채
 - 기획재정부 세제실 조세개혁추진단 국장, 국무총리 조세심판원 2심판관 조사관, 2심판부 4조사관, 3심판부 8·6조사관, 2심판부 4·5조사관, 조세심판원 5심판부 11조사관, 행정실 조정1팀장, 국세심판원 조사관실, 기획예산처 예산실 경제행정재정과·혁신인사기획관실, 재정경제부 금융정책국·국고국

| 국장 | 소득법인세정책관 | | | 재산소비세정책관 | | |
	박홍기 4200			김건영 4300		
과장	소득세제과	법인세제과	금융세제과	재산세제과	부가가치세제과	환경에너지세제과
	문경호 4210	이영주 4220	박은영 4230	김만수 4310	이종수 4320	김완수 4330
사무관	현원석 4211 정윤재 4212 강석훈 4213 김지훈 4215	정지운 4221 권은영 4222 송재열 4223	남원우 4231 정현엽 4232 이재우 4233	김만기 4311 이수지 4312 박병선 4313 유이슬 4314	김태경 4321 김민호 4322	김정아 4331 최윤희 김지석 4333
주무관	전해일 4216 김재현 4217	민다연 4226 이유진 4224	송재희 4234	공동준 4316 임동호 4308	남기범 4326	이영선 4337
전문임기/연구원						
사무원	문재희 4209			현정순 4309		
Fax	215-8067	215-8073		215-8066	215-8068	

재정경제부 세제실

- 대표전화 : 044)215-2114
- DID번호 : 044)215-내선번호

세제실장 **조 만 희** ☎ 044)215-2006

국장	국제조세정책관 변광욱 4600			관세정책관 최재영 4400	
과장	국제조세제도과 권기중 4650	신국제조세규범과 최시영 4660	국제조세협력팀 4670	관세제도과 최지훈 4410	산업관세과 하광식 4430
사무관	전종현 4651 전동표 4652 주민혁 4653 황예슬 4654	조성아 4661 김서윤 4662 정현오 4663	박현애 4675	서은혜 4411 엄세현 4412 손민호 4413	박현석 4431 류선희 4432 김지영 4433
주무관	양서영 4656	이송하 4666	안소현 4673	강원식 4416 유채정 4418	김세리 4436 원선혜 4434
전문임기/연구원	정다정 4655	오지연 4665	서윤정 4678 박춘목 4677		
사무원	김하린 4609			김유미 4409	
Fax	215-8065		215-8061	215-8075	215-8076

● 김건영 [재산소비세정책관]
- 73년생, 서울, 영동고, 서울대 경영학, 행시 40회
- 기획재정부 세제실 법인세제 조세정책관 과장, 재정경제부 세제실 조세정책국 법인세제 사무관, 재산세제 사무관

● 윤정인 [조세개혁추진단]
- 67년생, 전북 부안, 전주 완산고, 고려대 법학과, 미국 하와이대 석사, 행시 42회
- 기획재정부 세제실 조세총괄정책관 조세특례제도과장, 재산소비세정책관 부가가치세제과장, 관세국제조세정책관 관세협력과장

● 최재영 [관세정책관]
- 68년생, 연세대 경영, 서울대 행정학 석사, 행시 38회
- 국무조정실 국제개발협력본부 개발협력지원국장, 미국 미주개발은행(IDB) 고용휴직, 법사예산과장, 기획재정부 국토교통예산과장, 외교부 개발협력과장, 벨기에 세계관세기구(WCO) 파견

● 변광욱 [국제조세정책관]
- 72년생, 서울, 당곡고, 연세대 경제학과, 행시 42회
- 기획재정부 세제실 조세총괄정책관 과장, 관세국제조세정책관 과장

국장	관세정책관			조세개혁추진단	
	최재영 4400			윤정인 4350	
과장	관세협력과	자유무역협정 관세이행과	반덤핑관세팀	상속세개편팀	보유세개편팀
	정지원 4450	오미영 4470	4460	박정주 4360	박현정 4370
사무관	조윤철 4451 임도성 4452 우지안 4454	이재중 4471 김예슬 4472	심재승 4461 김성우 4462	허성용 4361 권유림 4362 조민영 4364 이종성 4362	김정훈 4373 신진욱 4371
주무관	이창엽 4453 변정은 4456	이정미 4476 이석규 4473	강희중 4463		
전문임기/연구원	김소영 4458 이진선 4457	이어루 4474			
사무원					
Fax	215-8078	215-8079	215-8077	215-8179	

조세심판원

원장 이 상 길

☎ 044)200-1700

심판행정과	유 진 재	심판조정과	이 용 형
	☎ 044)200-1710		☎ 044)200-1705
1심판부	박 태 의	2심판부	박 상 영
	☎ 044)200-1801		☎ 044)200-1802
3심판부	이 호 섭	4심판부	은 희 훈
	☎ 044)200-1803		☎ 044)200-1804
5심판부		6심판부	이 근 후
	☎ 044)200-1805		☎ 044)200-1806
7심판부	홍 삼 기	8심판부	이 화 진
	☎ 044)200-1807		☎ 044)200-1808

대표전화 : 044)200-1800

주소 : 세종특별자치시 갈매로 477 정부세종청사 4동 3층
☜ 30109

조세심판원

- 대표전화 : 044)200-1800
- DID번호 : 044)200-내선번호
  서울 별관 : 02)722-8801

| 원 장 | 이 상 길 ☎ 044)200-1700 |

구분	심판행정과			심판조정과		
	유진재 1710 (1720)			이용형 1705		
조사관	행정	기획	운영	조정1	조정2	조정3
서기관	윤연원 1711	백재민 1721		곽충험 1731		현기수 1706
사무관		박진성 1722	김두섭 1726 송기영 1712	신정민 1732	최창원 1736 이정화 1737	심우돈 1707
주무관	최승택 1713 황혜진 1716 성현일 1714 이진주 1717	노혜련 1723	김온식 1727 최진현 1728 송영재 1729 김연경 1730	김문수 1733	이재곤 1738	윤민영 1708 서경식 1709
	*민원실 임윤정 1800 황재호 1715			*서울별관(수송동) 이정희 02-722-8803 강혜란 02-722-8801		
Fax	200-1718(행정실), 1719(민원실)					

● 주 소

* 세종청사 : 세종특별자치시 갈매로 477
  정부세종청사 4동 3층
  ⊕ 30109

* 서울 별관 : 서울특별시 종로구
  종로1길 42(수송동 146-1) 301호
  ⊕ 03152

● 이상길 [조세심판원장]
 - 67년생, 부산, 해운대고, 고려대 영어교육학, 고려대 경제학 석
   사, 행시 38회
 - 국무총리 조세심판원 2심판관 국장, 기획재정부 세제실 조세총
   괄정책관 과장

구분	1심판부		2심판부		3심판부	
	박태의 1801(1817)		박상영 1802(1827)		이호섭 1803(1837)	
조사관	1조	2조	3조	4조	5조	6조
	1740	김병철 1750	정진욱 1760	조용민 1770	최영준 1780	지장근 1790
서기관	전성익 1741			조혜정 1771	김선엽 1781	
사무관	김혁준 1742 남한샘 1743	김성엽 1751 손혜민 1752	김효남 1762 조정휘 1763 유동민 1764	김승하 1772 문상묵 1773 문정우 1774	하명균 1782 박상준 1783 송동훈 1784	박희수 1791 오지윤 1792 황혜정 1793
주무관	최유미 1749	오세민 1754	강경애 1769		전경선 1789	이정훈 1794
Fax	200-1758				200-1798	

조세심판원

- 대표전화 : 044)200-1800
- DID번호 : 044)200-내선번호
  서울 별관 : 02)722-8801

원 장 이 상 길 ☎ 044)200-1700

구분	4심판부 은희훈 1804(1847)		5심판부 (소액) 1805		6심판부 이근후(관세포함) 1806	
조사관	7조	8조	9조	10조	11조	12조
	나종엽 1810	이재균 1820	김정오 1830	배병윤 1840	오인석 1850	우동욱 1860
서기관	장태희 1811		정해빈 1831		이석원 1851	
사무관	송현탁 1812 박지혜 1814	류시현 1821 권병준 1822 박종현 1823	김동원 1832 한나라 1833 임대규 1834	권오현 1841 이규림 1842 김상곤 1843	조진희 1852 김영정 1853	김경수 1861 양승정 1862
주무관	김연진 1819		박미란 1839	이지연 1844	이민희 1859	강병희 1864
Fax	200-1798		200-1848			

●주 소

* 세종청사 : 세종특별자치시 갈매로 477 정부세종청사 4동 3층 [우] 30109

* 서울 별관 : 서울특별시 종로구 종로1길 42(수송동 146-1) 301호 [우] 03152

구분	6심판부	7심판부		8심판부	
	이근후(관세포함) 1806	홍삼기(지방세) 1807(1877)		이화진(지방세) 1808	
조사관	13조	14조	15조	16조	17조
	1865	1870	김종윤 1880	1890	홍성완 1895
서기관				홍순태 1891	
사무관	한종건 1866 안중관 1867 김보람 1868	박석민 1871 박인혜 1872	서지용 1881 홍이정 1882 전연진 1883	황승환 1892 박수혜 1893 박천호 1894	김예원 1896 박천수 1897 신은혜 1898
주무관		김기홍 1873 최영미 1879	이승호 1884	박선임 1888	
Fax	200-1848	200-1838			

국 세 청

청 장 임 광 현

☎ 044)204-2201

정책보좌관 : 신 민 섭 ☎ 044)204-2202

비 서 관 : 장 지 훈 ☎ 044)204-2203

차 장 이 성 진

☎ 044)204-2211

비 서 관 : 김 한 성 ☎ 044)204-2212

대표전화 : 044)204-2200

주소 : 세종특별자치시 국세청로 8-14
(정부세종2청사 국세청동) ⑦ 30128
코드번호 : 700   계좌번호 : 011769
E-mail : service@nts.go.kr

국 세 청

- 대표전화 : 044)204-2200
- 코드번호 : 700
- 계좌번호 : 011769
- DID번호 : 044)204-구내번호
- 주   소 : 세종특별자치시 국세청로 8-14
  (정부세종2청사 국세청동) ㉾ 30128
- E-mail : service@nts.go.kr

청 장	임 광 현 ☎ 044)204-2201
	이 성 진 ☎ 044)204-2211

국실							
과장	인사기획과			운영지원과			
	이상원 2241			최원수 2260			
팀장	인사1	인사2	인사3	행정지원	경리복지	청사기획	노무안전
	이준영 2242	정진욱 2252	전정은 2192	정성훈 2262	채정훈 2272	허 선 2282	제상훈 2292
국세조사관	성현주 2243 서동민 2244 문동배 2246	김종욱 2253 윤형석 2254	정성진 2193 이영수 2194	문지만 2263 박양규 2264 하성균 2110	오재경 2273 김정민 2274	김정학 2283 김영한 2285	고선주 2293
	차정우 2245 고은비 2247	박경희 2255 고유경 2256 이규현 2257	신동주 2195 조은빈 2196	이인혁 2265 최진남 2266 문영규 2267	김유정 2275 이광희 2276 장연숙 2277	유항수 2287 이충구 2288	홍혜령 2294
	허영렬 2248	김세령 2258	박보경 2197	이오령 2268	전재형 2278	최인혜 2289	
						박현찬 2290	
Fax	216-6048	216-6049	216-6050	216-6051		216-6052	

● 임광현 [국세청장]
- 70년생, 충남 홍성, 서울 강서고, 연세대 경제학과, 하버드 법학대학원, 행시 38회
- 국세청 조사국장, 서울청 조사1국장, 조사4국장, 조사기획과장, 혁신기획관실·조사3과, 정책보좌관, 서울청 조사2국 국장, 감사관, 조사1국4과, 국제조사3과장, 중부청 조사4국 국장, 부산청 세원분석국장, 속초세무서장, 청와대 경제비서관실

● 이성진 [국세청차장]
- 70년생, 부산, 해운대고, 고려대, 행시 41회
- 국세청 정보화관리관 국장, 서울청 조사3국 국장, 첨단탈세방지담당관실 과장, 성동세무서장, 전산정보관리관실 빅데이터추진팀 과장, 전산정보관리관실 전산기획담당관 과장, 납세자보호관 심사1담당관 과장, 중부청 조사2국 국장, 부산청 조사2국 국장

국실					기획조정관 김지훈 2300		
과장	대변인 김상범 2221				혁신정책담당관 이선주 2301		
팀장	공보1	공보2	공보3	온라인소통	총괄	혁신	조직
	송은주(4급) 2222	채진우(4급) 2232	김판준 2237	김내리 2227	안형민 2302	오수빈 2307	김석우 2312
국세조사관	조현승 2223	전다영 2224	엄상혁 2238		유지현 2303 박종인 2304	정미란 2308	고일명 2313 강유나 2314
	이동기 2225	김수진 2233			이다솜 2305	박상기 2309 박서연 2310	박홍기 2315
	박범수 2226				노승환 2306		
Fax	216-6043				216-6053		

국 세 청

- 대표전화 : 044)204－2200
- 코드번호 : 700
- 계좌번호 : 011769
- DID번호 : 044)204－구내번호

국실	기획조정관 김지훈 2300					
과장	혁신정책담당관 이선주 2301		기획재정담당관 손영준 2331			
팀장	평가 고명수 2317	정책 오은경 2322	기획1 조민성 2332	기획2 한윤구 2337	예산1 최원현 2342	예산2 염경진 2347
국세조사관	박준서 2318	이도헌 2323	최수민 2333 홍성민 2334	차수빈 2338	최영철 2343	김성한 2348
	송예지 2319	박소정 2324	이재만 2335	김승범 2339	이두호 2344	김재환 2349
			박소윤 2336			
Fax	216－6053		216－6119			

● 김지훈 [기획조정관실]
- 71년생, 전북 김제, 전주 영생고, 연세대 경제학과, 미국 조지워싱턴대, 행시 41회
- 서울청 조사2국 국장, 송무국 국장, 첨단탈세방지담당관실 과장, 국세청 감사관 국장, 소득자료관리준비단 국장, 법인납세국 법인세과 과장, 기획조정관실 창조정책담당관실 과장, 중부청 징세송무국 국장, 조사2국 국장, 감사관 과장

국실	기획조정관 김지훈 2300					정보화관리관 양철호 2400	
과장	국세데이터담당관				비상안전담당관	정보화기획담당관	
	김선주 2361				박향기 2391	배상록 2401	
팀장	국세데이터총괄	국세통계	과세정보	통계센터	비상	정보화총괄	정보화예산
	김미나 2362	이종민 2367	배은주 2372	유혜경 2382	민양기 2392	강지원(4급) 2402	홍창규 2412
국세조사관	김부일 2363	고덕상 2368 최학규 2369 이은숙 2370	김진희 2373	엄광현(5급) 2383		이강혁 2403 김지호 2404 최상만 2405	임광혁 2413 현주호 2414 장광석 2415
		박선영 2371	이재한 2374	황미화 2385	황규현 2393	김지원 2406 엄채연 2407 김정희 2409	차연수 2416 김정남 2417
	최수현 2364				장한울 2394	강민수 2408	
Fax	216-6056				216-6058	216-6105	

국 세 청

- 대표전화 : 044)204－2200
- 코드번호 : 700
- 계좌번호 : 011769
- DID번호 : 044)204－구내번호

국실	정보화관리관 양철호 2400					
과장	정보화기획담당관		인공지능혁신담당관			
	배상록 2401		전승한 4401			
팀장	정보화표준	사업관리	인공지능총괄	인공지능사업	인공지능개발1	인공지능개발2
	임동욱 2422	권진혁 2432	심은진 4402	양동훈 4412	김재석 4422	지상준 4432
국세조사관	최근호 2423 박주환 2424	안승우 2433	임상민 4403	박성미 4413	박수현 4423	서양삼 4433
	김지민 2425 김용극 2426 김병권 2428	조상미 2435	이애경 4404 윤창인 4405	서승민 4415 박세창 4416	박미진 4424 이지원 4425	김유경 4434
	서준석 2429		김종인 4406			
	김성진 2430	정의진 2436				
Fax	216－6105		216－6110			

● 양철호 [정보화관리관]
- 71년생, 경북 영주, 부산동인고, 부산대 경제학과, 서울대 행정학 석사, 행시 43회
- 서울청 조사1국 국장, 부산청 성실납세지원국 국장, 조사1국 국장, 국세청 운영지원과 과장, 기획조정관실 기획재정담당관실 과장, 전산정보관리관실 정보개발2담당관 과장

국세청

국실	정보화관리관 양철호 2400						
과장	인공지능혁신담당관			빅테이터센터			
	전승한 4401			우연희 4501			
팀장	인공지능개발 3	인공지능상담 1	인공지능상담 2	빅데이터총괄	개인분석	법인분석	자산분석
	박진우 4442	염준호 4452	김태형 4462	조성희 4502	김경아 4512	서용석 4522	김요한 4532
국세조사관	강호종 4443	윤상욱 4453		이기업 4503 김은희 4504	이수미 4513 김영지 4514	김수용 4523	정지양 4533
	윤민지 4444	윤춘미 4454 이정묵 4455	김우성 4463 임동엽 4464	박민국 4505 한세영 4506 양라희 4507	김진영 4515 서미연 4516 박시현 4517 김다영 4518	최은영 4524 박서연 4525	이서영 4534 송지원 4535 하현주 4536 안상원 4537
	오재경 4445	양다은 4456	박용병 4465	손민정 4508 우지혜 4509	김태훈 4519		김혜진 4538
						윤동현 4526	
Fax	216-6110			216-6106			

국 세 청

- 대표전화 : 044)204-2200
- 코드번호 : 700
- 계좌번호 : 011769
- DID번호 : 044)204-구내번호

국실	정보화관리관 양철호 2400					
과장	빅테이터센터			정보화운영담당관		
	우연희 4501			지임구 2451		
팀장	조사분석1	조사분석2	징세복지분석	엔티스총괄	인프라관리	엔티스포털
	주재현 4542	송지은 4552	전상규 4562	이정화 2452	정기환 2462	손재락 2472
국세조사관	오민경 4543 김승국 4544	서정규 4553	이효진 4563	한미영 2453 임채준 2454	김재현 2463	황치운 2473
	김병휘 4545 오상훈 4546 조한솔 4547 이정주 4548 박슬아 4549	김민영 4554 김정균 4555	박유천 4564		김희정 2464 임형빈 2465	윤기찬 2474
		서성현 4556	송원호 4565 이승한 4566	김지영 2455 박우정 2456	강태양 2466	하유정 2475
		박하영 4557	이효진 4567	이강혁 2457	고상현 2467	고 결 2476
Fax	216-6106					

● DID번호 : 044)204-구내번호

국실	정보화관리관 양철호 2400					
과장	정보화운영담당관 지임구 2451			홈택스1담당관 이준목 2501		
팀장	납보민원 정보화 장창렬 2482	고지체납 정보화 김선희 2492	수납환급 정보화 박진우 4962	홈택스총괄 김경선 2502	부가정보화 임지아 2512	전자세원 정보화 임기향 2522
국세조사관	이서구 2483 이수연 2484	임화춘 2493 이한임 2494	조명순 4963	나승운 2503 정현주 2504	라원선 2513	김병식 2523
국세조사관	이세나 2485	장이삭 2495 곽민혜 2496	김동수 4964 이무훈 4966	김아름 2505 최영우 2506	박정남 2514 이규화 2515	이해진 2524 홍지연 2525
국세조사관		김세린 2497	하상욱 4966 박지민 4967	박주영 2507	이창화 2516	정정민 2526 윤성민 2527 김홍기 2528
국세조사관	장문경 2486	이민지 2498 연규빈 2499	도아라 4968 김현아 4969	정지훈 2508	이다혜 2517 김동규 2518 박수희 2519	이영찬 2529 송효근 2530
Fax	216-6106			216-6107		

국 세 청

- 대표전화 : 044)204-2200
- 코드번호 : 700
- 계좌번호 : 011769
- DID번호 : 044)204-구내번호

국실	정보화관리관 양철호 2400					
과장	홈택스1담당관 이준목 2501		홈택스2담당관 이용선 2551			
팀장	양도종부 정보화 채상철 2532	상증자본 거래정보화 김명원 2542	법인정보화 지승환 2552	소비국제 세원정보화 김은진 2562	소득정보화 문숙자 2572	원천정보화 강태욱 2582
국세조사관	임근재 2533 김은기 2534	김주영 2543	박숙정 2553 김윤정 2554	박성은 2563	이시화 2573	안혜은 2583
	주유미 2535 이가현 2536	오은정 2544	전동길 2555	김현진 2564	정선균 2574 신은우 2575 민경은 2576	이창인 2584 고명훈 2585 김지선 2586
	이철원 2537	박성은 2545 윤태현 2546 구세윤 2547 조성욱 2548	안일근 2556 김상미 2557 장한별 2558	장은석 2565 유예림 2566 정태영 2567	김수명 2577	이소원 2587 김하연 2588
	조담비 2538 최우진 2539	이정택 2549 이상현 2550	김동준 2559		류은영 2578 이종일 2579 최지희 2580	안영훈 2589 박준형 2590
Fax	216-6107		216-6108			

● DID번호 : 044)204－구내번호

국실	정보화관리관 양철호 2400					
과장	홈택스2담당관 이용선 2551		정보보호담당관 손유승 4921			
팀장	장려세제 정보화	소득자료 학자금정보화	정보보호총괄	정보보안감사	보안네트워크	개인정보보호
	정명숙 2592	김광래(4급) 4582	장원식 4922	4932	김세라 4942	김동윤 4952
국세조사관	김계희 2593	조진용 4583	최은숙 4923	김수열 4933		염시웅 4953
	이원준 2594 강소연 2595	박대희 4584	박서진 4924 김도훈 4925	김성주 4934 신유림 4935	최창훈 4943 이유림 4944	김현진 4954
	김태완 2596 김서연 2597	장경호 4585 김영호 4586 이소연 4587	고대훈 4926	윤여준 4936	김진수 4945	
	정성연 2598 채영태 2599	송명섭 4588 유나영 4589				조운지 4955
Fax	216-6108		216-6109			

국 세 청

- 대표전화 : 044)204-2200
- 코드번호 : 700
- 계좌번호 : 011769
- DID번호 : 044)204-구내번호

국실	국제조세관리관 한창목 2800						
과장	국제세원담당관				역외정보담당관		
	이임동 2801				송윤정 2901		
팀장	국제세원1	국제세원2	국제세원3	국제세원4	역외정보1	역외정보2	역외정보3
	김현지 2802	이경한 2812	박진우 2817	구연수 2822	국우진 2902	조준구 2912	임성애 5272
국세조사관	신서연 2803	신중현 2813	류명지 2818 이정연 2819	김민주 2823			
	유원형 2804	정주희 2814 남창환 2815	전세진 2820	장원일 2824			
	강다현 2806						
	최영진 2805						
Fax	216-6067				216-6068		

● 한창목 [국제조세관리관]
- 73년생, 경북 청도, 부산진고, 고려대 법학과, 오레곤 주립대 MBA 과정 졸업, 행시 41회
- 서울청 국제거래조사국 국장, 성동세무서장, 중부청 조사2국 국장, 인천청 조사1국 국장, 국세청 전산정보관리관
  빅테이타센터과 과장, 국제조세관리관 국제세원관리담당관 과장, 조사분석 과장

국실	국제조세관리관 한창목 2800					
과장	역외정보담당관				국제협력담당관	
	송윤정 2901				이상훈 2861	
팀장	역외정보4	역외정보5	역외정보6	역외정보7	국제협력1	국제협력2
	이준호(4급) 2932	강승진 2942	허인영(4급) 5282	허인영(4급) 5282	김지우 2862	김성웅 2872
국세조사관					이승환 2863	정다겸 2873
					임보라 2864	김영석 2874
					정진호 2865	
Fax	216-6068				216-6066	

국 세 청

- 대표전화 : 044)204－2200
- 코드번호 : 700
- 계좌번호 : 011769
- DID번호 : 044)204－구내번호

국실	국제조세관리관 한창목 2800						
과장	국제협력담당관 이상훈 2861			상호합의담당관 이 슬 2961			
팀장	국제협력3	국제협력4	국제협력5	상호합의1	상호합의2	상호합의3	상호합의4
	김미애 2877	엄태현 2882	김혜지 2887	안광원 2962	김성민 2972	심정은 2977	김가원 2982
국세조사관	윤여진 2878	안수연 2883		고선하 2963	이현주 2973	한송이 2978	신미라 2983
	김진석 2879		문지연 2888	주보은 2964	김나영 2974	조아라 2979	이동건 2984
				이선아 2965			
Fax	216－6066			216－6069			

● 지 성 [감사관]
- 73년생, 경북 의성, 마산 창신고, 고려대 경제학과, 미국 마이애미대학 로스쿨, 행시 43회
- 서울청 조사2국 국장, 부산청 조사2국 국장, 조사2국 조사1과 과장, 국세청 감사관 감사담당관 과장, 국제조세관리관 국제협력담당관 과장, 법인납세국 원천세과장, 징세과, 법무과, 제주세무서장, 국세공무원교육원 소득세법 교수, 동대문세무서 징세과, 중부청 전산관리과, 울산세무서 운영지원과

국실	국제조세관리관 한창목 2800				감사관 지 성 2600		
과장	상호합의담당관		글로벌과세기준추진반		감사담당관		
	이 슬 2961		김태형 2831		이철경 2601		
팀장	상호합의5	상호합의6	과세추진1	과세추진2	감사1	감사2	감사3
	김진수 2987	박철수 2992	최은지 2832	권석원 2837	노유경(4급) 2602	조일성 2612	오세정 2622
국세조사관		송진미 2993	구영진 2833	백연하(5급) 2838 오미경 2839	황성훈 2603 최태훈 2604	조윤경 2613 이경열 2614 김일권 2615	김태석 2623 조병민 2624 오다혜 2625
	박형배 2988 최현수 2989	장서라 2994	이수정 2834	김예지 2840 김영은 2841	김지현 2605	유명훈 2616	이준우 2626
					조정연 2606		
					윤성미 2611		
Fax	216-6069		216-6133		216-6060		

국 세 청

- 대표전화 : 044)204-2200
- 코드번호 : 700
- 계좌번호 : 011769
- DID번호 : 044)204-구내번호

국실	감사관 지 성 2600						
과장	감사담당관 이철경 2601	감찰담당관 정동주 2651					
팀장	감사4	감찰1	감찰2	감찰3	감찰4	윤리	직원보호 전담변호1
	신동익 2632	김 민(4급) 2652	남무정 2662	김명수 2672	전종상 2682	박종성 2692	서형렬 5798
국세조사관	노우정 2633 김경진 2634 이현호 2607	김지웅 2653 이효경 2654	이수진 2663 박종현 2664 진한일 2665	이주용 2673 황규봉 2674 김영빈 2675	김대환 2683 장경일 2684 김한기 2685 이재복 2686	이은정 2693 김지은 2694	추원욱 5799
	한국일 2635	심주영 2655	이예지 2666 김정엽 2666	서민우 2676		임지훈 2695 김 인 2696	
		한시윤 2656					
Fax	216-6060	216-6061					216-6062

● 이광숙 [납세자보호관]

- 75년생, 염광여자상고, 명지대 경영학 학사
- 기획재정부 예규심사위원회, 조세심판원 비상임심판관, 신한캐피탈 사외이사(감사위원장), 국세청 국세심사위원회 위원, 서울청 납세자보호위원회 위원, 삼정회계법인 세무본부 회계사

국실	납세자보호관 이광숙 2700						
과장	감찰담당관	납세자보호담당관				심사1담당관	
	정동주 2651	신예진 2701				김동현 2741	
팀장	직원보호 전담변호2	납보1	납보2	납보3	민원	심사1	심사2
	장윤하 5796	김효진 2702	김용우 2712	이종영 2717	홍문선 2722	이강욱(4급) 2742	최찬배 2752
국세조사관	조위영 5797	원두진 2703	이미경 2713 김형기 2714 조강희 2715	이현도 2718	정병호 2723	조영혁 2743 이수진 2744	이지선 2753
		신미영 2704		오한솔 2719 이은미 2720	남도욱 2724	이진택 2745	
		이득규 2705			김용재 2725	황지영 2746	
Fax	216-6062	216-6063				216-6064	

국 세 청

- 대표전화 : 044)204－2200
- 코드번호 : 700
- 계좌번호 : 011769
- DID번호 : 044)204－구내번호

국실	납세자보호관 이광숙 2700						
과장	심사1담당관					심사2담당관	
	김동현 2741					정필규 2771	
팀장	심사3	심사4	심사5	심사6	심사7	심사1	심사2
	김태영 2762	옥창의 2763	주은화 2764	장인식 2765	유 진 2766	이지연 2772	임종훈 2782
국세조사관						배순출 2773	김혜미 2790
						김재호 2774	
						진재경 2775	
Fax	216－6064					216－6065	

● 박해영 [징세법무국장]
- 71년생, 경남 사천, 대아고, 고려대 경제학과, 행시 41회
- 서울청 조사3국 국장, 국세청 감사관 국장, 소득관리과장·상속증여세과장·부동산납세과장·감사담당관, 부산청 징세송무국 국장, 조사2국장, 중부청 조사3국장, 조사4국 조사1과장, 대전청 조사1국장, 인천청 성실납세지원국장, 서인천세무서장

국세청

국실	납세자보호관 이광숙 2700			징세법무국 박해영 3000		
과장	심사2담당관			징세과		
	정필규 2771			안민규 3001		
팀장	심사3	심사4	심사5	징세1	징세2	징세3
	오세인 2783	서유미 2784	현창훈(4급) 2785	백지선 3002	신지명 3012	성낙진 3017
국세조사관				안재진 3003 박상범 3004	신동연 3013 이안희 3014	박보경 3018
				백종민 3005 정영록 3006	김민주 3015 강현주 3016	정인애 3019 신유현 3020
				한경태 3007		
Fax	216-6065			216-6070		

국 세 청

- 대표전화 : 044)204－2200
- 코드번호 : 700
- 계좌번호 : 011769
- DID번호 : 044)204－구내번호

국실	징세법무국 박해영 3000					
과장	징세과			체납분석과		
	안민규 3001			유지민 3041		
팀장	징세4	고지체납정보화	수납환급정보화	기획관리	운영관리	체납복지
	서용하 3027	김선희 2492	박진우 4962	성한기 3042	이창수(4급) 3047	정영순 3052
국세조사관	석장수 3028	임화춘 2493 이한임 2494	조명순 4963	이상준 3043	한경수 3048	
	옥수빈 3029 최다예 3030	장이삭 2494 곽민혜 2495	김동수 4964 이무훈 4965	정영화 3044	노동균 3049 노재희 3050	박주혜 3053
		김세린 2493	하상욱 4966 박지민 4967	정인영 3045		
		이민지 2498 연규빈 2499	도아라 4698 김현아 4969			
Fax	216－6070			216－6071		

국실	징세법무국 박해영 3000					
과장	체납분석과		법무과			
	유지민 3041		안형태 3071			
팀장	추적조사관리	특별기동반	법무1	법무2	법무3	법무4
	성기원 3057	문재창 3062	이재은 3072	김형태(4급) 3077	김수현 3082	김영건 3087
국세조사관	주미영 3058	김지현 3063	위지혜 3073	박주현 3078 한아름 3079	정유성 3083	전소연 3088
	이준혁 3059 하현정 3060 유가연 3061	박원규 3064 박성훈 3065	서익준 3074		윤은미 3084 윤기찬 2485	고석중 3089
			조학준 3075			
Fax	216−6071		216−6072			

국 세 청

- 대표전화 : 044)204－2200
- 코드번호 : 700
- 계좌번호 : 011769
- DID번호 : 044)204－구내번호

국실	징세법무국 박해영 3000					
과장	법규과 이주연 3101					
팀장	총괄조정 한정미 3102	국조기본 박소영 3112	부가소득 노영인 3117	법인 전준희(4급) 3127	재산1 한정수 3137	재산2 이주연 3142
국세조사관	전대웅 3103 고성희 3104	전유리 3113	송선용 3118 김성희 3119 유정미 3120	최수진 3128 이혜영 3129 진성범 3130 김현석 3131	하구식 3138	김혜정 3143 진재화 3144
		김지혜 3114	이하나 3121		박광춘 3139 김민석 3140	김효동 3145
	이환희 3105					
Fax	216－6073					

● 김휘영 [국세외수입통합징수준비단]
- 71년생, 강원 춘천, 강원 사대부고, 강원대, 7급 공채
- 국세청 조사국 조사1과 과장, 대변인실 과장, 소득자료관리준비단 소득자료신고과 과장, 서울청 송무국 송무2과 과장, 영등포세무서장, 은평세무서장, 조사3국 조사2과장, 대전청 충주세무서장, 예산세무서장

※ 국세외수입징수기획과 : 서울특별시 종로구 삼일대로30길22(종로세무서), DID : 02-760-구내번호
※ 국세외수입징수관리과 : 세종특별자치시 국세청로 8-14 국세청 5층, DID : 044-204-구내번호

국실	국세외수입통합징수준비단 김휘영 4000				개인납세국 박정열 3200		
과장	국세외수입징수기획과 (02-760-DID)		국세외수입 징수관리과 (044-204-DID)		부가가치세과		
	박성무 9161				이인섭 3201		
팀장	기획1	기획2	관리1	관리2	부가1	부가2	부가3
	김유학 9162		천주석 4001	안혜정 9171	최치환 3202	최홍신 3212	신범하 3217
국세조사관	황병광 9163	최정헌 9173 정현진 9174	안지영 4002		최민우 3203	박희자 3213 이다영 3214	유경근 3218 최세현 3219
	김가이 9164 이재준 9168	이정아 9175	최보령 4013 이현재 4014		임정진 3204 이병조 3205	김재관 3215	김정효 3220 진보람 3221
			강정현 4004				
Fax	216-6072, 6073				216-6075		

국 세 청

- 대표전화 : 044)204－2200
- 코드번호 : 700
- 계좌번호 : 011769
- DID번호 : 044)204－구내번호

국실	개인납세국 박정열 3200					
과장	부가가치세과		소득세과			
	이인섭 3201		손채령 3241			
팀장	부가4	부가5	소득1	소득2	소득3	소득4
	노태천 3222	김종현 3227	박시후 3242	김주강 3252	민훈기 3257	윤나영 3262
국세조사관	구재흥 3223 정이준 3224	조현진 3228	김영란 3243 고영필 3244	심철구(5급) 3256 이옥녕 3253 한상원 3254	유지희 3258 전대진 3259	박경희 3263
	천수현 3225 백지원 3226	김현성 3229 이규호 3230		김강훈 3255	문혜림 3260	이진주 3264 배성진 3265
			채희주 3245			
Fax	216－6075		216－6076			

● 박정열 [개인납세국장]
- 70년생, 서울, 마포고, 서강대 경영학과, 행시 45회
- 서울청 국제거래조사국 국장, 국제거래조사국 국제조사관리과 과장, 중부청 조사2국 국장, 국세청 운영지원과 과장, 국제조세관리관 역외탈세정보담당관 과장, 조사국 국제조사과 과장

● 심욱기 [법인납세국장]
- 72년생, 서울, 한영고, 고려대, 영국 런던정경대학 대학원수료, 행시41회
- 국세청 개인납세국 국장, 서울청 조사2국 국장, 조사1국 국장, 납세자보호담당관실 과장, 조사국 조사기획과 과장, 기획조정관실 창조정책담당관실 과장, 징세법무국 징세과 과장, 중부청 조사1국 국장, 징세송무국 국장, 부산청 조사2국 국장, 인천청 조사1국 국장

국실	개인납세국 박정열 3200		법인납세국 심욱기 3300				
과장	세정홍보과		법인세과				
	권오흥 3281		신재봉 3301				
팀장	홍보1	홍보2	법인1	법인2	법인3	법인4	법인5
	이문원 3282	이일생 3292	김선영 3302	황진하 3312	기태경 3317	김영동 3322	박수영 3327
국세조사관	이나영 3283 김성진 3284	김태환 3293 전영진 3294	강성헌 3303 박지암 3304	장수정 3313 정소영 3314	김수진 3318	전현혜 3323 동소연 3324	신연주 3328
	윤혜민 3285 전 진 3288 김현지 3287	윤재성 3296 전보람 3298		이교환 3315	김지암 3319	최승훈 3325	김명진 3329
	최정인 3286 김소리 4648 유계영 4647	유재롱 3295	박한빛 3305				
	황영지						
Fax	216-6074		216-6078				

국 세 청

- 대표전화 : 044)204－2200
- 코드번호 : 700
- 계좌번호 : 011769
- DID번호 : 044)204－구내번호

국실	법인납세국 심욱기 3300						
과장	공익법인 · 연구개발지원과				원천세과		
	김광민 3901				김태수 3341		
팀장	공익1	공익2	공익3	R&D지원	원천세1	원천세2	원천세3
	김경철 3902	조형준 3912	박정우 3917	박운영(4급) 3922	홍성훈 3342	한민희 3347	백인수 3352
국세조사관	이승훈 3903	김보석 3913 김선자 3914	정영건 3918	권은경 3923 황지은 3924 이진숙 3926 박경록 3927 이경환 3928 최희원 3929 이지언 3930 강관호 3943 남민기 3944 윤선태 3945 한정철 3946 박 찬 3947 우종훈 3948 양은선 3950	곽형신 3343	백신기 3348 우을숙 3349		김지연 3353
	전수진 3904	고경수 3915 김지원 3916	김경민 3919	하원경 3925	최 민 3344 유자연 3345		김호경 3354
	윤정은 3905						
Fax	216－6135				216－6079		

● 오상훈 [자산과세국장]
- 69년생, 경기도, 수원수성고등학교, 서강대학교, 행시 43회
- 서울청 성실납세지원국 국장, 조사4국 조사2과 과장, 부산청 징세송무국 국장, 성실납세지원국 국장, 국내 헌법재판소 2급 파견, 인천청 조사1국 국장, 국세청 3급 부이사관, 감사관 감찰담당관 과장, 중부청 조사4국 조사1과 과장, 시흥세무서장

국실	법인납세국 심욱기 3300			자산과세국 오상훈 3400			
과장	소비세과			부동산납세과			
	정희진 3371			오은정 3401			
팀장	주세1	주세2	소비세	부동산납세1	부동산납세2	부동산납세3	부동산납세4
	김도영 3372	이정훈(4급) 3382	공정원 3392	정은지 3402	허재호 3412	양창호 3417	주성태 3422
국세조사관	정혜원 3373 최인옥 3374	권혜정 3383	양옥서 3393	임은철 3403	김지민 3413 조지현 3414	김성엽 3418 서정우 3419	김은아 3423 정현주 3424
	박금찬 3375	전병헌 3384 정우도 3385	천혜진 3394	구자호 3404	조수영 3415	권윤구 3420	류필수 3425 정현옥 3426
				김득중 3405			
Fax	216-6080			216-6081			

국 세 청

- 대표전화 : 044)204-2200
- 코드번호 : 700
- 계좌번호 : 011769
- DID번호 : 044)204-구내번호

국실	자산과세국 오상훈 3400						
과장	부동산납세과 오은정 3401		상속증여세과 신상모 3441				
팀장	부동산납세5	양도종부 정보화	상속증여1	상속증여2	상속증여3	상속증여4	상증자본거래 정보화
	강덕근 3427	채상철 2532	서범석 3442	문서영 3452	백지은 3457	한청용 3462	김명원 2542
국세조사관	이창훈 3428	임근재 2533 김은기 2534	이태호 3443 손기만 3444	홍소영 3453 현정아 3454	이진희 3458 신상훈 3459	손성탁 3463 정미영 3464	김주영 2543
	송주현 3429	주유미 2535 이가현 2536		안대엽 3455	김유정 3460	심효진 3465	오은정 2544
		이철원 2537	이다은 3445	나환웅 3456			박성은 2545 윤태현 2546 구세윤 2547 조성욱 2548
		조담비 2538 최우진 2539					이정택 2549 이상현 2550
Fax	216-6081		216-6082				

● 김대원 [복지세정관리단]
- 71년생, 경남 김해, 김해고, 서울대 전산학과, 기술고시 31회
- 국세청 국세공무원교육원 원장, 주류면허지원센터장, 전산정보관리관실 전산기획담당관 과장, 전산정보관리관실 전산운영담당관 과장, 중부청 성실납세지원국 국장, 징세송무국 국장, 징세송무국 국장, 부산청 조사2국 국장, 서울청 납세자보호담당관실 과장, 대구청 조사1국 국장

국실	자산과세국 오상훈 3400				복지세정관리단 김대원 3800		
과장	자본거래관리과				장려세제과		
	남아주 3471				정상수 3801		
팀장	자본거래1	자본거래2	자본거래3	자본거래4	장려세제1	장려세제2	장려세제3
	이재현(4급) 3472	김상민 3477	이창훈 3482	김향일 3487	김지윤 3802	송지원 3812	선희숙 3817
국세조사관	서지민 3473	박창수 3478 정은수 3479	노혜정 3483 김동직 3484	진수정 3488	최지영 3803	임진아 3813 윤미경 3814	안혜숙 3818
		이용문 3480 신지혜 3481	정성화 3485	전승현 3489	김현지 3804		이소영 3819
	이원진 3474				지창익 3805		
Fax	216-6083				216-6097		

국 세 청

- 대표전화 : 044)204-2200
- 코드번호 : 700
- 계좌번호 : 011769
- DID번호 : 044)204-구내번호

국실	복지세정관리단 김대원 3800					
과장	장려세제과 정상수 3801		소득자료관리과 정해동 3841			
팀장	장려세제4	장려세제5	소득자료1	소득자료2	소득자료3	소득자료4
	임선미 3822	이주영 3827	최영호 3842	김명제 3852	이정현 3857	최명일(4급) 3862
국세조사관	손준혁 3823	최봉순 3828	권옥기 3843 여인순 3844	차상훈 3853	유주연 3858 김형정 3859	이은영 3863
	장윤희 3824	김슬기 3829	최설희 3845	박지호 3854 홍세정 3855 김현경 3856	김혜민 3860	김민정 3864 강수성 3865
			조윤정 3846			
Fax	216-6097		216-6098			

● 안덕수 [조사국장]
- 71년생, 부산, 부산용인고등학교, 고려대학교, 행시 40회
- 국세청 자산과세국 국장, 조사국 세원정보과 과장, 납세자보호관 납세자보호담당관 과장, 자산과세국 부동산납세과 과장, 자산과세국 자본거래관리과 과장, 서울청 송무국 국장, 조사4국 국장, 중부청 조사1국 국장, 부산청 조사1국 국장, 징세송무국 국장, 미국국세청 2급

국실	복지세정관리단 김대원 3800		조사국 안덕수 3500				
과장	학자금상환과		조사기획과				
	홍철수 3871		박상준 3501				
팀장	상환1	상환2	조사기획1	조사기획2	조사기획3	조사기획4	조사기획5
	노원철(4급) 3872	김석제 3882	박상기 3502	박승규 3512	정성한 3517	강재원 3522	서주원 3527
국세조사관	송봉선 3873	김보미 3883	김지영 3503 송종민 3504 박대경 3505 김희겸 3506	안태훈 3513 황윤섭 3514	강민종 3518	고혜진 3523	강성화 3528
	김지은 3874	정은미 3884	정장군 3507 왕윤세 3508	김가람 3515	박혜진 3519 김시현 3520	김수현 3524	오지은 3529
			오서주 3509				
Fax	216-6099		216-6084	216-6085	216-6086	216-6087	

국 세 청

- 대표전화 : 044)204-2200
- 코드번호 : 700
- 계좌번호 : 011769
- DID번호 : 044)204-구내번호

국실	조사국 안덕수 3500						
과장	조사1과					조사2과	
	구성진 3551					오미순 3601	
팀장	조사1	조사2	조사3	조사4	조사5	조사1	조사2
	조현선 3552	최일암 3562	이성호 3572	김경필(4급) 3582	조주환(4급) 3587	문성호(4급) 3602	손태빈 3612
국세조사관	이명재 3553 이지원 3554	이승호 3563	남선애 3573 최동혁 3574	이우석 3583 이명건 3584	김은태 3588 이동희 3589	배유진 3603	박영래 3613
	정성호 3555 엄재희 3556	채수민 3564 손승재 3565	한준혁 3575		권민정 3590		심지숙 3614 황은지 3615
				오철민 3585		고정연 3604	
Fax	216-6088					216-6089	

• DID번호 : 044)204-구내번호

국실	조사국 안덕수 3500						
과장	조사2과	국제조사과			세원정보과		
	오미순 3601	민회준 3651			윤순상(3급) 3701		
팀장	조사3	국제조사1	국제조사2	국제조사3	세원정보1	세원정보2	세원정보3
	고당훈(4급) 3617	김택근 3652	조명완 3662	이규진(4급) 3672	김이준 3702	최장원 3712	정동재 3722
국세조사관	정희은 3618 서보림 3619	김일국 3653 김성주 3654	김나연 3663 김나영 3664 홍성민 3665 하창경 3669	최슬기 3673 김호준 3674 최성균 3675	김재현 3703 최상재 3704 정상미 3705	조영숙 3713 이혜림 3714	
	김동욱 3620	이진희 3655 송홍준 3656 서원희 3657	강현미 3667 신재원 3666	이동현 3676 김나현 3677	오혜성 3706	박범진 3715 최은지 3716	김재욱 3723
		이민희 3659			김수진 3707		
Fax	216-6089	216-6090			216-6093	216-6094	

국 세 청

- 대표전화 : 044)204－2200
- 코드번호 : 700
- 계좌번호 : 011769
- DID번호 : 044)204－구내번호

국실	조사국 안덕수 3500					
과장	세원정보과		조사분석과			
	윤순상(3급) 3701		이경순 3751			
팀장	세원정보4	세원정보5	조사분석1	조사분석2	조사분석3	조사분석4
	이종철 3727	박용관(4급) 3737	남중화 3752	주인규(4급) 3767	노주현 3762	이풍훈
국세조사관	김지훈 3728 김민호 3729	김성은 3738 김현웅 3739	이은혜 3753		곽무철 3765	김강주
	최선근 3730 정재용 3731	김창권 3740 정지우 3741 최재성 3742	주환욱 3754	오나현 3768 심재은 3769		김태연
Fax	216－6095	216－6096	216－6050			

국세공무원교육원

원장 김 진 우

☎ 064)7313-201

대표전화 : 064)7313-200

주소 : 제주특별자치도 서귀포시 서호중로 19(서호동 1513)
㉾ 63568

국세공무원교육원

● 대표전화 : 064)7313-200
● DID번호 : 064)7313-구내번호

원 장 김진우 ☎ 064)7313-201

과장	교육지원			교육운영			교수
	강민성 3210			윤지환 3240			3270
팀장	지원1	지원2	국세청 60년TF	역량개발	인재양성	플랫폼운영	교육연구
	고택수 3211	김명경 3231	이준석 02-287-4671	김화정 3241	조혜정 3251	천명일 3261	이정민 3271
국세조사관	송규호 3212 한상민 3213	이동곤 3232 김임년 3233 김선면 3234		이권호 3242 현승철 3243	곽용은 3252	신효경 3263 박미경 3263	
	강택훈 3214 현정용 3215 박세현 3216 정영운 3220	김은주 3235		남현승 3244	이계봉 3254 이호승 3255 최기영 3256	이창욱 3264	한은영 3272 류치선 3273
	이상미 3217 김수민 3218 정상원 3219 김정훈 3321 박홍립 3322 김반석 3323 송권호 3221 윤민수 3222			최보현 3245	한예슬 3258 김유리 3257 김성은 3258 오유석 031-250-2359 류재성 031-250-2360		
Fax	731-3311	731-3312		731-3314		731-3313	731-3316

- 주 소 : 제주특별자치도 서귀포시
　　　　서호중로 19
　　　　(서호동 1513)
　　　　㊨ 63568

● 김진우 [국세공무원교육원 원장]
－68년생, 경북 영주, 영광고, 세무대학 6기 방통대
－서울청 조사4국 국장, 송무국 송무2과 과장, 송파세무서장, 국제거래
　조사국 국제조사관리과 과장, 조사4국 조사1과 과장, 국세청 국제조
　세관리관 역외정보담당관 과장, 납세자보호관 심사1담당관 과장, 조사
　국 조사1과 과장, 중부청 기흥세무서장

과장	교수						
	기본	징수	부가	소득	법인	양도	상증
팀장	신동훈 3274	류 진 3277	최미영 3280	신영웅 3284	김희찬 3288	조준영 3292	임형걸(4급) 3295
국 세 조 사 관		최유원 3278 홍시운 3279	박용진 3281 이규수 3282	엄기황 3285 김동호 3286	김상배 3289 김지운 3290	장호수 3293 정홍도 3294	이정자 3296 고수영 3297
			박정우 3283	임희인 3287	진동욱 3291		
Fax	731-3316						

국세상담센터

센터장 이 성 호

☎ 064)780-6001

대표전화 : 064)780-6000

주류면허지원센터

센터장 김 명 환

☎ 064)730-6201

대표전화 : 064)730-6200

국세상담센터

- 대표전화 : 064)780-6000
- 상담전화 : 126
- DID번호 : 064)780-구내번호

센터장 **이 성 호** ☎ 064)780-6001

팀장	업무지원팀	전화상담1팀		전화상담2팀	
	김용재 6002	최천식 6020		천선경 6060	
구분	지원/혁신	종소	원천	부가	개별소비세 주세/인지세 교육세/교통세
국세조사관	조병철 6003 송주영 6004 박만기 02-6312-2981 권용훈 6005	선창규 6021 박양희 6022 채수필 6023 이경상 6024	전종근 6034 정재조 6035 이영옥 6036	정덕주 6061 김현희 6062 정재임 6063 박지현 6064 김지연 6065	현미정 6172 정해연 6173
	강진아 6006 김지호 6007 안예지 6008 김은경 6009 이우현 6010 송준오 6011 한혜선 6013	노기숙 6025 심란주 6026 최수미 6027 편상원 6028 유재웅 6029 이은영 6030 유현정 6031 김지은 6032	마준호 6037 정지혜 6038 김건중 6039 송윤정 6040 정진우 6041 김시연 6042 김규림 6043 강구남 6044 김민규 6045	정동환 6066 윤정무 6067 이상욱 6068 고원정 6069 강호성 6070 강미경 6071 이진선 6072 권영선 6073 안혜진 6074	박정란 6174 서동우 6175
	최경철 6012 이선애 6015	오미진 6033	안한솔 6046	안지영 6075 구아림 6076	
Fax	780-6199	780-6192		780-6193	

● 주   소 : 제주특별자치도 서귀포시 서호북로 36(서호동 1514)
　　　　　⊕ 63568

팀장	전화상담3팀		전화상담4팀	
	김성근 6080		강화동 6110	
구분	양도	상증	법인	국조
국 세 조 사 관		서민철 6096 신경식 6098 한창림 6099 김정실 6102 이형원 6103 임정훈 6104 황재원 6105 홍광원 6106 심혜경 6107 고근희 6108 최정열 6109 문주경 6051 김형익 6052	이래하 6111 채경수 6112 최태현 6113 김보균 6114	김준용 6119
	임경섭 6081 강정림 6082 조춘원 6083 김정희 6084 고경균 6085 이혜지 6087 주성재 6088 노세영 6089 경　진 6092 민경진 6093 주선정 6094	강복희 6077 김선정 6078 이지석 6079 장기현 6086	설종훈 6115 강리복 6116 김남준 6117 이주우 6118	유종현 6190 이호경 6121
	서　진 6095 김해운 6047 김수남 6048			한주연 6122
Fax	780-6194		780-6191	

국세상담센터

- 대표전화 : 064)780-6000
- 상담전화 : 126
- DID번호 : 064)780-구내번호

| 센터장 | 이 성 호 | ☎ 064)780-6001 |

팀장	인터넷1팀		인터넷2팀	인터넷3팀
	이효철 6140		최희경 6160	김석찬 6180
구분	종소/원천	국조/기타	부가/법인/소비	양도/종부/상증
국세조사관	이승찬 6141 윤만성 6142		채은정 6161 김선정 6162 유인숙 6163	황성원 6181 김연실 6182
	송대근 6143 오수진 6144 이희윤 6145 임 욱 6146 강민준 6147 이지환 6148 남수진 6149	민경준 6150	김수호 6164 공선미 6165 정승기 6166 김훈구 6167 박지호 6168	이원경 6183 임안나 6184 오경훈 6185 석민구 6186 최정은 6187
	장윤서 6152	이다혜 6151	이우남 6169	신무성 6188 장익준 6189
Fax	780-6195		780-6196	780-6197

주류면허지원센터

주소 : 제주특별자치도 서귀포시
서호북로 36(서호동 1514)
㉾ 63568

대표전화 : 064)730-6200

DID번호 : 064)7306-구내번호

센터장 **김 명 환** ☎ 064)730-6201

과장	분석감정과		기술지원과		세원관리지원과	
	장영진 240		조호철 260		김시곤 280	
팀장	업무지원	분석감정	기술지원1	기술지원2	세원관리1	세원관리2
	배기연 241	이충일 251	설관수 261	박찬순 271	박길우 281	김종호 291
국세조사관		김나현 252				
	김승욱 242		강기원 262	박장기 272	강경하 282	
	강인한 244 유미선 243	문준웅 253 강길란 254				채명우 292
		김태영 255	현준혁 263			
Fax	730-6212	730-6213	730-6214		730-6215	

서울지방국세청

청장 김 재 웅

☎ 02)2114-2201

비서 : 이 형 배 ☎ 02)2114-2202

대표전화 : 02) 2114-2200

주소 : 서울특별시 종로구 종로5길 86(수송동) ⑨ 03151
코드번호 : 100   계좌번호 : 011895
E-mail : seoulrto@nts.go.kr

서울지방국세청

- 대표전화 : 02)2114-2200
- 코드번호 : 100
- 계좌번호 : 011895
- DID번호 : 02)2114-구내번호
- 주　　소 : 서울특별시 종로구 종로5길 86 (수송동)　⑨ 03151
- E-mail : seoulrto@nts.go.kr

청장	김재웅 ☎ 02)2114-2201

국실							
과장	운영지원			감사관			
	이 슬 2240			강동훈(3급) 2400			
팀장	행정	인사	경리	감사1	감사2	감찰1	감찰2
	박경은 2222	조성경 2242	홍정은 2262	이호열 2402	신미순 2422	이원우 2442	유상욱 2462
국세조사관	김동현 2223 진혜정 2224 이은정 2235	류지현 2243 전광현 2244 김현철 2245 김대현 2246	주선영 2263	오지철 2403 박찬민 2404 이창호 2405 김대훈 2406 변성구 2407	김 란 2423 권오상 2424 김용민 2425 김영신 2426	오대성 2447 장재림 2443 송기화 2444 김세민 2448 김병준 2449 윤서진 2450	곽동대 2464 김경훈 2463 박종태 2466
	조미영 2225 정형준 2226 염진옥 2227 정형진 2228 최인규 2229 유병창 2230 전유정 2237 김성은 2284	황태연 2247 안준수 2248 이창민 2249 김영남 2250	염성희 2264 김미영 2265 한장혁 2266 한소라 2267	지성은 2408 고아영 2409 최인석 2411	심재희 2427 황태문 2428	배종섭 2445 김재한 2446 최용우 2451 문윤호 2452 정소윤 2454	최윤호 2465 이미영 2468 전보현 2467 백남훈 2469
	임종훈 2231 이재열 2232 조재훈 2233 이혜수 2234	정지영 2251 이 찬 2252 양윤모 2253 김성민 2254	김효진 2268 황하늬 2269 김혜영 2270				
Fax	722-0528	736-5944	736-7234	736-5945		734-8007	780-1586

※저동 별관 : 서울특별시 중구 삼일
　대로 340 나라키움저동빌딩 4, 6층
　(송무국 1~3과), 감사관실

※효제 별관 : 서울특별시 종로구
　효제동 20-3 (조사4국 조사1~3과)

● 김재웅 [서울지방국세청장]
- 69년생, 전남 나주, 대일고, 한양대, 미국 사우스캐롤라이나대학원,
　행시 42회
- 국세청 기획조정관실 국장, 종합부동산세과, 서울청 조사2국 국장, 조사
　3국2과, 중부청 조사1국 국장, 부산청 조사1국 국장, 도봉세무서 납세보
　호담당관, 재정경제부 금융정보분석원, 남대문세무서 납세지원과장, 부
　천세무서 세원관리1과장, 서대구세무서 납세지원과장

국실						
과장	납세자보호담당관				과학조사담당관	
	박찬욱(3급) 2600				박근재(3급) 2700	
팀장	납세자보호1	납세자보호2	심사1	심사2	과학조사1	과학조사2
	서귀환 2602	전동호 2612	신영주 2622	이민창(4급) 2632	오성현 2702	김현경 2722
국세조사관	민현순 2603 정중호 2604	유진희 2613 김은아 2614 임현정 2615	이윤희 2623 박은화 2624 권주희 2625 손혜정 2626	목완수 2633 김희숙 2634 손민선 2635	박세일 2703 백성종 2704 정미경	김광수 2726 정보경 2724 박정건 2732 김세훈 2734
	조혜연 2605 김효정 2606 이선미 2607	박세민 2616	이상호 2627 김주찬 2628	오선지 2636 문순철 2637 임하나 2638 강형석 2639	오연호 2705 이선경 2706	공덕환 2727 박원준 김지연 2736 유수경 2738 서은철 2740 정연웅 2742 이지연 2744 이승환 2739 김선호 2790 이 훈 2743
	변병돈 2608	김형래 2617	배석준 2629		정혜인 2708 조영호 2707	김상혁 2737 권설진 2741 박주호 2730 배정현 2735 최성욱 2729 김한솔 2733 김진화 2725
Fax	720-2202		761-1742		549-3413	

서울지방국세청

- 대표전화 : 02)2114-2200
- 코드번호 : 100
- 계좌번호 : 011895
- DID번호 : 02)2114-구내번호

국실						
과장	과학조사담당관 박근재(3급) 2700				징세관 반재훈(3급) 2500	
팀장	과학조사3	과학조사4	과학조사5	과학조사6	징세	체납관리
	배인순 3052	김묘성 2752	이경선 2712	황승화 2782	김재백(4급) 2502	김정열 2512
국세조사관	최남철 3053 최익성 3056 김성일 3054 배미경 3055	김상일 2723	황광국 2713 김연신 2714 이강일 2715	원병덕 2783 김현정 2784 신희정 2785	장미숙 2503 최은영 2504	박윤정 2513 임홍철 2514
	남성호 3056 이민재 3057 김두수 김민진 박유미 3058 정종현 홍성희 안미진 이은종 3059	진희성 2764 이재영 2753 박지현 2755 이장영 2765 이정훈 2768 정순철 2766 하정민 2761 표우중 2763 백승윤 2767	안은주 2716 이수연 2717 이정현 2718 강윤화 2719	이주경 2786 김종석 3061 정경민 2787	박현선 2509 김유진 2505 전유민 2506	최유진 2515 김미란 2516 김찬웅 2517
	김지연 김완태 최해영 안애선 정연선	유미선 2754 김재윤 2760 윤은지 2762 이주현 2769 신용석 2757 고우성 2758 조한송이 2756		방미경 2788 이정욱 2789	김고은 2508	김수현 2518 김지연 2519 조서현 2520
Fax	549-3413		3674-7691		736-5946	

※ 저동 별관 : 서울특별시 중구 삼일대로 340 나라키움저동빌딩 4, 6층 (송무국 1~3과), 감사관실

※ 효제 별관 : 서울특별시 종로구 효제동 20-3 (조사4국 조사1~3과)

국실						
과장	징세관					
	반재훈(3급) 2500					
팀장	실태확인	체납추적관리	체납추적1	체납추적2	체납추적3	특별기동반
	김영승 5953	이응수 2522	김상동 2542	이창석 2562	이인선 2582	이응수 2522
국세조사관	이일성 5954 권정운 5954	백은경 2523 박희달 2524 임재상 2525	김 철 2543 김원형 2544 임유정 2545 박치원 2546	김대진 2563 김현선 2564 이효진 2565 여원모 2566	김희중 2583 송인춘 2584 당만기 2595 김호정 2586	김미정 4913 조인옥 4914 고형관 4915 권경란 4916 임현영 4917 원정일 4918
	주용태 5955 이현아 5955 민지혜 5955	임기양 2526 송지미 2537 이상훈 2528 장정은 2529 김재욱 2530	송정화 2547 양은정 2548 이한배울 2549 박준현 2550	한유경 2566 전은수 2567 최진미 2568 강남영 2570	정난영 2587 신주현 2588 최하연 2589 정지열 2590 진수환 2591	조민지 4919 유아람 4920 손준성 4921
	김보송 5956 문호승 5956 박선영 5956	원상호 2531 홍다예 2532 나인애 2533	민호정 2551 이재연 2552 김시아 2553 윤국한 2554	이명수 2571 한창우 2572 장준원 2573 최혜련 2574 황혜주 2575	이주협 2592 권채윤 2593 권진혁 2594 이승연 2595 전다솜 2596	박동규 4922 유동준 4923 고현일 4924
Fax	736-5946	2285-2910				

서울지방국세청

- 대표전화 : 02)2114-2200
- 코드번호 : 100
- 계좌번호 : 011895
- DID번호 : 02)2114-구내번호

국실	송무국 공석룡 3100						
과장	송무1과 박광식 3101						
팀장	총괄	심판	법인1	법인2	개인1	개인2	상증1
	한기준 3102	3111	이은규 3120	강예진 3125	정준모 3130	김항범 3133	권민정 3136
국세조사관	이유진 3103 김은진 3105	이 찬 3112 남지윤 3113	김영종 3121	최은하 3126 길남희 3128 이송하	조주경 3131	이재욱 3134	송정현 3137 위평복 3138
	이우석 3104 유준호 3107 이효정 3108 김청일 3109	최미경 3114 강아름 3115	최은미 3122		문재희 3132	김제성 3135	
Fax	780-1589						

※ 저동 별관 : 서울특별시 중구 삼일
　대로 340 나라키움저동빌딩 4, 6층
　(송무국 1~3과)

※ 효제 별관 : 서울특별시 종로구
　효제동 20-3 (조사4국 조사1~3과)

● 공석룡 [송무국장]
－ 71년생, 경기 화성, 수원고, 고려대 행정학과, 행시 44회
－ 인천청 성실납세지원국 국장, 상하이 주재관, 국세청 국제조사과장·조
　사2과장, 법규과, 서울청 숨긴재산추적과장·조사1국 3과장, 중부청 조
　사4국 조사1과장, 김천세무서장

국실	송무국 공석룡 3100						
과장	송무1과	송무2과					
	박광식 3101	최은경 3151					
팀장	상증2	법인1	법인2	법인3	개인1	개인2	상증1
	서남이 3139	권충구 3152	백성기 3156	정규명(4급) 3159	정성영 3163	조미희 3167	이향규 3171
국세조사관	이영주 3140	이　은 3153 우덕규 3154	한혜영 3157 박주효 3158	전민정 3160 류윤정 3161	곽은정 3164 장지혜 3165	김광수 3168 이유상 3169	박현영 3172 이선의 3173
	고미량 3141	박정민 3155	장병국 3184	김소연 3162		양현준 3170	이윤희 3174
Fax	780-1589	780-4165					

서울지방국세청

● 대표전화 : 02)2114-2200

● 코드번호 : 100

● 계좌번호 : 011895

● DID번호 : 02)2114-구내번호

국실	송무국 공석룡 3100						
과장	송무2과 최은경 3151		송무3과 한제희 3201				
팀장	상증2	민사	법인1	법인2	개인1	개인2	상증1
	윤소희 3175	윤성양 3179	나민수 3202	홍석원 3207	김혜정 3212	이민규 3216	추성영 3220
국세조사관	구순옥 3176 김민관 3177	장진희 3180 손민정 3181	이지연 3203 한세희 3204	정민수 3208 김빛나 3209 이현근 3210	정은하 3213 권성대 3214	정주영 3217	김호영 3221
	이해섭 3178	한재일 3182	손지나 3205	안중훈 3211	김정한 3215	홍수현 3218	이해인 3222 조수현 3223
Fax	780-4165		780-4162				

※저동 별관 : 서울특별시 중구 삼일대로
340 나라키움저동빌딩 4, 6층
(송무국 1~3과)

※효제 별관 : 서울특별시 종로구
효제동 20-3 (조사4국 조사1~3과)

● 윤승출 [성실납세지원국장]
- 72년, 충남 보령, 충주고, 서울대 경제학과, 미국 미네소타주립대 석
사, 행시 44회
- 중부청 납세자보호담당관 과장, 대전청 조사1국 국장, 서울청 첨단
탈세방지담당관실 과장, 국제거래조사국 국제조사1과장, 국세청 조
사국 조사기획과 과장, 기획재정부 세제실 재산소비세정책관 과장

국실	송무국 공석룡 3100			성실납세지원국 윤승출 2800			
과장	송무3과			부가가치세과			
	한제희 3201			민 강 2801			
팀장	상증2	상증3	민사	부가1	부가2	부가3	소비
	윤설진 3224	이권형 3227	김재광 3230	표삼미 2802	이상언(4급) 2812	김진석 2832	문권주 2842
국세조사관	양아열 3225	노수정 3228	김은숙 3231 공태훈 3232 윤홍철 3233	주세정 2803 김성향 2804	정현철 2813 소종태 2814	변성욱 2833 이지선 2834	양태식 2843 오도열 2844
	김덕진 3226	강현웅 3229		윤동숙 2806 김성환 2807 최은유 2805 차선영 2809	전주현 2815 나영주 2816	박아연 2835 최한뫼 2836 최정아 2837	이해운 2845 이규형 2846
				정현수 2808	이주경 2817 이선민 2818	박슬기 2838	김나연 2847 이명구 2848 정혜림 2849 김유진 2850
Fax	780-4162			736-1503			3674-7686

서울지방국세청

- 대표전화 : 02)2114-2200
- 코드번호 : 100
- 계좌번호 : 011895
- DID번호 : 02)2114-구내번호

국실	성실납세지원국 윤승출 2800						
과장	소득재산세과					법인세과	
	최승일 2861					강정훈 2901	
팀장	소득1	소득2	재산	복지세정1	복지세정2	법인1	법인2
	유승환 2862	추근식 2872	김진범 2882	최영수 2892	김정수(4급) 3072	김인아 2902	이상길 2922
국세조사관	백순복 2863 허정윤 2864	부명현 2873	이진영 2883 이상숙 2884 황은미 2885 김찬일 2886	조은희 2893 박은영 2894		최 준 2903 임미라 2904 황주연 2905 정효숙 2906 김창미 2913	구옥선 2923 나경영 2924 문여리 2925 김태수 2926 손기열 2927
	정교필 2865 이주희 2866 권해영 2868	정진영 2874 하승민 2875 차지원 2876	박세하 2887 김은정 2888 송알이 2889 백유진 2890 김형석 2891 김미경 2897	김혜숙 2895	이현지 3073	박은경 2907 이규혁 2908 박은지 2909 황보주경 2910	강문현 2928 정민기 2929 윤영랑 2930 김보라 2931
	김지현 2867	강지훈 2877	오하경 2898 탁성찬 2899	윤민호 2896		정서영 2911 김민주 2912	최인아 2932 유진아 2933
Fax	736-1501					736-1502	

※ 저동 별관 : 서울특별시 중구 삼일대로 340 나라키움저동빌딩 4, 6층 (송무국 1~3과)

※ 효제 별관 : 서울특별시 종로구 효제동 20-3 (조사4국 조사1~3과)

국실	성실납세지원국 윤승출 2800						
과장	법인세과				정보화관리팀		
	강정훈 2901				김범철 2971		
팀장	법인3	법인4	국제조세1	국제조세2	지원	보안감사	행정지원
	최승민 2942	김기태 3032	양영진(4급) 2952	신성철 2962	권현옥 2972	이길형 2992	김미연 3002
국세조사관	이여울 2943 김윤정 2944	위주안 3033 김소정 3034 류호민 3035	홍미라 2953 김소연 2954 김나연 2955	김태현 2963 한정희 2964 이소민 2965	임영신 2973 송윤호 2984 최연하 2985	김희정 2993 김형미 2994 이윤희 2995	윤지형 3003 박은희 3004 정혜영 3005 조지영 3006 김민경 3007 이경희 3008 백유림 3009
	장지혜 2945 이유리 2946 임보라 2947	김희연 3036 변가람 3037 김미란 3038 강영묵 3039	조유흠 2956 강은실 2957 배우리 2958 송인형 2959	김순영 2966 김영화 2967	정진영 2974 정혜영 2975 권정순 2986 황보현	권혜연 2996 홍성한 2997	김수영 3010 박문영 3011
	원현수 2948 조길현 2949 김미연 2950	박주연 3040	김동환 2960	이륜경 2968 나성빈 2969	한민지 2976 양지상 2987	박남규 2998	
Fax	736-1502				738-8783		

서울지방국세청

- 대표전화 : 02)2114-2200
- 코드번호 : 100
- 계좌번호 : 011895
- DID번호 : 02)2114-구내번호

국실	성실납세지원국 윤승출 2800			조사1국 김승민 3300	
과장	정보화관리팀			조사1과	
	김범철 2971			최미숙 3301	
팀장	정보화센터1	정보화센터2	정보화센터3	조사1	조사2
	박현숙 5302	박애경 5352	박찬경 5392	류호균(4급) 3302	이광의(4급) 3322
국세조사관	이은주 5304 박애슬 5305 노정애 5306	김옥연 5353 이현이 5354	엄명주 5393 김연숙 5394 이복자 5395	김민정 3303	이형배 3323
	박승희 5303 김지연 5307 추정현 5308 이선정 5309 이경분 5310	안유희 5355 박주현 5356 배성연 5357 윤인경 5358 조정희 5359	김미영 5396 주명화 5397 고희경 5398 이순화 5399	강재형 3304	김재환 3324
				이재호 3305 김상은 3306 강민호 3307 나경아 3308 김희애 3309	김일두 3325 황창연 3326
				김보미 3310 김민형 3311 이승훈	홍나경 3327
Fax	6929-3793	6929-3762	6929-3753	736-1505	

※저동 별관 : 서울특별시 중구 삼일대로
　340 나라키움저동빌딩 4, 6층
　(송무국 1~3과)

※효제 별관 : 서울특별시 종로구
　효제동 20-3 (조사4국 조사1~3과)

● 김승민 [조사1국장]
　－69년생, 충북 옥천, 부천고, 한양대, 7급 공채
　－부산청 징세송무국 국장, 서울청 징세관 과장, 성북세무서장, 조사2
　　국 조사2과 과장, 국세청 조사국 조사2과 과장, 소득지원국 장례세
　　제운영과 과장, 중부청 북인천세무서장

국장	조사1국 김승민 3300					
과장	조사1과					
	최미숙 3301					
팀장	조사3	조사4	조사5	조사6	조사7	조사8
	류현수 3332	노태순 3342	최형준 3352	강우진 3362	황지원 3372	김은정 3382
반장	김현재 3333	박준용 3343	원희경 3353	박수정 3363	김유혜 3373	이기주 3383
국세조사관		배주환 3344		박승재 3364	황혜윤 3374	
	강동휘 3334 제현종 3335 최명현 3336	박순애 3345 이성규 3346	김수진 3354 김진식 3355 허성근 3356	최재규 3365 이재용 3366 천 일 3367	송인용 3375 김동욱 3376 조민영 3377	전병진 3384 장용경 3385 박수연 3386 양국현 3387
	김해인 3337	권영주 3347	배혜원 3357	허정희 3368	조한경 3378	김유리 3388
Fax	736-1505					

서울지방국세청

- 대표전화 : 02)2114-2200
- 코드번호 : 100
- 계좌번호 : 011895
- DID번호 : 02)2114-구내번호

국장	조사1국 김승민 3300						
과장	조사1과		조사2과				
	최미숙 3301		최성영 3421				
팀장	조사9	조사10	조사1	조사2	조사3	조사4	조사5
	강세희 3392	한정희 3402	고준석 3422	이준호 3432	양다희 3442	오희준 3452	송수희 3462
반장	강수원 3393	홍지연 3403	정수진 3423	정수인 3433	오세정 3443	이세민 3453	윤범일 3463
국세조사관		손경진 3404	신희웅 3424		안혜영 3444		
	정용수 3394 라지영 3395 정수진 3396	김대우 3405 안주영 3406	이광연 3425 김효원 3426	이수연 3434 황민철 3435 민경희 3436	신동규 3445 김민경 3446	장지윤 3454 김영민 3455 신근모 3456	최은숙 3464 김상연 3465 김효정 3466
	정현우 3397	고민지 3407	조영현 3427 류현준 3428	김민우 3437 박진희	황성필 3447	이정은 3457	최지수 3467
Fax	736-1505		736-1504				

※ 저동 별관 : 서울특별시 중구 삼일대로 340 나라키움저동빌딩 4, 6층 (송무국 1~3과)

※ 효제 별관 : 서울특별시 종로구 효제동 20-3 (조사4국 조사1~3과)

국장	조사1국 김승민 3300						
과장	조사2과					조사3과	
	최성영 3421					배일규 3521	
팀장	조사6	조사7	조사8	조사9	조사10	조사1	조사2
	노충모 3472	서원식 3482	이윤석 3492	박진혁 3502	전정영 3512	김수용 3522	박상율 3532
반장	김영규 3473	박귀화 3483	박지혜 3493	변영시 3503	신상일 3513	최영인 3523	손영대 3533
국세조사관	오상훈 3474		안미선 3494			김형수 3524	
	정보람 3475 정진아 3476	배상윤 3484 서은주 3485	조성용 3495 이준표 3496	김은주 3504 김성용 3505 조광호 3506	이유진 3514 지원민 3515	김광현 3525 안재희 3526 한종문 3527 김경숙 3528	김명열 3534 허미영 3535 주화연 3536
	황순호 3477	김지원 3486 홍혜진 3487	정지원 3497	송지예 3507	김미소 3516 유동석 3517	조영혁 3529 조성진 3530	김은호 3537
Fax	736-1504					720-1292	

서울지방국세청

- 대표전화 : 02)2114-2200
- 코드번호 : 100
- 계좌번호 : 011895
- DID번호 : 02)2114-구내번호

국장	조사1국 김승민 3300						
과장	조사3과						
	배일규 3521						
팀장	조사3	조사4	조사5	조사6	조사7	조사8	조사9
	김 찬 3542	고윤하 3552	김선일 3562	김준호(4급) 3572	이준학(4급) 3582	한성호 3592	문도연 3082
반장	안형진 3543	장문근 3553	윤동석 3563	김두환 3573	임병수 3583	이지숙 3593	이창오 3083
국세조사관	박향미 3544		김은경 3564			이재성 3594	
	고상현 3545 양혜선 3546	조혜원 3554 송지우 3555 김주영 3556	조원철 3565 정경영 3566 허문정 3567	서정호 3574 오화섭 3575 민정은 3576	김대우 3584 이상근 3585 홍윤석 3586	박대영 3595 최서나 3596	박문수 3084 정진택 3085 신수민 3086
	고현준 3547	이소영 3557	김현선	김민정 3577	박미주 3587	김수진 3597	최세희 3087
Fax	720-1292						

※ 저동 별관 : 서울특별시 중구 삼일대로
  340 나라키움저동빌딩 4, 6층
  (송무국 1~3과)

※ 효제 별관 : 서울특별시 종로구
  효제동 20-3 (조사4국 조사1~3과)

● 유재준 [조사2국장]
- 72년생, 경남 남해, 경복고, 서강대, 서울대 행정대학원, 행시 43회
- 중부청 조사1국 국장, 부산청 조사1국 국장, 조사1국 국제거래조사과장, 국세청장 정책, 잠실세무서장, 대통령 비서실, 제주세무서장, 서울청 조사2국3과3계장, 국세청 조사기획과, 통계기획과, 납세홍보과

국장	조사2국 유재준 3600						
과장	조사관리과 박세건 3601						
팀장	조사관리1 김태욱 3602	조사관리2 한보미 3622	조사관리3 김근수 3632	조사관리4 박경은 3642	조사관리5 박창용 3652	조사관리6 권혁란 3662	조사관리7 이용광 3672
반장	이찬희 3602	장영림 3623	남기훈 3633	윤경희 3643	조은덕 3653	이윤주 3663	고영훈 3673
국세조사관	권민수 3604	전승환 3624	김영주 3634	이상헌 3644			
	이유정 3605 김주홍 3606 방은정 3607 이지연 3608	이동훈 3625	최홍서 3635 신정아 3636 송혜원 3637 이충섭 3638	배진근 3645 여정주 3646 이주연 3647	이태환 3654 이유경 3655 김준하 3656	배은율 3664 김은정 3665 김지민 3666	김민희 3674 김희정 3675 표선임 3676
	모희산 3609 김주만 3610	김초아 3626	문민희 3639	김영주 3648	이지은 3657	배성진 3667	김기선 3677
Fax	737-8138	3674-7871	730-9517	732-6475	720-6960	735-5768	736-6824

서울지방국세청

- 대표전화 : 02)2114-2200
- 코드번호 : 100
- 계좌번호 : 011895
- DID번호 : 02)2114-구내번호

국장	조사2국 유재준 3600						
과장	조사관리과 박세건 3601				조사1과 김문희 3721		
팀장	조사관리8	조사관리9	조사관리10	조사관리11	조사1	조사2	조사3
	조인찬 3682	이영석 3692	노동렬 3702	정형주 3712	박재광 3722	최한근 3732	박승효 3742
반장	김성문 3683	표지선 3693	서명진 3703	정재훈 3713	정주영 3723	이경선 3733	김선일 3743
국세조사관			오현주 3704		김현주 3724	신정숙 3734	홍영민 3744
	예수빈 3684 이현우 3685	이은혜 3694 차무중 3695	김대희 3705 박소희 3706	이 경 3714 신미경 3715 김규진 3716	나덕희 3725 소 민 3726	허남규 3735 정지은 3736	전인경 3745 정준호 3746
	안정은 3686	공자빈 3696	백수경 3707 박효준 3708	한장미 3717	류승현 3727 박주희 3728 권순호 3729	박지환 3737 조성규 3738	임경준 3747 박철우 3748
Fax	739-9557	3674-7920	720-5107	720-9031	720-7697	723-8543	730-8588

※ 저동 별관 : 서울특별시 중구 삼일대로 340 나라키움저동빌딩 4, 6층 (송무국 1~3과)

※ 효제 별관 : 서울특별시 종로구 효제동 20-3 (조사4국 조사1~3과)

서울청

국장	조사2국 유재준 3600					
과장	조사1과					
	김문희 3721					
팀장	조사4	조사5	조사6	조사7	조사8	조사9
	김민석(4급) 3752	김영근 3762	손필영 3772	박종주 3782	김미정 3792	오성택 3802
반장	문근나 3753	이순엽 3763	강명부 3773	도미영 3783	이권식 3793	최윤영 3803
국세조사관	백승학 3754					최길숙 3804
	오세혁 3755 황시연 3756	최인영 3764 한상훈 3765 조윤아 3766	임선아 3774 정해천 3775 최세라 3776	오정민 3784 허은석 3785	백연주 3794 곽지훈 3795 장서영 3796	안은정 3805 김성훈 3806
	이슬기 3757	김미림 3767	류지호 3777	김경복 3786 김건식 3787	이재영 3797	이지헌 3807
Fax	720-6104	720-6105	725-2782	720-6020	732-0514	

서울지방국세청

- 대표전화 : 02)2114-2200
- 코드번호 : 100
- 계좌번호 : 011895
- DID번호 : 02)2114-구내번호

국장	조사2국 유재준 3600						
과장	조사2과 고만수 3811						
팀장	조사1 신용범 3812	조사2 이종준 3822	조사3 김민양 3832	조사4 송재천 3842	조사5 정종룡(4급) 3852	조사6 류승중(4급) 3862	조사7 이상필 3872
반장	허 진 3813	이성환 3823	윤재길 3833	김성욱 3843	이영진 3853	박정권 3863	최수연 3873
국세조사관	김유미 3814	이윤희 3824	채규홍 3834	김성희 3844	정영식 3854		
	이주한 3815 구태경 3816	김선희 3825 이상훈 3826	최슬기 3835 이동현 3836	김지현 3845 김도윤 3846	이현희 3855 하승훈 3856 안진아 3857	주경섭 3864 황은영 3865 석한결 3866	이호은 3874 박정호 3875 김영석 3876
	정혜미 3817 김치우 3818 김지혜 3819	강동우 3827 임지은 3828	유소열 3837 권태인 3838	김현민 3847 이예지 3848	박소은 3858	이소정 3867 조예린 3868	임지현 3877
Fax	3674-7823	3674-7831	3674-7839	3674-7847	3674-7855	3674-7863	3673-2783

※ 저동 별관 : 서울특별시 중구 삼일대로
340 나라키움저동빌딩 4, 6층
(송무국 1~3과)

※ 효제 별관 : 서울특별시 종로구 효제동
20-3 (조사4국 조사1~3과)

● 최영준 [조사3국장]
- 68년생, 전북, 광주동신고, 연세대, 서울대행정대학원, 행시 44회
- 중부청 성실납세지원국 국장, 부산청 징세송무국 국장, 국세청 감
사담당관, 감사관 감사담당관, 기획조정관 국세통계담당관, 부이사
관 승진, 송파세무서장, 서울청 운영지원과 4급 과장, 서울청 조사
2국 조사2국 조사2과

국장	조사2국 유재준 3600	조사3국 최영준 4000				
과장	조사2과	조사관리과				
	고만수 3811	임형태 4001				
팀장	조사8	조사관리1	조사관리2	조사관리3	조사관리4	조사관리5
	유한진 3882	김대철 4002	임양건 4022	박현수 4032	오광철 4052	김한석 4062
반장	임샘터 3883	이현숙 4003	노경민 4023	김혜미 4033	김상이 4053	이수진 4063
국세조사관		강승현 4004 하은지 4005 박정현 4013	권희은 4024	송선태 4034 이미영 4035	강경미 4054	김혜정 4064 윤동규 4065
	정예린 3884 방형석 3885 박윤수 3886	이승호 4006 손성임 4007 한광희 4008	임지영 4025 신성근 4026 남윤종 4027	김미애 4036 배미일 4037 김초롱 4038	임은미 4055 전우범 4056 전선희 4057	김주현 4066 양석진 4067 조민석 4068 강민형 4069
	이유영 3887	구영민 4009 한혜성 4010	곽인혜 4028	박혜성 4039 김현우 4040	윤우찬 4058 최초로 4059	장서현 4070 정재영 4071 강범준 4072
Fax	743-8927	738-3666	722-2124	736-3820	736-9398	736-9399

서울지방국세청

- 대표전화 : 02)2114-2200
- 코드번호 : 100
- 계좌번호 : 011895
- DID번호 : 02)2114-구내번호

국장	조사3국 최영준 4000					
과장	조사관리과 임형태 4001		조사1과 김동수 4121			
팀장	조사관리6 김병성 4082	조사관리7 김선봉 4092	조사1 정영훈 4122	조사2 김덕은(4급) 4132	조사3 원종호 4142	조사4 남영우 4152
반장	최영봉 4083	문승진 4093	김형석 4123	임소영 4133	박미연 4143	박은희 4153
국세조사관			윤윤식 4124	용옥선 4134	김영환 4144	심연택 4154
	오동석 4084	박준원 4094 나은경 4095	김다민 4125 성우진 4126 김유나 4127 신향식 4130	유민수 4135 고예지 4136	최윤서 4145 오민석 4146	김우정 4155 안현준 4156
	남정태 4085	김태랑 4096	신동훈 4128 조주희 4129	박으뜸 4137 용승환 4138	이진문 4147 김태경 4148	유세종 4157
Fax	736-9399	734-6686	733-2504	730-9519	736-6822	730-9638

※ 저동 별관 : 서울특별시 중구 삼일대로 340 나라키움저동빌딩 4, 6층 (송무국 1~3과)

※ 효제 별관 : 서울특별시 종로구 효제동 20-3 (조사4국 조사1~3과)

국장	조사3국 최영준 4000					
과장	조사1과		조사2과			
	김동수 4121		이관노 4211			
팀장	조사5	조사6	조사1	조사2	조사3	조사4
	임행완 4162	임인정 4172	고완병 4212	이수빈 4222	김용선 4232	김태섭 4242
반장	박종민 4163	신성봉 4173	최영학 4213	윤 솔 4223	이난희 4233	이영호 4243
국세조사관	김경미 4164	진수미 4174	조운학 4214	김상훈 4224	김유정 4234	정은정 4244
	이수정 4165 최영아 4166	최도석 4175 김난희 4176	허지원 4215 임진호 4216 김병현 4217	김세희 4225 이연우 4226	석진영 4235 정아람 4236	김선주 4245 백승호 4246
	김효림 4167	이지영 4177	김혜빈 4218 문영은 4219	박혜진 4227 구세진 4228	고재민 4237 김영재 4238	유로아 4247 이제안 4248
Fax	730-5107	743-8927	929-2180	924-5104	924-8584	929-4835

서울지방국세청

- 대표전화 : 02)2114-2200
- 코드번호 : 100
- 계좌번호 : 011895
- DID번호 : 02)2114-구내번호

국장	조사3국 최영준 4000					
과장	조사2과		조사3과			
	이관노 4211		하신행 4291			
팀장	조사5	조사6	조사1	조사2	조사3	조사4
	이성필 4252	권영훈 4262	임경미 4292	전왕기 4302	이 호 4312	김제석 4322
반장	심아미 4253	장서영 4263	이지호 4293	양인영 4303	백동욱 4313	최은정 4323
국세조사관	김봉재 4254	조혜진 4264	박은미 4294	이유진 4304	권현희 4314	온상준 4324
	엄영희 4255 여은수 4256	손원우 4265 남승규 4266	김기홍 4295 임원주 4296 정세인 4297	김재완 4305 류문환 4306	박서연 4315 정채영 4316	남꽃별 4325 김민지 4326
	이성규 4257	박정임 4267	박건웅 4298 김유림 4299	이여진 4307 허지희 4308	박수지 4317 이예진 4318	이태현 4327
Fax	922-3942	925-9594	922-5205	921-6825	922-6053	925-1522

※저동 별관 : 서울특별시 중구 삼일대로 340 나라키움저동빌딩 4, 6층 (송무국 1~3과)

※효제 별관 : 서울특별시 종로구 효제동 20-3 (조사4국 조사1~3과)

● 이성글 [조사4국장]
- 72년생, 서울, 광주숭일고, 고려대 통계학과, 행시 45회
- 서울청 징세관 과장, 부산청 감사관 과장 서장, 제주세무서, 국세청 국제조세관리관 국제협력담당관 과장, 조사국 국제조사과 과장, 국제조세관리관 상호합의팀 과장, 중부청 부천세무서장

국장	조사3국 최영준 4000		조사4국 이성글 4500				
과장	조사3과		조사관리과				
	하신행 4291		황정욱 4501				
팀장	조사5	조사6	조사관리1	조사관리2	조사관리3	조사관리4	조사관리5
	장경화 4332	문민규 4342	송찬규(4급) 4502	문진혁 4512	박진석 4522	강양구 4532	서미네 4542
반장	김선주 4333	조주희 4343	오현정 4503	김은선 4513	유영희 4523	이영옥 4533	이지선 4543
국세조사관	최영현 4334	권혜정 4344	김희주 4504	유정희 4514 이현만 4515	박규송 4524	안수정 4534	정애진 4544
	임형준 4335 장지영 4336	이창남 4345 박도윤 4346	신복희 4505 조숙연 4506 심윤정 4507 김태현 4510	이진규 4516 유승연 4517 최태용 4518 엄슬희 4519 김석현 4520 이민석 4521 신새보미 4608	김효영 4525 성봉준 4526 이수진 4527	김수현 4535 박상현 4536 윤세정 4537	정혜진 4545 김수일 4546
	박소영 4337	유휘곤 4347	유인성 4508 윤희원 4509		안기영 4528 양종열 4529	최은희 4538	박서진 4547
Fax	924-5106	926-6653	722-7119	739-9550	720-2206	736-4249	720-0568

서울지방국세청

- 대표전화 : 02)2114-2200
- 코드번호 : 100
- 계좌번호 : 011895
- DID번호 : 02)2114-구내번호

국장	조사4국 이성글 4500						
과장	조사관리과 황정욱 4501					조사1과 최현창 4621	
팀장	조사관리6 홍소영 4552	조사관리7 윤상섭 4562	조사관리8 홍정연 4572	조사관리9 송석하 4582	조사관리10 우창완 4612	조사1 이우진(4급) 4622	조사2 김형준 4632
반장	김윤선 4553	조재영 4563	백경미 4573	배철숙 4583	김화준 4613	이영진 4623	이웅석 4633
국세조사관	정희라 4554	박선주 4564	김동빈 4574	천미진 4584	전혜정 4614	남궁민 4624	임근재 4634
	강미영 4555 박미선 4556 최은수 4557	이성애 4565 권은경 4566 정동원 4567	서용현 4575 김수현 4576 황소정 4577	김행순 4585 오왕석 4586 송민석 4587	최병우 4615 노일도 4616 김찬주 4617 정자단 4618	이현수 4625 이지혜 4626 이휘승 4627 한종환 4628 신용욱 4629	안승화 4635 이건빈 4636 박민원 4637
	봉수현 4558	한지운 4568	이인아 4578 김소영 4579	장동인 4588 김문정 4589 이우재 4590 박찬웅 4591 손기봉 4592	유예림 4619	유현식 4630 송주현 4631 박세환 4667	오만석 4638 이현주 4639
Fax	3675-6784	3674-7846	736-5545	736-5546	732-0514	765-1370	741-5460

※ 저동 별관 : 서울특별시 중구 삼일대로 340 나라키움저동빌딩 4, 6층 (송무국 1~3과)

※ 효제 별관 : 서울특별시 종로구 효제동 20-3 (조사4국 조사1~3과)

국장	조사4국 이성글 4500						
과장	조사1과			조사2과			
	최현창 4621			김태훈 4721			
팀장	조사3	조사4	조사5	조사1	조사2	조사3	조사4
	정진욱 4642	권재욱 4652	정광륜 4672	이용문 4722	김석모 4732	박상훈 4742	강대선 4752
반장	문상철 4643	이전봉 4653	김노섭 4673	배경직 4723	김 준 4733	염세환 4743	심수한 4753
국세조사관	이강경 4644		이오나 4674	이영우 4724		박태훈 4744	정주영 4754
	김경호 4645 김송연 4646 곽한민 4647	남윤수 4654 이지숙 4655 김평섭 4656	김태인 4675 이상헌 4676	김현우 4725 전영무 4726 한장우 4727	강재원 4734 문소현 4735 황지은 4736 임석민 4737	최윤진 4745 김중우 4746	김재현 4755 양동규 4756 김승혜 4757
	채만식 4648	최재형 4657 임수진 4658	권혁찬 4677	김소현 4728 박소정 4729	하민영 4738	김형후 4747 이혜민 4748	신승연 4758
Fax	743-6827	765-6828	743-5132	762-6751	766-4996	3672-3673	764-6669

서울지방국세청

- 대표전화 : 02)2114-2200
- 코드번호 : 100
- 계좌번호 : 011895
- DID번호 : 02)2114-구내번호

국장	조사4국 이성글 4500						
과장	조사2과	조사3과					국제조사관리과
	김태훈 4721	김봉규 4791					김성기 5001
팀장	조사5	조사1	조사2	조사3	조사4	조사5	조사관리1
	박진원 4762	최정현(4급) 4822	최용훈 4832	김재호 4842	임창빈 4852	김유신 4862	양영경 5002
반장	김동환 4763	박경근 4823	강인혜 4833	부혜숙 4843	조미화 4853	최동혁 4863	오지형 5003
국세조사관	김국진 4764	이영민 4824 이희영 4830	이두원 4834	윤철민 4844			
	최은영 4765 김다솜 4766 김영재 4767	서상범 4825 김명진 4826 김정담 4827	조용석 4835 류광현 4836 김은자 4837	송창녕 4845 구승원 4846 현종헌 4847	홍유종 4854 안민지 4855	이규형 4864 이수정 4865 이원나 4866	김예린 5004 김극돈 5005 김도엽 5006 전선화 5009
	노수연 4768	김자림 4828 복권일 4829	이채연 4838	김나현 4848	임동영 4856 박정현 4857	홍은기 4867	황민정 5007 김도형 5008
Fax	764-6669	763-7857	763-9106	762-6752	741-0784	7639-1063	739-9832

※ 저동 별관 : 서울특별시 중구 삼일대로 340 나라키움저동빌딩 4, 6층 (송무국 1~3과)

※ 효제 별관 : 서울특별시 종로구 효제동 20-3 (조사4국 조사1~3과)

● 김오영 [국제거래조사국장]
- 70년생, 강원도 원주, 원주 대성고, 서강대학교, 미 샌디에고대, 행시 42회
- 서울청 송무국 국장, 성동세무서장, 국제조사2과장, 중부청 조사1국 국장, 조사3국 조사관리과장, 부산청 조사1국 국장, 국세청 자산과세국 부동산납세과장, 징세법무국 법무과 과장, 정책조정담당관실 정책1계장, 기획조정관실 국세통계담당관실 과장, 법무과, 금융위 금융정보분석원, 동청주세무서장, 서기관 승진(2010.6.), 성북세무서 조사과장, 동작세무서 세원관리과장, 부천세무서 납세지원과장

국장	국제거래조사국 김오영 5100						
과장	국제조사관리과						
	김성기 5001						
팀장	조사관리2	조사관리3	조사관리4	조사관리5	조사관리6	조사관리7	조사관리8
	황보영미 5012	김지태 5022	조홍기 5032	이재식 5042	윤성중 5052	손혜림(4급) 5062	이호준 5072
반장	김화영 5013	정태환 5023	강용석 5033	장인영 5043	이상묵 5053	전선영 5063	이임순 5073
국세조사관		김영찬 5024	조현은 5034			위경환 5064	한주진 5074
	곽민정 5015 문호균 5016	이수연 5025 이신혜 5026 윤석진 5027	이혜린 5035 김영진 5036 김혜인 5037	신동배 5044 이지민 5045	임수진 5054 이이네 5055 서혜란 5056 이지수 5057	홍지흔 5065 김문균 5066	채정환 5075 민 샘 5076
	박노준	송하준 5028	김세린 5038	명인범 5046 박하니 5047	김서현 5058	이혜진 5067 소재준 5068	박미정 5077
Fax	725-8287	3674-7950	3674-7957	3674-7964	3674-7854	3674-7870	3674-7862

서울지방국세청

- 대표전화 : 02)2114-2200
- 코드번호 : 100
- 계좌번호 : 011895
- DID번호 : 02)2114-구내번호

국장	국제거래조사국 김오영 5100					
과장	국제조사관리과 김성기 5001	국제조사1과 권동철 5101				
팀장	조사관리9 채혜정 5082	국제조사1 최길만 5102	국제조사2 권범준 5112	국제조사3 김서현 5122	국제조사4 고명효 5132	국제조사5 유인선 5142	국제조사6 이재영 5152
반장	오주영 5083	이한상 5103	김혜영 5113	이경화 5123	윤명준 5133	김규환 5143	나진순 5153
국세조사관	이예슬 5084	금현정 5104 박인규 5105 조예리 5106 김소연 5107 정서빈 5108 김수현 5110	김종수 5114 정인선 5115 하은혜 5116 이충원 5117 김수정 5118	최명준 5124 이용진 5125 이명희 5126 최선주 5127	황아름 5134 권민수 5135 강민정 5136 한덕윤 5137	박민우 5144 김아영 5145 서진호 5146 송지윤 5147	오세찬 5154 양인경 5155 박다슬 5156 허진웅 5157
Fax		3674-5520	3674-5537	723-5541	739-9833	725-8286	3674-7989

※ 저동 별관 : 서울특별시 중구 삼일대로 340 나라키움저동빌딩 4, 6층 (송무국 1~3과)

※ 효제 별관 : 서울특별시 종로구 효제동 20-3 (조사4국 조사1~3과)

국장	국제거래조사국 김오영 5100						
과장	국제조사1과	국제조사2과					
	권동철 5101	임영미 5201					
팀장	국제조사7	국제조사1	국제조사2	국제조사3	국제조사4	국제조사5	국제조사6
	김치호 5162	송지현 5202	김정남 5212	최오동 5222	여성훈 5232	이민구 5242	김진현 5252
반장	이미애 5163	정석규 5203	백송희 5213	박원균 5223	이윤정 5233	송주현 5243	이덕화 5253
국세조사관	진민정 5164	박진희 5204 정세윤 5210		조용석 5224		연덕현 5244	
	남송이 5165	민우빈 5205 김준영 5206 정지연 5207	최미란 5214 양희석 5215 임호진 5216	강정희 5225 박신애 5226	이혜성 5234 길민석 5235 이선주 5236	김경옥 5245 채민기 5246	김경미 5254 최효진 5255 김태규 5256
	이융건 5167 김소라 5166	황인화 5208 윤혜수 5209	최윤희 5217 지상근 5218	박종호 5227 신유경 5228	김현주 5237	변혜림 5247	김민정 5257
Fax	725-6967	3674-7932	3674-7940	3674-5529	3674-7684	3674-5596	3674-5545

서울지방국세청 관할세무서

강남세무서

- 대표전화 : 02)519-4200
- 코드번호 : 211
- 계좌번호 : 180616
- DID번호 : 02)5194-구내번호

서 장 **박인호** ☎ 02)519-4201

과장	징세			부가가치세		소득세		재산세1	
	윤석태 240			조성호 280		김시욱 360		신혜숙 480	
팀장	운영지원	체납추적1	체납추적2	부가1	부가2	소득1	소득2	재산1	재산2
	장준재 241	박지현 601	황대근 621	이선민 281	김종일 301	이원정 361	박정기 381	이은주 481	이래경 501
DID	242-7 617-8	602-12	262-4 622-36	282-90	302-10	362-7	382-6	482-6	502-7
국세조사관		김준호 김창근	송기동 김경희 이선영	윤경옥 조현준 최보문	이탁수 오현정	김 호 강지은	이지연 박민정	정원호	주용호 이재연
	이환수 최민지 조재완 박민아 김동철	송지선 이주영 최성화 임세영 황성희 김세빈	신현호 윤미희 금진희 정수연 함지영 김지영 최영현 이세미	이대정 남태호 최효선 현윤영	김문경 박성일 김명희 엄순영	김성욱 황혜조	장희정 남영철	김만숙 이광성 김은영 이은희 최희정	강석관 이아름
	박소연 한은정 이창훈	김희선	김현서 김태희	이지우 이용권 권오현	김재성 이지연	김기철 이윤진			이선주
		김은진 도 준	이강현	송수빈	남 용	이연재	박혜진 배지윤	최정우	박상현
Fax	512-3917			546-0501		546-3175		546-3178	

- 주　　소 : 서울특별시 강남구 학동로 425(청담동 45번지)
  　　　　⑦ 06068
- 관할구역 : 서울특별시 강남구 중 신사동, 압구정동, 논현동, 청담동
- E-mail : gangnam@nts.go.kr

과장	재산세2		법인세1		법인세2		조사		납세자보호담당관	
	서승원 540		김태석 400		조대현 440		이국근 640		신우교 210	
팀장	재산1	재산2	법인1	법인2	법인1	법인2	정보관리	조사	납세자보호실	민원봉사실
	김은중 541	서민자 561	정승식 401	이승호 421	이상기 441	김한규 461	문태정 641	이상재 651	김수진 211	김정연 221
DID	542-8	562-5	402-9	422-9	442-9	462-9	642-4 692-4	652-68 670-3	212-6	222-30
국세조사관	조소희 김화숙	한은주	강형규	윤재헌 고정란	추현종 김건영	김인겸	강경영 최원준 김정희	정민호 강희경 김미주 이승호 이동희 봉준혁 이혜진 박은정	유선화 서예림	
	윤신애 이은지 이향주	곽승현 신현국 나명호	부성진 정아름 이미숙 박준범	음홍식 홍민기	김민수 이조은 박성혜	양소영 이정아 윤정민 임영수 김현지 정윤석	한유진 이진화 박미진 김규희	박승욱 마선희 정애정 김태희 최유건 류승남 장한별 박규미 정민국 박현빈	손정빈 권규원 김나연	김보운 김안나 박현규 이보배 장선희 이성은
			김호진 김용철	정현기 김유림	양현우		김재현	최주연 조수정		박계희 김수진 진윤지 윤서영
	구혜진 강윤미		김예진	강희윤 김여진	마민화 강나루	오승헌 박혜원	곽종훈	주진영		이범연
Fax	546-3179		546-0505		546-0506		546-0507		546-3181	

강동세무서

- 대표전화 : 02)2224-0200
- 코드번호 : 212
- 계좌번호 : 180629
- DID번호 : 02)22240-구내번호

| 서 장 | 김필식 ☎ 02)2224-0201 |

과장	징세			부가가치세		소득세	
	김소연 240			정지용 280		이귀병 360	
팀장	운영지원	체납추적1	체납추적2	부가1	부가2	소득1	소득2
	곽봉섭 241	김지영 601	정재일 261	이태경 281	김민영 301	최우성 361	김은자 621
DID	242-6 666-7	602-9	262-8	282-90 295	302-11 295	362-72 295	622-31 295
국세조사관			서정연 황은옥	임아름 남상준	구자옥 윤정재	이진수	이재성 박은혜
	김민정 서민경 최진철	한수연 백혜진 홍성준	홍정민 박형선 김은수 이진구 성연일 배현옥	박선은 유현아 윤진우 김미희	강혜경 박요나 양미숙 김지연 김우성	김승환 고정진 신영철 이영아 이정희	정연경 이종성 김소영 강혜지 박혜진
	장건식 채연기	양동혁 황선화 김지현	홍기선	남만우 박경림 김연희	안가혜 서주아 이지수	김수연 이대근 박현진 남현주	김세하 김정우 추교석
	이동욱 배민주	박푸른 전민채		이시경	정승현	박상길 조혜림	이상덕
Fax	2224-0269			489-3253		483-0666	

- 주　　소 : 서울특별시 강동구 천호대로 1139(길동, 강동그린타워)
　　　　　🕿 05355
- 관할구역 : 서울특별시 강동구
- E-mail : gangdong@nts.go.kr

과장	재산세			법인세		조사		납세자보호담당관	
	황연실 480			박주열 400		임한영 640		이세풍 210	
팀장	재산1	재산2	재산3	법인1	법인2	정보관리	조사	납세자 보호실	민　원 봉사실
	김옥환 481	하기성 501	손광섭 521	지연우 401	예찬순 421	이동주 641	김태우 651	유성엽 211	홍규선 221
DID	482-7 550	502-7 550	522-7	402-7	422-5	642-3 691-2	652-61	212-4	222-8
국 세 조 사 관	정주인	이승학	손병석	심정보	이경임	손선아	장희철 윤선영 윤주호 허 장	한경석	
	김경아 이효진 박경란 윤종훈	양송이 김보미 김영심	전종선 김태은 이슬기	정경택 전샛별 송고운 김재희	박효신	빈수진 김진희	이현주 박혜진 김정엽 정영달	손선화 장희숙	류관선 이아린 문지환
	박보화 허지현	한재영 박안나			이지윤		서지민		강현주 김영숙 유승희 임진화
	신새벽	김용민	최용호 유영재	허하은	김태헌	김민지	오정욱		
Fax	489-4166			489-4129		489-4167		489-4463	

강서세무서

- 대표전화 : 02)2630-4200
- 코드번호 : 109
- 계좌번호 : 012027
- DID번호 : 02)26304-구내번호

서 장 홍용석 ☎ 02)2630-4201

과장	징세				부가가치세			소득세		
	김현숙(직무대리) 240				김현숙 280			윤동환 360		
팀장	운영지원	체납추적1	체납추적2	징세	부가1	부가2	부가3	소득1	소득2	소득3
	김영민 241	박정민 601	김은숙 621		변동석 281	신만호 301	박정임 321	위승희 361	최병국 371	사명환 381
DID	242-6	602-10	622-28 261-2	261-3	282-91	302-10	322-29 582	362-70 391	372-9 581	382-90 582
국세조사관		장재원 홍종복	최서윤 박윤진 황재민	박윤진	심희선	김재곤 신미선	박영애	강선희 양윤선	윤선희 엄태자	이정민 김동원 변애정
	정지현 김경희 박광덕	김소연 김하림 (휴직) 박샛별 노미현	김은령 이 빈 임유화 김상호	이 선	황한수 임길수 이경하 남기연 이수지	유수현 손병수 이정민 권범진	임지형 한진혁 김서이 김석규 이도혜	홍수옥 남경일 이광식 박신혜	이동광 윤수열	김현진 남윤정 김현정 민지원
	이동열	형유경 김 혁 남기은	한승구 이효진	신채영	김오중	김소연		김진주 박은지 곽현주	왕지선 계현희 민정대 강윤영 신지연 이승민	최익영 정영균 권다혜
	고현주	김은령 박경민 (휴직)	김해진		이성원 김두향	이은영 조 융 박진솔	이솔아 최영진 오영서	박창묵		
Fax	2679-8777	2678-0556			2671-5162	2068-0448	2068-0448	2679-9655	2068-0447	

- 주　　소 : 서울특별시 강서구 마곡서1로 60(마곡동 745-1)
　　　　　우 07799
- 관할구역 : 서울특별시 강서구
- E-mail : gangseo@nts.go.kr

과장	재산세			법인세		조사		납세자보호담당관	
	하정권 480			홍순영 400		조재량 640		변영희 210	
팀장	재산1	재산2	재산3	법인1	법인2	정보관리	조사	납세자보호실	민원봉사실
	김용삼 481	변성미 501	김영수 521	추세웅 401	배장완 421	이세연 641		김혜란 211	이혜전 221
DID	482-8	502-8 586	522-7	402-13	422-31	642-5	652-65	212-5	222-29
국세조사관	국승원	진정록 김경희	최현석	최미순 이재일 김오미	손길진 한재희	전용수	1팀 심재광 이정훈 이지영	류병호	천경필
	현승철 손정욱 김재성	장미혜 유주민 김영운 이보라	이동우 김태호 권순미 김성혜	고현숙 홍태영 강성환 임순종 박성준 안지은	김진아 박희상 이은정 이현아	최윤미 남성윤	2팀 김호근 전혜영 강성률 3팀 장동훈 김진웅 성민규	김예원 조소연 차나리	최윤정 이미정 강현우
		윤서울	김준철	백은실	김진아	백가연	4팀 이문환 김자현 김윤성		박경화 김경혜
	강나루 김민주 송윤호	구본하 이혜리 유규호		김민준 허문영 장재연	문상혁 최서연 조승현 김광용		5팀 김정화 김현준 김다현		전미애 김유경
Fax	2633-0758			2678-3818		2678-6965		2678-4163	2635-0795

관악세무서

- 대표전화 : 02)2173-4200
- 코드번호 : 145
- 계좌번호 : 024675
- DID번호 : 02)21734-구내번호

| 서 장 | 권 석 현 | ☎ 02)2173-4201 |

과장	징세			부가가치세		소득세		
	이영호 240			김성일 270		양석재 340		
팀장	운영지원	체납추적1	체납추적2	부가1	부가2	소득1	소득2	소득3
	장영환 241	윤현식 601	유기무 621	김규성 271	최연희 291	김현정 341	문극필 361	최영환 381
DID	242-7	602-9	622-6 262-3	272-82 639	292-9 300-2	342-50 379	362-9 379	382-9
국세조사관		김신우 이준규 박정순	김미진 김재련	배수진 손수정	이성수 김미경	노아영	이광재 이미라	황현주
	이현지 정연호 김대권	전인향 이민정 송기원	용수화 황순하	이영빈 문미경 김은혜 임정호 서보미	박영숙 조영성 김태영 김고은 김다원	김혜성 정혜윤 서경원 강나영 김연주 이강원	김정숙 김영옥 강은실 오도훈	오경화 김민숙 정유진
	윤창용 김은정	윤정민	임종헌 김민수	최선호 오은지 성경옥	박효진 조영주	김주원	이재석	이성진 김지영 오영주
	지희창	김지훈	김동언	김유승 손유리	김미정 채유찬	강혜린 김영민	서지은 이성민	조선진
Fax	2173-4269			2173-4339		2173-4409		

• 주　　소 : 서울특별시 관악구 문성로 187(신림1동 438-2)
　　　　　[우] 08773
• 관할구역 : 서울특별시 관악구
• E-mail : guanak@nts.go.kr

과장	재산법인세			조사		납세자보호담당관	
	노병현 460			권석주 640		이평년 410	
팀장	재산1	재산2	법인	조사관리	조사	납세자보호실	민원봉사실
	김미순 461	주현식 481	서정석 531	양영규 641	주경탁 651	양현숙 211	김은숙 221
DID	462-8 309, 471	482-8	532-41	642-5	652-60	212-5	222-8
국세조사관	오대창 송주민	김창수	유인혜	김제은	박지영 김명경	정인선	김태윤 이정숙
	손영란 오덕희	최광신 송수현 홍미영 이나영	윤성준 황정화 임형철 오재헌 김철현	신지연 나한결	이우근 임효선 여정재 박병주	김주현 한누리 박혜숙	이명희 강정규
	최호림 이정표 심윤미	이주희	정혜원				황아름 김미연 조예훈
	한지원 강주빈	정재희	박지원 윤희정 윤지우		손지원 박소정		
Fax	2173-4550			2173-4690		2173-4220	2173-4239

구로세무서

- 대표전화 : 02)2630-7200
- 코드번호 : 113
- 계좌번호 : 011756
- DID번호 : 02)26307 - 구내번호

| 서 장 | 허 양 원 ☎ 02)2630-7201 |

과장	징세			부가가치세			소득세	
	정현중 240			전영의 280			이정걸 360	
팀장	운영지원	체납추적1	체납추적2	부가1	부가2	부가3	소득1	소득2
	류인용 241	김우진 601	김종식 621	강태호 281	곽윤희 301	박기범 321	장성하 361	황병권 381
DID	242-6 595-6	602-10	622-29 261-3	282-8	302-8 340	322-8 340	362-70	382-90
국세조사관		최우일 황윤숙	장수안 황규형	김미경 박원영	김미경 장은정	홍세민 김영숙 양종선	정한신 홍지혜	김선미 최영숙
	이하섬 전태원 이선아 김소담	김세일 서해나 유강훈 김대환 진주희	김영남 이강윤 주희진 조윤미 오진택	이민영 양원석	최지아 김서은 김선주	정우선 안선희	이언종 이영수 서승혜 조애정 홍정표	김정미 김하림 안종호 곽동윤
	강현성 김덕기	최세은 이정상	오현섭 주나라 김나래 방선우	장건수 이선아	이규태	박혜진 민지은 임성영	장서윤 이승현 김유권	박근영 이은영
	이해성 김지수		최지우	김성미	송승원 정희연	최현신	박정훈	김미림 김정은
Fax	2631-8958			2637-7639	2637-4913		2634-1874	2636-4912

- 주　　소 : 서울특별시 영등포구 경인로 778(문래동 1가)
  - ⑰ 07363
- 관할구역 : 서울특별시 구로구(신도림동 등 19개동)
- E-mail : guro@nts.go.kr

과장	재산세		법인세		조사		납세자보호담당관	
	황태훈 480		이윤희 400		이경수 640		박노헌 210	
팀장	재산1	재산2	법인1	법인2	정보관리	조사	납세자 보호실	민 원 봉사실
	김미숙 481	최원석 501	김미원 401	장 민 421	이재하 641		박윤정 211	양미경 221
DID	482-7	502-6	402-12	422-31	642-5 692-3	651-65	212-5	222-30
국 세 조 사 관	문소진 강지현	유동균 김영찬	박주철 최연수	이동연 이수화	이 숙	배성호 강경수 김원호 이지원	강은영 윤지영 권오광	이정숙 김상연 이은경
	편혜란 한재식 진혜경 장희정	최선규 이윤재	강미진 이현일 안소라	박가은 박근식 유신혜 김예지	고은주 황준기 홍윤석	최정훈 송영석 이재욱 정화승 김소나 문미진 장하용	김경희 조다현	윤정화 오선희 김효남
	권정우	정수진	심윤보 배은경 정혜지	이화영 이윤정	최수인 홍성옥			강유미 윤세진
			강한나 정찬호 박지영	백지연 조현지		우가람 임예은 권근순		문장환
Fax	2636-7158		2676-7455	2679-6394	2632-1498		2632-7219	2631-8957

금천세무서

- 대표전화 : 02)850-4200
- 코드번호 : 119
- 계좌번호 : 014371
- DID번호 : 02)8504-구내번호

서 장	허 준 영 ☎ 02)850-4201

과장	징세			부가가치세		소득세	
	박옥련 240			최종호 280		박찬만 320	
팀장	운영지원	체납추적1	체납추적2	부가1	부가2	소득1	소득2
	김진수 241	김민수 601	김인숙 621	배진희 281	조형석 301	설미숙 321	전경란 341
DID	242-6 248, 595	602-9	622-7 262-4	282-92	302-11 592	322-8	342-6 592
국세조사관		하신호 이용수 정인월	김수연 이상민 정미영	안효진 김익환	서은정 안성진	정미선	양명숙
	변유경 허석룡 김병윤 한보경 김지혜	김정희 박희근 한성일	김민우 김예린	이홍숙 허진화 진민희 이선미 임혜빈	권현신 위경진 성기영 김현정	최영호 김윤미 김수진 박숙영 이송향	권은숙 김혜정 김주아
	유태준 김찬미	공기영 장혜미 백정하 정수영	노종영 김혜정	정명교	김문영 정의범		강수빈 이지수
	김민재		김한슬	추지연 김나현	이소정	윤수훈 주수진	이광형
Fax	850-4635			850-4631		850-4632	

- 주　　　소 : 서울특별시 금천구 시흥대로315 금천롯데캐슬골드파크4차 업무시설동
  ⍩ 08608
- 관할구역 : 서울특별시 금천구
- E-mail : geumcheon@nts.go.kr

과장	재산법인세			조사		납세자보호담당관	
	남동균 400			하명림 640		김동영 210	
팀장	재산	법인1	법인2	정보관리	조사	납세자보호실	민원봉사실
	김미연 481	이찬주 401	이동진 421	강정화 641		유선종 211	권보성 221
DID	482-7	402-15	422-32	642-6	652-3 662-3 672-3 682-3 692-3	212-4	222-4 226 228-9 230
국세조사관	구민성 김상희	김영기 이미연 김광현	김지범	김영미 전 확	이준혁 최선호 장창환 박인철 최미선	임태호	함석광 이수정
	안성민 최은영	정회훈 송호필 강혜지 김경태 이미현	이경옥 마정윤 정안석 김소영 박민주 조성광	윤현주 이민지	박진영 박정연 백경훈	이영희 정민주	우정희 김 용
	이지은 박혜정 김지은	서정은 이유경	최효영	김세빈	김제성 윤동희 최보영 신지연		한정아 전지혜
		오서영 두채린 이동숙 조현욱	배경환 김찬우 최지영 김강휘 백은희		이은상 김다연 강수경		이윤수
Fax	850-4633			850-4616		850-4634	

남대문세무서

- 대표전화 : 02)2260-0200
- 코드번호 : 104
- 계좌번호 : 011785
- DID번호 : 02)22600-구내번호

서 장	송평근 ☎ 02)2260-0201

과장	징세		부가소득세			재산법인세	
	김보석 240		김을령 280			고재국 400	
팀장	운영지원	체납추적	부가1	부가2	소득	재산	법인1
	김태균 241	안연숙 601	박범진 281	곽미경 301	임정미 321	이우철 481	심재훈 401
DID	242-7 593	602-10 261-2	282-6	302-9	322-4	482-5	402-9
국세조사관	신봉식	임은화 도창현 황순영	서윤주	이미숙 손정아	이주희	홍준영	김민경 안진영
	이인권 정재근 김은석 전연주	강현철 주현경 최원미 김명화 이태경	신수영	안창남	오승연	유주만 김승희	이성원 김미란 배은호 김경덕 김동우
	배형기	이금미 김태경 김규리		김주현		황찬연	김상현
		박정은	제은아 조수연 남기호	윤성호 이준희	김솔아		
Fax	755-7146		755-7145			755-7730	755-7714

- 주　　　소 : 서울특별시 중구 삼일대로 340(저동1가) 나라키움저동빌딩　⑪ 04551
- 관할구역 : 서울특별시 중구 중 남대문로 1, 3, 4, 5가, 을지로 1~5가, 주교동, 삼각동, 수하동, 장교동, 수표동, 저동 1~2가, 입정동, 산림동, 무교동, 다동, 북창동, 남창동(남대문시장), 봉래동 1·2가, 회현동 1~3가, 소공동, 태평로 1·2가, 서소문동, 정동, 순화동, 의주로 1·2가, 중림동, 만리동 1·2가, 충정로 1가
- E-mail : namdaemun@nts.go.kr

과장	재산법인세		조사		납세자보호담당관	
	고재국 400		이선우 640		김은경 210	
팀장	법인2	법인3	정보관리	조사	납세자보호실	민원봉사실
	이건준 421	곽세운 441	옥석봉 641	엄정임 651	정진학 211	이미경 221
DID	422-31	442-9	642-3 691	651-9 671-6	212-4	222-7
국세조사관	정호형 남미라 박용태			기재희 장희원 조희진 임창범	박은선 한정희 권석진	김진석 오수현
	이원도 함연의 노연섭 박미희	백승현 백아영 김정은 김신자 김범준	조은영 김영하 최아현	이지윤 황현서 왕윤미		이채아 황선익 양문희
	유영준 박준희	김효섭 오대철 김지현	강명은	김나은 신현경		황미향
	허유림			신동진 김선화 한승아 강서의		서미선
Fax	755-7714		755-7923		755-7903	755-7944

노원세무서

- 대표전화 : 02)3499-0200
- 코드번호 : 217
- 계좌번호 : 001562
- DID번호 : 02)34990-구내번호

| 서 장 | 권 순 재 ☎ 02)3499-0201 |

과장	징세				부가가치세		소득세	
	김명규 240				신옥미 280		이승현 360	
팀장	운영지원	체납추적1	체납추적2	징세	부가1	부가2	소득1	소득2
	최선우 241	박준서 601	남궁재옥 621		양희재 281	채용찬 301	이동백 361	김혜숙 381
DID	242-7 593	602-10	622-9	262-4	282-91 399	302-11	362-74 399	382-394
국세조사관		정동환	유진희 오광선	김희정	이승필 김미정 최성일	김문영 황미영 서정이	최기웅 김영숙 이승호	윤순녀 이성훈
	김수현 이윤행	송유석 김은화 고현웅 박은정 장건후 이종룡	권우택 이재완 이정은 배원희	안지윤	김행복 최수진 김경자 이상호 김일하 김예지	강복길 배우리 이명선 임칠성 한지혜	강선미 윤지미 이성애 김도형 김경원 이미형 신예민	황정미 오세민 박정언 문종빈 김대길 정하영
	권용상 박민우 문성흠 경지수	문현희	김세명		박혜미 정현진	조서이 임소연	황서하 홍영실 박준우	김성실 송현주
	김민수	차준형	변광호	김은정	권오민	최서영	이주경 송예린 김예림	김인빈 김유진 서진희 조윤정
Fax	992-1485				992-0112		992-0574	

- 주　　소 : 서울특별시 도봉구 노해로 69길 14(창4동 15)
   ⑦ 01415
- 관할구역 : 서울특별시 노원구 전지역, 도봉구 중 창동
- E-mail : nowon@nts.go.kr

과장	재산법인세				조사			납세자보호담당관	
	박양운 400				김영근 640			강상길 210	
팀장	재산1	재산2	재산3	법인	조사관리	조사	정보	납세자 보호실	민　원 봉사실
	박승문 481	윤지수 501	유성두 521	배민우 401		최규식 651	양재중 641	서경철 211	이지선 221
DID	482-8	502-8	522-8	402-8	642-5	652-61	691	215-5	222-8
국세조사관			이정희	전광준	박지영	손승희 류진규		양선욱	임경태
	김주희 김지혜 우승철 안소영 박주영 고경진	김재우 박성희 윤혜미 김미덕	김성수 안정호	남수주 윤슬기	김미진	백유영 정철우 김시태 변지현 김신애	강민수	엄기관 홍강훈	강규철 육송희 최보미
	은하얀	임윤택	이규은 방문용 안희성			강나영		김수빈	최선희 빈효준 최지현 이제헌
	진예슬	곽정은 이효원		정재연 박한철 이다경 안찬종	이경서	구현정 김지은			장혜진
Fax	992-2695				992-2747		992-0272	992-6753	992-6753

도봉세무서

- 대표전화 : 02)944-0200
- 코드번호 : 210
- 계좌번호 : 011811
- DID번호 : 02)9440-구내번호

| 서 장 | 윤 명 덕 | ☎ 02)944-0201 |

과장	징세			부가가치세		소득세	
	진병환 240			서민정 280		김 권 360	
팀장	운영지원	체납추적1	체납추적2	부가1	부가2	소득1	소득2
	이문수 241	유경민 601	최선희 621	탁용성 281	황주현 301	정상술 361	문광섭 381
DID	242-5 248, 595	602-10	622-8 261-3	282-91	302-12	362-72	382-93
국세조사관	김은정 박시춘	조명기 박선희	허형철 임미영	최진영 이지현 임경미	김윤주 이응선 황영규	박혜경	강대규
	조은정 김기천 정현진	손 명 유지영 박은지	강현주 이은진 변금수 한승범 이서현	김은주 이지혜 이영민 홍은아 양 웅	정미경 백기량 조아라 진성욱 박혜옥	박애란 이호연 정유정 최연희 김태진 김철권 이재은	김민경 김연홍 조은비 이원희 차중협 강동원
	류경탁	오홍희 이선우	김동하	곽민정	황인환	신이나 안해송 김경록 이은진	이혜미 권혁진 이은실
	김지안	김상천 윤주희	정해원 최승희	조영상 김영곤	양문혜 변하윤 손지아	신해인	오민우 윤혜원
Fax	944-0247	944-0249		945-8312		987-7915	

- 주　　소 : 서울특별시 강북구 도봉로 117(미아동 327-5)
  - ⊕ 01177
- 관할구역 : 서울특별시 강북구, 도봉구(창동 제외)
- E-mail : dobong@nts.go.kr

과장	재산법인세			조사		납세자보호담당관	
	윤만식 400			이유원 640		조중현 210	
팀장	재산1	재산2	법인	정보관리	조사	납세자보호실	민원봉사실
	윤희관 481	이 성 501	김재훈 401	최향성 641	문석준 651	조승모 211	안상순 221
DID	482-7	502-7	402-8	642-3 692	652-3 661-3 671-2	212-4	222-8
국세조사관	고정수 김민섭 정세영	임재현	최상연		백승희	박성호 홍지화	이성희 이상현 이세정
	강민지 김은미 김태영	안승현 유연진 김인경	현재민 김민지	장혜경 박지영 이용우	정원영 최서진 강현주	김경라 하태연	권용익 허수진
	박슬기	방유미	정일범 장지우		조민수		박소연 윤지수 정지문
	윤성민	배동혁	차용희 황선혜		이세은 박준현		
Fax	945-8313			984-8057		984-6097	945-6942

동대문세무서

- 대표전화 : 02)958-0200
- 코드번호 : 204
- 계좌번호 : 011824
- DID번호 : 02)9580-구내번호

서 장 김 태 수 ☎ 02)958-0201

과장	징세			부가가치세		소득세	
	240			신정훈 280		모상용 360	
팀장	운영지원	체납추적1	체납추적2	부가1	부가2	소득1	소득2
	정종국 241	김지욱 601	정선화 621	윤선기 281	황기오 301	조판규 361	장민우 381
DID	242-7 590, 592 600	602-8	261-3 622-6	282-90 141	302-12	362-9 144	382-9
국세조사관		전정훈 은지현	송설희 황다겸 임보현	이평호 김영옥	강혜림 정승갑	문성인	김정숙
	박연선 이민욱 김오경 이경애 유동철 김정현	박서정 류기현	이상민 김현주 배원만 박현수	김혜진 김윤미 박수현 심지섭	정경순 박정희 이상훈 안홍준	오우진 이은영 유신혜 이경민 안모세	곽용석 김수연 최운식 김소희
	안성빈 최현준	조성문 노종옥	조연우	임여울 황현섭 손아현	강지현 편나래	김선진 조동진 양소영	이진우 이애신
		김경현 신수빈		김다영 이예진	박지연	김남훈	김나영
Fax	927-9461			927-9462		927-9464	

- 주　　소 : 서울특별시 동대문구 약령시로 159(청량리동 235-5)
　　　　 ⑨ 02489
- 관할구역 : 서울특별시 동대문구
- E-mail : dongdaemun@nts.go.kr

과장	재산세		법인세		조사		납세자보호담당관	
	임희운 480		이정아 400		김형래 640		오성철 210	
팀장	재산1	재산2	법인1	법인2	조사관리	조사	납세자보호실	민 원 봉사실
	장은정 481	금봉호 521	전태훈 401	양동규 421	손옥주 641		문태흥 211	권부환 221
DID	482-8 493	522-7	402-6	422-6	642-4	651-67	212-4	222-8
국 세 조 사 관	배상미 윤미자 박서현 변상미	정치중 안신영		김재희	전진수	심규연 고성순 김영선 최준웅	이미경	
	최은애	최창호 윤준식 김세령	이은희 이지희 조송희 박상원	이수인 김준우	송도영	황재홍 김인승 곽혜원 신영준 이윤미 김지영	김지윤 이성혜	전성훈 엄영진 최우경 송연주 이강산
	김선아 이소정	이예슬	이한송	방솔비	이지현	최영보 이상욱		박승호 김희영
	조세현 김예지		박찬우	김민석		길영은 이윤미		박찬송
Fax	927-9466				927-4200		927-9469	

동작세무서

- 대표전화 : 02)840-9200
- 코드번호 : 108
- 계좌번호 : 000181
- DID번호 : 02)8409-구내번호

서 장	김승현 ☎ 02)840-9201

과장	징세			부가가치세			소득세		
	강석구 240			박상돈 280			오승연 360		
팀장	운영지원	체납추적1	체납추적2	부가1	부가2	부가3	소득1	소득2	소득3
	김소연 241	정완수 601	김승석 621	윤미경 281	안동섭 301	곽민성 321	김태연 341	성시우 361	문민숙 381
DID	242-8 614	602-9	622-29 262-4	282-8 394	302-7	322-7	342-51 393	362-70	382-9 393
국세조사관		배주섭 김우수 홍세진	박애자 최금해 김윤정 장명숙	현지희	이인숙	전윤석	박선규 서재필	노재호 최재덕	정성훈 송도관 김선아
	전훈희 정명훈 김병진 김정호	이성복 김혜정	양준권 박옥희	박희진 최선학 이경민 이수민	천새봄 김현수 박유리 황송이	함광주 이선주 이명희	김병선 김경숙 채종희 정창우 박창수 박민수	이경주 김은희 고유나	이미선 임은형 석혜조
	강다영	신수창 이은준	이은희 이현지 이하림	박진우 임광훈		김건호 윤태훈	주영상	고민지 양심영	김나연 이신화
	강재신 김도훈	이윤선 신원경	김성진	정지원	서병학	박정연 이원빈	권수정 이철원	전희은 김정민	구용모 황선민
Fax	831-4136			833-8775			833-8774		

- 주　　소 : 서울특별시 영등포구 대방천로 259(신길동 476)
  우 07432
- 관할구역 : 서울특별시 동작구, 영등포구 중 대림동, 도림동, 신길동
- E-mail : dongjak@nts.go.kr

과장	재산세			법인세		조사		납세자보호담당관	
	이명문 480			김태선 400		강은호 640		공효정 210	
팀장	재산1	재산2	재산3	법인1	법인2	정보관리	조사	납세자보호실	민 원 봉사실
	최용규 481	심선미 501	심윤성 521	옥혁규 401	박경수 421	함두화 641	이안나 655	김용만 211	김선순 221
DID	482-9 396	502-9 395	522-9	402-6	422-7	642-4 691-2	656-67	212-6	222-30
국 세 조 사 관	이석화		김경환 황상인		권정기	윤청연	여태환 이현정 조인혁 민차형	김경진 오배석	동철호
	김진희 강미나 김남희 이진하 장동환 백우현	정선영 전기승 김라영 손재하 구재효 최정영	황혜정 장일영 최민경 임관호 김용정	이수란	유재석 김성숙	신나영 권준화	윤한슬 조한영 안영채	손창수 이유선 고유영	오은진 김은희 최은경
	정제준	김은선 김현곤	이원기	조성원 최원희	방원석	조아라 유은지	정현철 노지은 오수연	김미정	박수연 조홍준 이희환 정수연 정문희 배지영
	유정찬			이서형 조아람	박민지 주윤재		김아리수 서효정		
Fax	836-1445			836-1658		825-4398		836-1626	

마포세무서

- 대표전화 : 02)705-7200
- 코드번호 : 105
- 계좌번호 : 011840
- DID번호 : 02)7057-구내번호

| 서 장 | 최병구 ☎ 02)705-7201 |

과장	징세			부가가치세			소득세		재산세
	이상민 240			김미나 280			박인국 360		선연자 480
팀장	운영지원	체납추적1	체납추적2	부가1	부가2	부가3	소득1	소득2	재산1
	최재현 241	박준규 601	김혜영 621	한숙향 281	박용태 301	심영일 321	김선항 361	이미선 381	최영실 481
DID	242-7591	602-13	622-30 261-3	282-90	302-8	322-8	362-70	382-92	482-8
국세조사관		전미영 박상훈 박원준 임규만	도형우 유후양 유동원 한윤정 정수영	윤상건 김은미	한미경	정은아 정여원	임거성	김인천	김경희
	안소영 노영희	유진옥 김진호 김성미 한효주 유환성	이희진 김은실 윤정미 이수철	오경자 안현주 한지원 고정환	정경진 윤지윤 송정아 박혜근	박은주 신영순 오혜실 박유미	신미경 김가영 안윤미 박희진 오은희	유소정 이지은 판현미 권기연 윤성민	이현아 윤주영 김규완
	최명훈 정다영	윤정민	김희선	오신형	김승희		이현지 위다현 김연지 조인영	심수연 남화영 강혜연 김지현	오현석 김지은 임인재
	연성준 최치권 박천우	김지은 허정희	양인환 박종윤	임은경 최민성	권예진	백지원 김수현	이희수	성 솔 정병민	김명선
Fax	717-7255	702-2100		718-0656			718-0897		718-0264

- 주　　　소 : 서울특별시 마포구 독막로 234(신수동 43)
  - ㉾ 04090
- 관할구역 : 서울특별시 마포구
- E-mail : mapo@nts.go.kr

과장	재산세		법인세			조사		납세자보호담당관	
	선연자 480		김성진 400			최영호 640		신명숙 210	
팀장	재산2	재산3	법인1	법인2	법인3	정보관리	조사	납세자 보호실	민 원 봉사실
	정 건 501	김령도 521	홍해성 401	공태운 421	구우형 441	박상준 641	권정희 651	황윤숙 211	정현숙 221
DID	502-7	522-30	402-12	422-31	442-51	642-4 691-3	652-65 675-7 680-1	212-5	222-31
국 세 조 사 관	송병섭 최은혜	김정민 허진혁 이보라	이은상	김형진	최 진	정보기 성대경 이응찬	권순찬 최재철 김준기 양연화 김은희 제갈희진 김푸름	문성진 이정은	이정희 정기선
	유지선 정용관 김주혜	김희경 김민아 시종원	전민재 김대윤 임성도 송영태 감동윤	박성찬 이윤경 김형욱 임서윤 지신영	김선임 최종수 박소영 조명근 손 국 한철희	김양경	이채곤 양홍석 임영운 신지우		정유진 유경숙 진병훈
	진성민 권윤섭	이강혁	신상민 고현주	김혜원	이승현	정동욱 홍단비	문선영 김도균 심경섭 김동완	허송이	이금옥 송현수 표정범 김경아
		김예리	최소은 김영명 한경은	문지홍 남혜진 조재령	유정은 김동현		김정범 최민정 신유림		이지현
Fax	718-0264		3272-1824	3273-3349		718-0856		6713-8058	701-5791

반포세무서

- 대표전화 : 02)590-4200
- 코드번호 : 114
- 계좌번호 : 180645
- DID번호 : 02)5904-구내번호

| 서 장 | 김일환 | ☎ 02)590-4201 |

과장	징세			부가가치세		소득세		재산세1	
	송종철 240			이선미 280		임정숙 360		임종수 480	
팀장	운영지원	체납추적1	체납추적2	부가1	부가2	소득1	소득2	재산1	재산2
	윤기철 241	조광래 601	정영진 621	김남균 281	임문숙 301	노아영 361	양동준 381	강수민 481	신이길 501
DID	242-6 582 593-4	602-9	262-4 622-30	282-6 232	302-7 232	362-9 233	382-90	482-91	502-8
국세조사관		송성철	정주연 임지숙 서 미	최성호	이경숙	남혜윤	송춘희	권민철 한희윤	이창준 여호철 김종협
	이세진 김경성 임담윤	박형우 정유진 최수빈	홍욱기 정민화 권경해	조원준 박현정 김효정	임지현 주수미 이희영 장성우 송의미	임승하 유 현 김홍래	김윤호 김혜인	이정미 김내현 이지숙 박찬호 김현준 김상경 어재경	장지은 고성헌 정태경 정용승
	김민주	임미송 한정호	안초희 권혜지 한정덕	석승운 장이지		김성미 문시현 차승기	김효진 박호일 최고은 정형범	송해영	
	김경은 박승필 송병희 이용욱	차정미 박지화	이미진 양옹비 석호정		강장호	이태원 신현수 김시은	어수임 장준우	김지윤	
Fax	536-4083			590-4517		590-4518		591-2662	

• 주　　소 : 서울특별시 서초구 방배로 163(방배동 874-4)
[우] 06573

• 관할구역 : 서울특별시 서초구 중 잠원동, 반포동, 방배동

• E-mail : banpo@nts.go.kr

과장	재산세2		법인세		조사		납세자보호담당관	
과장	김현호 540		금승수 400		오명준 640		조병준 210	
팀장	재산1	재산2	법인1	법인2	정보관리	조사	납세자 보호실	민 원 봉사실
팀장	김선율 541	박희정 561	조성용 401	김제우 421	조동표 641	김갑수 651	홍정기 211	김도경 221
DID	542-50	562-7	402-9	422-9	642-5	652-66	212-6	222-8
국세조사관	박소희	김창호	주기환 심진용 김도희	이지은 최은영 임경남	김미숙	이지현 김형일 정도희 안중호 고영상 구명옥	문지혜 이인숙	방지연
국세조사관	정현정 임지영 최성규 박지성 이석준 김주희 김서안 임재욱	이연지 백정훈 오창은 유미나 우한솔	이다혜 윤소윤	이영호 김병준	최 솔 양상원 한영수	박찬욱 구승민 박장미 전아라 오유빈	김차남 안유현 이건호	구선영 이연호 이주형 유소진
국세조사관	오수영		조대훈	조윤희 김시훈		박혜인		임정희
국세조사관	이정민		권서윤 최선모	이서준		김다현		금가비
Fax	590-4513		590-4426		523-4339		590-4686	

삼성세무서

- 대표전화 : 02)3011-7200
- 코드번호 : 120
- 계좌번호 : 181149
- DID번호 : 02)30117-구내번호

서 장 최 원 봉 ☎ 02)3011-7201

과장	징세			부가가치세		소득세		재산세1	
	원종일 240			박윤주 280		김희정 360		문형민 480	
팀장	운영지원	체납추적1	체납추적2	부가1	부가2	소득1	소득2	재산1	재산2
	양재영 241	오남임 601	이진균 621	구보경 281	박선희 301	박시용 361	전병천 381	백성태 481	김율희 501
DID	242-50 160	602-11	261-4 620-30	282-91 319	302-9	362-71 399	382-91 399	482-91	502-7
국세조사관		박정숙 정정희 송찬미	이종순 박성근 강정수	권효준	이명희 배 석 유정훈	김지현	홍성일 모두열	조범래 전은상 김민정	이윤주 류지호
	권유미 조보연 강명신 이재경 정찬상	황인주 고인수 최혜옥 최소영 박영규	여종엽 박찬희 김유진 서미영 하윤경 김수정 손기혜 전미숙 박치현 이종경	이은영 김한일 송미화 김준호 이경자	서봉우 조아라 김성우	노원준 박수연 윤소연 권혜미 윤선민 정명린 이현주	김성욱 손현숙 이성진 이성현 박예림	김지연 유병수 권민지 박선영 이민정 류정란	홍성천 김준우
	조성현		김보미		이지영	어장규 송혜리	유이슬 최현지		송승철 임지남
	신동민 이종훈 정준호	백진주 손흥필 최선효	황소은	정현석 조성희	이지은	강인혜	추다솔 박원희	강소영 조영재	
Fax	564-1129	501-5464		552-5130		552-4095	552-4757	552-6880	552-4277

- 주　　소 : 서울특별시 강남구 테헤란로 114(역삼1동 824) 5, 6층

　　　　　⑨ 06233

- 관할구역 : 서울특별시 강남구(삼성동, 대치동, 개포동, 수서동, 일원동, 세곡동, 자곡동, 율현동)

- E-mail : samseong@nts.go.kr

과장	재산세2		법인세1		법인세2		조사		납세자보호담당관	
	이주석 540		임일훈 400		백승한 440		염귀남 640		정학순 210	
팀장	재산1	재산2	법인1	법인2	법인1	법인2	정보관리	조사	납세자보호실	민원봉사실
	최미옥 541	윤미성 561	이석재 401	임경욱 421	김은정 441	조병성 461	진인수 641	윤태준 665	고현준 211	변 정 221
DID	542-50	562-7	402-11	422-30	442-51	462-70	642-6	660-85 691-2	212-7	556
국세조사관	차양호 전후영 김수지	최상미 왕훈희		이경란	구영대	이재혁 김미영	홍상기 우주원	이승구 임명규 강성은 송진희 최태주 허 송 이대식 황지혜	부윤신 최미영 한수은	이민순 유정선
	박경복 신윤경 유민희 최지영 오종민	김윤호 김동욱	은진용 조희성 김은호 전세정 강지인	이진재 김대원 이주희 박준용	김서연 유정화 배지영 박가희 이정일 박은혜	이재성 최형화 박민선 강유미	김광미	조정진 김승구 홍진표 신원섭 박지완 정해진 박서빈	김소연 최원화	김효정 김경달 황연희 이승민 김보라
		강동인 김희준	구은주 최정민 윤기섭	박대광 유희민	권순엽		김은경 구훈모	이지혜 한수정 윤지현 원정윤 박정은 최재득 이보라 장서희	김유진	김수경
	최종호 이재욱 김경락		남현준 우유정	황은진 김정민 황현태	박소현 최선웅	이용훈 배준영 임도은		노강래 심영은		조영도
Fax	564-1127		552-4148		564-0588		552-4781	552-4093	569-0287	

서대문세무서

- 대표전화 : 02)2287-4200
- 코드번호 : 110
- 계좌번호 : 011879
- DID번호 : 02)22874-구내번호

서 장 **주 현 철** ☎ 02)2287-4201

과장	징세 유은주 240		부가가치세 이동원 280		소득세 강기헌 360	
팀장	운영지원 김지혜 241	체납추적 김 웅 601	부가1 천영현 281	부가2 이유미 301	소득1 채종철 361	소득2 김승일 381
DID	242-9	602-12 262-3	282-6 313	302-6 313	362-9 313	382-9 313
국세조사관	여민호	박원희 김봉찬	신동호		문형빈 복은주	이현석 김영숙
	천영환 윤순옥	김선량 여창숙 이지훈 황미경 김지헌 노규현 황유숙 김준연 박은희	조안나 김은정 안성은 이선영	임미애 이계승 양옥진 노민경	고병석 이선민 임진영	구진영 정세나 박연주 김현아
	심희열	류두현 강혜성 금민진 원시열 이미진	고지환	윤성귀 이유정	김하연 조인영 한아름	강민정
	채성운 이지원	이윤정	이윤성		김용선	조윤수 김나현
Fax	379-0552	395-0543	395-0544		395-0546	

- 주　　소 : 서울특별시 서대문구 세무서길 11(홍제동 251)
  [우] 03629
- 관할구역 : 서울특별시 서대문구
- E-mail : seodaemun@nts.go.kr

과장	재산법인세			조사		납세자보호담당관	
	박상정 400			손상현 640		김민광 210	
팀장	재산1	재산2	법인	정보관리	조사	납세자보호실	민원봉사실
	김지원 481	윤현숙 501	정의재 401	최현석 641	김고환 651	김정숙 211	김기덕 221
DID	482-91	502-7	402-10	642-4	652-9	212-4	222-7 230
국세조사관	김광미 이영주	문용식	김용배	최　웅	권지은 주현아 장해성	김진홍 이진주	김소희 도혜순
	이태경 조예림 한지영 이창민 변혜정	김두성 오현식 정미영	기은진 배성한 유승규 채현진 김호서 이상혁	배은아 김경욱	장충규 이　솔	김은해 고경만	노인선
	임지민 김서영	김대용	남보영 김남희		박서연		차연주 나희영 한소백
	장예라	송여경	김민수		엄하은		우현구
Fax	379-5507			391-3582		395-0541	395-0542

서초세무서

- 대표전화 : 02)3011-6200
- 코드번호 : 214
- 계좌번호 : 180658
- DID번호 : 02)30116-구내번호

서장 유 영 ☎ 02)3011-6201

과장	징세				부가가치세		소득세		재산세1	
	김희대 240				성승용 280		류오진 360		조성훈 480	
팀장	운영지원	체납추적1	체납추적2	징세	부가1	부가2	소득1	소득2	재산1	재산2
	고태일 241	김환규 601	정수인 621		성아영 281	김윤희 301	남승호 361	김주애 381	박미정 481	김영기 501
DID	242-6 277-8	602-11	622-31	262-4	282-90	302-10	362-7	382-7	482-8	502-7
국세조사관		박성탄		김희정 손민자	조은희 이선영 차순조	황태연 김선애	이정은 김나연	정명주 김미옥	공주희 진미선	신현삼 김대준 유종일
	정소영 이지민	정순삼 김건호 홍민기 이혜선 김진환 배현주	이효주 강동석 김태훈 이미경		홍승표 강금여 김선아 배을주 배진원	마경진 문석빈 서경희	주아름 이 솔 김인화 정영선	정은이 최병석	이부창 김경민 임정석 김유리 김태은 정규식	원지혜
	이보름 최윤정 도기원 김태훈	조선희 지서연 최진규	박성하 정인희 고주연 이은아 김문경	채연주	안승진	박용석 이미숙		김유진		김혜민
	정혜경 홍천상	김준상 신지원	마효민		안세미	신준호 김한율 권지수	최은진 최민호	박홍균 오윤식		김세현
Fax	563-8030	561-2271			561-2682		561-2948	561-3202	561-3378	

- 주　　소 : 서울특별시 강남구 테헤란로 114(역삼동) 역삼빌딩 3, 4층
  [우] 06233
- 관할구역 : 서울특별시 서초구 중 서초동, 양재동, 우면동, 원지동, 염곡동, 신원동, 내곡동
- E-mail : seocho@nts.go.kr

과장	재산세2		법인세1		법인세2		조사			납세자보호담당관	
	윤광현 540		김승욱 400		정진혁 440		권오봉 640			김혜경 210	
팀장	재산1	재산2	법인1	법인2	법인1	법인2	조사관리	조사	세원정보	납세자보호실	민원봉사실
	김강훈 541	박정한 561	백상엽 401	김수용 421	정대수 441	안정섭 461	박명하 641	최경호 651		김병석 211	박상미 221
DID	542-9	562-7	402-11	422-31	442-50	462-71	642-4	652-78	645-6	212-7	556
국세조사관	김병만 노경수 박보경	김동진 설재형	이광수	김동훈		김현희	서민수 민혜아 범정원	최태진 최종태 김병기 안미영 박종화 송준승 조남건 이용수	엄준희	이승연 김현민 한혜린	정희섭 오경애
	정대혁 이승하 조정원 최영조	안대엽 김예슬	장윤정 김정란 정봉훈 권현식 신지현 유서진	이금조 최해원 이가영 이규미	전희경 이지현 이화진 박범규 박명진	김지선 김종문 원수영 김지윤	장혜진 김옥재 전정화	안병현 정석훈 이병직 임신희 김동원 노영배 류대훈 서재운	장영훈 여효정 안태일	김주영 윤영민	박정아 배주현 박정희 최하나 권혁선 김진희 김새미 이광은
	윤기숙	이수현	윤지원	박철한 김효선	고아라	김비주 이호성		안진모 김선화 박정민		김은진	장예지 이근우 곽수연
		김동현	최형윤 신 진	박경빈 김가영 송준희	이서영 이은지 조경상	김나현 임한솔 오유정	백보민	조경진 조슬기 김은정			
Fax	561-3750		561-3230	561-1647	561-3291	561-1683	561-3801			561-4521	3011-6600

성동세무서

- 대표전화 : 02)460-4200
- 코드번호 : 206
- 계좌번호 : 011905
- DID번호 : 02)4604-구내번호

서 장　이광섭　☎ 02)460-4201

과장	징세				부가가치세1		부가가치세2		소득세		
	윤경희 240				정홍석 280		김혜랑 320		강신태 360		
팀장	운영지원	체납추적1	체납추적2	체납추적3	부가1	부가2	부가1	부가2	소득1	소득2	소득3
	오주원 241	이선하 601	박문철 621	이귀영 261	송희성 281	이애란 301	이유상 321	김진경 341	임정은 361	조정화 374	윤민오 387
DID	242-50 596	602-12	622-32	262-5 635-8	282-90	302-10	322-8	342-7	362-71	375-84	388-97
국세조사관		이강구 홍주현	김창범 김지만		김동욱 유정림	김명희 홍영선	문주란	이금숙 오현주	유수정 전한식	주동철 이순영	강승희 김정미 유제근
	박숙희 오형진	정상덕 최은수 이서연 김혜원 박민지 조민현	강동효 권예원 조정미 정희태 이후건 이다현	이홍욱 김형주 안지영 김미진 백연희	김지혜 원대연 김영신 손영미 윤혜숙	박정숙 심주호 김보미 김영천	변지야 변행열 안승용 김은미 양수정	설정란 김지윤	오정환 박양숙 석종훈 신준철 김도영	임영신 신종웅 진현서 김은하 곽진후	변정기 황순희 지명희 양영철 김원종
	이혜지 최범식 송대섭 송은우	최기웅 이지수	이윤경 김은지	이주영		이가연 허진수	송지훈 조소현	이동건 오지훈 김세현	김혜진 김유리 김상균	정상열 한혜빈 송채원	정현지
	허준영 김영환	정보경	김종민	황웅재 박상기	박우경 최정은	권혜은			김희연	김수빈 원태우	노혜림 허재희 이동준
Fax	468-8455				497-6719		466-2100		498-2437		

- 주　　　소 : 서울특별시 성동구 광나루로 297(송정동 67-6)
  　　　　　☞ 04802
- 관할구역 : 서울특별시 성동구, 광진구
- E-mail : seongdong@nts.go.kr

과장	재산세1		재산세2		법인세			조사		납세자보호담당관	
	김봉기 480		이병현 540		박재성 400			김영주 640		김춘경 210	
팀장	재산1	재산2	재산1	재산2	법인1	법인2	법인3	정보관리	조사	납세자보호실	민원봉사실
	노명희 481	유형대 501	김영수 541	최성순 561	이봉희 401	김용원 421	안순호 441	하태희 641	조은희 651	김경원 211	김상근 221
DID	482-93	502-7	542-52	562-7	402-12	422-30	442-50	642-5 693-4	652-79	212-8	222-31
국세조사관	오주해 정성은	예정욱 류동균	신종훈	김선덕 정진범	김창명 정화선	신현철 박준범	한명민 민경화	김난형	황제헌 조문현 김선한 김흥곤 전종상 김명진	이은경 윤은숙 박민재 박영식	김나나 성준희 이수진
								한승만 명거동 정미란			
	김정희 신주현 김화도	정혜영 최승혁	반미경 송재영 최진원 하상철 차유해 안미라	이진호 조영탁	박유광 서승현 문정희 유호경	김민선 안지현 권혁 이성준 이현석	정도영 이명용 노이주	박태호 김은영 황정미	김충상 홍범식 한종범 임윤종 안경화 김주하 조현진 이준권 김수형 이희령	이우진 권현서 김두희	나정학 정재희 김지은 최은정 서명진 정희선
	민경상 김수인 송현화 문정식	김동현	이난영 박동수	신유진 강건희	박지은 황지영		박세인 이현주 백태훈	임하경	진선호 김재연 박지혜 권민지		김태윤 정은선
	신은수 장수현 최지원	김재훈	정부교 황경주 전민지 김범종	강민주	김동욱 김다정 최진수	김태호 김가림 한재식	김유진	이서영	박진영 지소정 양동범		
Fax	468-3768		460-4571		460-4572			469-2120		2205-0919	2205-0911

성북세무서

- 대표전화 : 02)760-8200
- 코드번호 : 209
- 계좌번호 : 011918
- DID번호 : 02)7608-구내번호

서 장 임 상 진 ☎ 02)760-8201

과장	징세			부가가치세		소득세	
	임준빈 240			임진옥 280		심정식 360	
팀장	운영지원	체납추적1	체납추적2	부가1	부가2	소득1	소득2
	이용제 241	김광록 601	이재원 621	김우정 281	이봉숙 301	이은영 361	박영용 381
DID	242-5 207-8	602-9	622-7	282-8 297	302-9 297	362-72 294	382-90 294
국세조사관	배수일	안병옥 이태순 이서원	조남욱	최근수 나용선	최선이	한진옥 권대식	박미영
	두준철 김정윤	이찬무	정세연 윤희영	김윤정 이수진 최재원 이경미 김도연	이연경 이존열 정수빈 주희정	박현준 홍지석 유소정 서인숙 김혜림 나진희	변성익 신 선 안진성 김가영 채정화
	류유선 최정원	이승주 장두영 이다경 이정웅	박수진 주영석 백만리 한윤채	강송현	김상걸	노소영 정유빈	이한나 이소현 조현희 윤소윤
	김진아		문예서	백태현	이혜진 박혜정	임화영 장동영	이제일
Fax	744-6160		760-8269	760-8672	760-8677	760-8673	760-8678

- 주 　　소 : 서울특별시 성북구 삼선교로 16길 13(삼선동 3가 3-2)
    ㉾ 02863
- 관할구역 : 서울특별시 성북구
- E-mail : seongbuk@nts.go.kr

과장	재산법인세			조사		납세자보호담당관	
	반종복 400			장미선 640		정승원 210	
팀장	재산1	재산2	법인	정보관리	조사	납세자보호실	민원봉사실
	박수한 481	강민완 501	박인홍 401	이용호 641	이치원 651	정수경 211	김일동 221
DID	482-92 298	502-9	402-9	642-4	652-7 660-2	212-4	222-8
국세조사관	정주현 신영진 박명희 김영아 김미정 김향숙	김민수	이동경	이은정	이주영 최영진 지성수 김용현	서지영	김민아 박현숙 김경선
	정수용 김현정 정남숙 이보배 서하영 최원희	엄익춘 이찬형 윤지원 김혜원	이미정 김정훈	이상직 이영경	김주영 위민국	유기선 이미화	박현경 김윤정
			서경진 김민석 신기용		김상혁 이유진		조혜리 정현호
	김예지 남도현	이아름 이근아 서영호	이동준 탁희경				
Fax	760-8675	760-8679	760-8419	760-8671	760-8674	760-8676	742-8112

송파세무서

- 대표전화 : 02)2224-9200
- 코드번호 : 215
- 계좌번호 : 180661
- DID번호 : 02)22249-구내번호

| 서 장 | 이인우 ☎ 02)2224-9201 |

과장	징세			부가가치세		소득세		재산세
	권혁준 240			박성신 280		김광용 360		최용근 540
팀장	운영지원	체납추적1	체납추적2	부가1	부가2	소득1	소득2	재산1
	김남정 241	위 종 601	염미정 621	이은정 281	이지연 301	김소영 361	박기정 381	강미순 541
DID	242-6	602-11	622-28 262-4	282-90 141	302-11 141	362-9 143	382-90 143	542-8 144
국세조사관		김재규 이정학 양순희	조선희 박란수	김윤이	류선주 김재은	조한용 박준호	김종성	김은정 문미라
	백은경 김현영 김소희	박미영 김 솔	김양근 이은희 김현정 이경수 방선미	이난영 류순영 윤상용 윤미나 홍성애 정인지 이혁재 나혜영	조성주 이해미 김경인 김현정 김윤정 문진호 민수지	심지은 김애라 안유라	김동훈 이기섭 이진동 김희정 권종기 이희숙	손정희 김계영 이혜민
	유경원	정수미 송인범	이선미 이후림 최예은 이현아	임현경		이슬기 김진희 박용업	서여진	김연규 이지율
	이지원	양민영 김재원	백지현 김보경	용연훈 박찬휘	김다운	김명회 문예지	김경아 계지영	김주형
Fax	409-8329	483-1929		477-0135		483-1927		472-3742

- 주　　　소 : 서울특별시 송파구 강동대로 62(풍납동 388-6)

　　　　　　　㊨ 05506

- 관할구역 : 서울특별시 송파구 중 송파동, 장지동, 거여동, 마천동, 가락동, 문정동, 석촌동

- E-mail : songpa@nts.go.kr

과장	재산세		법인세		조사		납세자보호담당관	
	최용근 540		박미란 400		윤권욱 640		노수현 210	
팀장	재산2	재산3	법인1	법인2	정보관리	조사	납세자 보호실	민　원 봉사실
	양나연 561	박재홍 581	이민용 401	신영섭 421	구현철 641	김경국 651	김준수 211	이승일 230
DID	562-8 144	582-90	402-12	422-31	642-4 691-2	652-69 645, 693	212-5	231-7
국 세 조 사 관	이지연 김숙자	홍지성 윤지영 이상덕	심정규 문숙현	배두진 박명열	임현진	강준원 이동일 권경범 박상봉 박진습 박정섭 손승진	이아름	권혜영 이혜은
	이윤경 김문길 함지훈 주성용	박세웅	박금지 장혜경 오승준 정월옥 노미현 이승준	김영균 고보해 권규종 한규진 하경아	송민영 최정임 김수진 정지연	홍성훈 안태수 박준홍 김수정 고혁준 김하은	이지혜 김민지 정영현	최민수 천문희 김지현
	이예지	박재성 유주희 정직한	여길동	최민정 윤양경 김나영		박나리 곽현승 정호영		손지선 이병수
	성명은	이도현 박소미	백진우 이주현	김소연	김민주	김명수 이은우		
Fax	472-3742		482-5495		482-5494		487-3842	409-6939

양천세무서

- 대표전화 : 02)2650-9200
- 코드번호 : 117
- 계좌번호 : 012878
- DID번호 : 02)26509-구내번호

서 장 김수섭 ☎ 02)2650-9201

과장	징세			부가가치세			소득세		
	정봉균 240			박상별 280			이도경 360		
팀장	운영지원	체납추적1	체납추적2	부가1	부가2	부가3	소득1	소득2	소득3
	서미영 241	이세주 601	김성두 621	김유미 281	나동일 301	조민숙 321	이선재 361	차순백 381	김성덕 461
DID	242-5 591	602-8	262-4 622-8	282-7 313, 332	302-7	322-7	362-9 372	382-7 150	462-8
국세조사관	최진영	송민수	조성오 유향란	박현경	소영석	윤석준 김기남	정상원	이수련	이은영 김승훈
	차지현 김민정 이재훈	이완배 박대운 김지연 최원영 김지현	이현희 조수빈 박선민 조미성 박재홍 이주선	이정훈 김효정 기중화 여주연 김민영	최효진 김지혜	신나리 김재현	이유진 박정순 이민지 김원규 박선영	강희주 나종현 김유미 장철성	정미희
	최상혁	소윤지	최문경	안인엽	이지혜 이진아	최봉렬	김서윤	손태욱 이채원	손상익 이경수
	김진구 김진솔 이병주	손은경	이수희	성수연	김예림	이시원	박채영	김찬용	진수연 조은진
Fax	2652-0058			2654-2291	2654-2292		2654-2294		

- 주　　소 : 서울특별시 양천구 목동동로 165(신정동) [우] 08013

  ※ 별관 : 서울특별시 양천구 신목로2길 66 씨티프라자 3층 301호(목동 404-16)
  [우] 08007
- 관할구역 : 서울특별시 양천구
- E-mail : yangcheon@nts.go.kr

과장	재산세 이용식 480			법인세 김성준 400		조사 신세용 640		납세자보호담당관 오시원 210	
팀장	재산1	재산2	재산3	법인1	법인2	정보관리	조사	납세자 보호실	민 원 봉사실
	계준범 481	김보연 501	박성민 521	이재원 401	이기현 421	이수미 641		임재주 211	임영아 221
DID	482-8	502-8	522-8	402-6	422-5	642-5	651-63	212-5	222-8
국세조사관	김민주	허세욱	전지민 이승훈	이수빈	우형래		손성국 박금옥 한경화 이현화		최희정
	박현아 김희연 김지혜 홍국희	송유정 박자영 국예름 고명성	조재윤 정순임 이인재 황유성	연지연 이성준	이선영	임수진	안미나 조혜정 이현성 명현욱 조혜리 지현배	강승구 송진영 박미연 조현수	박지혜
			김혜진 문아연	신민서	김영순	김영무 유선애 김지혜	오혜선 이영욱		남경자 최보선 박아름
	현은지 권예중	조호준 박현규		임정민	박소미				박진아 김유미 이다원
Fax	2654-2295			2654-2296		2651-9601		2654-2297	2654-2298

역삼세무서

- 대표전화 : 02)3011-8200
- 코드번호 : 220
- 계좌번호 : 181822
- DID번호 : 02)30118-구내번호

서 장 정헌미 ☎ 02)3011-8201

과장	징세			부가가치세		소득세		법인세1	
	문영한 240			장재영 280		고은정 360		강새롬 400	
팀장	운영지원	체납추적1	체납추적2	부가1	부가2	소득1	소득2	법인1	법인2
	박은주 241	김민선 601	권은영 621	최영은 281	권오성 301	권종욱 361	김영석 371	공진배 401	조규창 421
DID	242-7 592, 595	602-11	622-31 262-4	282-7	302-9	362-7	372-7	402-10	422-30
국세조사관		임성찬 심민경	김수정 류기수 이선경	고강민	손영이 정찬진	정은하		홍경헌 문정민	백연하 노일호
	김지현 박배근 유성희 오현숙	이 진 김태균 석지윤 박혜림 김경민 최용민	오동문 이진호 한현숙 노지현 변수민	이서아 정휘섭 박효숙 김찬희 김영지	강하영 유동완 성지연 신홍영	김은진 김나영 한보름	박주영 오수진	박연주 진정호 박재현 신현영	신정현 이수원 강경진 김정배 김용관
	박지훈	김효진	김윤영 이장훈 김수현			이다예 정우중	윤수빈 노지혜 전영우	김영기 윤보람 김현선	이지호 박한승
	정다혜 이경석 김현근	노은지 이경빈	박은영 황주이	곽경훈 배현진	강지석 김상호	정성욱	서진형	고수민	노영돈
Fax	558-1123	561-6684		501-6741		564-0311		552-0759	

- 주　　소 : 서울특별시 강남구 테헤란로 114(역삼동 824) 7, 8층
  - ⊕ 06233
- 관할구역 : 서울특별시 강남구 역삼동, 도곡동
- E-mail : yeoksam@nts.go.kr

과장	법인세2		재산세			조사		납세자보호담당관	
	송영채 440		김진희 480			허천회 640		이선구 210	
팀장	법인1	법인2	재산1	재산2	재산3	정보관리	조사	납세자 보호실	민 원 봉사실
	노석봉 441	전태병 461	최태규 481	강인태 501	전만기 521	이미정 641		박정우 211	이상열 221
DID	442-50	462-70	482-6	502-6	522-7	642-5 691-2	651-64 670-82	212-6	556
국 세 조 사 관	김기미	이자연	강혜은 김성덕	권혁순	김진성 최종묵 류지혜 박유정	이미라 성현진 정혜정	최정규 류옥희 김동환 이규석 이동수 정민호 이종경 이기덕	차진선 심 준 정 철	박승호 정승호
	최근창 한지예 이재영 이상문	백두열 이호재 김선윤 김지현 김재일	고태영 정호철	김효정 신규식	장형구	권윤희 홍수영 김수현	최지현 최호윤 장현진 정유리 조인정 김진영 강병순 조아름	신미덕	박정안 박새별 윤 미 이민영
	박재형	이주선 안지은	천혜빈	이지은	장영진 박한나	정미경 최민정	김형완 정승희 조현우 심지은 노혜리	정다영	김화숙
	김현정 이성도 노지우	윤경희 류가향	손은우	이은선 권규림					
Fax	561-0371		539-0852			501-6743		552-2100	

영등포세무서

- 대표전화 : 02)2630-9200
- 코드번호 : 107
- 계좌번호 : 011934
- DID번호 : 02)26309-구내번호

| 서 장 | 박재성 | ☎ 02)2630-9201 |

과장	징세			부가가치세1		부가가치세2		소득세	
	서재기 240			김소영 280		박종무 320		권오현 360	
팀장	운영지원	체납추적1	체납추적2	부가1	부가2	부가1	부가2	소득1	소득2
	김건웅 241	배현우 601	정운형 621	이재상 281	한수현 301	전학심 321	박찬웅 341	이승준 361	안상욱 381
DID	242-5 208, 591 618-9	602-10	622-30 262-4	282-6 552	302-7	322-6	342-7 552	362-6 640	382-7
국세조사관	남전우	황진하 한예숙	박현정 양영동	김명희 김윤영	이유영	임봉숙	이서현 김성대 신영심	박승혜 정혜영	윤진희 최인귀
	고영숙 정여명 황선화 박세림 김정훈 김동완 배상철	이성호 심수민 정경화 최재영 김민지	조영주 황선우 박소혜 류기수 심민정 이소정 조은희	백윤정 김윤미	이은정 이근희	최순희	박민희	안연찬 임효정	최민석 김현우 김병희
	오세종	유학승	이민경 임승명	정유정	윤영규	김유진 도명준	안다경 이윤주 이유안	이현욱	
	남종현	조성윤 강지혜	김수진 김지완 최병길	박제영	전주희 김동휘	장호은		이은아	최연우
Fax	2678-4909			2679-4971		2679-4977		2679-2627	

● 주　　　소 : 서울특별시 영등포구 선유로 243(양평동 4가)
　　　　　　 ⑦ 07209

● 관할구역 : 서울특별시 영등포구(대림동, 도림동, 신길동은 동작세무서 관할)

● E-mail : yeongdeungpo@nts.go.kr

과장	재산세		법인세1		법인세2		조사		납세자보호담당관	
	박희도 480		박성민 400		임민철 440		안정민 640		선봉관 210	
팀장	재산1	재산2	법인1	법인2	법인1	법인2	정보관리	조사	납세자 보호실	민 원 봉사실
	박범진 481	윤수현 501	이승훈 401	김영웅 421	김병찬 441	심재도 461	권민선 641	김철민 646	유지유 211	김영미 221
DID	482-90 515	502-11	402-14	422-32	442-52	462-71	642-4 691-2	647-71	212-6	222-30
국 세 조 사 관	이수경 김해림 조미진 지장근	이춘근	김원종	이민정	윤난영	전성수 이윤하	김대호 공현주 황지아	김한태 권영칠 원대로 조병만 김희진 정규호 양현모	양미선	
	황희진 박수지 최기환 신동호 이송화 이연실	윤종현 정소연 곽주권	유지영 유희정 김미연 오미정 유기성 김선영 김민영	안성진 김보미 전경일 윤현경 이하나	탁기욱 구미선 이성혜 김인호	이지현 주현경 권오정 이진아 박재춘 이경진 윤소라	김경태 전우찬	김도연 송은지 박범석	권우건 최성미	노하진 윤정선 염은영 류지은 김지영 김보영 김유정
		민지현 송경아 김소연	이선영 차유미 한정현	신순호 김수진	김경환 채민정 이선아	박소연		전미라 이주빈 이세영 이다훈 조경태 한지윤	전지원 박인규	김예주 강성은 문혜원
	윤지원	이경부	김은혜 박세종	오선주 최아름	김수화 최가영	황다혜 김은민		김민혜 임찬혁 유다정 이윤노		
Fax	2679-4361		2633-9220		2679-0732		2679-0953		2631-9220	2637-9295

용산세무서

- 대표전화 : 02)748-8200
- 코드번호 : 106
- 계좌번호 : 011947
- DID번호 : 02)7488-구내번호

| 서 장 | 김상원 ☎ 02)748-8201 |

과장	징세			부가가치세		소득세		재산세	
	양광준 240			이유진 280		권순일 360		정승환 480	
팀장	운영지원	체납추적1	체납추적2	부가1	부가2	소득1	소득2	재산1	재산2
	송지은 241	박성호 601	이은배 621	천진해 281	정미원 301	박정곤 361	김동만 381	김요수 481	전용원 501
DID	242-6 614-5	602-8	622-8 261-3	282-8 299	302-9	362-9 268	382-8	482-90	502-8
국세조사관		용연주 김희정 박옥진 정미경	유은숙 한원석	김기은	강미성	김성묵 주혜령 김수진	최숙현	이민경 김한근	박한상 남호철
	한윤숙 최하나	신영빈 고완구 백수희	김지민 양 신 송종호 권태인 김정미 장아름미	임혜진 서용준 조미애 홍경원	이원복 김기현 김화은 박소영 이류기	장소영 이창흠 심상미 양희승	채현석 유근만 손주희	이범규 강선영 김은진 홍기연 홍연옥	정민순 김영후
	김경두 이창수 박상인		이주연	김용호 김은혜		장희정	권태준 최송아 박범우	전미례 손유진	박형호 정해시
	양상민 황수진	엄상우	전상영	허준혁	한은혜 최인국	김건우	신유동 김수빈	손민영	강하연
Fax	748-8269	792-2619		748-8296		748-8160	748-8169	748-8512	

- 주　　소 : 서울특별시 용산구 서빙고로 24길 15(한강로3가 65-342)
　　　　[우] 04388
- 관할구역 : 서울특별시 용산구
- E-mail : yongsan@nts.go.kr

과장	재산세	법인세		조사		납세자보호담당관	
	정승환 480	박종경 400		김미경 640		고승욱 210	
팀장	재산3	법인1	법인2	정보관리	조사	납세자보호실	민원봉사실
	최영지 521	이수은 401	배옥현 421	김춘례 641		이대건 211	최창주 221
DID	522-9	402-11	422-30	642-5 691-2	651-72	212-5	222-6
국세조사관	이범준 오강재	김수영 김숙기	임세창	강화수	1팀 이영주(6) 김문기(7) 권은호(9)	윤현숙 김동은	이남경
	안성준 유형래 김지미	최문석 임 엽 김선미 이창남 홍광식 김지현	유은진 배정화 박연주 이재상	박정례 최 일 오영은	2팀 이남형(6) 홍진국(6) 성유연(7) 3팀 손은정(6) 홍선아(7) 길혜선(8)	이승철	정민철 조세진
	김영일	권관수	이명원 김경아	이시은	4팀 손영대(6) 장원식(7) 5팀 김주원(6) 이윤애(7) 이예지(9)	장연주	김여진 임형은
	도수정 박신정	우미라 박수연	강다애 박유리 윤상현	김한성	6팀 송다은(6) 송경원(7) 이진실(8)		
Fax	748-8515	748-8604	748-8190	748-8605	748-8696	748-8217	796-0187

은평세무서

- 대표전화 : 02)2132-9200
- 코드번호 : 147
- 계좌번호 : 026165
- DID번호 : 02)21329-구내번호

서 장 고병재 ☎ 02)2132-9201

과장	징세			부가가치세		소득세	
	하수현 240			김종두 280		이병준 390	
팀장	운영지원	체납추적1	체납추적2	부가1	부가2	소득1	소득2
	정중원 241	이순영 601	이수경 621	정희숙 281	박평식 301	김수진 361	김종국 381
DID	242-7 591	602-9	622-8	282-8	302-8	362-72	382-90
국세조사관	윤점희	김은실 이성경 임정희	최완규 권오평 이성진 이경애	박하란	이기순	김미성 이혜리	조수현 김동현 이정화
	김민영 김성율 하륜광 박종서	윤민정 박노승 박혜경 김태은	홍경옥 박지숙 윤수향	김은정 김형섭 최근영 서미리	윤공자 김찬옥 김은재 강민영	노민정 김혜영 김유연	정희진 고희선 김현희
	송종훈	권윤회			이정은	조한아 홍서준 박송이	김유진 김 영
	이현진		김보경	김형민 우혜지	박수미 노정연 정진원	김원화 이윤주	박영주 인순영
Fax	2132-9501			2132-9502		2132-9503	

- 주　　소 : 서울특별시 은평구 통일로 684(응암동 84-5)
  [우] 03460
- 관할구역 : 서울특별시 은평구
- E-mail : eunpyung@nts.go.kr

과장	재산법인세			조사		납세자보호담당관	
	이지숙 400			윤기성 640		남호성 210	
팀장	재산1	재산2	법인	정보관리	조사	납세자 보호실	민 원 봉사실
	한정식 481	안무혁 501	김주생 401	한상범 641	김종진 651	고영수 211	박혜정 221
DID	482-91	502-7	402-8	642-4	652-9	212-4	222-7
국세조사관	김종현 김기연	윤현미		이인자	정동혁	이주한 박복영	윤현경 최현정
	박문숙 성창임 김희선 여혜진 황혜란	김경모 안정훈	임보람 김형태 안정수 유정화 최다연	김지영	김홍기 김성주 김지은	이대근	
	배지민 권보현	김아름 김가연 이슬비	주아람 이 슬	송진수	임수기 김미란 김남주		김채원 여호종 최민규
	이현우		정인아		김종연		서한슬
Fax	2132-9504			2132-9505		2132-9506	

잠실세무서

- 대표전화 : 02)2055-9200
- 코드번호 : 230
- 계좌번호 : 019868
- DID번호 : 02)20559-구내번호

서 장 **최 행 용** ☎ 02)2055-9201

과장	징세			부가가치세		소득세		재산세
	이성복 240			정병록 280		이성종 360		이의태 480
팀장	운영지원	체납추적1	체납추적2	부가1	부가2	소득1	소득2	재산1
	임종수 241	조윤서 601	오민숙 621	이희태 281	정태윤 301	김보경 361	이용진 381	신지성 481
DID	242-8 596, 599	602-10	622-7 262-3	282-7	302-8	362-9 392	382-9 392	482-89 515
국세조사관		김진수 조재평	권교범 채수향		김은주 강종식 김진곤	공효신 박소연	김동환 김래하	박자음
	최수미 김은실 서지원 허윤재	구선영 박경애 박효진	채용문 김정미	이영주 장혜주 윤보영 정준호 조은효 이현미	박재현 정석훈 노미선	김주수 김선경 김우영 양순영 이서희	박두순 이혜란 박지은	최혜진 김은애 김은희 김수경 정혜지 석호정
	정교민 전지연 김태식 정태상	차지해 홍차령	신구호 박소미 장소영	김혁희	김정주	김우호	김다해 장민경	박해원
		고혜진 구경수	조은솔 유동균		강수석	옥영주 오소현	송혜인 송필섭 이주덕	이지원
Fax	475-0881	476-4757		483-1926		475-7511		476-4587

- 주　　소 : 서울특별시 송파구 강동대로 62(풍납2동)
　　　　　　☞ 05506

- 관할구역 : 서울특별시 송파구 중 잠실동, 신천동, 풍납동, 삼전동, 방이동, 오금동

- E-mail : jamsil@nts.go.kr

과장	재산세 이의태 480		법인세 유탁균 400		조사 김용곤 640		납세자보호담당관 김정미 210	
팀장	재산2	재산3	법인1	법인2	정보관리	조사	납세자보호실	민원봉사실
	전승훈 501	진홍탁 521	황은주 401	강민석 421	박지상 641	이수정 651	김성윤 211	정시혜 221
DID	502-9	522-31	402-8	422-8	642-6	652-69	212-5	222-6
국세조사관	윤 석 송광선	최가람	정현진	임종민	신철원 석지영	도경민 김철민 남기훈 천근영 박상언 김난미 박준식	이진영	백은경 주윤숙
	김미영 정대영 이현준 안혜정 고아라	류나리 천영수 김태현 장효섭 최수현	최상채 구인선 오아름 위진성	박종익 한영섭	전병준 박현경	윤소월 윤석환 윤지혜	박금숙 정주연	윤선화 강귀희 장송이
	한석영		박찬규	김서연 김보미	서현지	조원영 심수빈 김민영	김아현	김주영 유예림
		정희연 도건민 정호진 황지용	여가은 김선휘	최지현 이재윤		이유수		
Fax	476-4587		486-2494		475-6933		485-3703	470-0241

종로세무서

- 대표전화 : 02)760-9200
- 코드번호 : 101
- 계좌번호 : 011976
- DID번호 : 02)7609-구내번호

서 장 **권 태 윤** ☎ 02)760-9201

과장	징세			부가가치세			소득세	
	조구영 250			고미경 280			서문교 360	
팀장	운영지원	체납추적1	체납추적2	부가1	부가2	부가3	소득1	소득2
	어명진 241	권혁준 601	박구영 621	강하규 281	안규상 301	정진영 321	임희원 361	정은정 381
DID	242-9 620	602-10	622-8 262-4	282-9 297	302-7	322-7	362-6 312	382-5 312
국세조사관	권수연	권미경 김난경	김현아 오임순 김혜정	김보연	윤주영	임강욱 김순정	김상목 조재범	조명상
	차유경 정미화 조천령 이강민	김수경 도영림 진솔민	권혁빈 김인숙 박재영 정용희	이수민 김성호 송보화 박수현 서운용	박성현 박은정 황보주연	손승모 조해영	최상임 남기홍	최미리 김숙영
	정인수 조은기	김혜영	최유림 권예지	최누리	권혜량	김성현	김예진	제우성
	이정모 박은지	이경희 최윤성 유세영	박종훈 최동현	이은경	이지인	김송현	이채린	서 선
Fax	744-4939	760-9632		760-9600			747-4253	

- 주　　소 : 서울특별시 종로구 삼일대로 30길22(낙원동 58-8)
  〒 03133
- 관할구역 : 서울특별시 종로구(87개동)
- E-mail : jongno@nts.go.kr

과장	재산세 정소영 480		법인세 홍영국 400			조사 서영미 640		납세자보호담당관 이승종 210	
팀장	재산1	재산2	법인1	법인2	법인3	정보관리	조사	납세자보호실	민원봉사실
	최동수 481	문관덕 501	엄형태 401	최병석 421	박선영 441	백은혜 641		김기열 211	오해정 221
DID	482-7 495	502-7	402-11	422-9	442-9	642-4 691-3	651-63 671-83	212-5	222-9
국세조사관	정윤미 김은영	강주영 진관수 정상민	심상우	김재형	김현정		이명욱 강석종 김남훈 김대중 민근혜 백인희	홍미숙	박민정 허태욱 신주령
	권기홍 한선배 박민중 이기숙	장혜미 김보미	김미옥 조한덕 양은영	류한상 최정윤 박세희 박순진	이중훈 백승범 김지인 김지은	이형섭 심경연 김동진 임수연	김정한 김수민 김주헌 김선장 김재훈 임선진 황희상	임옥경 이건술	홍승희
	김현정	조성찬	김선규 장원미 박은서	문윤정	김찬주	임진주	남장우 채예지 서혁준 서수현		이상화 임종희 김민아 주성희 박서희
			최시온 안희엽 이지은	구혜영 정광표	이소연 박세린		전하영	우은선	
Fax	747-9154		760-9454			747-9156		747-9157	760-9543

중랑세무서

- 대표전화 : 02)2170-0200
- 코드번호 : 146
- 계좌번호 : 025454
- DID번호 : 02)21700-구내번호

| 서 장 | 김 재 산 ☎ 02)2170-0201 |

과장	징세			부가가치세		소득세	
	김수원 240			김진규 270		임용걸 340	
팀장	운영지원	체납추적1	체납추적2	부가1	부가2	소득1	소득2
	김강현 241	성기동 601	김상희 621	이승훈 271	전경호 291	정한진 341	강명준 361
DID	242-4 595	602-9	622-5 262-3	272-80	292-99	342-50	362-70
국세조사관		이재향 이희라 유순희	김명숙	유극종	동남일 김양수	고상석 곽병길	윤은미 김동범 이현순 박정은
	임영은 노현선 강장욱 유승종	박민영 윤석주 이서연	정화영 오경민 서문지영	김가연 차현근 김도연 임은주	박마래 홍정민 김선영 강현정 육동선 김선미	김은경 강석순 오주희 이효재 강지은 박은정	박선용 권세혁 이윤정
	박선영	김광환 이경은	장조희	신동희 황신원		조하나	김혜현
	이상민	송형승 이선민	정희재 오제만	김은혜 조은재 왕상현	마재헌	박세인	김소희 박주해
Fax	493-7315			493-7313		493-7312	

- 주　　　소 : 서울특별시 중랑구 망우로 176(상봉동 137-1)
  ㉾ 02118
- 관할구역 : 서울특별시 중랑구
- E-mail : jungnang@nts.go.kr

과장	재산법인세			조사		납세자보호담당관	
	박애자 460			조성식 640		김상원 210	
팀장	재산1	재산2	법인	정보관리	조사	납세자보호실	민원봉사실
	강소라 461	정승렬 481	김기환 531	이진경 641		정성현 211	윤희정 221
DID	462-7 703	482-6	532-8	642-5	652-9	212-4	222-6
국세조사관	윤선희	진윤영	김현숙	정진환	백영선 김하늘	이숙영	성혜전
	백설희 한영규 김미례	윤기덕	오잔디 박민서		이 현 김대연 이중승	박세진	김경익 장수진 금잔디
		우현승 최지민	김지현 정현숙 최하나 박경민	김단아 이혜선	이승범 김수영 정재호	신현주	김지학 안재현
	전진아 이동훈 김세현				김수헌		
Fax	493-7316			493-7317		493-7311	493-7310

중부세무서

- 대표전화 : 02)2260-9200
- 코드번호 : 201
- 계좌번호 : 011989
- DID번호 : 02)22609-구내번호

| 서 장 | 박재신 ☎ 02)2260-9201 |

과장	징세			부가가치세		소득세	
	이명기 240			김정흠 280		고덕환 360	
팀장	운영지원	체납추적1	체납추적2	부가1	부가2	소득1	소득2
	곽주희 241	강창호 601	이현영 621	홍미영 281	박선아 301	정원영 361	이정미 381
DID	242-5	602-8	622-5 262-3	282-93 370	302-10	362-5	382-5
국세조사관		강인소 김영준 심현희	임미영 김유나	임미선 김원필	서영순		이미영
	신은경 유희수	조연상 문용원	강주은 김은화	남용희 강보아 윤은미 류희정 최수연 조민성	유상윤 김수연 이동규 노정환 정효주	차은정 정연선	김영선
	전상현	이혜승 정의주	장덕윤 유정현 고민석	문서윤 장규복	김현경	배경훈 김슬기	
	정유현	윤단비 신예주		송 민	김혜민 김주민	최재선	한덕수 김수미
Fax	2268-0582			2260-9582		2260-9583	

- 주　　　소 : 서울특별시 중구 퇴계로 170(남학동 12-3) ⑨ 04627
- 관할구역 : 서울특별시 중구 중 명동1·2가, 충무로1·2·3·4·5가, 인현동1·2가, 예관
동, 오장동, 남대문로2가, 초동, 을지로6·7가, 필동1·2·3가, 주자동, 남학
동, 남산동1·2·3가, 예장동, 방산동, 쌍림동, 장충동1·2가, 묵정동, 광희동1·
2가, 황학동, 무학동, 홍인동, 신당1동~6동
- E-mail : jungbu@nts.go.kr

과장	재산법인세			조사		납세자보호담당관	
	김미경 400			박종석 640		서영일 210	
팀장	재산	법인1	법인2	정보관리	조사	납세자보호실	민원봉사실
	유은주 481	박경오 401	이정민 421	유수권 641		이정아 211	엄세진 221
DID	482-8	402-10	422-9	642-6	651-64	212-4	222-6
국세조사관	곽영미 박정화	양철원 장혜영 김낙용	김희윤	김기중 이수연	백원일 박웅 박병영 이경표 김충만 이태상	이지형 황인아	
	안미혜 이지숙 강이은 노주아	김보연 정지혜 전현우	박연정 황혜정 권오석 성주호	이성민 조서혜 제갈융	김다은 김태형 진형석 조성익 최명식	이규현	강유진
	김수민	김민경	김다영 안영준		정연주 김성희 김종훈 정효준		박선욱 남경민 김혜빈 전수연
		육근영 임동민	윤희수				
Fax	2260-9113			2260-9586		2260-9581	2260-9587

중부지방국세청

[청장] 이 승 수

☎ 031) 888-4201

비서 : 김재중 ☎ 031) 888-4204

대표전화 : 031) 888-4200 (夜) 031) 888-4200

주소 : 경기도 수원시 장안구 경수대로 1110-17(파장동) [우] 16206
코드번호 : 200 계좌번호 : 000165
E-mail : jungburto@nts.go.kr

중부지방국세청

- 대표전화 : 031)888-4200
- 코드번호 : 200
- 계좌번호 : 000165
- DID번호 : 031)888-구내번호
- 주　　소 : 경기도 수원시 장안구 경수대로 1110-17(파장동)　⑰ 16206
- E-mail : jungburto@nts.go.kr

| 청 장 | 이승수 ☎ 031)888-4201 |

국장					
과장	운영지원			감사관	
	성혜진 4240			김휘영 4300	
팀장	인사	행정	경리	감사1	감사2
	이주일 4242	이규완 4252	임희정 4262	이남진 4302	김태진 4312
국세조사관	여우주 4243 곽호현 4244 김지원 4245 고영철 4246	안지은 4253 양혜민 4254	오은경 4263	박영웅 4303 석용훈 4304 김윤정 4305 최상운 4306 박진규 4307	이정민 4313 고경아 4314 서은화 4315 윤동호 4316 염선경 4317
	유승우 4247 김종훈 4248 윤경현 4285 조광희 4249	이범주 4256 조용재 4259 윤지혜 4258 박성준 4257	박정민 4264 이승수 4265 유시은 4266	권택경 4308 김주원 4309	김다운 4318
	이민우 4250 이경현 4251 노주연 4286	김수지 4234 최준환 4236 송상율 4235	이윤선 4267 김태범 4268 정지헌 4269		
Fax	888-7613	888-7612	888-7614	888-7616	

● 이승수 [중부지방국세청장]
- 69년생, 서울, 영동고, 서울대 경영학과, 서울대 행정대학원, 행시41회
- 국세청 법인납세국 국장, 개인납세국 국장, 복지세정관리단 국장, 운영지원과 과장, 대변인실 과장, 서울청 조사3국 국장, 부산청 조사1국

국장						성실납세지원국 박병환 4420	
과장	감사관		납세자보호담당관			부가가치세	
	김휘영 4300		남영안(3급) 4600			김광대 4451	
팀장	감찰1	감찰2	납세자보호1	납세자보호2	심사	부가1	부가2
	임재규 4322	노광수 4290	최현주 4601	권순락(4급) 4621	염주선 4631	이승미 4422	함은정 4452
국세조사관	공석환 4323 김혜원 4327 김형욱 4328 박준영 4329 김도훈 4330	이준성 4291 김종훈 4292	박주리 4602 김은주 4603 이상민 4604	김광태 4622	박종화 4632 이신화 4633 유진희 4634	이민수 4423 주진아 4424	김선영 4453 조행순 4454
	최연욱 4324 임유진 4331 신민규 4332	윤상목 4293 정진형 4295	김정화 4605	김동욱 4623 이예지 4624	조희정 4635 이동준 4636 최하나 4637 오광현 4638	윤준호 4426 이윤정 4425 김순영 4428	김민교 4455 정영석 4456 유형우 4457
	전병우 4325	정미진 4294		박병헌 4625		이소라 4427	임청하 4458 채준형 4459
Fax	888-7618	888-7617	888-7619			888-7633	

중부청

중부지방국세청

- 대표전화 : 031)888-4200
- 코드번호 : 200
- 계좌번호 : 000165
- DID번호 : 031)888-구내번호

국장	성실납세지원국 박병환 4420				
과장	부가가치세	소득재산세			
	김광대 4451	이기각 4381			
팀장	소비	소득	재산	복지세정1	복지세정2
	황신영 4872	김주원 4430	한광인 4460	노수진 4382	정지선 4884
국세조사관	고은선 4873 곽병철 4874	김지향 4431 최연주 4432	곽혜정 4461 이강석 4462 유정희 4463	이재혁 4383	
	김상옥 4875 이해남 4876	송우람 4433 박현정 4434 심현수 4435 나경태 4436	김남영 4464 우희정 4465 유진호 4466	이혜민 4384	이순아 4885
	노주호 4877 여지수 4878	곽미송 4437	허진주 4467	김수진 4385 권미경 4386	
Fax	888-7630	888-7631	888-7629	888-7631	

● 박병환 [성실납세지원국장]
 －69년생, 경북 영주, 영주 영광고, 서울대 경영학과, 행시 44회
 －부산청 조사2국 국장, 인천청 조사1국 국장, 대구청 조사1국 국장, 국세청 감사관 감사담당관 과장, 개인납
　세국 전자세원과장, 중부청 감사관 과장

국장	성실납세지원국 박병환 4420				
과장	법인세				
	김성범 4831				
팀장	법인1	법인2	법인3	법인4	국제조세
	강세정 4832	권재효 4840	정봉석 4851	김진미 4962	강인욱 4952
국세조사관	이준용 4833 이재관 4834	이주연 4841 문규환 4842	박형주 4852 김진덕 4853	최미정 4963 정영욱 4964	이상현 4953
	박은아 4835 전은정 4836 김주란 4839	이하나 4843 신요한 4844 김유정 4845 강민구 4846	이해영 4854 송민섭 4855	김학송 4965 구혜란 4966 최현영 4967 정현정 4968	김민정 4954 권소현 4955 김은주 4956
	양다희 4837 김예지 4838	홍지민 4847	박서연 4856	김소영 4969	박은비 4957
Fax	888-7635				

중부지방국세청

- 대표전화 : 031)888-4200
- 코드번호 : 200
- 계좌번호 : 000165
- DID번호 : 031)888-구내번호

국장	성실납세지원국 박병환 4420				
과장	정보화관리 김민기 4401				
팀장	지원 이영주 4402	보안감사 김효진 4412	정보화센터1 정윤희 290-3002	정보화센터2 송영춘 290-3052	정보화센터3 정을영 290-3102
국 세 조 사 관	김진영 4403 고현주 4404 강명수 4405	박은숙 4413 고양숙 4414	박은진 3003 김숙영 3004	전유림 3053 장문경 3054	최영미 3103 이윤정 3104
	김현숙 4406 조수연 4407 강윤경 4408 김고희 4409	정병창 4415	최은애 3005 이성훈 3006	박명숙 3055	조은정 3106 최종미 3105
	신재희 4410	유재상 4416	정혜윤 3007	박범석 3056 이용재 3057	
Fax	888-7627		290-3148	290-3099	888-7627

● 윤창복 [징세송무국장]
 - 74년생, 제주, 제주 제일고, 고려대 경제학과, 행시 44회
 - 부산청 조사1국 국장, 인천청 조사1국 국장, 서울청 과학조사담당관실 과장, 국세청 감사관 감찰담당관 과장, 조사국 조사1과 과장

국장	징세송무국 윤창복 4340					
과장	징세			송무		
	노충환 4341			4011		
팀장	징세	체납관리	실태확인	총괄	법인	국제조세
	이현혜 4342	권기현 4352	김근수 4372	박요철 4012	김성곤 4022	이수형 4032
국세조사관	오수연 4343 윤지영 4344	박미숙 4353 박수안 4354	정해란 4373	김경희 4013	이정용 4023 정보근 4024	윤대호 4033 신지선 4034 강민희 4035
	정현준 4345 이현지 4346	문혜경 4355 서형민 4356 김선근 4357	오연경 4374 김선이 4375 김성미 4376 유희진 4377 강정민	김소정 4014 박준선 4015	이경수 4026 이문희 4027	김태효 4036 장재민 4037 임민경 4038
	김용희 4347	이송이 4358 조혜진 4359 우수희 4360	한승일 이유정 4378 조민석 4379	윤민경 4016	김태은 4028	
Fax	888-7621			888-7624		

중부청

중부지방국세청

- 대표전화 : 031)888-4200
- 코드번호 : 200
- 계좌번호 : 000165
- DID번호 : 031)888-구내번호
  031)8012-구내번호
  (체납추적과)

국장	징세송무국 윤창복 4340				
과장	송무		체납추적		
	4011		육규한 8012-7901		
팀장	개인	상증	체납추적관리	체납추적1	체납추적2
	이연화 4042	김보윤 4062	신진규 7902	하광열 7922	민현석 7942
국세조사관	박상우 4043 배정숙 4044 김도희 4045	이하나 4063 김지애 4064 유세아 4065	김민선 7903 백승우 7904 〈기동반〉 윤 환 7962 서윤희 7968 김중삼 7963	김주란 7923 최옥구 7924 남궁준 7925	한효숙 7943 김유진 7944 김현미 7945
	구태환 4046 백은혜 4047	이여성 4066 선민준 4067	강상준 7906 조민희 7905 문성운 7907 윤한미 7908 한민수 7969 김 완 7970 조희정 7964 최지현 7965 김묘정 7971 한혜경 7966 이동수 7972 김세식 7967	황정태 7926 김광준 7927 송기순 7928	장익성 7946 이원락 7947 김광혜 7948
		채연식 4068	한그루 7909 이혜규 7973	노현민 7929 김서경 7930 김수인 7931 강유정 7932	고운이 7949 송보혜 7950 김민경 7951 남훈현 7952
Fax	888-7624		888-7622~3		

● 김태호 [조사1국장]
- 72년생, 대전, 충남고, 서울대 경영학과, 행시 43회
- 중부청 징세송무국 국장, 헌법재판소 파견, 부산청 조사 2국장, 서울청 감사관, 부이사관 전보(2023.1.26.), 국세청(세종연구소), 혁신정책담당관, 납세자보호담당관, 국세통계담당관, 법무과장, 소득관리과장, 기획재정담당관기획 1계장, 기획재정담당관실 예산2계장, OECD 파견, 경산세무서장, 남인천서 부가세과장, 안산서 세원1과장, 창원서 징세과장, 재정부 예산실

국장	조사1국 김태호 4660						
과장	조사1 전 진 4661						
팀장	조사1	조사2	조사3	조사4	조사5	조사6	조사7
	김현호 4662	한주성 4672	허 진 4682	김동조 4692	문창전 4702	변유솔 4712	이봉숙(4급) 4722
국세조사관	오기일 4663 임철우 4664	김한진 4673	최돈희 4683 김태진 4684	강주연 4693	신정훈 4703 조경호 4704	김동호 4713 김재중	김진희 4723
	정준영 4665 김범준 4666 박미혜 4669	김상민 4675 이승찬 4676	강정선 4685 이희석 4686	김영석 4694 강용수 4695 오유나 4696	정준희 4705 정대환 4706	김현일 4714 하영우 4715 유수현 4716	박다빈 4724 한상영 4725
	임지혜 4667 김도현 4668		김효진 4687 박지예 4688	최우현 4697	이은수 4707	강수림 4717	강화리 4726 정은지 4727
Fax	888-7636						

중부지방국세청

- 대표전화 : 031)888-4200
- 코드번호 : 200
- 계좌번호 : 000165
- DID번호 : 031)888-구내번호

국장	조사1국 김태호 4660					
과장	조사2 김주연 4741					
팀장	조사1	조사2	조사3	조사4	조사5	조사6
	장태성 4742	정윤석 4752	권우태 4762	김종학 4772	김윤용 4782	박선열 4792
국세조사관	오경선 4743	신영림 4753 김국성 4754	이윤주 4763 허정무	염유섭 4773	이창훈 4783	박제웅 4793
	허 용 4744 안진환 4745 양성욱 4746 유제이 4748	이상준 4755 시현민 4756	주은미 4764 고재윤 4765 홍제용 4766	염정식 4774 천혜미 4775 나희선 4776	염가연 4784 김은실 4785	김명선 4794 정효민 4795 서가은 4796
	장은심 4750 이후인 4747	한다은 4757	민재영 4767	김수진 4777	황동형 4786 박지혜 4787	이예미 4797
Fax	888-7640					

● DID번호 : 031)888-구내번호
031)8012-구내번호
(조사1국 국제거래조사과
조사4~6과)

국장	조사1국 김태호 4660					
과장	국제거래조사					
	전일수 4801					
팀장	조사1	조사2	조사3	조사4	조사5	조사6
	조원희 4802	박광석 4812	배병석 4822	최찬규 8012-1802	유재복 8012-1822	구홍림 8012-1832
국세조사관	백민웅 4803	김찬섭 4813 김태연 4814	송영석 4823	김병주 1803	김성문 1823	조해일 1833
	김창윤 4804 박수용 4805	김건우 4815 강윤지 4816 김상민 4817	심민정 4824 송민철 4825 방여진 4826	한승철 1804 양서용 1805 김정은 1806	정희경 1824 김수지 1825 반승민 1826	김지연 1834
	조현우 4806 이요셉 한수현 4807	박승철 4818	이은정 4827	염관진 1807	박다인 1827	
Fax	888-7643					

중부청

중부지방국세청

● 대표전화 : 031)888-4200

● 코드번호 : 200

● 계좌번호 : 000165

● DID번호 : 031)888-구내번호
031)8012-구내번호
(조사2국 조사1과 4팀,
5팀, 조사2과)

국장	조사2국 김정주(3급) 4480						
과장	조사관리						
	조수진 4481						
팀장	조사관리1	조사관리2	조사관리3	조사관리4	조사관리5	조사관리6	조사관리7
	양구철 4482	김향미 4492	조숙연 4502	박효서 4512	양용선 4522	배영섭 4532	박중기 4552
국세조사관	양종훈 4483 한유정 4484	이도연 4493 윤현호 4494	박재홍 4503 김란주 4504	윤재연 4513 김승미 4514	김숙경 4523	최명진 4533 한경태 4534	김민정 4553 이하나 4554
	김주연 4485 남유승 4486 곽수진 4487	김송이 4495 유현민 4496	장성환 4505 백하나 4506	윤일주 4515 주향미 4516	박은진 4524	원종민 4544 한범희 4534 이향섭 4535 박성용 4536 김다희 4545	민경석 4555 김영은 4556
	이현익 4488 하정민 4489		최성현 4507	박상우 4517	박원준 4525	김충배 4537 곽보경 4546 박선영 4547	전혜영 4557 장호욱 4558
Fax	888-7654						

● 김정주 [조사2국장]
- 73년생, 전남 광주, 송원고등학교, 연세대학교, 행시 44회
- 서울청 납세자보호담당관실 과장, 조사4국 조사관리과장, 조사2국, 동작세무서 세원1과장, 중부청 분당세무
서장, 조사2국 조사관리과장, 국세청 기획조정관실 기획재정담당관실 과장, 납세자보호관 심사1담당관 과장,
법인납세국 법인1계장, 속초세무서장, 인천세무서 납세지원과장, 익산세무서 징세과장

국장	조사2국 김정주(3급) 4480						
과장	조사관리	조사1					조사2
	조수진 4481	김현승 4571					김치태 1861
팀장	조사관리8	조사1	조사2	조사3	조사4	조사5	조사1
	이원섭 4562	박정민 4572	노신남 4582	최고은 4592	전동철 8012-1842	김성미(4급) 8012-1852	윤광섭 8012-1862
국세조사관	김수희 4563	김혜령 4573 윤장현 4574	방치권 4583 김기훈 4584	곽재승 4593 장민재 4594	장창하 1843 이미희 1844	임세실 1853	김재형 1866 이광철 1863
	최인영 4564	유희태 4575 이현정 4576	김지혜 4586 양진석 4587	황세웅 4596 김경민 4598	최준완 1846 이원진 1845	임우현 1856 강주현 1854	임정은 1864 박채은 1867
	조가연 4565	권진솔 4577 윤효준 4578	여진동 4588 조해정 4585	배진령 4595 강순택 4597	권영진 1848 류예림 1847	이재원 1857 진영석 1855	추근우 1869 김예은 1868
							원지현 1870
Fax	888-7654	888-7659					888-7644

중부청

중부지방국세청

- 대표전화 : 031)888-4200
- 코드번호 : 200
- 계좌번호 : 000165
- DID번호 : 031)888-구내번호
  031)8012-구내번호
  (조사2국 조사2과)

국장	조사2국 김정주(3급) 4480				조사3국 강종훈 4080		
과장	조사2				조사관리		
	김치태 1861				유상화 4081		
팀장	조사2	조사3	조사4	조사5	조사관리1	조사관리2	조사관리3
	김 웅 8012-1872	김은수 8012-1882	남상웅 8012-1892	박길대 4072	김영진 4082	주원숙 4092	황영희 4102
국세조사관	조은용 1876 정맹헌 1873	전채환 1886 박종찬 1883	김현경 1893 권미희 1896	이지원 4073 황인범 4076	강선경 4083 조선미 4084	최성희 4093 김남열 4094	윤영상 4103 유득렬 4104
	방민식 1877 최지연 1874	차송근 1884 문은식 1887	강희호 1897 이유리 1894	김종선 4074	유승천 4085 김수연 4086 조해동 4087	이슬비 4095	신미리 4105 신문정 4106
	현미선 1875 황한나 1878	신지혜 1888	김성훈 1898 정다운 1895	장해성 4077 양가은 4075	나윤수 4088 최명호 4089	김지혜 4096	어영준 4107 박성원 4108
Fax	888-7644				888-7673		

● 강종훈 [조사3국장]
- 76년생, 부산, 부산 남산고, 서울대 전산과학과, 기술고시 34회
- 서울청 과학조사담당관실 과장, 전산관리과장, 대전청 성실납세지원국 국장, 대전세무서장, 국세청 전산정보 관리관 빅테이타센터과 과장, 차세대국세행정시스템추진단 업무개발2과장, 전산기획담당관실 전산기획1계장, 정보개발2과, 전산운영과

국장	조사3국 강종훈 4080						
과장	조사관리 유상화 4081				조사1 이성일 4151		
팀장	조사관리4 윤 경 4112	조사관리5 이인숙 4122	조사관리6 심미현 4132	조사관리7 강부덕 4142	조사1 이재성 4152	조사2 정국일 4162	조사3 이주형 4172
국세조사관	신승수 4113 유미영 4114	김은혜 4123 공정민 4124	박은정 4137 이양래 4133 조성문 4138	박상주 4143	강여정 4153	손민석 4163	김은숙 4173
	신유미 4115 한성미 4116	박찬승 4125	이유라 4134 구아현 4139	안지훈 4144	팽동준 4154 이대훈 4155 김동구 4156 이경심 4158	이은정 4164 유성은 4165 성민수 4166	이오형 4174 김해진 4175 현병연 4176
	조성수 4117	박민수 4126 정필윤 4127 김민주 4128 박지우 4129 이명규 4130	임정환 4135 김기덕 4140 유제언 4136	이승배 4145	하나임 4157	박미리 4167	강진선 4177
Fax	888-7673				888-7678		

중부청

중부지방국세청

- 대표전화 : 031)888-4200
- 코드번호 : 200
- 계좌번호 : 000165
- DID번호 : 031)888-구내번호
  031)250-구내번호
  (조사3국 조사2과)

국장	조사3국 강종훈 4080						
과장	조사1 이성일 4151		조사2 권경환 5601				
팀장	조사4 왕춘근 4182	조사5 신효경 4192	조사1 장인섭 250-5602	조사2 정용수 250-5612	조사3 최정희 250-5622	조사4 김영민 250-5632	조사5 유병선 250-5642
국세조사관	조용진 4183	김경진 4193	박세민 5603 이삼섭 5604	고영욱 5613	이영태 5623	강지원 5633 고경진 5634	이창수 5643
	송은호 4184 이지원 4185 김수연 4186	김준희 4194 이은선 4195 이호수 4196	임수정 5605 고지현 5606	김보미 5614 송민경 5615 최완규 5616	민옥정 5624 양시준 5625 전선희 5626	김도헌 5635 박지혜 5636	김현숙 5644 한수현 5645 이진호 5646
	홍서윤 4187	안광혁 4197	김석주 5607	이유민 5617	정태식 5627	김종호 5637	고은혜 5647
Fax	888-7678		888-7683				

중부지방국세청 관할세무서

경기광주세무서

- 대표전화 : 031)880-9200
- 코드번호 : 233
- 계좌번호 : 023744
- DID번호 : 031)8809-구내번호

| 서 장 | 채 중 석 ☎ 031)880-9201 |

과장	징세			부가소득세			재산법인세		조사
	김희숙 240			이지영 280			이정원 480		강 표 640
팀장	운영지원	체납추적1	체납추적2	부가1	부가2	소득	재산	법인	정보관리
	김옥남 241	강승조 441	김강산 461	유준영 281	안홍갑 301	이은수 361	김준오 481	정현덕 401	이소영 641
DID	242-5	442-9	263-4 462-70	282-9	302-8	362-73	482-93	402-10	642-4 691-2
국세조사관		박희경	최보영	김경란	진영한		감신국 김희화	박수태	
	정희정 이향은 진익현	황계순 강미선 이수정	이현주 김송이 이재롱 이민성 송현정 김경린	오수경 손정희 최안나 조경화 김재민	김진태 정윤희 이은미	강태길 김대원 선가희 김찬수 이관희	구본균 양승우 박라영 이승환 이민의 박인애 강미정	권기주 박성은 강승호 심단비	하윤희
		최정인 함영은 한상범 김예원	김장섭 허정미	박재현 이윤의	이건일 김순옥	김다솔 김주헌 윤미경 서예진	정회정 최진경	최규선 양기태	유태호 조윤영 권오광
	류제현		황승규 박담비	전윤화		허지원 최승리 김승찬	김현배	권혁주 이수지 양주호	권예림
Fax	769-0416	769-0417		769-0746			769-0773		769-0685

- 주　　소 : 경기도 광주시 문화로 127(경안동)　⊕ 12752
- 관할구역 : 경기도 광주시, 하남시(하남시는 경기광주세무서 하남지서 관할)
- E-mail : singwangju@nts.go.kr
- ◇ 하남지서 주소 : 경기도 하남시 하남대로 776번길 91(신장동 521-4)　⊕ 12947
　☎ 하남지서 DID : 031)7903-구내번호 (대표 031-792-2100)

	조사	납세자보호담당관		하남지서 (7903-DID)					
과장	강 표 640	조일훈 210		김종민(4급) 400					
팀장	조사	납세자 보호실	민 원 봉사실	체납추적	납세자 보호실	부가	소득	재산	법인
	최연구 651	이세정 211	강선희 221	황 민 461	김영호 410	이상희 421	권흥일 431	김정범 441	임광열 451
DID	652-69	212-4	222-6	462-70	411-6	422-30 471-6	432-40 480	442-50 460	452-60
국 세 조 사 관	김동진 임승빈 이준무 신준규 윤정환	배인희 김창우				김동희		권경훈	
	김지윤 김은성 이정현 정지환 박동일 임종훈	최효진	김은경 권승희	조영미 송선영 주진선 권정석 육현수 배상원	김윤희 조홍섭 김하니	정택주 김미선 최민애 이강은 박나영	서승화 조나래 임장섭 한봉수 김민수	서효영 정재윤 김도훈 조선영 최영환 김동민	오동호 윤연주 양이지 박정현 김성준
	이창진 김하나 김성경		장금희	나환영 박나혜	정수길 이수진	황인선 김혜정 김두수 김선균 양지현	송지은 김유현	이강희 이성수 이주현	박혜진 이주연
	임빛나 박세용 염수진		백지연 이태영	남가인	윤정임	최희주 김하은 이효정	박은지 김채연 김수현	허민주 임수현 성다혜	김민정 김경남
Fax	769-0685	769-0842	769-0768	793-2097	793-2098	791-3422		795-5193	

구리세무서

- 대표전화 : 031)326-7200
- 코드번호 : 149
- 계좌번호 : 027290
- DID번호 : 031)3267-구내번호

| 서 장 | 김 정 태 ☎ 031)326-7201 |

과장	징세			부가가치세		소득세	
	오윤화 240			전현정 280		홍필성 360	
팀장	운영지원	체납추적1	체납추적2	부가1	부가2	소득1	소득2
	전국휘 241	김구호 441	최미옥 461	이철민 281	한주희 301	이환운 361	유한순 381
DID	242-4	442-51	462-8 262-4	282-91	302-10	362-8	382-90
국세조사관			최연정 최지원			윤혜정 남기선	홍선영
	우해나 오은희	김호국 조아름 신동한 박인희 최수인	한승기 강정민 이정현	곽 훈 박지현 이나래 한희자 이우성 전다인	김주애 인정덕 원종훈 최재진 박지영	김인숙 김지혜 이정하	장혜진 이중재 윤 용 이동현
		전윤아	이성근 홍진기	양일환 강혜수 안지영	조지현 전영지	류대현 황윤정	김혜영 이수빈
	김두정	김가현 이찬웅	김찬우 이병석 송지협	김현경 전건욱	안슬기 안상편	조혜진 남동현	김용휘 이세라
Fax	326-7249	326-7469		326-7359		326-7399	

- 주　　소 : 경기도 구리시 안골로 36(교문동 736-2)
　　　　　[우] 11934
- 관할구역 : 경기도 구리시, 남양주시(별내면, 별내동, 퇴계원읍, 다산1·2동, 양정동, 와부읍, 조안면)

과장	재산법인세			조사		납세자보호담당관	
	박순준 480			송찬주 640		김병옥 210	
팀장	재산1	재산2	법인	정보관리	조사	납세자보호실	민원봉사실
	유　철 481	방미숙 491	김상우 401	오승철 641	박은정 658	신충민 211	최연희 221
DID	482-91	492-7	402-14	642-6	652-60	212-4	222-9
국세조사관	강석원	조요한 이동구	강성구		김민태 류호정		강계현 이혜영
	김세진 이소원 김　강 윤도란 허준혁	서윤석	태종배 오원정 심새별 김수진 황시윤 김윤정	안문철	이성민	송지선 김난영 송정은	이미령 정하미 채정석
	이지윤	정은재 성해리	장철현 김종빈 류승화	유지환 박성희	김경난 이현문 장미진		최미혜
	김건우 김누리 정　민	이홍준	이기연 류정윤 최상준	김햇살	강문이 심수진		황수지
Fax	326-7439			326-7699		326-7219	554-2100

남양주세무서

- 대표전화 : 031)550-3200
- 코드번호 : 132
- 계좌번호 : 012302
- DID번호 : 031)5503-구내번호

서 장 **위찬필** ☎ 031)550-3201

과장	징세			부가가치세		소득세	
	권혁성 240			황인하 280		김정남 360	
팀장	운영지원	체납추적1	체납추적2	부가1	부가2	소득1	소득2
	김중현 241	이관열 441	이용배 461	김성준 281	최 용 301	김헌우 361	우정은 381
DID	242-5	442-50	462-9 262-3	282-9	302-10	362-9	382-9
국세조사관			김민철				차윤중
	임현구 전은지	서승경 김주형 이재준	임부선 주태웅 이정형	안지은 조재훈	임소연 민백기 김동근 김주연 신수정	엄영석 차정은 김나윤 김민희 안윤종	한영준 심선희 하한울
		이진서 신승현 황효경 윤병현	서정우 윤미정 황지영 우문현	김도형 손정아 정주리	진주원 최혜림	정영미	손영주 이승은
	박재형	황길하 박지연		이수복 이현아 유지현 박기범	김성용 김진경 이해성 이상목	김재원 유지인 김유나	박보경 정승우
Fax	550-3249	550-3268		550-3329		550-3399	

- 주　　　소 : 경기도 남양주시 화도읍 경춘로 1807 쉼터빌딩(묵현리) ☞ 12167
- 관할구역 : 경기도 남양주시(별내면·별내동·퇴계원읍·다산1·2동·양정동·
  와부읍·조안면 제외), 가평군
- E-mail : namyangju@nts.go.kr
- ※ 금곡민원실 주소 : 경기도 남양주시 금곡로 1037(금곡동) 남양주시 제1청사 세무민원실 내
  ☞ 12232 (☎ 031-590-8566)

과장	재산법인세			조사		납세자보호담당관	
	양동구 480			박성배 640		김수현 210	
팀장	재산1	재산2	법인	정보관리	조사	납세자보호실	민원봉사실
	박종환 481	나우영 501	박진흥 401	송윤식 641	한상윤 661	양재호 211	이기현 221
DID	482-9	502-6	402-10	642-4 692	651-3 662-3 671-3	212-4	222-6
국세조사관	김은순	김철호			이범주 강경식		안용수(가평)
	윤도식 함태희 이우정 한재진	홍성민	김태우 임 훈	김봉수 지수연	오현수 오승배	방정기 권은정 정강미	박경아 박승현
	이민규 박혜인	우지영	정예원 이세란 남지윤	전세연	김민정 진소현 강선이		배수지 오미선 정주희
	김유진 오세영 유혜빈	이재진 정재윤	윤경효 김승주 김소연 김형준	이하연	김영은		
Fax	550-3519			550-3669		550-3219	

동수원세무서

- 대표전화 : 031)695-4200
- 코드번호 : 135
- 계좌번호 : 131157
- DID번호 : 031)6954-구내번호

| 서 장 | 임정일 ☎ 031)695-4201 |

과장	징세		부가소득세			재산법인세
	유승현 240		정명순 360			신창훈 400
팀장	운영지원	체납추적	부가1	부가2	소득	재산
	김여경 241	김남헌 441	박준희 281	임영교 301	박훈수 361	황상진 481
DID	242-5	442-52 262-3	282-8	302-9	362-73	482-9
국세조사관		성수미 문 경	이예림	이원구	이은형	김성길
	지용권 이효나	김상용 곽정수 김효숙 김승원 곽은선 이동엽 최현숙 김지민 최경락	조주현 윤정희 박정현 장혜주	이향선 장경희	김혜란 이현진 민천일 이재훈	이치웅 박지현 문희원 이대훈
		김서미	한비룡 노현서	이미정	오현서 김송이 윤주희	김상덕 박영훈
	석진호	정경원 최은지	노다혜	차수현 김 용	박지은 엄재연 이전형 김경찬 이다인	하상돈 김수연
Fax	273-2416		273-2427			273-2412

- 주　　소 : 경기도 수원시 영통구 청명남로 13(영통동)
  [우] 16704
- 관할구역 : 경기도 수원시 영통구, 권선구 일부
- E-mail : dongsuwon@nts.go.kr

과장	재산법인세		조사		납세자보호담당관	
	신창훈 400		지선영 640		정경화 210	
팀장	재산2	법인	정보관리	조사	납세자보호실	민원봉사실
	오영철 501	윤희상 401	이민희 641	한은우 651 박정미 654 김지연 657	이종우 211	소수정 221
DID	502-5	402-9	642-4	652-9	212-5	224-30
국세조사관	배원준	박영진	이규환	박건준		최재성 김미향
	소미현 이원영	주　란 강한수 권미애 곽경미 유혜정	김미래	전소희 이종영	박영환 남경희 김태형	윤영우 이주미
		김도연	정소연	임정혁	이명하	강혜진 김유미
	전승호	박희연 박여준		남기홍 석지원		김병우
Fax	273-2412		273-2454		273-2461	273-2470

동안양세무서

- 대표전화 : 031)389-8200
- 코드번호 : 138
- 계좌번호 : 001591
- DID번호 : 031)3898-구내번호

서 장 **박지원** ☎ 031)389-8201

과장	징세			부가가치세		소득세	
	이풍훈 240			양종명 280		360	
팀장	운영지원	체납추적1	체납추적2	부가1	부가2	소득1	소득2
	김경숙 241	이남주 551	유성주 571	김성길 281	장해순 301	문선우 361	김예숙 381
DID	242-5	552-58	261-3 572-9	282-90	302-11	362-8	382-9
국세조사관		서영춘	김선미 김경태 유정은	이종완	전원실	김형주 (휴직)	황선태
	김반디 김경향	박혜경 장경애 이윤옥 이진영	정은순 한미영 이송이 (휴직) 황수빈 구성민 성은정	이형구 이유진 김소리	이재훈 노승옥 박정혜 양선미	김남주 박지윤 김수정 송현철	김은선 박송이 이윤선 조성용
		이명길	우동희	윤태경 강혜연 이정주 오윤경	이찬송 손미옥	조승철	
	성유빈 이준학	강보은	서현아	배윤정 소혜린	서지은 박소연 김채련	서채은 김효진 이다윤	이영아 이지현 김정인
Fax	389-8628	476-9787		476-9784	383-0428	383-0429	383-0486

• 주　　소 : 경기도 안양시 동안구 관평로 202번길 27(관양동)
[우] 14054
• 관할구역 : 경기도 안양시 동안구, 과천시, 의왕시
• E-mail : donganyang@nts.go.kr

과장	재산세 윤기철 480			법인세 박흥현 400		조사 함상봉 640		납세자보호담당관 권진록 210	
팀장	재산1	재산2	재산3	법인1	법인2	정보관리	조사	납세자 보호실	민 원 봉사실
	박정민 481	허필주 501	남숙경 521	김성호 401	김진우 421	정승오 641		이도인 211	박제효 221
DID	482-8	502-7	522-9	402-9	422-9	642-5	652-64	212-6	222-9
국세조사관	이학승		김진아	임치성	정치권		강성훈 김학진 박찬희	박종호 최미영	
	박정옥 장재호 한지수	이은영 박수현 김수현	김태영 황성연 채성호 임소영 이미진	이은정 류승윤 송은희 김태석	김서은 강유리 이수현	유기연 김지혜	김효일 김용연 김정혜	천해령 김유경	조성주 임정경 송민숙 김윤환
	유혜정	표성진 안유미				연송이	이연수 김지수		김경은 김지언 민병웅 오병관 이현정
	탁봉진 한수진	조채연 박민선	양송이 전은애 이우영 안재민	곽길영 임아름 유용환 정이수	이두호 배지환 최윤정 장인호	전세리	박세연 이기훈 강태훈 장지은 박윤채 김하늘 방휘연	김성의	
Fax	383-0435	383-0436	383-0437	476-9785		476-9786		476-9782	389-8629

분당세무서

- 대표전화 : 031)219-9200
- 코드번호 : 144
- 계좌번호 : 018364
- DID번호 : 031)2199-구내번호

서 장 고영일 ☎ 031)219-9201

과장	징세			부가가치세		소득세		재산세
	박준홍 240			박주원 280		김두연 360		기노선 480
팀장	운영지원	체납추적1	체납추적2	부가1	부가2	소득1	소득2	재산1
	임승섭 241	이승재 441	이규원 461	임선희 281	이재철 301	문창수 361	김인수 381	송종범 481
DID	242-5	442-50	262-5 462-7	282-8	302-8 313	362-9	382-9	482-90
국세조사관		최경식 박진영 강은영	김수정 김문환 정선이					박성순
	박혜진	강은영 정시온 최선경 김민성 김수현	진승연 안진희 이혜진 이선희	류진희 유신아 전화영 신동찬 이진희	양주희 서가현 김현정	최영조 조광제 민애희 박세라	유소정 최우신 조은상 이경민	양영희 남현정 유윤희 정원석 나상진
	이도희			김소연 강 준	김지안 김효미 임경수	유다래 김윤한	김수지 강지안	박수진 유나연
	김용태	임수빈 이수진 이국영	박재우 양진우	정예림	한요섭 선지원	진주연 고병준 오광호 최유진	김재우 윤은수	이혜서 구자윤
Fax	219-9580	718-6852		718-8961		718-8962		718-6849

- 주　　소 : 경기도 성남시 분당구 분당로 23(서현동)
　　　　ⓟ 13590
- 관할구역 : 경기도 성남시 분당구
- E-mail : bundang@nts.go.kr

과장	재산세		법인세		조사		납세자보호담당관	
	기노선 480		송태준 400		이수형 640		이영미 210	
팀장	재산2	재산3	법인1	법인2	정보관리	조사	납세자 보호실	민　원 봉사실
	최승복 501	이재택 521	강정일 401	조미옥 421	정지용 641		이수미 211	김보성 221
DID	502-8	522-37	402-10	422-30	642-5 691-2	651-61	212-6	222-9
국 세 조 사 관	신동혁	박진수	오관택	최청림 우주연 김재일		김재진 김영근 김경랑	강다은	유성춘
	이대희 변우환 황다영	권대웅 김영식 하종수 차선주 박보영	강명호 구자헌 김명인 지상선	오정환 박영은 방경규 전세영	신지영 장미숙	김동우 김진광 서홍석 유형진	이훈기 안지은 정지현 홍지은	홍종은 정두레
		김미정	김희재 유어진	박민욱	김동석	전가람 김동석 김보경		최수정 송유란 이진희 김보람
	한수연 오주연	전인아 김지은 이은정 석정훈 신가은	김범겸 강수현 류혜선	조병욱 권택형 정주희	이현지 김태연 박소영	박혜원 박소영 장지영 이경민		남예진
Fax	718-6849		718-4721		718-4722		718-4723	718-4724

성남세무서

- 대표전화 : 031)730-6200
- 코드번호 : 129
- 계좌번호 : 130349
- DID번호 : 031)7306-구내번호

서 장	조창우 ☎ 031)730-6201

과장	징세		부가가치세		소득세	
	김선하 240		김기은 280		이주희 360	
팀장	운영지원	체납추적	부가1	부가2	소득1	소득2
	최성례 241	김경훈 441	정아영 281	이명수 301	안지영 361	원한규 381
DID	242-4	442-55 261-2	282-8 506	302-10	362-8 505	382-8 505
국세조사관		김수진 이정균	남봉근	김경희	강덕수	이지영
	권혜영 조하나	도유정 양주원 김은희 권민선 김희연 조효신 김수연 노기란 임상록	양은영 김혜진 정현빈	이평재 이은애 주성진 유재현	노혜정 김현주 노현주 김상욱 박희영	유경진 조희근 이희정
		김단비 김주희	송창식 유현수 설재혁	김신애 이하림		남다미
	이한민	권문경 한미희	이예래수	장인영 임지훈 문유빈	이서정 김은채	박지우 이재윤 조한빛
Fax	736-1904		734-4365		734-8718	

- 주　　　소 : 경기도 성남시 수정구 희망로 480(단대동)
　　　　　　　㉾ 13148

- 관할구역 : 경기도 성남시 수정구, 중원구

- E-mail : seongnam@nts.go.kr

과장	재산법인세			조사		납세자보호담당관	
	정용석 400			손병중 640		박안제라 210	
팀장	재산1	재산2	법인	정보관리	조사	납세자보호실	민원봉사실
	김경숙 481	정종원 491	이현준 401	임흥식 641	김훈태 651	김웅렬 211	송정숙 221
DID	482-9	492-4 502	402-12	642-4	652-9	212-4	222-8
국세조사관	류훈민	박윤석	이건석		이병진 최락진	김주애	
	이창한 정은아 손예빈 서상재	선승아 양동희	김주옥 윤영진 박동민 장석만	박상훈	김종우 이영석	신시영	홍혜영 노승미
	최효임	이예지	성진혁 전수연	김경연 이수비	이빛나		이혜연 서은애 최윤아 고윤정
	권서영 최윤석		김은영 강성길 장기훈 정아름		지영은 허광녕 안태균	석지훈	이혜진
Fax	8023-5836		8023-5834	736-1900	721-8611	745-9472	732-8424

수원세무서

- 대표전화 : 031)250-4200
- 코드번호 : 124
- 계좌번호 : 130352
- DID번호 : 031)2504-구내번호

서 장 **김동근** ☎ 031)250-4201

과장	징세			부가가치세			소득세	
	김분희 240			오항우 280			이태균 360	
팀장	운영지원	체납추적1	체납추적2	부가1	부가2	부가3	소득1	소득2
	한순근 241	김영민 441	서성철 461	최성민 281	김용진 301	최윤기 321	이종남 361	한민규 381
DID	242-5	442-51	262-3 462-71	282-90	302-9	322-9	362-73	382-92
국 세 조 사 관		김소연	윤기순	서기원 김정훈	연명희 좌현미	기두현	박하홍	강미애
	김주옥 최윤영	고진숙 문 혁 성광민 이규선 김지영 주에나	김은주 박은정 유지호 윤미영 이은경 곽준옥	한수현 조숙영 서유식 지민경 김민정 김유나	김현준 강정호 원희정 임수현	김종만 김희진 하민정 최우영 배진호	조한정 정현정 권예리 엄현정 조정은	정영희 김정태 장지혜 이웅희
		엄인영 임우영	공신혜	이혜나	신나영	이상은		김연지
	가주희 송재덕	이한설	조은비 이혜진	백광현 장은솔	강민우 임구민	서주원 유승혜	이지영 박진석 윤건주 홍정화 노솔비 조혜경 최송희	김승주 이난주 김지운 이지원 김원민
Fax	258-9411	285-0454		258-9413			258-9415	

- 주　　　소 : 경기도 수원시 팔달구 매산로 61(매산로 3가)
　　　　　　　⑨ 16456
- 관할구역 : 경기도 수원시 장안구, 팔달구, 권선구 일부
- E-mail : suwon@nts.go.kr

과장	재산법인세			조사		납세자보호담당관	
	김용환 400			박진혁 640		이민철 210	
팀장	재산1	재산2	법인	정보관리	조사	납세자보호실	민원봉사실
	박기택 481	천만진 501	김도원 401	양금영 641	손세종 651	강서찬 211	김명숙 221
DID	482-90	502-7	402-15	642-7	652-68	212-5	224-33
국세조사관	김경만	박준규		원은미	박선범 임창규 송창용	김수정	이정언
	이은경 이국성 구명희	한수철 강기수 배상용	김성진 장주아 윤주휘 이성현	이범수 정현주	정진웅 최우석 금상화 박홍규	김인겸	김미나 박연미 권혜민 문영건
	유주희 소연경 박상흠	신승훈	박지선 김도형		정다솔 최희재	박윤수	함용식 이상일 김진주
	공채원 오규원 최윤서 탁승해	최필규	신수경 박시온 한서연 우민지 이하은 이홍비 여상호 김윤서	송현정 김지수	육소연 오승민 김민건 나하은 정완규	이재희	김준혁 지민영
Fax	250-4494		258-0497	258-0453		248-1596	258-1011

시흥세무서

- 대표전화 : 031)310-7200
- 코드번호 : 140
- 계좌번호 : 001588
- DID번호 : 031)3107-구내번호

| 서 장 | 함민규 | ☎ 031)310-7201 |

과장	징세			부가가치세			소득세	
	박동수 240			김혜령 280			강문자 360	
팀장	운영지원	체납추적1	체납추적2	부가1	부가2	부가3	소득1	소득2
	윤경림 241	윤호연 441	이봉림 461	위현후 281	강성현 301	하광무 321	김형선 361	최인범 381
DID	242-5	442-52	462-9 263-5	282-90	302-11	322-32	362-70	382-9
국세조사관		서승화	김상천 김은진 김 민 손지아	김 찬 심우택	조창일 이연석	문선희 박수열		김재일
	김정은 김지현	박재훈 채거환 하준찬 김성수 정유진	박미라 김민수 배자강	남기현 이재남 김재곤 함윤선 김기환 김준호	정경윤 이현주 김준호 박순웅	이성재 김아영 김성현 최석종 박형규 지석란	심완수 임선근 이영은	진영상 복경아
	나은비	조혜민 장소연 박수진 김태은	김지연 박경일 심지현	오진욱 부나리 윤준희	강태경 이예지 지유미	손은하 김주상	이현정 은성도	황석현 임지은
	오재열	박세원	한기연 심예진		이동현		김인욱 김택준 박나연 정현석	박은선 남성우 임형목
Fax	310-7551			314-2174	313-6900		314-3979	

- 주　　소 : 경기도 시흥시 마유로 368(정왕동)
　　[우] 15055
- 관할구역 : 경기도 시흥시
- E-mail : siheung@nts.go.kr

※ 대야민원실 주소 : 경기도 시흥시 비둘기공원5길 23(대야동) [우] 14912
(☎ 031-8041-3226)

과장	재산법인세				조사		납세자보호담당관	
	최준성 400				김석훈 640		전기석 210	
팀장	재산1	재산2	법인1	법인2	정보관리	조사	납세자 보호실	민 원 봉사실
	김연준 481		이창원 401	황창혁 421	서현희 641		인길식 211	장남식 221
DID	482-6	502-5	402-9	422-8	642-5	651-3 661-3 671-3 681-3	212-3 216	222-30
국세조사관		최혜진	장희진		김미라	전상훈 김애숙 오민선 안현자		
	박관준 김선중 권영인 김수상 전하돈	조현성 김원중 김햇님	김상록 장원용	정원석 황요섭	전진무 임애리 박기현	정현수 여진혁 한세훈 장현준	이경아	김춘화 김주미
	현덕진		주하나 김윤혁 김지연	정윤정 박수지 송지인			김은진 최윤미	윤소현 민기원 이푸르미 이수연 이민주
	김성은		신승훈 김동건	모혜연 윤정환		김세민 장명훈 이종민 김중헌		이지현 백현심
Fax	314-2178		314-3975		314-3977	314-3978	314-3971	314-3972

안산세무서

- 대표전화 : 031)412-3200
- 코드번호 : 134
- 계좌번호 : 131076
- DID번호 : 031)4123-구내번호

| 서 장 | 임 상 훈 ☎ 031)412-3201 |

과장	징세			부가가치세		소득세	
	이성호 240			박수용 280		김원경 360	
팀장	운영지원	체납추적1	체납추적2	부가1	부가2	소득1	소득2
	변인영 241	이철환 441	신지훈 461	김태우 281	김홍균 301	성창화 361	김남주 381
DID	242-5	442-8	462-8 261-2	282-90	302-9	362-6	382-7
국세조사관	김미애			김지은 김소영	이은주	박경휘	김재희
	김유현	노수창 정현주 이재혁	박승진 김혜진 김은주 이은성	신영두 전진우 정유진 조소윤 안성선	이경현 배수영 박창선 황현희 김진형	정혜정 정명기 한용석	김정준 한승우 김수현
		이연주 이주환	김병섭 고호경	조현민	고아라 곽성준 이원자		
	이세연 곽채윤	박미림 조수빈	이 범 백미나	이종보 김현민		이자영 백진아	박성진 전희선
Fax	412-3268			412-3531		412-3380	412-3550

- 주　　소 : 경기도 안산시 단원구 화랑로 350(고잔동)
  　　　　⑨ 15354

- 관할구역 : 경기도 안산시

- E-mail : ansan@nts.go.kr

과장	재산세		법인세		조사		납세자보호담당관	
	조성수 480		심희준 400		김송주 640		윤진일 210	
팀장	재산1	재산2	법인1	법인2	정보관리	조사	납세자 보호실	민 원 봉사실
	엄남식 481		김용덕 401	박동현 421	최성용 641		이수호 211	이성진 221
DID	482-5	522-4	402-9	422-9	642-4	651-68	212-4	222-6
국세조사관	김　환	이준배	양시범	오선경		임종순 문은하		정민재
	허양숙 김문희 정한나	채상윤	유현상 정재욱 임건아 박윤배	강민주 박종호	송창훈 문지선	박성찬 김명호 홍솔아 정경민	이은경	최윤정 김미경
	김상훈	조은희	류민하	송상우 백진현	안윤혜	이규석 박의현 채희원 한정현 임온순 김규원 조서영	유지원	이승리
	진　준		오승연 황윤정	김경희 박경주 조정미		민정은	최　웅	김소현 김정하
Fax	412-3495		412-3350		412-3580		412-3340	487-1127

동안산세무서

- 대표전화 : 031)937-3200
- 코드번호 : 153
- 계좌번호 : 027707
- DID번호 : 031)9373-구내번호

| 서 장 | 이창수 ☎ 031)937-3201 |

과장	징세		부가가치세		소득세	
	장승희 240		김태언 280		서인창 360	
팀장	운영지원	체납추적	부가1	부가2	소득1	소득2
	김백규 241	양재우 441	정선현 281	서용훈 301	홍경일 361	정동욱 381
DID	242-4	442-52 262-3	282-6	302-5	362-7	382-6
국세조사관			구본섭			이은주
	이현진 임주현	송우락 한만훈 조현경 이계숙 구현영 강성현 안소현	변철용 이지연	신은정 이미선 장종현	김보경 이혜진	손택영
		김민균 방순연 김형식 정현민	김미령	조하나	정지수 신혜정	김미희 한수현
	김성범	고윤형 송재은	정다은	홍석현	박채영 김태운	김예림
Fax	8042-4602	8042-4603	8042-4604		8042-4605	

- 주　　소 : 경기도 안산시 상록구 상록수로20
  - ㉾ 15532
- 관할구역 : 경기도 안산시 상록구
- E-mail : dongansan@nts.go.kr

과장	재산법인세			조사		납세자보호담당관	
	이영재 400			정은숙 640		김성근 210	
팀장	재산1	재산2	법인	정보관리	조사	납세자보호실	민원봉사실
	신연준 481		김신덕 401	박홍자 641	이오섭 651	강경근 211	정애라 221
DID	482-4	501-4	402-8	642-4	652-8	212-4	222-5
국세조사관		조아라	김원택		이순복	김은경	이해진
	주재명 안병용	김대환	이병옥 임희정	이미연 이아름	장형보	민덕기 김보미	강유나 문현경 신미식
	김동윤	김경미	윤가연 강윤형 김찬기	이지현	이희정 송보섭 박선화		박해란
		박기백	김지은		전재홍 김민중		
Fax	8042-4606			8042-4607		8042-4608	8042-4609

안양세무서

- 대표전화 : 031)467-1200
- 코드번호 : 123
- 계좌번호 : 130365
- DID번호 : 031)4671-구내번호

| 서 장 | 박수현 | ☎ 031)467-1201 |

과장	징세				부가가치세		소득세	
	유제연 240				최선미 280		박봉철 360	
팀장	운영지원	체납추적1	체납추적2	체납관리단	부가1	부가2	소득1	소득2
	편대수 241	박종석 441	신정환 461		이응찬 281	전기희 301	노영훈 361	송석철 381
DID	242-4	442-7	462-9 262		282-9	302-9	362-70	382-7
국세조사관		전은영		이상훈	전범철	문병남	정가희	박명수
	홍정욱	한상범 장명섭 고은선 김희은 장인영	유홍재 장민기 손선영 김슬아 김동희 장유리	송재성	황성윤 김해리	윤민혜 강은경 김용일	이민희 임석봉 한아림 최명화	안중현 서강현 정다운 이 화
	오지현				봉정혜 이희선 강수빈 박광태	임주원 옥경민 이재욱 진 솔	이준석	
	김진우		정의선	김선미	이다희 김영지	구소정	허성문 차연주 신아진	정나눔 황다해
Fax	467-1600	467-1300			467-1350		467-1340	

- 주　　소 : 경기도 안양시 만안구 냉천로 83(안양동) [우] 14090
- 관할구역 : 경기도 안양시 만안구, 군포시
- E-mail : anyang@nts.go.kr

※ 군포민원실 주소 : 경기도 군포시 청백리길 6 군포시청 내 1층 [우] 15829
(☎ 031-399-4020~1)

과장	재산법인세			조사		납세자보호담당관	
	윤영진 400			정태경 640		이삼기 210	
팀장	재산1	재산2	법인	정보관리	조사	납세자보호실	민원봉사실
	이재현 481	백규현 501	신영수 401	김교성 641		윤영택 211	정순남 221
DID	482-7	502-7	402-10	642-5	651-62	212-4	222-5
국세조사관	황경희	문승덕 최영준	윤길성 김경일		최진석 김대혁 박영민 유경훈 최동기		
	하재은 황종욱 박지예	이석아	김혜진 노환빈	김정진 정미호	김성표 차은영	서정훈 설수미	정현주 오효정 구진선 조은아
		강병극	박은희 유민설 한수민	고다혜 박미성	이상국 박유린 백미연	박수진	박현수 최다영 김가윤
	오슬기 신은송 이종원 권현중	김은진	오동현 연지원 이용준		곽윤정 오은진		
Fax	467-1419			469-9831		469-4155	467-1229

용인세무서

- 대표전화 : 031)329-2200
- 코드번호 : 142
- 계좌번호 : 002846
- DID번호 : 031)3292-구내번호

| 서 장 | 김 호 현 | ☎ 031)329-2201 |

과장	징세			부가가치세		소득세	
	김시정 240			함명자 280		허 곤 360	
팀장	운영지원	체납추적1	체납추적2	부가1	부가2	소득1	소득2
	이정미 241	김성호 441	조성훈 461	최은창 281	구응서 301	엄태영 361	박제상 381
DID	242-5	442-50	462-70 261-3	282-90	302-10	362-71	382-9
국세조사관		유영근 나기석	오현정 김 봄			유인식 정진희	최재천
	김강미 전 운	김새롬	송주한 차순화 신미애 한경화 신지연	최병화 이고운 김정규 이수지 홍대건 노수지 류혜영 오승은	이해자 오상택 최윤성 정혜정 문하나	홍보희 조영은 성유미	허진이 한경란 김규혁 오아람
	박소현	김정은 서수아 윤은미 최지연	김가민 정다은 이혜인	윤일한 임성연	김재홍 백소희	김가연 강미영	조혜정 문유선 우진원
	김경민	유미선 김동주 고은영	김서경		김선진 이혜정 김정윤	김보나 한예슬 김강휘	정희정 최근호
Fax	321-1625			321-1627		321-1628	

- 주　　소 : 경기도 용인시 처인구 중부대로 1161번길 71(삼가동)　☞ 17019
- 관할구역 : 경기도 용인시 처인구, 수지구
- E-mail : yongin@nts.go.kr
- ※ 수지민원실 주소 : 경기도 용인시 수지구 문인로 54번길 2 수지하우비상가 214호
　　　　　　　　☞ 16828　(☎ 031-896-8165~7)

과장	재산세			법인세		조사		납세자보호담당관	
	윤재웅 500			노승진 400		조병옥 640		김현미 210	
팀장	재산1	재산2	재산3	법인1	법인2	정보관리	조사	납세자 보호실	민　원 봉사실
	최윤회 481	이문원 501	김병일 521	조창권 401	경재찬 421	유병욱 641	엄선호 654	김영환 211	홍　경 221
DID	482-8	502-8	522-9	402-8	422-8	642-3 692	651-61	212-5	222-7
국 세 조 사 관	라영채	정윤선	한종훈 권현정 장유경	정택준	김수현		박희경 윤용호	곽은희	정성은
	김나경 이훈희 안광민	김민규 배　진 김정기	전범수 박유정 김예지	김영지 임혜미 지영환	이령조 임승용	이우현 김도희	송인우 차영석 김혜연	김지윤 하태욱 송미연	이현정 김현주
	이유림 백소이 진향미	류승혜 정예지	어현서 권이혁	이소연 이지은	김수진 박상민 김혜진	이주현	최영진 김세기 강　휘		박수옥 이혜리 오현주 박현명 장혜림 김소연
	박찬익	김문형		김대연 강성수	오상철 김지성		오지은 정현정		이상윤 나현규
Fax	321-1641		321-1642	321-1626		321-1643		321-1645	321-1646

기흥세무서

- 대표전화 : 031)8007-1200
- 코드번호 : 236
- 계좌번호 : 026178
- DID번호 : 031)80071-구내번호

| 서 장 | 엄인찬 ☎ 031)8007-1201 |

과장	징세		부가소득세		재산법인세
	임재승 240		황순영 280		박경옥 400
팀장	운영지원	체납추적	부가	소득	재산1
	정진영 241	윤종근 441	정은미 281	강수미 301	이숙정 481
DID	242-6	442-53 261-2	282-91 625	302-12 626	482-90 628
국 세 조 사 관		이현정 김승국	이 정 박영실	최경초	
	김윤희 허은정 김준이 김유리	최숙희 이문희 윤 창 김순아 이도영 이은정 송지수	박순영 서희선 정윤기 성은경 이지현 박성훈	김현진 서돈영 김석준 박소연	유훈희 정해란 공선영 안태준 한수정 안지영
	송진용	이동은 장지은 임인혁 오경미 김수진 이예진	박유진 조해리 정상아	선수아 이윤경 노혜선 김수진 안의진	
		정지혜 김유진 이서연	진윤영 윤여준	서예원 김정석 우명하	창보라 한미연 권민수 김채아 김소영
Fax	895-4902	895-4903	895-4904		895-4905

- 주　　소 : 경기도 용인시 기흥구 흥덕2로 117번길 15(영덕동 974-3) 광장프라자 1~4층
  [우] 16953
- 관할구역 : 경기도 용인시 기흥구
- E-mail : giheung@nts.go.kr

과장	재산법인세 박경옥 400		조사 양동석 640		납세자보호담당관 김영선 210	
팀장	재산2 이은창 501	법인 선형렬 401	정보관리 정지영 641	조사 이태욱 651	납세자보호실 양미선 211	민원봉사실 김동수 221
DID	502-5	402-14	642-4	652-8	212-4	222-6
국세조사관		이승훈 정상화	염훈선	김정관 최진규 박용훈	김경민	
	정인경 정종원	김상현 정용선 박진희 이수빈	김도경 송보경	나영수 김은혜	이상범 최인경	김윤희 백경모 박영종
	김유나	최두이 허미림 김소정	이혜민			
	윤수빈	이은지 박만경 김혜영 김수민		박규하 김지원		엄혜림 최정희
Fax	895-4905	895-4905	895-4907		895-4908	895-4951

이천세무서

- 대표전화 : 031)644-0200
- 코드번호 : 126
- 계좌번호 : 130378
- DID번호 : 031)6440-구내번호

서 장 　신 현 석 　☎ 031)644-0201

과장	징세			부가가치세		소득세		재산법인세	
	강성필 240			김민제 280		이현무 520		신승수 400	
팀장	운영지원	체납추적1	체납추적2	부가1	부가2	소득1	소득2	재산1	재산2
	이영호 241	이광희 441	권창위 461	박일환 281	김정식 301	이은경 521	박순철 541	구규완 481	이현주 501
DID	242-5	442-50	462-7 262-3	282-90	302-11	522-8	542-9	482-93 496	502-4
국세조사관		이기언 김경현	이용욱	송원기	이중한			박주열 김용철 양성봉	
	이진영 최혜정	김환진 이우경	홍제용 김승래 박현정 김성현	이수덕 최강원 정소연 정연주	김아름 이상근 정다은 김동엽	연근영 이상윤	권희갑 한명수	김태경 허성훈 김양희	인한용 황용택
		정슬아 이철원 이경원	김주환 윤민경 이상윤	유가현	최한솔	김상아 예성민	조성원 김형준 이상영	남현두 김두리	정현위
	권혜경 안윤석	한재민 김지훈	이효원 김민재	윤우식 정찬영 김재윤 정아영	도현정 최수아 유세희 이고은	최재강 김지우 박호진	최세진 김기웅 서지안	박석현 정보성 손정서 정은정	송혜연
Fax	634-2103		634-2104	637-3920	638-0148	637-4037	637-0144	638-8801	

- 주　　소 : 경기도 이천시 부악로 47(중리동)　㈜ 17380
- 관할구역 : 경기도 이천시, 여주시, 양평군
- E-mail : icheon@nts.go.kr

※ 여주민원실 주소 : 경기도 여주시 세종로10 여주시청 별관 2층(영무빌딩) (☎ 031-883-8551)

※ 양평민원실 주소 : 경기도 양평군 양평읍 군청앞길 2(양평군청 1층) (☎ 031-773-2100)

과장	재산법인세		조사		납세자보호담당관			
	신승수 400		정병진 640		조영규 210			
팀장	법인1	법인2	정보관리	조사	납세자 보호실	민 원 봉사실	여주민원	양평민원
	김현승 401	신호균 421	서경원 641	조규상 652	이만식 211	이준표 221		
DID	402-7	422-7	642-5	651-61	212-4	222-6		
국세조사관		하경종		길요한 이정수	문전안	최용화 김안순		
	김기홍 진현석	문성웅 김훈민	손석호 조영준	정신영 김성식 박희창 홍주희 김수아	안인기	홍순호	강근영 883-8551	권현회 773-2100
	이명옥		양영진	남효정 박미선	오병걸 이인심	이석임		안광인 773-2100
	전병무 김현성 서새롬	채민재 김나예 김채연 구승규		엄민식 김나휘				
Fax	634-2115		644-0381		632-8343	638-3878	883-8553	771-0524

평택세무서

- 대표전화 : 031)650-0200
- 코드번호 : 125
- 계좌번호 : 130381
- DID번호 : 031)6500-구내번호

서 장 우창용 ☎ 031)650-0201

과장	징세 김성희 240			부가가치세 김성진 280			소득세 류영상 360		재산세 박정훈 500		
팀장	운영지원	체납추적1	체납추적2	부가1	부가2	부가3	소득1	소득2	재산1	재산2	재산3
	이명훈 241	이현균 441	임관수 461	김영욱 281	최송엽 301	임승원 321	송은영 361	김진오 381	신현일 481	정선아 501	
DID	242-5	442-52	262-4 462-70	282-91	302-9	322-6 340-1	362-70	382-90	482-7	502-6	521-6
국세조사관		김요왕	노명환 한은정	강경래	최민혜	박병관		김미영	주기영	최복기	정효중
	배재학	이선희 이승근 서예빈	도종호 김수진 유다연 공유진 임유리 이정은 안세영	박혜영 이은서	진승환	김서연 정태윤	김창욱 권영빈	서지현	김보영 홍윤선 김 선	송영진 이한나	김연광 최현정 박형기 이채원
	김현경 채희준	권지용	유승연	이민규	김용진 최원익	박상희 이초롱	이정표 김은정 신원정 이다인	우원준 서정원	이도은 정문승	안서진 안해준	
	김호준	임수민 권영서 이준혁 이수환 조아라 송윤주	김종천 손희지	오세정 민성희 윤 희 하민정 박선웅	정다움 최노용 김소현 김성욱 신혜원	김보현 이형래 정한수	최슬기 김민주 이효진 이호용	강민기 이동환 송승종 김근희 김도현			채민석
Fax	658-1116	658-1107		652-8226			618-6234		665-4786		655-7103

- 198 -

- 주　　소 : 경기도 평택시 죽백6로 6(죽백동 796) [우] 17862
- 관할구역 : 경기도 평택시, 안성시
- E-mail : pyeongtaek@nts.go.kr

◇안성지서 주소 : 경기도 안성시 대덕면 건지리 376-5 [우] 17545
☎ 안성지서 DID : 031-61902-구내번호

과장	법인세 이현규 400		조사 최태형 640		납세자보호담당관 장석준 210		안성지서 (61902-DID) 홍강표 201			
팀장	법인1 송기원 401	법인2 황용연 421	정보관리 정호성 641	조사 정현표 651	납세자 보호실 한미자 211	민 원 봉사실 최종훈 221	체납추적 이충인 441	납세자 보호실 류종수 221	부가소득 황지유 281	재산법인 황우오 481
DID	402-9	422-8	642-6	652-71	212-5	222-8	442-7	222-4	282-7 362-7	402-7 482-4
국세조사관	김정우		변종희 안성호	진종호 안유진 박기우 이동호	전진철 정미애	양종렬 송승한	김혜선 안정민 권철균		최근형	정인교
	신영호 박관중 김영훈	변광호 강이슬 김훈기		박재우 박영규 정승용 조강우 이경민 김민표		정지윤 조상희	김기영		최재광 원설희 김근한 이현택	윤미진 정경화 김유창 정세미 김초희 위성호 전형정
	박일주	이란희	박영임 이후돈	최유영 진누리 조한우 박태윤 장보수 김형준 김준범 김혜인 정지영	정 훈	이은혜 김성룡 도주현	서정아	우세진 김태현	이현정 문창환 진나현 이재민	김다은
	김민주 조현진 양준모	허 준 박찬호 안서윤	김다영	황혜미	김도현	차나리 황나경 이예솔		손새봄	강은희 김승호 유채원 전소민	장현봉 손가영
Fax	656-7113		655-7112		655-0196	656-7111	6190-2251	6190-2256	6190-2252	6190-2253

화성세무서

- 대표전화 : 031)8019-1200
- 코드번호 : 143
- 계좌번호 : 018351
- DID번호 : 031)80191-구내번호

서 장 문홍승 ☎ 031)8019-1201

과장	징세				부가소득세		
	이강석 240				조영수 280		
팀장	운영지원	체납추적1	체납추적2	체납추적3	부가1	부가2	소득
	박근용 241	홍성권 441	박선영 451	진수진 461	하희완 281	주충용 301	김세훈 361
DID	242-5	442-50	452-9	462-7 261-2	282-90	302-11	362-74
국세조사관			박병선	이호광 윤윤숙 이진희 이영아			남경희 김수연
	김정림 이지현 이정환	김보름 최은수 장인섭 정지나 윤현경	김성미 이수민 김예지	이철우 최정심 최성일	김은숙 최우성 강지은 박주연 김다람 고유진	박가영 김보경 이민희 장민수 이미나 양승민	이진명 서미경 이혜진 박지영 김보경
	한성호	김예슬 박선양 곽한울 임양미 장재희	이재봉 김민성 석혜원 전혜영	여원선	문혜미 김수종 김남이	이다운 원계연 백해정	박주미 최지우 황지환 강수현
		장석화	선소임	이유정	박혜란 남인해	안수민	강현규 최윤진 송예람
Fax	8019-8211				8019-8257		8019-8202

- 주　　소 : 경기도 화성시 봉담읍 참샘길 27(와우리)　⑦ 18321
- 관할구역 : 경기도 화성시 읍·면 전지역 및 새솔동(송산그린시티)
　　　　　(기타 동지역은 동수원세무서)
- E-mail : hwaseong@nts.go.kr
※ 남양민원실 주소 : 경기도 화성시 남양읍 시청로 159(화성시청 1층 세정과 내)　⑦ 18274
　　　　　　　(☎ 031-5189-6527)

과장	재산세		법인세		조사		납세자보호담당관	
	이낙영 480		허영섭 400		최동주 640		장석진 210	
팀장	재산1	재산2	법인1	법인2	정보관리	조사	납세자 보호실	민　원 봉사실
	박수홍 481	정성곤 501	임희경 401	송현종 421	장소영 641		권중훈 211	이길녀 221
DID	482-7	502-5	402-12	422-31	642-3 682-3	651-65	212-4	222-6
국 세 조 사 관	강지윤		김은영	하유정	채상조	박동균 임교진 박민규 송준호	김수인	박민정
	최영윤 주자연 정수일 김주옥	김병호 최완규	박재윤 한상수 윤지은 노정윤 배정민	우성식 최정연 윤아름 이재영	곽진희	강병수 정은솔 김소영	이경희	김정표 (남양) 황재인
	정지윤	이가령	조계호 이진주	이지영 이은범 김정은	김민정 송혜인	유진선 조소영 박정욱 남연경 신여경	김주찬	방은미 이민선 최용호 (남양)
	민규원	김정인	이유영 김현정 김종인	이경규 유현지		최승빈 지혜주 주윤중		박승찬
Fax	8019-1758		8019-8227	8019-8270	8019-8251		8019-8245	8019-8231

동화성세무서

- 대표전화 : 031)934-6200
- 코드번호 : 151
- 계좌번호 : 027684
- DID번호 : 031)9346-구내번호

서 장　성 병 모　☎031)934-6201

과장	징세 마동운 240			부가가치세 오승찬 280			소득세 이윤우 360	
팀장	운영지원 나송현 241	체납추적1 김영근 441	체납추적2 김진수 461	부가1 박연우 281	부가2 박현종 301	부가3 이영태 321	소득1 윤희경 361	소득2 지영환 381
DID	242-5	442-51	462-8 261-2	282-91	302-11	322-30	362-71	382-91
국세조사관		전경선	송재봉	김신애 황보람 백정화		김혜령	나형욱	
	정동기 주미진	안순주 김영환 문강민 홍문희	최근영 정지영 이재희 홍우환	하효연 신영민 전신희 박선영 김연호	김선애 정 희 조덕상 문종걸 이재준	정재훈 김광현 최미정 이진석	성지은 김승범 송승재 조현정 김지영	한대희 김진환
	강민지	한선희 권정훈 조정환 박소연 김예은	이수연 장세리 봉희진 최 영	이혜리나 우지수		김 린 임아사 함다운	한상화 이정은 선우영진	정하나 서연지 강유정 김채린
	이준호	김혜경	남유현 김장현 오종현	이현준 강준호 김지혜 송창용	김아영 여영준 김보민	유승현 피정빈	박새롬 송승현 고동희	박하용 김윤아 안광식 강민경
Fax	934-6249	934-6269		934-6299			934-6379	

- 주　　소 : 경기도 화성시 동탄오산로 86-3(오산동)　⑨ 18478
- 관할구역 : 경기도 오산시, 화성시 중 정남면·진안동·능동·기산동·반정동·병점동·반월동·
  배양동·기안동·황계동·송산동·안녕동·반송동·석우동·청계동·영천동·중동·
  오산동·방교동·금곡동·송동·산척동·목동·신동·장지동

※ 오산민원실 주소 : 경기도 오산시 성호대로 141, 오산시청 1층　⑨ 18132
　　　　　　　　　　（☎ 031-374-4231）

과장	재산법인세				조사		납세자보호담당관	
	박진영 400				조성인 640		양정주 210	
팀장	재산1	재산2	법인1	법인2	정보관리	조사	납세자 보호실	민　원 봉사실
	이재준 481	윤혜진 491	오경택 401	주경관 421	이순철 641	윤석배 651	김현미 211	이은정 221
DID	482-90 496-8	492-5	402-10	422-30	642-5	650-62	212-5	222-33
국세조사관	김인철 이영은 권선화	유환동 고빛나	김태영	류승우 김연아	이은교 최인영	1팀 오동석(7) 김보라(9)	김지영 김정은	김혜경
	김소영 김정희 최혁진 오진선 이화경	남도영 박미선	조은비 위장훈 김선화	박시현 김민정 임혜영	조아라 최자연	2팀 김주연(6) 임재미(6) 고민경(7)	박수경 장재영	김영미 박수련 김한선 윤장원 문지은
	박원경 김은서 홍장원		박인희 김보연	이재훈 김민경 정은해		3팀 김동현(6) 김태현(7) 양미란(7)		천소현 양예람 김진슬 손경미
	임재빈 강수아 최지은		장선미 신효상 용석환	최진욱 김정미		4팀 김민희(6) 박성현(7) 박훈미(7)		정준영 안동건
Fax	934-6479		934-6419		934-6649	934-6699	934-6219	934-6239

강릉세무서

- 대표전화 : 033)610-9200
- 코드번호 : 226
- 계좌번호 : 150154
- DID번호 : 033)6109-구내번호

| 서 장 | 김 일 도 | ☎ 033)610-9201 |

징세		부가소득세		
최환규 240		서광원 280		
운영지원	체납추적	부가1	부가2	소득
정홍선 241	김도현 441	박미정 281	최승철 301	김범채 361
242-4	442-7 261-2	282-6	302-6	362-9
	김옥선	김은호		함영록 임창현
조상미 서동원 노태경	김민선 이서진 육강일 김종흠 박일찬 김운중	형비오 임하은	조운방 김병곤 김하영	김연지 박정수 김시윤
				전현주
	범승현 강연우	박재민 정아영	함현식 김미지	남경민 이정민
641-4186	641-4185	646-8914		

- 주　　　소 : 강원도 강릉시 수리골길 65(교동)
  　　　　　 ⑤ 25473
- 관할구역 : 강원도 강릉시 평창군 중 대관령면, 진부면, 용평면 및
  　　　　　 정선군 중 임계면
- E-mail : gangneung@nts.go.kr

과장	재산법인세		조사		납세자보호담당관	
	김승룡 400		김대옥 650		최용철 210	
팀장	재산	법인	정보관리	조사	납세자보호실	민원봉사실
	김형수 481	홍석의 401	박미현 661	박건우 651 함인한 652	김미나 211	신명진 221
DID	482-7	402-6	662-3	653-5	212	222-5
국세조사관				조창국		
	노용승 이신정 조정헌 김민정	박혜진 김 산 이창민	강진영 명경자	김별아 임영선		정나영
					홍새로미	유가량 강민재 신명수
	홍지수 김지호	이아름 안영권				윤소영
Fax	648-2181		646-8915		641-2100	648-2080

삼척세무서

- 대표전화 : 033)570-0200
- 코드번호 : 222
- 계좌번호 : 150167
- DID번호 : 033)5700-구내번호

서 장	장영일 ☎ 033)570-0201

과장	징세			세원관리		
	홍학봉 240			노현정 280		
팀장	운영지원	체납추적	조사	부가	소득	재산법인
	김지현 241	홍승영 441	권혁찬 651	김정희 281	김영숙 361	류장훈 401
DID	242-4	442-8	652-5	282-6	362-6	402-5 481-4
국세조사관		황순진 조현숙		이헌석	홍지우	이남곤
	윤하정 이현숙	임진묵	김광식 김태민		황유진	이덕종 권택만
		박진실	조현희	남은빈 이형석		
	문준현	채다빈 최주원	한현준	김은하 권순현	김다희 윤다민 엄태진	임재일 이하림 한지혜 양지원 고현아
Fax	574-5788	570-0668	570-0640	570-0408		

- 주　　소 : 강원도 삼척시 교동로 148　⊛ 25924

- 관할구역 : 강원도 삼척시, 동해시, 태백시

- E-mail : samcheok@nts.go.kr

◇ 태백지서 주소 : 강원도 태백시 황지로 64　⊛ 26021

☎ 태백지서 DID : 033)5505-구내번호 (대표 200)

※ 동해민원실 주소 : 강원도 동해시 천곡로 100-1(천곡동)　⊛ 25769
　　　　　　　　（☎ 033-535-2100）

과장	납세자보호담당관		태백지서 (5505-DID)		
	홍덕표 210		조예현 201		
팀장	납세자보호실	민원봉사실	납세자보호실	부가소득	재산법인
		탄정기 221		김영주 281	임무일 401
DID	211	222-4	222-3	282-5	402, 481
국세조사관	정용구			정경진	박재홍 남영우
		김연화 (동해) 이보라 박미옥	이순정		
		이은수 이정우 (동해)	임호성	최민우 김용진 고명준	
Fax	574-6583		5552-9808	553-5140	552-2501

속초세무서

- 대표전화 : 033)639-9200
- 코드번호 : 227
- 계좌번호 : 150170
- DID번호 : 033)6399-구내번호

| 서 장 | 최 찬 민 ☎ 033)639-9201 |

과장	징세		
	허비은 240		
팀장	운영지원	체납추적	조사
	박상태 241	고은미 441	박병훈 651
DID	242-4	442-6	652-5
국세조사관		김성필	김태용
	박용범 김재욱 김민정	박서연 정하나	안재현 김동준
		박신우 김지윤	
			황효정
Fax	633-9510		631-7920

- 주　　소 : 강원도 속초시 수복로 28(교동)
  　　　　☞ 24855
- 관할구역 : 강원도 속초시, 고성군, 양양군
- E-mail : sokcho@nts.go.kr

과장	세원관리				납세자보호담당관	
	손진욱 280				김경돈 210	
팀장	부가	소득	재산	법인	납세자보호실	민원봉사실
	양성철 281	김동윤 361	정회창 481	조성구 401		
DID	282-90	362-6	482-5	402-5	212	222-4
국세조사관	최현정	김진만	남명기	이성희		강영화
	안승현 신혜민 유일민		신성훈	홍기범	김수지	조민경
	이설이	김상혁				김기동
	양준혁 윤승빈 김세엽 민혜진	최현태 김태휘 김가원	김휘호 김혜지	이혜란 조채원		
Fax	632-9523		631-9243		639-9670	632-9519

영월세무서

- 대표전화 : 033)370-0200
- 코드번호 : 225
- 계좌번호 : 150183
- DID번호 : 033)3700-구내번호

| 서 장 | 윤 소 영 | ☎ 033)370-0201 |

과장	징세		
	신상희 240		
팀장	운영지원	체납추적	조사
	엄봉준 241	이미정 441	김재형 651
DID	242-6	442-6	652-4
국세조사관	송연호 이영미	박순천	
	박혜정	박민호 최경준 백윤헌 정희정	이종훈 유창인
		김선영 (휴직)	은진우
Fax	373-1315		

- 주　　소 : 강원도 영월군 영월읍 하송안길 49(하송3리)
  　　　　 ☞ 26235

- 관할구역 : 강원도 영월군, 정선군(임계면 제외), 평창군(평창읍, 미탄면)

- E-mail : yeongwol@nts.go.kr

※ 사북민원실 주조 : 강원도 정선군 사북읍 사북중앙로 66-2　☞ 26150
　　　　　　　　　　 (☎ 033-591-0102)

과장	세원관리			납세자보호담당관	
	편무창 280			원진희 210	
팀장	부가소득	재산법인		납세자보호실	민원봉사실
		재산	법인		
	박태진 281	김태범 401			
DID	282-8	481-3	402-5	211	221-2
국세조사관	이세호 문민호 김재용	김기식	최경아	장광식	심수현 박형주 (사북)
	이우영		김두영		박현주
		이상진			
	박현우 이현민 안예리 (수습)	김정섭	연재연 최해민 (수습)		
Fax	373-1316	373-2100		373-3105	

원주세무서

- 대표전화 : 033)740-9200
- 코드번호 : 224
- 계좌번호 : 100269
- DID번호 : 033)7409-구내번호

| 서 장 | 이 연 선 ☎ 033)740-9201 |

과장	징세			부가소득세		
	이옥선 240			박병환 280		
팀장	운영지원	체납추적1	체납추적2	부가1	부가2	소득
	김정희 241	서효우 441	백두산 461	임영수 281	변대원 361	황일섭 621
DID	242-4	442-7	462-8	282-8	362-70	622-31
국세조사관		권기정	조준기	주승철	백윤용 이성삼	강명호 김영석
	신정미 최성지	김보미 김상빈 박승훈 김다빈 진선미 이노을	박찬영 노정민 김미희 엄은주 정재훈 장현진 이종민	이동욱 정유진 정연득	박애리 전영훈	유원숙 문주희 김희은
	신재희		이원희 정윤주	최연우	신우용 오소라	홍석민 윤한철 배설희
		천세희	김혜민	왕아림 신성우	하명진 김무간 최원상	최근보 이동영 임아현 장대성 (수습)
Fax	746-4791			745-8336		740-9635

- 주　　소 : 강원도 원주시 북원로 2325(단계동)
  ⑨ 26411
- 관할구역 : 강원도 원주시, 횡성군, 평창군 중 봉평면, 대화면, 방림면
- E-mail : wonju@nts.go.kr

과장	재산법인세		조사		납세자보호담당관	
	윤영순 480		송방의 650		이호필 210	
팀장	재산	법인	정보관리	조사	납세자보호실	민원봉사실
	최중진 481	김경숙 401	국경호 691	최형지 651 이　준 654 송흥철 656	이경자 211	임성혁 221
DID	482-90	402-10	692-3	652-7	212-4	222-9
국 세 조 사 관	한동훈 김광섭 최호영	김진영 최영주			이건일	박선미
	백애숙 김민경	박연수 이용욱 이형근	백상규 황정미	강태진 현은영 최진화	김동련 허지은	김은희 배수영
	정민수	이나경		정병호		이송희 김천섭 장유진 김민주
	이유진 이동언 이형호 이가은 이유나	이상윤 노은경 하선우 김수지 (수습)				김석민
Fax	740-9420	740-9204	743-2630		740-9220	740-9425

춘천세무서

- 대표전화 : 033)250-0200
- 코드번호 : 221
- 계좌번호 : 100272
- DID번호 : 033)2500-구내번호

서 장 **강찬호** ☎ 033)250-0201

과장	징세		부가소득세		
	박상민 240		하태상 280		
팀장	운영지원	체납추적	부가1	부가2	소득
	김용진 241	김화완 441	강동훈 281	정영훈 301	이순옥 361
DID	242-7	442-9	282-7	302-7	362-70
국세조사관		박광용 홍재옥 채혜인	노경민	김광묵 이지혜	허원갑
	박현경 김미경	임재혁	황재연 최지은	박세근	김다연 최 혁 이은규
	정슬기	김기완 차지훈 최영우		윤혜원 좌길훈	안양순
	신창훈	이현란 변예빈	김세원 김설빈 임성호	이현석	박현서 황정원 엄채윤 이지훈
Fax	252-3589		257-4886		

- 주　　　소 : 강원도 춘천시 중앙로 115(중앙로3가)　⑨ 24358
- 관할구역 : 강원도 춘천시, 화천군, 양구군
- E-mail : chuncheon@nts.go.kr
※ 화천민원실 주소 : 강원도 화천군 화천읍 중앙로 5길 5 ⑨ 39221 (☎ 033-442-8300)
※ 양구민원실 주소 : 강원도 양구군 양구읍 관공서로 14 ⑨ 24523 (☎ 033-481-2100)

과장	재산법인세		조사		납세자보호담당관	
	홍후진 400		박대현 640		이웅진 210	
팀장	재산	법인	정보관리	조사	납세자보호실	민원봉사실
	심종기 481	유인호 401	도주희 651	홍기남 652 이연호 653	방용익 211	유광선 221
DID	482-7	402-8	656, 692	654-5	211-2	223-6
국세조사관	박경수	함귀옥 임승수	서현준		정재상	이창호 (화천) 윤상락 (양구) 지슬찬
	박기태 김태화	유현정	김달님	이진영 김지현	김아람	정선애 강양우 이재령
	김경록	김하은				
	임경수 정병주	김태기 조익한 허민지				박희수
Fax	244-7947		254-2487		252-3793	252-2103

홍천세무서

- 대표전화 : 033)430-1200
- 코드번호 : 223
- 계좌번호 : 100285
- DID번호 : 033)4301-구내번호

서 장 **고 주 석** ☎ 033)430-1201

과장	징세		
	김남구 240		
팀장	운영지원	체납추적	조사
	박현우 241	정의숙 441	지성근 651
DID	242-3	442-4	652-4
국세조사관			
	김다이	정석환 한영임	손선수
	권승소	강상희	
			강태현
Fax	433-1889		

- 주   소 : 강원도 홍천군 홍천읍 생명과학관길 50(연봉리) ㉾ 25142

- 관할구역 : 강원도 홍천군, 인제군

- E-mail : hongcheon@nts.go.kr

※ 인제민원실 주소 : 강원도 인제군 인제읍 비봉로 43 ㉾ 24635
                              (☎ 033-461-2105)

과장	세원관리				납세자보호담당관	
	김영빈 280				김종곤 210	
팀장	부가소득		재산법인		납세자보호실	민원봉사실
	부가	소득	재산	법인		
	남정림 281		이정윤 401		남호규 211	
DID	282-6	302-4	482-5	402-4	211	221-2
국세조사관	김경란	이금연	박현수	김현성		박원규 (인제)
	이남호 한진아	권상원	안진경 김이준 임현석	김민비		채민호 박경미
	정상헌					
	최자명	서민찬		황치순		
Fax	434-7622				435-0223	

인천지방국세청

청장 박 종 희

☎ 032) 718-6201

대표전화 : 032) 718-6200

주소 : 인천광역시 남동구 남동대로 763(구월동) ⑨ 21556
코드번호 : 800   계좌번호 : 027054

인천지방국세청

- 대표전화 : 032)718-6200
- 코드번호 : 800
- 계좌번호 : 027054
- DID번호 : 032)718-구내번호
- 주   소 : 인천광역시 남동구 남동대로 763(구월동) ㉾ 21556

청 장	박 종 희	☎ 032)718-6201

국장							
과장	운영지원			감사관		납세자보호담당관	
	조민호 6240			김성동 6310		길수정 6350	
팀장	인사	행정	경리	감사	감찰	납세자보호실	심사
	송충호 6242	공원재 6252	현선영 6262	이진호 6312	최병재 6322	이병용 6352	이진아 6362
국세조사관	김재석 6243	류수현 6253	김효진 6263 조혜진 6264	박지원 6313 주승윤 6314 박우영 6315	허광규 6323 유진우 6324		임재석 6363
	이태곤 6244 이근호 6245 이민훈 6246 배성혜 6247 김영호 6248	김한나 6256 최아라 6257 윤지현 6258 정지훈 6259	이준형 6265 최강선 6266	서경석 6316 송보라 6317 윤다영 6318	이동락 6325 여현정 6326 정승훈 6327 배경은 6328 최민경 6329	이 선 6353 김민경 6354 박미소 6355	최지민 6364 이연수 6365 정지은 6366
	정호영 6249 김미혜 6250	김주아 6260 김예슬 6273	김소윤 6267 이종관 6268 전소윤 6269		송영지 6330	신혜란 6356 심기보 6357	윤지원 6367 최주희 6368
Fax	718-6022	718-6021	718-6023	718-6025	718-6026	718-6027	718-6028

● 박종희 [인천지방국세청장]
- 72년생, 대구, 영신고, 서울대, 행시 42회
- 국세청 개인납세국 국장, 자산과세국, 복지세정관리단 국장, 납세자보호관 심사1담당관 과장, 소득지원국 소득지원과장, 서울청 조사4국 국장, 성실납세지원국 국장, 징세관 과장, 대구청 조사1국장

국장	성실납세지원국 이법진(3급) 6400					
과장	납세자보호담당관	부가가치세			소득재산세	
	길수정 6350	최진선 6401			이지훈 6431	
팀장	공항납세지원	부가1	부가2	소비	소득	재산	소득지원
		김은정 6402	방성자 6412	김근영 6422	오수미 6432	류경아 6452	조진동 6462
국세조사관	김수민 6163	정다은 6403 김성재 6404 김인희 6505	김용학 6413 추은정 6414	이재훈 6423 유남렬 6424	전지연 6433 강경호 6434	김경미 6453 김준영 6454 진영근 6455 주애란 6456	정현정 6463 한상재 6464
	박진아 6164	최경화 6406 김나미 6407	김홍경 6415 반재욱 6416	김하얀 6425 김혜빈 6426	장엄지 6436 김종주 6436	선경식 6457	
Fax	718-6028	718-6029			718-6030	

인천청

인천지방국세청

- 대표전화 : 032)718-6200
- 코드번호 : 800
- 계좌번호 : 027054
- DID번호 : 032)718-구내번호

국장	성실납세지원국 이법진(3급) 6400						
과장	소득재산세 이지훈 6431	법인납세 최현진 6471				정보화관리 최윤미 6101	
팀장	소득자료관리 구수정 6392	법인1 김영수 6472	법인2 송 숭 6482	법인3 강혜진 6488	법인4 이은섭 6493	관리1 강봉선 6102	관리2 김문성 6112
국 세 조 사 관						김경민 6103 조광진 6104	
	이현준 6393	전유영 6473 한지연 6474 김우현 6476	김지수 6483 윤지희 6484	오 영 6489 정성익 6490	손태영 6494 손현명 6495	김관우 6105	김덕교 6116 신의현 6113
		김태용 6476 김지혁 6477 김민아 6478	가준섭 6485 이은정 6486	민예지 6491	백다정 6496	섭지수 6105	정보길 6114
Fax	718-6030	718-6031				718-6032	

- ● 이법진 [성실납세지원국장]
  - 76년생, 경북 김천, 김천고, 고려대 경영학과, 행시 47회
  - 국세청 인사기획과 과장, 감사관 감사담당관 과장, 조사국 조사2과 과장, 조사국 조사분석과 과장, 서울청 조사1국 조사1과 과장, 운영지원과 과장, 중부청 수원세무서장, 대구청 성실납세지원국장, 부산청 창원세무서장
- ● 김도균 [징세송무국장]
  - 79년생, 서울, 한영외국어고등학교, 서울대
  - 부산청 중부산세무서장, 조사2국 조사1과 과장, 국세청 법무과 서기관, 중부청 송무과

국장	성실납세지원국 이법진(3급) 6400		징세송무국 김도균 6500				
과장	정보화관리		징세			송무	
	최윤미 6101		성이택 6501			이지선 6541	
팀장	정보화1	정보화2	징세	체납관리	실태확인	총괄	법인
	정현숙 6121		이기련 6502	안세연 6512	임창섭	김진우 6542	이창현 6546
			한송희 6503				
국세조사관	김한나 6122 정미경 6125 한연주 6126 김복임 6127 김진희 6129	배효정 6142 조정자 6147 최명순 6148 권정숙 6149 김정희 6145	최윤주 6504	현보람 6513 김향주 6514 이지연 6515	조가람 이송이 임채경 이진영 김효은	김재윤 6543 엄희진 6544	문성희 6547 이종찬 6548 인윤경 6549
	김소연 6123 정지연 6124	박혜선 6143 김혜정 6144	김다형 6505 현유진 6506 정수영 6507	이문형 6516		권자인 6545	이준호 6550
Fax	718-6032		718-6033			718-6034	

인천청

인천지방국세청

- 대표전화 : 032)718-6200
- 코드번호 : 800
- 계좌번호 : 027054
- DID번호 : 032)718-구내번호

국장	징세송무국 김도균 6500					조사1국 남우창(3급) 6600	
과장	송무		체납추적			조사관리	
	이지선 6541		정진원 6571			이규열 6601	
팀장	개인	상증	추적관리	체납추적	특별기동반	조사관리1	조사관리2
	이강연 6551	이주영 6558	황미영 6572	나찬주 6582		김정대 6602	조영진 6612
국세조사관	송두영 6552	이소정 6559 정열회 6560	임기제	안지은 6583	이정희 6591		
	양홍철 6553 차일현 6554	이아름 6561 홍석희 6562	서유진 6573 홍지아 6574 신나혜 6575 노상우 6576	양이곤 6584 임진혁 6585 채혜란 6586 안성호 6587	이준희 6592 김주희 6593	권병묵 6603 유홍근 6604 이환주 6605 박영수 6606	김건희 6614 남채윤 6615
			주소미 6577 김은송 6578 박세윤 6579	김혜성 6588 유승현 6589 임광빈 6590	박슬기 6594 하성우 6595 황태희 6596	한수지 6607	김준철 6616 김희주 6617
Fax	718-6034		718-6035			718-6036	

● 남우창 [조사1국장]
 -70년생, 인천, 송도고, 연세대 컴퓨터공학, 기술고시 37회
 - 서울청 과학조사담당관실 과장, 인천청 성실납세지원국 국장, 국세청 정보화관리관 빅테이타센터과 과장, 전산정보관리관실 정보개발1담당관 과장, 중부청 북인천세무서장

국장	조사1국 남우창(3급) 6600						
과장	조사관리				조사1		
	이규열 6601				김동형 6651		
팀장	조사관리3	조사관리4	조사관리5	조사관리6	조사1	조사2	조사3
	정홍주 6622	권성미 6632	김지영 6642	김인숙 6772	유대현 6652	이수진 6662	김대범 6672
국세조사관	강소라 6623	정성은 6633					
	이정문 6624 김규원 6625 방미경 6626	이슬비 6634 박선미 6635 장수영 6636 김수정 6637	이재춘 6643 정구휘 6644 정영인 6645 김효민 6646	방경섭 6773	전연주 6653 김명진 6654 고대근 6655 김진아 6656	김혜연 6663 박창현 6664 박준식 6665	전현정 6673 손종대 6674 구표수 6675
	노종대 6627 김민애 6628	주보영 6638 진 경 6639 홍혜연 6640	정기주 6647		박수지 6657	최상연 6667	서문영 6677 김성영 6677
Fax	718-6036				718-6037		

- 225 -

인천지방국세청

- 대표전화 : 032)718-6200
- 코드번호 : 800
- 계좌번호 : 027054
- DID번호 : 032)718-구내번호

국장	조사1국 남우창(3급) 6600						
과장	조사1	조사2			조사3		
	김동형 6651	박정준 6701			김동진 6741		
팀장	조사4	조사1	조사2	조사3	조사1	조사2	조사3
	김치호 6682	최 현 6702	양숙진 6712	박진석 6722	박수진 6742	임준일 6752	임태호 6762
국 세 조 사 관					김승희 6743		
	이광환 6683 이용주 6684 정지명 6685	김수정 6703 조현지 6704 황인성 6705	박일호 6713 권혁준 6714 조초희 6715 이준남 6716	우진하 6723 정도령 6724 이연주 6725	김태진 6744 유진영 6745	임은식 6753 조현준 6754 정기선 6755	박정은 6763 남은정 6764 윤재현 6765
	안소형 6686	채희문 6706 고동현 6707	최우녕 6717	이민지 6726	이주환 6746 안경우 6747	강현창 6756 정수진 6757	황정하 6766
Fax	718-6037	718-6038			718-6039		

● 박강수 [조사2국장]
 - 68년생, 전북 순창, 광주제일고, 세무대학 7기
 - 서울청 조사3국 조사관리과 과장, 서대문세무서장, 동작세무서장, 중부청 남양주세무서장, 광주청 광산세무
   서장

국장	조사2국 박강수 6800						
과장	조사관리				조사1		
	김홍식 6801				유경원 6851		
팀장	조사관리1	조사관리2	조사관리3	조사관리4	조사1	조사2	조사3
	이기수 6802	김미나 6812	최창현 6822	김한진 6832	김상윤 6852	강신준 6862	엄의성 6872
국세조사관			김혜진 6823	이미영 6833	김도윤 6853		
	이규호 6803 정도진 6804	유성훈 6813 안주희 6814 이혜경 6815	김동준 6827	이익진 6834 이아연 6840 김현경 6837 장은용 6836 김인찬 6835	안재현 6854	조현국 6863 김보경 6864	권기완 6873 차세원 6874
	윤지현 6805 이경혜 6806 윤재원 6807	강현우 6816	원규호 6825 이로아 6824	김한별 6839 오수현 6838	문이현 6855 최혜원 6856	고유나 6865	복지현 6875
Fax	718-6040				718-6041		

인천지방국세청

- 대표전화 : 032)718-6200
- 코드번호 : 800
- 계좌번호 : 027054
- DID번호 : 032)718-구내번호

국장	조사2국 박강수 6800						
과장	조사1 유경원 6851		조사2 이용재 6901				
팀장	조사4 김 훈 6882	조사5 김미옥 6892	조사1 박근엽 6902	조사2 김병찬 6912	조사3 김하성 6922	조사4 문인섭 6932	조사5 김재중 6942
국세조사관						윤영섭 6933	
국세조사관	남현철 6883	장선정 6893	김성록 6903 김영숙 6904	김동현 6913 조혜정 6914	박미진 6923 권두홍 6924	박소정 6934	용진숙 6943 장성진 6944
국세조사관	김대범 6884 윤혜미 6885	강한얼 6894 박한열 6895	송지원 6905 강희천 6906	이재민 6915 김영재 6916	유희근 6925	김한솔 6935	안수지 6945
국세조사관							
Fax	718-6041		718-6042				

인천지방국세청 관할세무서

인천세무서

- 대표전화 : 032)770-0200
- 코드번호 : 121
- 계좌번호 : 110259
- DID번호 : 032)7700-구내번호

| 서 장 | 박 달 영 | ☎ 032)770-0201 |

과장	징세			부가가치세			소득세	
	김상욱 240			황경숙 280			박성호 340	
팀장	운영지원	체납추적1	체납추적2	부가1	부가2	부가3	소득1	소득2
	임덕수 241	김윤희 441	장윤호 461	강정원 281	김수민 301	박은희 321	권영균 341	이민철 361
DID	242-6	442-52	462-70 261-2	282-90	302-11	322-28	342-49	362-70
국세조사관		김영환	김성연			황진영		
	김인수 송나영	임대근 이미진 권현택 엄장원	이찬수 임유화 이영환 남관덕	이지숙 임혜숙	서기영 송호연	김인성 이재우 권혜화	이영선 장유정 이병재	이소영 어원경 조용권 이창우
		김인환 장연화 최윤정 남예원	박주연 신현진 강유진 안종근 조경화	오정은 최승규 최창열	김라희 신예원 나길제	박규빈 정도연	양정인 조윤경	차수빈 신희라
	김 준 염효송 배철진	김나은 장윤미 박예지 조장호	한혜민 홍수현 임정묵 김윤아	정성훈 윤예지 이효진 이종은	김하나 전유빈 유채민 정선우 장준원	김민주 김병관 민애림 한재현	길동환 김소윤 김승연 오현택 조아영	이소연 윤여진 김인한 송채경
Fax	763-9007			765-1604			777-8105	

- 주　　소 : 인천광역시 동구 우각로 75(창영동 41-3) [우] 22564
- 관할구역 : 인천광역시 미추홀구, 동구, 중구, 옹진군
- E-mail : incheon@nts.go.kr

※ 별관 : 인천광역시 미추홀구 인중로 22, 2층 조사과(숭의동, 용운빌딩)

※ 영종도 민원실 : 인천광역시 중구 신도시남로 142번길 17, 301호(운서동) [우] 22371
(☎ 032-747-0290)

과장	재산세		법인세		조사		납세자보호담당관	
	정은주 480		임옥규 400		김월웅 640		김선주 210	
팀장	재산1	재산2	법인1	법인2	정보관리	조사	납세자 보호실	민 원 봉사실
	오유미 481	정치헌 521	박광욱 401	최준재 421	박창길 641	김태원 671	강경진 211	이영숙 221
DID	482-9	522-4	402-8	422-7	642-5	651-2 661-3 671-3 681-3 691-8	212-5	222-9
국세조사관	류민경		김민정			유상호 최장영 김택우 박일수	김정동	고민수 김용철 김대영
	서원식 김아름 김수아 전혜정	심한보 홍영호	정지운 이규종 김민중	이태용 박정배	국봉균 남은영	이하경 최병국 이도형 제병민 이다영 여의주	도승호	신진희 이경록 고유경 고명현
	박서우 박종성	이은지	배지은	정은아	기영준	최보미 신아영 안수민 김태훈	김가영	김득화 김기환
	서봉구 김가람		박경환 박혜리	박미래 권예은 윤석범	홍아름	김연서 김나영 양대균	서기훈	서주화
Fax	777-8407		777-8109		885-8334	888-1454	765-6044	765-6042

부평세무서

- 대표전화 : 032)540-6200
- 코드번호 : 122
- 계좌번호 : 110233
- DID번호 : 032)5406-구내번호

서 장 전주석 ☎ 032)540-6201

과장	징세			부가가치세1		부가가치세2		소득세	
	이 호 240			김봉섭 280		김정원 300		전경옥 360	
팀장	운영지원	체납추적1	체납추적2	부가1	부가2	부가1	부가2	소득1	소득2
	진승철 241	이종기 461	이상민 261	김형봉 281	박병곤 291	장현수 301	김관홍 311	강옥향 361	손 민 381
DID	242-5	462-8	262-3 462-3 471-3	282-7	292-5	302-5	312-6	362-9	382-8
국세조사관		정병숙		조세원			한인정		
	이종우 이상희 서주현	배은상 김보람	곽진우 최은화	손현지 장민영	양경애 조현아	이병노		송동규 조재희	권순규
		김철홍 조은빛 천인호 김유선 김희수	김빛누리 김태희 황민희			박효은 조종수	김태웅 이주은	손현진 신치원 서지형	이미소 성다진 박수지
	최익훈	이영주 정희선 김민정 김정수	남주형	남예리 김호용 이은창	송정은 박태용	김준혁 김용우	정재민	신은주 안소명 유현재 김은영	김혜원 황명하 오예원 이슬비
Fax	545-0411			543-2100		546-0719		542-5012	

- 주　　소 : 인천광역시 부평구 부평대로 147(부평동 44-9)
  - ㉾ 21366
- 관할구역 : 인천광역시 부평구
- E-mail : bupyeong@nts.go.kr

과장	재산법인세			조사		납세자보호담당관	
	정종오 480			이지상 530		정은정 210	
팀장	재산1	재산2	법인	정보관리	조사	납세자보호실	민원봉사실
	황태영 481	최광민 521	이영민 421	이은수 531	박지양 541	고은희 211	이영길 221
DID	482-7	522-4	422-8	532-4	542-3 551-3 581-3	213-5	222-7
국세조사관	공민지			문형민	이승우	고배영	김미정
	홍석후 장예원 안혜진 임자혁	박세라	박정윤	이상용	이상곤 이충원 김도협 이진우	이미애	하윤정 구주회
	이유빈	장슬빈	박주영 이유경		오주학 김경해		박미나 강민정 김지애 신지환
	전수빈	이정훈	김원욱 주민희 유희붕 신다솜	이채빈	이소정	이지현	
Fax	542-6175			551-0666		545-0132	549-6766

서인천세무서

- 대표전화 : 032)560-5200
- 코드번호 : 137
- 계좌번호 : 111025
- DID번호 : 032)5605-구내번호

서 장 임식용 ☎ 032)560-5201

과장	징세			부가가치세			소득세	
	김민완 240			유현인 280			김항중 620	
팀장	운영지원	체납추적1	체납추적2	부가1	부가2	부가3	소득1	소득2
	이진선 241	박민규 441	송영우 461	한세영 281	윤난희 301	장기승 321	정경돈 361	이용희 621
DID	242-6	442-9 551	462-9 261-2	282-90	302-10	322-8	362-70	622-31
국세조사관	임은영		임경순			김세영	채송화	
	김한범	윤도현 이동열 노재훈 김봉재	전영출 정미영	박두원 위은혜 최석운 정다은	강인행 조성연 이은석 박호빈	송윤미 안세은 조다인	송주형 현청우	김정기
	김다영	조가영 황윤영	여수민 소서희 오지연 나태운	정민혜 곽동훈	조윤영	이지영 이관재	김민상 신승진	안소영 채명훈 김미미 김수지
	송나연 배형천	남영탁 엄남용 정은화 오누리	유민상 박지희 신지아 김정권	권순환 김태욱 최유나 이유라	서석현 최흥진 한은정 이지연 오지민	황수인 임나영 민지영	박신우 최진영 이용환 복인수 지선경 노주원	권도현 장유림 윤강훈 김학인 임주형 변지민
Fax	561-5995			561-4144			562-8210	

- 주　　소 : 인천광역시 서구 청라사파이어로 192
  - ㉾ 22758

- 관할구역 : 인천광역시 서구

- E-mail : seoincheon@nts.go.kr

과장	재산법인세				조사		납세자보호담당관	
	정현대 400				오태진 640		강지성 210	
팀장	재산1	재산2	법인1	법인2	정보관리	조사	납세자보호실	민 원 봉사실
	민경삼 481	이영수 501	이병노 401	이승환 421	문 현 641	이영진 651	김순영 211	배인수 221
DID	482–90	502–4	402–8	422–7	642–4 691	652–65	212–4	222–9
국세조사관	김동열		홍준경			강석윤 김동진 전준호 김봉완 김보나		장재훈
	양정미 장선영 선종국 이미란	고명훈	김우환 김준희	이인이 김대관 김상철	김선옥 윤한수	이승찬 이창학 최유성	하태완	신현원 이영란
	김주영 김영훈	임연우	손주영	이종훈 정민석	한진규	박미연 김정인	박혜인	유순희 권서영 유동재
	박명아 김대욱 홍영유 박준하	이유상	강지현 한서인 김동인	조혜인 이종대	박유리	소진영 김성민 정윤환 오윤미	최건호	신승우 심은지
Fax	561–3395		561–4423		562–5673		561–0666	569–8032

연수세무서

- 대표전화 : 032)670-9200
- 코드번호 : 150
- 계좌번호 : 027300
- DID번호 : 032)6709-구내번호

서 장 정승태 ☎ 032)670-9201

과장	징세		부가가치세		소득세	
	이상두 240		김승임 280		이경모 360	
팀장	운영지원	체납추적	부가1	부가2	소득1	소득2
	탁경석 241	송우경 441	김수한 281	박성찬 301	배재호 361	윤양호 381
DID	242-5	442-50 262-3	282-8 599	302-8 599	362-8 399	382-6 399
국세조사관		김병규 남기인	유진하			
	신유나 백장미	문하림 정선영 이호정 김현진 남기은 유정훈	신연주 김혜인 곽승훈	서지희 조인호 신성규	김제주 유진아 윤지연 유선영 구기민	김은주 정강영
		이명훈	채혜미 변정연	윤수인 이현애 박상아 서경덕	김정환	최나연 김용국 김혜정
	김예성 송치성	서문경 송혜원 라윤상 남궁은 김주은 김진세 남재면 설서연	강승현 안윤석 이은지	방훈호	강인영 명세은	최승욱 변지수
Fax	858-7351	858-7352	858-7353		858-7354	

- 주　　소 : 인천광역시 연수구 인천타워대로 323 센트로드 **A**동 1~5층
  (송도동)
  ⑨ 22007

- 관할구역 : 인천광역시 연수구

- E-mail : yeonsu@nts.go.kr

과장	재산법인세			조사		납세자보호담당관	
	오흥수 400			장필효 640		박인수 210	
팀장	재산1	재산2	법인	정보관리	조사	납세자보호실	민원봉사실
	강흥수 481	백선애 501	박상영 401	한원찬 641	최호상 651	김생분 211	임용주 221
DID	482-92 299	502-4	402-11	642-4	654-8	212-4	222-7
국세조사관	조원석	신창용		박종석	고영주 이규의		
	정정섭 정다운 박주현 신채영 박주희		하정욱 최경아 정종우			배정미	김진교
	정지윤 강지수		김태희 이원희 서진혜 박모우	김선아	이윤경 유선영	이지현	권효정
	박태희 김보선 우민석 권아영 김수현	이상현 이홍엽	윤영섭 고민경 장해연 김규희 이용성	김선우		이은지	이은경 이문진 윤수정
Fax	858-7355			858-7356		858-7357	858-7358

남동세무서

- 대표전화 : 032)460-5200
- 코드번호 : 131
- 계좌번호 : 110424
- DID번호 : 032)4605-구내번호

| 서 장 | 윤재원 ☎ 032)460-5201 |

과장	징세			부가가치세		소득세	
	권민형 240			채지현 280		김영노 360	
팀장	운영지원	체납추적1	체납추적2	부가1	부가2	소득1	소득2
	정종천 241	김복래 441	김유경 461	김종율 281	안선경 301	김선영 361	손의철 381
DID	242-5	442-9	462-71 262-3	282-97	302-10 297	362-9	382-8 298
국세조사관				한지원	박창환 채미옥		
	한인표	이진숙 안은정 차지원	최종욱 노연숙 김재경 방혜선 양서철	이혜영 이예슬 박수정	조남명 임지민	박정진 박경완	이재홍
	진혜진	정근욱 전유완 이영롱 문용인	김진희 임재은 한승민 최이진 윤정현	이혜미	최혜원 박유라	김혜은 이성훈 변효정	김송정 황경서 김소담
	허유범 조봉기	윤종혁 유정완 이효승 함정훈 고윤정	김혜리 정장환 김선아	김혜영 김병민 김나윤 전진욱 남선우	태민성 김채령 박소희	박다인 손영준 김연주 이가연	김하운 이승유 이은혜 신지웅
Fax	463-5778			461-0658		461-0657	461-3291

- 주　　소 : 인천광역시 남동구 인하로 548(구월동)
  　　　　⑨ 21582

- 관할구역 : 인천광역시 남동구

- E-mail : namdong@nts.go.kr

과장	재산법인세				조사		납세자보호담당관	
	배호기 400				이율배 640		맹환준 210	
팀장	재산1	재산2	법인1	법인2	정보관리	조사	납세자 보호실	민 원 봉사실
	유재식 481	조용식 522	박장수 401	하두영 411	박범수 641	이경석 657	유선정 211	한덕우 221
DID	482-8 251	523-5	402-7	412-6	642-3 691	652-9 663-5	212-4	222-30
국세조사관	심주용	강성민	김혜윤			박좌준 신기주 고현호 우은혜	윤애림	강소여
	권은경 김은향	한완상	신경섭	유정아 장재웅 김선영	이은송	전홍근	조영기	전유광 김유경
	안만희 한혜진 김현지		김주희 김세은		김태화	김영규	이상곤 최규한	이지안 박형준
	유광열 노마로	김준환	윤다은 송호근	안지혜 오담인 김경준	정유희	송길웅 함송희 홍영진		정원준 서세형 박성진
Fax	464-3944		461-6877		462-4232	471-2101	461-2613	463-7177

계양세무서

- 대표전화 : 032)459-8200
- 코드번호 : 154
- 계좌번호 : 027708
- DID번호 : 032)4598-구내번호

| 서 장 | 박형민 ☎ 032)459-8201 |

과장	징세		부가가치세		소득세	
	공용성 240		이찬희 280		권대영 360	
팀장	운영지원	체납추적	부가1	부가2	소득1	소득2
	방윤희 241	김성열 441	황광선 281	홍예령 301	김상만 361	김용석 381
DID	242-6	442-7 262-3	282-5	302-5	362-5	382-5
국세조사관			이수민			
	박진서 박소연	박수춘 이현민 최성환	최정완 심호정 정은아	윤미경 이유정	김제헌 박예람	김보연
	여승구	홍다영 박인선 민윤식 손경선 김의영 이정인	김진웅	정지영 박지해	조연화	김수정 이솔지
	엄경화	김소연 양진주 김환희 강은솜 신기완 함수정	우지연	임수진	김재연 이현정	송승아 장효경
Fax	544-9152	544-9160	544-9153	544-9154	544-9156	544-9157

- 주　　소 : 인천광역시 계양구 효서로 244(작전동 422-1)
  　　　　　 ㉾ 21120
- 관할구역 : 인천광역시 계양구
- E-mail : gyeyang@nts.go.kr

과장	재산법인세			조사		납세자보호담당관	
	공희현 480			조성덕 640		이성욱 210	
팀장	재산1	재산2	법인	정보관리	조사	납세자보호실	민원봉사실
	고선혜 481	민종권 501	함광수 401	김기식 641	진호범 651	이동훈 211	조미현 221
DID	482-6	502-3	402-5	642-4	652-6	212-3	222-7
국세조사관	이선기 최은경		김민형	우인식 김태완	허준용	김진도	
	안혜영 가성원	천수진 송찬빈	현민웅 김유진		곽성용	홍은지	김민주 신동진
		안성국	박지은	박지성	현종원 이병욱		이현화
	정다빈		김병주		이혜진		박은영
Fax	544-9158	544-9159		544-9155		544-9971	544-9972

고양세무서

- 대표전화 : 031)900-9200
- 코드번호 : 128
- 계좌번호 : 012014
- DID번호 : 031)9009-구내번호

서 장 서원식 ☎ 031)900-9201

과장	징세			부가가치세			소득세	
	김광영 240			하종면 280			조대규 360	
팀장	운영지원	체납추적1	체납추적2	부가1	부가2	부가3	소득1	소득2
	윤혜영 241	김세종 441	고영환 461	안 준 281	신동훈 301	송인규 321	서광렬 361	민수진 381
DID	242-5	442-50	462-9 262-3	282-8	302-7	322-7	362-9	382-9
국세조사관		임진연	유은주 한은숙	공태웅		안재학		
	나혁균 주성숙	박인순 김수영 구현지 송자연 강성훈	이성관 계희제 김민상 장미향 윤선영 정선재	김민욱 신정원 김진원 맹창열	임경석 조수영 송효선 김지혜 윤형식	송명진 윤희수 김동우	박일수 이난희 김대일 김혜진 유은미 조민철	김희명 이화선 김정섭 서지우 유미성
		류매란 박예은	황화숙 배형은 홍지혜 신민철	이현선	박경란	문지현	허세미 마재정	이동훈 박희수 최우정 박형준
	윤현식 강혜수	박진태	이지윤	이도경 정채연	임준환 순현준 박서연	유우용 백범식	정지은 성창제 이지윤	김용구 김희주
Fax	907-0678			907-0677			907-1812	

• 주　　소 : 경기도 고양시 일산동구 중앙로 1275번길 14-43(장항동)
　　　　[우] 10401
• 관할구역 : 경기도 고양시 일산동구, 일산서구
• E-mail : goyang@nts.go.kr

과장	재산세			법인세		조사		납세자보호담당관	
	오민철 480			이미진 400		김광천 640		성종만 210	
팀장	재산1	재산2	재산3	법인1	법인2	정보관리	조사	납세자보호실	민원봉사실
	남기형 481	여종구 491	임지혁 501	김헌규 401	김태환 421	이준년 641	조민재 651	임형우 211	송주규 221
DID	482-8	492-7	502-7	402-8	422-7	642-5	652-72	212-5	224-31
국세조사관	이한택	심소영 백찬주			김지훈		서동옥 윤경주 권영승 김광연 류승진		최해철
	장설희 강희정 이효정	김윤경 박상선	오기철 김현서 조정은	이재균 조연심 이보라 박준영	김승희 이동찬	이현철 이금희	이학승 장희숙 장정엽 김현준 이윤수 배준용	오상엽 김인애	현양미 이상왕 이정원 정미라 최은영 송인화
	곽윤정		이주한 전건모		윤하영	류신우 김인기 이동석	이재원 김 웅 김종서	정소정	박민준 원가영 지 수 홍지안
	정맑음 이지영	신은지 김경아 권승혁	허은진	정보연 김건웅 조하은	박주미 남수민		이수민 박수경 기수민	조성조	박민철 구하나 신슬기
Fax	907-0672			907-0973		907-0674		905-7555	907-9177

광명세무서

- 대표전화 : 02)2610-8200
- 코드번호 : 235
- 계좌번호 : 025195
- DID번호 : 02)26108-구내번호

| 서 장 | 김지훈 | ☎ 02)2610-8201 |

과장	징세		부가소득세	
	전태영 240		정영희 300	
팀장	운영지원	체납추적	부가	소득
	이승희 241	하미숙 441	엄일선 301	강경덕 351
DID	242-4 247	442-6 262-3	302-11	352-9
국세조사관				김종훈
	민경준 최지영	김지현 강석훈 김기송	박진아 김경림 성상현	박찬민 백승범 홍성준
	박주열	문경은 나연주	주은영	박병태 이채현
	이원진	손채원 배상연 심희준	강다연 윤아름 임도윤 이정안 박진용	이지영 정보영 정윤경
Fax	2614-8443		2617-1486	

• 주　　소 : 경기도 광명시 철산로 3-12(철산동 251)
[우] 14235
• 관할구역 : 경기도 광명시 광명1~7동, 철산1~4동, 하안1~4동, 소하1~2동, 학온동
• E-mail : gwangmyeong@nts.go.kr

과장	재산법인세		조사		납세자보호담당관	
	이종우 500		정철화 640		고종관 210	
팀장	재산	법인	정보관리	조사	납세자보호실	민원봉사실
	구본기 401	이기주 501	박균득 647	강동진 641	고진곤 211	안태동 221
DID	402-10	502-7	648, 682	642-6	212-3	222-5
국세조사관	천미영	이경숙		유지은 곽재형	김중재	
	한송희 함상현 정혜아	신고현 신지수	김동휘 맹선영	전세형		정희원 송지훈
	권혜련	방준석		김재호	이도형	김정민 이민정
	박시현 이지후 임보금 김찬수	이주연 이미정		최혜정		
Fax	2060-0027		2685-1992		2617-1485	2615-3213

김포세무서

- 대표전화 : 031)980-3200
- 코드번호 : 234
- 계좌번호 : 023760
- DID번호 : 031)9803-구내번호

| 서 장 | 김영기 | ☎ 031)980-3201 |

과장	징세			부가가치세			소득세	
	이지영 240			윤영식 280			김민수 340	
팀장	운영지원	체납추적1	체납추적2	부가1	부가2	부가3	소득1	소득2
	이영옥 241	이영권 441	신혜주 461	신연희 281	박병민 301	박수정 321	김 호 341	조영순 361
DID	242-5	442-50	462-73	282-90	302-9	322-9	342-9	362-9
국세조사관						이혜영	최희윤	
	오현지 이영숙	신기섭 이유정 이온유 김현일	손승희 배인애 안선미 안지선 강효정	황은희 민경원 이현민	정수지 박윤하 박찬우 최은영 정세경	전창선 설병환	최혜진 이상미 박종률	신수범 안지혜
	박지원	박용운 정현지	조송화 김민석 심자민	최보윤 이현주	박상규	이은지 정혜린	이은기 이민지	김일용 이성인 박희원
	안상현	김정은 김태희 박지수	이소형 박송희	한석윤 이은비 박성일 이윤서	박선화 문요한 최지원	유예진 이범훈 노소현	이지은 김소연 황수연	박미경 정소영 문예지
Fax	987-9932	987-9862		998-6973			983-8028	

- 주　　소 : 경기도 김포시 김포한강1로 22(장기동)　〒 10087
- 관할구역 : 경기도 김포시, 인천광역시 강화군
- E-mail : gimpo@nts.go.kr
- ※ 강화민원실 주소 : 인천광역시 강화군 강화읍 강화대로 394　〒 23031
　　　　　　　　　　(☎ 031-934-1493~4)

과장	재산세		법인세		조사		납세자보호담당관	
	서명국 400		강 용 500		배성수 600		고 현 210	
팀장	재산1	재산2	법인1	법인2	정보관리	조사	납세자 보호실	민 원 봉사실
	신희명 401	조은희 421	유정식 501	박용주 521	김영국 601	박기룡 621	현혜은 211	김정륜 221
DID	402-10	422-7	502-10	522-31	602-5	622-39	212-5	222-9
국세조사사관		허인규			장현주	조종식 고상용 김정식 김태형		박영기 (강화) 김만덕 (강화)
	장선영 정다혜 구지은	이동규 염정은 김용민	이종현 김승태 김상민 양현식 김선혜	최주광 최유나 정다이		김민희 정형석 이종현 최희경 김미영	최지현 박민규 강혜진	석산호 김태훈 김아영 예민희
	윤현정 한연근 최현성 유다영	백한나 신미미	이민정 오윤라	장진아 장영애 김감채	안미영 정은주 고설민 이윤호	전원진 박근호 김의연 이진수	피연지	정진숙 이희정 이상미
	유현주 김연희 이태윤 엄지수		김승현 김재영 신선규	박정현 박상현 김경준		김찬진		조주형
Fax	998-6971		986-2801		986-2769		986-2806	982-8125

동고양세무서

- 대표전화 : 031)900-6200
- 코드번호 : 232
- 계좌번호 : 023757
- DID번호 : 031)9006-구내번호

| 서 장 | 변 희 경 | ☎ 031)900-6201 |

과장	징세 김근화 240			부가소득세 안진수 280			
팀장	운영지원 조민영 241	체납추적1 유수재 441	체납추적2 우지수 461	부가1 최헌순 281	부가2 조양선 301	소득1 김태오 321	소득2 오청은 381
DID	242-7	442-8	462-5 262-3	282-9	302-9	322-7	382-8
국세조사관		최은옥	임경태 한은숙	김완석	조석균	김진기	이선아
국세조사관	안국찬	이승환 기아람 최미경 황선진	정유리 김괄식 채원식 이루리 한승협	남석주 성정민 이정화 김성희	이은옥 김동준	정혜수 태대환	최유진 길미정 송민영
국세조사관	정지연 송일훈		권지원	민윤선	김경업 지영주	황인태 전승헌	김중규
국세조사관	변성희	김기환		이건희 김진우 김지환 양하은	이재원 박준형 엄지상	노용현 유가연 조은나	서영원 신창섭 이진석 이강민
Fax	963-2979			963-2089			

• 주　　소 : 경기도 고양시 덕양구 화중로 104번길 16(화정동)
　　　　　[우] 10497
• 관할구역 : 경기도 고양시 덕양구
• E-mail : donggoyang@nts.go.kr

과장	재산법인세			조사		납세자보호담당관	
과장	정문현 400			이기병 640		김형진 210	
팀장	재산1	재산2	법인	정보관리	조사	납세자보호실	민원봉사실
팀장	정환철 481	심형섭 501	이동근 401	백영일 641	김미정 651	고영지 211	임정현 221
DID	482-90	502-4	402-10	642-5	652-3 661-3 671-3	212-4	222-7
국세조사관		박인제			홍성걸 이정은 이형철	박윤지	
국세조사관	김정미 송선주 박종원 김유미 이민규	홍근표	신경아 정정우 김재권 김자영	김정혁 박미진	심재일 어정아 정건희	최동진 오은숙	박혜진 조지영 하명선
국세조사관	안지영 이혜지	김민상	조지윤 최수경	김도희	선현우 조영종		조영진 박미진 김한울
국세조사관	이동주 김승화 박서연 김영주		임소현 고승연 현지웅	민지호	이유민		
Fax	963-2983			963-2972		963-2271	

부천세무서

- 대표전화 : 032)320-5200
- 코드번호 : 130
- 계좌번호 : 110246
- DID번호 : 032)3205-구내번호

| 서 장 | 양순석 ☎ 032)320-5201 |

과장	징세			부가가치세		소득세	
	표석진 240			장대완 280		박동찬 360	
팀장	운영지원	체납추적1	체납추적2	부가1	부가2	소득1	소득2
	류 송 241	김효진 441	김재석 451	송승용 281	박정민 301	남정식 361	민성기 371
DID	242-5	442-9	452-6 262-6	282-91	302-10	362-7	372-8
국세조사관				김재현 임명숙	조재웅		
	최옥미 이수아 김가영	범지호 선다혜	주민희 남현주 명경철 김규호 김희경	나 영 이선아 김수정	장현성 조영미 김은정	최정명 박성민 김경업 전지원	이준우 김동준 김수원
	조강희	차인혜 김지영 노익환 황정록	이민지	이수진 장형원 최서윤	허지영 박경은	최은진	연정현 심현주
	김시은	남궁민아 정윤주	방서주 신윤주	문성훈 김소현 한건희	김수연 이준서	오태경 최기현	배기헌 박성재 조민지
Fax	328-5248			328-6936		320-5476	

- 주　　소 : 경기도 부천시 원미구 계남로 227(중동)
  [우] 14535
- 관할구역 : 경기도 부천시
- E-mail : bucheon@nts.go.kr

과장	재산법인세 이철우 480			조사 안미경 640		납세자보호담당관 박영길 210	
팀장	재산1 박형민 481	재산2 김명준 521	법인 송충종 401	정보관리 김재철 641	조사 정순욱 651	납세자보호실 김동현 211	민원봉사실 진경철 221
DID	482-9	522-4	402-11	642-3 691	652-62	212-4	222-9
국세조사관	최용선	김해아 이준홍	송성심 한재영 이상수		배동희 김학규 김영조 김기훈		임석호
	김혜은 이기영 심홍채	한유진	양희정 고봉균 박동완	이종섭 김수연 오경선	김희환 서창덕 이택수	윤주영	김성기 최민규
	곽유진 김호찬 정호성		류여경 조정해		강오라	허원석 김향숙	정효성 이주희 채유진 허정인
	고정근 김현기		박희근 양재한		임해균 허예린 왕혜연		
Fax	320-5431			328-6935		328-5941	328-6428

남부천세무서

- 대표전화 : 032)459-7200
- 코드번호 : 152
- 계좌번호 : 027685
- DID번호 : 032)4597-구내번호

서 장 이순용 ☎ 032)459-7201

과장	징세		부가가치세		소득세	
	김성영 240		민희망 280		최기영 360	
팀장	운영지원	체납추적	부가1	부가2	소득1	소득2
	이재근 241	양지선 441	김미선 281	웜범석 301	김순석 361	박대협 381
DID	242-5	442-51	282-7	302-6	362-6	382-6
국세조사관		오은희		남도경		김정이
	차지연	이주성 김혜연 김경애 정현진 장승연	피근영	조윤주 유화진 김유선	이영례 신준호	이은제 기승호
		강혜인 김영아 심희정	채진병 전유나 정희수	전하준	김강휘	김수빈
	신연주 고영록	윤겸주 신채원	권소연 박태우 최은빈	고은아	황희태 문예린 장우진	지현배 박하은 양성원
Fax	459-7249		459-7299		459-7379	

- 주　　소 : 경기도 부천시 경인옛로 115(괴안동 6-5)
  - ㉾ 14691
- 관할구역 : 경기도 부천시 부천동, 심곡동, 대산동, 소사본동, 범안동

과장	재산법인세			조사		납세자보호담당관	
	이동출 480			김은기 640		배성심 210	
팀장	재산1	재산2	법인	정보관리	조사	납세자보호실	민원봉사실
	도영만 481	오경택 501	김창현 401	유재연 641	박용진 651	김준호 211	안형선 221
DID	482-4	502-4	402-6	642-4	652-6	212-4	222-5
국세조사관	임현정		김영미		한순규 신기룡		김상진
	송민진 김지엽	이진례 오경환	서은미 김지은 박성태	박미래	남일현 김이섭	최은정 김하원	한상희
		황재승	이은자	이서은		김상균	최성열 권오방
	김태영		오나현		이기택		임예진
Fax	459-7499			349-8971	349-8972	459-7219	459-7231

의정부세무서

- 대표전화 : 031)870-4200
- 코드번호 : 127
- 계좌번호 : 900142
- DID번호 : 031)8704-구내번호

서 장 서철호 ☎ 031)870-4201

과장	징세			부가가치세			소득세	
	유희준 240			전동근 280			정태민 360	
팀장	운영지원	체납추적1	체납추적2	부가1	부가2	부가3	소득1	소득2
	박회경 241	송기선 441	장연근 461	한문식 281	김종완 301	오승필 321	조현관 361	정용효 381
DID	242-6	442-50	462-70 262-3	282-91	302-9	322-30	362-70	382-91
국세조사관	이명희	정용석		강태완 노은영	김종화		이지훈	
	김연정	안동민 최재림 조다혜 채문석	김대현 김희영 최재혁 이태진 김현정 김선영	오현준 이소진	이계승 한희정	전혜윤 안 선 송현권 임진영	김계정 양강진 김영권	장연경 박지연 박선희 오소은
	이승재 박인배	장정욱	이예슬	이재환 김현민	안진영 박유림 박정호	최은영 이정한	조병덕	이은지 임진옥
	이민경	장진영 김민선 천주헌	박수진 서동철 윤석현 윤태진	최호영 주승찬 염다인 이한주	김보경 박미진 최서현	이상현 조유빈 최민엽	김소정 김자영 김소연 김기문 이준근 임병현	김세건 김정호 장주환 손유진 김정호 최호준
Fax	875-2736			871-9015		874-9012	871-9012	871-9013

- 주　　소 : 경기도 의정부시 의정로 77(의정부동)
  - ㊾ 11622
- 관할구역 : 경기도 의정부시, 양주시
- E-mail : uijeongbu@nts.go.kr
※ 양주민원실 주소 : 경기도 양주시 부흥로 1533 양주시청 내　㊾ 11498
  (☎ 031-870-4131)

과장	재산법인세			조사		납세자보호담당관	
	김현정 400			임혜령 640		윤은지 210	
팀장	재산1	재산2	법인	정보관리	조사	납세자보호실	민원봉사실
	곽미나 481	황창훈 521	한상민 401	장주열 641	이근웅 651	오태진 211	정윤철 221
DID	482-90	522-7	402-11	692-3 642-4	652-3 661-3 671-3 681-3	212-4	222-30
국세조사관		차미선	천수영	유은선	조용수 이상선 김형주		이문영 조태욱 (양주)
	박근애 민용우	서래훈 이신숙	이명행 이상환	정영화 김봉식	이준영 한승배	오정식 전은선	이용희 (양주) 유재은 신동영 고민경
	유한나 김대연 박보민	김나영 노기훈	최보라 황연성 신명섭 박소현		이수현 홍수지 김진주 조유리	김혜수	한길택 신주현 이소연 김도균 김준형
	임주형 문해령 이재우 서민철 최라원	조성윤	박성한 이명곤 김효준 지 현	김보라	최지우 김경희		장수창
Fax	871-9014		878-9015	837-9010	871-9017	871-9018	877-2104

파주세무서

- 대표전화 : 031)956-0200
- 코드번호 : 141
- 계좌번호 : 001575
- DID번호 : 031)9560-구내번호

서 장 **안수아** ☎ 031)956-0201

과장	징세			부가소득세			
	김동식 240			정인선 280			
팀장	운영지원	체납추적1	체납추적2	부가1	부가2	소득1	소득2
	김육노 241	강장환 441	이광용 461	정선례 281	박형진 301	남형주 361	이기정 381
DID	242-5	442-9	462-8 262-3	282-90	302-10	362-70	382-8
국세조사관			강지연	이경빈	박종진		신선주
	송지혜	김희정 박윤미	태영연 하수정	남동완 고상권 김윤희	임현우 김은영 김지우	조정은 여 선 김보근	박종주
	이지원 유준상	지대진 황지혜 한무현 장일웅	김민희 송승한 박선영 유환일	김태균	배휘정	김현지 고연우	강연우 김성진
	김재형	심수현 김남은	최현호 송남경	한주희 이해욱 이선민 천훈영 강도윤	김혜원 이영림 변정원 정희현 김주영	서동국 김민수	남성식 김원이 유민아
Fax	957-0315	956-0450		946-6048			

- 주　　소 : 경기도 파주시 금릉역로 62(금촌동)
  　　　　郵 10915
- 관할구역 : 경기도 파주시
- E-mail : paju@nts.go.kr

과장	재산법인세				조사		납세자보호담당관	
	황재선 400				나선일 640		이창준 210	
팀장	재산1	재산2	법인1	법인2	정보관리	조사	납세자 보호실	민 원 봉사실
	김춘동 481	문삼식 501	오병태 401	김병수 421	신거련 641	김민수 681	황영삼 211	김무남 221
DID	482-7	502-5	402-8	422-8	642-5 692	651-3 661-3 671-3 682-3	212-4	222-8
국 세 조 사 관	신해규			최원석		박태훈 송영욱	조영호	박윤경
	신지은 백진화 최연경 진민정	이용우 박성혁 이지은	이현규 오상준	윤병진 유래경	유래연 이은영	이영욱 이여경	박지선	문진희 이기철 류영리
	모충서		정슬기 안수빈		안혜원 배명선 이선아	신동준 이종석 김보원 장진혁	최은경 남궁훈	이은영
	박지수	임소라	최선혜 정현준 박지애	김창민 권기성 천준환 심유진		강예린 권민재 최웅렬		
Fax	957-3654				957-0319		957-0313	934-2100

포천세무서

- 대표전화 : 031)538-7200
- 코드번호 : 231
- 계좌번호 : 019871
- DID번호 : 031)5387-구내번호

| 서 장 | 고 광 덕 ☎ 031)538-7201 |

과장	징세			부가소득세		재산법인세	
	소 섭 240			오재현 280		강정모 400	
팀장	운영지원	체납추적1	체납추적2	부가	소득	재산	법인
	장병찬 241	김종문 441	임상규 461	김성우 281	이수안 301	오동구 481	류자영 401
DID	242-5	442-5	462-7	282-91	302-8	482-8	402-6
국세조사관			나선회 김정호	김성진	강경인	박송복 민정기	윤민수
	박창우	최은복	박미영	박애심 정민재 박세진	문성은 최형준	강지윤	정영무 박신영
	김도애	양향임 안재국	유슬리	박용현		황은비 박정린	
	양은지 차현서	오유리 소정민	김정화	김미림 임소형 박채원 나현진 강연호 이지훈	유정환 곽하준 이미송 강성규	이다혜 이한솔 정유형	김민정 석지원
Fax	544-6090	538-7249		544-6091		544-6093	544-6094

- 주　　소 : 경기도 포천시 소흘읍 송우로 75 　⑰ 11177
- 관할구역 : 경기도 포천시, 철원군, 동두천시, 연천군(동두천, 연천은 포천세무서 동두천지서 관할)
- E-mail : pocheon@nts.go.kr
◇ 동두천지서 주소 : 경기도 동두천시 중앙로 136 　⑰ 11346
　☎ 동두천지서 DID : 031)8606-구내번호 (대표 200)
※ 철원민원실 주소 : 강원도 철원군 갈말읍 명성로 158번길 85 ⑰ 24039 　(☎ 033-452-2100)
※ 연천민원실 주소 : 경기도 연천군 전곡읍 은전로 415 전곡읍행정복지센터 내 (☎ 033-839-2932)
※ 포천시청 민원실 주소 : 경기도 포천시 중앙로 87 포천시청 1층 (☎ 031-538-3179)

과장	조사		납세자보호담당관		동두천지서 (8606-DID)			
	신지영 640		형성우 210		우철윤(4급) 201			
팀장	정보관리	조사	납세자보호실	민원봉사실	체납추적	납세자보호	부가소득	재산법인
	김진섭 641	윤영길 652	이대일 211		전상호 271		신성환 300	김영문 250
DID	642-5	652-9	212-3	222-7	272-4	230-3	301-10	251-6
국세조사관	한창규	조성수		이경아 김희정		한희수	엄주원	김제봉
	서아름	이효진 김주홍 최동휘	이영숙 이정윤	허승호 홍윤석	김범석		박진수 박대순	김남철 손성수
	김근우	박소현 양문욱			나경훈	장혜인	박성수 박다영 이윤희 강지현 강슬기	권오찬 조은애 양문욱
		정은채 이은빈 이건민		윤지현 이미랑	신은정	이혁재 박효선	김성준	
Fax	544-6095		544-6097	544-6098	867-2115		860-6279	867-6259

대전지방국세청

청 장 정 용 대

☎ 042)615-2201

대표전화 : 042)615-2200

주소 : 대전광역시 대덕구 계족로 677   ⑨ 34383
코드번호 : 300   계좌번호 : 080499
E-mail : daejeonrto@nts.go.kr

대전지방국세청

청 장 **정 용 대** ☎ 042)615-2201

- 대표전화 : 042)615-2200
- 코드번호 : 300
- 계좌번호 : 080499
- DID번호 : 042)615-구내번호
- 주 소 : 대전광역시 대덕구 계족로 677
  [우] 34383
- E-mail : daejeonrto@nts.go.kr

국장					
과장	운영지원 윤동규 2240			감사관 신혜선 2300	
팀장	행정 이주한 2252	인사 이정훈 2242	경리 이준현 2262	감사 남택원 2302	감찰 박한석 2312
국세조사관	이 호 2253 이경순 2257 조선영 2280	김명진 2243	박지혜 2263	최영권 2303 박지윤 2304 김재철 2305	채홍선 2313 윤은택 2314 이정운 2315
	김태훈 2254 강성우 2255 정희남 2256	양영진 2244 권혜지 2245 김의규 2246	조항진 2265 황소원 2267 이영화 2266	이동규 2306 박민우 2307 조민정 2308 이상요 2309	백인정 2316 이철우 2317 안재문 2318 문호영 2319
	송연서 2258 조훈연 2260	이연희 2247 어경윤 2248	권유빈 2268		
Fax	621-4552	632-5097	634-6324	634-5098	

● 정용대 [대전지방국세청장]
－68년생, 전남 화순, 대전 명석고, 서울대 사회교육, 행시 41회
－국세청 복지세정관리단 국장, 부가가치세과장, 심사2담당관, 중부청 징세송무국 국장, 부산청 조사2국 국장, 서울청 첨단탈세방지담당관, 노원세무서장, 신고관리과장·조사3국 3과장, 대전청 조사1국장, 인천청 성실납세지원국장, 강남세무서장, 국세공무원교육원 교수과장, 대법원파견, 정읍세무서장

● 최지은 [성실납세지원국장]
－74년생, 부산, 홍대 사대부고, 이화여대, 행시 46회
－국세청 조사국 조사2과 과장, 감사관 감사담당관 과장, 징세법무국 법무과 과장, 기획조정관실 국세통계담당관실 과장, 서울청 조사1국 조사2과 과장, 중부청 안양세무서장, 조사2국 조사2과장

국장			성실납세지원국 최지은 2400		
과장	납세자보호담당관		부가가치세		
	설영지 2330		김혜경 2401		
팀장	보호	심사	부가1	부가2	소비
	문정기 2332	장은주 2342	전지현 2402	정영웅 2412	박미진 2422
국세조사관	구명옥 2333			이동구 2413	
	이휴련 2334	김경미 2343 오건우 2344 허성민 2345	이 영 2403 서민원 2404	박세환 2414 이지민 2415	원대한 2423 선명우 2424
	민효정 2335		김승현 2405	유경모 2416	장유민 2425
Fax	636－4727		625－9751		

대전청

대전지방국세청

- 대표전화 : 042)615-2200
- 코드번호 : 300
- 계좌번호 : 080499
- DID번호 : 042)615-구내번호

국장	성실납세지원국 최지은 2400					
과장	소득재산세				법인세	
	이정순(4급) 2431				강덕성 2461	
팀장	소득	재산	복지세정1	복지세정2	법인1	법인2
	차건수 2432	문미희 2442	전혜영 2452	장미영 2602	김정수 2462	박태정 2472
국세조사관	윤현숙 2433					
	김덕영 2434	윤석창 2443 성은숙 2444 배경희 2445 이지은 2446	김영기 2453	김자경 2603	김태건 2463 김동혁 2464 김현태 2465 송수은 2466	한 란 2473 홍상우 2475
	임재돈 2435	황후용 2447	하미현 2454		오하라 2467	이민지 2474
Fax	634-6129				632-7723	

● DID 번호 : 042) 615–구내번호

국장	성실납세지원국 최지은 2400						
과장	법인세 강덕성 2461		정보화관리 최익수 2131				
팀장	법인3 김민정 2482	법인4 김보혜 2492	지원 최영둘 2132	보안감사 이영구 2142	포렌식지원 박승현 2192	정보화센터1 이정미 2152	정보화센터2 이홍조 2172
국세조사관		김철웅 2493	최오미 2133 정주희 2135 서정은 2137 김상진 2138	이채윤 2143	양선미 2193	신상례 2160 최금년 2161 신선희 2154 송인희 2155 천은영 2162 김양미 2156	김광순 2173 박진숙 2180 유수향 2175 김홍란 2176
	이선영 2483 조하영 2484	박상옥 2494	송향희 2134 주재철 2139	오백진 2144	이정아 2194	김수영 2163	권인숙 2181 김명순 2177 강영자 2182
	강동훈 2485	나유숙 2495	장영석 2136		박성원 2195	박수진 2153	
Fax	632–7723		625–8472			615–2170	615–2190

대전청

대전지방국세청

- 대표전화 : 042)615-2200
- 코드번호 : 300
- 계좌번호 : 080499
- DID번호 : 042)615-구내번호

국장	성실납세지원국 최지은 2400						
과장	개발지원1				개발지원2		
	이현진 2081				서지영 2021		
팀장	정보분석	인공지능지원	엔티스개발1	엔티스개발2	정보화개발	개발교육1	개발교육2
	김상숙 2022	김건우 2102	정의진 2042	손석임 2062	하창수 2082	정기원 2652	
국세조사관	이미라 2023 강선홍 2024 김은희 2025 최진숙 2026		이상수 2045 최윤호 2044	염문환 2064	김숙희 2083 라유성 2084 송유진 2085 임수현 2086		
		김육곤 2104 이현우 2105 김유리 2103 김태원 2106 정지영 2107	송미원 2051 이가연 2046 이원일 2047 전일권 2048 손효현 2049	조은지 2070 임여경 2068 이지헌 2066	최수영 2089 박신영 2088 이성호 2090	정혜임 2653	우경주 2665 김혜린 2666 최희선 2667
		남다영 2108	김시백 2043 문찬우 2050 이동준 2052 이혜린 2053 장동근 2054	최홍열 2065 남세라 2067			
	김진선 2027 윤성조 2028	이재경 2109 김민경 2110	조경진 2055	김지환 2071 임도연 2072	최민혁 2091 이호윤 2094 박현영 2092	윤희준 2654 채병윤 2655 박환희 2656 김정훈 2657 이황희 2658 한진수 2659 김보경 2660 최중현 2661 정민수 2662 김윤중 2663 김 란 2664	남궁율 2668 김현진 2669 이승주 2673 신현호 2674 김인하 2675 이지현 2676
Fax	621-4552						

● 고승현 [징세송무국장]
 −80년생, 청주고, 이화여대, 행시 50회
 − 대전청 세종세무서장, 공주세무서장, 논산세무서장, 국세청 전산기획

국장	징세송무국 고승현 2500						
과장	징세			송무		체납추적	
	박일병 2501			김윤용 2521		장상우 2541	
팀장	징세	체납관리	실태확인	송무1	송무2	체납추적관리	체납추적
	연수민 2502	김정수 2512	양주희 2572	황경애 2522	박신정 2532	송칠선 2542	노은아 2552
국세조사관	이순영 2503			홍순국 2524		전광희 2543	
	이상봉 2504	장현하 2513 권오성 2514	김현숙 2573 서나운 2574 정해은 2575	최지훈 2523 이수현 2525 김진호 2526 김현태 2527	박옥길 2533 이성준 2534 권원호 2535 문형민 2536	윤상탁 2544 이지운 2545 민찬근 2546	이석재 2553 장기원 2554
	김아영 2505	이지연 2515				박재우 2547 전이나 2548	박노욱 2555 임유리 2556 김효근 2557
Fax	632−1798			626−4512		625−9758	

대전청

− 267 −

대전지방국세청

- 대표전화 : 042)615-2200
- 코드번호 : 300
- 계좌번호 : 080499
- DID번호 : 042)615-구내번호

국장		조사1국 전애진 2700					
과장	체납추적	조사관리					
	장상우 2541	황민호(4급) 2701					
팀장	특별기동반	조사관리1	조사관리2	조사관리3	조사관리4	조사관리5	조사관리6
		차광섭 2702	윤상호 2712	이태희 2717	정혜진 2732	배덕렬 2742	신미영 2730
국세조사관		신상수 2703	전윤희 2713	김희영 2718	김두섭 2733	이제현 2743	
	김양수 2562 유연우 2563 이은선 2564 김병철 2565	이현상 2704 임정혜 2705 김수연 2706		이재명 2725 윤수환 2719 노영실 2720 남기태 2726 한성준 2727 이우현 2721	장석현 2734 박진숙 2735	태상미 2744 고정환 2745 박제영 2746	안용수 2731
	손정연 2566 임한솔 2567	박지수 2707	한송희 2714	이채민 2724 조우진 2728 임소현 2729			
Fax	625-9758	634-6325					

● 전애진 [조사1국장]
- 78년생, 서울, 시흥고, 이화여대 행정학과, 미국 에모리대학교 대학원 경영학 석사(MBA), 행시 46회
- 국세청 국제세원담당관, 납세자보호담당관, 국제조사과장, 조사분석과장, 국제조사2계장, 조사국1·2계장, 과세쟁점자문계장, 법무4계장, 서울청 조사3국 조사1과장, 중부청 조사2국 조사1과장, 조사1국 국제거래조사과장, 중부산세무서장, 서기관 승진(13.5.28), 행정자치부혁신컨설팅단파견, 남대문서징세과장, 수원서 세원관리2과장, 김해세무서 납세자보호과장

국장	조사1국 전애진 2700						
과장	조사1				조사2		
	이희범(4급) 2751				김진술 2781		
팀장	조사1	조사2	조사3	조사4	조사1	조사2	조사3
	송태정 2752	이병용 2762	강보경 2772	김효순 2882	김장용 2782	이경숙 2792	정현원 2802
국세조사관	김남훈 2753						
	강병수 2754	신광철 2763 손정화 2764	윤재두 2773 홍은정 2774	허지혜 2883 정호석 2884	강안나 2783 이연주 2784	구승완 2793 김진주 2794	이한기 2803 윤희창 2804
	유승아 2755 신용식 2756	김이수 2765	권명윤 2775	이권희 2885	고병준 2785 김병철 2786	황석규 2795	김소연 2805
Fax	634-6128				626-4513		

대전지방국세청

- 대표전화 : 042)615-2200
- 코드번호 : 300
- 계좌번호 : 080499
- DID번호 : 042)615-구내번호

국장	조사1국 전애진 2700				조사2국 김동근 2900		
과장	조사2	조사3			조사관리		
	김진술 2781	이용후(4급) 2811			장 훈 2901		
팀장	조사4	조사1	조사2	조사3	조사관리1	조사관리2	조사관리3
	박은정 2842	백인억 2812	최민애 2822	윤지희 2832	김운주 2902	오진성 2912	박영주 2922
국세조사관		안선일 2813					최성호 2923
	이환규 2843 김수원 2844	연제석 2814	박상욱 2823 김상현 2824	주진수 2833 사현민 2834	이현우 2903	김선기 2913 조현희 2914 유세곤 2915 정휘언 2916	지상수 2924 육재하 2925 김선애 2926 정성모 2927
	이수빈 2845	박승권 2815 김태은 2816	한 용 2825	박요안나 2835	김보미 2904 김민형 2905	박영일 2917	김근아 2928
Fax	626-4513	636-0372			626-4514		

● 김동근 [조사2국장]
 －70년, 대전, 대전명석고등학교, 세무대학 9기
 －대전청 동청주세무서장, 충주세무서장, 부산청 징세송무국 징세과 과장, 국세청 법인납세국 원천세과, 충주
　세무서 납보

국장	조사2국 김동근 2900						
과장	조사1				조사2		
	황규용 2931				김용보 2961		
팀장	조사1	조사2	조사3	조사4	조사1	조사2	조사3
	조정주 2932	김아경 2942	진소영 2952	김문수 2992	이정임 2962	김덕규 2972	이원근 2982
국세조사관	백승민 2933	이승윤 2943					
		신숙희 2944	김준익 2953 강현애 2954	오승희 2993 강현영 2994	강 훈 2963 최윤경 2964	차보미 2973 이건흥 2974	유지현 2983 정준희 2984
	정재남 2934 정계승 2935	이익중 2945	박찬오 2955	김준하 2995	고민철 2965	김태헌 2975	이미현 2985
Fax	626-4515				625-9432		

대
전
청

대전지방국세청 관할세무서

대전세무서

- 대표전화 : 042)229-8200
- 코드번호 : 305
- 계좌번호 : 080486
- DID번호 : 042)2298-구내번호

서 장 오원화 ☎ 042)229-8201

과장	징세			부가가치세			소득세	
	신현국 240			한현섭 280			정인숙 360	
팀장	운영지원	체납추적1	체납추적2	부가1	부가2	부가3	소득1	소득2
	조은애 241	이응구 551	신원영 571	한수이 281	백오숙 301	이동환 321	차정환 361	정창훈 381
DID	242-5	552-9	262-4 572-5	282-90	302-9	322-8	362-8	382-8
국세조사관		장명화 김영목	박정숙 곽문희		황성희	이기수 노영하	배 준 유은주	송석중
	이봉현 구민채	이안희 오미영 한지우 김형주	유주상 금기태	백민정 신연주 유혜민 김다혜	오수연 김혜원	이호영 오현석	권혁희 이신정	정미현
		나혜진 조유진	박길원 강민정				임지혜	장혜린 정주관
	장윤규	김홍선 양세현 최대현	박수미 채현우 김지현	권택균 최민혜 유서현	최두현 이영범 배예빈	강건희 변서연	류보람 정지예 이성철 오상은	정희옥 성스런
Fax	253-4990		253-4205	257-9493		257-3783	257-3717	

- 주　　소 : 대전광역시 중구 보문로 331(선화 188)　우 34851
- 관할구역 : 대전광역시 동구, 중구, 충청남도 금산군
- E-mail : daejeon@nts.go.kr
- ※ 금산민원실 주소 : 충청남도 금산군 금산읍 인삼약초로 42(중도리 16-1)　우 32739
　　　　　　　　　　　　(☎ 041-754-0336)

과장	재산법인세				조사		납세자보호담당관	
	정헌호 400				김관오 640		오길춘 210	
팀장	재산1	재산2	법인1	법인2	정보관리	조사	납세자보호실	민원봉사실
	김용호 481	이왕수 501	강인성 401	김병일 421	박종인 641		황대림 211	이용환 221
DID	482-7	502-5	402-6	422-5	642-4	651-3 661-3 671-3	212-5	222-30
국세조사관		임진규	유태응		권석용	1팀 김동현 이홍순 이진하	박준형	양병문 이영재
	조영주 이형섭 이충혁	윤문원	김지현 정유진	윤순영 김학진	윤희민 김초혜	2팀 송인한 박지은 김유빈	김선주	엄태성 안재욱 최혜경 이가희
	이유진 이근수 오양금	홍은화				3팀 김수진 성지환 김태윤	김민정 안지민	김수량
		박수현	이권열 지영호	배한솜 박성진				최규철
Fax	254-9831		252-4898		255-9671		253-5344	253-4100

북대전세무서

- 대표전화 : 042)603-8200
- 코드번호 : 318
- 계좌번호 : 023773
- DID번호 : 042)6038-구내번호

| 서 장 | 장 성 우 | ☎ 042)603-8201 |

과장	징세			부가가치세		소득세	
	김신흥 240			정현철 280		김영덕 360	
팀장	운영지원	체납추적1	체납추적2	부가1	부가2	소득1	소득2
	이미영 241	유병민 551	최진옥 571	하정영 281	류다현 301	361	도우형 381
DID	242-6	552-9	572-8 262-4	282-91 614	302-10 614	362-9 615	382-8
국세조사관		이인숙 조혜민	조현경 옹주현	김응남 김성민	전민정	김인태 이정희 노기우	
	최미진 배효정	김정은 이신영 김은덕 조윤민	박미진 강윤학 이규완 백수진 엄소정 (휴직)	박성희 이경선	이재욱 장진화 이은숙 나경미 임송빈	김보경 전현아 구효진 이아람	여중구 이은숙 박수아 김선주
	이준희	최유리	최지은	이정은 서경하 신혜인	안수진 장민환	전지은	이혜연
		김지윤	신유민	신원영 김하나 김준성 김민수 (수습)	양준호 송태섭	최가인 안상미 (수습)	이강희 김민지 신영화
Fax	823-9662	603-8560		823-9665		823-9646	

- 주　　소 : 대전광역시 유성구 유성대로 935번길 7(죽동 731-4)
　　　　　　 ㉾ 34127
- 관할구역 : 대전광역시 유성구, 대덕구
- E-mail : Bukdaejeon@nts.go.kr
※ 대덕민원실 주소 : 대전광역시 대덕구 동춘당로 94번길 11 송촌동 행정복지센터 1층 ㉾ 34401
　　　　　　 (☎ 042-624-8233)

과장	재산세		법인세		조사		납세자보호담당관	
	유은영 480		서문석 400		조재규 640		이은영 210	
팀장	재산1	재산2	법인1	법인2	정보관리	조사	납세자 보호실	민 원 봉사실
	481	유장현 501	배문수 401	정영선 421	박주항 641		강희석 211	조복환 221
DID	482-90	502-5	402-9	422-9	642-5	652-63	212-4	222-7
국 세 조 사 관	박은정	최상형			김범전 이정길	1팀 조석정(6) 오현민(7) 이건희(9)	양광식	이동근
	탁현희 이화진 최지선 장세연	진수민 김윤희	전소희 김수정 박은경 박장순	이유미 이현정 전시영 최혜지		2팀 전 영(6) 이건우(8) 이은서(9)	김미선	김진환 박유자 백수아 구정인 김영간 차지숙
	신성호 심현이 백경령	김경오	박성재	이소현	김용석 이재원	3팀 지대현(6) 송지은(8) 석용희(9)	가혜미	최우경 최동훈 (대덕)
	임채규		심국보 안소영 (휴직) 김민석 김수빈	박성재 최수인 유관헌		4팀 김영민(6) 임형빈(8) 김나은(9)		
Fax	823-9648		823-9616		823-9617		823-9619	823-9610

서대전세무서

- 대표전화 : 042)480-8200
- 코드번호 : 314
- 계좌번호 : 081197
- DID번호 : 042)4808-구내번호

서 장	오 원 균	☎ 042)480-8201

	징세		부가가치세		소득세	
과장	김영식 240		이광자 280		360	
팀장	운영지원	체납추적	부가1	부가2	소득1	소득2
	임창수 241	이명하 551	김창희 281	김은철 301	이명석 361	나명균 381
DID	242-4	552-61 262-3	282-9	302-9	362-8	382-7
국세조사관		이영락 안은경	유경열 최인옥	라기정 김은주 이창권	박현정 이미희	김성연 신계희
	김선미 박인선 김은진	이영순 김나희 최민정 허남주 손현정 금종희	양선숙 유영주	김보혜 구은정	양유미 이수미	박금숙 이선미 허정필
	황준석	박문수 박혜림 남보라 고운지 최준영 민수호	황인혜 송민우		홍관의	오정선
		김명철 김아현 김지윤 김다연	김선환 양유진	이유진 구도한	한수진	한웅희 최정은
Fax	486-8067	480-8687	472-1657	480-8682	480-8683	

- 주   소 : 대전광역시 서구 둔산서로 70(둔산동 1296)
  - ㉾ 35239

- 관할구역 : 대전광역시 서구

- E-mail : seodaejeon@nts.go.kr

※ 별관(조사과) 주소 : 대전광역시 서구 둔산로 59 아이빌딩 5층(둔산2동 1275)

과장	재산법인세			조사		납세자보호담당관	
	최수종 400			신승태 640		조영우 210	
팀장	재산1	재산2	법인	정보관리	조사	납세자보호실	민원봉사실
	김구봉 481	신대수 501	김은혜 401	신광재 641		전현정 211	김윤진 221
DID	482-7	502-4	402-10	642-4	651-3 661-3 671-4	212-4	222-31
국세조사관		가재윤	서명옥	박태구	1팀 박병수(6) 정영석(7) 정인형(8)	정진원 황연주	박진수 이채민 이주성 박정연
	정상남 최영미 최성미		이신열 이재열	이선우 권경숙	2팀 이한승(6) 김세환(6) 김태규(8)	이성민	안주희
	이진수 이재성	조은애 전재령	한미현		3팀 배은경(6) 이명해(6) 전형주(7) 서동화(8)		이남영 박상희 이혜민
	송하늘 윤원준		금현지 최준영 이창재				서하늘
Fax	480-8685		480-8684	480-8686		486-8062	486-2086

동청주세무서

- 대표전화 : 043)229-4200
- 코드번호 : 317
- 계좌번호 : 002859
- DID번호 : 043)2294-구내번호

서 장	안 경 민 ☎ 043)229-4201

과장	징세			부가가치세		소득세
	김용주 240			류성돈 280		이상현 360
팀장	운영지원	체납추적1	체납추적2	부가1	부가2	소득
	김균태 241	남현우 551	김진영 571	연태석 281	정년숙 301	김은기 361
DID	242-6	552-8	572-4 261-2	282-90	302-8 271	362-73
국세조사관			서정원	최현정	이정환	
	이영희 최은혜	손민영 강윤정 한정희	윤여용 백혜진 여윤수	이남정 박수진 염나래 김민선	옥지웅 박미정 박현정 연소정	김대운 최경인 김리아 한인수 서덕성 김세진
	유선희	김가원		홍경표	오인택	김효선 김민영
	김도윤	신미연 백주연 최강이	이동헌	박재민 정준호	권혁주 박수현 김도희	최다연 김용국 신은정 김현오
Fax	229-4601			229-4605		229-4602

- 주　　소 : 충청북도 청주시 청원구 1순환로 44(율량동 2242)　ⓤ 28322
- 관할구역 : 충청북도 청주시 상당구·청원구, 증평군, 괴산군
- E-mail : dongcheongju@nts.go.kr

※ 괴산민원실 주소 : 충청북도 괴산군 괴산읍 임꺽정로 90 괴산군청 1층 ⓤ 28026 (☎ 043-832-4711)
※ 증평민원실 주소 : 충청북도 증평군 증평읍 광장로 88 증평군청 내 종합민원실 ⓤ 27927
　　　　　　　　　(☎ 043-838-8665)

과장	재산법인세			조사		납세자보호담당관	
	이완표 400			이상우 640		김영선 210	
팀장	재산1	재산2	법인	정보관리	조사	납세자보호실	민원봉사실
	유승원 481	정진희 501	이덕형 401	김선관 641		이평희 211	서혜숙 221
DID	482-7 274	502-4	402-10	642-4	651-9	212-4	222-9
국세조사관		신승우			1팀 박찬희(6) 양희윤(8) 노관우(9)	정성무	최윤선 최은희
	오지윤 김연이 정영은 정금희 오경란	정영철	여은희 오진용 오광석	황남돈 권진영	2팀 정진걸(6) 이경욱(7) 김진서(8)		서승의
	박수연	정은아	이병욱	노건호	3팀 최용복(6) 안수용(7) 이수빈(8)	이상금 왕지영	조미겸 정지선 성은영 조지훈
	박세진 박병규 전유경		손경식 주영서 김도연 기민정 최지수 박진혁				송재현
Fax	229-4609		229-4606	229-4607		229-4603	229-4604

영동세무서

- 대표전화 : 043)740-6200
- 코드번호 : 302
- 계좌번호 : 090311
- DID번호 : 043)7406-구내번호

서 장 이화명 ☎ 043)740-6201

과장	징세		
	고상기 240		
팀장	운영지원	체납추적	조사
	정규삼 241	조영자 551	고철호 651
DID	242-3	552-7	652-3
국세조사관		성준범	김현종
		손정훈 김혜리	전창우
	김규원 박채린	이지윤	
		정나겸 김준기	
Fax	740-6250	740-6260	

- 주　　소 : 충청북도 영동군 영동읍 계산로2길 10
  - ㉾ 29145
- 관할구역 : 충청북도 영동군, 옥천군, 보은군
- E-mail : yeongdong@nts.go.kr

※ 보은민원실 주소 : 충청북도 보은군 보은읍 삼산로 50 ㉾ 28947 (☎ 043-542-2400)
※ 옥천민원실 주소 : 충청북도 옥천군 옥천읍 동부로 15 ㉾ 29040 (☎ 043-733-2157)

과장	세원관리		납세자보호담당관	
	성보경 280		김진형 210	
팀장	재산법인		납세자보호실	민원봉사실
	재산	법인		
	손경아 481		임달순 212	김창순 222
DID	482-4 283	402-4		221-2
국세조사관		손정은 조명상		
	정판균	양지현		최연옥
	신승환 김수빈			
	안용환	윤효현		임채현 김태연
Fax	743-5283		743-1932	

제천세무서

- 대표전화 : 043)649-2200
- 코드번호 : 304
- 계좌번호 : 090324
- DID번호 : 043)6492-구내번호

| 서 장 | 박 순 주 | ☎ 043)649-2201 |

과장	징세			세원관리	
	윤승갑 240			김원호 280	
팀장	운영지원	체납추적	조사	부가	소득
	김문철 241	신 혁 551	김무영 651	신열석 281	황은희 361
DID	242-3	552-7	652-5	282-7	362-6
국세조사관		오재홍 전현숙	박승권	송호근 최광식	원진희
	인길성	박현희 김석채 이문석	김용진	신형원	한혜영 최성찬
	김희창	강지훈	나정현		
		윤하서	김로환	엄윤서 이시윤 신은성	이상준 김명숙
Fax	648-3586		653-2366	645-4171	

- 주   소 : 충청북도 제천시 복합타운1길 78(신월동)
  - ㉾ 27157

- 관할구역 : 충청북도 제천시, 단양군

- E-mail : jecheon@nts.go.kr

과장	세원관리		납세자보호담당관	
	김원호 280		최재균 210	
팀장	재산법인		납세자보호실	민원봉사실
	재산	법인		
	김영달 401		홍기오 211	반병권 221
DID	482-5	402-5		222-4
국세조사관	고의환	김정섭		임성옥
	정재영 김다현	명혜란 석원영		김종필
	김미솔	조혜연		유정수
Fax	652-2495		652-2630	

청주세무서

- 대표전화 : 043)230-9200
- 코드번호 : 301
- 계좌번호 : 090337
- DID번호 : 043)2309-구내번호

서 장 윤현구 ☎ 043)230-9201

과장	징세			부가가치세		소득세	
	김창미 240			김진배 280		윤영현 360	
팀장	운영지원	체납추적1	체납추적2	부가1	부가2	소득1	소득2
	김종현 241	이태훈 551	전중원 571	김종일 281	황재중 301	윤명한 361	박예규 381
DID	242-8	552-8	572-4 581-2 262-3	282-90	302-7	362-7	382-8
국세조사관		김은경	변문건 권경미 최서현	이은혜			
	이동준 정연경 전선빈 최희권	황영숙 김세호	권혁수	표미경 장성미 손경숙	이재승 임수민	유경희 박미경 이은경	경지민
	김두환	문보경 이보라		유성운 이하경	박은실 김석현 임슬기	장동환	최현진
	변은지 이원녕	김민성 김범준	신윤환 김진우	정주연 김덕형 허효영	이지윤 염태섭 이세영	한승학 이선진 조경민	최슬기 권혜연 도현우 우시연
Fax	235-5417	235-5410		235-5415		235-5414	

- 주　　소 : 충청북도 청주시 흥덕구 죽천로 151(복대동 262-1)
  ☏ 28583
- 관할구역 : 충청북도 청주시 흥덕구, 서원구
- E-mail : cheongju@nts.go.kr

과장	재산법인세			조사		납세자보호담당관	
	조선영 400			최해욱 640		박해용 210	
팀장	재산1	재산2	법인	정보관리	조사	납세자보호실	민원봉사실
	임현수 481	최봉수 501	엄기붕 401	남상균 641		조대연 211	성백경 221
DID	482-7	502-5	402-11	642-4	651-2 661-2 671-2 681-2	212-3	222-9
국세조사관	조미혜 박소영 신미라	이동욱	임인택 강희수 김근환 김금립	원지연	1팀 신방인(6) 최현주(9) 2팀 조남웅(6) 방지선(8)	정소라	신언순 최성한 정진성 김연수 주윤정
	송수인	최하나 박엘리	양준복 손재원 심진영		3팀 김원덕(6) 이승아(8)		임새봄
	강필원 유승현	김승범	홍민영 조은비 김수진	임은경 하형준	4팀 강지은(6) 주영철(9)	송선경	류한나 박현정 김성환
Fax	235-5419		234-6445	234-6446		235-5412	235-5418

충주세무서

- 대표전화 : 043)841-6200
- 코드번호 : 303
- 계좌번호 : 090340
- DID번호 : 043)8416-구내번호

서 장	김종일 ☎ 043)841-6201

과장	징세		부가소득세		재산법인세		조사	
	유선우 240		한구환 280		박성일 400		640	
팀장	운영지원	체납추적	부가	소득	재산	법인	정보관리	조사
	한상배 241	신기철 551	손영진 281	임용규 361	김붕호 481	권오찬 401	박성우 641	
DID	242-4	552-9 262	282-8	362-6	482-5	402-6	642-4	651-9
국세조사관		이승명		김기태		박재욱	나용호	1팀 이승재(6) 송수빈(8) 윤덕현(9)
	강희웅 강소령	이상봉 정명숙 김재민 류희식 이 솔	이동섭 이철주 정희정 방재필	유관호 노권영	김이영 김유라	김민정	이원종	2팀 장덕구(6) 김정현(8) 장효선(9)
		한성경			김지희			3팀 박종호(6) 연상훈(7) 문지원(8)
	윤상원	조은서 고민철 조상준	이충원 김예림 정현규 이다희	정지윤 성은진 김태용	허성진	이예은 최종욱 김서희	최휘철	
Fax	845-3320		845-3322		851-5594		845-3323	

- 주　　소 : 충청북도 충주시 충원대로 724(금릉동)　☞ 27338
- 관할구역 : 충청북도 충주시, 음성군, 진천군
- E-mail : chungju@nts.go.kr
  ◇ 충북혁신지서 주소 : 충청북도 음성군 맹동면 대하1길 10, 센텀CGV타워 3층
  (☎ 충북혁신지서 DID : 043) 8719-구내번호)

과장	납세자보호담당관		충북혁신지서 (8719-DID)					
	박미숙 210		이원주(4급) 201					
팀장	납세자 보호실	민 원 봉사실	체납추적	부가	소득	재산	법인	민원봉사실
	도해구 211	노정환 221	송경진 551	이은숙 281	이양호 361	오세덕 481	전서동 401	장정우 221
DID	212-3	222-5	552-9	282-9	362-6 602	482-6	402-10	222-5
국 세 조 사 관		최경하		차회윤 장시찬		김기미	김현응	이선영
	이재현	임수정 김용현	박연옥 김국현	신용규 최병천	최윤정 박 용		이안수 홍석우 윤보배	안미분
	심혜원		최상선 송윤태 계예슬		박승욱	이혜진 이승찬	문채은	박재홍
		장영준	박민근 박준성 정은유	김상엽 문선진 서한솔 유지유 한정민	곽용세 김 훈 류호용 장혜정 조수연	오현서	정상수 이지영 문성일 전요섭	강다향
Fax	851-5595	847-9093	871-9631	871-9632		871-9633		871-9634

공주세무서

- 대표전화 : 041)850-3200
- 코드번호 : 307
- 계좌번호 : 080460
- DID번호 : 041)8503-구내번호

| 서 장 | 허 남 승 | ☎ 041)850-3201 |

과장	징세			부가소득세	
	이정선 240			유경룡 280	
팀장	운영지원	체납추적	조사	부가소득	
				부가	소득
	김현민 241	안남진 551	김홍용 671	김상훈 281	
DID	242-3	552-6	672-4	282-6	291-3
국세조사관					선봉래
	이숙희	김소민 김진아 이수연 이민호 (휴직) 허승열	백준호	최희경 이진석 조아연	허재혁
			송인경		
	최다연	김윤성	송승윤	주민규 권오혁	문혜영
Fax	850-3692			850-3691	

- 주　　소 : 충청남도 공주시 봉황로 87(반죽동 332)
  [우] 32550
- 관할구역 : 충청남도 공주시
- E-mail : gongju307@nts.go.kr

과장	재산법인세		납세자보호담당관	
	임미정 400		손대균 210	
팀장	재산법인		납세자보호실	민원봉사실
	재산	법인		
	성유진 421		신명식 211	송영화 221
DID	422-5	521-3		222-4
국세조사관		류제성		한상훈
	장현수 이재명 이원희	문영임		서혜진 박소연
	정혜진	이현화		
Fax	850-3693		850-3690	

논산세무서

- 대표전화 : 041)730-8200
- 코드번호 : 308
- 계좌번호 : 080473
- DID번호 : 041)7308-구내번호

| 서 장 | 박 현 수 | ☎ 041)730-8201 |

과장	징세			부가소득세	
	정기숙 240			조종연 280	
팀장	운영지원	체납추적	조사	부가	소득
	이철효 241	강민석 551	이두원 651	여미라 281	이화용 361
DID	242-3	552-7	652-5	282-91	362-6
국세조사관		박정수 강기진	손신혜 김동현	김연화 임유란	김은경
	정미영 안영희	최진이 김정훈 강민주 박문규		백귀순 김영보 서은영 이준탁	안현정 이선림
		황윤철		문찬웅	김민정
			김우주 한규민	왕수진 김현지	이종욱 노정희
Fax	730-8270	733-3137	733-3140	733-3139	

● 주　　소 : 충청남도 논산시 논산대로 241번길 6(강산동)
[우] 32959

● 관할구역 : 충청남도 논산시, 계룡시, 부여군

● E-mail : nonsan@nts.go.kr

※ 부여민원실 주소 : 충청남도 부여군 부여읍 사비로 41(동남리 722-3) [우] 33153 (☎ 041-836-7348)
※ 계룡민원실 주소 : 충청남도 계룡시 장안로 46 계룡시청(금암동) [우] 32823 (☎ 041-551-6014)

과장	재산법인세 박인환 400		납세자보호담당관 석영일 210	
팀장	재산 정용협 481	법인 이한성 401	납세자보호실 강선규 211	민원봉사실 송채성 221
DID	482-6	402-7	212	222-4
국세조사관	강재근 최미숙	최선미		김영철 임종화 정윤정
	김정수	이은지 최민지	박　웅	안은경 (부여) 한정민
		변다연		
	이우영 오영렬	오영현		정소정
Fax	735-7640	730-8630	733-3136	

보령세무서

- 대표전화 : 041)930-9200
- 코드번호 : 313
- 계좌번호 : 930154
- DID번호 : 041)9309-구내번호

서 장 **김 완 구** ☎ 041)930-9201

과장	징세			세원관리	
	정필영 240			박미란 205	
팀장	운영지원	체납추적	조사	부가	소득
	오연균 241	윤태요 551	금영송 651	최승오 281	이성호 290
DID	242-3	552-7 261	652-5	282-7	291-4
국 세 조 사 관		김수옥 최환석	심용주 박성룡	최지영 임현철	이재희
	엄유환 구은숙	최지영 한원주	권대근	이송미	송재호
		문형식	김세욱		
		김하임 오정은		이가영	박대현 박준형
Fax	936-7289			930-9299	

• 주　　소 : 충청남도 보령시 옥마로 56(명천동)
[우] 33482

• 관할구역 : 충청남도 보령시, 서천군

• E-mail : boryeong@nts.go.kr

※ 장항민원실 주소 : 충청남도 서천군 장항읍 장항로 193 [우] 33674 (☎ 041-956-2100)

과장	세원관리		납세자보호담당관	
	박미란 205		김동형 210	
팀장	재산법인		납세자보호실	민원봉사실
	법인	재산		
	박대은 401		박삼용 221	
DID	482-5	402-5	211	222-4
국세조사관		박한수	이종신	조 연 (장항)
	이승택 노준호	박미경		이영주
	김유식			
	박민주	곽민지 유채원		박은영 문서림
Fax	934-5160	930-9570	931-0564	

서산세무서

- 대표전화 : 041)660-9200
- 코드번호 : 316
- 계좌번호 : 000602
- DID번호 : 041)6609-구내번호

| 서 장 | 김진숙 | ☎ 041)660-9201 |

과장	징세			부가소득세	
	엄태선 240			김용철 280	
팀장	운영지원	체납추적	조사	부가	소득
	김재구 241	김경호 551	박인수 651	정승재 281	김찬규 361
DID	242-5	552-9	652-6	282-9	362-7
국세조사관		윤철원 지은정	이화용 박주오	서창완 이대연	원순영
	이순길 윤숙영	김봉진 김수현	이수민	김진화	김유정
		지혜연 천승범	오로라		지충환
	최호열	전범준 최민지	김준성	우정규 김선명 권보경 이은송	최지민 안수현 이정민
Fax	660-9259	660-9569	660-9659	660-9299	

- 주　　소 : 충청남도 서산시 덕지천로 145-6(석림동 398-10)
  (우) 32003

- 관할구역 : 충청남도 서산시, 태안군

- E-mail : seosan@nts.go.kr

※ 태안민원실 주소 : 충청남도 태안군 태안읍 후곡로 121(남문리 702-5) (우) 32003
  (☎ 041-672-1280)

과장	재산법인세		납세자보호담당관	
	정지석 400		강신혁 210	
팀장	재산	법인	납세자보호실	민원봉사실
	장찬순 481	이성영 401	남현희 211	문강수 221
DID	482-8	402-7	212	222-5
국세조사관	이현상 전명진	노용래		오승훈
	김재민	이영주	김영균	
	이주연			이규림
	김영래 김지우 김태형	박종훈 손태희 김의연 김경훈		이유진 변재영
Fax	660-9499		660-9219	

세종세무서

- 대표전화 : 044)850-8200
- 코드번호 : 320
- 계좌번호 : 025467
- DID번호 : 044)8508-구내번호

| 서 장 | 이인희 | ☎ 044)850-8201 |

과장	징세		부가가치세		소득세	재산법인세
	최은미 240		김종문 270		김민규 340	김말숙 460
팀장	운영지원	체납추적	부가1	부가2	소득	재산1
	전옥선 241	박미숙 551	박승원 271	이형훈 281	임정미 341	주정권 461
DID	242-4	552-9 262-3	272-7	282-7	342-50 311	462-7
국세조사관		김경애	강성대	이영정 이원형	문성호 정명하	박준규 김대진
	백미순 성화진 심민주	양명호 박나정 홍명숙 김은경 박두용 김동현 정미현	공은주 김경해	이혜경 이원경 조민재	김유림 고종철 임선영 권윤희 문미영 김재완	안지연 송유승 강현정 문병권
		이주은 최서진		김지아	김소리	
		정명용	이지수 이혜이	조상원	문세정 김대한 한정훈	심규민
Fax	850-8431	850-8432	850-8433		850-8434	850-8435

- 주　　소 : 세종특별자치시 시청대로 126(보람동 724)
  - ㉾ 30151
- 관할구역 : 세종특별자치시
- E-mail : sejong@nts.go.kr

※ 조치원민원실 주소 : 세종특별자치시 조치원읍 충현로 193(침산리 256-6) ㉾ 30021
　　　　　　　　　(☎ 044-850-8226)

과장	재산법인세		조사		납세자보호담당관	
	김말숙 460		윤홍덕 640		김상태 210	
팀장	재산2	법인	정보관리	조사	납세자보호실	민원봉사실
	김현하 491	이계홍 531	이수현 641		김남중 212	이상용 221
DID	492-5	532-40	642-3	651-3 661-3	212-4	222-6
국세조사관	이수진	이정선 백선주		1팀 권순일(6) 이만준(7) 유지원(8)		한숙란 채상희
	이종태 유다형 김두연	서민경 김병현 김성휘	윤여중 박윤주	2팀 이보라(6) 김민준(6) 신용직(7)	박민채 서희영	홍진영 김동선 김희은
		고재우				조현구 이정주
		명은정 김나연 권은희				
Fax	850-8441	850-8436	850-8437		850-8438	850-8439

아산세무서

- 대표전화 : 041)536-7200
- 코드번호 : 319
- 계좌번호 : 024688
- DID번호 : 041)5367-구내번호

| 서 장 | 이정민 ☎ 041)536-7201 |

과장	징세		부가소득세			재산법인세	
	공원택 240		김순복 280			조치상 400	
팀장	운영지원	체납추적	부가1	부가2	소득	재산	법인
	국윤미 241	유인숙 551	이무황 281	박선영 291	윤영재 301	엄태진 481	서대성 401
DID	242-6	552-61 261-2	282-7	292-7	302-11	482-9	402-11
국세조사관		강은실	양희연	이석기 심재진		박노훈	김승주
	문미란	김정옥 신보경 박선민 양아름	진현정 심혜정	신순영	김수미 윤이슬 박찬규	조정대 안슬기	이한나 오택민
	손은채	이나미 홍해라	박재곤	오인화 안수안	최다솜 장성봉	안호진 이수영 홍덕길 전지현	홍 충 김경숙 배종호
	박건후	이헌진 이종용 한정화 이지훈 박선희	김유정 박보름 홍현기 조대연	정형창 오택기 방정인	손범수 백승아 김예림 박현실 김규리 오지혜	신연선 이지언	육예연 최진하 이다희 임성미
Fax	536-7770	533-1352	533-1325			533-1327	533-1328

- 주   소 : 충청남도 아산시 배방읍 배방로 57-29(공수리 282-15) 토마토빌딩 2, 3층
  ⓤ 31486
- 관할구역 : 충청남도 아산시
- E-mail : asan@nts.go.kr

과장	조사		납세자보호담당관	
	김영두 640		양회수 210	
팀장	정보관리	조사	납세자보호실	민원봉사실
	김한민 641		유재남 211	이모성 221
DID	642-4	651-3 661-3 671-3	212-3	222-5
국세조사관		1팀 박기민(6) 마승진(7) 정수연(9)		오세윤
	이희종 이경노	2팀 최기순(6) 김준영(8) 안은지(9)	김정화	한동희 한서희 우준영
	박원진	3팀 신헌철(6) 이유나(8) 박채영(9)	양소라	
				남서윤
Fax	533-1354	533-1353	533-1385	533-1384

예산세무서

- 대표전화 : 041)330-5200
- 코드번호 : 311
- 계좌번호 : 930167
- DID번호 : 041)3305-구내번호

서 장 **김장년** ☎ 041)330-5201

과장	징세			세원관리		납세자보호담당관	
	김상엽 240			박영민 280		안주훈 210	
팀장	운영지원	체납추적	조사	부가소득	재산법인	납세자보호실	민원봉사실
	변종철 241	한석희 551	허인범 651	박규서 281	최영준 481	최승식 211	이주한 221
DID	242-4	552-5	652-5	282-7	482-4 402-4	212	
국세조사관		황현순	송인용 김주현 강경묵	강병조	정소라 신현중		
	남 경 윤연심	권혜원 오희정	조성빈	이미선 한종태	오서진	성기오	
					우재은		
		한지은 한지선 (수습)	오수빈	한수관 김보미 양웅빈	박재형 송동석		
Fax	330-5305	330-5302		334-0614	334-0615	334-0612	

- 주　　소 : 충청남도 예산군 오가면 윤봉길로 1883(좌방 19-69)
  [우] 32425
- 관할구역 : 충청남도 당진시, 예산군
- E-mail : yesan@nts.go.kr

◇ 당진지서 주소 : 충청남도 당진시 원당로 88(원당동 790-4) [우] 31767
☎ 당진지서 DID : 041)3509-구내번호 (대표 200)

과장	당진지서 (3509-DID)					
	양용산(4급) 201					
팀장	체납추적	부가	소득	재산	법인	민원봉사실
	유미숙 451	김은하 281	조미영 361	노학종 481	김기성 401	홍성도 221
DID	452-8	282-6 362	362-6	482-6	402-6	222-5
국세조사관		김진식			박성경	
	박혜경 송미나 최동찬 이상재	이연실 변상미 고성진	편정아	박준규 추원규	안진영	
	윤용화	박진영	이다빈 양상원		한민아	이경아 천상미
	윤옥진 유인수 노종호	김지영 권중현 (수습)	김선웅 김민정 (수습)	고희경	김성은 박세희	손영주
Fax	350-9424	350-9410		350-9369		350-9229

천안세무서

- 대표전화 : 041)559-8200
- 코드번호 : 312
- 계좌번호 : 935188
- DID번호 : 041)5598-구내번호

서 장　이완희　☎ 041)559-8201

과장	징세			부가가치세		소득세		재산세	
	김태경 240			이인근 280		진정욱 360		유재원 480	
팀장	운영지원	체납추적1	체납추적2	부가1	부가2	소득1	소득2	재산1	재산2
	김영교 241	박현석 551	백성옥 571	홍성자 281	오승진 301	김진희	박인국 381	위정호 481	기회훈 521
DID	242-6	552-60	262-5 572-82	282-94	302-13	361-71	382-91 374	482-91	522-6
국세조사관		우창영		전상배		강지연		홍성준 박기정	하정우 이현진
	김윤환 박동일 서범수 이재성	박선영 박상민 김영삼 엄진숙	신경희 김정근 김은규 이양로 오소진	남기범 유하선 장민지	김영희 서규호 이재진	손화승 신동주 김근하 이수빈	김황경 한정필 최서영 나유선	김현중 육경아 김원길	추원득
	방아현		박미현 강기철 유수지	양지연 김선돌 조태희	박민아 김유진 황지연 이의신	백고은	신은주	황선유 임선하	나은주 이주형
	박완다	김성규 김가은 최지훈 이지형	전수연 박혜빈 김한진 김덕민 황유진 한빛나 이정현	전종호 이성일 이수빈 박준수 유호근	이유선 김유진 이 슬 김은비 하윤철	임선정 김현지 박소연 조세진 정성수	정현주 이재현 서진희 이용수 김정은 윤민서	김다솜 이민정 김지운 김지은	
Fax	559-8250	559-8699		551-2062		555-9556		563-8723	

- 주　　소 : 충청남도 천안시 동남구 청수14로 80(청당동)
  　　　　우 31198
- 관할구역 : 충청남도 천안시
- E-mail : cheonan@nts.go.kr

과장	법인세		조사		납세자보호담당관	
	연경태 400		박종영 640		박종빈 210	
팀장	법인1	법인2	정보관리	조사	납세자보호실	민원봉사실
	오용락 401	정승복 421	안승연 641		김상린 211	장석안 221
DID	402-10	422-30	642-4 692	651-68	212-5	222-9
국세조사관	이철용			1팀 두진국(6) 이건호(6) 박소연(8)	강정숙	
	손진이 송재하	양대식 황규동 임희지 임규성	변정미	2팀 황진구(6) 김택창(7) 한주희(8)	도미선 송승호	이유정
	마숙연 박희정	임경수	권태민	3팀 이종호(6) 신우열(7) 김유나(8)		왕수현 손권호 홍성수 송효주 임다림
	길기윤 이선아 장서현 신미경	이종혁 유다원 최세임 허 욱	김상호	4팀 임재철(7) 권호용(8)		곽지훈 강혜리 박종우
Fax	553-7523		561-2677	551-4175	551-4176	553-4356

홍성세무서

- 대표전화 : 041)630-4200
- 코드번호 : 310
- 계좌번호 : 930170
- DID번호 : 041)6304-구내번호

서 장	정 민 기 ☎ 041)630-4201

과장	징세			세원관리	
	이영휘 240			김우성 280	
팀장	운영지원	체납추적	조사	부가소득	
				부가	소득
	이영찬 241	윤영준 551	서옥배 651	석혜숙 281	
DID	242-3	552-6	652-3	282-7	292-6
국세조사관		이기순 유미숙		양세희	강미영
	김지연 박시형	김의동	김훈수	김현아	김경환 박현아
			한수영	김영길	조한민
		김지호 임지완		김민석 송은섭	홍형석
Fax	630-4249	630-4559	630-4659	630-4335	

- 주　　소 : 충청남도 홍성군 홍성읍 홍덕서로 32(소향리 384-2)
　　　　　ⓤ 32216

- 관할구역 : 충청남도 홍성군, 청양군

- E-mail : hongseong@nts.go.kr

※ 청양민원실 주소 : 충청남도 청양군 청양읍 중앙로 158(읍내리 223-15) ⓤ 33327
　　　　　　　　(☎ 041-944-1050)

과장	세원관리		납세자보호담당관	
	김우성 280		황인자 210	
팀장	재산법인		납세자보호실	민원봉사실
	재산	법인		
	정상천 481		이덕주 211	
DID	482-5	402-5		222-3
국세조사관		김태서		
	윤기송			우은주 김영아 최인애
	황은서 노혜원	김보영		
	한승희	임진이 한비치		임세희 진원용
Fax	630-4489		630-4229	

광주지방국세청

[청장] 김 학 선

☎ 062)236-7201

대표전화 : 062)236-7200

주소 : 광주광역시 북구 첨단과기로 208번길 43(오룡동 1110-13)
[우] 61011
코드번호 : 400 계좌번호 : 060707
E-mail : gwangjurto@nts.go.kr

광주지방국세청

[청 장] 김 학 선 ☎ 062)236-7201

- 대표전화 : 062)236-7200
- 코드번호 : 400
- 계좌번호 : 060707
- DID번호 : 062)236-구내번호
- 주 소 : 광주광역시 북구 첨단과기로 208번길 43(오룡동 1110-13) ㉾ 61011
- E-mail : gwangjurto@nts.go.kr

국장					
과장	운영지원			감사관	
	민준기 7240			박정국 7300	
팀장	행정	인사	경리	감사	감찰
	임성민 7252	황인철 7242	송윤민 7272	오경태 7302	박은재 7312
국세조사관	오은주 7253	박종근 7243	배명우 7273	박 연 7303	임수경 7313 김우신 7314
	김세곤 7615 김현진 7254 양용희 7255	노성은 7244 박 환 7245 서민하 7246	윤희겸 7274 양진호 7275	윤길성 7304 김승수 7305 김광호 7306 장시원 7307 강길주 7308	최창무 7315 박란영 7316 박현준 7317 양환준 7318
	신나영 7256 조성우 7257 양한별 7258 김명중 7259 김 환 7617	박승연 7247 강기호 7248	이동엽 7276 김남이 7277	최예린 7309	
	오종권 7262 정에녹 7618				
Fax	716-7215	371-4911	716-7215	376-3102	

● 김학선 [광주지방국세청장]
－68년생, 충북 충주, 충주고, 세무대학 7기
－대전청 조사1국 국장, 조사2국장, 공주세무서장, 홍성세무서장, 서울청 감사관 과장, 영등포세무서장, 국세청
　복지세정관리단 장려세제과 과장, 전산정보관리관 홈택스2담당관 과장

국장	성실납세지원국 최영훈 7400						
과장	납세자보호담당관		부가가치세			소득재산세	
과장	이상준 7330		정찬성 7401			김현성 7431	
팀장	납세자보호	심사	부가1	부가2	소비	소득	재산
팀장	이건주 7332	박정일 7342	윤병준 7402	신용호 7412	강현아 7422	정희경 7432	강지선 7442
국세조사관	목영주 7333	이건주 7343	김태원 7403		선경미 7423	김영숙 7433	
국세조사관	양정희 7334	김재은 7344 한일용 7345	기민아 7404	오세철 7413 장슬미 7414	조현국 7424	이경희 7434 신솔지 7435	김민정 7443 박형민 7444
국세조사관	한나라 7335	박종근 7346	양현황 7405	정혜진 7415	강윤지 7425 홍영준 7426	김재원 7436	김다예 7445
국세조사관							
Fax	376-3108		236-7651			236-7652	

광주청

광주지방국세청

- 대표전화 : 062)236-7200
- 코드번호 : 400
- 계좌번호 : 060707
- DID번호 : 062)236-구내번호

국장	성실납세지원국 최영훈 7400					
과장	소득재산세		법인세			정보화관리
	김현성 7431		채규일 7461			남자세 7131
팀장	복지세정1	복지세정2	법인1	법인2	법인3	지원
	윤연자 7452	박정아 7456	최영임 7462	정병주 7472	정재훈 7482	정현호 7132
국세조사관			강성기 7463	정우철 7473		이 성 7133 윤여관 7134
	김미진 7453		민지홍 7464 유주미 7465	백철주 7474 이승훈 7475 류진영 7476	정혜화 7483 황지선 7484 박지혜 7485	최윤주 7135
	김재욱 7454	황선진 7457	김화영 7466 이수빈 7467	김형연 7477	임형용 7486	윤채린 7136
Fax	236-7652		716-7224			716-7221

● 최영훈 [성실납세지원국장]
－74년생, 세무대 13기
－국세청 징세법무국 법규과, 전주세무서 개인납세1과

● 강병수 [징세송무국장]
－68년, 전남 고흥, 광주대동고, 세무대학 6기
－광주청 광산세무서장, 성실납세지원국 국장, 순천세무서장, 조사2국 국장, 북광주세무서장, 서광주세무서장

국장	성실납세지원국 최영훈 7400					징세송무국 강병수 7500	
과장	정보화관리					징세	
	남자세 7131					박정식 7501	
팀장	보안감사	포렌식지원	인프라지원	정보화센터1	정보화센터2	징세	체납관리
	안래본 7142	백근허 7152	오수진 7162	김보현 7172	김옥희 7182	노은주 7502	이정복 7512
국세조사관	김영오 7143	김운기 7153	정태호 7163	김영미 7173 유희경 7174 윤희경 7175 김은자 7176	박귀자 7183 신미숙 7184 김혜영 7185 김희숙 7186	나채용 7503	
	김태준 7144	류 진 7154		이향화 7177	김경임 7187 이승희 7188	최향미 7504	정옥진 7513 김공해 7514
		김정선 7155	송재윤 7164			김은솔 7505	임정민 7515
Fax	716-7221					716-7219	

- 313 -

광주지방국세청

- 대표전화 : 062)236-7200
- 코드번호 : 400
- 계좌번호 : 060707
- DID번호 : 062)236-구내번호

국장	징세송무국 강병수 7500						조사1국 고근수 7700
과장	징세 박정식 7501	송무 서민성 7521		체납추적 김민철 7541			조사관리 김덕호 7701
팀장	실태확인	송무1	송무2	추적관리	추적	고액체납자 추적 특별기동반	조사관리1
	이장원 7516	박남주 7522	최문영 7532	박성진 7542	황득현 7552		최정욱 7702
국세조사관		이영훈 7523 송진민 7526	최소담 7533	김대일 7543		고복님 7561	강윤성 7703
	김화경 7517 오종수	이상철 7524 최 훈 7527 박지희 7528	고선미 7534 이 성 7535 이성은 7537 이성민 7536	강경희 7544 이재아 7545	한채윤 7553 이정화 7554 윤형길 7555	정재원 7562 성동연 7563 김성준 7564 신평화 7565	이승완 7704 이채현 7705 황지현 7706 강성현 7707
	박형지	김영석 7525		최창욱 7546 류지훈 7547	박지은 7556 조상진 7557	오동화 7566	손수아 7708
Fax	716-7219	716-7220		716-7223			716-7225

● 고근수 [조사1국장]
 - 68년, 전북 완주, 서울 경동고, 한양대 경제학과, 행시 45회
 - 광주청 조사1국 국장, 부산청 제주세무서장, 국세청 감사관 감사담당관 과장, 법인납세국 법인세과 과장, 소득지원국 장려세제신청과 과장, 서울청 송무국 송무2과장, 국세청 징세법무국 법무과

국장	조사1국 고근수 7700						
과장	조사관리					조사1	
	김덕호 7701					송창호 7751	
팀장	조사관리2	조사관리3	조사관리4	조사관리5	조사관리6	조사1	조사2
	강미화 7712	정소영 7722	임미란 7732	문영권 7742	신정용 7812	강성준 7752	문형민 7762
국세조사관		심현석 7723		이지영 7743			
	성미경 7713	정미라 7724 민호성 7725	박민주 7733 김재호 7734 김은영 7735	한정용 7744 한송이 7745	조성재 7813	성명재 7753 배주애 7754	박슬기 7763 주은상 7764 전혜정 7765
	김효수 7716	송희진 7726	채우리 7736 장진혁 7737	조연종 7746		김현재 7756	
Fax	716-7225					236-7653	

광주지방국세청

- 대표전화 : 062)236-7200
- 코드번호 : 400
- 계좌번호 : 060707
- DID번호 : 062)236-구내번호

국장	조사1국 고근수 7700				조사2국 이봉근 7900		
과장	조사1	조사2			조사관리		
	송창호 7751	노정운 7781			공성원 7901		
팀장	조사3	조사1	조사2	조사3	조사관리1	조사관리2	조사관리3
	김혜란 7772	최지훈 7782	박수인 7792	하봉남 7802	김윤희 7902	강병관 7912	이주현 7922
국세조사관	오진명 7773						
	조해정 7774	최원규 7783 김은정 7784	박진웅 7793 조정효 7794	한창균 7803 김진광 7804 엄지혜 7805	신영남 7903	정수현 7913 김희진 7914 하남우 7915 박세인 7916	문홍배 7923 김수희 7924 박지은 7925
	박태준 7775	윤수연 7785	이정우 7795		이소연 7904	장수희 7917	나유민 7926 오가원 7927
Fax	236-7653	236-7654			716-7228		

● 이봉근 [조사2국장]
 - 69년생, 전북 고창, 전주고, 연세대 경영학과, 행시 46회
 - 서울청 송무국 송무2과 과장, 서초세무서장, 성실납세지원국 법인세과 과장, 조사1국 조사3과장, 남대문세무
   서장, 국세청 납세자보호관 심사1담당관 과장, 소득지원국 학자금상환팀 과장, 중부청 조사3국 조사2과 과
   장, 시흥세무서장

국장	조사2국 이봉근 7900					
과장	조사1			조사2		
	차지훈(4급) 7931			문미선 7961		
팀장	조사1	조사2	조사3	조사1	조사2	조사3
	김희석 7932	이진환 7942	이일재 7952	김완주 7962	민혜민 7972	최기환 7982
국세조사관				이진우 7963		
	박지연 7933 김윤정 7934	문경애 7943	송원호 7953	김명희 7964	강경완 7973	이은진 7983
	오현창 7935	안지섭 7944 김혜원 7945	장지원 7954 이수라 7955	박태완 7965	문준규 7974 한도흔 7975	김한림 7984 고혜진 7985
Fax	716-7229			716-7230		

광주청

광주지방국세청 관할세무서

광주세무서

- 대표전화 : 062)605-0200
- 코드번호 : 408
- 계좌번호 : 060639
- DID번호 : 062)6050-구내번호

서 장 김시형 ☎ 062)605-0201

과장	징세		부가가치세			소득세	
	김은오 240		김봉재 280			김형숙 360	
팀장	운영지원	체납추적	부가1	부가2	부가3	소득1	소득2
	정 란 241	김경주 511	최문자 281	박정희 301	손경근 321	이혜경 361	마현주 381
DID	242-7	512-25	282-7	302-6 397	322-5 397	362-8	382-7 398
국세조사관	김윤주	양창헌 배은선 김소영	이성률	정은영	추지연 최성배 박남중	이창근 조규봉	정형준 이숙경
	전태현 방해준 정현태	이인숙 기남국 최영임 김현진 박상일 박설희 최승재	정명숙 양혜성			김은영	김주일
	최고든	노순정 박유라 문한솔	서은지	정세미			송진희 기은지
	강설화	나한솔 최고은 정다은	김진희 나선유	최연서 정세영	정기석 최아영	김정주 조세희 전명성 이동민	김준형 손희주 김시후
Fax	716-7232		716-7233		716-7234	716-7235	

- 주　　소 : 광주광역시 동구 중앙로 290(대인동)
  　　　[우] 61473
- 관할구역 : 광주광역시 동구, 남구 및 전라남도 곡성군, 화순군
- E-mail : gwangju@nts.go.kr

과장	재산법인세			조사		납세자보호담당관	
	장성재 400			김대학 640		조영빈 210	
팀장	재산1	재산2	법인	정보관리	조사	납세자보호실	민원봉사실
	손선미 481	백남중 501	류호진 401	천경식 641	김창진 651	문형진 211	전해철 221
DID	482-90	502-5	402-10	642-5	652-3 661-3 671-3	212-4	222-9
국세조사관		나승창	박미선	김현자	정기종 홍연희 조광덕	장미랑 김승진	신은화 허선덕
	오종호 최방석 김혜정 양정숙	서동현 장수희	고재성 백지은	장성필	김정진		강문승 김민정 염보미
	안현아 정유진		김효희	박상은	엄석찬 김평화	한자람	
	정윤기 임세현 임서영	김금정	김미혜 정유리 김병무 이홍석 윤장훈	이다애	윤여흔 홍슬기		김경숙 노성지 정희원
Fax	716-7236		716-7237	716-7238	716-7239	227-4710	

광산세무서

- 대표전화 : 062)970-2200
- 코드번호 : 419
- 계좌번호 : 027313
- DID번호 : 062)9702-구내번호

| 서 장 | 장영수 ☎ 062)970-2201 |

과장	징세			부가가치세		소득세	
	노남종 240			하상진 280		장민석 360	
팀장	운영지원	체납추적1	체납추적2	부가1	부가2	소득1	소득2
	윤민숙 241	윤석헌 511	박인환 531	손삼석 281	정성수 301	이영태 361	송경희 381
DID	242-7	512-21	532-8	282-90 625	302-11	362-8 623	382-7
국세조사관		신우영 박은영 이은아	심성연	최연희	김광현 한상용 진문수	신동용	전용현
	엄하얀 강소정 전은상	이승환 선양기 박찬후 이유미	김광성 유훈식 박명철	김다혜 이승준 김민재	박소영	남승원 모성하	김정호
	변지수	최가인		유상원	이호승 범서희	류지윤 안제은	박시원
	이종훈	이지은 신명화	최수민 김병준 이소정	인보현 김태경 김보근 이효빈	김민지 이령아 김보규 지예은	강은지 문나은 조효진	염정훈 이영준 양나래
Fax	970-2259	970-2269		970-2299		970-2379	

- 주　　소 : 광주광역시 광산구 하남대로 83(하남동 1276)
　　　　　　⑨ 62232

- 관할구역 : 광주광역시 광산구, 전라남도 영광군

- E-mail : ggwangsan@nts.go.kr

※ 영광민원실 주소 : 전라남도 영광군 영광읍 물무로2길 61　⑨ 57036
　　　　　　　(☎ 061-352-6200~3)

과장	재산법인세				조사		납세자보호담당관	
	김균열 400				백홍교 640		김재만 210	
팀장	재산1	재산2	법인1	법인2	정보관리	조사	납세자 보호실	민 원 봉사실
	최미영 481	이 환 501	윤성두 401	구대중 421	김영호 641	배진우 651	박기홍 211	국승미 221
DID	482-7 621	502-5	402-7	422-6	642-4	652-9	212-3	222-9
국 세 조 사 관	고부경 박홍범 김진영					배제섭 이창주 김기정		박선숙 양동혁
	이창훈 조혜선	박상준 송희조	정세훈	유훈주 허경숙	권인오		이춘형 김필선	김은미 김주현
	문수미	정인환	이승환 최시은	양태영	이윤선	구태휴 임채영 신세연 정종호 김지민		김효근 김 단 이지영
		송다영	이예은 박범진 이자연	최다혜 김규철 구현주	박승윤			박지선 박채연
Fax	970-2419		970-2649		970-2219		970-2238	970-2239

북광주세무서

- 대표전화 : 062)520-9200
- 코드번호 : 409
- 계좌번호 : 060671
- DID번호 : 062)5209-구내번호

서 장 **백 계 민** ☎ 062)520-9201

과장	징세			부가가치세			소득세	
	김민후 240			김성수 280			이성근 360	
팀장	운영지원	체납추적1	체납추적2	부가1	부가2	부가3	소득1	소득2
	김영순 241	전종태 511	이백용 531	김정임 281	김남수 301	김영호 321	최재혁 361	남궁화순 381
DID	242-9 610	512-21	532-40	282-8 318	302-8	322-7	362-9 320	382-9
국세조사관		남상훈 강정희	오두환 오혜경	김성렬	정혜경	최인광 홍완표 최정이	안유정	오근님 박해연
	한주성 문지원 최철승	지은호 정주희	박정환 송은영 김영심	김예준	차은정	박소영 김대호	박현화 김광성 정미향 이정호	정성오 진수성
	신영주 홍주연 김다혜	김영지 노우성 천서정	노유선 김희창 박은지	안지혜 정시온 안자영	채숙경			서유진 한송이
	정일영 박정은 최정용	김단비 김영서 김성우	이 현 박서정	주소영 나누리 박우철 강선일	구소연 김태연 공민서	이정석 조연주	임광섭 노연우 송제은 조선영	김주연 김지윤
Fax	716-7280			716-7282		716-7283	716-7287	

- 주　　　소 : 광주광역시 북구 금호로 70(운암동 104-3)
  - ⑦ 61238
- 관할구역 : 광주광역시 북구 및 전라남도 장성군, 담양군 전체
- E-mail : bukgwangju@nts.go.kr

과장	재산세		법인세		조사		납세자보호담당관	
	정완기 480		김창현 400		오금탁 640		양길호 210	
팀장	재산1	재산2	법인1	법인2	정보관리	조사	납세자 보호실	민　원 봉사실
	박용우 481	이수진 501	공대귀 401	장기영 421	김철호 641	김환국 671	오민수 211	이동진 221
DID	482-9 510	502-5	402-7	422-8	642-5	672-87	212-4	222-30
국세조사관	박찬열 정미진	김용일	이창언	한수홍	정선옥	최종선 변재만 임수봉 오금선 최연수	임경선	정성의 김옥천 이연희
	김미화 노민경 박문상	차경진	한은정 유민희	이경환 김희관	정영현	한연식 김용태 이재완 오자은	위광환	김송심 최효영 주선영 문은성 김민승
	음지영 임수미	이다영	박지현	나진희	김정은	양시은 조유정		
	박경호 김현걸 황종하	최원영	정주리 김관호 안정현	이나라 김회광	이재균	강민규 장유란	정다희	윤가연
Fax	716-7286		716-7285		716-7289		716-7284	716-7291

서광주세무서

- 대표전화 : 062)380-5200
- 코드번호 : 410
- 계좌번호 : 060655
- DID번호 : 062)3805-구내번호

| 서 장 | 홍 영 표 | 062)380-5201 |

과장	징세		부가가치세		소득세	
	이시형 240		박권진 280		장동규 360	
팀장	운영지원	체납추적	부가1	부가2	소득1	소득2
	임주리 241	남기정 511	서근석 281	조윤경 301	우재만 361	이상준 381
DID	242-8	512-26	282-8 442	302-7 442	362-7 441	382-6 441
국세조사관		강혜린 이재남	정미연	손광민 고서연 노미경	고수영	박무수 김동구
	조선경 안진영	오재란 박창용 박봉주 진혁환 김현진 김영하 윤정호	지혜림 송용기	김은정	박병민 김영준 김현옥	김미경
	형신애 고문수 조재연	이옥진 나선영	김아영	한정관	심재현	김영유
	하은지	정샛별 정승기 정민욱 이원정	박현주 정명진 이민규 박예준	조은진 이상훈	박예진 이하영	김시영 이창현 최혜윤
Fax	716-7260	716-7264	371-3143		376-0231	

- 주　　소 : 광주광역시 서구 상무민주로 6번길 31(쌍촌동 627-7) [우] 61969
- 관할구역 : 광주광역시 서구
- E-mail : seogwangju@nts.go.kr

과장	재산법인세			조사		납세자보호담당관	
	김희봉 400			유태정 640		이상무 210	
팀장	재산1	재산2	법인	정보관리	조사	납세자보호실	민원봉사실
	김종숙 481	한동석 501	박홍균 401	윤여찬 641	김규표 655	김자회 211	우영만 221
DID	482-6 443	502-5	402-11	642-4	656-63	212-3	222-9
국세조사관	서범석 박은영 황동욱	김재경	박종현	김태훈	문해수 김만성		
	이정환	박봉현	서경무 이윤경 최원정	손상필	김재환 강임현	이　정	신명희 이경화 정혜미
	조완정	최준민	한수현	송은선	김용운	유광호	윤지현 조화경
	서상호	나형배	김수민 이돈영 윤재도 김중연 조세은 나선진		이수현 김정석 주희은		박혜민 장지민 박혜민
Fax	716-7265			716-7266		716-7267	

군산세무서

- 대표전화 : 063)470-3200
- 코드번호 : 401
- 계좌번호 : 070399
- DID번호 : 063)4703-구내번호

서 장 **강신웅** ☎ 063)470-3201

과장	징세		부가소득세		
	김상인 240		이종운 280		
팀장	운영지원	체납추적	부가1	부가2	소득
	이수현 241	박성란 511	한권수 281	채수정 291	권은숙 361
DID	242-6	512-20 262-3	282-8	292-6	362-70
국세조사관	양수빈	박동진	최성관		
	박성수 설진원	박상곤 손세영 이경진 장현정	배종진 김혜인	황 현	문선택 김현주
	최정연	안기웅 김미경 박효정 김상현		고현재 문희원	최지희
	백승헌	서재창 안준형	김도영 최지은 박원준 송지욱 백경엽	김윤환	양 원 김민채 황형석 강대희 강지원 유선아
Fax	470-3249	468-2100	467-2007		

- 주　　소 : 전라북도 군산시 미장13길 49(미장동 525)
  [우] 54096
- 관할구역 : 전라북도 군산시 전체
- E-mail : gunsan@nts.go.kr

과장	재산법인세 오기범 400		조사 조혜영 640		납세자보호담당관 고진수 210	
팀장	재산 손충식 481	법인 이광선 401	정보관리 박윤규 651	조사 차상윤 654	납세자보호실 김영규 211	민원봉사실 최미경 221
DID	482-6	402-9	693-3	655-9	212-3	222-6
국세조사관	전요찬	김희태	전봉철 노화정	이용출		
	이광열 소수현	고의환 김은옥 조민주 임우찬	권정환	박효진 김중휘	박지명 김예진	문은희 이다현
	심혜진 박가영	채준석 오유진 한상훈		이재성		김남덕
	윤성민	박현아				류일한
Fax	470-3636		470-3344		470-3214	470-3441

남원세무서

- 대표전화 : 063)630-2200
- 코드번호 : 407
- 계좌번호 : 070412
- DID번호 : 063)6302-구내번호

| 서 장 | 손 병 양 | ☎ 063)630-2201 |

과장	징세			세원관리	
	이경섭 240			기연희 280	
팀장	운영지원	체납추적	조사	부가	소득
	이화섭 241	박원석 511	권정용 651	박병일 281	이명례 361
DID	242-3	512-6	652-6	282-8	362-6
국세조사관		양향열 양용환 유희경	박신아	전복진 곽민호	이경환
	배민예 허미나	박지혜	이은광 김효원	하지영 박유미 김재원	한다정
			김초원		주은영
		임다윗	강성윤	이기원 이민혜	박종화 김종길
Fax	632-7302			631-4254	

- 주　　소 : 전라북도 남원시 동림로 91-1(향교동 232-31)
  [우] 55741
- 관할구역 : 전라북도 남원시, 순창군, 임실군, 장수군 일부(장수읍, 산서면, 번안면)
- E-mail : namwon@nts.go.kr

과장	세원관리		납세자보호담당관	
	기연희 280		오현미 210	
팀장	재산법인		납세자보호실	민원봉사실
	재산	법인		
	정은연 401			박경란 221
DID	481-5	402-6	211	222-5
국세조사관	유수호	한송이	전수영	이호남
	기대원 이다미	차영준		박금옥 유재곤
	조가윤	이아라		강선양
	심태섭	강혜송 김유리		
Fax	630-2419		635-6121	

북전주세무서

- 대표전화 : 063)249-1200
- 코드번호 : 418
- 계좌번호 : 002862
- DID번호 : 063)2491-구내번호

| 서 장 | 전 강 식 ☎ 063)249-1201 |

과장	징세		부가소득세			재산법인세	
	안선표 240		정명수 280			김진환 400	
팀장	운영지원	체납추적	부가1	부가2	소득	재산	법인
	박인숙 241	강 원 511	정애리 281	노동호 301	허윤봉 361	정종철 481	장해준 401
DID	242-7	512-21	282-90	302-12	362-70	482-8	402-9
국세조사관	최순희	장완재		김재실 문정미		오문탁	김회광 조용식
	박종원 이소은	백종현 염보름 이정호 한설희 박수정 김용선	유제석 강성희 이원교	장미영	장형준 조길현 오신영 김희주	박승훈 임재성	이승훈
		손정현 홍현지	장영주 정새하	최건희	김예슬	김세연 송상민	임지훈
	최새연	김한비 정성환	정수진 이나현 정수환	임희선 박경진	류해경 서정인 박규남 김다울 손혜연	석채희 허재영	최병민 김하경 손은희
Fax	249-1555	249-1558	249-1682			249-1681	249-1687

- 주　　소 : 전라북도 전주시 덕진구 벚꽃로 33(진북동 416-11)　⑳ 54937
- 관할구역 : 전라북도 전주시 덕진구, 장수군 중 장계면, 계북면, 계남면(진안지서 : 진안군, 무주군)
- E-mail : bukjeonju@nts.go.kr
◇ 진안지서 주소 : 전라북도 진안군 진안읍 중앙로 45　⑳ 55426
　　☎ 진안지서 DID : 063)4305-구내번호 (대표 200)
※ 무주민원실 주소 : 전라북도 무주군 무주읍 한풍루로 294 무주행복나눔 푸드마켓　⑳ 55515
　　　　　　(☎ 063-322-2100)

과장	조사		납세자보호담당관		진안지서 (4305-DID)	
	방정원 640		김민웅 210		정흥기 201	
팀장	정보관리	조사	납세자보호실	민원봉사실	납세자보호실	세원관리
	설 진 641	이승용 651	이 규 211	김광희 221	채희영 212	정용주 300
DID	642-4	652-3 661-3 671-2	212-3	222-5	213	301-4 401-2 501-2 511-2
국 세 조 사 관	김현주	고석철 백원철	곽미선	김복기 김정은 최미란	손현태	
	장지안 조가을	손종현 이영민 김학민		박미진		백원길 이성식 김덕진 지승룡 임완진 최재규 김종화 이기원
		이근원		김귀종		
		박지연	이승호			조우현 황도연
Fax	249-1683		249-1684		433-5996	432-1225

익산세무서

- 대표전화 : 063)840-0200
- 코드번호 : 403
- 계좌번호 : 070425
- DID번호 : 063)8400-구내번호

| 서 장 | 장 성 기 | ☎ 063)840-0201 |

과장	징세		부가소득세			재산법인세	
	송형희 240		오상원 280			이정관 400	
팀장	운영지원	체납추적	부가1	부가2	소득	재산	법인
	최현선 241	유요덕 511	유은애 281	양정희 301	이승일 621	조경제 481	최병하 401
DID	242-6	512-20 261-2	282-5	302-7	622-30	482-8	402-8
국세조사관		이은경 조성훈		진수영	이정애	이수현	전수현 허진성
	이용진 이주은	김효진 채아름 김진철	정필경 최현영 조 란	소윤섭 황호혁	민경훈 곽호진 양지연 김지유 공태훈	김학수 김보미	이지희 조성현
	최경배	이민영 한소은 장하영		최수연		반장윤 손수현 전유진	
	한석원 김대석	나진주 박주형 송채원	마국진	진세미 정영은	김이경 오치호 김민지 김화은	김나경	나혜정 진예슬 이재영 이유나
Fax	851-0305		840-0447	840-0448		840-0549	

● 주　　소 : 전라북도 익산시 선화로 425(영등동 191-3)　㉾ 54630

● 관할구역 : 전라북도 익산시, 김제시

● E-mail : iksan@nts.go.kr

◇ 김제지서 주소 : 전라북도 김제시 신풍길 205　㉾ 54407
　☎ 김제지서 DID : 063)5400-구내번호 (대표 200)

과장	조사		납세자보호담당관		김제지서 (5400-DID)		
	장영철 640		우제선 210		홍기석 201		
팀장	정보관리	조사	납세자보호실	민원봉사실	납세자보호실	부가소득	재산법인
	채웅길 641		조준식 211	김용례 221	이재희 210	280	이정길 400
DID	642-4	651-3 661-3 671-2	212-3	222-7	221-4	281-4 511-2 621-3	401-3 481-4
국세조사관	강태진 이한일 김지혜	1팀 이명준(6) 홍윤기(8) 문가나(8)	윤정호		김은아 박진규	강석제 정홍엽 강 석	
		2팀 공미자(6) 전찬희(8) 조혜진(8)	김재만	황현주 허유경	김경희	허문옥 이성준 박선영 송미소 정우진	이수복 류종규 이주형 김세웅
		3팀 이 훈(6) 김해강(7)				권수진 최은철	윤한빛
				장선균 고채영 박지은	김선경	조지영	박신영 김영현
Fax	840-0509		851-3628		540-0202		

전주세무서

- 대표전화 : 063)250-0200
- 코드번호 : 402
- 계좌번호 : 070438
- DID번호 : 063)2500-구내번호

| 서 장 | 박임선 ☎ 063)250-0201 |

과장	징세			부가가치세		소득세	
	김용오 240			염대성 280		민경훈 360	
팀장	운영지원	체납추적1	체납추적2	부가1	부가2	소득1	소득2
	안호정 241	박정재 511	김지홍 521	박기호 281	유근순 301	김은정 361	조형오 621
DID	242-4 258-9 425	512-8	522-8	282-91 582	302-12	362-70 583	622-8
국세조사관	김경환	고석춘 박종호	김은미 강인석	김용범 장현숙 김선영 이동영	김정원 최영근	이종호 안형숙	박지원 금윤순
	허정순 조홍수 구판서 유행철	방귀섭 유종선 서보경	박정숙 한수경	김용남 최준혁	허경란 김병삼 남주희	김소영 황병준 임소희 최연평	손현주 김중석
			정소영	김애영			배정주
	박신현 박소희	나 영 김상훈	김영진	김지수 최준성 박서아 최초연	정현지 이소의 조광희 장혜민	조윤주 조건희 임정연 박예찬	허지선 이창헌
Fax	277-7708			277-7706		250-0449	250-0632

- 주　　소 : 전라북도 전주시 완산구 서곡로 95(효자동3가 1406)
  [우] 54956
- 관할구역 : 전라북도 전주시 완산구, 완주군
- E-mail : jeonju@nts.go.kr

※ 완주민원실 주소 : 전라북도 완주군 삼례읍 삼봉로 933 [우] 55325 (☎ 063-250-0230)

과장	재산법인세			조사		납세자보호담당관	
	양천일 400			변승철 640		조상옥 210	
팀장	재산1	재산2	법인	정보관리	조사	납세자보호실	민원봉사실
	이현주 481	김준연 491	이종현 401	이현기 641	이기웅 651	백승학 211	김영관 221
DID	482-9 581	492-5	402-11	642-4	652-3 661-2 671-2	212-4	222-9
국세조사관	한길완 김수경	김용태	한원윤	김소영	구순옥 홍준영	손안상 이철호 이정은	최현옥 박혜선
	이서진 박태신 류아영 배성관	박현수 박소희	김새롬 허　현 김기동 심미선 김종호	한겨레	이호준 양영훈		심재옥 김환옥 최지인 김형만 김희숙 박성주
	이하은 박성윤	유현희	김성용	임아련			문미나
	김재환		고한빛 권륜아 황지현		최호일	최민정 김수현	
Fax	250-0505	250-7311		250-0649		275-2100	

정읍세무서

- 대표전화 : 063)530-1200
- 코드번호 : 404
- 계좌번호 : 070441
- DID번호 : 063)5301-구내번호

서 장 김해영 ☎ 063)530-1201

과장	징세			부가소득세	
	김 현 240			조연숙 280	
팀장	운영지원	체납추적	조사	부가	소득
	고선주 241	박봉선 511	홍수경 651	유성진 281	김웅진 361
DID	242-6	512-7	652-6	282-91	362-9
국세조사관		조미옥 김민지	이정민 나인엽	최신호 한성희 김주현 추명운	오은영 한숙희 이지연
	진동권 오영우 박상종 김종호	정성택 김주현	김기아	김미영 문찬영 정다희 김재경	이건호 지정국
	이윤정	박현진 박준후 정찬우	송송이 유형근		김도훈
				이혜진	정동인 조경훈
Fax	533-9101		535-0040	535-0042	535-0041

• 주　　소 : 전라북도 정읍시 중앙1길 93(수성 610)
　　　　　[우] 56163
• 관할구역 : 전라북도 정읍시, 고창군, 부안군
• E-mail : jeongeup@nts.go.kr

과장	재산법인세		납세자보호담당관	
	전익선 400		김종의 210	
팀장	재산	법인	납세자보호실	민원봉사실
	이동규 481	김엘리야 401	최권호 211	임양주 221
DID	482-7	402-7	212-3	222-6
국세조사관	이선경 김준석	조상미 최환석		김미선
	김지호 문가영 이상길	곽재원	박홍일 김병주	정숙경 이보영
	이기훈	김진만		이효선 정보현
		허은정 손지호		
Fax	535-0043	535-6816	535-5109	530-1691

나주세무서

- 대표전화 : 061)330-0200
- 코드번호 : 412
- 계좌번호 : 060642
- DID번호 : 061)3300-구내번호

| 서 장 | 박 현 주 | ☎ 061)330-0201 |

과장	징세			부가소득세	
	김창오 240			조호형 280	
팀장	운영지원	체납추적	조사	부가	소득
	채남기 241	정영천 511	박경수 651	이성용 281	문주연 361
DID	242-5	512-20	652-8	282-90	362-6
국세조사관	구윤희	전홍석 김준석 양행훈	신승훈 강지만	나미선 이동훈	박인수
	심현주 김정진	서우석 이승주 임치영 박새봄	황정현 한정규 이승준	김상훈 김규태 황경미	양은정 이지현
			고우리	문보라	최나영
	정원중	문은서 김다영	손정인 김재완	기하민 윤지원 정기현	권소연 박준영
Fax	332-8583		333-2100	332-8581	

- 주　　소 : 전라남도 나주시 재신길 33(송월동 1125)
  - ㉾ 58262
- 관할구역 : 전라남도 나주시, 영암군(삼호읍 제외), 함평군
- E-mail : naju@nts.go.kr

과장	재산법인세		납세자보호담당관	
	박숙희 400		남애숙 210	
팀장	재산	법인	납세자보호실	민원봉사실
	김대현 481	김정운 401	윤석길 211	임종안 221
DID	482-6 296	402-9	212	222-5
국세조사관	이성창 이상훈	김정연 정오영 나혜경	배현옥	김아란 이기순 김도연 박은영
	황원복 설영석	정미선 조호연 이승엽		
	이유진 윤현진 김창희	이설희 김희철		이혜선
Fax	332-2900		333-2100	332-8570

목포세무서

- 대표전화 : 061)241-1200
- 코드번호 : 411
- 계좌번호 : 050144
- DID번호 : 061)2411-구내번호

서 장 김종수 ☎ 061)241-1201

과장	징세		부가가치세		소득세	
	염지영 240		김재희 280		양석범 360	
팀장	운영지원	체납추적	부가1	부가2	소득1	소득2
	김옥현 241	이정미 511	최영주 281	서병희 301	이선화 361	박형희 621
DID	242-7	512-25	282-90	302-10	362-7	622-8
국세조사관		정명근 김정아 강석구 한유현 김정화 신영아	이영민 박미애 방현정 소찬희	이은경 신종식 박정순	김혜정 김희정	오성실
	박시연 유승철 권혁일	정미선 이서정	오승섭	최지혜 김미리	양재훈	구혜숙
	박선영	양현진 강희다			최종민	강정님 염래경
	김희승	박효열 이은지 강민지 고상운	강지하 조가영 이승철	김수진 이병현 조인영	최상혁 이지은 안소이	심유정 박나예 박금산
Fax	244-5915		247-2900		241-1349	

- 주　　소 : 전라남도 목포시 호남로 58번길 19(대안동 3-2)
  [우] 58723
- 관할구역 : 전라남도 목포시, 무안군, 신안군, 영암군 중 삼호읍
- E-mail : mokpo@nts.go.kr

과장	재산법인세			조사		납세자보호담당관	
	강용구 400			강채업 640		박정환 210	
팀장	재산1	재산2	법인	정보관리	조사	납세자보호실	민원봉사실
	오춘택 481	설영태 491	김영선 401	김요환 641		공병국 211	이수창 221
DID	482-6	492-4	402-11	642-3 692	651-8	212-3	222-8
국세조사관	양명희 장수연	은희도 박민원	정희섭 국명래 박성정		박철우 김진호 윤현웅 서영우 김병기	최제후	한윤희 최수경
	문형일 안요한 김지민	박재환	조혜진 정현아 이현지 강용명	양윤성 김지훈		강선희	박용희 백동휘
	이종률			손혜은	정덕균 정형필		이다예
			김시영 이수환 조종환		장서영		한지혜
Fax	241-1602			245-4339		241-1214	245-8917

순천세무서

- 대표전화 : 061)720-0200
- 코드번호 : 416
- 계좌번호 : 920300
- DID번호 : 061)7200-구내번호

서 장 구자은 ☎ 061)720-0201

과장	징세		부가가치세		소득세	
	양용환 240		이필용 280		배삼동 360	
팀장	운영지원	체납추적	부가1	부가2	소득1	소득2
	박연서 241	정종대 511	임향숙 281	류영길 301	박이진 361	이용철 381
DID	242-8	512-7 262-3	282-7	302-7	362-6	382-6
국세조사관		서미순 김문희	김임순	김정현	곽용재	박상희 박은화
	김동선 강혜정 임강혁 김재찬	최인효 최 선 김정희 성혜민	황승진 문지선	박지언 김종율	정수자	오인철
	박유진			윤준영	김경현	정지운
	강초희	김초현 조민경	오영서 김가영 김나연	김민경	이승연 박한열	정지은
Fax	723-6677		723-6673		720-0330	

- 주　　소 : 전라남도 순천시 연향번영길 64(연향동 1379)　☞ 57980
- 관할구역 : 전라남도 순천시, 광양시, 구례군, 보성군, 고흥군
- E-mail : suncheon@nts.go.kr
◇ 벌교지서 주소 : 전라남도 보성군 벌교읍 채동선로 260　☞ 59425
　☎ 벌교지서 DID : 061)8592-구내번호 (대표 200)
◇ 광양지서 주소 : 전라남도 광양시 중마중앙로 149, 더다정빌딩　☞ 57785
　☎ 광양지서 DID : 061)7604-구내번호 (대표 200)

과장	재산법인세			조사	
	박후진 400			염삼열 640	
팀장	재산1	재산2	법인	정보관리	조사
	이태훈 541	박귀숙 561	정찬일 401	현　경 641	
DID	542-5 313	562-5	402-8	642-3 691	651-68
국세조사관		신찬호		정경식 박석환	이동현 윤승철 하성철 정경종 김형주 윤정익
	박광천 박설화 김지영	강중희 최보영	안민숙 김현정 이호철	서현영	안이슬 김보람 김금영 임정미
	박동진		김태원 강성민		손세민
	배은정	이재원	강여울 박민솔		송현진
Fax	720-0410			720-0420	

순천세무서

- 대표전화 : 061)720-0200
- 코드번호 : 416
- 계좌번호 : 920300
- DID번호 : 061)7200-구내번호

서 장 **구자은** ☎ 061)720-0201

과장	납세자보호담당관		벌교지서 (8592-DID)		
	박영수 210		정경일 201		
팀장	납세자보호실	민원봉사실	납세자보호실	부가소득	재산법인
	서동정 211	민동준 221	박주하 211	심재운 301	임철진 401
DID	212-3	222-7	212-5	302-10	402-3 450-3
국세조사관		이윤호 홍은영 김진희	천우남	윤종호 신덕수 정초희 김진우	진 정 박경단
	정선태	신상덕	유영근	김정은	강성식
	문대우				전미선
		강미하 김시원	김지훈	류선남 강예원	송애림
Fax	723-6676		857-7707		857-7466

- 주　　소 : 전라남도 순천시 연향번영길 64(연향동 1379)　☞ 57980
- 관할구역 : 전라남도 순천시, 광양시, 구례군, 보성군, 고흥군
- E-mail : suncheon@nts.go.kr
◇ 벌교지서 주소 : 전라남도 보성군 벌교읍 채동선로 260　☞ 59425
　☎ 벌교지서 DID : 061)8592-구내번호 (대표 200)
◇ 광양지서 주소 : 전라남도 광양시 중마중앙로 149, 더다정빌딩　☞ 57785
　☎ 광양지서 DID : 061)7604-구내번호 (대표 200)

과장	광양지서 (7604-DID)				
	박진찬(4급) 201				
팀장	납세자보호실	체납추적	부가	소득	재산법인
	김혜경 212	류성주 281	황희정 281	박영수 361	이재갑 401
DID	213-4	291-6	282-7	362-6	402-4 481-3
국세조사관		이성호 정 일	김인중	박선영	정현미 최병윤
	김효정	이성실 한은정		박소미	류성백 박 민
	이보람 노승규		최장균 이아림		이수진 정종은
		정지은	전은지 윤다니엘 서영승	김백승 최영진 서유진	박정배 임남이
Fax	760-4238	760-4299	760-4379		

여수세무서

- 대표전화 : 061)688-0200
- 코드번호 : 417
- 계좌번호 : 920313
- DID번호 : 061)6880-구내번호

서 장 김 훈 ☎ 061)688-0201

과장	징세		부가소득세		
	정준갑 240		김경민 280		
팀장	운영지원	체납추적	부가1	부가2	소득
	배숙희 241	김종철 511	박도영 281	박진갑 301	차지연 361
DID	242-5 615	512-8 261-2	282-8 631	302-8 632	362-9
국세조사관		주연봉 김상호 강태민	이세라 강이근	심성환 박용문	손명희
	이은진 유지화 김성진	김상훈 황선태 남상진	강경수 명국빈	권상일 한용희	임현택 윤경희 최현아 김현진 박 혁
	서도진	김강진 이한이	김서현 윤다희	류은미	
	양철웅	정지훈	이서연	오현서 윤주상	장유나 이 민 이상건
Fax	688-0600	682-1649	682-1652		

- 주　　　소 : 전라남도 여수시 좌수영로 948-5(봉계동 726-36)
  - ㉾ 59631
- 관할구역 : 전라남도 여수시 전체
- E-mail : yeosu@nts.go.kr

과장	재산법인세		조사		납세자보호담당관	
	강경진 400		이용혁 640		최태전 210	
팀장	재산	법인	정보관리	조사	납세자보호실	민원봉사실
	윤유선 481	박천주 401	김용주 651	이탁신 661	송정희 211	황교언 221
DID	482-7	402-8	652 692	662-3 671-2	212-3	222-6
국세조사관	김미영	이철승		정성문		조종필
	류숙현 손성희	강선대 신수정 김채민	최보람 안재형	정찬조 우남준	채명석	홍미숙 이세현
	이효선 김재은			강아라	차유곤	김은진
	선아영	김지현 이주영 황규영				
Fax	682-1656		682-1653		682-1648	

해남세무서

- 대표전화 : 061)530-6200
- 코드번호 : 415
- 계좌번호 : 050157
- DID번호 : 061)5306-구내번호

서 장	이승철 ☎ 061)530-6201

과장	징세			세원관리		
	우인제 240			문동호 280		
팀장	운영지원	체납추적	조사	부가	소득	재산법인
	홍정기 241	한기청 511	김종일 651	김명선 281	김진재 361	고재환 401
DID	242-7	512-7	652-5	282-6 290	362-6	402-8 482-5
국세조사관	강희정	심상원 나소영	이영은 유춘선	정철기	김수영	강종만
	한상춘 지행주 문승식	기금헌 조 식	김창훈 문은성 유판종	정인재 하경아	장형욱	이점희 정호영 김광현 김현철 김자희
				김세린 김동신	정한록	황선우
	김이준	유지수 박재만		오득용	조정현 노영명	김지수 임채현 장준영
Fax	530-6249		530-6132	536-6131		534-3995

- 주　　소 : 전라남도 해남군 해남읍 중앙1로 18　☞ 59027
- 관할구역 : 전라남도 해남군, 완도군, 진도군, 강진군, 장흥군
- E-mail : haenam@nts.go.kr

◇ 강진지서 주소 : 전라남도 강진군 강진읍 사의재길 1　☞ 59226
　☎ 강진지서 DID : 061)4300-구내번호 (대표 200)

※ 완도민원실 주소 : 전라남도 완도군 완도읍 중앙길 11　☞ 59123 (☎ 061-552-2100)
※ 진도민원실 주소 : 전라남도 진도군 진도읍 남문길 13　☞ 58922 (☎ 061-544-5997)

과장	납세자보호담당관		강진지서 (4300-DID)	
	임광준 210		김은미 201	
팀장	납세자보호실	민원봉사실	납세자보호실	세원관리
		강근효 221	김영하 210	이정훈 300
DID	211	222-5	211	332, 361 401-6 483-4 511
국 세 조 사 관	김민경			정병철 정필섭 조성애 박복심 이호석 문윤진
		김민수 이재성 방영화		임창관
		박명식 강예은		김법열
			윤지인	전성준 김윤호 김혜원
Fax	534-3540	534-3541	433-0021	434-8214

대구지방국세청

[청 장] 민 주 원

☎ 053)350-1201

대표전화 : 053)661-7200

주소 : 대구광역시 달서구 화암로 301 정부대구지방합동청사 6~9층

[우] 42768

코드번호 : 500　계좌번호 : 040756

E-mail : daegurto@nts.go.kr

대구지방국세청

- 대표전화 : 053)661-7200
- 코드번호 : 500
- 계좌번호 : 040756
- DID번호 : 053)661-구내번호
- 주　　소 : 대구광역시 달서구 화암로 301
　　　　　정부대구지방합동청사 6~9층
　　　　　⊙ 42768
- E-mail : daegurto@nts.go.kr

청 장　민주원　☎ 053)350-1201

국장							
과장	운영지원			감사관		납세자보호담당관	
	최은호 7240			김상섭 7300		이　진 7330	
팀장	행정	인사	경리	감사	감찰	납세자보호실	심사
	박진영 7252	이상헌 7242	오주경 7262	명기롱 7302	김경한 7312	이형우 7332	김동욱 7342
국세조사관	김득수 7253 황길례 7254	김대훈 7243	김홍경 7263	장현기 7303 오춘식 7304 김석호 7305	이기돈 7313	이은영 7333	
	공성웅 7255 서인현 7256 소충섭 7257 박유민 7258	정중현 7244 이혜란 7245 박상혁 7246	김경희 7264 박수정 7265	손태욱 7306 김연희 7307 김태형 7308	김민창 7314 임채홍 7315 최윤영 7316 김태훈 7317	김민주 7334	배영옥 7343 김경수 7344 김영은 7345 이수영 7346
	손근희 7259 김소연 7260 이주현 7261	이윤재 7247 이나경 7248	박정희 7266	최병준 7309	최주영 7318	나지윤 7335	
Fax	661-7052			661-7054		661-7055	

● 민주원 [대구지방국세청장]
- 69년생, 서울, 영일고, 고려대 경제학과, 서울대 행정대학원, 행시 41회
- 국세청 조사국 국장, 첨단탈세방지TF, 조사2과 2계장, 조사3과 3계장, 서울청 조사4국 조사, 조사3국 조사1
  과장, 수영세무서장, 재정경제부 재산세제과, 강서세무서 징세

● 이상걸 [성실납세지원국장]
- 74년생, 전주, 전주 동암고, 서울대, 행시 48회
- 국세청 복지세정관리단 장려세제과 과장, 자산과세국 상속증여세과 과장, 납세자보호관 심사1담당관 과장,
  정보화관리관 정보보호담당관 과장, 자산과세국 자본거래관리과 과장, 소득자료관리준비단 소득자료기획과
  과장, 서울청 국제거래조사국 국제조사관리과 과장, 노원세무서장, 광주청 징세송무국장

국장	성실납세지원국 이상걸(3급) 7400						
과장	부가가치세			소득재산세			
	조희선 7401			이정범 7431			
팀장	부가1	부가2	소비세	소득	재산	복지세정1	복지세정2
	이소영 7402	김효경 7412	김태형 7422	김혜진 7432	정호선 7442	이선희 7452	오향아 7456
국세조사관	양미례 7403		도인현 7423		우영재 7443		
	임정관 7404	장근철 7413 유현숙 7414 이충호 7415	정대석 7424 이상민 7425	정경미 7433 이동균 7434 이선이 7435	조명석 7444 이주석 7445	남미숙 7453	
	도이광 7405 남정민 7406	이시형 7416	변연주 7426	박시현 7436	박수빈 7446	권은경 7454	김규식 7457
Fax	661-7056			661-7057			

대구청

대구지방국세청

- 대표전화 : 053)661-7200
- 코드번호 : 500
- 계좌번호 : 040756
- DID번호 : 053)661-구내번호

국장	성실납세지원국 이상걸(3급) 7400						
과장	법인세			정보화관리			
	유종호 7461			장은경 7621			
팀장	법인1	법인2	법인3	지원	보안감사	포렌식지원	센터1
	임치수 7262	정창근 7472	김규진 7482	최상복 7622	정이천 7632	손동민 7682	서계주 7642
국세조사관				서영지 7623 박경련 7624 강지용 7625	박경미 7633 황은영 7634	주명오 7683	김연숙 7643
	이 슬 7463 안우형 7464 권순모 7465	김선영 7473 김은경 7474 황석현 7475	안진희 7483 김종연 7484 김두영 7485 장한슬 7486	최유진 7626 채명신 7627	이은주 7635		이해진 7644
	김종석 7466 이승휘 7467	최유철 7476	오준오 7487			김남규 7684 안지민 7685	류재리 7645
Fax	661-7058			661-7059			

● 최재현 [징세송무국장]
－83년생, 연세대학교, 행시 52회
－대구청 수성세무서장

국장	징세송무국 최재현 7500						
과장	정보화관리	징세			송무		체납추적과
	장은경 7621	황하늘 7501			지재홍 7521		류재무 7541
팀장	센터2	징세	체납관리	실태확인	송무1	송무2	체납추적관리
	전현정 7662	강경미 7502	안해찬 7512	윤성아 7692	김부자 7522	이정국 7532	최지숙 7542
국세조사관	김은진 7663				서은혜 7523 김진우 7524	박주민 7533	엄경애 7543
		박수범 7503 김현숙 7504	이연진 7513 구병모 7514	김동원 7693	유병모 7525 조라경 7526	정수호 7534 김도유 7535	이상욱 7544 서소담 7545 이태희 7546
	김윤호 7678	조남철 7505	장선희 7515	노동영 7694 손은식 7695	이혜영 7527	김지은 7536	장호우 7547 이채민 7548
Fax	661-7059	661-7060			661-7061		661-7062

대구지방국세청

- 대표전화 : 053)661-7200
- 코드번호 : 500
- 계좌번호 : 040756
- DID번호 : 053)661-구내번호

국장	징세송무국 최재현 7500		조사1국 장우정(3급) 7700				
과장	체납추적과		조사관리				
	류재무 7541		김성호 7701				
팀장	체납추적	추적특별기동	조사관리1	조사관리2	조사관리3	조사관리4	조사관리5
	김구하 7552		김성균 7702	권소연 7712	황재섭 7722	장경희 7732	이상원 7742
국세조사관	최병구 7553	이성훈 7141		김남규 7713			
	김혜진 7554 권순홍 7555	김안나 7142 서정은 7143 김대영 7144 신익철 7145	우상준 7703 허성은 7704 김성호 7705	강정화 7714 최지영 7715	박재찬 7723 김혁동 7724 백근민 7725 이민해 7726 신성용 7727	이상훈 7733 장진영 7734	김수민 7743 이정순 7744 안현창 7745
	진언지 7556 황무근 7557	김태완 7146	손가영 7706 추민성 7707		박상현 7728 이수정 7729 안서윤 7730	장은영 7735 우승형 7736	정지헌 7746
Fax	661-7062		661-7063				

● 장우정 [조사1국장]
 -74년, 충북 청주, 금천고, 서강대, 행시 46회
 -국세청 국제조세관리관 국제조세담당관 과장, 국제조세관리관 국제협력담당관 과장, 국제조세관리관 상호합
  의담당관 과장, 서울청 국제거래조사국 국제조사관리과 과장, 중부청 조사2국 조사관리과장

국장	조사1국 장우정(3급) 7700						
과장	조사관리	조사1				조사2	
	김성호 7701	권병일 7751				김자영 7801	
팀장	조사관리6	조사1	조사2	조사3	조사4	조사1	조사2
	이준익 7792	하성호 7752	김태영 7762	이기동 7772	남상헌 7782	정윤철 7802	윤근희 7812
국세조사관		이채윤 7753					
	최원제 7793	윤종훈 7754 유미나 7755	류춘식 7763 이주형 7764 김단아 7765	김상우 7773 김덕현 7774	김재락 7783 박찬녕 7784	이정호 7803 서민수 7804	손세규 7813 배진희 7814 임영진 7815
		조성민 7756		이지영 7775	송민준 7785	박청진 7805	
Fax	661-7063	661-7065				661-7066	

대구지방국세청

- 대표전화 : 053)661-7200
- 코드번호 : 500
- 계좌번호 : 040756
- DID번호 : 053)661-구내번호

국장	\multicolumn{4}{c}{조사2국 황남욱 7900}			
과장	조사2	조사관리과			조사1
	김자영 7801	이동원 7901			이동일 7931
팀장	조사3	조사관리1	조사관리2	조사관리3	조사1
	정재현 7822	박정길 7902	이홍규 7912	조현덕 7922	권갑선 7932
국세조사관					민갑승 7933
	김종민 7823 추혜진 7824	백승훈 7903	송시운 7913 서동원 7914	성원용 7923 이강석 7924 김나영 7925 이진욱 7926	이정훈 7934
	홍준혁 7825	김송원 7904	박민주 7915 장진영 7916 이승렬 7917	정경식 7927	김정미 7935
Fax	661-7066	661-7067			661-7068

● 황남욱 [조사2국장]
 -71년생, 부산, 부산남고, 성균관대 무역학과, 행시 48회
 -국세청 법인납세국 공익중소법인지원팀 과장, 정보화관리관 홈택스1담당관 과장, 대전청 징세송무국 국장, 서울청 삼성세무서장, 중부청 조사3국 조사1과 과장, 부산청 동래세무서장, 조사1국 조사관리과장, 대구청 안동세무서장

국장	조사2국 황남욱 7900				
과장	조사1		조사2		
	이동일 7931		이병주 7961		
팀장	조사2	조사3	조사1	조사2	조사3
	최영윤 7942	이현수 7952	김영인 7962	이승은 7972	김경훈 7982
국세조사관			박윤형 7963		
	배재현 7943 배은경 7944	김소희 7953	고광환 7964	배건한 7973 안지연 7974	김미현 7983 도연정 7984
	김현호 7945	김재연 7954 이규호 7955	정학기 7965	최도영 7975	이창우 7985
Fax	661-7068		661-7069		

대구지방국세청 관할세무서

남대구세무서

- 대표전화 : 053)659-0200
- 코드번호 : 514
- 계좌번호 : 040730
- DID번호 : 053)6590-구내번호

서장 이병탁 ☎ 053)659-0201

과장	징세		부가가치세		소득세		재산세		법인세	
	전찬범 240		이대희 280		홍경란 360		이현종480		이창규 400	
팀장	운영지원	체납추적	부가1	부가2	소득1	소득2	재산1	재산2	법인1	법인2
	신영준 241	황일성 441	손예정 281	고재봉 301	전미자 381	신상우 621	이정노 481	이영철 501	도영수 401	김종인 421
DID	242-9	442-52 262-4	282-9	302-8	382-9	622-8	482-7 510	502-7	402-6	422-6
국세조사관		김태우 배익준 박지연	윤석천 김연희	이정선 조호연	이명수	박만용	이도경 김동훈	최종운 박순출	진수민	김상철
	박홍수 정민주 최태용	이경숙 김혜정 박자임 정현정	최춘자 강용철 이윤주 안소진	천정희 김현진	김유진 박준욱	김혜영	정민아 노은미 서소진 유혜진	최기용	장해탁	김상온
	이범철 김윤수	김주영 이주안 이현정 김여경 성민지 장효경	안진우 신지연	노현진	옥수진 진미란 김정훈	최경미 안재근 오은비		김성민 김유진	김유진	
	김호승 김은영	최원준 소혜령 이창건	장유진	손예린 신지현	김선진 박정은	이지혜 이지미	신서원	최근재	한규리 우종하	전소원 김효인
Fax	627-0157	625-9726	627-7164		627-5281		626-3742		627-0262	

- 주　　　소 : 대구광역시 남구 대명로 55(대명10동 1593-20)　⑨ 42479
- 관할구역 : 대구광역시 남구, 달서구 중 월성동·대천동·월암동·상인동·도원동·
  　　　　　진천동·대곡동·유천동·송현동·본동, 달성군
- E-mail : namdaegu@nts.go.kr
- ◇ 달성지서 주소 : 대구광역시 달성군 현풍읍 테크노대로40(M큐브빌딩 2층)　⑨ 43020
- ☎ 달성지서 DID : 053)6620-구내번호 (대표 200)

과장	조사		납세자보호담당관		달성지서 (6620-DID)				
	김기형 640		임민채 210		최종기(4급) 662-0201				
팀장	정보관리	조사	납세자 보호실	민 원 봉사실	체납추적	납세자 보호실	부가	소득	재산법인
	김영숙 641		연상훈 211	이기연 221	박명우 241	마명희 221	여제현 301	이재현 401	조래성 601
DID	642-5	651-64	212-5	222-8	242-8	222-4	302-11	402-9	602-8 501-4
국세조사관	김상련 이보라	1팀 배창식(6) 김민수(7) 이지은(9)	김도숙	정동철 황영숙	장연숙 정현규	이백춘	이원명 정경희	변영철 윤희범	김현두 김준우 강대일
		2팀 윤판호(6) 이지민(7) 박수호(9)		임수경	김형욱 이재홍	조미경	신원경 이경민	김태호 배진우	김영록 박원돈 박은영
		3팀 한창수(6) 심재훈(7) 도지희(9)							
	윤기한	4팀 김대업(6) 김이레(7)	김수경 배리라		배민정		하은석 강주영 조재범 오영빈	박해정 김정현	신문정
	오진석	5팀 허성길(6) 임완수(8)	임현지	이은석 이은비 박지민	김동범		박은진	최정은 이도겸	허 환 임상희 권유심 안창남
Fax	627-0261		627-2100	622-7635	662-0259	662-0229	662-0329	662-0329	662-0259

동대구세무서

● 대표전화 : 053)749-0200
● 코드번호 : 502
● 계좌번호 : 040769
● DID번호 : 053)7490-구내번호

서 장　윤 재 복　☎ 053)749-0201

과장	징세		부가가치세		소득세	
	이정남 240		이종우 280		이춘희 360	
팀장	운영지원	체납추적	부가1	부가2	소득1	소득2
	권용덕 241	이동호 441	길성구 281	박주현 301	백미주 361	김정섭 381
DID	242-9	442-50 262-3	282-7	302-9 313	362-7 373	382-8 373
국세조사관		이승아		권순식 김정국 김남정	하경숙	
	송혜정 최유일 김정목	박자윤 오승훈 마성혜 이승택 이나현 이하나 조화영 박수현	이상규 김보정 복현경 성소현	배민경 배경순	이주영 진민혜 강미화	도명선 도성희 이지연
	김주원 최현석 박판식	홍은지	황현정	진미정	김좌근	최혜경
	김대성 박민경	김동현 허예린 은영우	유민지 박진혁	이형일 이아린	박혜영 김예민 채창현	김성우 이혜인
Fax	756-8837		754-0392		756-8106	

- 주　　소 : 대구광역시 동구 국채보상로 895(신천동)
  - ㉾ 41253
- 관할구역 : 대구광역시 동구
- E-mail : dongdaegu@nts.go.kr

과장	재산법인세		조사		납세자보호담당관	
	남정근 400		백희태 640		장시원 210	
팀장	재산	법인	정보관리	조사	납세자보호실	민원봉사실
	전영호 481	박재진 401	송규호 641		권영대 211	이경옥 221
DID	482-90	402-9	642-5	651-8	212-3	222-7
국세조사관	최성실 전창훈 김진희	추시은	김하영	1팀 황성진(6) 박서형(7) 배한준(9)	최재화	유영숙
	김현진 신미영 한성욱	신진연 김재홍	유수현 최재우	2팀 이동우(6) 서용준(8)	이창구	박승현 강은진
	김동범			3팀 김미애(6) 조민제(8)		서이현
	김지원 최유미 김백만	김진희 구소림 조혜원 김병헌				박근영
Fax	744-5088	756-8104	742-7504		756-8111	

수성세무서

- 대표전화 : 053)749-6200
- 코드번호 : 516
- 계좌번호 : 026181
- DID번호 : 053)7496-구내번호

서 장 최흥길 ☎ 053)749-6201

과장	징세		부가가치세		소득세	
	손정완 240		이상경 280		배세령 360	
팀장	운영지원	체납추적	부가1	부가2	소득1	소득2
	백지훈 241	윤원정 441	임한경 281	이해봉 301	이도영 361	박환협 381
DID	242-9	442-51 262-3	282-6 271	302-7	362-70	382-9
국세조사관		엄유섭 변지흠 박현주 이경순			김광련	류상효
	백효정 이미영 조경희 임향원	천해자 박남진 김재형 최현희 김소연	고영석 이한라	김경현 박미정 이경준	박정길 김수호 윤성욱	조준서 김진영 김진영
	장수연	백종헌 김재영	박주언 정은진 이성한		배수민	정현규
	이소희	원종화 김성현	양유림 전태욱	조예흠 백인환	박정아 윤재철	김유정 김은정 김웅호
Fax	749-6602	749-6623	749-6603		749-6604	

- 주　　소 : 대구광역시 수성구 달구벌대로 2362(수성동3가 5-1)
  [우] 42115
- 관할구역 : 대구광역시 수성구
- E-mail : suseong@nts.go.kr

과장	재산법인세 유병길 400			조사 정희석 640		납세자보호담당관 이성환 210	
팀장	재산1 정호태 501	재산2 안영길 541	법인 조철호 401	정보관리 박영호 641	조사	납세자보호실 임채현 211	민원봉사실 신옥희 221
DID	502–10 274	542–8	402–9	642–4	651–8	212–3	222–8
국세조사관	김은희 황보정여 곽민경	김영화 윤일식 신대환	김옥현 최재혁	김대열	1팀 도해민(6) 김민철(7) 신유정(9)	김희정	이광민 김수현
	서미정 이미선 윤태희 최은영	김도연 이상협		이대호	2팀 고기태(6) 이성욱(8)	전호종	정수현
			김하나 김정숙 김덕년 이동우	권승비	3팀 김상균(6) 장교준(7)		윤상아
	정녕현 유영환 박소연 이나은	이수지	권덕환 허규진				임정아 김송희 이승언
Fax	749–6605			749–6606		749–6607	749–6608

북대구세무서

- 대표전화 : 053)350-4200
- 코드번호 : 504
- 계좌번호 : 040772
- DID번호 : 053)3504-구내번호

서 장 이동훈 ☎ 053)350-4201

과장	징세				부가가치세			소득세	
	최지안 240				유창석 280			김상훈 360	
팀장	운영지원	체납추적1	체납추적2	체납관리단	부가1	부가2	부가3	소득1	소득2
	김혜경 241	김용한 441	김삼규 461		백경은 281	정인현 301	정영일 321	장현미 361	박영진 371
DID	242-7	442-50	462-8 262-5		282-90	302-10 573	322-31	362-6 572	372-81
국세조사관	이효진	이정훈	임유선 이춘복 김일룡	배제호	이미남 손동우	정성희 손경수	신정연	곽철규	박정환 김순자
	도세영 이근애	이연경 도선정 구광모 김종한 임종호	김남연 양혜진 김현수 김현희	이승준	이병영 전지희 서빛나	오형주 손윤령	최지은 강덕주 이치욱	이영애 이영지 김향희	하헌욱
	윤중호	장세황	선광재	우용만	염지혜 황다영	정혜진 허정미 채미연	최은애 강은비 우상훈	이채원	
	최영은	강지원 박나은	이상분 김동영		김문민 이지윤	김시현 김영민 전승준	은혜민 이수현 심형철	김수지 김정익	김도곤 정민지 나주현
Fax	354-4190				356-2557			355-7511	

- 주　　소 : 대구광역시 북구 원대로 118(침산동)
  - ㉾ 41590
- 관할구역 : 대구광역시 북구, 중구
- E-mail : bukdaegu@nts.go.kr

과장	소득세 김상훈 360	재산세 권성구 480		법인세 박성학 400		조사 강정석 640		납세자보호담당관 이민우 210	
팀장	소득3	재산1	재산2	법인1	법인2	정보관리	조사	납세자 보호실	민 원 봉사실
	정호용 386	이지안 481	유현종 501	김광석 401	박정성 421	이유조 641		추은경 211	신연숙 221
DID	382-5	482-8 575	502-5	402-7	422-7	642-5	651-67	212-6	222-8
국 세 조 사 관	이광재	황왕규 박진희	이재욱	김현섭			1팀 김정철(6) 권현목(7) 유헌정(8) 이현지(8)	김선영	
	이상민 박미경 조민재	홍현정 황주미	이동규 박재형 하수진	김덕환	김재준 장진욱	양준호 윤지연 서보연	2팀 김성대(6) 김병욱(7) 이수경(8)	천혜정 김은경	방미주 우병호 고병열 이가영
							3팀 조용길(6) 이향옥(7) 이푸름(8)		
		배혜윤 박은정 신유진		김경미 박주현	문혜령		4팀 정성호(6) 안성덕(7) 이선영(8)	박은옥	신지애 김영미 임지수
	김혜영	최우정 박성우		이지하 이동준	박소영 하예진 최영철	강예림	5팀 안성엽(6) 성은애(8) 박상욱(8)	조이은	
Fax	355-7511	356-2556		356-2030		357-4415	351-4434	356-2016	358-3963

서대구세무서

- 대표전화 : 053)659-1200
- 코드번호 : 503
- 계좌번호 : 040798
- DID번호 : 053)6591-구내번호

서 장 임종철 ☎ 053)659-1201

과장	징세 김성열 240			부가가치세 최병달 280			소득세 김재섭 360		
팀장	운영지원	체납추적1	체납추적2	부가1	부가2	부가3	소득1	소득2	소득3
	정환동 241	황수진 441		이종숙 281	김상희 301	이상호 321	이제욱 361	정문제 381	우명주 621
DID	242-5	442-8	463-9 262-4	282-90	302-7 314	322-7 314	362-6	382-4 389	622-5
국세조사관		권혁도 김은주	김인덕 전영현 이은정	신정석 박정용	배소영 김인자	김병훈 배영환	이인우 양희정	김봉수	우제경
	장명진 김완섭 구혜림	정운월 이동하	백유정 김혜영 박동열 신혜경 박순주	김정옥 채주희 장현정 배혜진	정순재 박영주 이현정 전은혜	전은미 이승훈 배태호 박진아		이정영 강인순 김보경	박석흠
	송인준	여정현		이영수			박효임 문진희		이종민
	김태원	노헌우 최명환	성주희 하연정 정강훈	안준현	공혜민	심종대	김수경	엄주영	석진세
Fax	627-6121	629-3642		622-4278		653-2515	624-6001		

- 주   소 : 대구광역시 달서구 당산로 38길 33(두류동)
  ㉾ 42645

- 관할구역 : 대구광역시 서구 전체, 경상북도 고령군 전체
  달서구 갈산동, 감삼동, 두류동, 본리동, 성당동, 신당동, 용산동, 이곡동,
  장기동, 장동, 죽전동, 호산동, 파호동, 호림동

- E-mail : seodaegu@nts.go.kr

과장	재산법인세				조사		납세자보호담당관	
	김종근 400				박경춘 640		김선민 210	
팀장	재산1	재산2	법인1	법인2	정보관리	조사	납세자 보호실	민 원 봉사실
	정재기 481	박형우 501	한정환 401	소현철 421	신근수 641		이명희 211	강정호 221
DID	482-5 492	502-5	402-6	422-7	642-4	651-9 671-6	212-4	222-9
국 세 조 사 관	신윤숙 이은영	임상진 나현숙	김미현	정은주 손은숙	김상우	1팀 류재현(6) 주우성(6) 조인애(9)	김상무	장형순
	양세영 정현민 김선미	공윤미	강승묵 박남규		김애진 신선혜	2팀 김승년(6) 복소정(8) 배민혜(9)	남영호 이유진	정성희 김민지 권정석
						3팀 김경택(6) 이주하(8) 문정혁(8)		
	이정은	전지영		박가람		4팀 김은경(7) 최은진(8)		정승아 이도현 김정한
			정나영 이지윤	김성우 정정오 박수빈		5팀 조재영(7) 김규리(8)		조은비 임수현
Fax	624-6003		629-3643		629-3373	624-6002	627-5761	625-2103

경산세무서

- 대표전화 : 053)819-3200
- 코드번호 : 515
- 계좌번호 : 042330
- DID번호 : 053)8193-구내번호

| 서 장 | 김 대 중 ☎ 053)819-3201 |

과장	징세			부가소득	
	권호경 240			오영석 280	
팀장	운영지원	체납추적	체납관리단	부가	소득
	류희열 241	장수정 441		이용균 281	이영우 301
DID	242-6	442-50 262-4	451	282-91 315	302-15
국세조사관	이현수	황지영 이혜경		이동곤	박무성
	장 훈	이선미 채승훈 이광용 박선혜		김서희 박영미 이지영 김준엽 정인희	이경옥 조정혜 강현구 이언주
		이윤정	정종권		김상운 심규민
	서효일	안혜리 정재한 배동찬 김덕희 황채은		김도혁 김경민 이상용 김정운 김상희	홍진주 정현정 김진하 박시율 신예은 (수습)
Fax	811-8307	802-8300		802-8303	

- 주　　소 : 경상북도 경산시 박물관로3(사동 633-2)
  [우] 38583
- 관할구역 : 경상북도 경산시, 청도군
- E-mail : gyeongsan@nts.go.kr

※ 청도민원실 주소 : 경상북도 청도군 화양읍 청화로 70(범곡리 133) 청도군청 내 [우] 38330
(☎ 054-372-2100)

과장	재산법인세		조사		납세자보호담당관	
	이동훈 400		김순석 620		이종훈 210	
팀장	재산	법인	정보관리	조사	납세자보호실	민원봉사실
	김진도 481	정이열 401	문창규 621		장현우 211	이동준 221
DID	482-90	402-11	622-4	631-7	212	222-6
국세조사관	장외자	김병욱 권순형		1팀 황보웅(6) 천승렬(8) 이유정(9)	황성만	백경엽 (청도)
	이승엽 전재희 김지숙 김형준 강동호	윤상환	정중수	2팀 우주형(7) 정상열(9)		이보영 최용훈
		엄수민	김지은	3팀 전종경(7) 정혜원(8)		구현진
	김민주 남윤성	김채은 김민애 차규현 강재훈 김재원 이서영 (수습)	강민경			이윤주
Fax	802-8305	802-8304	802-8306		802-8301	802-8302

경주세무서

- 대표전화 : 054)779-1200
- 코드번호 : 505
- 계좌번호 : 170176
- DID번호 : 054)7791-구내번호

| 서 장 | 박권조 ☎ 054)779-1201 |

과장	징세		부가소득세			재산법인세	
	이선영 240		김병석 280			조범제 400	
팀장	운영지원	체납추적	부가1	부가2	소득	재산	법인
	전갑수 241	정은성 441	이병주 281	이건옥 301	주광수 361	한종관 481	허재훈 401
DID	242-6 611	442-50 262-3	282-7	302-5 311	362-9	482-7 491	402-10
국세조사관		이상건	이경아			정소영	정형태
	이형준 최정혜 설진우	강유정 김영철 이근호 이원형 하영미 김형준	이성호 예동희	오규열 고남우 정쌍화	김상기 장근영	이인원 나상일 이승호	민은연 김영훈
	유재현	최준기	이동욱		김세훈 채민화 한규원	조언혜	
	오주희	이동주 엄상희 윤영훈 이형진 한지승	오승주 신주용	권지원 박주영	이지무 변수영 김세진 서종환	정승하 박준영	문수원 이 건 임효빈 최지연 박상협
Fax	743-4408	742-2002	749-0917		749-0918	749-0913	745-5000

●주　　소 : 경상북도 경주시 원화로 335(성동동 180-4)

　　　　⊕ 38138

●관할구역 : 경상북도 경주시, 영천시

●E-mail : gyeongju@nts.go.kr

◇영천지서 주소 : 경상북도 영천시 강변로 12(성내동 230)　⊕ 38841

　☎ 영천지서 DID : 054)3309-구내번호 (대표 200)

과장	조사		납세자보호담당관		영천지서 (3309-DID)			
	한청희 640		이홍환 210		장은수(4급) 201			
팀장	정보관리	조사	납세자 보호실	민 원 봉사실	체납추적	납세자 보호실	부가소득	재산법인
	이재훈 641		김성희 211	이종면 221	변재완 261		정경남 231	이철호 241
DID	642-5	651-59	212-3	222-5	262-5	251-3	232-9	242-7
국세조사관	김병훈 김연희	1팀		권현주	최 진			구근랑
		유성만(6) 장창걸(7) 이소정(9)						
	정유철	2팀	최윤형		황지성	박춘영	이재복 김경석 박현정 정성윤	서상순 김지향 이재락
		김지윤(6) 임재학(7)						
		3팀	박예진	구신영 이승현	장유나	손신혜 서애영	이인호 김정영 이동명	최경화 이진욱
		김민호(6) 이영재(8)						
	최소아	4팀		유창진		정원용	김동화	
		박종원(6) 현우창(9)						
Fax	771-9402		773-9605	749-9206	338-5100	333-3943	338-5100	331-0910

구미세무서

- 대표전화 : 054)468-4200
- 코드번호 : 513
- 계좌번호 : 905244
- DID번호 : 054)4684-구내번호

서 장 왕성국 ☎ 054)468-4201

과장	징세			부가가치세		소득세	
	송명철 240			김창신 280		박영언 360	
팀장	운영지원	체납추적1	체납추적2	부가1	부가2	소득1	소득2
	시진기 241	천상수 441	유세은 461	김정환 281	성영순 301	민태규 361	박세일 381
DID	242-6	442-9	462-8 262-4	282-93	302-11 299	362-9	382-8
국세조사관		장병호			서경영		정연옥
	김상헌 이한샘 서이현	이찬우 정해진	안수진 권효은 손준표 김은경 빈승주 권민정	이미선 신주영 정경미 김현주	김상희 이은주 임효신 박장호	김정수 김현정 김정숙 이은정 하영미	왕 화 여소정
	도성욱	이나영 조여경	윤웅희	손태우 백지혜	김세철 이계훈		장용준 장문수
	권순근	옥승오 한지영 류상현	권나율 윤동연 이태규	김나영 강서현 성혜원 배경수 김태훈	권민상 곽지현 여가람 우새은	박종훈 김선혜 김진호	이햇살 이승용
Fax	468-4203	464-0537		461-4057		461-4666	

• 주　　소 : 경상북도 구미시 수출대로 179(공단동)
[우] 39269
• 관할구역 : 경상북도 구미시, 칠곡군
• E-mail : gumi@nts.go.kr
※ 칠곡민원실 주소 : 경상북도 칠곡군 왜관읍 공단로 1길 7(삼청리 1101) [우] 39909 (☎ 054-973-2100)
※ 선산민원실 주소 : 경상북도 구미시 선산읍 선산중앙로15길 6-1 [우] 39119
(☎ 054-481-1700)

과장	재산법인세				조사		납세자보호담당관	
	김영중 400				전익성 640		권대명 210	
팀장	재산1	재산2	법인1	법인2	정보관리	조사	납세자 보호실	민 원 봉사실
	김준식 481	김진우 501	이선호 401	김지인 421	이장환 641		조한규 211	박기탁 221
DID	482-7	502-5	402-9	422-8	642-6	651-9	212-4	222-7
국세조사관	김진동	정현모				1팀 김민국(6) 임성훈(7) 김승현(9)		김용기
	김상균 김도훈	김자헌 서장은	최재협 김신규	박규진 박재규	최윤영 최용훈 신진우	2팀 김종훈(6) 이승환(8) 안예지(8)	김경동 유지연	이승엽 최은선 (칠곡) 권오신 (칠곡) 강지현 노은진
	강덕훈 강고운			안규민		3팀 김태운(7) 문호영(7) 공인호(8)	이선정	황지원
	남효정 김수민	김유정	박준영 정진후 김보림 이하영 신민주	안예지 우수경 최재영 금민서	천민근			강우석
Fax	461-4665		461-4665		461-4144		463-5000	463-2100

김천세무서

- 대표전화 : 054)420-3200
- 코드번호 : 510
- 계좌번호 : 905257
- DID번호 : 054)4203-구내번호

| 서 장 | 전 재 달 | ☎ 054)420-3201 |

과장	징세			세원관리	
	전수진 240			이강훈 280	
팀장	운영지원	체납추적	조사	부가	소득
	김명국 241	정성민 441	전 근 651	백유기 281	황윤식 361
DID	242-3	442-9 262	652-6	282-90	362-6
국세조사관		마일명		장철현 이수미	
	오호석	김도민 유진선 김수희 박선희	고광현 이현영	전성우 신은정 좌혜미 김정협 이소연 이동민	정동준 이민종
		정혜림 이수연	김길영 권인석		전현진 김주영
	홍민아	천요한 이효빈		강민채 김동이 김현아 (수습)	홍수림 안유진 이세인
Fax	433-6608			430-8764	

- 주　　소 : 경상북도 김천시 평화길 128(평화동)
  - ⍟ 39610
- 관할구역 : 경상북도 김천시, 성주군
- E-mail : gimcheon@nts.go.kr

※ 성주민원실 주소 : 경상북도 성주군 성주읍 성주읍3길 57(예산리 334-1)　⍟ 40026
　　　　　　　 (☎ 054-933-2100)

과장	세원관리		납세자보호담당관	
	이강훈 280		김연수 210	
팀장	재산	법인	납세자보호실	민원봉사실
	최승필 481	김종현 401		민택기 221
DID	482-7	402-7	211	222-3
국세조사관	정미연	백성철	박선옥	조원영 (성주) 최수진
	황순영	신재은 이주원		
	김지민			정지혜
	박소영 이원영 신혜원	김휘민 신예람 하주연		
Fax	430-8763		432-2100	432-6604

상주세무서

- 대표전화 : 054)530-0200
- 코드번호 : 511
- 계좌번호 : 905260
- DID번호 : 054)5300-구내번호

| 서 장 | 김주식 | ☎ 054)530-0201 |

과장	징세			세원관리	
	이미숙 240			송성호 210	
팀장	운영지원	체납추적	조사	부가	소득
	박성욱 241	김성우 441	이석진 651	김창환 281	김정석 361
DID	242-5	442-6 261	652-5	282-9	362-5
국세조사관		김성순	김세권	이선육	
	강미진 김상조	김광현 구태훈 강진영 황창민	진소영	김난주	김병모 이종휘 정혜림
			허성혁 김보배	양지혜	
	조경숙	송은지		윤희정 김서연 김지원 윤예지	윤주희 서은경
Fax	534-9026	534-9025	534-8024	535-1454	

- 주　　소 : 경상북도 상주시 경상대로 3173-11(만산동)
　　　　　　㊆ 37161
- 관할구역 : 경상북도 상주시, 문경시
- E-mail : sangju@nts.go.kr
※ 문경민원실 주소 : 경상북도 문경시 당교로 225 문경시청 내　㊆ 36982
　　　　　　　　(☎ 054-552-9100)

과장	세원관리		납세자보호담당관	
	송성호 210		안병수 210	
팀장	재산법인		납세자보호실	민원봉사실
	재산	법인		
	조강호 401			이순기 221
DID	482-5	402-5	211	222-4
국세조사관	조은경			
	김민정	조준환 김민준	최장규	유선희
	윤준웅 문지윤	주현정 차재익		조원배 박경태 (문경)
				김태희 (문경)
Fax	535-1454		534-9017	536-0400

안동세무서

- 대표전화 : 054)851-0200
- 코드번호 : 508
- 계좌번호 : 910365
- DID번호 : 054)8510-구내번호

서 장 박 재 원 ☎ 054)851-0201

과장	징세			세원관리			
	이경민 240			김종석 280			
팀장	운영지원	체납추적	조사	부가	소득	재산	법인
	권미영 241	박철순 441	권상빈 651	황병석 281	김진모 361	권오규 481	배동노 401
DID	242-6	442-8 263	652-7	282-90	362-7	482-7	402-6
국세조사관	김미량	노현정 김영아 박현하	이민우	우정호 문지현 김현욱	안수경 김재환	남효주	황상준
	박중억	김진희 김혜림 오현직	정현준 이유지	김수현 도민지	이태환	권영한 조순행 이호인	김종혁
					석귀희		성용제 김도훈
	최승현	홍헌민 조재식	이도한 홍정우	김재홍 최지원 이홍준 조지영 김지수	조민서 강유경 (수습)	김현정 김지우	조익찬 염지수
Fax	859-6177	852-9992	857-8411	857-8412	857-8414	857-8413	857-8415

- 주　　소 : 경상북도 안동시 서동문로 208 [우] 36702
- 관할구역 : 경상북도 안동시, 영양군, 청송군, 의성군, 군위군
- E-mail : andong@nts.go.kr

◇ 의성지서 주소 : 경상북도 의성군 의성읍 후죽5길 27 [우] 37337

☎ 의성지서 DID : 054)8307-구내번호 (대표 200)

※ 청송·양양민원실 : 경상북도 청송군 진보면 진안동2길 4-10 [우] 37405 (☎ 054-873-2100)

※ 군위민원실 : 경상북도 군위군 군위읍 군청로 200 [우] 39013 (☎ 054-382-2103)

※ 진보민원실 : 경상북도 청송군 진보면 진안동2길 4-11 [우] 37405 (☎ 054-873-2100)

과장	납세자보호담당관		의성지서 (8307-DID)		
	김일우 210		김대중 601		
팀장	납세자보호실	민원봉사실	납세자보호실	부가소득	재산법인
		이재성 221	김중영 210	우남구 300	손증렬 400
DID	211-2	222-5	211-2	301-7	401-2 471-2
국세조사관	김주영			심상운 은종온	김옥자 김정환
	신소연	최은숙 박성현	김인경 전양호	양철승 유보아 장성주	
		김윤정			
		권준용		서지훈 송의진	이유진 조봉경
Fax	852-7995	859-0919	832-2123	832-9477	832-7334

영덕세무서

- 대표전화 : 054)730-2200
- 코드번호 : 507
- 계좌번호 : 170189
- DID번호 : 054)7302-구내번호

| 서 장 | 박준배 | ☎ 054)730-2201 |

과장	징세			세원관리	
	최기영 240			이성환 280	
팀장	운영지원	체납추적	조사	부가소득	
	김용석 241	이동욱 441	이정희 651	박문수 281	
DID	242-3	442-6 262	652-3	282-3	284-5
국세조사관	여세영 임지원	김정은 안미경 허소영 김두희 박미희 정정하	박노진	김병수	김재미
			윤지승		한상국
				이세희	
Fax	730-2504		730-2505	730-2314	

- 주　　소 : 경상북도 영덕군 영덕읍 영덕로 35-11(남산리 61-1)
  [우] 36441
- 관할구역 : 경상북도 영덕군, 울진군
- E-mail : yeondeok@nts.go.kr

◇ 울진지서 주소 : 경상북도 울진군 울진읍 월변2길 48(읍내리 346-2) [우] 36326
☎ 울진지서 DID : 054)7805-구내번호 (대표번호 100)

과장	세원관리과		납세자보호담당관		울진지서 (7805-DID)	
	이성환 280		김혁준 210		장경숙 101	
팀장	재산법인		납세자보호실	민원봉사실	납세자보호실	세원관리
	최준호 401				송윤선 120	박상희 140
DID	482-3	402-3	212	221-2	121	141 151-2 161-2 171-2
국세조사관	김월하	이동희			채충우	양병열 김형국 이재원
			임경희	이승재		안정환 김선규
				박소정		
	이지영	안대근				박슬기 김교민
Fax	730-2314		730-2625		780-5181	780-5182

영주세무서

- 대표전화 : 054)639-5200
- 코드번호 : 512
- 계좌번호 : 910378
- DID번호 : 054)6395-구내번호

| 서 장 | 박 규 동 | ☎ 054)639-5201 |

과장	징세			세원관리	
	배재홍 240			황병록 280	
팀장	운영지원	체납추적	조사	부가	소득
	우운하 241	배석관 441	엄세영 651	임종철 281	장덕진 361
DID	242-7	442-8 262	652-5	282-91	362-7
국세조사관		권은순	오세민	김미경 김효삼 김종택	박근열
	우병재 김수정 전우정	장창호 이호열	전상주 박종연	이복남 최미란	조윤주 정찬호
		이종현			
		이언우 양윤정 권용택	김길희	한민우 오현정 최하림	김우주 최유나 이지유
Fax	633-0954			635-5214	

- 주　　소 : 경상북도 영주시 중앙로 15(가흥동 2-15)
  [우] 36099
- 관할구역 : 경상북도 영주시, 봉화군, 예천군
- E-mail : yeongju@nts.go.kr

※ 예천민원실 주소 : 경상북도 예천군 예천읍 군청길 11(서본리 70-11) [우] 36823 (☎ 054-654-2100)

※ 봉화민원실 주소 : 경상북도 봉화군 봉화읍 봉화로 1111(내성리 537) [우] 36239 (☎ 054-673-2100)

과장	세원관리		납세자보호담당관	
	황병록 280		정경원 210	
팀장	재산법인		납세자보호실	민원봉사실
	이범구 401			김두곤 221
DID	482-6	402-6	211-2	222-4
국세조사관	이영주		오조섭	금대호
	구수목	장병호 남창희	정지원	이미자
	권민정 이대헌 김민석	서지현		김상근 (예천) 예성진
		박창수		
Fax	639-5214		634-2111	

포항세무서

- 대표전화 : 054)254-2200
- 코드번호 : 506
- 계좌번호 : 170192
- DID번호 : 054)2452-구내번호

서 장 김유신 ☎ 054)245-2201

과장	징세			부가가치세		소득세		재산법인세	
	문효상 240			우병옥 280		한순국 360		이문태 400	
팀장	운영지원	체납추적1	체납추적2	부가1	부가2	소득1	소득2	재산1	재산2
	박경호 241	박현주 441	이유상 461	김찬태 281	구정숙 301	배형수 361	조금옥 381	권준혁 481	박종욱 501
DID	242-5	442-8	462-8 261-2	282-89	302-10 315	362-9	382-8 314	482-8	502-5
국세조사관			남옥희	서우형	양정화		김용민	이경향	이주형
	서은우 정주영 이은희	김지웅 임중균 김명선 박귀영 정지환	김도형 최미애 이영진	김은윤 최현주 이윤종	송인순 이도현 이예원 김성홍 서현지	서은호 이은호 이연숙	강수련 윤강로	조은영	윤태영
		손석호	김태훈 김영엽		권준혜	임지은 백지영	강민지 황은아	손명주 이승은	배재호
		김규현	김근형 이윤채	손채원 김도연 성은미 이은새	신선희 조준희 이효민	성혜원 이수빈 정영훈	조해린 이영민 강소영	최하진 금다정 권남현	박관석
Fax	248-4040	241-0900		249-2665		246-9013		249-2549	

- 주　　소 : 경상북도 포항시 북구 중앙로 346(덕수동 46-1)　㉾ 37727
- 관할구역 : 경상북도 포항시, 울릉군
- E-mail : pohang@nts.go.kr
◇ 울릉지서 주소 : 경상북도 울릉군 울릉읍 도동2길 76(도동리 226)　㉾ 40221
　☎ 울릉지서 DID : 054)8582-구내번호 (대표 100)
※ 오천민원실 주소 : 경상북도 포항시 남구 오천읍 세계길5(오천읍주민센터 별관)　㉾ 37912
　　　　　(☎ 054-245-2231)

과장	재산법인세		조사		납세자보호담당관		울릉지서 (8582-DID)
	이문태 400		이재철 640		최남숙 210		서지훈 601
팀장	법인1	법인2	정보관리	조사	납세자 보호실	민 원 봉사실	세원관리
	이중구 401	이상훈 421	최경애 641		하태운 211	박기영 221	김관태 602
DID	402-7	422-6	642-5	651-62	212-3	222-8	603-6
국 세 조 사 관	윤정훈			1팀 김성제 (6) 권민규 (7) 강대화 (8)	류승우		이승모 박용우
	김민식	강준혁 권지숙	박준영 전윤현	2팀 우인호 (6) 양유나 (8) 류광오 (8)	박재성	박금희	심상길
	김신희 김유진	전수진		3팀 이채윤 (6) 박기호 (8) 김주경 (9)		강률인	
	하나정 손효빈	진유빈 강희은	남희욱 이정환	4팀 박필규(7) 최영준(7)		변명미 김주희 김선주 이영심 성범진	
Fax	242-9434		241-3886		248-2100		791-4250

부산지방국세청

청 장 강 성 팔

☎ 051)750-7201

비서 : 김영경 ☎ 051) 750-7205

대표전화 : 051)750-7200

주소 : 부산광역시 연제구 연제로 12(연산2동 1557번지) ⊕ 47605
코드번호 : 600   계좌번호 : 030517
E-mail : busanrto@nts.go.kr

부산지방국세청

- 대표전화 : 051)750-7200
- 코드번호 : 600
- 계좌번호 : 030517
- DID번호 : 051)750-구내번호
- 주　　소 : 부산광역시 연제구 연제로 12
　　　　　(연산2동 1557번지) ⑨ 47605
- E-mail : busanrto@nts.go.kr

청 장 강 성 팔 ☎ 051)750-7201

국장					
과장	운영지원			감사관	
	고동환 7240			황동수(3급) 7300	
팀장	행정	인사	경리	감사	감찰
	권익근 7252	조민래 7242	진유신 7262	김종웅 7302	이종호 7322
국세조사관	김동원 7253 한동훈 7254 김종월 7629	이현동 7243 이성재 7244 강회영 7245	손보경 7263	김 호 7303 이선우 7304 허태민 7305	최윤겸 7323 전봉민 7324 한정민 7325 김동일 7326
	최근식 7255 박재우 7256 윤지연 7257 금도훈 7611 박두제 7625 김 철 7627 성문성 7627	홍승현 7246 설 전 7247 홍민지 7248	서유희 7264 조강훈 7265 김혜은 7266	김성기 7306 김민정 7307 정성화 7308 최윤미 7309 양서영 7310	고주환 7327 박영훈 7328 박재형 7329
	박준영 7258 이현승 7259 최진영 7260	박주희 7249 정다윗 7250 이승훈 7251	박소현 7267 최미녀 7268 황상진 7269		최안욱 7320
Fax	711-6446		711-6455	758-2747	754-8481

● 강성팔 [부산지방국세청장]
 - 69년생, 전남 신안, 목포 마리아회고, 서울대 경제학과
 - 국세청 국제조세관리관 국장, 국제조세관리관 국제협력담당관 과장, 국제조세관리관 상호합의팀 과장, 서울
   청 국제거래조사국 국장, 부산청 조사2국 국장, 중부청 납세자보호담당관 과장, 광주청 조사1국 국장

국장				성실납세지원국 강상식 7370		
과장	납세자보호담당관			부가가치세		
	김영상 7330			이광호 7371		
팀장	납보1	납보2	심사	부가1	부가2	소비
	김태은 7332	이지하 7342	오세두 7352	홍석주 7372	노영일 7382	조현진 7392
국세조사관	김미아 7333 유지현 7334	김지현 7343 송미정 7344	문서연 7353 오쇄행 7354 김태훈 7355	한창용 7373	최창우 7383	허종주 7393
	권 산 7335	윤홍규 7345 최혜리 7346	박진희 7356 박유나 7357	장성근 7374 안재원 7375	우동윤 7384 김화선 7385 박주희 7386	이승훈 7394 조재승 7395
			조예언 7358	박용훈 7377 최주연 7377	양예주 7387	김애진 7396 양기혁 7397
						박유진 7398
Fax	711-6456		751-4617	711-6451		

부산지방국세청

- 대표전화 : 051)750-7200
- 코드번호 : 600
- 계좌번호 : 030517
- DID번호 : 051)750-구내번호

국장	성실납세지원국 강상식 7370						
과장	소득재산세 임상헌 7401				법인세 박창오 7431		
팀장	소득 박경민 7402	재산 윤동수 7412	복지세정1 김영민 7422	복지세정2 김동춘 7492	법인1 김동업 7432	법인2 구경식 7442	법인3 김재중 7452
국세조사관	지연주 7403 소현아 7404	정혜원 7413 최연덕 7414	조소현 7423		이진경 7433 최대림 7434	서재은 7443 강정환 7444	강희경 7453 하서연 7454
	이정규 7405 서호성 7406	조형석 7415 유연숙 7416	서수빈 7324	김판신 7493	서수현 7435 김호승 7436 박진영 7437 김창영 7438	채여정 7445 김수창 7446	서자원 7455
	김영화 7407 안수현 7408	김효진 7417	박세린 7425		백상훈 7439 전윤지 7440	조준우 7447	박보중 7466 문아현 7457
Fax	711-6461				711-6432		

● 강상식 [성실납세지원국장]
 ‒ 77년생, 경북 봉화, 충렬고, 고려대, 행시 43회
 ‒ 중부청 감사관 과장, 대구청 조사1국 국장, 국세청 개인납세국 부가가치세제과 과장, 법인납세국 소비세과
   과장, 소득지원국 소득관리과 과장, 기획재정부 세제실 조세총괄정책관 과장, 서울청 성실납세지원국 개인납
   세1과 과장

국장	성실납세지원국 강상식 7370						
과장	**법인세**	정보화관리					
	박창오 7431	윤상봉 7471					
팀장	법인4	지원	보안감사	포렌식지원	정보화센터1	정보화센터2	정보화센터3
	차무환	최세영 7472	남창현 7482	이상운 7162	한희석 7102	문승구 7122	한희석 7142
국세조사관	김수재 7463	최윤실 7473 이동면 7172 김필순 7173 장원창 7474 김경선 7174 김지현 7475	이한준 7483 강기모 7484	정석우 7163 장석문 7164	유미영 7103		
	김성진 7464			주지홍 7165 이효정 7166 배지현 7167			
	박모영 7465	정전화 7476	조학래 7485	배소연 7168		유효진 7123	
		이영신 7477			예성미 7106 이주연 7108 석이선 7107 이정애 7105 최진민 7109 김외숙 7104	김애란 7129 정의지 7128 박선애 7125 김정남 7127 김소연 7126 이진경 7124	장인숙 7145 임태순 7144 이복재 7143 정정희 7146 장은경 7147 임미선 7148
Fax	711‒6432	711‒6457	711‒6592		711‒6590	711‒6597	

부산지방국세청

- 대표전화 : 051)750-7200
- 코드번호 : 600
- 계좌번호 : 030517
- DID번호 : 051)750-구내번호

국장	징세송무국 이태훈 7500						
과장	징세 조성용 7501			송무 김성민 7521			
팀장	징세	체납관리	실태확인	총괄	법인	개인	상증
	현경훈 7502	권태혁 7512	김형훈	우미라 7522	김현두 7526	배영호 7532	황민주 7542
국세조사관	박정수 7503 이영주 7504	임종진 7513	이재철 7213	김문정 7523	이민희 7527 이준한 7528	김주완 7533 심은정 7534 권지은 7535	김혜영 7543 이상현 7544
	양현정 7505	김태영 7514 조영일 7515 이은진 7516	정하선 7214 이영희 7215 손채은 7216	김성훈 7524	이희진 7529 박욱현 7530	김선기 7537 이혜진 7538	김도형 7545
	박소영 7506 권순영 7507	김동현 7517	신동근 7217 이진수 7218	이현재 7525		김민후 7539	
Fax	758-2746			758-2746			

- ● 이태훈 [징세송무국장]
  - 73년생, 경남 사천, 창원고, 고려대, 행시 46회
  - 국세청 인사기획과 과장, 감사관 감찰담당관 과장, 조사국 세원정보과 과장, 징세법무국 징세과, 서울청 조사1국 조사1과 과장, 조사2국 조사1과 과장
- ● 김용완 [조사1국장]
  - 69년생, 충남 공주, 공주사대부고, 한양대 경제학과, 행시46회
  - 서울청 납세자보호담당관실 과장, 중랑세무서장, 국세청 징세법무국 법규과 과장

국장	징세송무국 이태훈 7500			조사1국 김용완 7630			
과장	체납추적			조사관리			
	진우형 7551			연제민 7631			
팀장	체납추적	추적1	추적2	조사관리1	조사관리2	조사관리3	조사관리4
	임주경 7552	김재열 7562	문 식 7572	조준호 7632	류용운 7652	이상훈 7662	한상수 7672
국세조사관	방유진 7553	김보경 7563	박정하 7573	이현희 7633 허영수 7634	강혜윤 7653 유영진 7654 김민수 7655	이현진 7663 허성은 7664	이병택 7673 박종무 7674
	최낙상 7555	문하윤 7564 김용현 7565 김형진 7566	황미경 7574 정미리 7575	박치호 7635 이상언 7636 신혜진 7637	박경주 7656	이미영 7665 김민재 7666 김정우 7667	문소원 7675 양소라 7679 안도영 7680 김동길 7676
	강슬아 7556 김경진 7557	김태완 7567	김동한 7576	강민규 7638 임도훈 7639 정대교 7640	이한솔 7657	김나영 7668	최인영 7677 성재경 7678
Fax	758-2746			711-6442			711-6429

부산청

부산지방국세청

- 대표전화 : 051)750-7200
- 코드번호 : 600
- 계좌번호 : 030517
- DID번호 : 051)750-구내번호

국장	조사1국 김용완 7630						
과장	조사관리 연제민 7631			조사1 최재명 7711			
팀장	조사관리5 조명익 7682	조사관리6 한성삼 7702	조사관리7 안수만 7642	조사1 엄인성 7712	조사2 조용택(4급) 7718	조사3 김종각 7723	조사4 임정섭 7728
국세조사관	마혜진 7683 김영진 7684	김병찬 7703 마순옥 7704	전제영 7643	구수연 7713 김형수 7714	손석주 7719 강보경 7720	정희종 7724	이지민 7729
	정호성 7685 이지민 7686 최은경 7687 김태근 7688	김록수 7705 최은빈 7706	한가영 7644	경수현 7715 김현석 7716	이현지 7721	서기원 7725 김희선 7726	박승찬 7730 김지원 7731
	민규홍 7689 김정대 7690	공휘람 7707 백승훈 7708 곽세욱		민선희 7717	지현민 7722	김진수 7727	윤주련 7732
Fax	711-6433			711-6454			

국장	조사1국 김용완 7630						
과장	조사1	조사2					조사3
	최재명 7711	이병주 7741					유민희 7771
팀장	조사5	조사1	조사2	조사3	조사4	조사5	조사1
	심희정 7733	김창일 7742	한현국 7747	강동희 7752	허두영 7756	박창열 7760	유승명 7772
국세조사관	김세진 7734	장희라 7743 정해영 7744	심우용 7748 정한나 7749	박웅종 7753	안준건 7757	하은미 7761	김평섭 7773 안병만 7774
	추병욱 7735 박정환 7736	이윤미 7745 노지원 7746	박 건 7750	이수진 7754 김형종 7755	박세준 7758 정슬기 7759	이수진 7762 어윤필 7763	장명수 7775
	장수연 7737	박지영 7764	박희진 7751	안상언 7765	강승훈 7766	조민희 7767	김보민 7776 배수진 7789
Fax	711-6454	711-6435					711-6445

부산청

부산지방국세청

- 대표전화 : 051)750-7200
- 코드번호 : 600
- 계좌번호 : 030517
- DID번호 : 051)750-구내번호

국장	조사1국 김용완 7630			조사2국 7800			
과장	조사3			조사관리			
	유민희 7771			이승규 7801			
팀장	조사2	조사3	조사4	조사관리1	조사관리2	조사관리3	조사관리4
	윤종식 7777	강성태 7781	박미회 7785	정준기 7802	모재완 7812	차상진 7822	김경무 7832
국세조사관	김성호 7778	강동희 7782	김종헌 7786	권영록 7803 이성호 7804	이성재 7813	조주호 7823 이강식 7824	이혜정 7833
	김두식 7779 형서우 7780	김고은 7783 정창재 7784	고인식 7787 김미숙 7788	성환석 7805	이다은 7815	우나경 7825 김혜원 7826 이상묵 7827 우윤중 7828	권병수 7834 이장석 7835
	유창경 7790	유동준 7791	황지영 7792	황미진 7806 하상우 7807		박상우 7829	배지홍 7836 배성원 이재빈 7837
Fax	711-6445			711-6443			

● DID번호 : 051)750-구내번호

국장	조사2국 7800					
과장	조사관리		조사1			조사2
	이승규 7801		성병규 7861			신관호 7881
팀장	조사관리5	조사관리6	조사1	조사2	조사3	조사1
	김형래 7842	장영호(4급) 7852	임정환 7862	최경수 7867	김헌국 7873	임지은 7882
국세조사관	박영곤 7843	김난희 7853 김지훈 7854	최영선 7863	김이규 7868	임병훈 7874	박선영 7883
	조현진 7844 이예지 7845 윤근호 7846 최민식 7847	김주영 7855	박종군 7864	박영진 7869	윤석미 7875	김선경 7884
	김경민 7848 김지현 7849	이강욱 7856	하태영 7865 김동현 7876	허준호 7870	김성훈 7876	이종욱 7885
Fax	711-6443		711-6462			711-6434

부산지방국세청

- 대표전화 : 051)750-7200
- 코드번호 : 600
- 계좌번호 : 030517
- DID번호 : 051)750-구내번호

국장	조사2국 7800						
과장	조사2 신관호 7881		조사3 이범석 7901				
팀장	조사2 손성규 7886	조사3 김준평 7892	조사1 허성준 7902	조사2 손희영 7906	조사3 이영재 7912	조사4 이종건 7916	조사5 김명숙 7921
국세조사관	박성훈 7887	원성택 7893	박지숙 7903 김정호 7904	전지현 7907	정원대 7913	박정의 7917	한재영 7922
국세조사관	권성준 7888	김진홍 7894		김정환 7908 김나래 7909	안경호 7914	이재성 7918	김혜진 7923
국세조사관	박다정 7889	이민주 7895	임채영 7905		조흥규 7915	김효진 7919	김상훈 7924
국세조사관							
Fax	711-6434		711-6444				

부산지방국세청 관할세무서

금정세무서

- 대표전화 : 051)580-6200
- 코드번호 : 621
- 계좌번호 : 031794
- DID번호 : 051)5806-구내번호

| 서 장 | 권 상 수 | ☎ 051)580-6201 |

과장	징세		부가가치세		소득세	
	조동혁 240		황규석 280		서유빈 320	
팀장	운영지원	체납추적	부가1	부가2	소득1	소득2
	박선영 241	조인국 441	천태근 281	최인식 301	윤혜경 321	조성래 341
DID	242-7	442-53 261-3	282-90	303-11 292	322-8	342-7 292
국세조사관		김상덕 이영일 김지윤 김지연	장노기	유옥근 배기윤	이미향 장덕희	이정호
	장혜경 남인제 이창일 백광민 김남희	노윤희 박은숙 권선주 이지수 송치호 심민정 임성미 박지우 최정운 최원진	구경아 정은정 김효정	김병인 박민영	정현우 김민준	강경숙 신 진
	김민규	이예영 최낙훈	정혜진 송희진	박병태 김민희		이미연
	전혜원	김승용 정미나 이예함	김리완 노주선 이재욱 서주원	방선윤 추언우 김현지 왕정숙	석혜연 박명호 손호진	최정아 김소형 문익주
팩스	711-6419		516-9939		711-6415	

- 주　　소 : 부산광역시 금정구 중앙대로 1636(부곡2동 266-5)
  [우] 46272
- 관할구역 : 부산광역시 금정구, 기장군
- E-mail : geumjeong@nts.go.kr

※ 기장민원실 주소 : 부산광역시 기장군 기장읍 기장대로 560 기장군청 내
(☎ 051-724-0700~1)

과장	재산법인세 감경탁 480			조사 윤광철 640		납세자보호담당관 채한기 210	
팀장	재산신고	재산조사	법인	정보관리	조사	납세자보호실	민원봉사실
	하성준 481		김익상 401	이동욱 641		신용현 211	화종원 221
DID	482-9 494	501-4	402-12	642-4	651-9	212-4	222-7
국세조사관	류혜미	장인철 제범모	이용수	조수동	황재민 김경우 김주훈	노동율	김정미
	박헌숙 김인경 노윤주 권유화 김은수	배지원 남윤석	정해연 허　현 김현희 정기원	박용진	이상은	성상진 김나은	이소영 구세현 김소연
			서가은		배은지 박세웅 고종원		신은숙 김미옥
	박준용 박세원		이예원 장두수 문민지 이나연 김혜은 김나원	이지우			장유진 (기장)
팩스	711-6418			711-6421	516-9549	711-6413	516-9456

양산세무서

- 대표전화 : 055)389-6200
- 코드번호 : 624
- 계좌번호 : 026194
- DID번호 : 055)3896-구내번호

| 서 장 | 최 만 석 | ☎ 055)389-6201 |

과장	징세		부가소득세			재산세	
	류정모 240		강경구 280			곽한식 480	
팀장	운영지원	체납추적	부가1	부가2	소득	재산신고	재산조사
	서정균 241	민승기 441	이장환 281	이묘금 301	유진희 321	이수미 481	성대경 501
DID	242-6	442-52 262-3	282-90	302-7	322-31	482-6 275	503-4
국세조사관		제재호	김미옥		이혜령	김숙례 이순영	김구환
	김민석 백상인 이현진	성봉준 박성환 주연신 이선주 강지선 최지혜 이채은 강영희 서충석 곽상은	손선희 박재희 김형섭 조세영 김길선 박효영	심서현 김양희 전봄내 문희준	곽현숙 백승연 안창현 조연수	박선희	오종민
	임종필	이지연			이혜림 이아름 이진주	장윤정 김한솔	
	장지윤	이동현	이주엽 김영훈	신소영 이현수 장진경	허정윤 주은규	황인성	
팩스	389-6602	389-6603	389-6604			389-6605	

- 주　　소 : 경상남도 양산시 물금읍 증산역로135(퍼스트조양 9~10층)
　　　　[우] 50653
- 관할구역 : 경상남도 양산시

※ 웅상민원실 주소 : 경상남도 양산시 진등길 40(주진동) (☎ 055-781-2267~8)

과장	법인세		조사		납세자보호담당관	
	양기화 400		유성욱 640		김일한 210	
팀장	법인1	법인2	조사관리	조사	납세자보호실	민원봉사실
	홍민표 401	이강우 421	김종호 641	안상재 651	정현주 211	김연주 221
DID	402-7	422-7	642-4	652-7	212-3	222-6
국세조사관	이태호 김동영			김종길 정수연		김윤경
	김은혜 이정관 오진수 김태호 김지현	최대현 이은옥 박정연	박건태 김병창 이상현	정성용 김동민	김병윤	이민영 (웅상) 엄제현 이선화 장현진
	이영재	김병주		김지현	오영동	
	배성윤	김정헌		우지희		최연정
팩스	389-6606		389-6607		389-6609	389-6610

동래세무서

- 대표전화 : 051)860-2200
- 코드번호 : 607
- 계좌번호 : 030481
- DID번호 : 051)8602-구내번호

서장 **김영하** ☎ 051)860-2201

과장	징세			부가가치세			소득세	
	백영상 240			성인섭 280			김홍기 360	
팀장	운영지원	체납추적1	체납추적2	부가1	부가2	부가3	소득1	소득2
	강보길 241	정 훈 441	진영숙 461	박형호 281	서귀자 301	정해룡 321	김대연 361	전희원 381
DID	242-9	442-50	262-3 462-5	282-7 291	302-8	322-7	362-8 375	382-9
국세조사관	이연숙	박지영 최소윤	심은경	박진수	윤은미 심영주	신동훈 윤성훈	박진용	
	박희종 금도훈 천원철 오주영 이정필	양선미 추종완 황상준	최상덕 정영호 강정대 김영주 조혜윤	이세호 최호성 강은선	손성락 박수경	김은연 김미현 조형래 강숙현 (휴직)	문상영 김명지 이규형 전세현	박종욱 박정운 고광철 정혜영
		편지현 노민욱		강혜진 신지혜			심창훈 박수영	이성은 정현명
	강동호	임예인	배준호	강명주	김재훈 공대헌 김상직	박혜림	권영민	서지연 김지윤 김나현
팩스	711-6579			711-6574			866-1182	

- 주　　소 : 부산광역시 연제구 거제천로269번길 16(거제1동 1463-4)
  ㉾ 47517

- 관할구역 : 부산광역시 동래구, 연제구

- E-mail : dongnae@nts.go.kr

과장	재산법인세				조사		납세자보호담당관	
	박혜경 400				신정곤 640		김기중 210	
팀장	재산신고	재산조사	법인1	법인2	정보관리	조사	납세자 보호실	민　원 봉사실
	곽지은 481	조석주 501	이재원 401	백종렬 421	임윤영 691	홍원의 651	전인석 211	홍정자 221
DID	482-90 495	502-6	402-8	422-7	692-5	652-63	212-5	222-30
국 세 조 사 관	서정희 김태성	조　현	강호현			박재철		이상덕
	윤경출 김영은 김가은 이민영	하회성 김병욱 설도환	박진영 조하연 이배삼	고현주 정준용 김대원 이민우	조상래 김지혜	이성철 성현영 문진선 강재희 김봉준	김태민 김민영	이효진 박재한 최정훈 윤가영
	이윤경		박은영		김민준	서미영 박영순	이준호	양호정
	김민주 박서우 백진성		정재호 이상일	서보원 박은선	이지은	김동현 문혜진 권태원		이은아 이인혜 이혜수
팩스	711-6577				866-5476		711-6572	866-2657

부산진세무서

- 대표전화 : 051)461-9200
- 코드번호 : 605
- 계좌번호 : 030520
- DID번호 : 051)4619-구내번호

| 서 장 | 송진호 | ☎ 051)461-9201 |

과장	징세			부가가치세				소득세	
	이창열 240			김무열 280				이상곤 320	
팀장	운영지원	체납추적1	체납추적2	부가1	부가2	부가3	부가4	소득1	소득2
	김명렬 241	장원대 441	박동기 461	김영란 281	하인선 381	박병철 301	최민준 361	지광민 321	윤상필 341
DID	242-9	442-8	262-4 462-70	282-8	382-7 295	302-6 295	362-6	322-9 295	342-9
국세조사관		진종희	김정수 이은정 노희옥	주철우	양규복	전영심	박형호 공을상	김민수 박지현	곽원일 이동우
	김금순 김도헌 김동신 박만길 정미선	한준희 송우진 김 진	김미지 이동형 정건화 임나경 박판기 김민진	금인숙 김민진	고정애 권순한 임윤지	임혜정	박정현 김경우	송은영 장상원 전다혜 김아람	박정화 송세미
	김승용	이명호 성민주	정도영	권혜수		최민서 임규빈		이형진	오지현
	전수민	김혜정 강나운	최지은 석희원 황희찬	김성일 표혜선	김동연 김진수	이하영	한유진 박가람	천지은 김향미	방선윤 표혜선 김연희
팩스	464-9552	466-9097		465-0336				711-6478	

- 주　　소 : 부산광역시 동구 진성로 23(수정동 247-7)
  [우] 48781
- 관할구역 : 부산광역시 부산진구, 동구
- E-mail : busanjin@nts.go.kr

과장	재산세		법인세		조사		납세자보호담당관	
	심정미 480		김대옥 400		강은아 640		박종헌 210	
팀장	재산	재산조사	법인1	법인2	정보관리	조사	납세자 보호실	민 원 봉사실
	서계영 481		김태희 401	신호철 421	박정인 641		이상호 211	김미영 221
DID	482-94	501-6	402-7 411	422-9	642-6	651-61	212-4	222-31
국세조사관	김도윤 신민혜	이주영 고호석		오승현		이형원 김형천 김용주 윤 한	황종하	신미옥 김재철 최순봉
	전하윤 심정보 박은우	박종현 이상훈	김형섭 장두진 한은숙 김지현	이경희 김은주 서주희	신성용 김양욱	김정이 김현미 박창준 이훈희	장주영	송윤희 윤노영 서자영
	박영규 김준희 이민옥		석대겸 하현주	홍수민 이미경	안대호	김재민		박수빈
	김보은 김은지	박기덕	박영민	최규진 김영현	박다현 신아영		박다겸	강승지 김연희
팩스	468-7175		466-8538		466-8537		466-2648	

북부산세무서

- 대표전화 : 051)310-6200
- 코드번호 : 606
- 계좌번호 : 030533
- DID번호 : 051)3106-구내번호

서 장 박 성 기 ☎ 051)310-6201

과장	징세			부가가치세		소득세	
	이수용 240			이지연 280		김효숙 360	
팀장	운영지원	체납추적1	체납추적2	부가1	부가2	소득1	소득2
	조준영 241	양은주 441	김철태 461	신성만 281	최갑순 301	신미정 361	조미애 381
DID	242-9	442-9 455	463-7 261-2	282-95 291-2 607	302-11	362-9 608	382-8 608
국 세 조 사 관		김종철 윤덕희	이남범 김상순	최지훈 정숙희	조은하	윤성기	문성배 이치권
	박노성 서현주 양은지 김덕봉 양승철	이지연 황승현 송인출 박윤희	민연배 김도연 김지훈	임상현 김순정 주미균 이현진 김주영 박선연 정효주	구경임 박미선 이태호 김용제 손성웅 최희숙	제민경 박선남 김혜진 이치훈	이수정 송향기 박영재
	박민수 장재영	강한솔 김민지 안승현	김도헌 김민지 김영현			민 정 손다희	박경화 송연지
		이소연 김동민 최한빈	김미연	오하나 강유경 이현승	윤혜경 강민구	고종원 이인혜	윤일지
팩스	711-6389			711-6377		711-6379	

- 주　　소 : 부산광역시 사상구 학감대로 263(감전동)
  [우] 46984
- 관할구역 : 부산광역시 북구, 사상구
- E-mail : bukbusan@nts.go.kr

과장	재산법인세			조사		납세자보호담당관	
	조형나 400			박주현 640		신언수 210	
팀장	재산1	재산2	법인	정보관리	조사	납세자보호실	민원봉사실
	김점준 481	고영조 501	김대엽 401	김진삼 641	김동수 651	지　만 212	서경심 221
DID	482-8 609	502-3	402-14	642-6	652-68	212-4	222-8
국세조사관	박미연		이호성 최성준	김용태	권영철		김인숙 우경화 김성희
	이혜경 김권하 유지혜 조승연 박석훈		황은영 송보경 손다영	이문호 김희정 김동욱 서주영	박민우 한석복 박상준 주선영 박미영 서준영	안언형	서솔지
	강소영	김민정	김준현 김문재		김혜빈	최신애 박홍제	이창주
	김지후	구자양	이효진 양인애 공미영 한종훈		강두석 박언준 이유정 이나영 황건영		정은미 최재용 정인경 이동광
팩스	711-6381		711-6380	314-8143		711-6385	314-8144

부산강서세무서

- 대표전화 : 051)740-9200
- 코드번호 : 625
- 계좌번호 : 027709
- DID번호 : 051)7409-구내번호

| 서 장 | 정도식 ☎ 051)740-9201 |

과장	징세		부가소득세		
	봉지영 240		김병수 280		
팀장	운영지원	체납추적	부가1	부가2	소득
	박미영 241	임선기 441	김승철 281	구 본 301	김주홍 361
DID	242-6	442-9 261-2	282-8	302-7	362-8
국세조사관		송대섭	손영미	이미애	남동현
	안종규 선은미	임인섭 이우정 명상희 진현진 최인실 박하영 강혜은	류세경 신성일 임윤정	홍기성 황성업	이정현
	최정훈	정성윤 박현주		김지혜 김태훈	이대현
	조연주 권영채	안정희 이승우	김민수 이영서	구엄지	표민경 최현진 이빛나 최훈정
팩스	294-9506	294-9507	294-9508		

• 주　　소 : 부산광역시 강서구 명지국제7로 44, 퍼스트월드 브라이튼 3~6층
[우] 46726
• 관할구역 : 부산광역시 강서구
• E-mail : busangangseo@nts.go.kr

과장	재산법인세				조사		납세자보호담당관	
	김동원 400				김수영 640		박행옥 210	
팀장	재산1	재산2	법인1	법인2	정보관리	조사	납세자 보호실	민 원 봉사실
	류현철 481	채규욱 501	이동목 401	이만호 421	박종민 641	김도년 651	천호철 211	전태회 221
DID	482-5	502-3	402-7	422-6	642-3 691	652-61	212-3	222-4
국세조사관	이지현							김태정
	박희령	김현숙	정호진 이성훈	정인구	임성준 임득균	김홍석 김미희 김승현	신영승 강선실	안대협
			손정화	박주현 추민재	명진아	양세실리아 이재연		이은주
	김의영 박혜선	장호정	남학진 박민정 최부중	최지나 이석열 이다빈		한지혜		정수빈
팩스	294-9509				294-9510		295-9511	

서부산세무서

- 대표전화 : 051)250-6200
- 코드번호 : 603
- 계좌번호 : 030546
- DID번호 : 051)2506-구내번호

서 장	이 재 영	☎ 051)250-6201

과장	징세		부가가치세		소득세	
	진우영 240		권대훈 280		정승우 360	
팀장	운영지원	체납추적	부가1	부가2	소득1	소득2
	배명한 241	원 욱 441	윤태우 281	천효순 301	김금주 361	박문호 381
DID	242-7	442-50 285, 657	282-9	302-7 224	362-8	382-9
국세조사관		전태호 김성준		조병녕		이영진
	하승희 박성재 위지혜	류임정 이한아 박상미 백운기 김재형 윤예진 이재성	차윤주 김혜경 추원희 정정민	김혜영 손찬희 송민국	강유신 송현주 이탁희 김재영	신미경 송봉근 조태성
	한정예 김영민	허유미 이강현	박현주			
	정대성	최영철	배희주 이가을 김해은 이충인	조효미 조형우	장서영 구미주 정지훈	한지현 박지향
팩스	241-7004		253-6922	256-4490	256-4492	

- 주　　소 : 부산광역시 서구 대영로 10(서대신동2가 288-2)
  　　　　　㉾ 49228
- 관할구역 : 부산광역시 서구, 사하구
- E-mail : seobusan@nts.go.kr

과장	재산법인세				조사		납세자보호담당관	
	하치석 400				김 호 640		최해수 210	
팀장	재산신고	재산조사	법인1	법인2	정보관리	조사	납세자 보호실	민 원 봉사실
	김성홍 481	이도경 501	이형석 401	전종태 421	전충선 651		박필근 211	이승희 221
DID	482-8	502-3	402-6	422-6	643-5	651-62 224	212-4	222-7
국세조사관			우성현			우희준 김경진 박승종	이용정	
	김상우 박동철 이경희		박화경 김주민	정희선 이주현 제갈형	이근환 구태효		김희련	엄송미
	안혜령 김은비	백승옥 허재호	서지원	이지원	이은희 박경원	오애란 이지수 정세희	이승익	이승걸
	손현정 김다희		한예향	김민준		강진경 김현준 김진아		장지연 전수미 김민석 이수민
팩스	256-7147		253-2707		257-0170	255-4100	256-4489	256-7043

수영세무서

- 대표전화 : 051)620-9200
- 코드번호 : 617
- 계좌번호 : 030478
- DID번호 : 051)6209-구내번호

서장 남용우 ☎ 051)620-9201

과장	징세			부가가치세		소득세	
	윤현아 240			손희경 280		윤남식 360	
팀장	운영지원	체납추적1	체납추적2	부가1	부가2	소득1	소득2
	송진욱 241	맹수업 441	임정훈 461	박은주 281	이인권 301	이준우 361	신용대 381
DID	242-8	442-50	462-5 262-3	282-91	302-11	362-8	382-90
국세조사관		손석민 김언선	노진명	박인혁 김영경	서순연	안양후	김승환
	장지영 이상도 김진상 김동욱	최정웅 김해영 정영희	김민수 정경임 박용규 이유정	송재경 장해미 전현주 김민정	김은애 정해선 강병진 정경민 유화윤 우성락	채승아 신정아 배다래	전문숙 조정훈 조진숙 안지연 양효진
		이민정 김민주	홍지성 김민지	백아름	윤재련	이지희 조정은	
	정가영 강가빈 양승찬	배소언 강지수	이지영	이다영 전진원 김서연	김은아 임보람	강승우 조은비 이유성	김예지 김민아 정현달
팩스	711-6152			711-6149		622-2084	

- 주　　소 : 부산광역시 수영구 남천동로 19번길 28(남천동)
  [우] 48306
- 관할구역 : 부산광역시 수영구, 남구
- E-mail : suyeong@nts.go.kr

과장	재산법인세			조사		납세자보호담당관	
	최용훈 400			이승준 640		홍충훈 210	
팀장	재산1	재산2	법인	정보관리	조사	납세자 보호실	민　원 봉사실
	정태옥 481		배진만 401	김경태 641		김현철 211	윤성조 221
DID	482-91	501-5	402-12	642-4	651-3 661-3 671-3	212-4	222-9
국세조사관	장광웅 장재윤	이동준 김정호	최우영		1팀 양순관(6) 문홍섭(7) 김민정(9)	강준오	신주영 진채영
	최혜미 박경민 조미란	고은경	박태훈 김종선 류영선	최원태 양은수	2팀 강양동(6) 정성욱(7) 조미주(8)	김상욱	이가영 이해웅 엄미라 고상희
	박소정 배형철 곽우정	오혁기 문민지	권나영 오지혜 최혜진	강남호	3팀 김규한(7) 김건우(7) 안선희(9)	유재랑	김민진
	조은정 서보람		오경언 박혜경 김초원 최다정				성현진
팩스	711-6153		623-9203	711-6154		711-6148	626-2502

중부산세무서

- 대표전화 : 051)240-0200
- 코드번호 : 602
- 계좌번호 : 030562
- DID번호 : 051)2400-구내번호

| 서 장 | 김정현 | ☎ 051)240-0201 |

과장	징세		부가소득세		
	최용세 240		허광욱 280		
팀장	운영지원	체납추적	부가1	부가2	소득
	김연종 249	김세현 442	박재완 281	이재열 301	문원수 361
DID	241-8	442-9 262-3	282-6	302-8 313-4	362-8
국세조사관	김성민			최재호	엄애화
	박종민 김영인	이동철 이영란 이규호	김병환 임혜경 김호진	정연재 김한신 박효진 안태영	이미숙
	김병수 권성주	이창호 전현명 최예영 김경이	노화선	박미화	윤혜정 최우석
	하승민 김태경	남승훈 김지원 성원우	안태익 정유진	황태훈 송가영	김현정 남선애
Fax	240-0554	711-6537	711-6535		253-5581

- 주   소 : 부산광역시 중구 충장대로6(한진중공업 빌딩) 4, 5, 6, 10층
  - ㉿ 48941
- 관할구역 : 부산광역시 중구, 영도구
- E-mail : jungbusan@nts.go.kr

과장	재산법인세		조사		납세자보호담당관	
	정경주 400		김용정 640		문상균 210	
팀장	재산	법인	정보관리	조사	납세자보호실	민원봉사실
	전성화 481	박태원 401	조정민 641	현경민 651	예종옥 211	박성진 221
DID	482-6	402-10	642-3	652-3 661-3 671-3	212-3	222-5
국세조사관	김상우	김동건		서화영 최지현		주성민
	홍정희 신수미 지우석	손민정 남수빈 이정화	배영태 김지언	조창래 최태영 도진주	최보경	이택건
		이희령 김명선		임완진 박민정 곽건우	구화란	김경옥
	김세은	우세훈 김민성				추아민
Fax	240-0419		711-6538		240-0628	

해운대세무서

- 대표전화 : 051)660-9200
- 코드번호 : 623
- 계좌번호 : 025470
- DID번호 : 051)6609-구내번호

서 장 이석중 ☎ 051)660-9201

과장	징세			부가가치세		소득세	
	현은식 240			조선제 280		강헌구 360	
팀장	운영지원	체납추적1	체납추적2	부가1	부가2	소득1	소득2
	박병진 241	윤석중 441	윤영우 451	엄상원 281	김은연 301	최고진 361	손연숙 621
DID	242-7	442-9	452-6 262-3	282-9 613	302-11 613	362-9 613	622-8
국세조사관		정명환 김덕원	이호영 허준영	김태순	황진희	정선경 김진영	곽원일
	이지은 배용현 손동주	정춘영 진성은 강성룡 심상형 이성준	심정희 현지훈 옥호근 김명미	김도곤 김유리 박지영 이신애 박주희	이종국 김희경 김현범 민경진	양승민 이혜란	박경수 최현정
	김태헌	류호림	김지현	정성훈	배주원	최재혁	최고은
	김애진 박지원	김시윤 하수민 신동현	김나현	천지영 신화창	장수은 김보선	예신우 박건호 윤시원 이주령	공민호 조민영 정윤서
Fax	512-3917	660-9200		660-9602		660-9603	

- 주　　소 : 부산광역시 해운대구 좌동순환로 17(좌동)
　　　　　㉾ 48084
　※ 별관 : 부산광역시 해운대구 해운대로 726(중동, 대동빌딩) 4층
- 관할구역 : 부산광역시 해운대구

과장	재산법인세			조사		납세자보호담당관	
	정창원 400			윤선태 640		정이현 210	
팀장	재산신고	재산조사	법인	정보관리	조사	납세자보호실	민원봉사실
	김성연 481		강종근 401	송창희 641		김동건 211	한면기 221
DID	482-92 614	501-7	402-13	642-6	651-3 661-3 671-3 681-3	212-4	222-8
국세조사관		안영준 박주범 허윤형	배달환		조경배 윤현식 임우철 권수현	박상길	양문석
	노근석 박문주 이상훈 김민정 양영선 방은혜 윤제현	진선미	신병준 김종철 이미경 김재곤 문예지	박상용 장혜민 윤호영	이재석 최창호 박재군 이청림	이정은	권익현 문성철 김인경
	권동민	김은선 곽수정	구승현 이지원	김미송 이미희	강민정		전하나
	이수연 장혜진 안일찬	신예진	김진수 조영미 최지선 송지훈		박혜경 최유림 조연정	김 현	김민혁
Fax	660-9604			660-9605		660-9607	660-9608

동울산세무서

- 대표전화 : 052)219-9200
- 코드번호 : 620
- 계좌번호 : 001601
- DID번호 : 052)2199-구내번호

서 장 이동규 ☎ 052)219-9201

과장	징세				부가가치세		소득세		재산법인세	
	이동혁 240				김태우 280		김태형 360		신웅기 400	
팀장	운영지원	체납추적 1	체납추적 2	체납 관리단	부가1	부가2	소득1	소득2	재산신고	재산조사 1
	도현종 241	신상수 441	최주영 461		고영준 281	공미경 301	강승묵 361	류진열 621	이승진 481	김기업 501
DID	242-7 200	442-8	462-7 262-3		282-90	302-7 315-6 255	362-9	622-9	482-9 236	502
국세조사관		유상선	임경주	김남영	김현성	박수경	박미영	이희정	김장석	
	우정순 최경은 이정애 최동석 이정걸	안재필 정설아 박지민 장유나	김세운 고 은 박미라 김현정		황경호 박정은	허명화 허규석 서명진 하승훈	전국화 김현아 박진하	김준호 정우수 엄기동 차영진	윤민희 박준성 김은호 한혜숙 박하나	남나은
		백제흠 신민기	오초룡	노학준	정인철	김계향	김효민 황민영	강희정 김윤서 김이현	문정현 김 숙 박정현	
	형재호 장수민		정윤지 김지연		정혁철 배승준 신지은 최가을	서영수 권신영 곽대성	백동재 손혜원 이한슬	황미정 박상용	백가윤	
Fax	713-5176				289-8367		289-8375		287-0729	

- 주　　　소 : 울산광역시 북구 사청2길 7　☞ 44239
- 관할구역 : 울산광역시 동구, 중구, 북구, 울주군(언양읍·범서읍·두동면·두서면·삼남면·삼동면·상북면)
- E-mail : dongulsan@nts.go.kr
◇ 울주지서 주소 : 울산광역시 울주군 언양읍 동문길 21　☞ 44941
☎ 울주지서 DID : 052)2914-구내번호 (대표 200)

과장	재산법인세		조사		납세자보호담당관		울주지서 (2914-DID)		
	신웅기 400		한정홍 640		이재춘 210		송인범 201		
팀장	재산조사2	법인	정보관리	조사	납세자보호실	민원봉사실	납세자보호실	부가소득	재산법인
	곽영근 503	박진관 401	엄태준 641		허남현 211	김명훈 221		김경화 300	조성래 400
DID	504	402-12	642-4	651-3 661-3 671-3	212-4	222-7	211-3	301-5 311-4	401-2 411-4 421-3
국세조사관		장광택		1팀 임영희 정수희 김인주	배영애		이지영 권지혜	정민석 심민기	서진선
		김연진 강보화 정민영 나희연	정재현 임부은	2팀 김민경 이경재 문권선	진효영	김현기 김진경 손이슬 권세환		김민정 안은주 이정호 주은진 정승현 백지훈	김서형 주선돈
	이창훈	여효정 이수연 조소연	심지영 민병현	3팀 김동훈 김라은 정주희	김혜지			백진서	김보희 김준성
		최은수 윤지영 조성주				정보겸			윤주민 조중현 김나현 안현수
Fax	287-0729	289-8368	289-8360		289-8370	289-8371	291-4210	291-4410	

울산세무서

- 대표전화 : 052)259-0200
- 코드번호 : 610
- 계좌번호 : 160021
- DID번호 : 052)2590-구내번호

서 장　이동현　☎ 052)259-0201

과장	징세			부가가치세		소득세	
	김창수 240			김분숙 280		김형걸 360	
팀장	운영지원	체납추적1	체납추적2	부가1	부가2	소득1	소득2
	박종수 241	박정호 441	이옥임 461	노세현 281	정수진 301	장호철 361	박현순 621
DID	242-5	442-50	462-70 262-4	282-90	302-9 314-5	362-7 512	622-7
국세조사관		김종오 김명수	이진영 김동한	김영미 배재연	서기석 강병문 김미옥	최은태	김기범 박복자
	윤영자 곽민석	최항호 김미경 김윤주 손주희	권미정 최정주 박찬익 최성임	조재천 차기숙 김석민	김종명 김선희 김령우 변혜정	강지훈 하선우 김동겸	장미진 강희정
		임나영 김가령	김은영 오주하	이기정 천혜미	이준혁	강수연	
	장바롬 정성용	안은미	주현수	김승규 김시윤	김은희 박연주	송재훈 김민영	이지영 류동현
Fax	266-2134	266-2135		266-2136		257-9435	

- 주　　소 : 울산광역시 남구 갈밭로 49(삼산동 1632-1)
　　　　ⓤ 44715

- 관할구역 : 울산광역시 남구, 울주군(온산읍 · 온양읍 · 청량면 · 웅촌면 · 서생면)

- E-mail : ulsan@nts.go.kr

과장	재산세			법인세		조사		납세자보호담당관	
	범수만 480			남관길 400		조형주 640		김완종 210	
팀장	재산신고	재산조사1	재산조사2	법인1	법인2	정보관리	조사	납세자보호실	민원봉사실
	김갑이 481	박종국 501	유홍주 502	조재화 401	권윤호 421	장세철 641		이태호 211	박미영 221
DID	482-9 519	503	504	402-9	422-8	642-4	651-60 691-2	212-5	222-9 253
국세조사관	김종요 김상엽			김명철 이성민	박용섭	우인영	1팀	김영숙	이은희 김수진 김은희
							우형수(5) 문희진(6) 서민재(8)		
	박주아 안지현	안정민		민영신 엄준호 이소영	박일동 김민정 강대훈	최한호	2팀	손지혜 김정은	김미영 전성곤 김수연 이형근
							남경호(5) 권진아(7) 김일희(8)		
	추수연 배소희		김아름	최윤영 (휴직)	박영철	김희애	3팀	손미숙	김나영
							이종배(5) 최수현(7) (휴직) 박혜지(8)		
	김유진 김태형 유동규			김시우 장한나 김보경	백지원 문가현 심혜림		4팀		김혜인 임종훈
							백은주(5) 최제환(7)		
Fax	266-2133					267-2140	266-2139	273-1636	273-2100

거창세무서

- 대표전화 : 055)940-0200
- 코드번호 : 611
- 계좌번호 : 950419
- DID번호 : 055)9400-구내번호

| 서 장 | 주 종 기 | ☎ 055)940-0201 |

과장	징세			세원관리	
	박소현 240			김근우 280	
팀장	운영지원	체납추적	조사	부가소득	
				부가	소득
	김병우 241	김재년 441	오대석 651	최재훈 281	
DID	242-3 245-6	442-5	652-3 655	282-7 637-8	290-3
국세조사관	윤영수		강길순 김경화 정경미	윤창중 김현준	
	김한석 이준희	박주영 권은정 하승범 조선영 한건희	박미혜	조재형	김태수 강경옥 이경구 박민석
	황지혜			백영규	
	현선재			윤수웅	
Fax	942-3616			944-0382	

- 주　　소 : 경상남도 거창군 거창읍 상동2길 14(상림리 80)　🏣 50132
- 관할구역 : 경상남도 거창군, 함양군, 합천군
- E-mail : geochang@nts.go.kr
※ 함양민원실 주소 : 경상남도 함양군 함양읍 고운로 34 함양군기관단체청사 1층　🏣 50041
　　　　　　　　　(☎ 055-964-2100)
※ 합천민원실 주소 : 경상남도 합천군 합천읍 황강체육공원로 93 합천문화예술회관 207호　🏣 50238
　　　　　　　　　(☎ 055-931-2224)

과장	세원관리		납세자보호담당관	
	김근우 280		최시은 210	
팀장	재산법인		납세자보호실	민원봉사실
	재산	법인		
	이혁섭 481		최지현 211	김원희 221
DID	482-5	402-6		222-3
국세조사관	이현재	김환진	모규인	송우용 염인균 (합천)
	김현수	김경남 김경은 이순임		고진수
	노종근			진현호 (함양)
	정유진	오은서		
Fax	944-5448		944-0381	

김해세무서

- 대표전화 : 055)320-6200
- 코드번호 : 615
- 계좌번호 : 000178
- DID번호 : 055)3206-구내번호

서장 김종진 ☎ 055)320-6201

과장	징세			부가가치세			소득세		재산세	
	채칠용 240			서재균 280			권성호 360		이창렬 480	
팀장	운영지원	체납추적1	체납추적2	부가1	부가2	부가3	소득1	소득2	신고	조사
	안승훈 241	김동우 441	강태규 461	박흥수 281	이유만 301	김은경 321	조숙현 361	손민지 621	이송우 481	이주현 501
DID	242-8 612	442-51	462-71 262-4	282-90	302-10	322-31	362-70	622-9	482-90	502-6
국세조사관	유문희	조병환	김연희 김상희	박수성 은기남	윤정아 안혜영	김선임 오영주	이점순		김미숙 강은순	
	정창국	박건대 박지훈 이현정 정원미 김지혜 남송이 김민정	이용환 박혜원 전홍미 송창훈 박하니 구상은	최수식 이혜령 이제연	김지아 김지희 김 솔	백종욱 이승민 김보경	장선우 정미연 송주은 서미영	박건대 최윤실 최아라 정세미 서유리	김미정 허지윤 김슬지	하정욱 박은경 이광재
	최성민 강준구	오현아 허준영	방수민 석진백 이희진	서유진	고기석	김유정	문지민 박민영	김진영	송다성	김지민 김가영
	김민정 김명섭 김민재	김미경 구나연	곽미숙	천성운 강수진 김경란	노유남 손정희 오영민	서홍교 최진선	조민영 김은지	최주영 김제경	정인률	
Fax	335-2250	329-3471		329-3476			329-3473		329-4902	

• 주　　소 : 경상남도 김해시 호계로 440(부원동)　⑨ 50922

• 관할구역 : 경상남도 김해시, 밀양시

• E-mail : gimhae@nts.go.kr

◇ 밀양지서 주소 : 경상남도 밀양시 밀양대로 1892(내이동 1048-1) 밀양 KT지사 4층　⑨ 50423
　☎ 밀양지서 DID : 055)3590-구내번호 (대표 200)

※ 장유민원실 주소 : 경상남도 김해시 부곡로 57　⑨ 50990 (☎ 055-331-1133, 8787)

과장	법인세 조창현 400		조사 백주현 640		납세자보호담당관 송성욱 210		밀양지서 (3590-DID) 이 섭 201		
팀장	법인1	법인2	정보관리	조사	납세자 보호실	민 원 봉사실	납세자 보호실	부가소득	재산법인
	이호상 401	선병우 421	윤영근 641	강선미 651	김풍겸 211	장 준 221	김주수 211	신용도 300	김유진 400
DID	402-11	422-30	642-4 691-2	652-5 661-5 671-4	212-5	222-7	212-3	301-12	401-3 512-4
국세조사관	정성만 이세훈	김명윤	이재영	고태혁 이용진 강성민 김상현		조경진	전영수	김종식 김민정 진훈미 이성웅	
	서준영 정지현	신연정 장성욱	오보람 정상훈 정미선	이경훈 서민혜 이동민 이선규 하승민	김정혜 김민숙 전지혜	최혜선 강영미 정수영 오채은	박일호	김진석 길준영 주지훈 이채은 최원우	이수길 이진희 류장식
	남연주 도주연 김연수	양윤숙 허지혜		김은영 유도권 최서우	김나영	허지언 송 강 김남현		김준호 김민정 이다솜	이옥주
	백수희 최재은 박윤수	송예은 곽혜지 최하은		김지현 권창현					김수진 류정미
Fax	329-3477		329-4903		335-2100	329-4901	355-8462	359-0612	3535-2228

마산세무서

• 대표전화 : 055)240-0200
• 코드번호 : 608
• 계좌번호 : 140672
• DID번호 : 055)2400-구내번호

서 장 황 순 민 ☎ 055)240-0201

과장	징세			부가가치세			소득세	
	여지은 240			안정희 280			이재혁 360	
팀장	운영지원	체납추적1	체납추적2	부가1	부가2	부가3	소득1	소득2
	김태균 241	박욱상 441	하재현 461	최경희 281	임창수 301	김세영 321	김계영 361	김병철 381
DID	242-9	442-9	462-8 262-4	282-9	302-8 272	322-30	362-8	382-8 273
국세조사관	이기영	김태호	윤정미 서상율	문승준	서재필	박해경	이종욱	
	노미해 강대현 유정우	신하나금 황성택 차민식 채경연	김영경 오은주 이부경 오정민 정유영	임지혜 안대철 서학근 신민정 김가은 이소은	김봉재 김윤진 김성택	이병철 최은진 임병섭 강호윤	최정애 윤진명 정대희	홍은아 오승희 손병열 김태경
	홍고은 김년성	유지향 김대현	황지언 이상민		김수현	김정은 최지선	김영혜	송효진
	김영식	변광률 함수민 서찬일	진소정 이윤기	김미지	조예슬 이유나	이지수	강다현 박수민 노수경	박혜림 박장영 김유리 이화영
Fax	223-6881			241-8634			245-4883	

- 주　　소 : 경상남도 창원시 마산합포구 3 · 15대로 211(중앙동3가 3-8)
  [우] 51265
- 관할구역 : 경상남도 창원시(마산합포구, 마산회원구), 함안군, 의령군, 창녕군
- E-mail : masan@nts.go.kr

※ 창녕민원실 주소 : 경상남도 창녕군 창녕읍 군청길1 창녕군청 (☎ 055-240-0231)

과장	재산법인세				조사		납세자보호담당관	
	김남배 400				이진화 640		손완수 210	
팀장	재산신고	재산조사	법인1	법인2	정보관리	조사	납세자 보호실	민　원 봉사실
	윤봉원 481	김도영 501	이재관 401	이장호 421	류정희 641	홍윤종 651	김대희 211	이상현 221
DID	482-9 274	501-4	402-9	422-8	642-3 691-2	651-67	212-4	222-8
국세조사관	김경승 배미영		임상조	박호용	김영주	정성훈 김성철 이정옥		이봉화 이은상 (창녕)
	이현정 김미진 이진화 김현주	곽용석 김소영 이상준	우현하 신민수 김소영 황선주	황민훈 곽다혜 최혜선	이주석 허종구 조정목	김진아 문두열 김도헌 이혜경 김준수 허유정 조은서 추지희 김현주	서기정	성지혜
	김나현 조원희 서예주			조현아		박지은 김현민	주현진	권수경 정수진 박수인
			김윤지	박재홍 강이나		옥상하 이규영	김미소	김동현 송연욱
Fax	223-6911		245-4885		244-0850		245-4884	223-6880

진주세무서

- 대표전화 : 055)751-0200
- 코드번호 : 613
- 계좌번호 : 950435
- DID번호 : 055)7510-구내번호

서 장 정 성 우 ☎ 055)751-0201

과장	징세		부가소득세			재산법인세				조사
	임상빈 240		정학식 280			강연태 400				하복수 640
팀장	운영지원	체납추적	부가1	부가2	소득	재산신고	재산조사	법인1	법인2	정보관리
	정유진 241	강신태 441	하병욱 281	손은경 301	김봉진 361	배준철 481		김창현 401	이동희 421	김용대 641
DID	242-7 613	442-53 262-3	282-90	302-10 296-7	362-73 606	482-8 608	501-4	402-6	422-6	642-3 691
국세조사관		전영철 정옥상 이보라 주형석 박진우	김화영	강동수 이정훈	강민규	김재철 박성민	여정민		김병기	조현용 김재환
	임상만 박용선 박용희 이은미 정연국	곽진우 박수민 김난영 배영은	김경인 최서윤 박지용 민병려	박상우 이설희 최욱경 박지혜 백지은	배승현 강철구 채범식	정은미 윤경현	오성현 류태경 정소영	조기현 정의웅		윤성혜
	허지영	구경택 황미정 이현우	김혜은		김준영	장주환 정수영		이희정	강혜인 오연정	
	박지훈	강지현 고흥주	손우현 이경환 윤다예 정영서	조하나 한수영	이현승 김민정 성승민 강혜령 서유나 성예나 허진혁 하건우	박준희		강혜린 오유나	김예지 백승혜	
Fax	753-9009		752-2100		761-3478	762-1397				758-9060

- 주　　소 : 경상남도 진주시 진주대로 908번길 15(칠암동)　우 52724
- 관할구역 : 경상남도 진주시, 사천시, 하동군
- E-mail : jinju@nts.go.kr
◇ 하동지서 주소 : 경상남도 하동군 하동읍 하동공원길 8　우 52331
　☎ 하동지서 DID : 055)8800-구내번호 (대표 200)
◇ 사천지서 주소 : 경상남도 사천시 용현면 용현2길 27-20　우 52539
　☎ 사천지서 DID : 055)8300-구내번호 (대표 200)
※ 남해민원실 : 경상남도 남해군 남해읍 화전로 28　우 52423 (☎ 055-863-2341)
※ 산청민원실 : 경상남도 산청군 산청읍 산엔청로 1　우 52221 (☎ 055-970-6207)

과장	조사 하복수 640	납세자보호담당관 김경철 210	하동지서 (8800-DID) 조재일 8684-201			사천지서 (8300-DID) 김환중 8685-201		
팀장	조사	납세자 보호실	민원 봉사실	납세자 보호실	부가소득	재산법인	납세자 보호실	부가소득	재산법인
		김용원 211	정준규 221		권성표 300	허치환 400		강욱중 301	전지용 401
DID	652-4 661-4 671-4	212-4	222-7	211-3	301-7	401-4	211-3	302-8 601-3	402-3 501-4 544
국세조사관	**1팀** 최대경(6) 이영미(7) 김태환(9)		하민수 이정례 이은순 이전승 (산청)	윤중해 류정훈 (남해)	천승민 임태수 유민호	이종원 임원희 김태성	김성혁	서정운 이인재 김동호 진경준 이진경	조희정 전연욱 한임철 윤정원
	2팀 강상원(6) 정성원(7) 김민지(9)	하정란 박윤정	하민경	최호영 배정환	김현우 진현탁 서형선	김인수	김　진 김규진	곽윤영 홍성기 이환선 배선미	유재학 위부일
	3팀 정민경(6) 김정식(7) 성정현(8)	이수경		박성환 문라형				김화진	신기한
	4팀 김정현(6) 장승일(7) 유승주(7)		김성목 안승원 황기훈						
Fax	758-9060	753-9269	758-9061	883-9931		882-9627	835-2105	835-0570	835-0571

창원세무서

- 대표전화 : 055)239-0200
- 코드번호 : 609
- 계좌번호 : 140669
- DID번호 : 055)2390-구내번호

서 장 손해수 ☎ 055)239-0201

과장	징세			부가가치세			소득세	
	홍영숙 240			임희택 280			진유진 360	
팀장	운영지원	체납추적1	체납추적2	부가1	부가2	부가3	소득1	소득2
	김도연 241	한종창 441	이병국 461	윤간오 281	백성경 301	문병찬 321	정수환 361	하경혜 381
DID	242-6	442-51	462-70 261-3	282-90	302-10	322-7 339-40	362-70	382-9
국세조사관		김태인	정성욱 배선경 노재진	하민혜	문선희 정부원	김희문	전창석	김창윤
	이경미 김진수 변은희	서윤경 이은미 정권술	이대구 송미연 홍지영 주혜진 이정숙 서지혜 김영수	유송화 정지완 류서현 안재현	김용백 김예정 강민정 김민서	명영빈 임수정 옥채순 김수진	진석주 구현진 박동홍 장혜원	윤세영 권은경 이동윤 전종호
	박성준	홍민정 박인애 김승훈	옥건주 김다운	이재열 이현지	홍경숙	윤태영	정유진 이경민 류선아	전지민 김승미
	박태준	엄희지	김수인	김신애 이동근 박경리	박세언 김영빈 이상민	황준호 강자명	박정빈 박윤주	홍자빈 김재현 김유린
Fax	285-1201	287-1394		285-0161~2			285-0163~4	

- 주　　소 : 경상남도 창원시 성산구 중앙대로209번길 16
  [우] 51430
- 관할구역 : 경상남도 창원시 의창구, 성산구, 진해구
- E-mail : changwon@nts.go.kr

※ 진해민원실 주소 : 경상남도 창원시 진해구 진해대로 719(진해상공회의소 1층) [우] 51582
(☎ 055-543-2110)

과장	재산세		법인세		조사		납세자보호담당관	
	신승환 480		손성주 400		김도암 640		강경보 210	
팀장	재산신고	재산조사	법인1	법인2	정보관리	조사	납세자 보호실	민 원 봉사실
	이병준 481	하지경 501	배기득 401	정월선 421	강성호 641	김병삼 652	조민경 211	이봉철 221
DID	482-90	502-5	402-12	422-30	642-7	653-9 671-6 681	212-6	222-9
국세조사관	문병국 고명순 김성진	배광한	김형두	권태훈 공민석	김태수	임창섭 최병철 황동일 이보은	정유영	정성우 (진해) 이재웅
	최인아 양예진	양수원 조미희	강정선 서성덕 안수진 박지은 김형민 강　희	박정오 박현경 박윤경 강효경	이현우 윤현화 전세훈	최진숙 진현덕 김현정 최윤혁 박미숙	김회정 최성희 김성준	황수영 (진해)
	조근비 이은상	김성범	이아름		심수진	김선혁 배지현	황홍비	이단비 곽은미 김령언
	장홍정 신유진 김지연		노가영 장재연	김시은 박수완 부미혜		박성현 도준혁 문영신		김지현 이채희 오선우
Fax	285-0165		287-1332		285-0166		285-2492	

통영세무서

- 대표전화 : 055)640-7200
- 코드번호 : 612
- 계좌번호 : 140708
- DID번호 : 055)6407-구내번호

서 장 박찬웅 ☎ 055)640-7201

과장	징세				부가소득세		재산법인세	
	김대현 240				정용섭 280		강승구 480	
팀장	운영지원	체납추적	조사	정보관리	부가	소득	재산법인	
							재산	법인
	두영배 241	이승규 441		최진관 691	김민규 281	박정신 361	황정민 481	장유진 401
DID	242-5	442-8 262-3	651-8	692-4	282-9	362-9	482-6	402-6
국세조사관	임현진 이성훈 김동길	최은경 이효영 박용남	안원기 전종원 이창희		이태진	송인수	변민석	김영민
		조경혜 이현주 최승훈 하이레	이영수 안세희 우동훈	김아영 박인홍 구영범	임수정 최선우 김행은	허춘도 정하정 최정연 정시은	김기용	이진호 천승리
		정소윤	이동환				주명진	최현빈 황종하
	정연훈 손성인	류시철	유선희		김난영 강윤지 김태곤 최호진	이세희 허슬기 김아름	옥충경	
Fax	645-0397				644-4010		648-2748	649-5117

• 주　　소 : 경상남도 통영시 무전5길 20-9(무전동 1065-1)
[우] 53036

• 관할구역 : 경상남도 통영시, 거제시, 고성군

• E-mail : tongyeong@nts.go.kr

◇ 거제지서 주소 : 경상남도 거제시 계룡로11길 9(고현동 577) [우] 53257
☎ 거제지서 DID : 055)6307-구내번호 (대표 200)

과장	납세자보호담당관		거제지서 (6307-DID)					
	박해근 210		정상봉(4급) 201					
팀장	납세자 보호실	민 원 봉사실	체납추적	납세자 보호실	부가소득		재산법인	
					부가	소득	재산	법인
	권창호 211	이상표 221	최명환 441	김문수 211	김정면 300		전영욱 401	
DID	212-3	222-6	442-8	212-6	301-7	311-7	482-6	402-6
국세조사관	서수정	박규업 강민호	백상현 이태형 이소애	진호근 서용오	서효진 이정웅	심연주 허진호 박지혜	최숙경	이동규 이민경
	김태식	김재준 김혜영 서형숙	박성준 성미로 강대석		조윤주	김은주 이승록 최윤정	윤덕원	여명철
			이지연	한정희	김주완 전용준 우재진	양재영	조윤서 김영중	정해식 김선종
				이미선	소현정		박도현	
Fax	645-7287	646-9420	635-5002		636-5456		636-5457	

제주세무서

- 대표전화 : 064)720-5200
- 코드번호 : 616
- 계좌번호 : 120171
- DID번호 : 064)7205-구내번호

서 장 김용재 ☎ 064)720-5201

과장	징세 정해욱 240			부가가치세 김효경 280		소득세 하세일 360		재산세 김영창 480	
팀장	운영지원	체납추적1	체납추적2	부가1	부가2	소득1	소득2	재산신고	재산조사
	강영진 241	진경희 441	진준식 461	홍성수 281	조용문 301	이현정 361	홍영균 381	박희찬 481	고창기 521
DID	242-5	442-53	462-72 262-3	282-95	302-15	362-71	382-91	482-93	522-8
국세조사관		고영남 오창곤 양석재	양영혁 변숙자 강진성 김성면	김완철 강담연 장영태	김은영 정인태 고창우	차호현	고계명 지현철	김영훈 문영수 변현영	김봉조 이창환 박건영 고정은
	김민경	김우석 허윤숙 김은주	이혜선 손효정 황장우	김양수 김대훈 차유나 정경주	강상임 박은미 김예주	이승환 윤준호	고영배 김원경	양제문 이상진 이부형 고예나 고유림	김준섭
	고민하 오지섭	임경표	한상명	강가에 추현희 박연주	황현석 임성아	고희주	강 현	강민주	김수민
	송하연	강지훈 박혜연 김현진	임은지 진민종	윤예진 윤수현 김민영 조윤주	김남희 박근호 정유선 현수연	김용준 윤소미 김미정 김지현 이연주 윤 산	오제곤 김미현 고지원 강수현 김현종	김택우 장민석 한승일 김보은	박수진
Fax	724-1107	724-2271		724-2272		724-2274		724-2273	

- 주　　　소 : 제주특별자치도 제주시 청사로 59(도남동)
  - ㉾ 63219
- 관할구역 : 제주특별자치도 전체
- E-mail : jeju@nts.go.kr

◇ 서귀포지서 주소 : 제주특별자치도 서귀포시 신중로55 서귀포시청 제2청사 1층
　☎ 서귀포지서 DID : 064) 7309-구내번호(대표 200)

과장	법인세		조사		납세자보호담당관		서귀포지서 (7309-DID)		
	김지훈 400		천세훈 640		박병관 210		박진홍 201		
팀장	법인1	법인2	정보관리	조사	납세자 보호실	민 원 봉사실	납세자 보호실	부가소득	재산법인
	강보성 401	홍명하 421	변관우 641	김성민 651	고봉국 211	강희언 221		양용석 220	고규진 250
DID	402-11	422-30	642-8	652-63	212-4	222-30	210-3	221-34 241-5	251-4 261-4
국세조사관	양진혁	이충환		김재환 양원혁 정수연 최해성	부종철	김은영	강영식 임주영 이은실	구인서 김선인 최윤선 최은미 문영순	한민수 김선면
	강기덕 강해영	이상희 좌용준	안동주 김진열 서 준 송정민 변경옥	이승환 신은주 신담호 김현목	한성민 최파란	김윤정 오소희 고지은 강창희 홍수은	서지희 박종일	심지아 이보영 박경태 오유빈 노은지 이정은 이은수 이지희 변은희 노하나 조인태	허혜정 박태성 박상용 최효선 김수연 이지수
	김연순 문혜정 김혜림	김지희 박소영	김태환 서현경	김용재 박진형 김지영		김진호 양창혁 김찬희 장소영		이수민 강현진	
	정우현 송해은 문수영	이철종 강은빈 이성민 김주혜 오승희		김준석 김도연 신정아		양지영			
Fax	724-2276		724-2280		720-5217	724-1108	730-9245	730-9290	

유 관 기 관

행정안전부 지방재정경제실

• DID번호 : 044)205-구내번호
• 주소 : 세종특별자치시 도움6로 42
  정부세종청사 중앙동 행정안전부
  ㉾ 30116

정책관 송 경 주 ☎ 044)205-3600

과장	지방세정책과	부동산세제과
	김정선 3802	서은주 3831
서기관	임남순 3818 한 현 3819	김종갑 3847 천혜원 3845
사무관	하현균 3803 권진옥 3808 이동혁 3821 조익현 3807 김서진 3810 박재섭 3804 송양미 3816 김계원 3820	김종윤 3846 김종택 3836 나병진 3843 채가람 3832 조형택 3844
주무관	황인산 3809 배인호 3813 이광일 3805 윤진호 3806 서정주 3814 장민영 3811 박종현 3817	이수호 3837 남건욱 3833 김효주 3840 박정선 3848 김다혜 3838 김원웅 3841 강필구 3842
사무원	강필구 3815	
Fax	204-8968	204-8969

● DID번호 : 044)205-구내번호

과장	지방소득소비세제과	지방세특례제도과	지방세입정보과
	김우철 3871	윤희정 3851	한송희 3661
서기관			정양기 3669
사무관	임규진 3889 하관수 3872 강규남 3878 이경은 3875 안대환 3881 이주화 3876	주영욱 3852 이소영 3858 송진경 3862 이준혁 3861	김병윤 3662 허 관 3665 문만수 3674 방은하 3675
주무관	구해리 3880 김효정 3884 정유진 3873 이재호 3882 이보라 3888 진송은 3887	김영호 3857 김예수 3855 조형진 3853 장은영 3859 김진아 3854 박주연 3863	김대성 3666 김동영 3664 신인섭 3663 김혜정 3670 박인구 3671 박한용 3676 손민정 3672 오수연 3667
사무원			
Fax	204-8971	204-8970	

국민권익위원회 재정세무민원과

- DID전화 : 044)200-내선번호
- FAX : 044)200-7932
- 주   소 : 세종특별자치시
  도움5로 20(세종청사 7동)
  ㉾ 30102

| 과 장 | 방 대 성 | ☎ 044)200-7401 |

성명	담당업무	전화번호
방대성	재정세무민원과 업무 총괄	044-200-7401
손용철	(재정) 고충민원 조사 및 처리	044-200-7402
권현주	(국세) 고충민원 조사 및 처리	044-200-7406
김정남	(지방세) 고충민원 조사 및 처리	044-200-7403
이은주	(국세) 고충민원 조사 및 처리	044-200-7405
장유정	(지방세) 고충민원 조사 및 처리	044-200-7411
손한준	(국세) 고충민원 조사 및 처리	044-200-7410
강지연	(국세) 고충민원 조사 및 처리	044-200-7404
양재영	(재정) 고충민원 조사 및 처리	044-200-7408
박은서	서무	044-200-7407

한국조세재정연구원

- 대표전화 : 044)414-2114
- 대표FAX : 044)414-2179
- DID전화 : 044)414-내선번호
- 주　　소 : 세종특별자치시 시청대로 336 ㉾ 30147

원장 이 영 ☎ 044)414-2101

원 장 실		
원　　　　　　장	이　영	2101
선 임 전 문 원	홍유남	2100
부 원 장		
부　　원　　장	정재호	2400
감 사 실		
실　　　　　장	배현호	2118
감　　사　　역	김정현	2117
특 수 전 문 직 2 급	최금주	2485
행　　정　　원	현호석	2119
연구기획본부		
본　　부　　장	박한준	2120
선 임 연 구 원	김정원	2504
선 임 연 구 원	유재민	
선 임 연 구 원	이세미	
연　　구　　원	윤소영	2504
위 촉 연 구 원	표창환	
기획조정팀		
팀　　　　　장	송남영	2500
선 임 연 구 원	박은정	2507
선 임 행 정 원	오승민	2502
선 임 전 문 원	장은정	2501
선 임 전 문 원	정경순	2504
선 임 행 정 원	정현석	2503
행　　정　　원	김태은	2506
부 행 정 원	이소정	2505
위 촉 연 구 원	배정의	2508
사업예산팀		
팀　　　　　장	이태우	2121
선 임 행 정 원	문지영	2122
선 임 연 구 원	송진민	2125
선 임 연 구 원	정빛나	2126
행　　정　　원	윤영민	2123
행　　정　　원	한유미	2127

부 행 정 원	임주리	2124
미디어커뮤니케이션팀		
팀　　　　　장	조혜진	2130
선 임 전 문 원	신지원	2134
선 임 전 문 원	이슬기	2131
행　　정　　원	길민선	2132
전　　문　　원	손유진	2135
전　　문　　원	정문정	2136
부 행 정 원	임철주	2138
위 촉 연 구 원	김선화	2512
위 촉 연 구 원	엄상언	2137
조세연구본부		
본　　부　　장	오종현	2289
선 임 연 구 위 원	최준욱	2221
연 구 위 원	권성오	2248
연 구 위 원	권성준	2360
연 구 위 원	김문정	2342
연 구 위 원	김빛마로	2339
연 구 위 원	정다운	2243
연 구 위 원	최인혁	2446
부 연 구 위 원	고원식	2462
부 연 구 위 원	고지현	2321
부 연 구 위 원	김정환	2328
부 연 구 위 원	박벼리	2217
부 연 구 위 원	박주철	2220
부 연 구 위 원	홍병진	2315
선 임 연 구 원	김효림	2239
선 임 연 구 원	서주영	2471
선 임 연 구 원	이희선	2525
선 임 연 구 원	정경화	2310
선 임 연 구 원	황미연	2369
선 임 행 정 원	최미영	2265
연　　구　　원	김달유	2427
연　　구　　원	배현경	2279

한국조세재정연구원

- 대표전화 : 044)414-2114
- 대표FAX : 044)414-2179
- DID전화 : 044)414-내선번호

세제연구센터		
센 터 장	권성오	2248
초 빙 전 문 위 원	곽상민	
책 임 행 정 원	이현영	2255
선 임 행 정 원	최미영	
위 촉 연 구 원	김선화	
정 부 청 년 인 턴	임채연	2324

세법연구팀		
팀 장	최인혁	2446
특 수 전 문 직 1 급	박수진	2412
책 임 연 구 원	송은주	2262
특 수 전 문 직 1 급	홍성희	2418
선 임 연 구 원	김민경	2325
선 임 연 구 원	노수경	2405
특 수 전 문 직 2 급	서동연	2215
특 수 전 문 직 2 급	이형민	2201
특 수 전 문 직 3 급	김수린	2207
특 수 전 문 직 3 급	박하영	2472
특 수 전 문 직 3 급	정재혁	2314

관세연구팀		
팀 장	홍병진	2315
선 임 연 구 원	김미정	2371
선 임 연 구 원	박지우	2292
특 수 전 문 직 2 급	이재선	2419
특 수 전 문 직 3 급	나지수	2372
연 구 원	양지영	2278

조세지출분석팀		
팀 장	김용대	2238
책 임 연 구 원	강미정	2261
책 임 연 구 원	이은경	2273
선 임 연 구 원	이순향	2105
선 임 연 구 원	허윤영	2308

세정연구센터		
센 터 장	김문정	2342

초 빙 전 문 위 원	김범구	
선 임 행 정 원	최미영	2265
위 촉 연 구 원	서해진	

세정연구팀		
팀 장	박주철	2211
특 수 전 문 직 2 급	권정교	2422
선 임 연 구 원	김세인	2349
선 임 연 구 원	심태완	2461
선 임 연 구 원	오현빈	2334
특 수 전 문 직 2 급	이희경	2408
특 수 전 문 직 3 급	문교현	2220
연 구 원	송주영	2229
연 구 원	안정빈	2575
특 수 전 문 직 3 급	이나은	2256
특 수 전 문 직 3 급	이미현	2450
연 구 원	장석민	2347
특 수 전 문 직 3 급	정효림	2202

세수추계센터		
팀 장	권성준	2360
책 임 행 정 원	장정순	
선 임 연 구 원	김은정	2303
선 임 연 구 원	김평강	2329
선 임 연 구 원	성유경	2295
선 임 연 구 원	오은혜	2302
선 임 연 구 원	임연빈	2413

재정패널팀		
팀 장	김정환	2328
선 임 연 구 원	김유현	2473
연 구 원	최하영	2411

조세교육센터		
팀 장	이준성	2484
책 임 행 정 원	장정순	
선 임 연 구 원	노영예	2335
선 임 전 문 원	박주희	2219

한국조세재정연구원

- 대표전화 : 044)414-2114
- 대표FAX : 044)414-2179
- DID전화 : 044)414-내선번호

직위	성명	번호
연구원	김예원	2394

조세교육개발팀

직위	성명	번호
팀장	이남주	2565
선임연구원	박신아	2253
선임연구원	이형석	2407
연구원	장아론	2402

재정연구본부

직위	성명	번호
본부장	김현아	2214
선임연구위원	원종학	2234
선임연구위원	이은경	2231
선임연구위원	최성은	
선임연구위원	하세정	2091
부연구위원	김평식	
부연구위원	박정흠	
부연구위원	이경훈	
부연구위원	이기쁨	2213
부연구위원	조민영	2274
부연구위원	홍혜영	2267
책임연구원	박선영	2251
책임연구원	임현정	2275
선임연구원	김종혁	2393
선임연구원	오지연	2225
선임행정원	윤혜순	2264
선임연구원	이수연	2336
선임연구원	정보름	2332
선임연구	현하영	2499
연구원	설지수	2304
연구원	안소연	2487
연구	정세희	2345

재정평가연구실

직위	성명	번호
실장	강희우	2224
부연구위원	오나래	2254
부연구위원	최정재	2404
책임행정원	조종읍	2561
선임연구원	박유미	2442
선임연구원	이재국	2410

재정성과평가센터

직위	성명	번호
센터장	강희우	2224
선임연구위원	하세정	2091
책임행정원	조종읍	2561
선임연구원	백종선	2333
선임연구원	이응준	2441
연구원	이아름	2270

성과분석팀

직위	성명	번호
팀장	최윤미	2449
선임연구원	곽원욱	2223
선임연구원	장운정	2365
선임연구원	한경진	2330
선임연구원	황보경	2367
연구원	강경민	2444
연구원	김준혁	2210
연구원	배지현	2212
연구	유고은	2322
연구	최한영	2482

성과관리팀

직위	성명	번호
팀장	김창민	2350
선임연구원	권선정	2263
선임연구원	김인애	2327
선임연구원	김현숙	2277
선임연구원	심백교	2438
선임연구원	우지은	2351
선임연구원	이보화	2245
선임연구원	이은솔	2434
선임연구원	이정은	2475
선임연구원	장민혜	2382
선임연구	조은빛	2416

평가제도팀

직위	성명	번호
팀장	장낙원	2456
선임연구원	김경훈	2447
선임연구원	변이슬	2294
선임연구원	안새롬	2293
선임연구	장문석	2448
연구원	신우상	2417

한국조세재정연구원

- 대표전화 : 044)414-2114
- 대표FAX : 044)414-2179
- DID전화 : 044)414-내선번호

연　　　구　　　원	한재현	2391
위　촉　연　구　원	송미경	2483
위　촉　연　구　원	조성진	2451
정부투자분석센터		
센　　　터　　　장	송경호	2247
초　빙　연　구　위　원	김혜련	2492
초　빙　연　구　위　원	윤영훈	
책　임　행　정　원	조종읍	2561
특　수　전　문　직　2급	김다랑	2331
선　임　연　구　원	최미선	2240
분석총괄팀		
팀　　　　　　장	주재민	2320
선　임　연　구　원	김정현	2481
조사운영팀		
팀　　　　　　장	신동준	2364
선　임　연　구　원	나진희	2460
선　임　연　구　원	서동규	2496
선　임　연　구　원	유효정	2363
선　임　연　구　원	정은경	2226
연　　　구　　　원	정유진	2428
인구정책평가센터		
센　　　터　　　장	하세정	2091
책　임　연　구　원	김정은	2235
책　임　행　정　원	조종읍	2561
전략연구팀		
팀　　　　　　장	이경훈	2455
선　임　연　구　원	허현정	2236
연　　　구　　　원	구남규	2227
연　　　구　　　원	이재원	2352
위　촉　연　구　원	엄상언	2137
정책평가팀		
팀　　　　　　장	김평식	2218
선　임　연　구　원	김영직	2318

선　임　연　구　원	이정인	2478
재정지출분석센터		
센　　　터　　　장	김빛마로	2339
선　임　행　정　원	윤혜순	2264
재정제도분석팀		
팀　　　　　　장	박정흠	2420
책　임　연　구　원	봉재연	2323
선　임　연　구　원	강민채	2458
선　임　연　구　원	구윤모	2452
선　임　연　구　원	김은숙	2453
선　임　연　구　원	김인유	2280
선　임　연　구　원	김진아	2343
선　임　연　구　원	박지혜	2244
선　임　연　구　원	박창우	2344
선　임　연　구　원	박하얀	2466
선　임　연　구　원	염보라	2271
선　임　연　구　원	장준희	2474
선　임　연　구　원	하에스더	2326
선　임　연　구　원	한혜란	2463
연　　　구　　　원	오윤서	2257
재정전망센터		
센　　　터　　　장	최성은	2288
선　임　연　구　원	권미연	2374
선　임　연　구　원	노지영	2246
선　임　연　구　원	백가영	2454
선　임　연　구　원	오수정	2307
선　임　행　정　원	윤혜순	
선　임　연　구　원	정상기	2287
연　　　구　　　원	주남균	2497
아태재정협력센터		
센　　　터　　　장	허경선	2241
선　임　행　정　원	윤혜순	2264

한국조세재정연구원

- 대표전화 : 044)414-2114
- 대표FAX : 044)414-2179
- DID전화 : 044)414-내선번호

펨나운영팀

직위	이름	번호
팀 장	최승훈	2340
선 임 연 구 원	김윤옥	2385
선 임 연 구 원	김윤지	2388
선 임 연 구 원	김의주	2389
연 구 원	박도현	2392
선 임 연 구 원	이재영	2384
연 구 원	김난유	2395
연 구 원	오한울	2297

공공기관연구센터

직위	이름	번호
소 장	이남국	
선 임 행 정 원	안상숙	2381
선 임 연 구 원	정혜진	2587
연 구 원	이부연	2431
위 촉 연 구 원	안조천	

공공정책부
제도연구팀

직위	이름	번호
팀 장	양은주	2491
초 빙 연 구 위 원	송현진	2230
초 빙 연 구 위 원	전준오	2490
선 임 연 구 원	강석훈	2356
선 임 연 구 원	박성훈	2485
선 임 연 구 원	김신정	2291
특 수 전 문 직 2 급	안윤선	2498
선 임 연 구 원	임미화	2272
연 구 원	송민나	2493
연 구 원	양다연	2401
연 구 원	우인혜	2579
연 구 원	홍성아	2242

성과연구팀

직위	이름	번호
팀 장	이민상	2228
초 빙 연 구 위 원	이윤규	2341
초 빙 연 구 위 원	조희찬	2522
선 임 연 구 원	강선희	2443

직위	이름	번호
선 임 연 구 원	박화영	2357
선 임 연 구 원	서은혜	2433
선 임 연 구 원	오소연	2205
선 임 연 구 원	윤다솜	2298
선 임 연 구 원	이강신	2459
연 구 원	성연주	2423
연 구 원	이아영	2399
위 촉 연 구 원	박수빈	2338
위 촉 연 구 원	손주영	2317
위 촉 연 구 원	심소영	2432

정책사업팀

직위	이름	번호
팀 장	변민정	2306
선 임 연 구 원	남지현	2574
선 임 연 구 원	오윤미	2377
선 임 연 구 원	유승현	2457
선 임 연 구 원	이 슬	2366
선 임 연 구 원	허미혜	2316
연 구 원	김정은	2435
연 구 원	유지인	
위 촉 연 구 원	김다현	2437

경영평가부

직위	이름	번호
부 소 장	문창오	2305
선 임 행 정 원	강민주	2430

경영컨설팅팀

직위	이름	번호
팀 장	이주경	2266
책 임 연 구 원	임소영	2290
선 임 연 구 원	서나나	2396
선 임 연 구 원	임희영	2208
선 임 연 구 원	정예슬	2358
선 임 연 구 원	허민영	2479
선 임 연 구 원	홍윤진	2361
연 구 원	김나영	2375
위 촉 연 구 원	구소정	

한국조세재정연구원

- 대표전화 : 044)414-2114
- 대표FAX : 044)414-2179
- DID전화 : 044)414-내선번호

계량평가검증팀		
팀　　　　　　　장	임형수	2209
특 수 전 문 직 2 급	김윤미	2319
특 수 전 문 직 2 급	현지용	2572
특 수 전 문 직 3 급	김소현	2281
특 수 전 문 직 3 급	박진숙	2573
특 수 전 문 직 3 급	양도일	2470
연　　　구　　　원	유현정	2414
특 수 전 문 직 3 급	조 은	2355

평가운영팀		
팀　　　　　　　장	심재경	2543
선 임 연 구 원	나 영	2578
선 임 연 구 원	봉우리	2542
선 임 연 구 원	장정윤	2544
연　　　구　　　원	고승희	2545
연　　　구　　　원	박소인	2551

국가회계재정통계센터		
소　　　　　　　장	장우현	2286
초 빙 연 구 위 원	윤영훈	2445
특 수 전 문 직 1 급	문창오	2305
선 임 연 구 원	이정미	2259
책 임 행 정 원	장정순	2440
연　　　구　　　원	임지윤	2403

국가회계팀		
팀　　　　　　　장	진태호	2552
특 수 전 문 직 2 급	임정혁	2553
특 수 전 문 직 2 급	최금주	2558
특 수 전 문 직 3 급	김보성	2415
특 수 전 문 직 3 급	안지현	2426
특 수 전 문 직 3 급	윤병준	2383
특 수 전 문 직 3 급	윤정선	2258
특 수 전 문 직 3 급	장윤지	2518
위 촉 연 구 원	서혜진	2285

결산분석팀		
팀　　　　　　　장	윤성호	2562
선 임 연 구 원	김상현	2376
특 수 전 문 직 2 급	오가영	2567
특 수 전 문 직 2 급	이명인	2555
특 수 전 문 직 2 급	임종권	2581
특 수 전 문 직 2 급	한은미	2556
특 수 전 문 직 3 급	홍다혜	2424
위 촉 연 구 원	강보성	

재정통계팀		
팀　　　　　　　장	박윤진	2569
특 수 전 문 직 1 급	한소영	2554
특 수 전 문 직 2 급	김소영	2268
특 수 전 문 직 2 급	오예정	2563
특 수 전 문 직 2 급	유귀운	2566
특 수 전 문 직 2 급	장지원	2557
특 수 전 문 직 2 급	최중갑	2582
특 수 전 문 직 2 급	최지영	2577
연　　　구　　　원	왕승현	2398
특 수 전 문 직 3 급	정지윤	2537

경영지원실		
실　　　　　　　장	최윤용	2160

인사팀		
팀　　　　　　　장	노걸현	2161
선 임 전 문 원	김서영	2163
선 임 행 정 원	박소연	2166
행　　　정　　　원	공요환	2165
행　　　정　　　원	유준오	2167
행　　　정　　　원	배지호	2168
행　　　정　　　원	정율아	2164

총무팀		
팀　　　　　　　장	전승진	2170
책 임 행 정 원	신수미	2171

한국조세재정연구원

- 대표전화 : 044)414-2114
- 대표FAX : 044)414-2179
- DID전화 : 044)414-내선번호

직위					성명	내선
선	임	행	정	원	윤여진	2176
선	임	행	정	원	손동준	2177
행		정		원	한용균	2174
행		정		원	박혜령	2178
행		정		원	한용균	2174
행		정		원	박혜령	2178
재무회계팀						
팀				장	최영란	2180
책	임	행	정	원	박현옥	2181
선	임	행	정	원	김영화	2187
선	임	행	정	원	임상미	2186
부		행	정	원	김성미	2188
디지털정보팀						
팀				장	김성동	2150
책	임	전	문	원	심수희	2140
선	임	전	문	원	권정애	2142
선	임	전	문	원	이창호	2153
선	임	전	문	원	홍서진	2155
전		문		원	김인아	2154
전		문		원	김준영	2151
전		문		원	최유림	2141
안전복지팀						
팀				장	강신중	2190
선	임	행	정	원	김범수	2192
선	임	행	정	원	김선정	2193
행		정		원	강성훈	2191
부		행	정	원	문성규	2194
공		무		직	강은례	2025
공		무		직	강전옥	2025
공		무		직	김영관	2020
공		무		직	김은정	2025
공		무		직	김정구	2025
공		무		직	김창록	2021
공		무		직	김현아	2023

직위					성명	내선
공		무		직	김호수	2026
공		무		직	박병수	2024
공		무		직	박준미	2025
공		무		직	박창순	2025
공		무		직	송희진	2024
공		무		직	정재원	2024
공		무		직	옥영출	2021
공		무		직	유승창	2026
공		무		직	이미애	2025
공		무		직	임정숙	2025
공		무		직	이한솔	2021
공		무		직	송희진	2024
공		무		직	이용주	2021
공		무		직	이중헌	2024
공		무		직	조성용	2021
위	촉	공	무	직	전승병	

인 명 색 인

(가나다순)

이름	소속	쪽	이름	소속	쪽	이름	소속	쪽
강민정	부평서	233	강서현	구미서	378	강성화	국세청	47
강민정	서대문서	122	강석관	강남서	94	강성환	강서서	99
강민정	서울청	90	강석구	동작서	114	강성훈	고양서	242
강민정	창원서	438	강석구	목포서	342	강성훈	동안양서	177
강민정	해운대서	425	강석순	중랑서	146	강성훈	조세연	455
강민종	국세청	47	강석원	구리서	171	강성희	북전주서	332
강민주	논산서	292	강석윤	서인천서	235	강세정	중부청	155
강민주	성동서	127	강석제	익산서	335	강세희	서울청	74
강민주	안산서	187	강석종	종로서	145	강소라	인천청	225
강민주	조세연	453	강석훈	광명서	244	강소라	중랑서	147
강민준	상담센터	58	강석훈	세제실	7	강소령	충주서	288
강민지	도봉서	111	강석훈	조세연	453	강소여	남동서	239
강민지	동화성서	202	강선경	중부청	164	강소연	국세청	27
강민지	목포서	342	강선규	논산서	293	강소영	북부산서	415
강민지	포항서	390	강선대	여수서	349	강소영	삼성서	120
강민채	김천서	380	강선미	김해서	433	강소영	포항서	390
강민채	조세연	452	강선미	노원서	108	강소정	광산서	322
강민형	서울청	81	강선실	부산강서서	417	강송현	성북서	128
강민호	서울청	72	강선양	남원서	331	강수경	금천서	105
강민호	통영서	441	강선영	용산서	138	강수련	포항서	390
강민희	중부청	157	강선이	남양주서	173	강수림	중부청	159
강범준	서울청	81	강선일	북광주서	324	강수미	기흥서	194
강병관	광주청	316	강선홍	대전청	266	강수민	반포서	118
강병극	안양서	191	강선희	강서서	98	강수빈	금천서	104
강병문	울산서	428	강선희	경기광주서	169	강수빈	안양서	190
강병수	광주청	313	강선희	목포서	343	강수석	잠실서	142
강병수	대전청	269	강선희	조세연	453	강수성	국세청	46
강병수	화성서	201	강설화	광주서	320	강수아	동화성서	203
강병순	역삼서	135	강성구	구리서	171	강수연	울산서	428
강병조	예산서	302	강성규	포천서	258	강수원	서울청	74
강병진	수영서	420	강성기	광주청	312	강수진	김해서	432
강병희	조세심판원	14	강성길	성남서	181	강수현	분당서	179
강보경	대전청	269	강성대	세종서	298	강수현	제주서	442
강보경	부산청	400	강성룡	해운대서	424	강수현	화성서	200
강보길	동래서	410	강성률	강서서	99	강숙현	동래서	410
강보성	제주서	443	강성민	김해서	433	강순택	중부청	163
강보성	조세연	454	강성민	남동서	239	강슬기	포천서	259
강보아	중부서	148	강성민	순천서	345	강슬아	부산청	399
강보은	동안양서	176	강성수	용인서	193	강승구	양천서	133
강보화	동울산서	427	강성식	순천서	346	강승구	통영서	440
강복길	노원서	108	강성우	대전청	262	강승묵	동울산서	426
강복희	상담센터	57	강성윤	남원서	330	강승묵	서대구서	373
강봉선	인천청	222	강성은	삼성서	121	강승우	수영서	420
강부덕	중부청	165	강성은	영등포서	137	강승조	경기광주서	168
강상길	노원서	109	강성준	광주청	315	강승지	부산진서	413
강상식	부산청	395	강성태	부산청	402	강승진	국세청	29
강상원	진주서	437	강성팔	부산청	394	강승현	서울청	81
강상임	제주서	442	강성필	이천서	196	강승현	연수서	236
강상준	중부청	158	강성헌	국세청	41	강승호	경기광주서	168
강상희	홍천서	216	강성현	광주청	314	강승훈	부산청	401
강새롬	역삼서	134	강성현	동안산서	188	강승희	성동서	126
강서의	남대문서	107	강성현	시흥서	184	강신웅	군산서	328
강서찬	수원서	183	강성호	창원서	439	강신준	인천청	227

이름	소속	쪽	이름	소속	쪽	이름	소속	쪽
강신중	조세연	455	강윤미	강남서	95	강재희	동래서	411
강신태	성동서	126	강윤성	광주청	314	강전옥	조세연	455
강신태	진주서	436	강윤영	강서서	98	강정규	관악서	101
강신혁	서산서	297	강윤정	동청주서	280	강정님	목포서	342
강아라	여수서	349	강윤지	광주청	311	강정대	동래서	410
강아름	서울청	66	강윤지	중부청	161	강정림	상담센터	57
강안나	대전청	269	강윤지	통영서	440	강정모	포천서	258
강양구	서울청	85	강윤학	북대전서	276	강정민	구리서	170
강양동	수영서	421	강윤형	동안산서	189	강정민	중부청	157
강양우	춘천서	215	강윤화	서울청	64	강정석	북대구서	371
강여울	순천서	345	강은경	안양서	190	강정선	중부청	159
강여정	중부청	165	강은례	조세연	455	강정선	창원서	439
강연우	강릉서	204	강은비	북대구서	370	강정수	삼성서	120
강연우	파주서	256	강은빈	제주서	443	강정숙	천안서	305
강연태	진주서	436	강은선	동래서	410	강정원	인천서	230
강연호	포천서	258	강은솜	계양서	240	강정일	분당서	179
강영묵	서울청	71	강은순	김해서	432	강정현	국세청	39
강영미	김해서	433	강은실	관악서	100	강정호	서대구서	373
강영식	제주서	443	강은실	서울청	71	강정호	수원서	182
강영자	대전청	265	강은실	아산서	300	강정화	금천서	105
강영진	제주서	442	강은아	부산진서	413	강정화	대구청	358
강영화	속초서	209	강은영	구로서	103	강정환	부산청	396
강영희	양산서	408	강은영	분당서	178	강정훈	서울청	70
강예린	파주서	257	강은지	광산서	322	강정희	북광주서	324
강예림	북대구서	371	강은진	동대구서	367	강정희	서울청	91
강예원	순천서	346	강은호	동작서	115	강종근	해운대서	425
강예은	해남서	351	강은희	평택서	199	강종만	해남서	350
강예진	서울청	66	강이근	여수서	348	강종식	잠실서	142
강오라	부천서	251	강이나	마산서	435	강종훈	중부청	164
강옥향	부평서	232	강이슬	평택서	199	강주빈	관악서	101
강용구	목포서	343	강이은	중부서	149	강주연	중부청	159
강용명	목포서	343	강인석	전주서	336	강주영	남대구서	365
강용석	서울청	89	강인성	대전서	275	강주영	종로서	145
강용수	중부청	159	강인소	중부서	148	강주은	중부서	148
강용철	남대구서	364	강인순	서대구서	372	강주현	중부청	163
강우석	구미서	379	강인영	연수서	236	강준구	김해서	432
강우진	서울청	73	강인욱	중부청	155	강준오	수영서	421
강욱중	진주서	437	강인태	역삼서	135	강준원	송파서	131
강원식	세제실	8	강인한	주류센터	59	강준혁	포항서	391
강유경	북부산서	414	강인행	서인천서	234	강준호	동화성서	202
강유경	안동서	384	강인혜	삼성서	120	강중희	순천서	345
강유나	국세청	19	강인혜	서울청	88	강지만	나주서	340
강유나	동안산서	189	강임현	서광주서	327	강지석	역삼서	134
강유리	동안양서	177	강자명	창원서	438	강지선	광주청	311
강유미	구로서	103	강장욱	중랑서	146	강지선	양산서	408
강유미	삼성서	121	강장호	반포서	118	강지성	서인천서	235
강유신	서부산서	418	강장환	파주서	256	강지수	수영서	420
강유정	경주서	376	강재근	논산서	293	강지수	연수서	237
강유정	동화성서	202	강재신	동작서	114	강지안	분당서	178
강유정	중부청	158	강재원	국세청	47	강지연	권익위	448
강유진	인천서	230	강재원	서울청	87	강지연	천안서	304
강유진	중부서	149	강재형	서울청	72	강지연	파주서	256
강윤경	중부청	156	강재훈	경산서	375	강지용	대구청	356

강지원	국세청	21	강한솔	북부산서	414	강호윤	마산서	434
강지원	군산서	328	강한수	동수원서	175	강호종	국세청	23
강지원	북대구서	370	강한얼	인천청	228	강호현	동래서	411
강지원	중부청	166	강해영	제주서	443	강화동	상담센터	57
강지윤	포천서	258	강헌구	해운대서	424	강화리	중부청	159
강지윤	화성서	201	강현구	경산서	374	강화수	용산서	139
강지은	강남서	94	강현규	화성서	200	강회영	부산청	394
강지은	중랑서	146	강현미	국세청	49	강효경	창원서	439
강지은	청주서	287	강현성	구로서	102	강효정	김포서	246
강지은	화성서	200	강현아	광주청	311	강흥수	연수서	237
강지인	삼성서	121	강현애	대전청	271	강희경	강남서	95
강지하	목포서	342	강현영	대전청	271	강희경	부산청	396
강지현	구로서	103	강현우	강서서	99	강희다	목포서	342
강지현	구미서	379	강현우	인천청	227	강희석	북대전서	277
강지현	동대문서	112	강현웅	서울청	69	강희수	청주서	287
강지현	서인천서	235	강현정	세종서	298	강희언	제주서	443
강지현	진주서	436	강현정	중랑서	146	강희우	조세연	451
강지현	포천서	259	강현주	강동서	97	강희웅	충주서	288
강지혜	영등포서	136	강현주	국세청	35	강희윤	강남서	95
강지훈	서울청	70	강현주	도봉서	110	강희은	포항서	391
강지훈	울산서	428	강현주	도봉서	111	강희정	고양서	243
강지훈	제주서	442	강현진	제주서	443	강희정	동울산서	426
강지훈	제천서	284	강현창	인천청	226	강희정	울산서	428
강진경	서부산서	419	강현철	남대문서	106	강희정	해남서	350
강진선	중부청	165	강형규	강남서	95	강희주	양천서	132
강진성	제주서	442	강형석	서울청	63	강희중	세제실	9
강진아	상담센터	56	강혜경	강동서	96	강희천	인천청	228
강진영	강릉서	205	강혜란	조세심판원	12	강희호	중부청	164
강진영	상주서	382	강혜령	진주서	436	경 진	상담센터	57
강찬호	춘천서	214	강혜리	천안서	305	경수현	부산청	400
강창호	중부서	148	강혜린	관악서	100	경재찬	용인서	193
강창희	제주서	443	강혜린	서광주서	326	경지민	청주서	286
강채업	목포서	343	강혜린	진주서	436	경지수	노원서	108
강철구	진주서	436	강혜림	동대문서	112	계예슬	충주서	289
강초희	순천서	344	강혜성	서대문서	122	계준범	양천서	133
강태경	시흥서	184	강혜송	남원서	331	계지영	송파서	130
강태규	김해서	432	강혜수	고양서	242	계현희	강서서	98
강태길	경기광주서	168	강혜수	구리서	170	계희제	고양서	242
강태민	여수서	348	강혜연	동안양서	176	고 결	국세청	24
강태양	국세청	24	강혜연	마포서	116	고 은	동울산서	426
강태완	의정부서	254	강혜윤	부산청	399	고 현	김포서	247
강태욱	국세청	26	강혜은	부산강서서	416	고강민	역삼서	134
강태진	원주서	213	강혜은	역삼서	135	고경균	상담센터	57
강태진	익산서	335	강혜인	남부천서	252	고경만	서대문서	123
강태현	홍천서	216	강혜인	진주서	436	고경수	국세청	42
강태호	구로서	102	강혜정	순천서	344	고경아	중부청	152
강태훈	동안양서	177	강혜지	강동서	96	고경진	노원서	109
강필구	지방세제	446	강혜지	금천서	105	고경진	중부청	166
강필원	청주서	287	강혜진	김포서	247	고계명	제주서	442
강하규	종로서	144	강혜진	동래서	410	고광덕	포천서	258
강하연	용산서	138	강혜진	동수원서	175	고광철	동래서	410
강하영	역삼서	134	강혜진	인천청	222	고광현	김천서	380
강한나	구로서	103	강호성	상담센터	56	고광환	대구청	361

이름	소속	쪽	이름	소속	쪽	이름	소속	쪽
고규진	제주서	443	고상운	목포서	342	고운지	서대전서	278
고근수	광주청	314	고상현	국세청	24	고원식	조세연	449
고근희	상담센터	57	고상현	서울청	76	고원정	상담센터	56
고기석	김해서	432	고상희	수영서	421	고유경	국세청	18
고기태	수성서	369	고서연	서광주서	326	고유경	인천서	231
고남우	경주서	376	고석중	국세청	37	고유나	동작서	114
고다혜	안양서	191	고석철	북전주서	333	고유나	인천청	227
고당훈	국세청	49	고석춘	전주서	336	고유영	동작서	115
고대근	인천청	225	고선미	광주청	314	고유진	화성서	200
고대훈	국세청	27	고선주	국세청	18	고윤정	남동서	238
고덕상	국세청	21	고선주	정읍서	338	고윤정	성남서	181
고덕환	중부서	148	고선하	국세청	30	고윤하	서울청	76
고동현	인천청	226	고선혜	계양서	241	고윤형	동안산서	188
고동환	부산청	394	고설민	김포서	247	고은경	수영서	421
고동희	동화성서	202	고성순	동대문서	113	고은미	속초서	208
고만수	서울청	80	고성진	예산서	303	고은비	국세청	18
고명성	양천서	133	고성헌	반포서	118	고은선	안양서	190
고명수	국세청	20	고성희	국세청	38	고은선	중부청	154
고명순	창원서	439	고수민	역삼서	134	고은아	남부천서	252
고명준	삼척서	207	고수영	서광주서	326	고은영	용인서	192
고명현	인천서	231	고승연	동고양서	249	고은정	역삼서	134
고명효	서울청	90	고승욱	용산서	139	고은주	구로서	103
고명훈	국세청	26	고승현	대전청	267	고은혜	중부청	166
고명훈	서인천서	235	고승희	조세연	454	고은희	부평서	233
고문수	서광주서	326	고아라	서초서	125	고의환	군산서	329
고미경	종로서	144	고아라	안산서	186	고의환	제천서	285
고미량	서울청	67	고아라	잠실서	143	고인수	삼성서	120
고민경	동화성서	203	고아영	서울청	62	고인식	부산청	402
고민경	연수서	237	고양숙	중부청	156	고일명	국세청	19
고민경	의정부서	255	고연우	파주서	256	고재국	남대문서	106
고민석	중부서	148	고영남	제주서	442	고재민	서울청	83
고민수	인천서	231	고영록	남부천서	252	고재봉	남대구서	364
고민지	동작서	114	고영배	제주서	442	고재성	광주서	321
고민지	서울청	74	고영상	반포서	119	고재우	세종서	299
고민철	대전청	271	고영석	수성서	368	고재윤	중부청	160
고민철	충주서	288	고영수	은평서	141	고재환	해남서	350
고민하	제주서	442	고영숙	영등포서	136	고정근	부천서	251
고배영	부평서	233	고영욱	중부청	166	고정란	강남서	95
고병석	서대문서	122	고영일	분당서	178	고정수	도봉서	111
고병열	북대구서	371	고영조	북부산서	415	고정애	부산진서	412
고병재	은평서	140	고영주	연수서	237	고정연	국세청	48
고병준	대전청	269	고영준	동울산서	426	고정진	강동서	96
고병준	분당서	178	고영지	동고양서	249	고정환	대전청	268
고보해	송파서	131	고영철	중부청	152	고정환	마포서	116
고복님	광주청	314	고영필	국세청	40	고종관	광명서	245
고봉국	제주서	443	고영환	고양서	242	고종원	금정서	407
고봉균	부천서	251	고영훈	서울청	77	고종원	북부산서	414
고부경	광산서	323	고예지	서울청	82	고종철	세종서	298
고빛나	동화성서	203	고완구	용산서	138	고주석	홍천서	216
고상권	파주서	256	고완병	서울청	83	고주연	서초서	124
고상기	영동서	282	고우리	나주서	340	고주환	부산청	394
고상석	중랑서	146	고우성	서울청	64	고준석	서울청	74
고상용	김포서	247	고운이	중부청	158	고지원	제주서	442

곽진우	진주서	436	구세윤	국세청	44	구태효	서부산서	419
곽진후	성동서	126	구세진	서울청	83	구태훈	상주서	382
곽진희	화성서	201	구세현	금정서	407	구태휴	광산서	323
곽채윤	안산서	186	구소림	동대구서	367	구판서	전주서	336
곽철규	북대구서	370	구소연	북광주서	324	구표수	인천청	225
곽충험	조세심판원	12	구소정	안양서	190	구하나	고양서	243
곽하준	포천서	258	구소정	조세연	453	구해리	지방세제	447
곽한민	서울청	87	구수목	영주서	389	구현영	동안산서	188
곽한식	양산서	408	구수연	부산청	400	구현정	노원서	109
곽한울	화성서	200	구수정	인천청	222	구현주	광산서	323
곽현숙	양산서	408	구순옥	서울청	68	구현지	고양서	242
곽현승	송파서	131	구순옥	전주서	337	구현진	경산서	375
곽현주	강서서	98	구승규	이천서	197	구현진	창원서	438
곽형신	국세청	42	구승민	반포서	119	구현철	송파서	131
곽혜원	동대문서	113	구승완	대전청	269	구혜란	중부청	155
곽혜정	중부청	154	구승원	서울청	88	구혜림	서대구서	372
곽혜지	김해서	433	구승현	해운대서	425	구혜숙	목포서	342
곽호진	익산서	334	구신영	경주서	377	구혜영	종로서	145
곽호현	중부청	152	구아림	상담센터	56	구혜진	강남서	95
구 본	부산강서서	416	구아현	중부청	165	구홍림	중부청	161
구경수	잠실서	142	구엄지	부산강서서	416	구화란	중부산서	423
구경식	부산청	396	구연수	국세청	28	구효진	북대전서	276
구경아	금정서	406	구영대	삼성서	121	구훈모	삼성서	121
구경임	북부산서	414	구영민	서울청	81	국경호	원주서	213
구경택	진주서	436	구영범	통영서	440	국명래	목포서	343
구광모	북대구서	370	구영진	국세청	31	국봉균	인천서	231
구규완	이천서	196	구옥선	서울청	70	국승미	광산서	323
구근랑	경주서	377	구용모	동작서	114	국승원	강서서	99
구기민	연수서	236	구우형	마포서	117	국예름	양천서	133
구나연	김해서	432	구윤모	조세연	452	국우진	국세청	28
구남규	조세연	452	구윤희	나주서	340	국윤미	아산서	300
구대중	광산서	323	구은숙	보령서	294	권 산	부산청	395
구도한	서대전서	278	구은정	서대전서	278	권 혁	성동서	127
구명옥	대전청	263	구은주	삼성서	121	권갑선	대구청	360
구명옥	반포서	119	구응서	용인서	192	권경란	서울청	65
구명희	수원서	183	구인서	제주서	443	권경미	청주서	286
구미선	영등포서	137	구인선	잠실서	143	권경범	송파서	131
구미주	서부산서	418	구자양	북부산서	415	권경숙	서대전서	279
구민성	금천서	105	구자옥	강동서	96	권경해	반포서	118
구민채	대전서	274	구자윤	분당서	178	권경환	중부청	166
구병모	대구청	357	구자은	순천서	344	권경훈	경기광주서	169
구보경	삼성서	120	구자헌	분당서	179	권관수	용산서	139
구본균	경기광주서	168	구자호	국세청	43	권교범	잠실서	142
구본기	광명서	245	구재효	동작서	115	권규림	역삼서	135
구본녕	세제실	6	구재흥	국세청	40	권규원	강남서	95
구본섭	동안산서	188	구정숙	포항서	390	권규종	송파서	131
구본하	강서서	99	구정인	북대전서	277	권근순	구로서	103
구상은	김해서	432	구주회	부평서	233	권기성	파주서	257
구선영	반포서	119	구지은	김포서	247	권기연	마포서	116
구선영	잠실서	142	구진선	안양서	191	권기완	인천청	227
구성민	동안양서	176	구진영	서대문서	122	권기정	원주서	212
구성진	국세청	48	구태경	서울청	80	권기주	경기광주서	168
구세윤	국세청	26	구태환	중부청	158	권기중	세제실	8

권기현	중부청	157	권상빈	안동서	384	권순형	경산서	375
권기홍	종로서	145	권상수	금정서	406	권순호	서울청	78
권나영	수영서	421	권상원	홍천서	217	권순홍	대구청	358
권나율	구미서	378	권상일	여수서	348	권순환	서인천서	234
권남현	포항서	390	권서영	서인천서	235	권승비	수성서	369
권다혜	강서서	98	권서영	성남서	181	권승소	홍천서	216
권대근	보령서	294	권서윤	반포서	119	권승혁	고양서	243
권대명	구미서	379	권석용	대전서	275	권승희	경기광주서	169
권대식	성북서	128	권석원	국세청	31	권신영	동울산서	426
권대영	계양서	240	권석주	관악서	101	권아영	연수서	237
권대웅	분당서	179	권석진	남대문서	107	권영균	인천서	230
권대훈	서부산서	418	권석현	관악서	100	권영대	동대구서	367
권덕환	수성서	369	권선정	조세연	451	권영록	부산청	402
권도현	서인천서	234	권선주	금정서	406	권영민	동래서	410
권동민	해운대서	425	권선화	동화성서	203	권영빈	평택서	198
권동철	서울청	90	권설진	서울청	63	권영서	평택서	198
권두홍	인천청	228	권성구	북대구서	371	권영선	상담센터	56
권륜아	전주서	337	권성대	서울청	68	권영승	고양서	243
권명윤	대전청	269	권성미	인천청	225	권영인	시흥서	185
권문경	성남서	180	권성오	조세연	450	권영주	서울청	73
권미경	종로서	144	권성오	조세연	449	권영진	중부청	163
권미경	중부청	154	권성주	중부산서	422	권영채	부산강서서	416
권미애	동수원서	175	권성준	부산청	404	권영철	북부산서	415
권미연	조세연	452	권성준	조세연	450	권영칠	영등포서	137
권미영	안동서	384	권성준	조세연	449	권영한	안동서	384
권미정	울산서	428	권성표	진주서	437	권영훈	서울청	84
권미희	중부청	164	권성호	김해서	432	권예리	수원서	182
권민규	포항서	391	권세혁	중랑서	146	권예림	경기광주서	168
권민상	구미서	378	권세환	동울산서	427	권예원	성동서	126
권민선	성남서	180	권소연	나주서	340	권예은	인천서	231
권민선	영등포서	137	권소연	남부천서	252	권예중	양천서	133
권민수	기흥서	194	권소연	대구청	358	권예지	종로서	144
권민수	서울청	90	권소현	중부청	155	권예진	마포서	116
권민수	서울청	77	권수경	마산서	435	권오광	경기광주서	168
권민재	파주서	257	권수연	종로서	144	권오광	구로서	103
권민정	구미서	378	권수정	동작서	114	권오규	안동서	384
권민정	국세청	48	권수진	익산서	335	권오민	노원서	108
권민정	서울청	66	권수현	해운대서	425	권오방	남부천서	253
권민정	영주서	389	권순규	부평서	232	권오봉	서초서	125
권민지	삼성서	120	권순근	구미서	378	권오상	서울청	62
권민지	성동서	127	권순락	중부청	153	권오석	중부서	149
권민철	반포서	118	권순모	대구청	356	권오성	대전청	267
권민형	남동서	238	권순미	강서서	99	권오성	역삼서	134
권범준	서울청	90	권순배	세제실	6	권오신	구미서	379
권범진	강서서	98	권순식	동대구서	366	권오정	영등포서	137
권병묵	인천청	224	권순엽	삼성서	121	권오찬	충주서	288
권병수	부산청	402	권순영	부산청	398	권오찬	포천서	259
권병일	대구청	359	권순일	세종서	299	권오평	은평서	140
권병준	조세심판원	14	권순일	용산서	138	권오혁	공주서	290
권보경	서산서	296	권순재	노원서	108	권오현	강남서	94
권보성	금천서	105	권순찬	마포서	117	권오현	영등포서	136
권보현	은평서	141	권순한	부산진서	412	권오현	조세심판원	14
권부환	동대문서	113	권순현	삼척서	206	권오흥	국세청	41

권옥기	국세청	46	권정운	서울청	65	권혁순	역삼서	135
권용덕	동대구서	366	권정환	군산서	329	권혁일	목포서	342
권용상	노원서	108	권정훈	동화성서	202	권혁주	경기광주서	168
권용익	도봉서	111	권정희	마포서	117	권혁주	동청주서	280
권용택	영주서	388	권종기	송파서	130	권혁준	송파서	130
권용훈	상담센터	56	권종욱	역삼서	134	권혁준	인천청	226
권우건	영등포서	137	권주희	서울청	63	권혁준	종로서	144
권우태	중부청	160	권준용	안동서	385	권혁진	도봉서	110
권우택	노원서	108	권준혁	포항서	390	권혁찬	삼척서	206
권원호	대전청	267	권준혜	포항서	390	권혁찬	서울청	87
권유림	세제실	9	권준화	동작서	115	권혁희	대전서	274
권유미	삼성서	120	권중현	예산서	303	권현목	북대구서	371
권유빈	대전청	262	권중훈	화성서	201	권현서	성동서	127
권유심	남대구서	365	권지수	서초서	124	권현식	서초서	125
권유화	금정서	407	권지숙	포항서	391	권현신	금천서	104
권윤구	국세청	43	권지용	평택서	198	권현옥	서울청	71
권윤섭	마포서	117	권지원	경주서	376	권현정	용인서	193
권윤호	울산서	429	권지원	동고양서	248	권현주	경주서	377
권윤회	은평서	140	권지은	부산청	398	권현주	권익위	448
권윤희	세종서	298	권지은	서대문서	123	권현중	안양서	191
권윤희	역삼서	135	권지혜	동울산서	427	권현택	인천서	230
권은경	국세청	42	권진록	동안양서	177	권현회	이천서	197
권은경	남동서	239	권진솔	중부청	163	권현희	서울청	84
권은경	대구청	355	권진아	울산서	429	권혜경	이천서	196
권은경	서울청	86	권진영	동청주서	281	권혜량	종로서	144
권은경	창원서	438	권진옥	지방세제	446	권혜련	광명서	245
권은숙	군산서	328	권진혁	국세청	22	권혜미	삼성서	120
권은숙	금천서	104	권진혁	서울청	65	권혜민	수원서	183
권은순	영주서	388	권창위	이천서	196	권혜수	부산진서	412
권은영	세제실	7	권창현	김해서	433	권혜연	서울청	71
권은영	역삼서	134	권창호	통영서	441	권혜연	청주서	286
권은정	거창서	430	권채윤	서울청	65	권혜영	성남서	180
권은정	남양주서	173	권철균	평택서	199	권혜영	송파서	131
권은호	용산서	139	권충구	서울청	67	권혜원	예산서	302
권은희	세종서	299	권태민	천안서	305	권혜은	성동서	126
권이혁	용인서	193	권태원	동래서	411	권혜정	국세청	43
권익근	부산청	394	권태윤	종로서	144	권혜정	서울청	85
권익현	해운대서	425	권태인	서울청	80	권혜지	대전청	262
권인석	김천서	380	권태인	용산서	138	권혜지	반포서	118
권인숙	대전청	265	권태준	용산서	138	권혜화	인천서	230
권인오	광산서	323	권태혁	부산청	398	권호경	경산서	374
권자인	인천청	223	권태훈	창원서	439	권호용	천안서	305
권재욱	서울청	87	권택경	중부청	152	권효은	구미서	378
권재효	중부청	155	권택균	대전서	274	권효정	연수서	237
권정교	조세연	450	권택만	삼척서	206	권효준	삼성서	120
권정기	동작서	115	권택형	분당서	179	권홍일	경기광주서	169
권정석	경기광주서	169	권해영	서울청	70	권희갑	이천서	196
권정석	서대구서	373	권혁도	서대구서	372	권희은	서울청	81
권정숙	인천청	223	권혁란	서울청	77	금가비	반포서	119
권정순	서울청	71	권혁빈	종로서	144	금기태	대전서	274
권정애	조세연	455	권혁선	서초서	125	금다정	포항서	390
권정용	남원서	330	권혁성	남양주서	172	금대호	영주서	389
권정우	구로서	103	권혁수	청주서	286	금도훈	동래서	410

금도훈	부산청	394		김 민	국세청	32		김가원	국세청	30
금민서	구미서	379		김 민	시흥서	184		김가원	동청주서	280
금민진	서대문서	122		김 봄	용인서	192		김가원	속초서	209
금봉호	동대문서	113		김 산	강릉서	205		김가윤	안양서	191
금상화	수원서	183		김 선	평택서	198		김가은	동래서	411
금승수	반포서	119		김 솔	김해서	432		김가은	마산서	434
금영송	보령서	294		김 솔	송파서	130		김가은	천안서	304
금윤순	전주서	336		김 숙	동울산서	426		김가이	국세청	39
금인숙	부산진서	412		김 영	은평서	140		김가현	구리서	170
금잔디	중랑서	147		김 완	중부청	158		김감채	김포서	247
금종희	서대전서	278		김 용	금천서	105		김갑수	반포서	119
금진희	강남서	94		김 용	동수원서	174		김갑이	울산서	429
금현정	서울청	90		김 웅	고양서	243		김강미	용인서	192
금현지	서대전서	279		김 웅	서대문서	122		김강산	경기광주서	168
기금헌	해남서	350		김 웅	중부청	164		김강주	국세청	50
기남국	광주서	320		김 인	국세청	32		김강진	여수서	348
기노선	분당서	178		김 준	서울청	87		김강현	중랑서	146
기노선	세제실	6		김 준	인천서	230		김강훈	국세청	40
기대원	남원서	331		김 진	부산진서	412		김강훈	서초서	125
기두현	수원서	182		김 진	진주서	437		김강휘	금천서	105
기민아	광주청	311		김 찬	서울청	76		김강휘	남부천서	252
기민정	동청주서	281		김 찬	시흥서	184		김강휘	용인서	192
기수민	고양서	243		김 철	부산청	394		김건식	서울청	79
기승호	남부천서	252		김 철	서울청	65		김건영	강남서	95
기아람	동고양서	248		김 혁	강서서	98		김건영	세제실	7
기연희	남원서	330		김 현	정읍서	338		김건우	구리서	171
기연희	남원서	331		김 현	해운대서	425		김건우	대전청	266
기영준	인천서	231		김 호	강남서	94		김건우	수영서	421
기은지	광주서	320		김 호	김포서	246		김건우	용산서	138
기은진	서대문서	123		김 호	부산청	394		김건우	중부청	161
기재희	남대문서	107		김 호	서부산서	419		김건웅	고양서	243
기중화	양천서	132		김 환	광주청	310		김건웅	영등포서	136
기태경	국세청	41		김 환	안산서	187		김건중	상담센터	56
기하민	나주서	340		김 훈	여수서	348		김건호	동작서	114
기회훈	천안서	304		김 훈	충주서	289		김건호	서초서	124
길기윤	천안서	305		김 훈	인천청	228		김건희	인천청	224
길남희	서울청	66		김 경우	금정서	407		김경국	송파서	131
길동환	인천서	230		김 경우	부산진서	412		김경난	구리서	171
길미정	동고양서	248		김가람	국세청	47		김경남	거창서	431
길민석	서울청	91		김가람	인천서	231		김경남	경기광주서	169
길민선	조세연	449		김가령	울산서	428		김경달	삼성서	121
길성구	동대구서	366		김가림	성동서	127		김경덕	남대문서	106
길수정	인천청	220		김가민	용인서	192		김경돈	속초서	209
길영은	동대문서	113		김가연	용인서	192		김경동	구미서	379
길요한	이천서	197		김가연	은평서	141		김경두	용산서	138
길준영	김해서	433		김가연	중랑서	146		김경라	도봉서	111
길혜선	용산서	139		김가영	김해서	432		김경락	삼성서	121
김 강	구리서	171		김가영	마포서	116		김경란	경기광주서	168
김 권	도봉서	110		김가영	부천서	250		김경란	김해서	432
김 단	광산서	323		김가영	서초서	125		김경란	홍천서	217
김 란	대전청	266		김가영	성북서	128		김경랑	분당서	179
김 란	서울청	62		김가영	순천서	344		김경록	도봉서	110
김 린	동화성서	202		김가영	인천서	231		김경록	춘천서	215

김경린	경기광주서	168	김경원	성동서	127	김경희	구로서	103
김경림	광명서	244	김경은	거창서	431	김경희	대구청	354
김경만	수원서	183	김경은	동안양서	177	김경희	마포서	116
김경모	은평서	141	김경은	반포서	118	김경희	성남서	180
김경무	부산청	402	김경이	중부산서	422	김경희	안산서	187
김경미	대전청	263	김경익	중랑서	147	김경희	의정부서	255
김경미	동안산서	189	김경인	송파서	130	김경희	익산서	335
김경미	북대구서	371	김경인	진주서	436	김경희	중부청	157
김경미	서울청	83	김경일	안양서	191	김계영	마산서	434
김경미	서울청	91	김경임	광주청	313	김계영	송파서	130
김경미	인천청	221	김경자	노원서	108	김계원	지방세제	446
김경민	경산서	374	김경주	광주서	320	김계정	의정부서	254
김경민	국세청	42	김경준	김포서	247	김계향	동울산서	426
김경민	기흥서	195	김경준	남동서	239	김계희	국세청	27
김경민	부산청	403	김경진	국세청	32	김고은	관악서	100
김경민	서초서	124	김경진	동작서	115	김고은	부산청	402
김경민	여수서	348	김경진	부산청	399	김고은	서울청	64
김경민	역삼서	134	김경진	서부산서	419	김고환	서대문서	123
김경민	용인서	192	김경진	중부청	166	김고희	중부청	156
김경민	인천청	222	김경찬	동수원서	174	김공해	광주청	313
김경민	중부청	163	김경철	국세청	42	김관오	대전서	275
김경복	서울청	79	김경철	진주서	437	김관우	인천청	222
김경석	경주서	377	김경태	금천서	105	김관태	포항서	391
김경선	국세청	25	김경태	동안양서	176	김관호	북광주서	325
김경선	부산청	397	김경태	수영서	421	김관홍	부평서	232
김경선	성북서	129	김경태	영등포서	137	김광대	중부청	153
김경성	반포서	118	김경택	서대구서	373	김광래	국세청	27
김경수	대구청	354	김경필	국세청	48	김광련	수성서	368
김경수	조세심판원	14	김경한	대구청	354	김광록	성북서	128
김경숙	광주서	321	김경해	부평서	233	김광묵	춘천서	214
김경숙	동안양서	176	김경해	세종서	298	김광미	삼성서	121
김경숙	동작서	114	김경향	동안양서	176	김광미	서대문서	123
김경숙	서울청	75	김경현	동대문서	112	김광민	국세청	42
김경숙	성남서	181	김경현	수성서	368	김광석	북대구서	371
김경숙	아산서	300	김경현	순천서	344	김광섭	원주서	213
김경숙	원주서	213	김경현	이천서	196	김광성	광산서	322
김경승	마산서	435	김경혜	강서서	99	김광성	북광주서	324
김경아	강동서	97	김경호	서산서	296	김광수	서울청	63
김경아	고양서	243	김경호	서울청	87	김광수	서울청	67
김경아	국세청	23	김경화	거창서	430	김광순	대전청	265
김경아	마포서	117	김경화	동울산서	427	김광식	동고양서	248
김경아	송파서	130	김경환	동작서	115	김광식	삼척서	206
김경아	용산서	139	김경환	영등포서	137	김광연	고양서	243
김경애	남부천서	252	김경환	전주서	336	김광영	고양서	242
김경애	세종서	298	김경환	홍성서	306	김광용	강서서	99
김경업	동고양서	248	김경훈	대구청	361	김광용	송파서	130
김경업	부천서	250	김경훈	서산서	297	김광준	중부청	158
김경연	성남서	181	김경훈	서울청	62	김광천	고양서	243
김경오	북대전서	277	김경훈	성남서	180	김광태	중부청	153
김경옥	서울청	91	김경훈	조세연	451	김광현	광산서	322
김경옥	중부산서	423	김경희	강남서	94	김광현	금천서	105
김경욱	서대문서	123	김경희	강서서	99	김광현	동화성서	202
김경원	노원서	108	김경희	강서서	98	김광현	상주서	382

김광현	서울청	75	김근환	청주서	287	김나경	익산서	334
김광현	해남서	350	김근희	평택서	198	김나나	성동서	127
김광혜	중부청	158	김금립	청주서	287	김나래	구로서	102
김광호	광주청	310	김금순	부산진서	412	김나래	부산청	404
김광환	중랑서	146	김금영	순천서	345	김나미	인천청	221
김광희	북전주서	333	김금정	광주서	321	김나연	강남서	95
김교민	영덕서	387	김금주	서부산서	418	김나연	국세청	49
김교성	안양서	191	김기남	양천서	132	김나연	동작서	114
김구봉	서대전서	279	김기덕	서대문서	123	김나연	서울청	71
김구하	대구청	358	김기덕	중부청	165	김나연	서울청	69
김구호	구리서	170	김기동	속초서	209	김나연	서초서	124
김구환	양산서	408	김기동	전주서	337	김나연	세종서	299
김국성	중부청	160	김기문	의정부서	254	김나연	순천서	344
김국진	서울청	88	김기미	역삼서	135	김나영	구미서	378
김국현	충주서	289	김기미	충주서	289	김나영	국세청	30
김권하	북부산서	415	김기범	울산서	428	김나영	국세청	49
김귀종	북전주서	333	김기선	서울청	77	김나영	김해서	433
김규리	남대문서	106	김기성	예산서	303	김나영	대구청	360
김규리	서대구서	373	김기송	광명서	244	김나영	동대문서	112
김규리	아산서	300	김기식	계양서	241	김나영	부산청	399
김규림	상담센터	56	김기식	영월서	211	김나영	송파서	131
김규성	관악서	100	김기아	정읍서	338	김나영	역삼서	134
김규식	대구청	355	김기업	동울산서	426	김나영	울산서	429
김규완	마포서	116	김기연	은평서	141	김나영	의정부서	255
김규원	안산서	187	김기열	종로서	145	김나영	인천서	231
김규원	영동서	282	김기영	평택서	199	김나영	조세연	453
김규원	인천청	225	김기완	춘천서	214	김나예	이천서	197
김규진	대구청	356	김기용	통영서	440	김나원	금정서	407
김규진	서울청	78	김기웅	이천서	196	김나윤	남동서	238
김규진	진주서	437	김기은	성남서	180	김나윤	남양주서	172
김규철	광산서	323	김기은	용산서	138	김나은	금정서	407
김규태	나주서	340	김기정	광산서	323	김나은	남대문서	107
김규표	서광주서	327	김기중	동래서	411	김나은	북대전서	277
김규한	수영서	421	김기중	중부서	149	김나은	인천서	230
김규혁	용인서	192	김기천	도봉서	110	김나현	국세청	49
김규현	포항서	390	김기철	강남서	94	김나현	금천서	104
김규호	부천서	250	김기태	서울청	71	김나현	동래서	410
김규환	서울청	90	김기태	충주서	288	김나현	동울산서	427
김규희	강남서	95	김기현	용산서	138	김나현	마산서	435
김규희	연수서	237	김기형	남대구서	365	김나현	서대문서	122
김균열	광산서	323	김기홍	서울청	84	김나현	서울청	88
김균태	동청주서	280	김기홍	이천서	197	김나현	서초서	125
김극돈	서울청	88	김기홍	조세심판원	15	김나현	주류센터	59
김근수	서울청	77	김기환	동고양서	248	김나현	해운대서	424
김근수	중부청	157	김기환	시흥서	184	김나휘	이천서	197
김근아	대전청	270	김기환	인천서	231	김나희	서대전서	278
김근영	인천청	221	김기환	중랑서	147	김낙용	중부서	149
김근우	거창서	430	김기훈	부천서	251	김난경	종로서	144
김근우	포천서	259	김기훈	중부청	163	김난미	잠실서	143
김근하	천안서	304	김길선	양산서	408	김난영	구리서	171
김근한	평택서	199	김길영	김천서	380	김난영	진주서	436
김근형	포항서	390	김길희	영주서	388	김난영	통영서	440
김근화	동고양서	248	김나경	용인서	193	김난유	조세연	453

김난주	상주서	382	김다영	서인천서	234	김대우	서울청	76
김난형	성동서	127	김다영	중부서	149	김대욱	서인천서	235
김난희	부산청	403	김다영	평택서	199	김대운	동청주서	280
김난희	서울청	83	김다예	광주청	311	김대원	경기광주서	168
김남구	홍천서	216	김다운	송파서	130	김대원	국세청	45
김남규	대구청	356	김다운	중부청	152	김대원	동래서	411
김남규	대구청	358	김다운	창원서	438	김대원	삼성서	121
김남균	반포서	118	김다울	북전주서	332	김대윤	마포서	117
김남덕	군산서	329	김다원	관악서	100	김대일	고양서	242
김남배	마산서	435	김다은	중부서	149	김대일	광주청	314
김남수	북광주서	324	김다은	평택서	199	김대준	서초서	124
김남연	북대구서	370	김다이	홍천서	216	김대중	경산서	374
김남열	중부청	164	김다정	성동서	127	김대중	안동서	385
김남영	동울산서	426	김다해	잠실서	142	김대중	종로서	145
김남영	중부청	154	김다현	강서서	99	김대진	서울청	65
김남은	파주서	256	김다현	반포서	119	김대진	세종서	298
김남이	광주청	310	김다현	제천서	285	김대철	서울청	81
김남이	화성서	200	김다현	조세연	453	김대학	광주서	321
김남정	동대구서	366	김다형	인천청	223	김대한	세종서	298
김남정	송파서	130	김다혜	광산서	322	김대혁	안양서	191
김남주	동안양서	176	김다혜	대전서	274	김대현	나주서	341
김남주	안산서	186	김다혜	북광주서	324	김대현	마산서	434
김남주	은평서	141	김다혜	지방세제	446	김대현	서울청	62
김남준	상담센터	57	김다희	삼척서	206	김대현	의정부서	254
김남중	세종서	299	김다희	서부산서	419	김대현	통영서	440
김남철	포천서	259	김다희	중부청	162	김대호	북광주서	324
김남헌	동수원서	174	김단비	북광주서	324	김대호	영등포서	137
김남현	김해서	433	김단비	성남서	180	김대환	구로서	102
김남훈	대전청	269	김단아	대구청	359	김대환	국세청	32
김남훈	동대문서	112	김단아	중랑서	147	김대환	동안산서	189
김남훈	종로서	145	김달님	춘천서	215	김대훈	대구청	354
김남희	금정서	406	김달유	조세연	449	김대훈	서울청	62
김남희	동작서	115	김대관	서인천서	235	김대훈	제주서	442
김남희	서대문서	123	김대권	관악서	100	김대희	마산서	435
김남희	제주서	442	김대길	노원서	108	김대희	서울청	78
김내리	국세청	19	김대범	인천청	228	김덕교	인천청	222
김내현	반포서	118	김대범	인천청	225	김덕규	대전청	271
김년성	마산서	434	김대석	익산서	334	김덕기	구로서	102
김노섭	서울청	87	김대성	동대구서	366	김덕년	수성서	369
김누리	구리서	171	김대성	지방세제	447	김덕민	천안서	304
김다람	화성서	200	김대업	남대구서	365	김덕봉	북부산서	414
김다랑	조세연	452	김대연	동래서	410	김덕영	대전청	264
김다민	서울청	82	김대연	용인서	193	김덕원	해운대서	424
김다빈	원주서	212	김대연	의정부서	255	김덕은	서울청	82
김다솔	경기광주서	168	김대연	중랑서	147	김덕진	북전주서	333
김다솜	서울청	88	김대열	수성서	369	김덕진	서울청	69
김다솜	천안서	304	김대엽	북부산서	415	김덕현	대구청	359
김다연	금천서	105	김대영	대구청	358	김덕형	청주서	286
김다연	서대전서	278	김대영	인천서	231	김덕호	광주청	314
김다연	춘천서	214	김대옥	강릉서	205	김덕환	북대구서	371
김다영	국세청	23	김대옥	부산진서	413	김덕희	경산서	374
김다영	나주서	340	김대용	서대문서	123	김도경	기흥서	195
김다영	동대문서	112	김대우	서울청	74	김도경	반포서	119

김도경	세제실	6	김도훈	안동서	384	김동우	남대문서	106
김도곤	북대구서	370	김도훈	정읍서	338	김동우	분당서	179
김도곤	해운대서	424	김도훈	중부청	153	김동욱	국세청	49
김도균	마포서	117	김도희	동고양서	249	김동욱	대구청	354
김도균	의정부서	255	김도희	동청주서	280	김동욱	북부산서	415
김도균	인천청	223	김도희	반포서	119	김동욱	삼성서	121
김도년	부산강서서	417	김도희	용인서	193	김동욱	서울청	73
김도민	김천서	380	김도희	중부청	158	김동욱	성동서	126
김도숙	남대구서	365	김동건	시흥서	185	김동욱	성동서	127
김도암	창원서	439	김동건	중부산서	423	김동욱	수영서	420
김도애	포천서	258	김동건	해운대서	425	김동욱	중부청	153
김도연	나주서	341	김동겸	울산서	428	김동원	강서서	98
김도연	동수원서	175	김동구	서광주서	326	김동원	대구청	357
김도연	동청주서	281	김동구	중부청	165	김동원	부산강서서	417
김도연	북부산서	414	김동규	국세청	25	김동원	부산청	394
김도연	성북서	128	김동근	남양주서	172	김동원	서초서	125
김도연	수성서	369	김동근	대전청	270	김동원	조세심판원	14
김도연	영등포서	137	김동근	수원서	182	김동윤	국세청	27
김도연	제주서	443	김동길	부산청	399	김동윤	동안산서	189
김도연	중랑서	146	김동길	통영서	440	김동윤	속초서	209
김도연	창원서	438	김동련	원주서	213	김동은	용산서	139
김도연	포항서	390	김동만	용산서	138	김동이	김천서	380
김도엽	서울청	88	김동민	경기광주서	169	김동인	서인천서	235
김도영	국세청	43	김동민	북부산서	414	김동일	부산청	394
김도영	군산서	328	김동민	양산서	409	김동조	중부청	159
김도영	마산서	435	김동범	남대구서	365	김동주	용인서	192
김도영	성동서	126	김동범	동대구서	367	김동준	국세청	26
김도원	수원서	183	김동범	중랑서	146	김동준	동고양서	248
김도유	대구청	357	김동빈	서울청	86	김동준	부천서	250
김도윤	동청주서	280	김동석	분당서	179	김동준	속초서	208
김도윤	부산진서	413	김동선	세종서	299	김동준	인천청	227
김도윤	서울청	80	김동선	순천서	344	김동직	국세청	45
김도윤	인천청	227	김동수	국세청	36	김동진	경기광주서	169
김도헌	마산서	435	김동수	국세청	25	김동진	서인천서	235
김도헌	부산진서	412	김동수	기흥서	195	김동진	서초서	125
김도헌	북부산서	414	김동수	북부산서	415	김동진	인천청	226
김도헌	중부청	166	김동수	서울청	82	김동진	종로서	145
김도혁	경산서	374	김동식	파주서	256	김동철	강남서	94
김도현	강릉서	204	김동신	부산진서	412	김동춘	부산청	396
김도현	중부청	159	김동신	해남서	350	김동하	도봉서	110
김도현	평택서	198	김동언	관악서	100	김동한	부산청	399
김도현	평택서	199	김동업	부산청	396	김동한	울산서	428
김도협	부평서	233	김동연	부산진서	412	김동혁	대전청	264
김도형	남양주서	172	김동열	서인천서	235	김동현	국세청	33
김도형	노원서	108	김동엽	이천서	196	김동현	논산서	292
김도형	부산청	398	김동영	금천서	105	김동현	대전서	275
김도형	서울청	88	김동영	북대구서	370	김동현	동대구서	366
김도형	수원서	183	김동영	양산서	409	김동현	동래서	411
김도형	포항서	390	김동영	지방세제	447	김동현	동화성서	203
김도훈	경기광주서	169	김동완	마포서	117	김동현	마산서	435
김도훈	구미서	379	김동완	영등포서	136	김동현	마포서	117
김도훈	국세청	27	김동우	고양서	242	김동현	부산청	403
김도훈	동작서	114	김동우	김해서	432	김동현	부산청	398

김동현	부천서	251	김로환	제천서	284	김명희	영등포서	136
김동현	서울청	62	김록수	부산청	400	김묘성	서울청	64
김동현	서초서	125	김리아	동청주서	280	김묘정	중부청	158
김동현	성동서	127	김리완	금정서	406	김무간	원주서	212
김동현	세종서	298	김만기	세제실	7	김무남	파주서	257
김동현	은평서	140	김만덕	김포서	247	김무열	부산진서	412
김동현	인천청	228	김만성	서광주서	327	김무영	제천서	284
김동형	보령서	295	김만수	세제실	7	김문경	강남서	94
김동형	인천청	225	김만숙	강남서	94	김문경	서초서	124
김동호	중부청	159	김말숙	세종서	298	김문균	서울청	89
김동호	진주서	437	김명경	관악서	101	김문기	용산서	139
김동화	경주서	377	김명국	김천서	380	김문길	송파서	131
김동환	서울청	71	김명규	노원서	108	김문민	북대구서	370
김동환	서울청	88	김명렬	부산진서	412	김문성	인천청	222
김동환	역삼서	135	김명미	해운대서	424	김문수	대전청	271
김동환	잠실서	142	김명선	마포서	116	김문수	조세심판원	12
김동훈	남대구서	364	김명선	중부산서	423	김문수	통영서	441
김동훈	동울산서	427	김명선	중부청	160	김문영	금천서	104
김동훈	서초서	125	김명선	포항서	390	김문영	노원서	108
김동훈	송파서	130	김명선	해남서	350	김문재	북부산서	415
김동휘	광명서	245	김명섭	김해서	432	김문정	부산청	398
김동휘	영등포서	136	김명수	국세청	32	김문정	서울청	86
김동희	경기광주서	169	김명수	송파서	131	김문정	조세연	450
김동희	안양서	190	김명수	울산서	428	김문정	조세연	449
김두곤	영주서	389	김명숙	부산청	404	김문철	제천서	284
김두리	이천서	196	김명숙	수원서	183	김문형	용인서	193
김두섭	대전청	268	김명숙	제천서	284	김문환	분당서	178
김두섭	조세심판원	12	김명숙	중랑서	146	김문희	서울청	78
김두성	서대문서	123	김명순	대전청	265	김문희	순천서	344
김두수	경기광주서	169	김명열	서울청	75	김문희	안산서	187
김두수	서울청	64	김명원	국세청	26	김미경	관악서	100
김두식	부산청	402	김명원	국세청	44	김미경	구로서	102
김두연	분당서	178	김명윤	김해서	433	김미경	군산서	328
김두연	세종서	299	김명인	분당서	179	김미경	김해서	432
김두영	대구청	356	김명제	국세청	46	김미경	서광주서	326
김두영	영월서	211	김명준	부천서	251	김미경	서울청	70
김두정	구리서	170	김명중	광주청	310	김미경	안산서	187
김두향	강서서	98	김명지	동래서	410	김미경	영주서	388
김두환	서울청	76	김명진	국세청	41	김미경	용산서	139
김두환	청주서	286	김명진	대전청	262	김미경	울산서	428
김두희	성동서	127	김명진	서울청	88	김미경	중부서	149
김두희	영덕서	386	김명진	성동서	127	김미경	춘천서	214
김득수	대구청	354	김명진	인천청	225	김미나	강릉서	205
김득중	국세청	43	김명철	서대전서	278	김미나	국세청	21
김득화	인천서	231	김명철	울산서	429	김미나	마포서	116
김라영	동작서	115	김명호	안산서	187	김미나	수원서	183
김라은	동울산서	427	김명화	남대문서	106	김미나	인천청	227
김라희	인천서	230	김명환	주류센터	59	김미덕	노원서	109
김란주	중부청	162	김명회	송파서	130	김미라	시흥서	185
김래하	잠실서	142	김명훈	동울산서	427	김미란	남대문서	106
김령도	마포서	117	김명희	강남서	94	김미란	서울청	71
김령언	창원서	439	김명희	광주청	317	김미란	서울청	64
김령우	울산서	428	김명희	성동서	126	김미란	은평서	141

이름	기관	쪽	이름	기관	쪽	이름	기관	쪽
김미래	동수원서	175	김미정	동고양서	249	김민규	용인서	193
김미량	안동서	384	김미정	동작서	115	김민규	통영서	440
김미령	동안산서	188	김미정	부평서	233	김민균	동안산서	188
김미례	중랑서	147	김미정	분당서	179	김민기	중부청	156
김미리	목포서	342	김미정	서울청	65	김민비	홍천서	217
김미림	구로서	102	김미정	서울청	79	김민상	고양서	242
김미림	서울청	79	김미정	성북서	129	김민상	동고양서	249
김미림	포천서	258	김미정	제주서	442	김민상	서인천서	234
김미미	서인천서	234	김미정	조세연	450	김민서	창원서	438
김미선	경기광주	169	김미주	강남서	95	김민석	국세청	38
김미선	남부천서	252	김미지	강릉서	204	김민석	김포서	246
김미선	북대전서	277	김미지	마산서	434	김민석	동대문서	113
김미선	정읍서	339	김미지	부산진서	412	김민석	북대전서	277
김미성	은평서	140	김미진	관악서	100	김민석	서부산서	419
김미소	마산서	435	김미진	광주청	312	김민석	서울청	79
김미소	서울청	75	김미진	노원서	109	김민석	성북서	129
김미솔	제천서	285	김미진	마산서	435	김민석	양산서	408
김미송	해운대서	425	김미진	성동서	126	김민석	영주서	389
김미숙	구로서	103	김미향	동수원서	175	김민석	홍성서	306
김미숙	김해서	432	김미현	대구청	361	김민선	강릉서	204
김미숙	반포서	119	김미현	동래서	410	김민선	동청주서	280
김미숙	부산청	402	김미현	서대구서	373	김민선	성동서	127
김미순	관악서	101	김미현	제주서	442	김민선	역삼서	134
김미아	부산청	395	김미혜	광주서	321	김민선	의정부서	254
김미애	국세청	30	김미혜	인천청	220	김민선	중부청	158
김미애	동대구서	367	김미화	북광주서	325	김민섭	도봉서	111
김미애	서울청	81	김미희	강동서	96	김민성	분당서	178
김미애	안산서	186	김미희	동안산서	188	김민성	중부산서	423
김미연	관악서	101	김미희	부산강서서	417	김민성	청주서	286
김미연	금천서	105	김미희	원주서	212	김민성	화성서	200
김미연	북부산서	414	김민건	수원서	183	김민수	강남서	95
김미연	서울청	71	김민경	남대문서	106	김민수	경기광주	169
김미연	영등포서	137	김민경	대전청	266	김민수	관악서	100
김미영	김포서	247	김민경	도봉서	110	김민수	금천서	104
김미영	부산진서	413	김민경	동울산서	427	김민수	김포서	246
김미영	삼성서	121	김민경	동화성서	203	김민수	남대구서	365
김미영	서울청	72	김민경	서울청	74	김민수	노원서	108
김미영	서울청	62	김민경	서울청	71	김민수	부산강서서	416
김미영	여수서	349	김민경	순천서	344	김민수	부산진서	412
김미영	울산서	429	김민경	원주서	213	김민수	부산청	399
김미영	잠실서	143	김민경	인천청	220	김민수	북대전서	276
김미영	정읍서	338	김민경	제주서	442	김민수	서대문서	123
김미영	평택서	198	김민경	조세연	450	김민수	성북서	129
김미옥	금정서	407	김민경	중부서	149	김민수	수영서	420
김미옥	서초서	124	김민경	중부청	158	김민수	시흥서	184
김미옥	양산서	408	김민경	해남서	351	김민수	파주서	256
김미옥	울산서	428	김민관	서울청	68	김민수	파주서	257
김미옥	인천청	228	김민광	서대문서	123	김민수	해남서	351
김미옥	종로서	145	김민교	중부청	153	김민숙	관악서	100
김미원	구로서	103	김민국	구미서	379	김민숙	김해서	433
김미정	관악서	100	김민규	금정서	406	김민승	북광주서	325
김미정	김해서	432	김민규	상담센터	56	김민식	포항서	391
김미정	노원서	108	김민규	세종서	298	김민아	마포서	117

김민아	성북서	129	김민정	양천서	132	김민철	광주청	314
김민아	수영서	420	김민정	예산서	303	김민철	남양주서	172
김민아	인천청	222	김민정	울산서	429	김민철	수성서	369
김민아	종로서	145	김민정	인천서	231	김민태	구리서	171
김민애	경산서	375	김민정	중부청	162	김민표	평택서	199
김민애	인천청	225	김민정	중부청	155	김민혁	해운대서	425
김민양	서울청	80	김민정	진주서	436	김민형	대전청	270
김민영	강동서	96	김민정	충주서	288	김민형	서울청	72
김민영	국세청	24	김민정	포천서	258	김민혜	영등포서	137
김민영	동래서	411	김민정	해운대서	425	김민호	경주서	377
김민영	동청주서	280	김민정	화성서	201	김민호	국세청	50
김민영	양천서	132	김민제	이천서	196	김민호	세제실	7
김민영	영등포서	137	김민주	강서서	99	김민후	부산청	398
김민영	울산서	428	김민주	경산서	375	김민후	북광주서	324
김민영	은평서	140	김민주	국세청	35	김민희	금정서	406
김민영	잠실서	143	김민주	국세청	28	김민희	김포서	247
김민영	제주서	442	김민주	대구청	354	김민희	남양주서	172
김민완	서인천서	234	김민주	동래서	411	김민희	동화성서	203
김민우	금천서	104	김민주	반포서	118	김민희	서울청	77
김민우	서울청	74	김민주	서울청	70	김민희	파주서	256
김민욱	고양서	242	김민주	수영서	420	김반디	동안양서	176
김민웅	북전주서	333	김민주	양천서	133	김백규	동안산서	188
김민재	광산서	322	김민주	원주서	213	김백만	동대구서	367
김민재	금천서	104	김민주	인천서	230	김백승	순천서	347
김민재	김해서	432	김민주	중부청	165	김범겸	분당서	179
김민재	부산청	399	김민주	평택서	198	김범구	조세연	450
김민재	이천서	196	김민주	평택서	199	김범석	포천서	259
김민정	강동서	96	김민준	강서서	99	김범수	조세연	455
김민정	강릉서	205	김민준	금정서	406	김범전	북대전서	277
김민정	경기광주서	169	김민준	동래서	411	김범종	성동서	127
김민정	광주서	321	김민준	상주서	383	김범준	남대문서	107
김민정	광주청	311	김민준	서부산서	419	김범준	중부청	159
김민정	국세청	46	김민준	세종서	299	김범준	청주서	286
김민정	김해서	432	김민중	동안산서	189	김범채	강릉서	204
김민정	김해서	433	김민중	인천서	231	김범철	서울청	71
김민정	남양주서	173	김민지	강동서	97	김법열	해남서	351
김민정	논산서	292	김민지	광산서	322	김별아	강릉서	205
김민정	대전서	275	김민지	도봉서	111	김병곤	강릉서	204
김민정	대전청	265	김민지	북대전서	276	김병관	인천서	230
김민정	동울산서	427	김민지	북부산서	414	김병권	국세청	22
김민정	동화성서	203	김민지	서대구서	373	김병규	연수서	236
김민정	부산청	394	김민지	서울청	84	김병기	목포서	343
김민정	부평서	232	김민지	송파서	131	김병기	서초서	125
김민정	북부산서	415	김민지	수영서	420	김병기	진주서	436
김민정	삼성서	120	김민지	영등포서	136	김병만	서초서	125
김민정	상주서	383	김민지	익산서	334	김병모	상주서	382
김민정	서울청	72	김민지	정읍서	338	김병무	광주서	321
김민정	서울청	76	김민지	진주서	437	김병민	남동서	238
김민정	서울청	91	김민진	부산진서	412	김병삼	전주서	336
김민정	속초서	208	김민진	서울청	64	김병삼	창원서	439
김민정	수영서	421	김민진	수영서	421	김병석	경주서	376
김민정	수영서	420	김민창	대구청	354	김병석	서초서	125
김민정	수원서	182	김민채	군산서	328	김병선	동작서	114

이름	소속	번호	이름	소속	번호	이름	소속	번호
김병섭	안산서	186	김보경	은평서	140	김보운	강남서	95
김병성	서울청	82	김보경	의정부서	254	김보원	파주서	257
김병수	부산강서서	416	김보경	인천청	227	김보윤	중부청	158
김병수	영덕서	386	김보경	잠실서	142	김보은	부산진서	413
김병수	중부산서	422	김보경	화성서	200	김보정	동대구서	366
김병수	파주서	257	김보규	광산서	322	김보현	광주청	313
김병식	국세청	25	김보균	상담센터	57	김보현	평택서	198
김병옥	구리서	171	김보근	광산서	322	김보혜	서대전서	278
김병우	거창서	430	김보근	파주서	256	김보희	동울산서	427
김병우	동수원서	175	김보나	서인천서	235	김복기	북전주서	333
김병욱	경산서	375	김보나	용인서	192	김복래	남동서	238
김병욱	동래서	411	김보라	동화성서	203	김복임	인천청	223
김병욱	북대구서	371	김보라	삼성서	121	김봉규	서울청	88
김병윤	금천서	104	김보라	서울청	70	김봉기	성동서	127
김병윤	양산서	409	김보라	의정부서	255	김봉섭	부평서	232
김병윤	지방세제	447	김보람	부평서	232	김봉수	남양주서	173
김병인	금정서	406	김보람	분당서	179	김봉수	서대구서	372
김병일	대전서	275	김보람	순천서	345	김봉식	의정부서	255
김병일	용인서	193	김보람	조세심판원	15	김봉완	서인천서	235
김병주	양산서	409	김보름	화성서	200	김봉재	광주서	320
김병주	정읍서	339	김보림	구미서	379	김봉재	마산서	434
김병주	중부청	161	김보미	강동서	97	김봉재	서울청	84
김병준	광산서	322	김보미	국세청	47	김봉재	서인천서	234
김병준	반포서	119	김보미	대전청	270	김봉준	동래서	411
김병준	서울청	62	김보미	동안산서	189	김봉진	서산서	296
김병진	동작서	114	김보미	삼성서	120	김봉진	진주서	436
김병찬	부산청	400	김보미	서울청	72	김봉찬	서대문서	122
김병찬	영등포서	137	김보미	성동서	126	김부일	국세청	21
김병찬	인천청	228	김보미	영등포서	137	김부자	대구청	357
김병창	양산서	409	김보미	예산서	302	김분숙	울산서	428
김병철	대전청	268	김보미	원주서	212	김분희	수원서	182
김병철	대전청	269	김보미	익산서	334	김붕호	충주서	288
김병철	마산서	434	김보미	잠실서	143	김비주	서초서	125
김병철	세제실	6	김보미	종로서	145	김빛나	서울청	68
김병철	조세심판원	13	김보미	중부청	166	김빛누리	부평서	232
김병헌	동대구서	367	김보민	동화성서	202	김빛마로	조세연	449
김병현	서울청	83	김보민	부산청	401	김빛마로	조세연	452
김병현	세종서	299	김보배	상주서	382	김삼규	북대구서	370
김병호	화성서	201	김보석	국세청	42	김상걸	성북서	128
김병환	중부산서	422	김보석	남대문서	106	김상경	반포서	118
김병훈	경주서	377	김보선	연수서	237	김상곤	조세심판원	14
김병훈	서대구서	372	김보선	해운대서	424	김상균	구미서	379
김병휘	국세청	24	김보성	분당서	179	김상균	남부천서	253
김병희	영등포서	136	김보성	조세연	454	김상균	성동서	126
김보경	김해서	432	김보송	서울청	65	김상균	수성서	369
김보경	대전청	266	김보연	계양서	240	김상근	성동서	127
김보경	동안산서	188	김보연	동화성서	203	김상근	영주서	389
김보경	부산청	399	김보연	양천서	133	김상기	경주서	376
김보경	북대전서	276	김보연	종로서	144	김상덕	금정서	406
김보경	분당서	179	김보연	중부서	149	김상덕	동수원서	174
김보경	서대구서	372	김보영	영등포서	137	김상동	서울청	65
김보경	송파서	130	김보영	평택서	198	김상련	남대구서	365
김보경	울산서	429	김보영	홍성서	307	김상록	시흥서	185

이름	소속	쪽	이름	소속	쪽	이름	소속	쪽
김상린	천안서	305	김상현	기흥서	195	김석민	울산서	428
김상만	계양서	240	김상현	김해서	433	김석민	원주서	213
김상목	종로서	144	김상현	남대문서	106	김석우	국세청	19
김상무	서대구서	373	김상현	대전청	270	김석제	국세청	47
김상미	국세청	26	김상현	조세연	454	김석주	중부청	166
김상민	국세청	45	김상호	강서서	98	김석준	기흥서	194
김상민	김포서	247	김상호	여수서	348	김석찬	상담센터	58
김상민	중부청	161	김상호	역삼서	134	김석채	제천서	284
김상민	중부청	159	김상호	천안서	305	김석헌	세제실	6
김상범	국세청	19	김상훈	공주서	290	김석현	서울청	85
김상빈	원주서	212	김상훈	나주서	340	김석현	청주서	286
김상섭	대구청	354	김상훈	부산청	404	김석호	대구청	354
김상숙	대전청	266	김상훈	북대구서	370	김석훈	시흥서	185
김상순	북부산서	414	김상훈	서울청	83	김선경	부산청	403
김상아	이천서	196	김상훈	안산서	187	김선경	익산서	335
김상연	구로서	103	김상훈	여수서	348	김선경	잠실서	142
김상연	서울청	74	김상훈	전주서	336	김선관	동청주서	281
김상엽	예산서	302	김상희	경산서	374	김선규	영덕서	387
김상엽	울산서	429	김상희	구미서	378	김선규	종로서	145
김상엽	충주서	289	김상희	금천서	105	김선균	경기광주서	169
김상옥	중부청	154	김상희	김해서	432	김선근	중부청	157
김상온	남대구서	364	김상희	서대구서	372	김선기	대전청	270
김상용	동수원서	174	김상희	중랑서	146	김선기	부산청	398
김상우	구리서	171	김새롬	용인서	192	김선덕	성동서	127
김상우	대구청	359	김새롬	전주서	337	김선돌	천안서	304
김상우	서대구서	373	김새미	서초서	125	김선량	서대문서	122
김상우	서부산서	419	김생분	연수서	237	김선면	제주서	443
김상우	중부산서	423	김서경	용인서	192	김선명	서산서	296
김상욱	성남서	180	김서경	중부청	158	김선미	구로서	102
김상욱	수영서	421	김서미	동수원서	174	김선미	동안양서	176
김상욱	인천서	230	김서안	반포서	119	김선미	서대구서	373
김상운	경산서	374	김서연	국세청	27	김선미	서대전서	278
김상원	용산서	138	김서연	삼성서	121	김선미	안양서	190
김상원	중랑서	147	김서연	상주서	382	김선미	용산서	139
김상윤	인천청	227	김서연	수영서	420	김선미	중랑서	146
김상은	서울청	72	김서연	잠실서	143	김선민	서대구서	373
김상이	서울청	81	김서연	평택서	198	김선봉	서울청	82
김상인	군산서	328	김서영	서대문서	123	김선순	동작서	115
김상일	서울청	64	김서영	조세연	454	김선아	남동서	238
김상조	상주서	382	김서윤	세제실	8	김선아	동대문서	113
김상직	동래서	410	김서윤	양천서	132	김선아	동작서	114
김상진	남부천서	253	김서은	구로서	102	김선아	서초서	124
김상진	대전청	265	김서은	동안양서	177	김선아	연수서	237
김상천	도봉서	110	김서이	강서서	98	김선애	대전청	270
김상천	시흥서	184	김서진	지방세제	446	김선애	동화성서	202
김상철	남대구서	364	김서현	서울청	89	김선애	서초서	124
김상철	서인천서	235	김서현	서울청	90	김선엽	조세심판원	13
김상태	세종서	299	김서현	여수서	348	김선영	국세청	41
김상헌	구미서	378	김서형	동울산서	427	김선영	남동서	238
김상혁	서울청	63	김서희	경산서	374	김선영	남동서	239
김상혁	성북서	129	김서희	충주서	288	김선영	대구청	356
김상혁	속초서	209	김석규	강서서	98	김선영	북대구서	371
김상현	군산서	328	김석모	서울청	87	김선영	영등포서	137

이름	부서	쪽	이름	부서	쪽	이름	부서	쪽
김선영	영월서	210	김성곤	중부청	157	김성연	해운대서	425
김선영	의정부서	254	김성규	천안서	304	김성열	계양서	240
김선영	중랑서	146	김성균	대구청	358	김성열	서대구서	372
김선영	중부청	153	김성근	동안산서	189	김성엽	국세청	43
김선옥	서인천서	235	김성근	상담센터	57	김성엽	조세심판원	13
김선우	연수서	237	김성기	부산청	394	김성영	남부천서	252
김선웅	예산서	303	김성기	부천서	251	김성영	인천청	225
김선윤	역삼서	135	김성기	서울청	88	김성용	남양주서	172
김선율	반포서	119	김성길	동수원서	174	김성용	서울청	75
김선이	중부청	157	김성길	동안양서	176	김성용	전주서	337
김선인	제주서	443	김성대	북대구서	371	김성우	동대구서	366
김선일	서울청	78	김성대	영등포서	136	김성우	북광주서	324
김선일	서울청	76	김성덕	양천서	132	김성우	삼성서	120
김선임	김해서	432	김성덕	역삼서	135	김성우	상주서	382
김선임	마포서	117	김성동	인천청	220	김성우	서대구서	373
김선자	국세청	42	김성동	조세연	455	김성우	세제실	9
김선장	종로서	145	김성두	양천서	132	김성우	포천서	258
김선정	상담센터	58	김성렬	북광주서	324	김성욱	강남서	94
김선정	상담센터	57	김성록	인천청	228	김성욱	삼성서	120
김선정	조세연	455	김성룡	평택서	199	김성욱	서울청	80
김선종	통영서	441	김성면	제주서	442	김성욱	평택서	198
김선주	구로서	102	김성목	진주서	437	김성웅	국세청	29
김선주	국세청	21	김성묵	용산서	138	김성윤	잠실서	143
김선주	대전서	275	김성문	서울청	78	김성율	은평서	140
김선주	북대전서	276	김성문	중부청	161	김성은	국세청	50
김선주	서울청	85	김성미	구로서	102	김성은	서울청	62
김선주	서울청	83	김성미	마포서	116	김성은	시흥서	185
김선주	인천서	231	김성미	반포서	118	김성은	예산서	303
김선주	포항서	391	김성미	조세연	455	김성의	동안양서	177
김선중	시흥서	185	김성미	중부청	163	김성일	관악서	100
김선진	남대구서	364	김성미	중부청	157	김성일	부산진서	412
김선진	동대문서	112	김성미	화성서	200	김성일	서울청	64
김선진	용인서	192	김성민	국세청	30	김성재	인천청	221
김선하	성남서	180	김성민	남대구서	364	김성제	포항서	391
김선한	성동서	127	김성민	부산청	398	김성주	국세청	27
김선항	마포서	116	김성민	북대전서	276	김성주	국세청	49
김선혁	창원서	439	김성민	서울청	62	김성주	은평서	141
김선혜	구미서	378	김성민	서인천서	235	김성준	경기광주서	169
김선혜	김포서	247	김성민	제주서	443	김성준	광주청	314
김선호	서울청	63	김성민	중부산서	422	김성준	남양주서	172
김선화	남대문서	107	김성범	동안산서	188	김성준	서부산서	418
김선화	동화성서	203	김성범	중부청	155	김성준	양천서	133
김선화	서초서	125	김성범	창원서	439	김성준	창원서	439
김선화	조세연	450	김성수	노원서	109	김성준	포천서	259
김선화	조세연	449	김성수	북광주서	324	김성진	국세청	22
김선환	서대전서	278	김성수	세제실	6	김성진	국세청	41
김선휘	잠실서	143	김성수	시흥서	184	김성진	동작서	114
김선희	국세청	36	김성숙	동작서	115	김성진	마포서	117
김선희	국세청	25	김성순	상주서	382	김성진	부산청	397
김선희	서울청	80	김성식	이천서	197	김성진	수원서	183
김선희	울산서	428	김성실	노원서	108	김성진	여수서	348
김설빈	춘천서	214	김성연	서대전서	278	김성진	창원서	439
김성경	경기광주서	169	김성연	인천서	230	김성진	파주서	256

이름	소속	쪽	이름	소속	쪽	이름	소속	쪽
김성진	평택서	198	김세연	북전주서	332	김소연	수성서	368
김성진	포천서	258	김세엽	속초서	209	김소연	수원서	182
김성철	마산서	435	김세영	마산서	434	김소연	영등포서	137
김성택	마산서	434	김세영	서인천서	234	김소연	용인서	193
김성표	안양서	191	김세욱	보령서	294	김소연	의정부서	254
김성필	속초서	208	김세운	동울산서	426	김소연	인천청	223
김성한	국세청	20	김세웅	익산서	335	김소영	강동서	96
김성향	서울청	69	김세원	춘천서	214	김소영	광주서	320
김성혁	진주서	437	김세은	남동서	239	김소영	금천서	105
김성현	수성서	368	김세은	중부산서	423	김소영	기흥서	194
김성현	시흥서	184	김세인	조세연	450	김소영	동화성서	203
김성현	이천서	196	김세일	구로서	102	김소영	마산서	435
김성현	종로서	144	김세종	고양서	242	김소영	서울청	86
김성혜	강서서	99	김세진	경주서	376	김소영	세제실	9
김성호	대구청	358	김세진	구리서	171	김소영	송파서	130
김성호	동안양서	177	김세진	동청주서	280	김소영	안산서	186
김성호	부산청	402	김세진	부산청	401	김소영	영등포서	136
김성호	용인서	192	김세철	구미서	378	김소영	전주서	336
김성호	종로서	144	김세하	강동서	96	김소영	전주서	337
김성홍	서부산서	419	김세현	서초서	124	김소영	조세연	454
김성홍	포항서	390	김세현	성동서	126	김소영	중부청	155
김성환	서울청	69	김세현	중랑서	147	김소영	화성서	201
김성환	청주서	287	김세현	중부산서	422	김소윤	인천서	230
김성훈	부산청	403	김세호	청주서	286	김소윤	인천청	220
김성훈	부산청	398	김세환	서대전서	279	김소정	기흥서	195
김성훈	서울청	79	김세훈	경주서	376	김소정	서울청	71
김성훈	중부청	164	김세훈	서울청	63	김소정	의정부서	254
김성휘	세종서	299	김세훈	화성서	200	김소정	중부청	157
김성희	경주서	377	김세희	서울청	83	김소현	부천서	250
김성희	국세청	38	김소나	구로서	103	김소현	서울청	87
김성희	동고양서	248	김소담	구로서	102	김소현	안산서	187
김성희	북부산서	415	김소담	남동서	238	김소현	조세연	454
김성희	서울청	80	김소라	서울청	91	김소현	평택서	198
김성희	중부서	149	김소리	국세청	41	김소형	금정서	406
김성희	평택서	198	김소리	동안양서	176	김소희	대구청	361
김세건	의정부서	254	김소리	세종서	298	김소희	동대문서	112
김세곤	광주청	310	김소민	공주서	290	김소희	서대문서	123
김세권	상주서	382	김소연	강동서	96	김소희	송파서	130
김세기	용인서	193	김소연	강서서	98	김소희	중랑서	146
김세라	국세청	27	김소연	계양서	240	김솔아	남대문서	106
김세령	국세청	18	김소연	금정서	407	김송심	북광주서	325
김세령	동대문서	113	김소연	김포서	246	김송연	서울청	87
김세리	세제실	8	김소연	남양주서	173	김송원	대구청	360
김세린	국세청	36	김소연	대구청	354	김송이	경기광주서	168
김세린	국세청	25	김소연	대전청	269	김송이	동수원서	174
김세린	서울청	89	김소연	동작서	114	김송이	중부청	162
김세린	해남서	350	김소연	부산청	397	김송정	남동서	238
김세명	노원서	108	김소연	분당서	178	김송주	안산서	187
김세민	서울청	62	김소연	삼성서	121	김송현	종로서	144
김세민	시흥서	185	김소연	서울청	71	김송희	수성서	369
김세빈	강남서	94	김소연	서울청	90	김수경	남대구서	365
김세빈	금천서	105	김소연	서울청	67	김수경	삼성서	121
김세식	중부청	158	김소연	송파서	131	김수경	서대구서	372

김수경	잠실서	142	김수원	대전청	270	김수진	창원서	438
김수경	전주서	337	김수원	부천서	250	김수진	청주서	287
김수경	종로서	144	김수원	중랑서	146	김수진	평택서	198
김수남	상담센터	57	김수인	성동서	127	김수창	부산청	396
김수량	대전서	275	김수인	중부청	158	김수한	연수서	236
김수린	조세연	450	김수인	창원서	438	김수헌	중랑서	147
김수명	국세청	26	김수인	화성서	201	김수현	경기광주서	169
김수미	아산서	300	김수일	서울청	85	김수현	국세청	47
김수미	중부서	148	김수재	부산청	397	김수현	국세청	37
김수민	구미서	379	김수정	계양서	240	김수현	남양주서	173
김수민	기흥서	195	김수정	동안양서	176	김수현	노원서	108
김수민	대구청	358	김수정	부천서	250	김수현	동안양서	177
김수민	서광주서	327	김수정	북대전서	277	김수현	마산서	434
김수민	인천서	230	김수정	분당서	178	김수현	마포서	116
김수민	인천청	221	김수정	삼성서	120	김수현	분당서	178
김수민	종로서	145	김수정	서울청	90	김수현	서산서	296
김수민	중부서	149	김수정	송파서	131	김수현	서울청	85
김수빈	남부천서	252	김수정	수원서	183	김수현	서울청	86
김수빈	노원서	109	김수정	역삼서	134	김수현	서울청	90
김수빈	북대전서	277	김수정	영주서	388	김수현	서울청	64
김수빈	성동서	126	김수정	인천청	226	김수현	수성서	369
김수빈	영동서	283	김수정	인천청	225	김수현	안동서	384
김수빈	용산서	138	김수종	화성서	200	김수현	안산서	186
김수상	시흥서	185	김수지	북대구서	370	김수현	역삼서	134
김수섭	양천서	132	김수지	분당서	178	김수현	역삼서	135
김수아	이천서	197	김수지	삼성서	121	김수현	연수서	237
김수아	인천서	231	김수지	서인천서	234	김수현	용인서	193
김수연	강동서	96	김수지	속초서	209	김수현	전주서	337
김수연	금천서	104	김수지	원주서	213	김수형	성동서	127
김수연	대전청	268	김수지	중부청	161	김수호	상담센터	58
김수연	동대문서	112	김수지	중부청	152	김수호	수성서	368
김수연	동수원서	174	김수진	강남서	95	김수화	영등포서	137
김수연	부천서	250	김수진	구리서	171	김수희	광주청	316
김수연	부천서	251	김수진	국세청	49	김수희	김천서	380
김수연	성남서	180	김수진	국세청	41	김수희	중부청	163
김수연	울산서	429	김수진	국세청	19	김숙경	중부청	162
김수연	제주서	443	김수진	금천서	104	김숙기	용산서	139
김수연	중부서	148	김수진	기흥서	194	김숙례	양산서	408
김수연	중부청	164	김수진	김해서	433	김숙영	종로서	144
김수연	중부청	166	김수진	대전서	275	김숙영	중부청	156
김수연	화성서	200	김수진	목포서	342	김숙자	송파서	131
김수열	국세청	27	김수진	서울청	76	김숙희	대전청	266
김수영	고양서	242	김수진	서울청	73	김순복	아산서	300
김수영	대전청	265	김수진	성남서	180	김순석	경산서	375
김수영	부산강서서	417	김수진	송파서	131	김순석	남부천서	252
김수영	서울청	71	김수진	영등포서	137	김순아	기흥서	194
김수영	용산서	139	김수진	영등포서	136	김순영	서울청	71
김수영	중랑서	147	김수진	용산서	138	김순영	서인천서	235
김수영	해남서	350	김수진	용인서	193	김순영	중부청	153
김수옥	보령서	294	김수진	울산서	429	김순옥	경기광주서	168
김수용	국세청	23	김수진	은평서	140	김순자	북대구서	370
김수용	서울청	75	김수진	중부청	160	김순정	북부산서	414
김수용	서초서	125	김수진	중부청	154	김순정	종로서	144

김슬기	국세청	46	김시연	상담센터	56	김애라	송파서	130
김슬기	중부서	148	김시영	목포서	343	김애란	부산청	397
김슬아	안양서	190	김시영	서광주서	326	김애숙	시흥서	185
김슬지	김해서	432	김시우	울산서	429	김애진	부산청	395
김승구	삼성서	121	김시욱	강남서	94	김애진	서대구서	373
김승국	국세청	24	김시원	순천서	346	김애진	해운대서	424
김승국	기흥서	194	김시윤	강릉서	204	김양경	마포서	117
김승규	울산서	428	김시윤	울산서	428	김양근	송파서	130
김승년	서대구서	373	김시윤	해운대서	424	김양미	대전청	265
김승래	이천서	196	김시은	반포서	118	김양수	대전청	268
김승룡	강릉서	205	김시은	부천서	250	김양수	제주서	442
김승미	중부청	162	김시은	창원서	439	김양수	중랑서	146
김승미	창원서	438	김시정	용인서	192	김양욱	부산진서	413
김승민	서울청	72	김시태	노원서	109	김양희	양산서	408
김승범	국세청	20	김시현	국세청	47	김양희	이천서	196
김승범	동화성서	202	김시현	북대구서	370	김언선	수영서	420
김승범	청주서	287	김시형	광주서	320	김엘리야	정읍서	339
김승석	동작서	114	김시후	광주서	320	김여경	남대구서	364
김승수	광주청	310	김시훈	반포서	119	김여경	동수원서	174
김승연	인천서	230	김신규	구미서	379	김여진	강남서	95
김승용	금정서	406	김신덕	동안산서	189	김여진	용산서	139
김승용	부산진서	412	김신애	노원서	109	김연경	조세심판원	12
김승욱	서초서	125	김신애	동화성서	202	김연광	평택서	198
김승욱	주류센터	59	김신애	성남서	180	김연규	송파서	130
김승원	동수원서	174	김신애	창원서	438	김연서	인천서	231
김승일	서대문서	122	김신우	관악서	100	김연수	김천서	381
김승임	연수서	236	김신자	남대문서	107	김연수	김해서	433
김승주	남양주서	173	김신정	조세연	453	김연수	청주서	287
김승주	수원서	182	김신흥	북대전서	276	김연숙	대구청	356
김승주	아산서	300	김신희	포항서	391	김연숙	서울청	72
김승진	광주서	321	김아경	대전청	271	김연순	제주서	443
김승찬	경기광주서	168	김아란	나주서	341	김연신	서울청	64
김승철	부산강서서	416	김아람	부산진서	412	김연실	상담센터	58
김승태	김포서	247	김아람	춘천서	215	김연아	동화성서	203
김승하	조세심판원	13	김아름	국세청	25	김연이	동청주서	281
김승현	구미서	379	김아름	울산서	429	김연정	의정부서	254
김승현	김포서	247	김아름	은평서	141	김연종	중부산서	422
김승현	대전청	263	김아름	이천서	196	김연주	관악서	100
김승현	동작서	114	김아름	인천서	231	김연주	남동서	238
김승현	부산강서서	417	김아름	통영서	440	김연주	양산서	409
김승혜	서울청	87	김아리수	동작서	115	김연준	시흥서	185
김승호	평택서	199	김아영	김포서	247	김연지	강릉서	204
김승화	동고양서	249	김아영	대전청	267	김연지	마포서	116
김승환	강동서	96	김아영	동화성서	202	김연지	수원서	182
김승환	수영서	420	김아영	서광주서	326	김연진	동울산서	427
김승훈	창원서	438	김아영	서울청	90	김연진	조세심판원	14
김승희	고양서	243	김아영	시흥서	184	김연호	동화성서	202
김승희	남대문서	106	김아영	통영서	440	김연홍	도봉서	110
김승희	마포서	116	김아현	서대전서	278	김연화	논산서	292
김승희	인천청	226	김아현	잠실서	143	김연화	삼척서	207
김시곤	주류센터	59	김안나	강남서	95	김연희	강동서	96
김시백	대전청	266	김안나	대구청	358	김연희	경주서	377
김시아	서울청	65	김안순	이천서	197	김연희	김포서	247

이름	소속	쪽	이름	소속	쪽	이름	소속	쪽
김연희	김해서	432	김영민	관악서	100	김영아	홍성서	307
김연희	남대구서	364	김영민	부산청	396	김영엽	포항서	390
김연희	대구청	354	김영민	북대구서	370	김영오	광주청	313
김연희	부산진서	412	김영민	북대전서	277	김영옥	관악서	100
김연희	부산진서	413	김영민	서부산서	418	김영옥	동대문서	112
김영간	북대전서	277	김영민	서울청	74	김영욱	평택서	198
김영건	국세청	37	김영민	수원서	182	김영운	강서서	99
김영경	마산서	434	김영민	중부청	166	김영웅	영등포서	137
김영경	수영서	420	김영민	통영서	440	김영유	서광주서	326
김영곤	도봉서	110	김영보	논산서	292	김영은	국세청	31
김영관	전주서	337	김영빈	국세청	32	김영은	남양주서	173
김영관	조세연	455	김영빈	창원서	438	김영은	대구청	354
김영교	천안서	304	김영빈	홍천서	217	김영은	동래서	411
김영국	김포서	247	김영삼	천안서	304	김영은	중부청	162
김영권	의정부서	254	김영상	부산청	395	김영인	대구청	361
김영규	군산서	329	김영서	북광주서	324	김영인	중부산서	422
김영규	남동서	239	김영석	광주청	314	김영일	용산서	139
김영규	서울청	75	김영석	국세청	29	김영재	서울청	83
김영균	서산서	297	김영석	서울청	80	김영재	서울청	88
김영균	송파서	131	김영석	역삼서	134	김영재	인천청	228
김영근	노원서	109	김영석	원주서	212	김영정	조세심판원	14
김영근	동화성서	202	김영석	중부청	159	김영조	부천서	251
김영근	분당서	179	김영선	기흥서	195	김영종	서울청	66
김영근	서울청	79	김영선	동대문서	113	김영주	동고양서	249
김영기	금천서	105	김영선	동청주서	281	김영주	동래서	410
김영기	김포서	246	김영선	목포서	343	김영주	마산서	435
김영기	대전청	264	김영선	중부서	148	김영주	삼척서	207
김영기	서초서	124	김영수	강서서	99	김영주	서울청	77
김영기	역삼서	134	김영수	성동서	127	김영주	성동서	127
김영길	홍성서	306	김영수	인천청	222	김영준	서광주서	326
김영남	구로서	102	김영수	창원서	438	김영준	중부서	148
김영남	서울청	62	김영숙	강동서	97	김영중	구미서	379
김영노	남동서	238	김영숙	광주청	311	김영중	통영서	441
김영달	제천서	285	김영숙	구로서	102	김영지	국세청	23
김영덕	북대전서	276	김영숙	남대구서	365	김영지	북광주서	324
김영동	국세청	41	김영숙	노원서	108	김영지	안양서	190
김영두	아산서	301	김영숙	삼척서	206	김영지	역삼서	134
김영란	국세청	40	김영숙	서대문서	122	김영지	용인서	193
김영란	부산진서	412	김영숙	울산서	429	김영직	조세연	452
김영래	서산서	297	김영숙	인천청	228	김영진	부산청	400
김영록	남대구서	365	김영순	북광주서	324	김영진	서울청	89
김영명	마포서	117	김영순	양천서	133	김영진	전주서	336
김영목	대전서	274	김영승	서울청	65	김영진	중부청	164
김영무	양천서	133	김영식	마산서	434	김영찬	구로서	103
김영문	포천서	259	김영식	분당서	179	김영찬	서울청	89
김영미	광주청	313	김영식	서대전서	278	김영창	제주서	442
김영미	금천서	105	김영신	서울청	62	김영천	성동서	126
김영미	남부천서	253	김영신	성동서	126	김영철	경주서	376
김영미	동화성서	203	김영심	강동서	97	김영철	논산서	293
김영미	북대구서	371	김영심	북광주서	324	김영하	남대문서	107
김영미	영등포서	137	김영아	남부천서	252	김영하	동래서	410
김영미	울산서	428	김영아	성북서	129	김영하	서광주서	326
김영민	강서서	98	김영아	안동서	384	김영하	해남서	351

김영한	국세청	18	김예지	구로서	103	김용민	김포서	247
김영현	부산진서	413	김예지	국세청	31	김용민	서울청	62
김영현	북부산서	414	김예지	노원서	108	김용민	포항서	390
김영현	익산서	335	김예지	동대문서	113	김용배	서대문서	123
김영혜	마산서	434	김예지	성북서	129	김용백	창원서	438
김영호	경기광주서	169	김예지	수영서	420	김용보	대전청	271
김영호	광산서	323	김예지	용인서	193	김용삼	강서서	99
김영호	국세청	27	김예지	중부청	155	김용석	계양서	240
김영호	북광주서	324	김예지	진주서	436	김용석	북대전서	277
김영호	인천청	220	김예지	화성서	200	김용석	영덕서	386
김영호	지방세제	447	김예진	강남서	95	김용선	북전주서	332
김영화	부산청	396	김예진	군산서	329	김용선	서대문서	122
김영화	서울청	71	김예진	종로서	144	김용선	서울청	83
김영화	수성서	369	김오경	동대문서	112	김용연	동안양서	177
김영화	조세연	455	김오미	강서서	99	김용오	전주서	336
김영환	동화성서	202	김오영	서울청	89	김용우	국세청	33
김영환	서울청	82	김오중	강서서	98	김용우	부평서	232
김영환	성동서	126	김옥남	경기광주서	168	김용운	서광주서	327
김영환	용인서	193	김옥선	강릉서	204	김용원	성동서	127
김영환	인천서	230	김옥연	서울청	72	김용원	진주서	437
김영후	용산서	138	김옥자	안동서	385	김용일	북광주서	325
김영훈	경주서	376	김옥재	서초서	125	김용일	안양서	190
김영훈	서인천서	235	김옥천	북광주서	325	김용재	국세청	33
김영훈	양산서	408	김옥현	목포서	342	김용재	상담센터	56
김영훈	평택서	199	김옥현	수성서	369	김용재	제주서	442
김영희	천안서	304	김옥환	강동서	97	김용재	제주서	443
김예리	마포서	117	김옥희	광주청	313	김용정	동작서	115
김예린	금천서	104	김온식	조세심판원	12	김용정	중부산서	423
김예린	서울청	88	김완구	보령서	294	김용제	북부산서	414
김예림	노원서	108	김완석	동고양서	248	김용주	동청주서	280
김예림	동안산서	188	김완섭	서대구서	372	김용주	부산진서	413
김예림	아산서	300	김완종	울산서	429	김용주	여수서	349
김예림	양천서	132	김완주	광주청	317	김용준	제주서	442
김예림	충주서	288	김완철	제주서	442	김용진	삼척서	207
김예민	동대구서	366	김완태	서울청	64	김용진	수원서	182
김예성	연수서	236	김외숙	부산청	397	김용진	제천서	284
김예수	지방세제	447	김요수	용산서	138	김용진	춘천서	214
김예숙	동안양서	176	김요왕	평택서	198	김용진	평택서	198
김예슬	북전주서	332	김요한	국세청	23	김용철	강남서	95
김예슬	서초서	125	김요환	목포서	343	김용철	서산서	296
김예슬	세제실	9	김용곤	잠실서	143	김용철	이천서	196
김예슬	인천청	220	김용관	역삼서	134	김용철	인천서	231
김예슬	화성서	200	김용구	고양서	242	김용태	북광주서	325
김예원	강서서	99	김용국	동청주서	280	김용태	북부산서	415
김예원	경기광주서	168	김용국	연수서	236	김용태	분당서	178
김예원	조세심판원	15	김용극	국세청	22	김용태	전주서	337
김예원	조세연	451	김용기	구미서	379	김용학	인천청	221
김예은	동화성서	202	김용대	조세연	450	김용한	북대구서	370
김예은	중부청	163	김용대	진주서	436	김용현	부산청	399
김예정	창원서	438	김용덕	안산서	187	김용현	성북서	129
김예주	영등포서	137	김용례	익산서	335	김용현	충주서	289
김예주	제주서	442	김용만	동작서	115	김용호	대전서	275
김예준	북광주서	324	김용민	강동서	97	김용호	용산서	138

김용환	수원서	183	김유나	남양주서	172	김유진	영등포서	136
김용휘	구리서	170	김유나	서울청	82	김유진	울산서	429
김용희	중부청	157	김유나	수원서	182	김유진	은평서	140
김우석	제주서	442	김유나	중부서	148	김유진	중부청	158
김우성	강동서	96	김유나	천안서	305	김유진	천안서	304
김우성	국세청	23	김유라	충주서	288	김유진	포항서	391
김우성	홍성서	306	김유리	기흥서	194	김유창	평택서	199
김우수	동작서	114	김유리	남원서	331	김유학	국세청	39
김우신	광주청	310	김유리	대전청	266	김유현	경기광주서	169
김우영	잠실서	142	김유리	마산서	434	김유현	안산서	186
김우정	서울청	82	김유리	서울청	73	김유현	조세연	450
김우정	성북서	128	김유리	서초서	124	김유혜	서울청	73
김우주	논산서	292	김유리	성동서	126	김육곤	대전청	266
김우주	영주서	388	김유리	해운대서	424	김육노	파주서	256
김우진	구로서	102	김유린	창원서	438	김윤경	고양서	243
김우철	지방세제	447	김유림	강남서	95	김윤경	양산서	409
김우현	인천청	222	김유림	서울청	84	김윤미	금천서	104
김우호	잠실서	142	김유림	세종서	298	김윤미	동대문서	112
김우환	서인천서	235	김유미	동고양서	249	김윤미	영등포서	136
김운기	광주청	313	김유미	동수원서	175	김윤미	조세연	454
김운주	대전청	270	김유미	서울청	80	김윤서	동울산서	426
김운중	강릉서	204	김유미	세제실	8	김윤서	수원서	183
김웅렬	성남서	181	김유미	양천서	132	김윤선	서울청	86
김웅진	정읍서	338	김유미	양천서	133	김윤성	강서서	99
김웅호	수성서	368	김유빈	대전서	275	김윤성	공주서	290
김원경	안산서	186	김유선	남부천서	252	김윤수	남대구서	364
김원경	제주서	442	김유선	부평서	232	김윤아	동화성서	202
김원규	양천서	132	김유승	관악서	100	김윤아	인천서	230
김원길	천안서	304	김유식	보령서	295	김윤영	역삼서	134
김원덕	청주서	287	김유신	서울청	88	김윤영	영등포서	136
김원민	수원서	182	김유신	포항서	390	김윤옥	조세연	453
김원욱	부평서	233	김유연	은평서	140	김윤용	대전청	267
김원웅	지방세제	446	김유정	구미서	379	김윤용	중부청	160
김원이	파주서	256	김유정	국세청	44	김윤이	송파서	130
김원종	성동서	126	김유정	국세청	18	김윤정	광주청	317
김원종	영등포서	137	김유정	김해서	432	김윤정	구리서	171
김원중	시흥서	185	김유정	서산서	296	김윤정	국세청	26
김원택	동안산서	189	김유정	서울청	83	김윤정	동작서	114
김원필	중부서	148	김유정	수성서	368	김윤정	서울청	71
김원형	서울청	65	김유정	아산서	300	김윤정	성북서	128
김원호	구로서	103	김유정	영등포서	137	김윤정	성북서	129
김원호	제천서	284	김유정	중부청	155	김윤정	송파서	130
김원화	은평서	140	김유진	기흥서	194	김윤정	안동서	385
김원희	거창서	431	김유진	김해서	433	김윤정	제주서	443
김월웅	인천서	231	김유진	남대구서	364	김윤정	중부청	152
김월하	영덕서	387	김유진	남양주서	173	김윤주	광주서	320
김유경	강서서	99	김유진	노원서	108	김윤주	도봉서	110
김유경	국세청	22	김유진	삼성서	121	김윤주	울산서	428
김유경	남동서	238	김유진	삼성서	120	김윤중	대전청	266
김유경	남동서	239	김유진	서울청	69	김윤지	마산서	435
김유경	동안양서	177	김유진	서울청	64	김윤지	조세연	453
김유권	구로서	102	김유진	서초서	124	김윤진	마산서	434
김유나	기흥서	195	김유진	성동서	127	김윤진	서대전서	279

김윤한	분당서	178	김은선	서울청	85	김은정	삼성서	121
김윤혁	시흥서	185	김은선	해운대서	425	김은정	서광주서	326
김윤호	대구청	357	김은성	경기광주서	169	김은정	서대문서	122
김윤호	반포서	118	김은솔	광주청	313	김은정	서울청	70
김윤호	삼성서	121	김은송	인천청	224	김은정	서울청	73
김윤호	해남서	351	김은수	강동서	96	김은정	서울청	77
김윤환	군산서	328	김은수	금정서	407	김은정	서초서	125
김윤환	동안양서	177	김은수	중부청	164	김은정	세제실	6
김윤환	천안서	304	김은숙	강서서	98	김은정	송파서	130
김윤희	경기광주서	169	김은숙	관악서	101	김은정	수성서	368
김윤희	광주청	316	김은숙	서울청	69	김은정	은평서	140
김윤희	기흥서	194	김은숙	조세연	452	김은정	인천청	221
김윤희	기흥서	195	김은숙	중부청	165	김은정	전주서	336
김윤희	북대전서	277	김은숙	화성서	200	김은정	조세연	450
김윤희	서초서	124	김은순	남양주서	173	김은정	조세연	455
김윤희	인천서	230	김은실	마포서	116	김은정	평택서	198
김윤희	파주서	256	김은실	은평서	.140	김은주	도봉서	110
김율희	삼성서	120	김은실	잠실서	142	김은주	부산진서	413
김은경	경기광주서	169	김은실	중부청	160	김은주	서대구서	372
김은경	구미서	378	김은아	국세청	43	김은주	서대전서	278
김은경	김해서	432	김은아	서울청	63	김은주	서울청	75
김은경	남대문서	107	김은아	수영서	420	김은주	수원서	182
김은경	논산서	292	김은아	익산서	335	김은주	안산서	186
김은경	대구청	356	김은애	수영서	420	김은주	연수서	236
김은경	동안산서	189	김은애	잠실서	142	김은주	잠실서	142
김은경	북대구서	371	김은연	동래서	410	김은주	제주서	442
김은경	삼성서	121	김은연	해운대서	424	김은주	중부청	153
김은경	상담센터	56	김은영	강남서	94	김은주	중부청	155
김은경	서대구서	373	김은영	광주서	320	김은주	통영서	441
김은경	서울청	76	김은영	광주청	315	김은중	강남서	95
김은경	세종서	298	김은영	김해서	433	김은지	김해서	432
김은경	중랑서	146	김은영	남대구서	364	김은지	부산진서	413
김은경	청주서	286	김은영	부평서	232	김은지	성동서	126
김은규	천안서	304	김은영	성남서	181	김은진	강남서	94
김은기	국세청	26	김은영	성동서	127	김은진	국세청	26
김은기	국세청	44	김은영	울산서	428	김은진	대구청	357
김은기	남부천서	253	김은영	제주서	443	김은진	서대전서	278
김은기	동청주서	280	김은영	제주서	443	김은진	서울청	66
김은덕	북대전서	276	김은영	종로서	145	김은진	서초서	125
김은령	강서서	98	김은영	파주서	256	김은진	시흥서	184
김은미	광산서	323	김은영	화성서	201	김은진	시흥서	185
김은미	도봉서	111	김은오	광주서	320	김은진	안양서	191
김은미	마포서	116	김은옥	군산서	329	김은진	여수서	349
김은미	성동서	126	김은윤	포항서	390	김은진	역삼서	134
김은미	전주서	336	김은자	강동서	96	김은진	용산서	138
김은미	해남서	351	김은자	광주청	313	김은채	성남서	180
김은민	영등포서	137	김은자	서울청	88	김은철	서대전서	278
김은비	서부산서	419	김은재	은평서	140	김은태	국세청	48
김은비	천안서	304	김은정	관악서	100	김은하	삼척서	206
김은서	동화성서	203	김은정	광주청	316	김은하	성동서	126
김은석	남대문서	106	김은정	노원서	108	김은하	예산서	303
김은선	동안양서	176	김은정	도봉서	110	김은해	서대문서	123
김은선	동작서	115	김은정	부천서	250	김은향	남동서	239

김은혜	관악서	100		김인덕	서대구서	372		김장년	예산서	302
김은혜	기흥서	195		김인빈	노원서	108		김장석	동울산서	426
김은혜	서대전서	279		김인성	인천서	230		김장섭	경기광주서	168
김은혜	양산서	409		김인수	분당서	178		김장용	대전청	269
김은혜	영등포서	137		김인수	인천서	230		김장현	동화성서	202
김은혜	용산서	138		김인수	진주서	437		김재경	남동서	238
김은혜	중랑서	146		김인숙	구리서	170		김재경	서광주서	327
김은혜	중부청	165		김인숙	금천서	104		김재경	정읍서	338
김은호	강릉서	204		김인숙	북부산서	415		김재곤	강서서	98
김은호	동울산서	426		김인숙	인천청	225		김재곤	시흥서	184
김은호	삼성서	121		김인숙	종로서	144		김재곤	해운대서	425
김은호	서울청	75		김인승	동대문서	113		김재관	국세청	39
김은화	노원서	108		김인아	서울청	70		김재광	서울청	69
김은화	중부서	148		김인아	조세연	455		김재구	서산서	296
김은희	국세청	23		김인애	고양서	243		김재권	동고양서	249
김은희	대전청	266		김인애	조세연	451		김재규	송파서	130
김은희	동작서	115		김인욱	시흥서	184		김재년	거창서	430
김은희	동작서	114		김인유	조세연	452		김재락	대구청	359
김은희	마포서	117		김인자	서대구서	372		김재련	관악서	100
김은희	성남서	180		김인주	동울산서	427		김재만	광산서	323
김은희	수성서	369		김인중	순천서	347		김재만	익산서	335
김은희	울산서	428		김인찬	인천청	227		김재미	영덕서	386
김은희	울산서	429		김인천	마포서	116		김재민	경기광주서	168
김은희	원주서	213		김인철	동화성서	203		김재민	부산진서	413
김은희	잠실서	142		김인태	북대전서	276		김재민	서산서	297
김을령	남대문서	106		김인하	대전청	266		김재민	충주서	288
김응남	북대전서	276		김인한	인천서	230		김재백	서울청	64
김의규	대전청	262		김인호	영등포서	137		김재산	중랑서	146
김의동	홍성서	306		김인화	서초서	124		김재석	국세청	22
김의연	김포서	247		김인환	인천서	230		김재석	부천서	250
김의연	서산서	297		김인희	인천청	221		김재석	인천청	220
김의영	계양서	240		김일국	국세청	49		김재섭	서대구서	372
김의영	부산강서서	417		김일권	국세청	31		김재성	강남서	94
김의주	조세연	453		김일도	강릉서	204		김재성	강서서	99
김이경	익산서	334		김일동	성북서	129		김재실	북전주서	332
김이규	부산청	403		김일두	서울청	72		김재연	계양서	240
김이레	남대구서	365		김일룡	북대구서	370		김재연	대구청	361
김이섭	남부천서	253		김일용	김포서	246		김재연	성동서	127
김이수	대전청	269		김일우	안동서	385		김재열	부산청	399
김이영	충주서	288		김일하	노원서	108		김재영	김포서	247
김이준	국세청	49		김일한	양산서	409		김재영	서부산서	418
김이준	해남서	350		김일환	반포서	118		김재영	수성서	368
김이준	홍천서	217		김일희	울산서	429		김재완	나주서	340
김이현	동울산서	426		김임순	순천서	344		김재완	서울청	84
김익상	금정서	407		김자경	대전청	264		김재완	세종서	298
김익환	금천서	104		김자림	서울청	88		김재용	영월서	211
김인겸	강남서	95		김자영	대구청	359		김재우	노원서	109
김인겸	수원서	183		김자영	동고양서	249		김재우	분당서	178
김인경	금정서	407		김자영	의정부서	254		김재욱	광주청	312
김인경	도봉서	111		김자헌	구미서	379		김재욱	국세청	49
김인경	안동서	385		김자현	강서서	99		김재욱	서울청	65
김인경	해운대서	425		김자회	서광주서	327		김재욱	속초서	208
김인기	고양서	243		김자희	해남서	350		김재웅	서울청	62

김재원	경산서	375	김재환	진주서	436	김정선	광주청	313
김재원	광주청	311	김재훈	도봉서	111	김정선	지방세제	446
김재원	남양주서	172	김재훈	동래서	410	김정섭	고양서	242
김재원	남원서	330	김재훈	성동서	127	김정섭	동대구서	366
김재원	송파서	130	김재훈	종로서	145	김정섭	영월서	211
김재윤	서울청	64	김재희	강동서	97	김정섭	제천서	285
김재윤	이천서	196	김재희	동대문서	113	김정수	구미서	378
김재윤	인천청	223	김재희	목포서	342	김정수	논산서	293
김재은	광주청	311	김재희	안산서	186	김정수	대전청	264
김재은	송파서	130	김점준	북부산서	415	김정수	대전청	267
김재은	여수서	349	김정관	기흥서	195	김정수	부산진서	412
김재일	분당서	179	김정구	조세연	455	김정수	부평서	232
김재일	시흥서	184	김정국	동대구서	366	김정수	서울청	70
김재일	역삼서	135	김정권	서인천서	234	김정숙	관악서	100
김재준	북대구서	371	김정규	용인서	192	김정숙	구미서	378
김재준	통영서	441	김정균	국세청	24	김정숙	동대문서	112
김재중	부산청	396	김정근	천안서	304	김정숙	서대문서	123
김재중	인천청	228	김정기	서인천서	234	김정숙	수성서	369
김재중	중부청	159	김정기	용인서	193	김정식	김포서	247
김재진	분당서	179	김정남	국세청	21	김정식	이천서	196
김재찬	순천서	344	김정남	권익위	448	김정식	진주서	437
김재철	대전청	262	김정남	남양주서	172	김정실	상담센터	57
김재철	부산진서	413	김정남	부산청	397	김정아	목포서	342
김재철	부천서	251	김정남	서울청	91	김정아	세제실	7
김재철	진주서	436	김정담	서울청	88	김정연	강남서	95
김재한	서울청	62	김정대	부산청	400	김정연	나주서	341
김재현	강남서	95	김정대	인천청	224	김정열	서울청	64
김재현	국세청	24	김정동	인천서	231	김정엽	강동서	97
김재현	국세청	49	김정란	서초서	125	김정엽	국세청	32
김재현	부천서	250	김정륜	김포서	247	김정영	경주서	377
김재현	서울청	87	김정림	화성서	200	김정옥	서대구서	372
김재현	세제실	7	김정면	통영서	441	김정옥	아산서	300
김재현	양천서	132	김정목	동대구서	366	김정우	강동서	96
김재현	창원서	438	김정미	구로서	102	김정우	부산청	399
김재형	서부산서	418	김정미	금정서	407	김정우	평택서	199
김재형	수성서	368	김정미	대구청	360	김정운	경산서	374
김재형	영월서	210	김정미	동고양서	249	김정운	나주서	341
김재형	종로서	145	김정미	동화성서	203	김정원	부평서	232
김재형	중부청	163	김정미	성동서	126	김정원	전주서	336
김재형	파주서	256	김정미	용산서	138	김정원	조세연	449
김재호	광명서	245	김정미	잠실서	143	김정윤	성북서	128
김재호	광주청	315	김정미	잠실서	142	김정윤	용인서	192
김재호	국세청	34	김정민	광명서	245	김정은	구로서	102
김재호	서울청	88	김정민	국세청	18	김정은	김포서	246
김재홍	동대구서	367	김정민	동작서	114	김정은	남대문서	107
김재홍	안동서	384	김정민	마포서	117	김정은	동화성서	203
김재홍	용인서	192	김정민	삼성서	121	김정은	마산서	434
김재환	국세청	20	김정배	역삼서	134	김정은	북광주서	325
김재환	서광주서	327	김정범	경기광주서	169	김정은	북대전서	276
김재환	서울청	72	김정범	마포서	117	김정은	북전주서	333
김재환	안동서	384	김정석	기흥서	194	김정은	순천서	346
김재환	전주서	337	김정석	상주서	382	김정은	시흥서	184
김재환	제주서	443	김정석	서광주서	327	김정은	영덕서	386

김정은	용인서	192	김정화	중부청	153	김종서	고양서	243
김정은	울산서	429	김정화	포천서	258	김종석	대구청	356
김정은	조세연	452	김정환	구미서	378	김종석	서울청	64
김정은	조세연	453	김정환	부산청	404	김종석	안동서	384
김정은	중부청	161	김정환	안동서	385	김종선	수영서	421
김정은	천안서	304	김정환	연수서	236	김종선	중부청	164
김정은	화성서	201	김정환	조세연	450	김종성	송파서	130
김정이	남부천서	252	김정환	조세연	449	김종수	목포서	342
김정이	부산진서	413	김정효	국세청	39	김종수	서울청	90
김정익	북대구서	370	김정훈	남대구서	364	김종숙	서광주서	327
김정인	동안양서	176	김정훈	논산서	292	김종식	구로서	102
김정인	서인천서	235	김정훈	대전청	266	김종식	김해서	433
김정인	화성서	201	김정훈	성북서	129	김종연	대구청	356
김정임	북광주서	324	김정훈	세제실	9	김종연	은평서	141
김정주	광주서	320	김정훈	수원서	182	김종오	울산서	428
김정주	세제실	6	김정훈	영등포서	136	김종완	의정부서	254
김정주	잠실서	142	김정흠	중부서	148	김종요	울산서	429
김정주	중부청	162	김정희	강남서	95	김종우	성남서	181
김정준	안산서	186	김정희	국세청	21	김종욱	국세청	18
김정진	광주서	321	김정희	금천서	104	김종웅	부산청	394
김정진	나주서	340	김정희	동화성서	203	김종월	부산청	394
김정진	안양서	191	김정희	삼척서	206	김종윤	조세심판원	15
김정철	북대구서	371	김정희	상담센터	57	김종윤	지방세제	446
김정태	구리서	170	김정희	성동서	127	김종율	남동서	238
김정태	수원서	182	김정희	순천서	344	김종율	순천서	344
김정표	화성서	201	김정희	원주서	212	김종의	정읍서	339
김정하	안산서	187	김정희	인천청	223	김종인	국세청	22
김정학	국세청	18	김제경	김해서	432	김종인	남대구서	364
김정한	서대구서	373	김제봉	포천서	259	김종인	화성서	201
김정한	서울청	68	김제석	서울청	84	김종일	강남서	94
김정한	종로서	145	김제성	금천서	105	김종일	청주서	286
김정헌	양산서	409	김제성	서울청	66	김종일	충주서	288
김정혁	동고양서	249	김제우	반포서	119	김종일	해남서	350
김정현	남대구서	365	김제은	관악서	101	김종주	인천청	221
김정현	동대문서	112	김제주	연수서	236	김종진	김해서	432
김정현	순천서	344	김제헌	계양서	240	김종진	은평서	141
김정현	조세연	449	김종각	부산청	400	김종천	평택서	198
김정현	조세연	452	김종갑	지방세제	446	김종철	북부산서	414
김정현	중부산서	422	김종곤	홍천서	217	김종철	여수서	348
김정현	진주서	437	김종국	은평서	140	김종철	해운대서	425
김정현	충주서	288	김종근	서대구서	373	김종택	영주서	388
김정협	김천서	380	김종길	남원서	330	김종택	지방세제	446
김정혜	김해서	433	김종길	양산서	409	김종필	제천서	285
김정혜	동안양서	177	김종두	은평서	140	김종학	중부청	160
김정호	광산서	322	김종만	수원서	182	김종한	북대구서	370
김정호	동작서	114	김종명	울산서	428	김종헌	부산청	402
김정호	부산청	404	김종문	서초서	125	김종혁	안동서	384
김정호	수영서	421	김종문	세종서	298	김종혁	조세연	451
김정호	의정부서	254	김종문	포천서	258	김종현	국세청	40
김정호	포천서	258	김종민	경기광주서	169	김종현	은평서	141
김정화	강서서	99	김종민	대구청	360	김종현	청주서	286
김정화	목포서	342	김종민	성동서	126	김종협	반포서	118
김정화	아산서	301	김종빈	구리서	171	김종호	양산서	409

김종호	전주서	337	김주완	통영서	441	김준영	조세연	455
김종호	정읍서	338	김주원	관악서	100	김준영	진주서	436
김종호	주류센터	59	김주원	동대구서	366	김준오	경기광주서	168
김종호	중부청	166	김주원	용산서	139	김준용	상담센터	57
김종화	북전주서	333	김주원	중부청	154	김준우	남대구서	365
김종화	의정부서	254	김주원	중부청	152	김준우	동대문서	113
김종훈	광명서	244	김주은	연수서	236	김준우	삼성서	120
김종훈	구미서	379	김주일	광주서	320	김준이	기흥서	194
김종훈	중부서	149	김주찬	서울청	63	김준익	대전청	271
김종훈	중부청	152	김주찬	화성서	201	김준철	강서서	99
김종훈	중부청	153	김주하	성동서	127	김준철	인천청	224
김종흠	강릉서	204	김주헌	경기광주서	168	김준평	부산청	404
김좌근	동대구서	366	김주헌	종로서	145	김준하	대전청	271
김주강	국세청	40	김주현	관악서	101	김준하	서울청	77
김주경	포항서	391	김주현	광산서	323	김준혁	부평서	232
김주란	중부청	158	김주현	남대문서	106	김준혁	수원서	183
김주란	중부청	155	김주현	서울청	81	김준혁	조세연	451
김주만	서울청	77	김주현	예산서	302	김준현	북부산서	415
김주미	시흥서	185	김주현	정읍서	338	김준형	광주서	320
김주민	서부산서	419	김주형	남양주서	172	김준형	의정부서	255
김주민	중부서	148	김주형	송파서	130	김준호	강남서	94
김주상	시흥서	184	김주혜	마포서	117	김준호	김해서	433
김주생	은평서	141	김주혜	제주서	443	김준호	남부천서	253
김주수	김해서	433	김주홍	부산강서서	416	김준호	동울산서	426
김주수	잠실서	142	김주홍	서울청	77	김준호	삼성서	120
김주식	상주서	382	김주홍	포천서	259	김준호	서울청	76
김주아	금천서	104	김주환	이천서	196	김준호	시흥서	184
김주아	인천청	220	김주훈	금정서	407	김준환	남동서	239
김주애	구리서	170	김주희	남동서	239	김준희	부산진서	413
김주애	서초서	124	김주희	노원서	109	김준희	서인천서	235
김주애	성남서	181	김주희	반포서	119	김준희	중부청	166
김주연	남양주서	172	김주희	성남서	180	김중규	동고양서	248
김주연	동화성서	203	김주희	인천청	224	김중삼	중부청	158
김주연	북광주서	324	김주희	포항서	391	김중석	전주서	336
김주연	중부청	160	김준기	마포서	117	김중연	서광주서	327
김주연	중부청	162	김준기	영동서	282	김중영	안동서	385
김주영	국세청	26	김준범	평택서	199	김중우	서울청	87
김주영	국세청	44	김준상	서초서	124	김중재	광명서	245
김주영	김천서	380	김준석	나주서	340	김중헌	시흥서	185
김주영	남대구서	364	김준석	정읍서	339	김중현	남양주서	172
김주영	부산청	403	김준석	제주서	443	김중휘	군산서	329
김주영	북부산서	414	김준성	동울산서	427	김지만	성동서	126
김주영	서울청	76	김준성	북대전서	276	김지미	용산서	139
김주영	서인천서	235	김준성	서산서	296	김지민	광산서	323
김주영	서초서	125	김준수	마산서	435	김지민	국세청	43
김주영	성북서	129	김준수	송파서	131	김지민	국세청	22
김주영	안동서	385	김준식	구미서	379	김지민	김천서	381
김주영	잠실서	143	김준연	서대문서	122	김지민	김해서	432
김주영	파주서	256	김준연	전주서	337	김지민	동수원서	174
김주옥	성남서	181	김준엽	경산서	374	김지민	목포서	343
김주옥	수원서	182	김준영	서울청	91	김지민	서울청	77
김주옥	화성서	201	김준영	아산서	301	김지민	용산서	138
김주완	부산청	398	김준영	인천청	221	김지범	금천서	105

김지석	세제실	7	김지영	제주서	443	김지인	구미서	379
김지선	국세청	26	김지완	영등포서	136	김지인	종로서	145
김지선	서초서	125	김지우	국세청	29	김지태	서울청	89
김지성	용인서	193	김지우	서산서	297	김지학	중랑서	147
김지수	구로서	102	김지우	안동서	384	김지향	경주서	377
김지수	동안양서	177	김지우	이천서	196	김지향	중부청	154
김지수	수원서	183	김지우	파주서	256	김지헌	서대문서	122
김지수	안동서	384	김지욱	동대문서	112	김지혁	인천청	222
김지수	인천청	222	김지운	수원서	182	김지현	강동서	96
김지수	해남서	350	김지운	천안서	304	김지현	광명서	244
김지숙	경산서	375	김지웅	국세청	32	김지현	국세청	37
김지아	김해서	432	김지웅	포항서	390	김지현	국세청	31
김지아	세종서	298	김지원	국세청	42	김지현	김해서	433
김지안	도봉서	110	김지원	국세청	21	김지현	남대문서	107
김지안	분당서	178	김지원	기흥서	195	김지현	대전서	274
김지암	국세청	41	김지원	동대구서	367	김지현	대전서	275
김지애	부평서	233	김지원	부산청	400	김지현	마포서	116
김지애	중부청	158	김지원	상주서	382	김지현	부산진서	413
김지언	동안양서	177	김지원	서대문서	123	김지현	부산청	395
김지언	중부산서	423	김지원	서울청	75	김지현	부산청	403
김지연	강동서	96	김지원	중부산서	422	김지현	부산청	397
김지연	국세청	42	김지원	중부청	152	김지현	삼성서	120
김지연	금정서	406	김지유	익산서	334	김지현	삼척서	206
김지연	동수원서	175	김지윤	경기광주서	169	김지현	서울청	70
김지연	동울산서	426	김지윤	경주서	377	김지현	서울청	80
김지연	삼성서	120	김지윤	국세청	45	김지현	송파서	131
김지연	상담센터	56	김지윤	금정서	406	김지현	시흥서	184
김지연	서울청	72	김지윤	동대문서	113	김지현	양산서	409
김지연	서울청	63	김지윤	동래서	410	김지현	양천서	132
김지연	서울청	64	김지윤	반포서	118	김지현	여수서	349
김지연	시흥서	184	김지윤	북광주서	324	김지현	역삼서	134
김지연	시흥서	185	김지윤	북대전서	276	김지현	역삼서	135
김지연	양천서	132	김지윤	서대전서	278	김지현	용산서	139
김지연	중부청	161	김지윤	서초서	125	김지현	제주서	442
김지연	창원서	439	김지윤	성동서	126	김지현	중랑서	147
김지연	홍성서	306	김지윤	속초서	208	김지현	창원서	439
김지엽	남부천서	253	김지윤	용인서	193	김지현	춘천서	215
김지영	강남서	94	김지은	경산서	375	김지현	해운대서	424
김지영	강동서	96	김지은	국세청	47	김지혜	고양서	242
김지영	관악서	100	김지은	국세청	32	김지혜	구리서	170
김지영	국세청	47	김지은	금천서	105	김지혜	국세청	38
김지영	국세청	24	김지은	남부천서	253	김지혜	금천서	104
김지영	동대문서	113	김지은	노원서	109	김지혜	김해서	432
김지영	동화성서	202	김지은	대구청	357	김지혜	노원서	109
김지영	동화성서	203	김지은	동안산서	189	김지혜	동래서	411
김지영	부천서	250	김지은	마포서	116	김지혜	동안양서	177
김지영	세제실	8	김지은	분당서	179	김지혜	동화성서	202
김지영	수원서	182	김지은	상담센터	56	김지혜	부산강서서	416
김지영	순천서	345	김지은	성동서	127	김지혜	서대문서	122
김지영	영등포서	137	김지은	안산서	186	김지혜	서울청	80
김지영	예산서	303	김지은	은평서	141	김지혜	성동서	126
김지영	은평서	141	김지은	종로서	145	김지혜	양천서	132
김지영	인천청	225	김지은	천안서	304	김지혜	양천서	133

김지혜	익산서	335	김진선	대전청	266	김진주	수원서	183
김지혜	중부청	164	김진섭	포천서	259	김진주	의정부서	255
김지혜	중부청	163	김진성	역삼서	135	김진철	익산서	334
김지호	강릉서	205	김진세	연수서	236	김진태	경기광주서	168
김지호	국세청	21	김진솔	양천서	132	김진하	경산서	374
김지호	상담센터	56	김진수	국세청	27	김진현	서울청	91
김지호	정읍서	339	김진수	국세청	31	김진형	안산서	186
김지호	홍성서	306	김진수	금천서	104	김진형	영동서	283
김지홍	전주서	336	김진수	동화성서	202	김진호	구미서	378
김지환	대전청	266	김진수	부산진서	412	김진호	대전청	267
김지환	동고양서	248	김진수	부산청	400	김진호	마포서	116
김지후	북부산서	415	김진수	잠실서	142	김진호	목포서	343
김지훈	고양서	243	김진수	창원서	438	김진호	제주서	443
김지훈	관악서	100	김진수	해운대서	425	김진홍	부산청	404
김지훈	광명서	244	김진숙	서산서	296	김진홍	서대문서	123
김지훈	국세청	50	김진술	대전청	269	김진홍	세제실	6
김지훈	국세청	19	김진슬	동화성서	203	김진화	서산서	296
김지훈	목포서	343	김진식	서울청	73	김진화	서울청	63
김지훈	부산청	403	김진식	예산서	303	김진환	동화성서	202
김지훈	북부산서	414	김진아	강서서	99	김진환	북대전서	277
김지훈	세제실	7	김진아	공주서	290	김진환	북전주서	332
김지훈	순천서	346	김진아	동안양서	177	김진환	서초서	124
김지훈	이천서	196	김진아	마산서	435	김진희	강동서	97
김지훈	제주서	443	김진아	서부산서	419	김진희	광주서	320
김지희	김해서	432	김진아	성북서	128	김진희	국세청	21
김지희	제주서	443	김진아	인천청	225	김진희	남동서	238
김지희	충주서	288	김진아	조세연	452	김진희	동대구서	367
김진경	남양주서	172	김진아	지방세제	447	김진희	동작서	115
김진경	동울산서	427	김진열	제주서	443	김진희	서초서	125
김진경	성동서	126	김진영	광산서	323	김진희	송파서	130
김진곤	잠실서	142	김진영	국세청	23	김진희	순천서	346
김진광	광주청	316	김진영	김해서	432	김진희	안동서	384
김진광	분당서	179	김진영	동청주서	280	김진희	역삼서	135
김진교	연수서	237	김진영	수성서	368	김진희	인천청	223
김진구	양천서	132	김진영	역삼서	135	김진희	중부청	159
김진규	중랑서	146	김진영	원주서	213	김진희	천안서	304
김진기	동고양서	248	김진영	중부청	156	김차남	반포서	119
김진덕	중부청	155	김진영	해운대서	424	김찬규	서산서	296
김진도	경산서	375	김진오	평택서	198	김찬기	동안산서	189
김진동	구미서	379	김진우	구미서	379	김찬미	금천서	104
김진만	속초서	209	김진우	대구청	357	김찬섭	중부청	161
김진만	정읍서	339	김진우	동고양서	248	김찬수	경기광주서	168
김진모	안동서	384	김진우	동안양서	177	김찬수	광명서	245
김진미	중부청	155	김진우	순천서	346	김찬옥	은평서	140
김진배	청주서	286	김진우	안양서	190	김찬용	양천서	132
김진범	서울청	70	김진우	인천청	223	김찬우	구리서	170
김진삼	북부산서	415	김진우	청주서	286	김찬우	금천서	105
김진상	수영서	420	김진웅	강서서	99	김찬웅	서울청	64
김진서	동청주서	281	김진웅	계양서	240	김찬일	서울청	70
김진석	국세청	30	김진원	고양서	242	김찬주	서울청	86
김진석	김해서	433	김진재	해남서	350	김찬주	종로서	145
김진석	남대문서	107	김진주	강서서	98	김찬진	김포서	247
김진석	서울청	69	김진주	대전청	269	김찬태	포항서	390

김찬희	역삼서	134	김초원	남원서	330	김태식	통영서	441
김찬희	제주서	443	김초원	수영서	421	김태언	동안산서	188
김창권	국세청	50	김초현	순천서	344	김태연	국세청	50
김창근	강남서	94	김초혜	대전서	275	김태연	동작서	114
김창록	조세연	455	김초희	평택서	199	김태연	북광주서	324
김창명	성동서	127	김춘경	성동서	127	김태연	분당서	179
김창미	서울청	70	김춘동	파주서	257	김태연	영동서	283
김창미	청주서	286	김춘례	용산서	139	김태연	중부청	161
김창민	조세연	451	김춘화	시흥서	185	김태영	관악서	100
김창민	파주서	257	김충만	중부서	149	김태영	국세청	34
김창범	성동서	126	김충배	중부청	162	김태영	남부천서	253
김창수	관악서	101	김충상	성동서	127	김태영	대구청	359
김창수	울산서	428	김치우	서울청	80	김태영	도봉서	111
김창순	영동서	283	김치태	중부청	163	김태영	동안양서	177
김창신	구미서	378	김치호	서울청	91	김태영	동화성서	203
김창영	부산청	396	김치호	인천청	226	김태영	부산청	398
김창오	나주서	340	김태건	대전청	264	김태영	주류센터	59
김창우	경기광주서	169	김태경	광산서	322	김태오	동고양서	248
김창욱	평택서	198	김태경	남대문서	106	김태완	국세청	27
김창윤	중부청	161	김태경	마산서	434	김태완	대구청	358
김창윤	창원서	438	김태경	서울청	82	김태완	부산청	399
김창일	부산청	401	김태경	세제실	7	김태용	속초서	208
김창진	광주서	321	김태경	이천서	196	김태용	인천청	222
김창현	남부천서	253	김태경	중부산서	422	김태용	충주서	288
김창현	북광주서	325	김태경	천안서	304	김태우	강동서	97
김창현	진주서	436	김태곤	통영서	440	김태우	남대구서	364
김창호	반포서	119	김태규	서대전서	279	김태우	남양주서	173
김창환	상주서	382	김태규	서울청	91	김태우	동울산서	426
김창훈	해남서	350	김태균	남대문서	106	김태우	안산서	186
김창희	나주서	341	김태균	마산서	434	김태욱	서울청	77
김창희	서대전서	278	김태균	역삼서	134	김태욱	서인천서	234
김채련	동안양서	176	김태균	파주서	256	김태운	구미서	379
김채령	남동서	238	김태근	부산청	400	김태운	동안산서	188
김채린	동화성서	202	김태기	춘천서	215	김태웅	부평서	232
김채민	여수서	349	김태랑	서울청	82	김태원	광주청	311
김채아	기흥서	194	김태민	동래서	411	김태원	대전청	266
김채연	경기광주서	169	김태민	삼척서	206	김태원	서대구서	372
김채연	이천서	197	김태범	영월서	211	김태원	순천서	345
김채원	은평서	141	김태범	중부청	152	김태원	인천서	231
김채은	경산서	375	김태석	강남서	95	김태윤	관악서	101
김천섭	원주서	213	김태석	국세청	31	김태윤	대전서	275
김철권	도봉서	110	김태석	동안양서	177	김태윤	성동서	127
김철민	영등포서	137	김태선	동작서	115	김태은	강동서	97
김철민	잠실서	143	김태섭	서울청	83	김태은	대전청	270
김철웅	대전청	265	김태성	동래서	411	김태은	부산청	395
김철태	북부산서	414	김태성	진주서	437	김태은	서초서	124
김철현	관악서	101	김태수	거창서	430	김태은	시흥서	184
김철호	남양주서	173	김태수	국세청	42	김태은	은평서	140
김철호	북광주서	325	김태수	동대문서	112	김태은	조세연	449
김철흥	부평서	232	김태수	서울청	70	김태은	중부청	157
김청일	서울청	66	김태수	창원서	439	김태인	서울청	87
김초롱	서울청	81	김태순	해운대서	424	김태인	창원서	438
김초아	서울청	77	김태식	잠실서	142	김태정	부산강서서	417

김태준	광주청	313	김태희	부평서	232	김한기	국세청	32
김태진	도봉서	110	김태희	상주서	383	김한나	인천청	220
김태진	인천청	226	김태희	연수서	237	김한나	인천청	223
김태진	중부청	152	김택근	국세청	49	김한림	광주청	317
김태진	중부청	159	김택우	인천서	231	김한민	아산서	301
김태헌	강동서	97	김택준	시흥서	184	김한범	서인천서	234
김태헌	대전청	271	김택창	천안서	305	김한별	인천청	227
김태헌	해운대서	424	김판신	부산청	396	김한비	북전주서	332
김태현	동화성서	203	김판준	국세청	19	김한석	거창서	430
김태현	서울청	85	김평강	조세연	450	김한석	서울청	81
김태현	서울청	71	김평섭	부산청	401	김한선	동화성서	203
김태현	잠실서	143	김평섭	서울청	87	김한성	용산서	139
김태현	평택서	199	김평식	조세연	452	김한솔	서울청	63
김태형	국세청	23	김평식	조세연	451	김한솔	양산서	408
김태형	국세청	31	김평화	광주서	321	김한솔	인천청	228
김태형	김포서	247	김푸름	마포서	117	김한슬	금천서	104
김태형	대구청	354	김풍겸	김해서	433	김한신	중부산서	422
김태형	대구청	355	김필선	광산서	323	김한울	동고양서	249
김태형	동수원서	175	김필순	부산청	397	김한율	서초서	124
김태형	동울산서	426	김필식	강동서	96	김한일	삼성서	120
김태형	서산서	297	김하경	북전주서	332	김한진	인천청	227
김태형	울산서	429	김하나	경기광주서	169	김한진	중부청	159
김태형	중부서	149	김하나	북대전서	276	김한진	천안서	304
김태호	강서서	99	김하나	수성서	369	김한태	영등포서	137
김태호	남대구서	365	김하나	인천서	230	김항범	서울청	66
김태호	마산서	434	김하늘	동안양서	177	김항중	서인천서	234
김태호	성동서	127	김하늘	중랑서	147	김해강	익산서	335
김태호	양산서	409	김하니	경기광주서	169	김해리	안양서	190
김태호	중부청	159	김하린	세제실	8	김해림	영등포서	137
김태화	남동서	239	김하림	강서서	98	김해아	부천서	251
김태화	춘천서	215	김하림	구로서	102	김해영	수영서	420
김태환	고양서	243	김하성	인천청	228	김해영	정읍서	338
김태환	국세청	41	김하양	인천청	221	김해운	상담센터	57
김태환	제주서	443	김하연	국세청	26	김해은	서부산서	418
김태환	진주서	437	김하연	서대문서	122	김해인	서울청	73
김태효	중부청	157	김하영	강릉서	204	김해진	강서서	98
김태훈	구미서	378	김하영	동대구서	367	김해진	중부청	165
김태훈	국세청	23	김하운	남동서	238	김햇님	시흥서	185
김태훈	김포서	247	김하원	남부천서	253	김햇살	구리서	171
김태훈	대구청	354	김하은	경기광주서	169	김행복	노원서	108
김태훈	대전청	262	김하은	송파서	131	김행순	서울청	86
김태훈	부산강서서	416	김하은	춘천서	215	김행은	통영서	440
김태훈	부산청	395	김하임	보령서	294	김향미	부산진서	412
김태훈	서광주서	327	김학규	부천서	251	김향미	중부청	162
김태훈	서울청	87	김학민	북전주서	333	김향숙	부천서	251
김태훈	서초서	124	김학선	광주청	310	김향숙	성북서	129
김태훈	인천서	231	김학송	중부청	155	김향일	국세청	45
김태훈	포항서	390	김학수	익산서	334	김향주	인천청	223
김태휘	속초서	209	김학인	서인천서	234	김향희	북대구서	370
김태희	강남서	95	김학진	대전서	275	김헌국	부산청	403
김태희	강남서	94	김학진	동안양서	177	김헌규	고양서	243
김태희	김포서	246	김한규	강남서	95	김헌우	남양주서	172
김태희	부산진서	413	김한근	용산서	138	김혁동	대구청	358

이름	소속	쪽	이름	소속	쪽	이름	소속	쪽
김혁준	영덕서	387	김현숙	중부청	156	김현주	서울청	78
김혁준	조세심판원	13	김현승	이천서	197	김현주	서울청	91
김현희	잠실서	142	김현승	중부청	163	김현주	성남서	180
김현걸	북광주서	325	김현아	국세청	36	김현주	용인서	193
김현경	구리서	170	김현아	국세청	25	김현준	강서서	99
김현경	국세청	46	김현아	김천서	380	김현준	거창서	430
김현경	서울청	63	김현아	동울산서	426	김현준	고양서	243
김현경	인천청	227	김현아	서대문서	122	김현준	반포서	118
김현경	중부서	148	김현아	조세연	455	김현준	서부산서	419
김현경	중부청	164	김현아	조세연	451	김현준	수원서	182
김현경	평택서	198	김현아	종로서	144	김현중	천안서	304
김현곤	동작서	115	김현아	홍성서	306	김현지	강남서	95
김현근	역삼서	134	김현영	송파서	130	김현지	국세청	45
김현기	동울산서	427	김현오	동청주서	280	김현지	국세청	28
김현기	부천서	251	김현옥	서광주서	326	김현지	국세청	41
김현두	남대구서	365	김현우	서울청	87	김현지	금정서	406
김현두	부산청	398	김현우	서울청	81	김현지	남동서	239
김현목	제주서	443	김현우	영등포서	136	김현지	논산서	292
김현미	동화성서	203	김현우	진주서	437	김현지	천안서	304
김현미	부산진서	413	김현욱	안동서	384	김현지	파주서	256
김현미	용인서	193	김현웅	국세청	50	김현진	강서서	98
김현미	중부청	158	김현웅	충주서	289	김현진	광주서	320
김현민	공주서	290	김현일			김현진	광주청	310
김현민	마산서	435	김현일	김포서	246	김현진	국세청	27
김현민	서울청	80	김현일	분당서	178	김현진	국세청	26
김현민	서초서	125	김현일	중부청	159	김현진	기흥서	194
김현민	안산서	186	김현일	화성서	201	김현진	남대구서	364
김현민	의정부서	254	김현자	광주서	321	김현진	대전청	266
김현배	경기광주서	168	김현재	광주청	315	김현진	동대구서	367
김현범	해운대서	424	김현재	서울청	73	김현진	서광주서	326
김현서	강남서	94	김현정	강서서	98	김현진	여수서	348
김현서	고양서	243	김현정	관악서	100	김현진	연수서	236
김현석	국세청	38	김현정	구미서	378	김현진	제주서	442
김현석	부산청	400	김현정	금천서	104	김현철	서울청	62
김현선	서울청	65	김현정	동울산서	426	김현철	수영서	421
김현선	서울청	76	김현정	서울청	64	김현철	해남서	350
김현선	역삼서	134	김현정	성북서	129	김현태	대전청	264
김현섭	북대구서	371	김현정	송파서	130	김현태	대전청	267
김현성	광주청	311	김현정	순천서	345	김현하	세종서	299
김현성	국세청	40	김현정	안동서	384	김현호	대구청	361
김현성	동울산서	426	김현정	역삼서	135	김현호	반포서	119
김현성	이천서	197	김현정	의정부서	254	김현호	중부청	159
김현성	홍천서	217	김현정	의정부서	255	김현희	금정서	407
김현수	거창서	431	김현정	종로서	145	김현희	북대구서	370
김현수	동작서	114	김현정	중부산서	422	김현희	상담센터	56
김현수	북대구서	370	김현정	창원서	439	김현희	서초서	125
김현숙	강서서	98	김현종	영동서	282	김현희	은평서	140
김현숙	대구청	357	김현종	제주서	442	김형걸	울산서	428
김현숙	대전청	267	김현주	구미서	378	김형국	영덕서	387
김현숙	부산강서서	417	김현주	군산서	328	김형기	국세청	33
김현숙	조세연	451	김현주	동대문서	112	김형두	창원서	439
김현숙	중랑서	147	김현주	마산서	435	김형래	동대문서	113
김현숙	중부청	166	김현주	북전주서	333	김형래	부산청	403

김형래	서울청	63		김혜란	광주청	316		김혜원	성북서	129
김형만	전주서	337		김혜란	동수원서	174		김혜원	중부청	153
김형미	서울청	71		김혜랑	성동서	126		김혜원	파주서	256
김형민	은평서	140		김혜련	조세연	452		김혜원	해남서	351
김형민	창원서	439		김혜령	동화성서	202		김혜윤	남동서	239
김형봉	부평서	232		김혜령	시흥서	184		김혜은	금정서	407
김형석	서울청	70		김혜령	중부청	163		김혜은	남동서	238
김형석	서울청	82		김혜리	남동서	238		김혜은	부산청	394
김형선	시흥서	184		김혜리	영동서	282		김혜은	부천서	251
김형섭	부산진서	413		김혜린	대전청	266		김혜은	진주서	436
김형섭	양산서	408		김혜림	성북서	128		김혜인	군산서	328
김형섭	은평서	140		김혜림	안동서	384		김혜인	반포서	118
김형수	강릉서	205		김혜림	제주서	443		김혜인	서울청	89
김형수	부산청	400		김혜미	국세청	34		김혜인	연수서	236
김형수	서울청	75		김혜미	서울청	81		김혜인	울산서	429
김형숙	광주서	320		김혜민	국세청	46		김혜인	평택서	199
김형식	동안산서	188		김혜민	서초서	124		김혜정	경기광주서	169
김형연	광주청	312		김혜민	원주서	212		김혜정	광주서	321
김형완	역삼서	135		김혜민	중부서	148		김혜정	국세청	38
김형욱	남대구서	365		김혜빈	북부산서	415		김혜정	금천서	104
김형욱	마포서	117		김혜빈	서울청	83		김혜정	남대구서	364
김형욱	중부청	153		김혜빈	인천청	221		김혜정	동작서	114
김형익	상담센터	57		김혜빈	중부서	149		김혜정	목포서	342
김형일	반포서	119		김혜선	평택서	199		김혜정	부산진서	412
김형정	국세청	46		김혜성	관악서	100		김혜정	서울청	68
김형종	부산청	401		김혜성	인천청	224		김혜정	서울청	81
김형주	대전서	274		김혜수	의정부서	255		김혜정	연수서	236
김형주	동안양서	176		김혜숙	노원서	108		김혜정	인천청	223
김형주	성동서	126		김혜숙	서울청	70		김혜정	종로서	144
김형주	순천서	345		김혜연	남부천서	252		김혜정	지방세제	447
김형주	의정부서	255		김혜연	용인서	193		김혜지	국세청	30
김형준	경산서	375		김혜연	인천청	225		김혜지	동울산서	427
김형준	경주서	376		김혜영	광주청	313		김혜지	속초서	209
김형준	남양주서	173		김혜영	구리서	170		김혜진	고양서	242
김형준	서울청	86		김혜영	기흥서	195		김혜진	국세청	23
김형준	이천서	196		김혜영	남대구서	364		김혜진	대구청	358
김형준	평택서	199		김혜영	남동서	238		김혜진	대구청	355
김형진	동고양서	249		김혜영	마포서	116		김혜진	동대문서	112
김형진	마포서	117		김혜영	부산청	398		김혜진	부산청	404
김형진	부산청	399		김혜영	북대구서	371		김혜진	북부산서	414
김형천	부산진서	413		김혜영	서대구서	372		김혜진	성남서	180
김형태	국세청	37		김혜영	서부산서	418		김혜진	성동서	126
김형태	은평서	141		김혜영	서울청	62		김혜진	안산서	186
김형후	서울청	87		김혜영	서울청	90		김혜진	안양서	191
김형훈	부산청	398		김혜영	은평서	140		김혜진	양천서	133
김혜경	대전청	263		김혜영	종로서	144		김혜진	용인서	193
김혜경	동화성서	202		김혜영	통영서	441		김혜진	인천청	227
김혜경	동화성서	203		김혜원	광주청	317		김혜현	중랑서	146
김혜경	북대구서	370		김혜원	대전서	274		김호경	국세청	42
김혜경	서부산서	418		김혜원	마포서	117		김호국	구리서	170
김혜경	서초서	125		김혜원	부산청	402		김호근	강서서	99
김혜경	순천서	347		김혜원	부평서	232		김호서	서대문서	123
김혜란	강서서	99		김혜원	성동서	126		김호수	조세연	455

이름	소속	번호	이름	소속	번호	이름	소속	번호
김호승	남대구서	364	김효림	조세연	449	김희겸	국세청	47
김호승	부산청	396	김효미	분당서	178	김희경	마포서	117
김호영	서울청	68	김효민	동울산서	426	김희경	부천서	250
김호용	부평서	232	김효민	인천청	225	김희경	해운대서	424
김호정	서울청	65	김효삼	영주서	388	김희관	북광주서	325
김호준	국세청	49	김효선	동청주서	280	김희대	서초서	124
김호준	평택서	198	김효선	서초서	125	김희련	서부산서	419
김호진	강남서	95	김효섭	남대문서	107	김희명	고양서	242
김호진	중부산서	422	김효수	광주청	315	김희문	창원서	438
김호찬	부천서	251	김효숙	동수원서	174	김희봉	서광주서	327
김호현	용인서	192	김효숙	북부산서	414	김희석	광주청	317
김홍경	대구청	354	김효순	대전청	269	김희선	강남서	94
김홍경	인천청	221	김효영	서울청	85	김희선	마포서	116
김홍균	안산서	186	김효원	남원서	330	김희선	부산청	400
김홍기	국세청	25	김효원	서울청	74	김희선	은평서	141
김홍기	동래서	410	김효은	인천청	223	김희수	부평서	232
김홍란	대전청	265	김효인	남대구서	364	김희숙	경기광주서	168
김홍래	반포서	118	김효일	동안양서	177	김희숙	광주청	313
김홍석	부산강서서	417	김효정	금정서	406	김희숙	서울청	63
김홍선	대전서	274	김효정	반포서	118	김희숙	전주서	337
김홍식	인천청	227	김효정	삼성서	121	김희승	목포서	342
김홍용	공주서	290	김효정	서울청	74	김희애	서울청	72
김화경	광주청	314	김효정	서울청	63	김희애	울산서	429
김화도	성동서	127	김효정	순천서	347	김희연	서울청	71
김화선	부산청	395	김효정	양천서	132	김희연	성남서	180
김화숙	강남서	95	김효정	역삼서	135	김희연	성동서	126
김화숙	역삼서	135	김효정	지방세제	447	김희연	양천서	133
김화영	광주청	312	김효주	지방세제	446	김희영	대전청	268
김화영	진주서	436	김효준	의정부서	255	김희영	동대문서	113
김화완	춘천서	214	김효진	국세청	33	김희영	의정부서	254
김화은	용산서	138	김효진	동안양서	176	김희윤	중부서	149
김화은	익산서	334	김효진	반포서	118	김희은	세종서	299
김화준	서울청	86	김효진	부산청	404	김희은	안양서	190
김화진	진주서	437	김효진	부산청	396	김희은	원주서	212
김환국	북광주서	325	김효진	부천서	250	김희재	분당서	179
김환규	서초서	124	김효진	서울청	62	김희정	국세청	24
김환옥	전주서	337	김효진	역삼서	134	김희정	노원서	108
김환중	진주서	437	김효진	익산서	334	김희정	목포서	342
김환진	거창서	431	김효진	인천청	220	김희정	북부산서	415
김환진	이천서	196	김효진	중부청	159	김희정	삼성서	120
김환희	계양서	240	김효진	중부청	156	김희정	서울청	71
김황경	천안서	304	김효희	광주서	321	김희정	서울청	77
김회광	북광주서	325	김훈구	상담센터	58	김희정	서초서	124
김회광	북전주서	332	김훈기	평택서	199	김희정	송파서	130
김회정	창원서	439	김훈민	이천서	197	김희정	수성서	369
김효경	대구청	355	김훈수	홍성서	306	김희정	용산서	138
김효경	제주서	442	김훈태	성남서	181	김희정	파주서	256
김효근	광산서	323	김휘민	김천서	381	김희정	포천서	259
김효근	대전청	267	김휘영	국세청	39	김희주	고양서	242
김효남	구로서	103	김휘영	중부청	152	김희주	북전주서	332
김효남	조세심판원	13	김휘호	속초서	209	김희주	서울청	85
김효동	국세청	38	김흥곤	성동서	127	김희주	인천청	224
김효림	서울청	83	김흥기	은평서	141	김희준	삼성서	121

김희중	서울청	65
김희진	광주청	316
김희진	수원서	182
김희진	영등포서	137
김희창	북광주서	324
김희창	제천서	284
김희철	나주서	341
김희태	군산서	329
김희화	경기광주서	168
김희환	부천서	251

ㄴ

나 영	부천서	250
나 영	전주서	336
나 영	조세연	454
나경미	북대전서	276
나경아	서울청	72
나경영	서울청	70
나경태	중부청	154
나경훈	포천서	259
나기석	용인서	192
나길제	인천서	230
나누리	북광주서	324
나덕희	서울청	78
나동일	양천서	132
나명균	서대전서	278
나명호	강남서	95
나미선	나주서	340
나민수	서울청	68
나병진	지방세제	446
나상일	경주서	376
나상진	분당서	178
나선영	서광주서	326
나선유	광주서	320
나선일	파주서	257
나선진	서광주서	327
나선회	포천서	258
나성빈	서울청	71
나소영	해남서	350
나송현	동화성서	202
나승운	국세청	25
나승창	광주서	321
나연주	광명서	244
나영수	기흥서	195
나영주	서울청	69
나용선	성북서	128
나용호	충주서	288
나우영	남양주서	173
나유민	광주청	316
나유선	천안서	304

나유숙	대전청	265
나윤수	중부청	164
나은경	서울청	82
나은비	시흥서	184
나은주	천안서	304
나인애	서울청	65
나인엽	정읍서	338
나정학	성동서	127
나정현	제천서	284
나종엽	조세심판원	14
나종현	양천서	132
나주현	북대구서	370
나지수	조세연	450
나지윤	대구청	354
나진순	서울청	90
나진주	익산서	334
나진희	북광주서	325
나진희	성북서	128
나진희	조세연	452
나찬주	인천청	224
나채용	광주청	313
나태운	서인천서	234
나하은	수원서	183
나한결	관악서	101
나한솔	광주서	320
나혁균	고양서	242
나현규	용인서	193
나현숙	서대구서	373
나현진	포천서	258
나형배	서광주서	327
나형욱	동화성서	202
나혜경	나주서	341
나혜영	송파서	130
나혜정	익산서	334
나혜진	대전서	274
나환영	경기광주서	169
나환웅	국세청	44
나희선	중부청	160
나희연	동울산서	427
나희영	서대문서	123
남 경	예산서	302
남 용	강남서	94
남가인	경기광주서	169
남건욱	지방세제	446
남경민	강릉서	204
남경민	중부서	149
남경일	강서서	98
남경자	양천서	133
남경호	울산서	429
남경희	동수원서	175
남경희	화성서	200
남관길	울산서	429
남관덕	인천서	230

남궁민	서울청	86
남궁민아	부천서	250
남궁율	대전청	266
남궁은	연수서	236
남궁재옥	노원서	108
남궁준	중부청	158
남궁화순	북광주서	324
남궁훈	파주서	257
남기범	세제실	7
남기범	천안서	304
남기선	구리서	170
남기연	강서서	98
남기은	강서서	98
남기은	연수서	236
남기인	연수서	236
남기정	서광주서	326
남기태	대전청	268
남기현	시흥서	184
남기형	고양서	243
남기호	남대문서	106
남기홍	동수원서	175
남기홍	종로서	144
남기훈	서울청	77
남기훈	잠실서	143
남꽃별	서울청	84
남나은	동울산서	426
남다미	성남서	180
남다영	대전청	266
남도경	남부천서	252
남도영	동화성서	203
남도욱	국세청	33
남도현	성북서	129
남동균	금천서	105
남동완	파주서	256
남동현	구리서	170
남동현	부산강서서	416
남만우	강동서	96
남명기	속초서	209
남무정	국세청	32
남미라	남대문서	107
남미숙	대구청	355
남민기	국세청	42
남보라	서대전서	278
남보영	서대문서	123
남봉근	성남서	180
남상균	청주서	287
남상웅	중부청	164
남상준	강동서	96
남상진	여수서	348
남상헌	대구청	359
남상훈	북광주서	324
남서윤	아산서	301
남석주	동고양서	248

남선애	국세청	48	남전우	영등포서	136	노근석	해운대서	425
남선애	중부산서	422	남정근	동대구서	367	노기란	성남서	180
남선우	남동서	238	남정림	홍천서	217	노기숙	상담센터	56
남성식	파주서	256	남정민	대구청	355	노기우	북대전서	276
남성우	시흥서	184	남정식	부천서	250	노기훈	의정부서	255
남성윤	강서서	99	남정태	서울청	82	노남종	광산서	322
남성호	서울청	64	남종현	영등포서	136	노다혜	동수원서	174
남세라	대전청	266	남주형	부평서	232	노동균	국세청	36
남송이	김해서	432	남주희	전주서	336	노동렬	서울청	78
남송이	서울청	91	남중화	국세청	50	노동영	대구청	357
남수민	고양서	243	남지윤	남양주서	173	노동율	금정서	407
남수빈	중부산서	423	남지윤	서울청	66	노동호	북전주서	332
남수주	노원서	109	남지현	조세연	453	노마로	남동서	239
남수진	상담센터	58	남지형	세제실	6	노명환	평택서	198
남숙경	동안양서	177	남창현	부산청	397	노명희	성동서	127
남승규	서울청	84	남창환	국세청	28	노미경	서광주서	326
남승원	광산서	322	남창희	영주서	389	노미선	잠실서	142
남승호	서초서	124	남채윤	인천청	224	노미해	마산서	434
남승훈	중부산서	422	남태호	강남서	94	노미현	강서서	98
남아주	국세청	45	남택원	대전청	262	노미현	송파서	131
남애숙	나주서	341	남학진	부산강서서	417	노민경	북광주서	325
남연경	화성서	201	남한샘	조세심판원	13	노민경	서대문서	122
남연주	김해서	433	남현두	이천서	196	노민욱	동래서	410
남영안	중부청	153	남현우	동청주서	280	노민정	은평서	140
남영우	삼척서	207	남현정	분당서	178	노병현	관악서	101
남영우	서울청	82	남현주	강동서	96	노상우	인천청	224
남영철	강남서	94	남현주	부천서	250	노석봉	역삼서	135
남영탁	서인천서	234	남현준	삼성서	121	노성은	광주청	310
남영호	서대구서	373	남현철	인천청	228	노성지	광주서	321
남예리	부평서	232	남현희	서산서	297	노세영	상담센터	57
남예원	인천서	230	남형주	파주서	256	노세현	울산서	428
남예진	분당서	179	남혜윤	반포서	118	노소영	성북서	128
남옥희	포항서	390	남혜진	마포서	117	노소현	김포서	246
남용우	수영서	420	남호규	홍천서	217	노솔비	수원서	182
남용희	중부서	148	남호성	은평서	141	노수경	마산서	434
남우창	인천청	224	남호철	용산서	138	노수경	조세연	450
남원우	세제실	7	남화영	마포서	116	노수연	서울청	88
남유승	중부청	162	남효정	구미서	379	노수정	서울청	69
남유현	동화성서	202	남효정	이천서	197	노수지	용인서	192
남윤석	금정서	407	남효주	안동서	384	노수진	중부청	154
남윤성	경산서	375	남훈현	중부청	158	노수창	안산서	186
남윤수	서울청	87	남희욱	포항서	391	노수현	송파서	131
남윤정	강서서	98	노가영	창원서	439	노순정	광주서	320
남윤종	서울청	81	노강래	삼성서	121	노승규	순천서	347
남은빈	삼척서	206	노건호	동청주서	281	노승미	성남서	181
남은영	인천서	231	노걸현	조세연	454	노승옥	동안양서	176
남은정	인천청	226	노경민	서울청	81	노승진	용인서	193
남인제	금정서	406	노경민	춘천서	214	노승환	국세청	19
남인해	화성서	200	노경수	서초서	125	노신남	중부청	163
남일현	남부천서	253	노관우	동청주서	281	노아영	관악서	100
남자세	광주청	312	노광수	중부청	153	노아영	반포서	118
남장우	종로서	145	노권영	충주서	288	노연섭	남대문서	107
남재면	연수서	236	노규현	서대문서	122	노연숙	남동서	238

노연우	북광주서	324	노주선	금정서	406	도명준	영등포서	136
노영돈	역삼서	134	노주아	중부서	149	도미선	천안서	305
노영명	해남서	350	노주연	중부청	152	도미영	서울청	79
노영배	서초서	125	노주원	서인천서	234	도민지	안동서	384
노영실	대전청	268	노주현	국세청	50	도선정	북대구서	370
노영예	조세연	450	노주호	중부청	154	도성욱	구미서	378
노영인	국세청	38	노준호	보령서	295	도성희	동대구서	366
노영일	부산청	395	노지영	조세연	452	도세영	북대구서	370
노영하	대전서	274	노지우	역삼서	135	도수정	용산서	139
노영훈	안양서	190	노지원	부산청	401	도승호	인천서	231
노영희	마포서	116	노지은	동작서	115	도아라	국세청	36
노용래	서산서	297	노지현	역삼서	134	도아라	국세청	25
노용승	강릉서	205	노지혜	역삼서	134	도연정	대구청	361
노용현	동고양서	248	노진명	수영서	420	도영림	종로서	144
노우성	북광주서	324	노충모	서울청	75	도영만	남부천서	253
노우정	국세청	32	노충환	중부청	157	도영수	남대구서	364
노원준	삼성서	120	노태경	강릉서	204	도우형	북대전서	276
노원철	국세청	47	노태순	서울청	73	도유정	성남서	180
노유경	국세청	31	노태천	국세청	40	도이광	대구청	355
노유남	김해서	432	노하나	제주서	443	도인현	대구청	355
노유선	북광주서	324	노하진	영등포서	137	도종호	평택서	198
노윤주	금정서	407	노학종	예산서	303	도주연	김해서	433
노윤희	금정서	406	노학준	동울산서	426	도주현	평택서	199
노은경	원주서	213	노헌우	서대구서	372	도주희	춘천서	215
노은미	남대구서	364	노현민	중부청	158	도준혁	창원서	439
노은아	대전청	267	노현서	동수원서	174	도지희	남대구서	365
노은영	의정부서	254	노현선	중랑서	146	도진주	중부산서	423
노은주	광주청	313	노현정	삼척서	206	도창현	남대문서	106
노은지	역삼서	134	노현정	안동서	384	도해구	충주서	289
노은지	제주서	443	노현주	성남서	180	도해민	수성서	369
노은진	구미서	379	노현진	남대구서	364	도현우	청주서	286
노이주	성동서	127	노혜련	조세심판원	12	도현정	이천서	196
노익환	부천서	250	노혜리	역삼서	135	도현종	동울산서	426
노인선	서대문서	123	노혜림	성동서	126	도형우	마포서	116
노일도	서울청	86	노혜선	기흥서	194	도혜순	서대문서	123
노일호	역삼서	134	노혜원	홍성서	307	동남일	중랑서	146
노재진	창원서	438	노혜정	국세청	45	동소연	국세청	41
노재호	동작서	114	노혜정	성남서	180	동철호	동작서	115
노재훈	서인천서	234	노화선	중부산서	422	두영배	통영서	440
노재희	국세청	36	노화정	군산서	329	두준철	성북서	128
노정민	원주서	212	노환빈	안양서	191	두진국	천안서	305
노정애	서울청	72	노희옥	부산진서	412	두채린	금천서	105
노정연	은평서	140						
노정운	광주청	316						
노정윤	화성서	201		**ㄷ**			**ㄹ**	
노정환	중부서	148						
노정환	충주서	289	당만기	서울청	65	라기정	서대전서	278
노정희	논산서	292	도 준	강남서	94	라영채	용인서	193
노종근	거창서	431	도건민	잠실서	143	라원선	국세청	25
노종대	인천청	225	도경민	잠실서	143	라유성	대전청	266
노종영	금천서	104	도기원	서초서	124	라윤상	연수서	236
노종옥	동대문서	112	도명선	동대구서	366	라지영	서울청	74
노종호	예산서	303						

류 송	부천서	250
류 진	광주청	313
류가향	역삼서	135
류경아	인천청	221
류경탁	도봉서	110
류관선	강동서	97
류광오	포항서	391
류광현	서울청	88
류기수	역삼서	134
류기수	영등포서	136
류기현	동대문서	112
류나리	잠실서	143
류다현	북대전서	276
류대현	구리서	170
류대훈	서초서	125
류동균	성동서	127
류동현	울산서	428
류두현	서대문서	122
류매란	고양서	242
류명지	국세청	28
류문환	서울청	84
류민경	인천서	231
류민하	안산서	187
류병호	강서서	99
류보람	대전서	274
류상현	구미서	378
류상효	수성서	368
류서현	창원서	438
류선남	순천서	346
류선아	창원서	438
류선주	송파서	130
류선희	세제실	8
류성돈	동청주서	280
류성백	순천서	347
류성주	순천서	347
류세경	부산강서서	416
류수현	인천청	220
류숙현	여수서	349
류순영	송파서	130
류승남	강남서	95
류승우	동화성서	203
류승우	포항서	391
류승윤	동안양서	177
류승중	서울청	80
류승진	고양서	243
류승현	서울청	78
류승혜	용인서	193
류승화	구리서	171
류시철	통영서	440
류시현	조세심판원	14
류신우	고양서	243
류아영	전주서	337
류여경	부천서	251

류영길	순천서	344
류영리	파주서	257
류영상	평택서	198
류영선	수영서	421
류예림	중부청	163
류오진	서초서	124
류옥희	역삼서	135
류용운	부산청	399
류유선	성북서	128
류윤정	서울청	67
류은미	여수서	348
류은영	국세청	26
류인용	구로서	102
류일한	군산서	329
류임정	서부산서	418
류자영	포천서	258
류장식	김해서	433
류장훈	삼척서	206
류재리	대구청	356
류재무	대구청	358
류재현	서대구서	373
류정란	삼성서	120
류정모	양산서	408
류정미	김해서	433
류정윤	구리서	171
류정훈	진주서	437
류정희	마산서	435
류제성	공주서	291
류제현	경기광주서	168
류종규	익산서	335
류종수	평택서	199
류지윤	광산서	322
류지은	영등포서	137
류지현	서울청	62
류지혜	역삼서	135
류지호	삼성서	120
류지호	서울청	79
류지훈	광주청	314
류진규	노원서	109
류진열	동울산서	426
류진영	광주청	312
류진희	분당서	178
류춘식	대구청	359
류태경	진주서	436
류필수	국세청	43
류한나	청주서	287
류한상	종로서	145
류해경	북전주서	332
류현수	서울청	73
류현준	서울청	74
류현철	부산강서서	417
류혜미	금정서	407
류혜선	분당서	179

류혜영	용인서	192
류호균	서울청	72
류호림	해운대서	424
류호민	서울청	71
류호용	충주서	289
류호정	구리서	171
류호진	광주서	321
류훈민	성남서	181
류희식	충주서	288
류희열	경산서	374
류희정	중부서	148

	ㅁ	
마경진	서초서	124
마국진	익산서	334
마동운	동화성서	202
마명희	남대구서	365
마민화	강남서	95
마선희	강남서	95
마성혜	동대구서	366
마숙연	천안서	305
마순옥	부산청	400
마승진	아산서	301
마일명	김천서	380
마재정	고양서	242
마재헌	중랑서	146
마정윤	금천서	105
마준호	상담센터	56
마현주	광주서	320
마혜진	부산청	400
마효민	서초서	124
맹선영	광명서	245
맹수업	수영서	420
맹창열	고양서	242
맹환준	남동서	239
명거동	성동서	127
명경자	강릉서	205
명경철	부천서	250
명국빈	여수서	348
명기룡	대구청	354
명상희	부산강서서	416
명세은	연수서	236
명영빈	창원서	438
명은정	세종서	299
명인범	서울청	89
명진아	부산강서서	417
명현욱	양천서	133
명혜란	제천서	285
모규인	거창서	431
모두열	삼성서	120

모상용	동대문서	112		문병찬	창원서	438		문여리	서울청	70
모성하	광산서	322		문보경	청주서	286		문영건	수원서	183
모재완	부산청	402		문보라	나주서	340		문영권	광주청	315
모충서	파주서	257		문삼식	파주서	257		문영규	국세청	18
모혜연	시흥서	185		문상균	중부산서	423		문영순	제주서	443
모희산	서울청	77		문상묵	조세심판원	13		문영신	창원서	439
목영주	광주청	311		문상영	동래서	410		문영은	서울청	83
목완수	서울청	63		문상철	서울청	87		문영임	공주서	291
문 경	동수원서	174		문상혁	강서서	99		문영한	역삼서	134
문 식	부산청	399		문서림	보령서	295		문예린	남부천서	252
문 혁	수원서	182		문서연	부산청	395		문예서	성북서	128
문 현	서인천서	235		문서영	국세청	44		문예지	김포서	246
문가나	익산서	335		문서윤	중부서	148		문예지	송파서	130
문가영	정읍서	339		문석빈	서초서	124		문예지	해운대서	425
문가현	울산서	429		문석준	도봉서	111		문요한	김포서	246
문강민	동화성서	202		문선영	마포서	117		문용식	서대문서	123
문강수	서산서	297		문선우	동안양서	176		문용원	중부서	148
문경애	광주청	317		문선진	충주서	289		문용인	남동서	238
문경은	광명서	244		문선택	군산서	328		문원수	중부산서	422
문경호	세제실	7		문선희	시흥서	184		문유빈	성남서	180
문관덕	종로서	145		문선희	창원서	438		문유선	용인서	192
문광섭	도봉서	110		문성규	조세연	455		문윤정	종로서	145
문교현	조세연	450		문성배	북부산서	414		문윤진	해남서	351
문권선	동울산서	427		문성운	중부청	158		문윤호	서울청	62
문권주	서울청	69		문성웅	이천서	197		문은서	나주서	340
문규환	중부청	155		문성은	포천서	258		문은성	북광주서	325
문극필	관악서	100		문성인	동대문서	112		문은성	해남서	350
문근나	서울청	79		문성일	충주서	289		문은식	중부청	164
문나은	광산서	322		문성진	마포서	117		문은하	안산서	187
문대우	순천서	346		문성철	해운대서	425		문은희	군산서	329
문도연	서울청	76		문성호	국세청	48		문이현	인천청	227
문동배	국세청	18		문성호	세종서	298		문익주	금정서	406
문동호	해남서	350		문성훈	부천서	250		문인섭	인천청	228
문두열	마산서	435		문성흠	노원서	108		문장환	구로서	103
문라형	진주서	437		문성희	인천청	223		문재창	국세청	37
문만수	지방세제	447		문세정	세종서	298		문재희	서울청	66
문미경	관악서	100		문소원	부산청	399		문재희	세제실	7
문미나	전주서	337		문소진	구로서	103		문전안	이천서	197
문미라	송파서	130		문소현	서울청	87		문정기	대전청	263
문미란	아산서	300		문수미	광산서	323		문정미	북전주서	332
문미선	광주청	317		문수영	제주서	443		문정민	역삼서	134
문미영	세종서	298		문수원	경주서	376		문정식	성동서	127
문미진	구로서	103		문숙자	국세청	26		문정우	조세심판원	13
문미희	대전청	264		문숙현	송파서	131		문정혁	서대구서	373
문민규	서울청	85		문순철	서울청	63		문정현	동울산서	426
문민숙	동작서	114		문승구	부산청	397		문정희	성동서	127
문민지	금정서	407		문승덕	안양서	191		문종걸	동화성서	202
문민지	수영서	421		문승식	해남서	350		문종빈	노원서	108
문민호	영월서	211		문승준	마산서	434		문주경	상담센터	57
문민희	서울청	77		문승진	서울청	82		문주란	성동서	126
문병국	창원서	439		문시현	반포서	118		문주연	나주서	340
문병권	세종서	298		문아연	양천서	133		문주희	원주서	212
문병남	안양서	190		문아현	부산청	396		문준규	광주청	317

문준웅	주류센터	59	문혜미	화성서	200	민애희	분당서	178
문준현	삼척서	206	문혜영	공주서	290	민양기	국세청	21
문지만	국세청	18	문혜원	영등포서	137	민연배	북부산서	414
문지민	김해서	432	문혜정	제주서	443	민영신	울산서	429
문지선	순천서	344	문혜진	동래서	411	민예지	인천청	222
문지선	안산서	187	문호균	서울청	89	민옥정	중부청	166
문지연	국세청	30	문호승	서울청	65	민용우	의정부서	255
문지영	조세연	449	문호영	구미서	379	민우빈	서울청	91
문지원	북광주서	324	문호영	대전청	262	민윤선	동고양서	248
문지원	충주서	288	문홍배	광주청	316	민윤식	계양서	240
문지윤	상주서	383	문홍섭	수영서	421	민은연	경주서	376
문지은	동화성서	203	문홍승	화성서	200	민재영	중부청	160
문지현	고양서	242	문효상	포항서	390	민정기	포천서	258
문지현	안동서	384	문희원	군산서	328	민정대	강서서	98
문지혜	반포서	119	문희원	동수원서	174	민정은	서울청	76
문지홍	마포서	117	문희준	양산서	408	민정은	안산서	187
문지환	강동서	97	문희진	울산서	429	민종권	계양서	241
문진선	동래서	411	민 강	서울청	69	민주원	대구청	354
문진혁	서울청	85	민 샘	서울청	89	민준기	광주청	310
문진호	송파서	130	민 정	북부산서	414	민지영	서인천서	234
문진희	서대구서	372	민갑승	대구청	360	민지원	강서서	98
문진희	파주서	257	민경삼	서인천서	235	민지은	구로서	102
문찬영	정읍서	338	민경상	성동서	127	민지현	영등포서	137
문찬우	대전청	266	민경석	중부청	162	민지혜	서울청	65
문찬웅	논산서	292	민경원	김포서	246	민지호	동고양서	249
문창규	경산서	375	민경은	국세청	26	민지홍	광주청	312
문창수	분당서	178	민경준	광명서	244	민차형	동작서	115
문창오	조세연	454	민경준	상담센터	58	민찬근	대전청	267
문창오	조세연	453	민경진	상담센터	57	민천일	동수원서	174
문창전	중부청	159	민경진	해운대서	424	민태규	구미서	378
문창환	평택서	199	민경화	성동서	127	민현석	중부청	158
문채은	충주서	289	민경훈	익산서	334	민현순	서울청	63
문태정	강남서	95	민경훈	전주서	336	민혜민	광주청	317
문태흥	동대문서	113	민경희	서울청	74	민혜아	서초서	125
문하나	용인서	192	민규원	화성서	201	민혜진	속초서	209
문하림	연수서	236	민규홍	부산청	400	민호성	광주청	315
문하윤	부산청	399	민근혜	종로서	145	민호정	서울청	65
문한솔	광주서	320	민기원	시흥서	185	민회준	국세청	49
문해령	의정부서	255	민다연	세제실	7	민효정	대전청	263
문해수	서광주서	327	민덕기	동안산서	189	민훈기	국세청	40
문현경	동안산서	189	민동준	순천서	346	민희망	남부천서	252
문현희	노원서	108	민백기	남양주서	172			
문형민	광주청	315	민병려	진주서	436			
문형민	대전청	267	민병웅	동안양서	177			
문형민	부평서	233	민병현	동울산서	427			
문형민	삼성서	120	민선희	부산청	400			
문형빈	서대문서	122	민성기	부천서	250		ㅂ	
문형식	보령서	294	민성희	평택서	198			
문형일	목포서	343	민수지	송파서	130	박 건	부산청	401
문형진	광주서	321	민수진	고양서	242	박 민	순천서	347
문혜경	중부청	157	민수호	서대전서	278	박 연	광주청	310
문혜령	북대구서	371	민승기	양산서	408	박 용	충주서	289
문혜림	국세청	40	민애림	인천서	230	박 웅	논산서	293
						박 웅	중부서	149
						박 찬	국세청	42

박 혁	여수서	348	박경호	북광주서	325	박금찬	국세청	43
박 환	광주청	310	박경호	포항서	390	박금희	포항서	391
박가람	부산진서	412	박경화	강서서	99	박기덕	부산진서	413
박가람	서대구서	373	박경화	북부산서	414	박기룡	김포서	247
박가영	군산서	329	박경환	인천서	231	박기민	아산서	301
박가영	화성서	200	박경휘	안산서	186	박기백	동안산서	189
박가은	구로서	103	박경희	국세청	40	박기범	구로서	102
박가희	삼성서	121	박경희	국세청	18	박기범	남양주서	172
박강수	인천청	227	박계희	강남서	95	박기영	포항서	391
박건대	김해서	432	박관석	포항서	390	박기우	평택서	199
박건우	강릉서	205	박관준	시흥서	185	박기정	송파서	130
박건웅	서울청	84	박관중	평택서	199	박기정	천안서	304
박건준	동수원서	175	박광덕	강서서	98	박기탁	구미서	379
박건태	양산서	409	박광석	중부청	161	박기태	춘천서	215
박건호	해운대서	424	박광식	서울청	66	박기택	수원서	183
박건후	아산서	300	박광용	춘천서	214	박기현	시흥서	185
박경근	서울청	88	박광욱	인천서	231	박기호	전주서	336
박경단	순천서	346	박광천	순천서	345	박기호	포항서	391
박경란	강동서	97	박광춘	국세청	38	박기홍	광산서	323
박경란	고양서	242	박광태	안양서	190	박길대	중부청	164
박경란	남원서	331	박구영	종로서	144	박길우	주류센터	59
박경련	대구청	356	박권조	경주서	376	박길원	대전서	274
박경록	국세청	42	박권진	서광주서	326	박나리	송파서	131
박경리	창원서	438	박귀숙	순천서	345	박나연	시흥서	184
박경림	강동서	96	박귀영	포항서	390	박나영	경기광주서	169
박경미	대구청	356	박귀자	광주청	313	박나예	목포서	342
박경미	홍천서	217	박귀화	서울청	75	박나은	북대구서	370
박경민	강서서	98	박규남	북전주서	332	박나정	세종서	298
박경민	부산청	396	박규동	영주서	388	박나혜	경기광주서	169
박경민	수영서	421	박규미	강남서	95	박남규	서대구서	373
박경민	중랑서	147	박규빈	인천서	230	박남규	서울청	71
박경복	삼성서	121	박규서	예산서	302	박남주	광주청	314
박경빈	서초서	125	박규송	서울청	85	박남중	광주서	320
박경수	나주서	340	박규업	통영서	441	박남진	수성서	368
박경수	동작서	115	박규진	구미서	379	박노성	북부산서	414
박경수	춘천서	215	박규하	기흥서	195	박노승	은평서	140
박경수	해운대서	424	박균득	광명서	245	박노욱	대전청	267
박경아	남양주서	173	박근식	구로서	103	박노준	서울청	89
박경애	잠실서	142	박근애	의정부서	255	박노진	영덕서	386
박경오	중부서	149	박근열	영주서	388	박노헌	구로서	103
박경옥	기흥서	194	박근엽	인천청	228	박노훈	아산서	300
박경완	남동서	238	박근영	구로서	102	박다겸	부산진서	413
박경원	서부산서	419	박근영	동대구서	367	박다빈	중부청	159
박경은	부천서	250	박근용	화성서	200	박다슬	서울청	90
박경은	서울청	62	박근재	서울청	63	박다영	포천서	259
박경은	서울청	77	박근호	김포서	247	박다인	남동서	238
박경일	시흥서	184	박근호	제주서	442	박다인	중부청	161
박경주	부산청	399	박금산	목포서	342	박다정	부산청	404
박경주	안산서	187	박금숙	서대전서	278	박다현	부산진서	413
박경진	북전주서	332	박금숙	잠실서	143	박달영	인천서	230
박경춘	서대구서	373	박금옥	남원서	331	박담비	경기광주서	168
박경태	상주서	383	박금옥	양천서	133	박대경	국세청	47
박경태	제주서	443	박금지	송파서	131	박대광	삼성서	121

박대순	포천서	259	박무성	경산서	374	박미정	서초서	124
박대영	서울청	76	박무수	서광주서	326	박미정	수성서	368
박대윤	양천서	132	박문규	논산서	292	박미주	서울청	76
박대은	보령서	295	박문상	북광주서	325	박미진	강남서	95
박대현	보령서	294	박문수	서대전서	278	박미진	국세청	22
박대현	춘천서	215	박문수	서울청	76	박미진	대전청	263
박대협	남부천서	252	박문수	영덕서	386	박미진	동고양서	249
박대희	국세청	27	박문숙	은평서	141	박미진	북대전서	276
박도영	여수서	348	박문영	서울청	71	박미진	북전주서	333
박도윤	서울청	85	박문주	해운대서	425	박미진	의정부서	254
박도현	조세연	453	박문철	성동서	126	박미진	인천청	228
박도현	통영서	441	박문호	서부산서	418	박미현	강릉서	205
박동규	서울청	65	박미경	김포서	246	박미현	천안서	304
박동균	화성서	201	박미경	보령서	295	박미혜	거창서	430
박동기	부산진서	412	박미경	북대구서	371	박미혜	중부청	159
박동민	성남서	181	박미경	청주서	286	박미화	중부산서	422
박동수	성동서	127	박미나	부평서	233	박미회	부산청	402
박동수	시흥서	184	박미라	동울산서	426	박미희	남대문서	107
박동열	서대구서	372	박미라	시흥서	184	박미희	영덕서	386
박동완	부천서	251	박미란	보령서	294	박민경	동대구서	366
박동일	경기광주서	169	박미란	송파서	131	박민국	국세청	23
박동일	천안서	304	박미란	조세심판원	14	박민규	김포서	247
박동진	군산서	328	박미래	남부천서	253	박민규	서인천서	234
박동진	순천서	345	박미래	인천서	231	박민규	화성서	201
박동찬	부천서	250	박미리	중부청	165	박민근	충주서	289
박동철	서부산서	419	박미림	안산서	186	박민서	중랑서	147
박동현	안산서	187	박미선	광주서	321	박민석	거창서	430
박동홍	창원서	438	박미선	동화성서	203	박민선	동안양서	177
박두순	잠실서	142	박미선	북부산서	414	박민선	삼성서	121
박두용	세종서	298	박미선	서울청	86	박민솔	순천서	345
박두원	서인천서	234	박미선	이천서	197	박민수	동작서	114
박두제	부산청	394	박미성	안양서	191	박민수	북부산서	414
박라영	경기광주서	168	박미소	인천청	220	박민수	중부청	165
박란수	송파서	130	박미숙	세종서	298	박민아	강남서	94
박란영	광주청	310	박미숙	중부청	157	박민아	천안서	304
박마래	중랑서	146	박미숙	창원서	439	박민영	금정서	406
박만경	기흥서	195	박미숙	충주서	289	박민영	김해서	432
박만기	상담센터	56	박미애	목포서	342	박민영	중랑서	146
박만길	부산진서	412	박미연	북부산서	415	박민우	노원서	108
박만용	남대구서	364	박미연	서울청	82	박민우	대전청	262
박명수	안양서	190	박미연	서인천서	235	박민우	북부산서	415
박명숙	중부청	156	박미연	양천서	133	박민우	서울청	90
박명식	해남서	351	박미영	동울산서	426	박민욱	분당서	179
박명아	서인천서	235	박미영	부산강서서	416	박민원	목포서	343
박명열	송파서	131	박미영	북부산서	415	박민원	서울청	86
박명우	남대구서	365	박미영	성북서	128	박민재	성동서	127
박명진	서초서	125	박미영	송파서	130	박민정	강남서	94
박명철	광산서	322	박미영	울산서	429	박민정	부산강서서	417
박명하	서초서	125	박미영	포천서	258	박민정	종로서	145
박명호	금정서	406	박미옥	삼척서	207	박민정	중부산서	423
박명희	성북서	129	박미정	강릉서	204	박민정	화성서	201
박모영	부산청	397	박미정	동청주서	280	박민주	광주청	315
박모우	연수서	237	박미정	서울청	89	박민주	금천서	105

이름	소속	번호	이름	소속	번호	이름	소속	번호
박민주	대구청	360	박복영	은평서	141	박상현	강남서	94
박민주	보령서	295	박복자	울산서	428	박상현	김포서	247
박민준	고양서	243	박봉선	정읍서	338	박상현	대구청	358
박민중	종로서	145	박봉주	서광주서	326	박상현	서울청	85
박민지	동작서	115	박봉철	안양서	190	박상협	경주서	376
박민지	성동서	126	박봉현	서광주서	327	박상훈	마포서	116
박민채	세종서	299	박삼용	보령서	295	박상훈	서울청	87
박민철	고양서	243	박상곤	군산서	328	박상훈	성남서	181
박민호	영월서	210	박상규	김포서	246	박상흠	수원서	183
박민희	영등포서	136	박상기	국세청	47	박상희	서대전서	279
박배근	역삼서	134	박상기	국세청	19	박상희	순천서	344
박범규	서초서	125	박상기	성동서	126	박상희	영덕서	387
박범석	영등포서	137	박상길	강동서	96	박상희	평택서	198
박범석	중부청	156	박상길	해운대서	425	박새롬	동화성서	202
박범수	국세청	19	박상돈	동작서	114	박새별	역삼서	135
박범수	남동서	239	박상미	서부산서	418	박새봄	나주서	340
박범우	용산서	138	박상미	서초서	125	박샛별	강서서	98
박범진	광산서	323	박상민	용인서	193	박서빈	삼성서	121
박범진	국세청	49	박상민	천안서	304	박서연	고양서	242
박범진	남대문서	106	박상민	춘천서	214	박서연	국세청	23
박범진	영등포서	137	박상범	국세청	35	박서연	국세청	19
박벼리	조세연	449	박상별	양천서	132	박서연	동고양서	249
박병곤	부평서	232	박상봉	송파서	131	박서연	서대문서	123
박병관	제주서	443	박상선	고양서	243	박서연	서울청	84
박병관	평택서	198	박상아	연수서	236	박서연	속초서	208
박병규	동청주서	281	박상언	잠실서	143	박서연	중부청	155
박병민	김포서	246	박상영	연수서	237	박서우	동래서	411
박병민	서광주서	326	박상영	조세심판원	13	박서우	인천서	231
박병선	세제실	7	박상옥	대전청	265	박서정	동대문서	112
박병선	화성서	200	박상용	동울산서	426	박서정	북광주서	324
박병수	서대전서	279	박상용	제주서	443	박서진	국세청	27
박병수	조세연	455	박상용	해운대서	425	박서진	서울청	85
박병영	중부서	149	박상우	부산청	402	박서현	동대문서	113
박병일	남원서	330	박상우	중부청	162	박서형	동대구서	367
박병주	관악서	101	박상우	중부청	158	박서희	종로서	145
박병진	해운대서	424	박상우	진주서	436	박석민	조세심판원	15
박병철	부산진서	412	박상욱	대전청	270	박석현	이천서	196
박병태	광명서	244	박상욱	북대구서	371	박석환	순천서	345
박병태	금정서	406	박상원	동대문서	113	박석훈	북부산서	415
박병헌	중부청	153	박상율	서울청	75	박석흠	서대구서	372
박병환	원주서	212	박상은	광주서	321	박선규	동작서	114
박병환	중부청	153	박상인	용산서	138	박선남	북부산서	414
박병훈	속초서	208	박상일	광주서	320	박선미	원주서	213
박보경	국세청	35	박상정	서대문서	123	박선미	인천청	225
박보경	국세청	18	박상종	정읍서	338	박선민	아산서	300
박보경	남양주서	172	박상주	중부청	165	박선민	양천서	132
박보경	서초서	125	박상준	광산서	323	박선범	수원서	183
박보름	아산서	300	박상준	국세청	47	박선숙	광산서	323
박보민	의정부서	255	박상준	마포서	117	박선아	중부서	148
박보영	분당서	179	박상준	북부산서	415	박선애	부산청	397
박보중	부산청	396	박상준	조세심판원	13	박선양	화성서	200
박보화	강동서	97	박상태	속초서	208	박선연	북부산서	414
박복심	해남서	351	박상혁	대구청	354	박선열	중부청	160

이름	소속	번호	이름	소속	번호	이름	소속	번호
박선영	국세청	21	박성우	북대구서	371	박세근	춘천서	214
박선영	금정서	406	박성우	충주서	288	박세라	부평서	233
박선영	동화성서	202	박성욱	상주서	382	박세라	분당서	178
박선영	목포서	342	박성원	대전청	265	박세린	부산청	396
박선영	부산청	403	박성원	중부청	164	박세린	종로서	145
박선영	삼성서	120	박성윤	전주서	337	박세림	영등포서	136
박선영	서울청	65	박성은	경기광주서	168	박세민	서울청	63
박선영	순천서	347	박성은	국세청	26	박세민	중부청	166
박선영	아산서	300	박성은	국세청	44	박세언	창원서	438
박선영	양천서	132	박성일	강남서	94	박세연	동안양서	177
박선영	익산서	335	박성일	김포서	246	박세용	경기광주서	169
박선영	조세연	451	박성일	충주서	288	박세웅	금정서	407
박선영	종로서	145	박성재	부천서	250	박세웅	송파서	131
박선영	중랑서	146	박성재	북대전서	277	박세원	금정서	407
박선영	중부청	162	박성재	서부산서	418	박세원	시흥서	184
박선영	천안서	304	박성정	목포서	343	박세윤	인천청	224
박선영	파주서	256	박성주	전주서	337	박세인	광주청	316
박선영	화성서	200	박성준	강서서	99	박세인	성동서	127
박선옥	김천서	381	박성준	중부청	152	박세인	중랑서	146
박선용	중랑서	146	박성준	창원서	438	박세일	구미서	378
박선욱	중부서	149	박성준	통영서	441	박세일	서울청	63
박선웅	평택서	198	박성진	광주청	314	박세종	영등포서	137
박선은	강동서	96	박성진	남동서	239	박세준	부산청	401
박선임	조세심판원	15	박성진	대전서	275	박세진	동청주서	281
박선주	서울청	86	박성진	안산서	186	박세진	중랑서	147
박선혜	경산서	374	박성진	중부산서	423	박세진	포천서	258
박선화	김포서	246	박성찬	마포서	117	박세하	서울청	70
박선화	동안산서	189	박성찬	안산서	187	박세환	대전청	263
박선희	김천서	380	박성찬	연수서	236	박세환	서울청	86
박선희	도봉서	110	박성탄	서초서	124	박세희	예산서	303
박선희	삼성서	120	박성태	남부천서	253	박세희	종로서	145
박선희	아산서	300	박성하	서초서	124	박소미	송파서	131
박선희	양산서	408	박성학	북대구서	371	박소미	순천서	347
박선희	의정부서	254	박성한	의정부서	255	박소미	양천서	133
박설화	순천서	345	박성혁	파주서	257	박소미	잠실서	142
박설희	광주서	320	박성현	동화성서	203	박소연	강남서	94
박성경	예산서	303	박성현	안동서	385	박소연	계양서	240
박성근	삼성서	120	박성현	종로서	144	박소연	공주서	291
박성기	북부산서	414	박성현	창원서	439	박소연	기흥서	194
박성란	군산서	328	박성혜	강남서	95	박소연	도봉서	111
박성룡	보령서	294	박성호	도봉서	111	박소연	동안양서	176
박성무	국세청	39	박성호	용산서	138	박소연	동화성서	202
박성미	국세청	22	박성호	인천서	230	박소연	수성서	369
박성민	부천서	250	박성환	양산서	408	박소연	영등포서	137
박성민	양천서	133	박성환	진주서	437	박소연	잠실서	142
박성민	영등포서	137	박성훈	국세청	37	박소연	조세연	454
박성민	진주서	436	박성훈	기흥서	194	박소연	천안서	304
박성배	남양주서	173	박성훈	부산청	404	박소연	천안서	305
박성수	군산서	328	박성훈	조세연	453	박소영	광산서	322
박성수	포천서	259	박성희	구리서	171	박소영	국세청	38
박성순	분당서	178	박성희	노원서	109	박소영	김천서	381
박성신	송파서	130	박성희	북대전서	276	박소영	마포서	117
박성용	중부청	162	박세건	서울청	77	박소영	부산청	398

박소영	북광주서	324	박수연	용산서	139	박순진	종로서	145
박소영	북대구서	371	박수열	시흥서	184	박순천	영월서	210
박소영	분당서	179	박수영	국세청	41	박순철	이천서	196
박소영	서울청	85	박수영	동래서	410	박순출	남대구서	364
박소영	용산서	138	박수옥	용인서	193	박슬기	광주청	315
박소영	제주서	443	박수완	창원서	439	박슬기	도봉서	111
박소영	청주서	287	박수용	안산서	186	박슬기	서울청	69
박소윤	국세청	20	박수용	중부청	161	박슬기	영덕서	387
박소은	서울청	80	박수인	광주청	316	박슬기	인천청	224
박소인	조세연	454	박수인	마산서	435	박슬아	국세청	24
박소정	관악서	101	박수정	김포서	246	박승권	대전청	270
박소정	국세청	20	박수정	남동서	238	박승권	제천서	284
박소정	서울청	87	박수정	대구청	354	박승규	국세청	47
박소정	수영서	421	박수정	북전주서	332	박승문	노원서	109
박소정	영덕서	387	박수정	서울청	73	박승연	광주청	310
박소정	인천청	228	박수지	부평서	232	박승욱	강남서	95
박소현	거창서	430	박수지	서울청	84	박승욱	충주서	289
박소현	부산청	394	박수지	시흥서	185	박승원	세종서	298
박소현	삼성서	121	박수지	영등포서	137	박승윤	광산서	323
박소현	용인서	192	박수지	인천청	225	박승재	서울청	73
박소현	의정부서	255	박수진	대전청	265	박승종	서부산서	419
박소현	포천서	259	박수진	동청주서	280	박승진	안산서	186
박소혜	영등포서	136	박수진	분당서	178	박승찬	부산청	400
박소희	남동서	238	박수진	성북서	128	박승찬	화성서	201
박소희	반포서	119	박수진	시흥서	184	박승철	중부청	161
박소희	서울청	78	박수진	안양서	191	박승필	반포서	118
박소희	전주서	336	박수진	의정부서	254	박승현	남양주서	173
박소희	전주서	337	박수진	인천청	226	박승현	대전청	265
박송복	포천서	258	박수진	조세연	450	박승현	동대구서	367
박송이	동안양서	176	박수춘	계양서	240	박승혜	영등포서	136
박송이	은평서	140	박수태	경기광주서	168	박승호	동대문서	113
박송희	김포서	246	박수한	성북서	129	박승호	역삼서	135
박수경	고양서	243	박수현	대전서	275	박승효	서울청	78
박수경	동래서	410	박수현	동대구서	366	박승훈	북전주서	332
박수경	동울산서	426	박수현	동대문서	112	박승훈	원주서	212
박수경	동화성서	203	박수현	동안양서	177	박승희	서울청	72
박수련	동화성서	203	박수현	동청주서	280	박시연	목포서	342
박수미	대전서	274	박수현	안양서	190	박시온	수원서	183
박수미	은평서	140	박수현	종로서	144	박시용	삼성서	120
박수민	마산서	434	박수혜	조세심판원	15	박시원	광산서	322
박수민	진주서	436	박수호	남대구서	365	박시율	경산서	374
박수범	대구청	357	박수홍	화성서	201	박시춘	도봉서	110
박수빈	대구청	355	박수희	국세청	25	박시현	광명서	245
박수빈	부산진서	413	박숙영	금천서	104	박시현	국세청	23
박수빈	서대구서	373	박숙정	국세청	26	박시현	대구청	355
박수빈	조세연	453	박숙희	나주서	341	박시현	동화성서	203
박수성	김해서	432	박숙희	성동서	126	박시형	홍성서	306
박수아	북대전서	276	박순애	서울청	73	박시후	국세청	40
박수안	중부청	157	박순영	기흥서	194	박신아	남원서	330
박수연	동작서	115	박순웅	시흥서	184	박신아	조세연	451
박수연	동청주서	281	박순주	서대구서	372	박신애	서울청	91
박수연	삼성서	120	박순주	제천서	284	박신영	대전청	266
박수연	서울청	73	박순준	구리서	171	박신영	익산서	335

박신영	포천서	258	박영식	성동서	127	박용진	금정서	407
박신우	서인천서	234	박영실	기흥서	194	박용진	남부천서	253
박신우	속초서	208	박영애	강서서	98	박용태	남대문서	107
박신정	대전청	267	박영언	구미서	378	박용태	마포서	116
박신정	용산서	139	박영용	성북서	128	박용현	포천서	258
박신현	전주서	336	박영웅	중부청	152	박용훈	기흥서	195
박신혜	강서서	98	박영은	분당서	179	박용훈	부산청	395
박아름	양천서	133	박영일	대전청	270	박용희	목포서	343
박아연	서울청	69	박영임	평택서	199	박용희	진주서	436
박안나	강동서	97	박영재	북부산서	414	박우경	성동서	126
박안제라	성남서	181	박영종	기흥서	195	박우영	인천청	220
박애경	서울청	72	박영주	대전청	270	박우정	국세청	24
박애란	도봉서	110	박영주	서대구서	372	박우철	북광주서	324
박애리	원주서	212	박영주	은평서	140	박욱상	마산서	434
박애슬	서울청	72	박영진	동수원서	175	박욱현	부산청	398
박애심	포천서	258	박영진	부산청	403	박운영	국세청	42
박애자	동작서	114	박영진	북대구서	370	박웅종	부산청	401
박애자	중랑서	147	박영철	울산서	429	박원경	동화성서	203
박양규	국세청	18	박영호	수성서	369	박원규	국세청	37
박양숙	성동서	126	박영환	동수원서	175	박원규	홍천서	217
박양운	노원서	109	박영훈	동수원서	174	박원균	서울청	91
박양희	상담센터	56	박영훈	부산청	394	박원돈	남대구서	365
박언준	북부산서	415	박예규	청주서	286	박원석	남원서	330
박엘리	청주서	287	박예랍	계양서	240	박원영	구로서	102
박여준	동수원서	175	박예림	삼성서	120	박원준	군산서	328
박연미	수원서	183	박예은	고양서	242	박원준	마포서	116
박연서	순천서	344	박예준	서광주서	326	박원준	서울청	63
박연선	동대문서	112	박예지	인천서	230	박원준	중부청	162
박연수	원주서	213	박예진	경주서	377	박원진	아산서	301
박연옥	충주서	289	박예진	서광주서	326	박원희	삼성서	120
박연우	동화성서	202	박예찬	전주서	336	박원희	서대문서	122
박연정	중부서	149	박옥길	대전청	267	박유광	성동서	127
박연주	서대문서	122	박옥련	금천서	104	박유나	부산청	395
박연주	역삼서	134	박옥진	용산서	138	박유라	광주서	320
박연주	용산서	139	박옥희	동작서	114	박유라	남동서	238
박연주	울산서	428	박완다	천안서	304	박유리	동작서	114
박연주	제주서	442	박요나	강동서	96	박유리	서인천서	235
박영곤	부산청	403	박요안나	대전청	270	박유리	용산서	139
박영규	부산진서	413	박요철	중부청	157	박유린	안양서	191
박영규	삼성서	120	박용관	국세청	50	박유림	의정부서	254
박영규	평택서	199	박용규	수영서	420	박유미	남원서	330
박영기	김포서	247	박용남	통영서	440	박유미	마포서	116
박영길	부천서	251	박용문	여수서	348	박유미	서울청	64
박영래	국세청	48	박용범	속초서	208	박유미	조세연	451
박영미	경산서	374	박용병	국세청	23	박유민	대구청	354
박영민	부산진서	413	박용석	서초서	124	박유자	북대전서	277
박영민	안양서	191	박용선	진주서	436	박유정	역삼서	135
박영민	예산서	302	박용섭	울산서	429	박유정	용인서	193
박영수	순천서	346	박용업	송파서	130	박유진	기흥서	194
박영수	순천서	347	박용우	북광주서	325	박유진	부산청	395
박영수	인천청	224	박용우	포항서	391	박유진	순천서	344
박영숙	관악서	100	박용운	김포서	246	박유천	국세청	24
박영순	동래서	411	박용주	김포서	247	박윤경	창원서	439

이름	소속	쪽	이름	소속	쪽	이름	소속	쪽
박윤경	파주서	257	박은정	북대구서	371	박인환	논산서	293
박윤규	군산서	329	박은정	북대전서	277	박인희	구리서	170
박윤미	파주서	256	박은정	수원서	182	박인희	동화성서	203
박윤배	안산서	187	박은정	조세연	449	박일동	울산서	429
박윤석	성남서	181	박은정	종로서	144	박일병	대전청	267
박윤수	김해서	433	박은정	중랑서	146	박일수	고양서	242
박윤수	서울청	81	박은정	중부청	165	박일수	인천서	231
박윤수	수원서	183	박은주	마포서	116	박일주	평택서	199
박윤정	구로서	103	박은주	수영서	420	박일찬	강릉서	204
박윤정	서울청	64	박은주	역삼서	134	박일호	김해서	433
박윤정	진주서	437	박은지	강서서	98	박일호	인천청	226
박윤주	삼성서	120	박은지	경기광주서	169	박일환	이천서	196
박윤주	세종서	299	박은지	도봉서	110	박임선	전주서	336
박윤주	창원서	438	박은지	북광주서	324	박자영	양천서	133
박윤지	동고양서	249	박은지	서울청	70	박자윤	동대구서	366
박윤진	강서서	98	박은지	종로서	144	박자음	잠실서	142
박윤진	조세연	454	박은진	남대구서	365	박자임	남대구서	364
박윤채	동안양서	177	박은진	중부청	162	박장기	주류센터	59
박윤하	김포서	246	박은진	중부청	156	박장미	반포서	119
박윤형	대구청	361	박은혜	강동서	96	박장수	남동서	239
박윤희	북부산서	414	박은혜	삼성서	121	박장순	북대전서	277
박으뜸	서울청	82	박은화	서울청	63	박장영	마산서	434
박은경	김해서	432	박은화	순천서	344	박장호	구미서	378
박은경	북대전서	277	박은희	서대문서	122	박재곤	아산서	300
박은경	서울청	70	박은희	서울청	71	박재광	서울청	78
박은미	서울청	84	박은희	서울청	82	박재군	해운대서	425
박은미	제주서	442	박은희	안양서	191	박재규	구미서	379
박은비	중부청	155	박은희	인천서	230	박재만	해남서	350
박은서	권익위	448	박의현	안산서	187	박재민	강릉서	204
박은서	종로서	145	박이진	순천서	344	박재민	동청주서	280
박은선	남대문서	107	박인구	지방세제	447	박재섭	지방세제	446
박은선	동래서	411	박인국	마포서	116	박재성	성동서	127
박은선	시흥서	184	박인국	천안서	304	박재성	송파서	131
박은숙	금정서	406	박인규	서울청	90	박재성	영등포서	136
박은숙	중부청	156	박인규	영등포서	137	박재성	포항서	391
박은실	청주서	286	박인배	의정부서	254	박재신	중부서	148
박은아	중부청	155	박인선	계양서	240	박재영	종로서	144
박은영	광산서	322	박인선	서대전서	278	박재완	중부산서	422
박은영	나주서	341	박인수	나주서	340	박재우	대전청	267
박은영	남대구서	365	박인수	서산서	296	박재우	부산청	394
박은영	동래서	411	박인수	연수서	237	박재우	분당서	178
박은영	보령서	295	박인숙	북전주서	332	박재우	평택서	199
박은영	서광주서	327	박인순	고양서	242	박재욱	충주서	288
박은영	서울청	70	박인애	경기광주서	168	박재원	안동서	384
박은영	세제실	7	박인애	창원서	438	박재윤	화성서	201
박은영	역삼서	134	박인제	동고양서	249	박재진	동대구서	367
박은옥	북대구서	371	박인철	금천서	105	박재찬	대구청	358
박은우	부산진서	413	박인혁	수영서	420	박재철	동래서	411
박은재	광주청	310	박인혜	조세심판원	15	박재춘	영등포서	137
박은정	강남서	95	박인호	강남서	94	박재한	동래서	411
박은정	구리서	171	박인홍	성북서	129	박재현	경기광주서	168
박은정	노원서	108	박인홍	통영서	440	박재현	역삼서	134
박은정	대전청	270	박인환	광산서	322	박재현	잠실서	142

박재형	남양주서	172	박정아	수성서	368	박정흠	조세연	452
박재형	부산청	394	박정안	역삼서	135	박정흠	조세연	451
박재형	북대구서	371	박정언	노원서	108	박정희	광주서	320
박재형	역삼서	135	박정연	금천서	105	박정희	대구청	354
박재형	예산서	302	박정연	동작서	114	박정희	동대문서	112
박재홍	마산서	435	박정연	서대전서	279	박정희	서초서	125
박재홍	삼척서	207	박정연	양산서	409	박제상	용인서	192
박재홍	송파서	131	박정열	국세청	39	박제영	대전청	268
박재홍	양천서	132	박정오	창원서	439	박제영	영등포서	136
박재홍	중부청	162	박정옥	동안양서	177	박제웅	중부청	160
박재홍	충주서	289	박정용	서대구서	372	박제효	동안양서	177
박재환	목포서	343	박정우	국세청	42	박종경	용산서	139
박재훈	시흥서	184	박정우	역삼서	135	박종국	울산서	429
박재희	양산서	408	박정욱	화성서	201	박종군	부산청	403
박정건	서울청	63	박정운	동래서	410	박종근	광주청	311
박정곤	용산서	138	박정윤	부평서	233	박종근	광주청	310
박정국	광주청	310	박정은	남대구서	364	박종률	김포서	246
박정권	서울청	80	박정은	남대문서	106	박종무	부산청	399
박정기	강남서	94	박정은	동울산서	426	박종무	영등포서	136
박정길	대구청	360	박정은	북광주서	324	박종민	부산강서서	417
박정길	수성서	368	박정은	삼성서	121	박종민	서울청	83
박정남	국세청	25	박정은	인천청	226	박종민	중부산서	422
박정란	상담센터	56	박정은	중랑서	146	박종빈	천안서	305
박정례	용산서	139	박정의	부산청	404	박종서	은평서	140
박정린	포천서	258	박정인	부산진서	413	박종석	안양서	190
박정미	동수원서	175	박정일	광주청	311	박종석	연수서	237
박정민	강서서	98	박정임	강서서	98	박종석	중부서	149
박정민	동안양서	177	박정임	서울청	84	박종성	국세청	32
박정민	부천서	250	박정재	전주서	336	박종성	인천서	231
박정민	서울청	67	박정주	세제실	9	박종수	울산서	428
박정민	서초서	125	박정준	인천청	226	박종연	영주서	388
박정민	중부청	163	박정진	남동서	238	박종영	천안서	305
박정민	중부청	152	박정하	부산청	399	박종우	천안서	305
박정배	순천서	347	박정한	서초서	125	박종욱	동래서	410
박정배	인천서	231	박정현	경기광주서	169	박종욱	포항서	390
박정빈	창원서	438	박정현	김포서	247	박종원	경주서	377
박정선	지방세제	446	박정현	동수원서	174	박종원	동고양서	249
박정섭	송파서	131	박정현	동울산서	426	박종원	북전주서	332
박정성	북대구서	371	박정현	부산진서	412	박종윤	마포서	116
박정수	강릉서	204	박정현	서울청	88	박종익	잠실서	143
박정수	논산서	292	박정현	서울청	81	박종인	국세청	19
박정수	부산청	398	박정혜	동안양서	176	박종인	대전서	275
박정숙	대전서	274	박정호	서울청	80	박종일	제주서	443
박정숙	삼성서	120	박정호	울산서	428	박종주	서울청	79
박정숙	성동서	126	박정호	의정부서	254	박종주	파주서	256
박정숙	전주서	336	박정화	부산진서	412	박종진	파주서	256
박정순	관악서	100	박정화	중부서	149	박종찬	중부청	164
박정순	목포서	342	박정환	목포서	343	박종태	서울청	62
박정순	양천서	132	박정환	부산청	401	박종헌	부산진서	413
박정식	광주청	313	박정환	북광주서	324	박종현	국세청	32
박정신	통영서	440	박정환	북대구서	370	박종현	부산진서	413
박정아	광주청	312	박정훈	구로서	102	박종현	서광주서	327
박정아	서초서	125	박정훈	평택서	198	박종현	조세심판원	14

박종현	지방세제	446	박주환	국세청	22	박지명	군산서	329
박종호	동안양서	177	박주효	서울청	67	박지민	국세청	36
박종호	서울청	91	박주희	부산청	395	박지민	국세청	25
박종호	안산서	187	박주희	부산청	395	박지민	남대구서	365
박종호	전주서	336	박주희	서울청	78	박지민	동울산서	426
박종호	충주서	288	박주희	연수서	237	박지상	잠실서	143
박종화	남원서	330	박주희	조세연	450	박지선	광산서	323
박종화	서초서	125	박주희	해운대서	424	박지선	수원서	183
박종화	중부청	153	박준규	마포서	116	박지선	파주서	257
박종환	남양주서	173	박준규	세종서	298	박지성	반포서	119
박종훈	구미서	378	박준규	수원서	183	박지수	김포서	246
박종훈	서산서	297	박준규	예산서	303	박지수	대전청	268
박종훈	종로서	144	박준미	조세연	455	박지수	파주서	257
박종희	인천청	220	박준배	영덕서	386	박지숙	부산청	404
박좌준	남동서	239	박준범	강남서	95	박지숙	은평서	140
박주리	중부청	153	박준범	성동서	127	박지암	국세청	41
박주미	고양서	243	박준서	국세청	20	박지애	파주서	257
박주미	화성서	200	박준서	노원서	108	박지양	부평서	233
박주민	대구청	357	박준선	중부청	157	박지언	순천서	344
박주범	해운대서	425	박준성	동울산서	426	박지연	광주청	317
박주아	울산서	429	박준성	충주서	289	박지연	남대구서	364
박주언	수성서	368	박준수	천안서	304	박지연	남양주서	172
박주연	서울청	71	박준식	인천청	225	박지연	동대문서	112
박주연	인천서	230	박준식	잠실서	143	박지연	북전주서	333
박주연	지방세제	447	박준영	경주서	376	박지연	의정부서	254
박주연	화성서	200	박준영	고양서	243	박지영	관악서	101
박주열	강동서	97	박준영	구미서	379	박지영	구로서	103
박주열	광명서	244	박준영	나주서	340	박지영	구리서	170
박주열	이천서	196	박준영	부산청	394	박지영	노원서	109
박주영	거창서	430	박준영	중부청	153	박지영	도봉서	111
박주영	경주서	376	박준영	포항서	391	박지영	동래서	410
박주영	국세청	25	박준용	금정서	407	박지영	부산청	401
박주영	노원서	109	박준용	삼성서	121	박지영	해운대서	424
박주영	부평서	233	박준용	서울청	73	박지영	화성서	200
박주영	역삼서	134	박준우	노원서	108	박지예	안양서	191
박주오	서산서	296	박준욱	남대구서	364	박지예	중부청	159
박주원	분당서	178	박준원	서울청	82	박지완	삼성서	121
박주철	구로서	103	박준하	서인천서	235	박지용	진주서	436
박주철	조세연	450	박준현	도봉서	111	박지우	금정서	406
박주철	조세연	449	박준현	서울청	65	박지우	성남서	180
박주하	순천서	346	박준형	국세청	26	박지우	조세연	450
박주항	북대전서	277	박준형	대전서	275	박지우	중부청	165
박주해	중랑서	146	박준형	동고양서	248	박지원	관악서	101
박주현	국세청	37	박준형	보령서	294	박지원	김포서	246
박주현	동대구서	366	박준호	송파서	130	박지원	동안양서	176
박주현	부산강서서	417	박준홍	분당서	178	박지원	인천청	220
박주현	북대구서	371	박준홍	송파서	131	박지원	전주서	336
박주현	북부산서	415	박준후	정읍서	338	박지원	해운대서	424
박주현	서울청	72	박준희	남대문서	107	박지윤	대전청	262
박주현	연수서	237	박준희	동수원서	174	박지윤	동안양서	176
박주형	익산서	334	박준희	진주서	436	박지은	광주청	314
박주혜	국세청	36	박중기	중부청	162	박지은	광주청	316
박주호	서울청	63	박중억	안동서	384	박지은	대전서	275

이름	소속	번호	이름	소속	번호	이름	소속	번호
박지은	동수원서	174	박진습	송파서	131	박찬우	동대문서	113
박지은	마산서	435	박진실	삼척서	206	박찬욱	반포서	119
박지은	성동서	127	박진아	광명서	244	박찬욱	서울청	63
박지은	익산서	335	박진아	서대구서	372	박찬웅	서울청	86
박지은	잠실서	142	박진아	양천서	133	박찬웅	영등포서	136
박지은	창원서	439	박진아	인천청	221	박찬웅	통영서	440
박지해	계양서	240	박진영	금천서	105	박찬익	용인서	193
박지향	서부산서	418	박진영	대구청	354	박찬익	울산서	428
박지현	강남서	94	박진영	동래서	411	박찬호	반포서	118
박지현	구리서	170	박진영	동화성서	203	박찬호	평택서	199
박지현	동수원서	174	박진영	부산청	396	박찬후	광산서	322
박지현	부산진서	412	박진영	분당서	178	박찬휘	송파서	130
박지현	북광주서	325	박진영	성동서	127	박찬희	동안양서	177
박지현	상담센터	56	박진영	예산서	303	박찬희	동청주서	281
박지현	서울청	64	박진용	광명서	244	박찬희	삼성서	120
박지혜	광주청	312	박진용	동래서	410	박창길	인천서	231
박지혜	남원서	330	박진우	국세청	36	박창묵	강서서	98
박지혜	대전청	262	박진우	국세청	25	박창선	안산서	186
박지혜	서울청	75	박진우	국세청	23	박창수	국세청	45
박지혜	성동서	127	박진우	국세청	28	박창수	동작서	114
박지혜	양천서	133	박진우	동작서	114	박창수	영주서	389
박지혜	조세심판원	14	박진우	진주서	436	박창순	조세연	455
박지혜	조세연	452	박진웅	광주청	316	박창열	부산청	401
박지혜	중부청	160	박진원	서울청	88	박창오	부산청	396
박지혜	중부청	166	박진찬	순천서	347	박창용	서광주서	326
박지혜	진주서	436	박진태	고양서	242	박창용	서울청	77
박지혜	통영서	441	박진하	동울산서	426	박창우	조세연	452
박지호	국세청	46	박진혁	동대구서	366	박창우	포천서	258
박지호	상담센터	58	박진혁	동청주서	281	박창준	부산진서	413
박지화	반포서	118	박진혁	서울청	75	박창현	인천청	225
박지환	서울청	78	박진혁	수원서	183	박창환	남동서	238
박지훈	김해서	432	박진형	제주서	443	박채린	영동서	282
박지훈	역삼서	134	박진홍	제주서	443	박채연	광산서	323
박지훈	진주서	436	박진홍	남양주서	173	박채영	동안산서	188
박지희	광주청	314	박진희	기흥서	195	박채영	아산서	301
박지희	서인천서	234	박진희	부산청	395	박채영	양천서	132
박진갑	여수서	348	박진희	북대구서	371	박채원	포천서	258
박진관	동울산서	427	박진희	서울청	74	박채은	중부청	163
박진규	익산서	335	박진희	서울청	91	박천수	조세심판원	15
박진규	중부청	152	박진희	서울청	72	박천우	마포서	116
박진서	계양서	240	박찬경	서울청	72	박천주	여수서	349
박진석	서울청	85	박찬규	아산서	300	박천호	조세심판원	15
박진석	수원서	182	박찬규	잠실서	143	박철수	국세청	31
박진석	인천청	226	박찬녕	대구청	359	박철순	안동서	384
박진성	조세심판원	12	박찬만	금천서	104	박철우	목포서	343
박진솔	강서서	98	박찬민	광명서	244	박철우	서울청	78
박진수	동래서	410	박찬민	서울청	62	박철한	서초서	125
박진수	분당서	179	박찬송	동대문서	113	박청진	대구청	359
박진수	서대전서	279	박찬순	주류센터	59	박춘목	세제실	8
박진수	포천서	259	박찬승	중부청	165	박춘영	경주서	377
박진숙	대전청	268	박찬열	북광주서	325	박치원	서울청	65
박진숙	대전청	265	박찬영	원주서	212	박치현	삼성서	120
박진숙	조세연	454	박찬오	대전청	271	박치호	부산청	399
			박찬우	김포서	246			

박태구	서대전서	279	박해정	남대구서	365	박현주	포항서	390
박태성	제주서	443	박행옥	부산강서서	417	박현준	광주청	310
박태신	전주서	337	박향기	국세청	21	박현준	성북서	128
박태완	광주청	317	박향미	서울청	76	박현진	강동서	96
박태용	부평서	232	박헌숙	금정서	407	박현진	정읍서	338
박태우	남부천서	252	박현경	성북서	129	박현찬	국세청	18
박태원	중부산서	423	박현경	양천서	132	박현하	안동서	384
박태윤	평택서	199	박현경	잠실서	143	박현화	북광주서	324
박태의	조세심판원	13	박현경	창원서	439	박현희	제천서	284
박태정	대전청	264	박현경	춘천서	214	박형규	시흥서	184
박태준	광주청	316	박현규	강남서	95	박형기	평택서	198
박태준	창원서	438	박현규	양천서	133	박형민	계양서	240
박태진	영월서	211	박현명	용인서	193	박형민	광주청	311
박태호	성동서	127	박현빈	강남서	95	박형민	부천서	251
박태훈	서울청	87	박현서	춘천서	214	박형배	국세청	31
박태훈	수영서	421	박현석	세제실	8	박형선	강동서	96
박태훈	파주서	257	박현석	천안서	304	박형우	반포서	118
박태희	연수서	237	박현선	서울청	64	박형우	서대구서	373
박판기	부산진서	412	박현수	논산서	292	박형주	영월서	211
박판식	동대구서	366	박현수	동대문서	112	박형주	중부청	155
박평식	은평서	140	박현수	서울청	81	박형준	고양서	242
박푸른	강동서	96	박현수	안양서	191	박형준	남동서	239
박필규	포항서	391	박현수	전주서	337	박형지	광주청	314
박필근	서부산서	419	박현수	홍천서	217	박형진	파주서	256
박하나	동울산서	426	박현숙	서울청	72	박형호	동래서	410
박하니	김해서	432	박현숙	성북서	129	박형호	부산진서	412
박하니	서울청	89	박현순	울산서	428	박형호	용산서	138
박하란	은평서	140	박현실	아산서	300	박형희	목포서	342
박하얀	조세연	452	박현아	군산서	329	박혜경	도봉서	110
박하영	국세청	24	박현아	양천서	133	박혜경	동래서	411
박하영	부산강서	416	박현아	홍성서	306	박혜경	동안양서	176
박하영	조세연	450	박현애	세제실	8	박혜경	수영서	421
박하용	동화성서	202	박현영	대전청	266	박혜경	예산서	303
박하은	남부천서	252	박현영	서울청	67	박혜경	은평서	140
박하홍	수원서	182	박현옥	조세연	455	박혜경	해운대서	425
박한나	역삼서	135	박현우	영월서	211	박혜근	마포서	116
박한빛	국세청	41	박현우	홍천서	216	박혜란	화성서	200
박한상	용산서	138	박현정	경주서	377	박혜령	조세연	455
박한석	대전청	262	박현정	동청주서	280	박혜리	인천서	231
박한수	보령서	295	박현정	반포서	118	박혜림	동래서	410
박한승	역삼서	134	박현정	서대전서	278	박혜림	마산서	434
박한열	순천서	344	박현정	세제실	9	박혜림	서대전서	278
박한열	인천청	228	박현정	영등포서	136	박혜림	역삼서	134
박한용	지방세제	447	박현정	이천서	196	박혜미	노원서	108
박한준	조세연	449	박현정	중부청	154	박혜민	서광주서	327
박한철	노원서	109	박현정	청주서	287	박혜빈	천안서	304
박해경	마산서	434	박현종	동화성서	202	박혜선	부산강서서	417
박해근	통영서	441	박현주	나주서	340	박혜선	인천청	223
박해란	동안산서	189	박현주	부산강서서	416	박혜선	전주서	337
박해연	북광주서	324	박현주	서광주서	326	박혜성	서울청	81
박해영	국세청	35	박현주	서부산서	418	박혜숙	관악서	101
박해용	청주서	287	박현주	수성서	368	박혜연	제주서	442
박해원	잠실서	142	박현주	영월서	211	박혜영	동대구서	366

박혜영	평택서	198	박효진	군산서	329	방성자	인천청	221
박혜옥	도봉서	110	박효진	잠실서	142	방솔비	동대문서	113
박혜원	강남서	95	박효진	중부산서	422	방수민	김해서	432
박혜원	김해서	432	박후진	순천서	345	방순연	동안산서	188
박혜원	분당서	179	박훈미	동화성서	203	방아현	천안서	304
박혜인	남양주서	173	박훈수	동수원서	174	방여진	중부청	161
박혜인	반포서	119	박흥수	김해서	432	방영화	해남서	351
박혜인	서인천서	235	박홍현	동안양서	177	방용익	춘천서	215
박혜정	금천서	105	박희경	경기광주서	168	방원석	동작서	115
박혜정	성북서	128	박희경	용인서	193	방유미	도봉서	111
박혜정	영월서	210	박희근	금천서	104	방유진	부산청	399
박혜정	은평서	141	박희근	부천서	251	방윤희	계양서	240
박혜지	울산서	429	박희달	서울청	65	방은미	화성서	201
박혜진	강남서	94	박희도	영등포서	137	방은정	서울청	77
박혜진	강동서	96	박희령	부산강서서	417	방은하	지방세제	447
박혜진	강동서	97	박희상	강서서	99	방은혜	해운대서	425
박혜진	강릉서	205	박희수	고양서	242	방재필	충주서	288
박혜진	경기광주서	169	박희수	조세심판원	13	방정기	남양주서	173
박혜진	구로서	102	박희수	춘천서	215	방정원	북전주서	333
박혜진	국세청	47	박희연	동수원서	175	방정인	아산서	300
박혜진	동고양서	249	박희영	성남서	180	방준석	광명서	245
박혜진	분당서	178	박희원	김포서	246	방지선	청주서	287
박혜진	서울청	83	박희자	국세청	39	방지연	반포서	119
박호빈	서인천서	234	박희정	반포서	119	방치권	중부청	163
박호용	마산서	435	박희정	천안서	305	방해준	광주서	320
박호일	반포서	118	박희종	동래서	410	방현정	목포서	342
박호진	이천서	196	박희진	동작서	114	방형석	서울청	81
박홍규	수원서	183	박희진	마포서	116	방혜선	남동서	238
박홍균	서광주서	327	박희진	부산청	401	방훈호	연수서	236
박홍균	서초서	124	박희찬	제주서	442	방휘연	동안양서	177
박홍기	국세청	19	박희창	이천서	197	배 석	삼성서	120
박홍기	세제실	7	반미경	성동서	127	배 준	대전서	274
박홍범	광산서	323	반병권	제천서	285	배 진	용인서	193
박홍수	남대구서	364	반승민	중부청	161	배건한	대구청	361
박홍일	정읍서	339	반장윤	익산서	334	배경수	구미서	378
박홍자	동안산서	189	반재욱	인천청	221	배경순	동대구서	366
박홍제	북부산서	415	반재훈	서울청	64	배경은	인천청	220
박화경	서부산서	419	반종복	성북서	129	배경직	서울청	87
박화영	조세연	453	방경규	분당서	179	배경환	금천서	105
박환협	수성서	368	방경섭	인천청	225	배경훈	중부서	148
박환희	대전청	266	방귀섭	전주서	336	배경희	대전청	264
박회경	의정부서	254	방대성	권익위	448	배광한	창원서	439
박효서	중부청	162	방문용	노원서	109	배기득	창원서	439
박효선	포천서	259	방미경	서울청	64	배기연	주류센터	59
박효숙	역삼서	134	방미경	인천청	225	배기윤	금정서	406
박효신	강동서	97	방미숙	구리서	171	배기헌	부천서	250
박효열	목포서	342	방미주	북대구서	371	배다래	수영서	420
박효영	양산서	408	방민식	중부청	164	배달환	해운대서	425
박효은	부평서	232	방서주	부천서	250	배덕렬	대전청	268
박효임	서대구서	372	방선미	송파서	130	배동노	안동서	384
박효정	군산서	328	방선우	구로서	102	배동찬	경산서	374
박효준	서울청	78	방선윤	금정서	406	배동혁	도봉서	111
박효진	관악서	100	방선윤	부산진서	412	배동희	부천서	251

배두진	송파서	131	배순출	국세청	34	배정화	용산서	139
배리라	남대구서	365	배승준	동울산서	426	배정환	진주서	437
배명선	파주서	257	배승현	진주서	436	배제섭	광산서	323
배명우	광주청	310	배영섭	중부청	162	배제호	북대구서	370
배명한	서부산서	418	배영애	동울산서	427	배종섭	서울청	62
배문수	북대전서	277	배영옥	대구청	354	배종진	군산서	328
배미경	서울청	64	배영은	진주서	436	배종호	아산서	300
배미영	마산서	435	배영태	중부산서	423	배주섭	동작서	114
배미일	서울청	81	배영호	부산청	398	배주애	광주청	315
배민경	동대구서	366	배영환	서대구서	372	배주원	해운대서	424
배민예	남원서	330	배예빈	대전서	274	배주현	서초서	125
배민우	노원서	109	배옥현	용산서	139	배주환	서울청	73
배민정	남대구서	365	배용현	해운대서	424	배준영	삼성서	121
배민주	강동서	96	배우리	노원서	108	배준용	고양서	243
배민혜	서대구서	373	배우리	서울청	71	배준철	진주서	436
배병석	중부청	161	배원만	동대문서	112	배준호	동래서	410
배삼동	순천서	344	배원준	동수원서	175	배지민	은평서	141
배상록	국세청	21	배원희	노원서	108	배지영	동작서	115
배상미	동대문서	113	배유진	국세청	48	배지영	삼성서	121
배상연	광명서	244	배윤정	동안양서	176	배지원	금정서	407
배상용	수원서	183	배은경	구로서	103	배지윤	강남서	94
배상원	경기광주서	169	배은경	대구청	361	배지은	인천서	231
배상윤	서울청	75	배은경	서대전서	279	배지현	부산청	397
배상철	영등포서	136	배은상	부평서	232	배지현	조세연	451
배석관	영주서	388	배은선	광주서	320	배지현	창원서	439
배석준	서울청	63	배은아	서대문서	123	배지호	조세연	454
배선경	창원서	438	배은율	서울청	77	배지홍	부산청	402
배선미	진주서	437	배은정	순천서	345	배지환	동안양서	177
배설희	원주서	212	배은주	국세청	21	배진근	서울청	77
배성관	전주서	337	배은지	금정서	407	배진령	중부청	163
배성수	김포서	247	배은호	남대문서	106	배진만	수영서	421
배성심	남부천서	253	배을주	서초서	124	배진우	광산서	323
배성연	서울청	72	배익준	남대구서	364	배진우	남대구서	365
배성원	부산청	402	배인수	서인천서	235	배진원	서초서	124
배성윤	양산서	409	배인순	서울청	64	배진호	수원서	182
배성진	국세청	40	배인애	김포서	246	배진희	금천서	104
배성진	서울청	77	배인호	지방세제	446	배진희	대구청	359
배성한	서대문서	123	배인희	경기광주서	169	배창식	남대구서	365
배성혜	인천청	220	배일규	서울청	75	배철숙	서울청	86
배성호	구로서	103	배자강	시흥서	184	배철진	인천서	230
배세령	수성서	368	배장완	강서서	99	배태호	서대구서	372
배소언	수영서	420	배재연	울산서	428	배한솜	대전서	275
배소연	부산청	397	배재학	평택서	198	배한준	동대구서	367
배소영	서대구서	372	배재현	대구청	361	배현경	조세연	449
배소희	울산서	429	배재호	연수서	236	배현옥	강동서	96
배수민	수성서	368	배재호	포항서	390	배현옥	나주서	341
배수영	안산서	186	배재홍	영주서	388	배현우	영등포서	136
배수영	원주서	213	배정미	연수서	237	배현주	서초서	124
배수일	성북서	128	배정민	화성서	201	배현진	역삼서	134
배수지	남양주서	173	배정숙	중부청	158	배현호	조세연	449
배수진	관악서	100	배정의	조세연	449	배형기	남대문서	106
배수진	부산청	401	배정주	전주서	336	배형수	포항서	390
배숙희	여수서	348	배정현	서울청	63	배형은	고양서	242

배형천	서인천서	234	백설희	중랑서	147	백유림	서울청	71
배형철	수영서	421	백성경	창원서	438	백유영	노원서	109
배혜원	서울청	73	백성기	서울청	67	백유정	서대구서	372
배혜윤	북대구서	371	백성옥	천안서	304	백유진	서울청	70
배혜진	서대구서	372	백성종	서울청	63	백윤용	원주서	212
배호기	남동서	239	백성철	김천서	381	백윤정	영등포서	136
배효정	북대전서	276	백성태	삼성서	120	백윤헌	영월서	210
배효정	인천청	223	백소이	용인서	193	백은경	서울청	65
배휘정	파주서	256	백소희	용인서	192	백은경	송파서	130
배희주	서부산서	418	백송희	서울청	91	백은경	잠실서	143
백가연	강서서	99	백수경	서울청	78	백은실	강서서	99
백가영	조세연	452	백수아	북대전서	277	백은주	울산서	429
백가윤	동울산서	426	백수진	북대전서	276	백은혜	종로서	145
백경령	북대전서	277	백수희	김해서	433	백은혜	중부청	158
백경모	기흥서	195	백수희	용산서	138	백은희	금천서	105
백경미	서울청	86	백순복	서울청	70	백인억	대전청	270
백경엽	경산서	375	백승민	대전청	271	백인정	대전청	262
백경엽	군산서	328	백승범	광명서	244	백인환	수성서	368
백경은	북대구서	370	백승범	종로서	145	백인희	종로서	145
백경훈	금천서	105	백승아	아산서	300	백장미	연수서	236
백계민	북광주서	324	백승연	양산서	408	백재민	조세심판원	12
백고은	천안서	304	백승옥	서부산서	419	백정하	금천서	104
백광민	금정서	406	백승우	중부청	158	백정화	동화성서	202
백광현	수원서	182	백승윤	서울청	64	백정훈	반포서	119
백귀순	논산서	292	백승학	서울청	79	백제흠	동울산서	426
백규현	안양서	191	백승학	전주서	337	백종렬	동래서	411
백근민	대구청	358	백승한	삼성서	121	백종민	국세청	35
백근허	광주청	313	백승헌	군산서	328	백종선	조세연	451
백기량	도봉서	110	백승현	남대문서	107	백종욱	김해서	432
백남중	광주서	321	백승혜	진주서	436	백종헌	수성서	368
백남훈	서울청	62	백승호	서울청	83	백종현	북전주서	332
백다정	인천청	222	백승훈	대구청	360	백주연	동청주서	280
백동욱	서울청	84	백승훈	부산청	400	백주현	김해서	433
백동재	동울산서	426	백승희	도봉서	111	백준호	공주서	290
백동휘	목포서	343	백신기	국세청	42	백지선	국세청	35
백두산	원주서	212	백아름	수영서	420	백지연	경기광주서	169
백두열	역삼서	135	백아영	남대문서	107	백지연	구로서	103
백만리	성북서	128	백애숙	원주서	213	백지영	포항서	390
백미나	안산서	186	백연주	서울청	79	백지원	국세청	40
백미순	세종서	298	백연하	국세청	31	백지원	마포서	116
백미연	안양서	191	백연하	역삼서	134	백지원	울산서	429
백미주	동대구서	366	백연희	성동서	126	백지은	광주서	321
백민웅	중부청	161	백영규	거창서	430	백지은	국세청	44
백민정	대전서	274	백영상	동래서	410	백지은	진주서	436
백범식	고양서	242	백영선	중랑서	147	백지현	송파서	130
백보민	서초서	125	백영일	동고양서	249	백지혜	구미서	378
백상규	원주서	213	백오숙	대전서	274	백지훈	동울산서	427
백상엽	서초서	125	백우현	동작서	115	백지훈	수성서	368
백상인	양산서	408	백운기	서부산서	418	백진서	동울산서	427
백상현	통영서	441	백원길	북전주서	333	백진성	동래서	411
백상훈	부산청	396	백원일	중부서	149	백진아	안산서	186
백선애	연수서	237	백원철	북전주서	333	백진우	송파서	131
백선주	세종서	299	백유기	김천서	380	백진주	삼성서	120

백진현	안산서	187	변영희	강서서	99	부종철	제주서	443
백진화	파주서	257	변예빈	춘천서	214	부혜숙	서울청	88
백찬주	고양서	243	변우환	분당서	179	빈수진	강동서	97
백철주	광주청	312	변유경	금천서	104	빈승주	구미서	378
백태현	성북서	128	변유솔	중부청	159	빈효준	노원서	109
백태훈	성동서	127	변은지	청주서	286			
백하나	중부청	162	변은희	제주서	443			
백한나	김포서	247	변은희	창원서	438			
백해정	화성서	200	변이슬	조세연	451			
백현심	시흥서	185	변인영	안산서	186			

백혜진	강동서	96	변재만	북광주서	325
백혜진	동청주서	280	변재영	서산서	297
백홍교	광산서	323	변재완	경주서	377
백효정	수성서	368	변정기	성동서	126
백희태	동대구서	367	변정미	천안서	305
범서희	광산서	322	변정연	연수서	236
범수만	울산서	429	변정원	파주서	256
범승현	강릉서	204	변정은	세제실	9
범정원	서초서	125	변종철	예산서	302
범지호	부천서	250	변종희	평택서	199
변　정	삼성서	121	변지민	서인천서	234
변가람	서울청	71	변지수	광산서	322
변경옥	제주서	443	변지수	연수서	236
변관우	제주서	443	변지야	성동서	126
변광률	마산서	434	변지현	노원서	109
변광욱	세제실	8	변지흠	수성서	368
변광호	노원서	108	변철용	동안산서	188
변광호	평택서	199	변하윤	도봉서	110
변금수	도봉서	110	변행열	성동서	126
변다연	논산서	293	변혜림	서울청	91
변대원	원주서	212	변혜정	서대문서	123
변동석	강서서	98	변혜정	울산서	428
변명미	포항서	391	변효정	남동서	238
변문건	청주서	286	변희경	동고양서	248
변민석	통영서	440	복경아	시흥서	184
변민정	조세연	453	복권일	서울청	88
변병돈	서울청	63	복소정	서대구서	373
변상미	동대문서	113	복은주	서대문서	122
변상미	예산서	303	복인수	서인천서	234
변서연	대전서	274	복지현	인천청	227
변성구	서울청	62	복현경	동대구서	366
변성미	강서서	99	봉수현	서울청	86
변성욱	서울청	69	봉우리	조세연	454
변성익	성북서	128	봉재연	조세연	452
변성희	동고양서	248	봉정혜	안양서	190
변수민	역삼서	134	봉준혁	강남서	95
변수영	경주서	376	봉지영	부산강서서	416
변숙자	제주서	442	봉희진	동화성서	202
변승철	전주서	337	부나리	시흥서	184
변애정	강서서	98	부명현	서울청	70
변연주	대구청	355	부미혜	창원서	439
변영시	서울청	75	부성진	강남서	95
변영철	남대구서	365	부윤신	삼성서	121

서동국	파주서	256		서병희	목포서	342		서예림	강남서	95
서동규	조세연	452		서보경	전주서	336		서예빈	평택서	198
서동민	국세청	18		서보람	수영서	421		서예원	기흥서	194
서동연	조세연	450		서보림	국세청	49		서예주	마산서	435
서동옥	고양서	243		서보미	관악서	100		서예진	경기광주서	168
서동우	상담센터	56		서보연	북대구서	371		서옥배	홍성서	306
서동원	강릉서	204		서보원	동래서	411		서용석	국세청	23
서동원	대구청	360		서봉구	인천서	231		서용오	통영서	441
서동정	순천서	346		서봉우	삼성서	120		서용준	동대구서	367
서동철	의정부서	254		서빛나	북대구서	370		서용준	용산서	138
서동현	광주서	321		서상범	서울청	88		서용하	국세청	36
서동화	서대전서	279		서상순	경주서	377		서용현	서울청	86
서래훈	의정부서	255		서상율	마산서	434		서용훈	동안산서	188
서명국	김포서	247		서상재	성남서	181		서우석	나주서	340
서명옥	서대전서	279		서상호	서광주서	327		서우형	포항서	390
서명진	동울산서	426		서새롬	이천서	197		서운용	종로서	144
서명진	서울청	78		서석현	서인천서	234		서원식	고양서	242
서명진	성동서	127		서성덕	창원서	439		서원식	서울청	75
서문경	연수서	236		서성철	수원서	182		서원식	인천서	231
서문교	종로서	144		서성현	국세청	24		서원희	국세청	49
서문석	북대전서	277		서세형	남동서	239		서유나	진주서	436
서문영	인천청	225		서소담	대구청	357		서유리	김해서	432
서문지영	중랑서	146		서소진	남대구서	364		서유미	국세청	35
서미경	화성서	200		서솔지	북부산서	415		서유빈	금정서	406
서미네	서울청	85		서수빈	부산청	396		서유식	수원서	182
서미리	은평서	140		서수아	용인서	192		서유진	김해서	432
서미선	남대문서	107		서수정	통영서	441		서유진	북광주서	324
서미순	순천서	344		서수현	부산청	396		서유진	순천서	347
서미연	국세청	23		서수현	종로서	145		서유진	인천청	224
서미영	김해서	432		서순연	수영서	420		서유희	부산청	394
서미영	동래서	411		서승경	남양주서	172		서윤경	창원서	438
서미영	삼성서	120		서승민	국세청	22		서윤석	구리서	171
서미영	양천서	132		서승원	강남서	95		서윤정	세제실	8
서미정	수성서	369		서승의	동청주서	281		서윤주	남대문서	106
서민경	강동서	96		서승현	성동서	127		서윤희	중부청	158
서민경	세종서	299		서승혜	구로서	102		서은경	상주서	382
서민성	광주청	314		서승화	경기광주서	169		서은미	남부천서	253
서민수	대구청	359		서승화	시흥서	184		서은애	성남서	181
서민수	서초서	125		서아름	포천서	259		서은영	논산서	292
서민우	국세청	32		서애영	경주서	377		서은우	포항서	390
서민원	대전청	263		서양삼	국세청	22		서은정	금천서	104
서민자	강남서	95		서여진	송파서	130		서은주	서울청	75
서민재	울산서	429		서연지	동화성서	202		서은주	지방세제	446
서민정	도봉서	110		서영미	종로서	145		서은지	광주서	320
서민찬	홍천서	217		서영수	동울산서	426		서은철	서울청	63
서민철	상담센터	57		서영순	중부서	148		서은혜	대구청	357
서민철	의정부서	255		서영승	순천서	347		서은혜	세제실	8
서민하	광주청	310		서영우	목포서	343		서은혜	조세연	453
서민혜	김해서	433		서영원	동고양서	248		서은호	포항서	390
서범석	국세청	44		서영일	중부서	149		서은화	중부청	152
서범석	서광주서	327		서영지	대구청	356		서이현	구미서	378
서범수	천안서	304		서영춘	동안양서	176		서이현	동대구서	367
서병학	동작서	114		서영호	성북서	129		서익준	국세청	37

이름	소속	쪽	이름	소속	쪽	이름	소속	쪽
서인숙	성북서	128	서지우	고양서	242	서효영	경기광주서	169
서인창	동안산서	188	서지원	서부산서	419	서효우	원주서	212
서인현	대구청	354	서지원	잠실서	142	서효일	경산서	374
서자영	부산진서	413	서지은	관악서	100	서효정	동작서	115
서자원	부산청	396	서지은	동안양서	176	서효진	통영서	441
서장은	구미서	379	서지현	영주서	389	서희선	기흥서	194
서재균	김해서	432	서지현	평택서	198	서희영	세종서	299
서재기	영등포서	136	서지형	부평서	232	석귀희	안동서	384
서재운	서초서	125	서지혜	창원서	438	석대겸	부산진서	413
서재은	부산청	396	서지훈	안동서	385	석민구	상담센터	58
서재창	군산서	328	서지훈	포항서	391	석산호	김포서	247
서재필	동작서	114	서지희	연수서	236	석승운	반포서	118
서재필	마산서	434	서지희	제주서	443	석영일	논산서	293
서정규	국세청	24	서진선	동울산서	427	석용훈	중부청	152
서정균	양산서	408	서진형	역삼서	134	석용희	북대전서	277
서정석	관악서	101	서진혜	연수서	237	석원영	제천서	285
서정아	평택서	199	서진호	서울청	90	석이선	부산청	397
서정연	강동서	96	서진희	노원서	108	석장수	국세청	36
서정우	국세청	43	서진희	천안서	304	석정훈	분당서	179
서정우	남양주서	172	서찬일	마산서	434	석종훈	성동서	126
서정운	진주서	437	서창덕	부천서	251	석지영	잠실서	143
서정원	동청주서	280	서창완	서산서	296	석지원	동수원서	175
서정원	평택서	198	서채은	동안양서	176	석지원	포천서	258
서정은	금천서	105	서철호	의정부서	254	석지윤	역삼서	134
서정은	대구청	358	서충석	양산서	408	석지훈	성남서	181
서정은	대전청	265	서하늘	서대전서	279	석진백	김해서	432
서정이	노원서	108	서하영	성북서	129	석진세	서대구서	372
서정인	북전주서	332	서학근	마산서	434	석진영	서울청	83
서정주	지방세제	446	서한솔	충주서	289	석진호	동수원서	174
서정호	서울청	76	서한슬	은평서	141	석채희	북전주서	332
서정훈	안양서	191	서해나	구로서	102	석한결	서울청	80
서정희	동래서	411	서해진	조세연	450	석혜숙	홍성서	306
서종환	경주서	376	서혁준	종로서	145	석혜연	금정서	406
서주아	강동서	96	서현경	제주서	443	석혜원	화성서	200
서주영	북부산서	415	서현아	동안양서	176	석혜조	동작서	114
서주영	조세연	449	서현영	순천서	345	석호정	반포서	118
서주원	국세청	47	서현주	북부산서	414	석호정	잠실서	142
서주원	금정서	406	서현준	춘천서	215	석희원	부산진서	412
서주원	수원서	182	서현지	잠실서	143	선가희	경기광주서	168
서주현	부평서	232	서현지	포항서	390	선경미	광주청	311
서주화	인천서	231	서현희	시흥서	185	선경식	인천청	221
서주희	부산진서	413	서형렬	국세청	32	선광재	북대구서	370
서준석	국세청	22	서형민	중부청	157	선다혜	부천서	250
서준영	김해서	433	서형선	진주서	437	선명우	대전청	263
서준영	북부산서	415	서형숙	통영서	441	선민준	중부청	158
서준익	세제실	6	서혜란	서울청	89	선병우	김해서	433
서지민	강동서	97	서혜숙	동청주서	281	선봉관	영등포서	137
서지민	국세청	45	서혜진	공주서	291	선봉래	공주서	290
서지안	이천서	196	서혜진	조세연	454	선소임	화성서	200
서지연	동래서	410	서호성	부산청	396	선수아	기흥서	194
서지영	대전청	266	서홍교	김해서	432	선승아	성남서	181
서지영	성북서	129	서홍석	분당서	179	선아영	여수서	349
서지용	조세심판원	15	서화영	중부산서	423	선양기	광산서	322

선연자	마포서	116	성병모	동화성서	202	성해리	구리서	171
선우영진	동화성서	202	성보경	영동서	283	성현영	동래서	411
선은미	부산강서서	416	성봉준	서울청	85	성현일	조세심판원	12
선종국	서인천서	235	성봉준	양산서	408	성현주	국세청	18
선지원	분당서	178	성상진	금정서	407	성현진	수영서	421
선창규	상담센터	56	성상현	광명서	244	성현진	역삼서	135
선현우	동고양서	249	성소현	동대구서	366	성혜민	순천서	344
선형렬	기흥서	195	성수미	동수원서	174	성혜원	구미서	378
선희숙	국세청	45	성수연	양천서	132	성혜원	포항서	390
설 전	부산청	394	성스런	대전서	274	성혜전	중랑서	147
설 진	북전주서	333	성승민	진주서	436	성혜진	중부청	152
설관수	주류센터	59	성승용	서초서	124	성화진	세종서	298
설도환	동래서	411	성시우	동작서	114	성환석	부산청	402
설미숙	금천서	104	성아영	서초서	124	소 민	서울청	78
설병환	김포서	246	성연일	강동서	96	소 섭	포천서	258
설서연	연수서	236	성연주	조세연	453	소미현	동수원서	175
설수미	안양서	191	성영순	구미서	378	소서희	서인천서	234
설영석	나주서	341	성예나	진주서	436	소수정	동수원서	175
설영지	대전청	263	성용제	안동서	384	소수현	군산서	329
설영태	목포서	343	성우진	서울청	82	소연경	수원서	183
설재혁	성남서	180	성원용	대구청	360	소영석	양천서	132
설재형	서초서	125	성원우	중부산서	422	소윤섭	익산서	334
설정란	성동서	126	성유경	조세연	450	소윤지	양천서	132
설종훈	상담센터	57	성유미	용인서	192	소재준	서울청	89
설지수	조세연	451	성유빈	동안양서	176	소정민	포천서	258
설진우	경주서	376	성유연	용산서	139	소종태	서울청	69
설진원	군산서	328	성유진	공주서	291	소진영	서인천서	235
섭지수	인천청	222	성은경	기흥서	194	소찬희	목포서	342
성 솔	마포서	116	성은미	포항서	390	소충섭	대구청	354
성경옥	관악서	100	성은숙	대전청	264	소현아	부산청	396
성광민	수원서	182	성은애	북대구서	371	소현정	통영서	441
성기동	중랑서	146	성은영	동청주서	281	소현철	서대구서	373
성기영	금천서	104	성은정	동안양서	176	소혜령	남대구서	364
성기오	예산서	302	성은진	충주서	288	소혜린	동안양서	176
성기원	국세청	37	성이택	인천청	223	손 국	마포서	117
성낙진	국세청	35	성인섭	동래서	410	손 명	도봉서	110
성다진	부평서	232	성재경	부산청	399	손 민	부평서	232
성다혜	경기광주서	169	성정민	동고양서	248	손가영	대구청	358
성대경	마포서	117	성정현	진주서	437	손가영	평택서	199
성대경	양산서	408	성종만	고양서	243	손경근	광주서	320
성동연	광주청	314	성주호	중부서	149	손경미	동화성서	203
성명은	송파서	131	성주희	서대구서	372	손경선	계양서	240
성명재	광주청	315	성준범	영동서	282	손경수	북대구서	370
성문성	부산청	394	성준희	성동서	127	손경숙	청주서	286
성미경	광주청	315	성지연	역삼서	134	손경식	동청주서	281
성미로	통영서	441	성지은	동화성서	202	손경아	영동서	283
성민규	강서서	99	성지혜	마산서	435	손경진	서울청	74
성민수	중부청	165	성지환	대전서	275	손광민	서광주서	326
성민주	부산진서	412	성진혁	성남서	181	손광섭	강동서	97
성민지	남대구서	364	성창임	은평서	141	손권호	천안서	305
성백경	청주서	287	성창제	고양서	242	손근희	대구청	354
성범진	포항서	391	성창화	안산서	186	손기만	국세청	44
성병규	부산청	403	성한기	국세청	36	손기봉	서울청	86

손기열	서울청	70	손성임	서울청	81	손은하	시흥서	184
손기혜	삼성서	120	손성주	창원서	439	손은희	북전주서	332
손길진	강서서	99	손성탁	국세청	44	손의철	남동서	238
손다영	북부산서	415	손성희	여수서	349	손이슬	동울산서	427
손다희	북부산서	414	손세규	대구청	359	손재락	국세청	24
손대균	공주서	291	손세민	순천서	345	손재원	청주서	287
손동민	대구청	356	손세영	군산서	328	손재하	동작서	115
손동우	북대구서	370	손세종	수원서	183	손정빈	강남서	95
손동주	해운대서	424	손수아	광주청	314	손정서	이천서	196
손동준	조세연	455	손수정	관악서	100	손정아	남대문서	106
손명주	포항서	390	손수현	익산서	334	손정아	남양주서	172
손명희	여수서	348	손승모	종로서	144	손정연	대전청	268
손미숙	울산서	429	손승재	국세청	48	손정완	수성서	368
손미옥	동안양서	176	손승진	송파서	131	손정욱	강서서	99
손민석	중부청	165	손승희	김포서	246	손정은	영동서	283
손민선	서울청	63	손승희	노원서	109	손정인	나주서	340
손민영	동청주서	280	손신혜	경주서	377	손정현	북전주서	332
손민영	용산서	138	손신혜	논산서	292	손정화	대전청	269
손민자	서초서	124	손아현	동대문서	112	손정화	부산강서서	417
손민정	국세청	23	손안상	전주서	337	손정훈	영동서	282
손민정	서울청	68	손연숙	해운대서	424	손정희	경기광주서	168
손민정	중부산서	423	손영대	서울청	75	손정희	김해서	432
손민정	지방세제	447	손영대	용산서	139	손정희	송파서	130
손민지	김해서	432	손영란	관악서	101	손종대	인천청	225
손민호	세제실	8	손영미	부산강서서	416	손종현	북전주서	333
손범수	아산서	300	손영미	성동서	126	손주영	서인천서	235
손병석	강동서	97	손영이	역삼서	134	손주영	조세연	453
손병수	강서서	98	손영주	남양주서	172	손주희	용산서	138
손병양	남원서	330	손영주	예산서	303	손주희	울산서	428
손병열	마산서	434	손영준	국세청	20	손준성	서울청	65
손병중	성남서	181	손영준	남동서	238	손준표	구미서	378
손보경	부산청	394	손영진	충주서	288	손준혁	국세청	46
손삼석	광산서	322	손예린	남대구서	364	손증렬	안동서	385
손상필	서광주서	327	손예빈	성남서	181	손지나	서울청	68
손상현	서대문서	123	손예정	남대구서	364	손지선	송파서	131
손새봄	평택서	199	손옥주	동대문서	113	손지아	도봉서	110
손석민	수영서	420	손완수	마산서	435	손지아	시흥서	184
손석임	대전청	266	손용철	권익위	448	손지원	관악서	101
손석주	부산청	400	손우현	진주서	436	손지혜	울산서	429
손석호	이천서	197	손원우	서울청	84	손지호	정읍서	339
손석호	포항서	390	손유리	관악서	100	손진욱	속초서	209
손선미	광주서	321	손유승	국세청	27	손진이	천안서	305
손선수	홍천서	216	손유진	용산서	138	손찬희	서부산서	418
손선아	강동서	97	손유진	의정부서	254	손창수	동작서	115
손선영	안양서	190	손유진	조세연	449	손채령	국세청	40
손선화	강동서	97	손윤령	북대구서	370	손채원	광명서	244
손선희	양산서	408	손은경	양천서	132	손채원	포항서	390
손성국	양천서	133	손은경	진주서	436	손채은	부산청	398
손성규	부산청	404	손은숙	서대구서	373	손충식	군산서	329
손성락	동래서	410	손은식	대구청	357	손태빈	국세청	48
손성수	포천서	259	손은우	역삼서	135	손태영	인천청	222
손성웅	북부산서	414	손은정	용산서	139	손태우	구미서	378
손성인	통영서	440	손은채	아산서	300	손태욱	대구청	354

손태욱	양천서	132		송남경	파주서	256		송석철	안양서	190
손태희	서산서	297		송남영	조세연	449		송석하	서울청	86
손택영	동안산서	188		송다성	김해서	432		송선경	청주서	287
손필영	서울청	79		송다영	광산서	323		송선영	경기광주서	169
손한준	권익위	448		송다은	용산서	139		송선용	국세청	38
손해수	창원서	438		송대근	상담센터	58		송선주	동고양서	249
손현명	인천청	222		송대섭	부산강서서	416		송선태	서울청	81
손현숙	삼성서	120		송대섭	성동서	126		송설희	동대문서	112
손현정	서대전서	278		송도관	동작서	114		송성심	부천서	251
손현정	서부산서	419		송도영	동대문서	113		송성욱	김해서	433
손현주	전주서	336		송동규	부평서	232		송성철	반포서	118
손현지	부평서	232		송동석	예산서	302		송성호	상주서	382
손현진	부평서	232		송동훈	조세심판원	13		송세미	부산진서	412
손현태	북전주서	333		송두영	인천청	224		송송이	정읍서	338
손혜림	서울청	89		송명섭	국세청	27		송수빈	강남서	94
손혜민	조세심판원	13		송명진	고양서	242		송수빈	충주서	288
손혜연	북전주서	332		송명철	구미서	378		송수은	대전청	264
손혜원	동울산서	426		송미경	조세연	452		송수인	청주서	287
손혜은	목포서	343		송미나	예산서	303		송수현	관악서	101
손혜정	서울청	63		송미소	익산서	335		송승아	계양서	240
손호진	금정서	406		송미연	용인서	193		송승용	부천서	250
손홍필	삼성서	120		송미연	창원서	438		송승원	구로서	102
손화승	천안서	304		송미원	대전청	266		송승윤	공주서	290
손효빈	포항서	391		송미정	부산청	395		송승재	동화성서	202
손효정	제주서	442		송미화	삼성서	120		송승종	평택서	198
손효현	대전청	266		송민경	중부청	166		송승철	삼성서	120
손희경	수영서	420		송민국	서부산서	418		송승한	파주서	256
손희영	부산청	404		송민나	조세연	453		송승한	평택서	199
손희주	광주서	320		송민석	서울청	86		송승현	동화성서	202
손희지	평택서	198		송민섭	중부청	155		송승호	천안서	305
송 강	김해서	433		송민수	양천서	132		송시운	대구청	360
송 민	중부서	148		송민숙	동안양서	177		송알이	서울청	70
송 숭	인천청	222		송민영	동고양서	248		송애림	순천서	346
송가영	중부산서	422		송민영	송파서	131		송양미	지방세제	446
송경아	영등포서	137		송민우	서대전서	278		송여경	서대문서	123
송경원	용산서	139		송민준	대구청	359		송연서	대전청	262
송경주	지방세제	446		송민진	남부천서	253		송연욱	마산서	435
송경진	충주서	289		송민철	중부청	161		송연주	동대문서	113
송경호	조세연	452		송방의	원주서	213		송연지	북부산서	414
송경희	광산서	322		송병섭	마포서	117		송연호	영월서	210
송고운	강동서	97		송병희	반포서	118		송영석	구로서	103
송광선	잠실서	143		송보경	기흥서	195		송영석	중부청	161
송규호	동대구서	367		송보경	북부산서	415		송영우	서인천서	234
송기동	강남서	94		송보라	인천청	220		송영욱	파주서	257
송기선	의정부서	254		송보섭	동안산서	189		송영재	조세심판원	12
송기순	중부청	158		송보혜	중부청	158		송영지	인천청	220
송기영	조세심판원	12		송보화	종로서	144		송영진	평택서	198
송기원	관악서	100		송봉근	서부산서	418		송영채	역삼서	135
송기원	평택서	199		송봉선	국세청	47		송영춘	중부청	156
송기화	서울청	62		송상민	북전주서	332		송영태	마포서	117
송길웅	남동서	239		송상우	안산서	187		송영화	공주서	291
송나연	서인천서	234		송상율	중부청	152		송예람	화성서	200
송나영	인천서	230		송석중	대전서	274		송예린	노원서	108

이름	소속	쪽	이름	소속	쪽	이름	소속	쪽
송예은	김해서	433	송인한	대전서	275	송지우	서울청	76
송예지	국세청	20	송인형	서울청	71	송지욱	군산서	328
송용기	서광주서	326	송인화	고양서	243	송지원	국세청	23
송우경	연수서	236	송인희	대전청	265	송지원	국세청	45
송우락	동안산서	188	송일훈	동고양서	248	송지원	인천청	228
송우람	중부청	154	송자연	고양서	242	송지윤	서울청	90
송우용	거창서	431	송재경	수영서	420	송지은	경기광주서	169
송우진	부산진서	412	송재덕	수원서	182	송지은	국세청	24
송원기	이천서	196	송재봉	동화성서	202	송지은	북대전서	277
송원호	광주청	317	송재성	안양서	190	송지은	용산서	138
송원호	국세청	24	송재열	세제실	7	송지인	시흥서	185
송유란	분당서	179	송재영	성동서	127	송지현	서울청	91
송유석	노원서	108	송재윤	광주청	313	송지협	구리서	170
송유승	세종서	298	송재은	동안산서	188	송지혜	파주서	256
송유정	양천서	133	송재천	서울청	80	송지훈	광명서	245
송유진	대전청	266	송재하	천안서	305	송지훈	성동서	126
송윤미	서인천서	234	송재현	동청주서	281	송지훈	해운대서	425
송윤민	광주청	310	송재호	보령서	294	송진경	지방세제	447
송윤선	영덕서	387	송재훈	울산서	428	송진미	국세청	31
송윤식	남양주서	173	송재희	세제실	7	송진민	광주청	314
송윤정	국세청	28	송정민	제주서	443	송진민	조세연	449
송윤정	상담센터	56	송정숙	성남서	181	송진수	은평서	141
송윤주	평택서	198	송정아	마포서	116	송진영	양천서	133
송윤태	충주서	289	송정은	구리서	171	송진용	기흥서	194
송윤호	강서서	99	송정은	부평서	232	송진욱	수영서	420
송윤호	서울청	71	송정현	서울청	66	송진호	부산진서	412
송윤희	부산진서	413	송정화	서울청	65	송진희	광주서	320
송은선	서광주서	327	송정희	여수서	349	송진희	삼성서	121
송은섭	홍성서	306	송제은	북광주서	324	송찬규	서울청	85
송은영	부산진서	412	송종민	국세청	47	송찬미	삼성서	120
송은영	북광주서	324	송종범	분당서	178	송찬주	구리서	171
송은영	평택서	198	송종철	반포서	118	송창녕	서울청	88
송은우	성동서	126	송종호	용산서	138	송창식	성남서	180
송은주	국세청	19	송종훈	은평서	140	송창용	동화성서	202
송은주	조세연	450	송주규	고양서	243	송창용	수원서	183
송은지	상주서	382	송주민	관악서	101	송창호	광주청	315
송은지	영등포서	137	송주영	상담센터	56	송창훈	김해서	432
송은호	중부청	166	송주영	조세연	450	송창훈	안산서	187
송은희	동안양서	177	송주은	김해서	432	송창희	해운대서	425
송의미	반포서	118	송주한	용인서	192	송채경	인천서	230
송의진	안동서	385	송주현	국세청	44	송채성	논산서	293
송인경	공주서	290	송주현	서울청	86	송채원	성동서	126
송인규	고양서	242	송주현	서울청	91	송채원	익산서	334
송인범	동울산서	427	송주형	서인천서	234	송춘희	반포서	118
송인범	송파서	130	송준승	서초서	125	송충종	부천서	251
송인수	통영서	440	송준오	상담센터	56	송충호	인천청	220
송인순	포항서	390	송준호	화성서	201	송치성	연수서	236
송인용	서울청	73	송준희	서초서	125	송치호	금정서	406
송인용	예산서	302	송지미	서울청	65	송칠선	대전청	267
송인우	용인서	193	송지선	강남서	94	송태섭	북대전서	276
송인준	서대구서	372	송지선	구리서	171	송태정	대전청	269
송인춘	서울청	65	송지수	기흥서	194	송태준	분당서	179
송인출	북부산서	414	송지예	서울청	75	송평근	남대문서	106

송필섭	잠실서	142	신거련	파주서	257	신동희	중랑서	146
송하늘	서대전서	279	신경섭	남동서	239	신만호	강서서	98
송하연	제주서	442	신경식	상담센터	57	신명섭	의정부서	255
송하준	서울청	89	신경아	동고양서	249	신명수	강릉서	205
송해영	반포서	118	신경희	천안서	304	신명숙	마포서	117
송해은	제주서	443	신계희	서대전서	278	신명숙	세제실	6
송향기	북부산서	414	신고현	광명서	245	신명식	공주서	291
송향희	대전청	265	신관호	부산청	403	신명진	강릉서	205
송현권	의정부서	254	신광재	서대전서	279	신명화	광산서	322
송현수	마포서	117	신광철	대전청	269	신명희	서광주서	327
송현정	경기광주서	168	신구호	잠실서	142	신무성	상담센터	58
송현정	수원서	183	신규식	역삼서	135	신문정	남대구서	365
송현종	화성서	201	신근모	서울청	74	신문정	중부청	164
송현주	노원서	108	신근수	서대구서	373	신미경	마포서	116
송현주	서부산서	418	신기룡	남부천서	253	신미경	서부산서	418
송현진	순천서	345	신기섭	김포서	246	신미경	서울청	78
송현진	조세연	453	신기완	계양서	240	신미경	천안서	305
송현철	동안양서	176	신기용	성북서	129	신미덕	역삼서	135
송현탁	조세심판원	14	신기주	남동서	239	신미라	국세청	30
송현화	성동서	127	신기철	충주서	288	신미라	청주서	287
송형승	중랑서	146	신기한	진주서	437	신미리	중부청	164
송형희	익산서	334	신나리	양천서	132	신미미	김포서	247
송혜리	삼성서	120	신나영	광주청	310	신미선	강서서	98
송혜연	이천서	196	신나영	동작서	115	신미숙	광주청	313
송혜원	서울청	77	신나영	수원서	182	신미순	서울청	62
송혜원	연수서	236	신나혜	인천청	224	신미식	동안산서	189
송혜인	잠실서	142	신다솜	부평서	233	신미애	용인서	192
송혜인	화성서	201	신담호	제주서	443	신미연	동청주서	280
송혜정	동대구서	366	신대수	서대전서	279	신미영	국세청	33
송호근	남동서	239	신대환	수성서	369	신미영	대전청	268
송호근	제천서	284	신덕수	순천서	346	신미영	동대구서	367
송호연	인천서	230	신동규	서울청	74	신미옥	부산진서	413
송호필	금천서	105	신동근	부산청	398	신미정	북부산서	414
송홍준	국세청	49	신동민	삼성서	120	신민규	중부청	153
송효근	국세청	25	신동배	서울청	89	신민기	동울산서	426
송효선	고양서	242	신동연	국세청	35	신민서	양천서	133
송효주	천안서	305	신동영	의정부서	255	신민수	마산서	435
송효진	마산서	434	신동용	광산서	322	신민정	마산서	434
송흥철	원주서	213	신동익	국세청	32	신민주	구미서	379
송희성	성동서	126	신동주	국세청	18	신민철	고양서	242
송희조	광산서	323	신동주	천안서	304	신민혜	부산진서	413
송희진	광주청	315	신동준	조세연	452	신방인	청주서	287
송희진	금정서	406	신동준	파주서	257	신범하	국세청	39
송희진	조세연	455	신동진	남대문서	107	신병준	해운대서	425
순현준	고양서	242	신동찬	분당서	178	신보경	아산서	300
시종원	마포서	117	신동한	구리서	170	신복희	서울청	85
시진기	구미서	378	신동혁	분당서	179	신봉식	남대문서	106
시현민	중부청	160	신동현	해운대서	424	신상덕	순천서	346
신 선	성북서	128	신동호	서대문서	122	신상례	대전청	265
신 진	금정서	406	신동호	영등포서	137	신상모	국세청	44
신 진	서초서	125	신동훈	고양서	242	신상민	마포서	117
신 혁	제천서	284	신동훈	동래서	410	신상수	대전청	268
신가은	분당서	179	신동훈	서울청	82	신상수	동울산서	426

신상우	남대구서	364	신승환	영동서	283	신용도	김해서	433
신상일	서울청	75	신승환	창원서	439	신용범	서울청	80
신상훈	국세청	44	신승훈	나주서	340	신용석	서울청	64
신상희	영월서	210	신승훈	수원서	183	신용식	대전청	269
신새벽	강동서	97	신승훈	시흥서	185	신용욱	서울청	86
신새보미	서울청	85	신시영	성남서	181	신용직	세종서	299
신서연	국세청	28	신아영	부산진서	413	신용현	금정서	407
신서원	남대구서	364	신아영	인천서	231	신용호	광주청	311
신선규	김포서	247	신아진	안양서	190	신우교	강남서	95
신선주	파주서	256	신언수	북부산서	415	신우상	조세연	451
신선혜	서대구서	373	신언순	청주서	287	신우열	천안서	305
신선희	대전청	265	신여경	화성서	201	신우영	광산서	322
신선희	포항서	390	신연선	아산서	300	신우용	원주서	212
신성규	연수서	236	신연숙	북대구서	371	신웅기	동울산서	426
신성근	서울청	81	신연정	김해서	433	신원경	남대구서	365
신성만	북부산서	414	신연주	국세청	41	신원경	동작서	114
신성봉	서울청	83	신연주	남부천서	252	신원섭	삼성서	121
신성용	대구청	358	신연주	대전서	274	신원영	대전서	274
신성용	부산진서	413	신연주	연수서	236	신원영	북대전서	276
신성우	원주서	212	신연준	동안산서	189	신원정	평택서	198
신성일	부산강서서	416	신연희	김포서	246	신유경	서울청	91
신성철	서울청	71	신열석	제천서	284	신유나	연수서	236
신성호	북대전서	277	신영남	광주청	316	신유동	용산서	138
신성환	포천서	259	신영두	안산서	186	신유림	국세청	27
신성훈	속초서	209	신영림	중부청	160	신유림	마포서	117
신세연	광산서	323	신영민	동화성서	202	신유미	중부청	165
신세용	양천서	133	신영빈	용산서	138	신유민	북대전서	276
신소연	안동서	385	신영섭	송파서	131	신유정	수성서	369
신소영	양산서	408	신영수	안양서	191	신유진	북대구서	371
신솔지	광주청	311	신영순	마포서	116	신유진	성동서	127
신수경	수원서	183	신영승	부산강서서	417	신유진	창원서	439
신수미	조세연	454	신영심	영등포서	136	신유현	국세청	35
신수미	중부산서	423	신영아	목포서	342	신윤경	삼성서	121
신수민	서울청	76	신영주	북광주서	324	신윤숙	서대구서	373
신수범	김포서	246	신영주	서울청	63	신윤주	부천서	250
신수빈	동대문서	112	신영준	남대구서	364	신윤환	청주서	286
신수영	남대문서	106	신영준	동대문서	113	신은경	중부서	148
신수정	남양주서	172	신영진	성북서	129	신은성	제천서	284
신수정	여수서	349	신영철	강동서	96	신은송	안양서	191
신수창	동작서	114	신영호	평택서	199	신은수	성동서	127
신숙희	대전청	271	신영화	북대전서	276	신은숙	금정서	407
신순영	아산서	300	신예람	김천서	381	신은우	국세청	26
신순호	영등포서	137	신예민	노원서	108	신은정	김천서	380
신슬기	고양서	243	신예원	인천서	230	신은정	동안산서	188
신승수	이천서	197	신예은	경산서	374	신은정	동청주서	280
신승수	이천서	196	신예주	중부서	148	신은정	포천서	259
신승수	중부청	165	신예진	국세청	33	신은주	부평서	232
신승연	서울청	87	신예진	해운대서	425	신은주	제주서	443
신승우	동청주서	281	신옥미	노원서	108	신은주	천안서	304
신승우	서인천서	235	신옥희	수성서	369	신은지	고양서	243
신승진	서인천서	234	신요한	중부청	155	신은혜	조세심판원	15
신승태	서대전서	279	신용규	충주서	289	신은화	광주서	321
신승현	남양주서	172	신용대	수영서	420	신의현	인천청	222

신이길	반포서	118	신지웅	남동서	238	신혜선	대전청	262
신이나	도봉서	110	신지원	서초서	124	신혜숙	강남서	94
신익철	대구청	358	신지원	조세연	449	신혜원	김천서	381
신인섭	지방세제	447	신지은	동울산서	426	신혜원	평택서	198
신재봉	국세청	41	신지은	파주서	257	신혜인	북대전서	276
신재원	국세청	49	신지현	남대구서	364	신혜정	동안산서	188
신재은	김천서	381	신지현	서초서	125	신혜주	김포서	246
신재희	원주서	212	신지혜	국세청	45	신혜진	부산청	399
신재희	중부청	156	신지혜	동래서	410	신호균	이천서	197
신정곤	동래서	411	신지혜	중부청	164	신호철	부산진서	413
신정미	원주서	212	신지환	부평서	233	신홍영	역삼서	134
신정민	조세심판원	12	신지훈	안산서	186	신화창	해운대서	424
신정석	서대구서	372	신진규	중부청	158	신효경	중부청	166
신정숙	서울청	78	신진연	동대구서	367	신효상	동화성서	203
신정아	서울청	77	신진우	구미서	379	신희라	인천서	230
신정아	수영서	420	신진욱	세제실	9	신희명	김포서	247
신정아	제주서	443	신진희	인천서	231	신희웅	서울청	74
신정연	북대구서	370	신찬호	순천서	345	신희정	서울청	64
신정용	광주청	315	신창섭	동고양서	248	심 준	역삼서	135
신정원	고양서	242	신창용	연수서	237	심경섭	마포서	117
신정현	역삼서	134	신창훈	동수원서	174	심경연	종로서	145
신정환	안양서	190	신창훈	춘천서	214	심국보	북대전서	277
신정훈	동대문서	112	신채영	강서서	98	심규민	경산서	374
신정훈	중부청	159	신채영	연수서	237	심규민	세종서	298
신종식	목포서	342	신채원	남부천서	252	심규연	동대문서	113
신종웅	성동서	126	신철원	잠실서	143	심기보	인천청	220
신종훈	성동서	127	신충민	구리서	171	심단비	경기광주서	168
신주령	종로서	145	신치원	부평서	232	심란주	상담센터	56
신주영	구미서	378	신평화	광주청	314	심미선	전주서	337
신주영	수영서	421	신하나금	마산서	434	심미현	중부청	165
신주용	경주서	376	신해규	파주서	257	심민경	역삼서	134
신주현	서울청	65	신해인	도봉서	110	심민기	동울산서	427
신주현	성동서	127	신향식	서울청	82	심민정	금정서	406
신주현	의정부서	255	신헌철	아산서	301	심민정	영등포서	136
신준규	경기광주서	169	신현경	남대문서	107	심민정	중부청	161
신준철	성동서	126	신현국	강남서	95	심민주	세종서	298
신준호	남부천서	252	신현국	대전서	274	심백교	조세연	451
신준호	서초서	124	신현삼	서초서	124	심상길	포항서	391
신중현	국세청	28	신현석	이천서	196	심상미	용산서	138
신지명	국세청	35	신현수	반포서	118	심상우	종로서	145
신지선	중부청	157	신현영	역삼서	134	심상운	안동서	385
신지성	잠실서	142	신현원	서인천서	235	심상원	해남서	350
신지수	광명서	245	신현일	평택서	198	심상형	해운대서	424
신지아	서인천서	234	신현주	중랑서	147	심새별	구리서	171
신지애	북대구서	371	신현중	예산서	302	심서현	양산서	408
신지연	강서서	98	신현진	인천서	230	심선미	동작서	115
신지연	관악서	101	신현철	성동서	127	심선희	남양주서	172
신지연	금천서	105	신현호	강남서	94	심성연	광산서	322
신지연	남대구서	364	신현호	대전청	266	심성환	여수서	348
신지연	용인서	192	신형원	제천서	284	심소영	고양서	243
신지영	분당서	179	신혜경	서대구서	372	심소영	조세연	453
신지영	포천서	259	신혜란	인천청	220	심수민	영등포서	136
신지우	마포서	117	신혜민	속초서	209	심수빈	잠실서	143

심수연	마포서	116	심주영	국세청	32	안광원	국세청	30
심수진	구리서	171	심주용	남동서	239	안광인	이천서	197
심수진	창원서	439	심주호	성동서	126	안광혁	중부청	166
심수한	서울청	87	심지섭	동대문서	112	안국찬	동고양서	248
심수현	영월서	211	심지숙	국세청	48	안규민	구미서	379
심수현	파주서	256	심지아	제주서	443	안규상	종로서	144
심수희	조세연	455	심지영	동울산서	427	안기영	서울청	85
심아미	서울청	84	심지은	송파서	130	안기웅	군산서	328
심연주	통영서	441	심지은	역삼서	135	안남진	공주서	290
심연택	서울청	82	심지현	시흥서	184	안다경	영등포서	136
심영은	삼성서	121	심진영	청주서	287	안대근	영덕서	387
심영일	마포서	116	심진용	반포서	119	안대엽	국세청	44
심영주	동래서	410	심창훈	동래서	410	안대엽	서초서	125
심예진	시흥서	184	심철구	국세청	40	안대철	마산서	434
심완수	시흥서	184	심태섭	남원서	331	안대협	부산강서서	417
심용주	보령서	294	심태완	조세연	450	안대호	부산진서	413
심우돈	조세심판원	12	심한보	인천서	231	안대환	지방세제	447
심우용	부산청	401	심현석	광주청	315	안덕수	국세청	47
심우택	시흥서	184	심현수	중부청	154	안도영	부산청	399
심욱기	국세청	41	심현이	북대전서	277	안동건	동화성서	203
심유정	목포서	342	심현주	나주서	340	안동민	의정부서	254
심유진	파주서	257	심현주	부천서	250	안동섭	동작서	114
심윤미	관악서	101	심현희	중부서	148	안동주	제주서	443
심윤보	구로서	103	심형섭	동고양서	249	안래본	광주청	313
심윤성	동작서	115	심형철	북대구서	370	안만희	남동서	239
심윤정	서울청	85	심혜경	상담센터	57	안모세	동대문서	112
심은경	동래서	410	심혜림	울산서	429	안무혁	은평서	141
심은정	부산청	398	심혜원	충주서	289	안문철	구리서	171
심은지	서인천서	235	심혜정	아산서	300	안미경	부천서	251
심은진	국세청	22	심혜진	군산서	329	안미경	영덕서	386
심자민	김포서	246	심호정	계양서	240	안미나	양천서	133
심재경	조세연	454	심홍채	부천서	251	안미라	성동서	127
심재광	강서서	99	심효진	국세청	44	안미분	충주서	289
심재도	영등포서	137	심희선	강서서	98	안미선	서울청	75
심재승	세제실	9	심희열	서대문서	122	안미영	김포서	247
심재옥	전주서	337	심희정	남부천서	252	안미영	서초서	125
심재운	순천서	346	심희정	부산청	401	안미진	서울청	64
심재은	국세청	50	심희준	광명서	244	안미혜	중부서	149
심재일	동고양서	249	심희준	안산서	187	안민규	국세청	35
심재진	아산서	300				안민숙	순천서	345
심재현	서광주서	326				안민지	서울청	88
심재훈	남대구서	365		○		안병만	부산청	401
심재훈	남대문서	106				안병수	상주서	383
심재희	서울청	62				안병옥	성북서	128
심정규	송파서	131	안 선	의정부서	254	안병용	동안산서	189
심정미	부산진서	413	안 준	고양서	242	안병현	서초서	125
심정보	강동서	97	안 경우	인천청	226	안상미	북대전서	276
심정보	부산진서	413	안가혜	강동서	96	안상숙	조세연	453
심정식	성북서	128	안경민	동청주서	280	안상순	도봉서	111
심정은	국세청	30	안경호	부산청	404	안상언	부산청	401
심정희	해운대서	424	안경화	성동서	127	안상욱	영등포서	136
심종기	춘천서	215	안광민	용인서	193	안상원	국세청	23
심종대	서대구서	372	안광식	동화성서	202	안상재	양산서	409

안상편	구리서	170	안수진	창원서	439	안은경	논산서	293
안상현	김포서	246	안수현	부산청	396	안은경	서대전서	278
안새롬	조세연	451	안수현	서산서	296	안은미	울산서	428
안서윤	대구청	358	안순주	동화성서	202	안은정	남동서	238
안서윤	평택서	199	안순호	성동서	127	안은정	서울청	79
안서진	평택서	198	안슬기	구리서	170	안은주	동울산서	427
안선경	남동서	238	안슬기	아산서	300	안은주	서울청	64
안선미	김포서	246	안승연	천안서	305	안은지	아산서	301
안선일	대전청	270	안승용	성동서	126	안의진	기흥서	194
안선표	북전주서	332	안승우	국세청	22	안이슬	순천서	345
안선희	구로서	102	안승원	진주서	437	안인기	이천서	197
안선희	수영서	421	안승진	서초서	124	안인엽	양천서	132
안성덕	북대구서	371	안승현	도봉서	111	안일근	국세청	26
안성민	금천서	105	안승현	북부산서	414	안일찬	해운대서	425
안성빈	동대문서	112	안승현	속초서	209	안자영	북광주서	324
안성선	안산서	186	안승화	서울청	86	안재국	포천서	258
안성엽	북대구서	371	안승훈	김해서	432	안재근	남대구서	364
안성은	서대문서	122	안신영	동대문서	113	안재문	대전청	262
안성준	용산서	139	안애선	서울청	64	안재민	동안양서	177
안성진	금천서	104	안양순	춘천서	214	안재욱	대전서	275
안성진	영등포서	137	안양후	수영서	420	안재원	부산청	395
안성호	인천청	224	안언형	북부산서	415	안재진	국세청	35
안성호	평택서	199	안연숙	남대문서	106	안재필	동울산서	426
안세미	서초서	124	안연찬	영등포서	136	안재학	고양서	242
안세연	인천청	223	안영권	강릉서	205	안재현	속초서	208
안세영	평택서	198	안영길	수성서	369	안재현	인천청	227
안세은	서인천서	234	안영준	중부서	149	안재현	중랑서	147
안세희	통영서	440	안영준	해운대서	425	안재현	창원서	438
안소라	구로서	103	안영채	동작서	115	안재형	여수서	349
안소명	부평서	232	안영훈	국세청	26	안재희	서울청	75
안소연	조세연	451	안영희	논산서	292	안정민	영등포서	137
안소영	노원서	109	안예리	영월서	211	안정민	울산서	429
안소영	마포서	116	안예지	구미서	379	안정민	평택서	199
안소영	북대전서	277	안예지	상담센터	56	안정빈	조세연	450
안소영	서인천서	234	안요한	목포서	343	안정섭	서초서	125
안소이	목포서	342	안용수	남양주서	173	안정수	은평서	141
안소진	남대구서	364	안용수	대전청	268	안정은	서울청	78
안소현	동안산서	188	안용환	영동서	283	안정현	북광주서	325
안소현	세제실	8	안우형	대구청	356	안정호	노원서	109
안소형	인천청	226	안원기	통영서	440	안정환	영덕서	387
안수경	안동서	384	안유라	송파서	130	안정훈	은평서	141
안수만	부산청	400	안유미	동안양서	177	안정희	마산서	434
안수민	인천서	231	안유정	북광주서	324	안정희	부산강서서	416
안수민	화성서	200	안유진	김천서	380	안제은	광산서	322
안수빈	파주서	257	안유진	평택서	199	안조천	조세연	453
안수아	파주서	256	안유현	반포서	119	안종규	부산강서서	416
안수안	아산서	300	안유희	서울청	72	안종근	인천서	230
안수연	국세청	30	안윤미	마포서	116	안종호	구로서	102
안수용	동청주서	281	안윤석	연수서	236	안주영	서울청	74
안수정	서울청	85	안윤석	이천서	196	안주훈	예산서	302
안수지	인천청	228	안윤선	조세연	453	안주희	서대전서	279
안수진	구미서	378	안윤종	남양주서	172	안주희	인천청	227
안수진	북대전서	276	안윤혜	안산서	187	안준건	부산청	401

안준수	서울청	62	안태균	성남서	181	양규복	부산진서	412
안준현	서대구서	372	안태동	광명서	245	양금영	수원서	183
안준형	군산서	328	안태수	송파서	131	양기태	경기광주서	168
안중관	조세심판원	15	안태영	중부산서	422	양기혁	부산청	395
안중현	안양서	190	안태익	중부산서	422	양기화	양산서	409
안중호	반포서	119	안태일	서초서	125	양길호	북광주서	325
안중훈	서울청	68	안태준	기흥서	194	양나래	광산서	322
안지민	대구청	356	안태훈	국세청	47	양나연	송파서	131
안지민	대전서	275	안한솔	상담센터	56	양다연	조세연	453
안지선	김포서	246	안해송	도봉서	110	양다은	국세청	23
안지섭	광주청	317	안해준	평택서	198	양다희	서울청	74
안지연	대구청	361	안해찬	대구청	357	양다희	중부청	155
안지연	세종서	298	안현수	동울산서	427	양대균	인천서	231
안지연	수영서	420	안현아	광주서	321	양대식	천안서	305
안지영	구리서	170	안현자	시흥서	185	양도일	조세연	454
안지영	국세청	39	안현정	논산서	292	양동구	남양주서	173
안지영	기흥서	194	안현주	마포서	116	양동규	동대문서	113
안지영	동고양서	249	안현준	서울청	82	양동규	서울청	87
안지영	상담센터	56	안현창	대구청	358	양동범	성동서	127
안지영	성남서	180	안형민	국세청	19	양동석	기흥서	195
안지영	성동서	126	안형선	남부천서	253	양동준	반포서	118
안지윤	노원서	108	안형숙	전주서	336	양동혁	강동서	96
안지은	강서서	99	안형진	서울청	76	양동혁	광산서	323
안지은	남양주서	172	안형태	국세청	37	양동훈	국세청	22
안지은	분당서	179	안혜령	서부산서	419	양동희	성남서	181
안지은	역삼서	135	안혜리	경산서	374	양라희	국세청	23
안지은	인천청	224	안혜숙	국세청	45	양명숙	금천서	104
안지은	중부청	152	안혜영	김해서	432	양명호	세종서	298
안지현	성동서	127	안혜영	서울청	74	양명희	목포서	343
안지현	울산서	429	안혜원	파주서	257	양문석	해운대서	425
안지현	조세연	454	안혜은	국세청	26	양문욱	포천서	259
안지혜	김포서	246	안혜정	국세청	39	양문혜	도봉서	110
안지혜	남동서	239	안혜정	잠실서	143	양문희	남대문서	107
안지혜	북광주서	324	안혜진	부평서	233	양미경	구로서	103
안지훈	중부청	165	안혜진	상담센터	56	양미란	동화성서	203
안진경	홍천서	217	안호정	전주서	336	양미례	대구청	355
안진모	서초서	125	안호진	아산서	300	양미선	기흥서	195
안진성	성북서	128	안홍갑	경기광주서	168	양미선	영등포서	137
안진수	동고양서	248	안홍준	동대문서	112	양미숙	강동서	96
안진아	서울청	80	안효진	금천서	104	양민영	송파서	130
안진영	남대문서	106	안희성	노원서	109	양병문	대전서	275
안진영	서광주서	326	안희엽	종로서	145	양병열	영덕서	387
안진영	예산서	303	양 신	용산서	138	양상민	용산서	138
안진영	의정부서	254	양 웅	도봉서	110	양상원	반포서	119
안진우	남대구서	364	양 원	군산서	328	양상원	예산서	303
안진환	중부청	160	양가은	중부청	164	양서영	부산청	394
안진희	대구청	356	양강진	의정부서	254	양서영	세제실	8
안진희	분당서	178	양경모	세제실	6	양서용	중부청	161
안찬종	노원서	109	양경애	부평서	232	양서철	남동서	238
안창남	남대구서	365	양광식	북대전서	277	양석범	목포서	342
안창남	남대문서	106	양광준	용산서	138	양석재	관악서	100
안창현	양산서	408	양구철	중부청	162	양석재	제주서	442
안초희	반포서	118	양국현	서울청	73	양석진	서울청	81

양선미	대전청	265		양예진	창원서	439		양정희	익산서	334
양선미	동래서	410		양옥서	국세청	43		양종렬	평택서	199
양선미	동안양서	176		양옥진	서대문서	122		양종명	동안양서	176
양선숙	서대전서	278		양용산	예산서	303		양종선	구로서	102
양선욱	노원서	109		양용석	제주서	443		양종열	서울청	85
양성봉	이천서	196		양용선	중부청	162		양종훈	중부청	162
양성욱	중부청	160		양용환	남원서	330		양주원	성남서	180
양성원	남부천서	252		양용환	순천서	344		양주호	경기광주서	168
양성철	속초서	209		양용희	광주청	310		양주희	대전청	267
양세실리아	부산강서서	417		양웅비	반포서	118		양주희	분당서	178
양세영	서대구서	373		양웅빈	예산서	302		양준권	동작서	114
양세현	대전서	274		양원석	구로서	102		양준모	평택서	199
양세희	홍성서	306		양원혁	제주서	443		양준복	청주서	287
양소라	부산청	399		양유나	포항서	391		양준혁	속초서	209
양소라	아산서	301		양유림	수성서	368		양준호	북대구서	371
양소영	강남서	95		양유미	서대전서	278		양준호	북대전서	276
양소영	동대문서	112		양유진	서대전서	278		양지상	서울청	71
양송이	강동서	97		양윤모	서울청	62		양지선	남부천서	252
양송이	동안양서	177		양윤선	강서서	98		양지연	익산서	334
양수빈	군산서	328		양윤성	목포서	343		양지연	천안서	304
양수원	창원서	439		양윤숙	김해서	433		양지영	제주서	443
양수정	성동서	126		양윤정	영주서	388		양지영	조세연	450
양숙진	인천청	226		양은선	국세청	42		양지원	삼척서	206
양순관	수영서	421		양은수	수영서	421		양지현	경기광주서	169
양순석	부천서	250		양은영	성남서	180		양지현	영동서	283
양순영	잠실서	142		양은영	종로서	145		양지혜	상주서	382
양순희	송파서	130		양은정	나주서	340		양진석	중부청	163
양승민	해운대서	424		양은정	서울청	65		양진우	분당서	178
양승민	화성서	200		양은주	북부산서	414		양진주	계양서	240
양승우	경기광주서	168		양은주	조세연	453		양진혁	제주서	443
양승정	조세심판원	14		양은지	북부산서	414		양진호	광주청	310
양승찬	수영서	420		양은지	포천서	258		양창헌	광주서	320
양승철	북부산서	414		양이곤	인천청	224		양창혁	제주서	443
양시범	안산서	187		양이지	경기광주서	169		양창호	국세청	43
양시은	북광주서	325		양인경	서울청	90		양천일	전주서	337
양시준	중부청	166		양인애	북부산서	415		양철승	안동서	385
양심영	동작서	114		양인영	서울청	84		양철웅	여수서	348
양아름	아산서	300		양인환	마포서	116		양철원	중부서	149
양아열	서울청	69		양일환	구리서	170		양철호	국세청	21
양연화	마포서	117		양재영	권익위	448		양태식	서울청	69
양영경	서울청	88		양재영	삼성서	120		양태영	광산서	323
양영규	관악서	101		양재영	통영서	441		양하은	동고양서	248
양영동	영등포서	136		양재우	동안산서	188		양한별	광주청	310
양영선	해운대서	425		양재중	노원서	109		양행훈	나주서	340
양영진	대전청	262		양재한	부천서	251		양향열	남원서	330
양영진	서울청	71		양재호	남양주서	173		양향임	포천서	258
양영진	이천서	197		양재훈	목포서	342		양현모	영등포서	137
양영철	성동서	126		양정미	서인천서	235		양현숙	관악서	101
양영혁	제주서	442		양정숙	광주서	321		양현식	김포서	247
양영훈	전주서	337		양정인	인천서	230		양현우	강남서	95
양영희	분당서	178		양정주	동화성서	203		양현정	부산청	398
양예람	동화성서	203		양정화	포항서	390		양현준	서울청	67
양예주	부산청	395		양정희	광주청	311		양현진	목포서	342

양현황	광주청	311	엄수민	경산서	375	여민호	서대문서	122
양혜민	중부청	152	엄순영	강남서	94	여상호	수원서	183
양혜선	서울청	76	엄슬희	서울청	85	여성훈	서울청	91
양혜성	광주서	320	엄애화	중부산서	422	여세영	영덕서	386
양혜진	북대구서	370	엄영석	남양주서	172	여소정	구미서	378
양호정	동래서	411	엄영진	동대문서	113	여수민	서인천서	234
양홍석	마포서	117	엄영희	서울청	84	여승구	계양서	240
양홍철	인천청	224	엄유섭	수성서	368	여영준	동화성서	202
양환준	광주청	310	엄유환	보령서	294	여우주	중부청	152
양회수	아산서	301	엄윤서	제천서	284	여원모	서울청	65
양효진	수영서	420	엄은주	원주서	212	여원선	화성서	200
양희석	서울청	91	엄의성	인천청	227	여윤수	동청주서	280
양희승	용산서	138	엄익춘	성북서	129	여은수	서울청	84
양희연	아산서	300	엄인성	부산청	400	여은희	동청주서	281
양희윤	동청주서	281	엄인영	수원서	182	여의주	인천서	231
양희재	노원서	108	엄인찬	기흥서	194	여인순	국세청	46
양희정	부천서	251	엄일선	광명서	244	여정민	진주서	436
양희정	서대구서	372	엄장원	인천서	230	여정재	관악서	101
어경윤	대전청	262	엄재연	동수원서	174	여정주	서울청	77
어명진	종로서	144	엄재희	국세청	48	여정현	서대구서	372
어수임	반포서	118	엄정임	남대문서	107	여제현	남대구서	365
어영준	중부청	164	엄제현	양산서	409	여종구	고양서	243
어원경	인천서	230	엄주영	서대구서	372	여종엽	삼성서	120
어윤필	부산청	401	엄주원	포천서	259	여주연	양천서	132
어장규	삼성서	120	엄준호	울산서	429	여중구	북대전서	276
어재경	반포서	118	엄준희	서초서	125	여지수	중부청	154
어정아	동고양서	249	엄지상	동고양서	248	여지은	마산서	434
어현서	용인서	193	엄지수	김포서	247	여진동	중부청	163
엄경애	대구청	357	엄지혜	광주청	316	여진혁	시흥서	185
엄경화	계양서	240	엄진숙	천안서	304	여창숙	서대문서	122
엄광현	국세청	21	엄채연	국세청	21	여태환	동작서	115
엄기관	노원서	109	엄채윤	춘천서	214	여현정	인천청	220
엄기동	동울산서	426	엄태선	서산서	296	여혜진	은평서	141
엄기붕	청주서	287	엄태성	대전서	275	여호종	은평서	141
엄남식	안산서	187	엄태영	용인서	192	여호철	반포서	118
엄남용	서인천서	234	엄태자	강서서	98	여효정	동울산서	427
엄명주	서울청	72	엄태준	동울산서	427	여효정	서초서	125
엄미라	수영서	421	엄태진	삼척서	206	연경태	천안서	305
엄민식	이천서	197	엄태진	아산서	300	연규빈	국세청	36
엄봉준	영월서	210	엄태현	국세청	30	연규빈	국세청	25
엄상언	조세연	449	엄하양	광산서	322	연근영	이천서	196
엄상언	조세연	452	엄하은	서대문서	123	연덕현	서울청	91
엄상우	용산서	138	엄현정	수원서	182	연명희	수원서	182
엄상원	해운대서	424	엄형태	종로서	145	연상훈	남대구서	365
엄상혁	국세청	19	엄혜림	기흥서	195	연상훈	충주서	288
엄상희	경주서	376	엄희지	창원서	438	연성준	마포서	116
엄석찬	광주서	321	엄희진	인천청	223	연소정	동청주서	280
엄선호	용인서	193	여 선	파주서	256	연송이	동안양서	177
엄세영	영주서	388	여가람	구미서	378	연수민	대전청	267
엄세진	중부서	149	여가은	잠실서	143	연재연	영월서	211
엄세현	세제실	8	여길동	송파서	131	연정현	부천서	250
엄소정	북대전서	276	여명철	통영서	441	연제민	부산청	399
엄송미	서부산서	419	여미라	논산서	292	연제석	대전청	270

연지연	양천서	133	오경미	기흥서	194	오만석	서울청	86
연지원	안양서	191	오경민	중랑서	146	오명준	반포서	119
연태석	동청주서	280	오경선	부천서	251	오문탁	북전주서	332
염가연	중부청	160	오경선	중부청	160	오미경	국세청	31
염경진	국세청	20	오경애	서초서	125	오미선	남양주서	173
염관진	중부청	161	오경언	수영서	421	오미순	국세청	48
염귀남	삼성서	121	오경자	마포서	116	오미영	대전서	274
염나래	동청주서	280	오경태	광주청	310	오미영	세제실	9
염다인	의정부서	254	오경택	남부천서	253	오미정	영등포서	137
염대성	전주서	336	오경택	동화성서	203	오미진	상담센터	56
염래경	목포서	342	오경화	관악서	100	오민경	국세청	24
염문환	대전청	266	오경환	남부천서	253	오민석	서울청	82
염미정	송파서	130	오경훈	상담센터	58	오민선	시흥서	185
염보라	조세연	452	오관택	분당서	179	오민수	북광주서	325
염보름	북전주서	332	오광석	동청주서	281	오민숙	잠실서	142
염보미	광주서	321	오광선	노원서	108	오민우	도봉서	110
염삼열	순천서	345	오광철	서울청	81	오민철	고양서	243
염선경	중부청	152	오광현	중부청	153	오배석	동작서	115
염성희	서울청	62	오광호	분당서	178	오백진	대전청	265
염세환	서울청	87	오규열	경주서	376	오병걸	이천서	197
염수진	경기광주서	169	오규원	수원서	183	오병관	동안양서	177
염시웅	국세청	27	오근님	북광주서	324	오병태	파주서	257
염유섭	중부청	160	오금선	북광주서	325	오보람	김해서	433
염은영	영등포서	137	오금탁	북광주서	325	오상엽	고양서	243
염인균	거창서	431	오기범	군산서	329	오상원	익산서	334
염정식	중부청	160	오기일	중부청	159	오상은	대전서	274
염정은	김포서	247	오기철	고양서	243	오상준	파주서	257
염정훈	광산서	322	오길춘	대전서	275	오상철	용인서	193
염주선	중부청	153	오나래	조세연	451	오상택	용인서	192
염준호	국세청	23	오나현	국세청	50	오상훈	국세청	24
염지수	안동서	384	오나현	남부천서	253	오상훈	국세청	43
염지영	목포서	342	오남임	삼성서	120	오상훈	서울청	75
염지혜	북대구서	370	오누리	서인천서	234	오서영	금천서	105
염진옥	서울청	62	오다은	세제실	6	오서주	국세청	47
염태섭	청주서	286	오다혜	국세청	31	오서진	예산서	302
염효송	인천서	230	오담인	남동서	239	오선경	안산서	187
염훈선	기흥서	195	오대석	거창서	430	오선우	창원서	439
예동희	경주서	376	오대성	서울청	62	오선주	영등포서	137
예민희	김포서	247	오대창	관악서	101	오선지	서울청	63
예성미	부산청	397	오대철	남대문서	107	오선희	구로서	103
예성민	이천서	196	오덕희	관악서	101	오성실	목포서	342
예성진	영주서	389	오도열	서울청	69	오성철	동대문서	113
예수빈	서울청	78	오도훈	관악서	100	오성택	서울청	79
예신우	해운대서	424	오동구	포천서	258	오성현	서울청	63
예정욱	성동서	127	오동문	역삼서	134	오성현	진주서	436
예종옥	중부산서	423	오동석	동화성서	203	오세덕	충주서	289
예찬순	강동서	97	오동석	서울청	82	오세두	부산청	395
오 영	인천청	222	오동현	안양서	191	오세민	노원서	108
오가영	조세연	454	오동호	경기광주서	169	오세민	영주서	388
오가원	광주청	316	오동화	광주청	314	오세민	조세심판원	13
오강재	용산서	139	오두환	북광주서	324	오세영	남양주서	173
오건우	대전청	263	오득용	해남서	350	오세윤	아산서	301
오경란	동청주서	281	오로라	서산서	296	오세인	국세청	35

오세정	국세청	31	오신형	마포서	116	오은정	국세청	44
오세정	서울청	74	오아람	용인서	192	오은주	광주청	310
오세정	평택서	198	오아름	잠실서	143	오은주	마산서	434
오세종	영등포서	136	오애란	서부산서	419	오은지	관악서	100
오세찬	서울청	90	오양금	대전서	275	오은진	동작서	115
오세철	광주청	311	오연경	중부청	157	오은진	안양서	191
오세혁	서울청	79	오연균	보령서	294	오은혜	조세연	450
오소라	원주서	212	오연정	진주서	436	오은희	구리서	170
오소연	조세연	453	오연호	서울청	63	오은희	남부천서	252
오소은	의정부서	254	오영동	양산서	409	오은희	마포서	116
오소진	천안서	304	오영렬	논산서	293	오인철	순천서	344
오소현	잠실서	142	오영민	김해서	432	오인택	동청주서	280
오소희	제주서	443	오영빈	남대구서	365	오인화	아산서	300
오쇄행	부산청	395	오영서	강서서	98	오임순	종로서	144
오수경	경기광주서	168	오영서	순천서	344	오자은	북광주서	325
오수미	인천청	221	오영석	경산서	374	오잔디	중랑서	147
오수빈	국세청	19	오영우	정읍서	338	오재경	국세청	23
오수빈	예산서	302	오영은	용산서	139	오재경	국세청	18
오수연	대전서	274	오영주	관악서	100	오재란	서광주서	326
오수연	동작서	115	오영주	김해서	432	오재열	시흥서	184
오수연	중부청	157	오영철	동수원서	175	오재헌	관악서	101
오수연	지방세제	447	오영현	논산서	293	오재현	포천서	258
오수영	반포서	119	오예원	부평서	232	오재홍	제천서	284
오수정	조세연	452	오예정	조세연	454	오정민	마산서	434
오수진	광주청	313	오왕석	서울청	86	오정민	서울청	79
오수진	상담센터	58	오용락	천안서	305	오정선	서대전서	278
오수진	역삼서	134	오우진	동대문서	112	오정식	의정부서	255
오수현	남대문서	107	오원균	서대전서	278	오정욱	강동서	97
오수현	인천청	227	오원정	구리서	171	오정은	보령서	294
오슬기	안양서	191	오원화	대전서	274	오정은	인천서	230
오승민	수원서	183	오유나	중부청	159	오정환	분당서	179
오승민	조세연	449	오유나	진주서	436	오정환	성동서	126
오승배	남양주서	173	오유리	포천서	258	오제곤	제주서	442
오승섭	목포서	342	오유미	인천서	231	오제만	중랑서	146
오승연	남대문서	106	오유빈	반포서	119	오조섭	영주서	389
오승연	동작서	114	오유빈	제주서	443	오종권	광주청	310
오승연	안산서	187	오유정	서초서	125	오종민	삼성서	121
오승은	용인서	192	오유진	군산서	329	오종민	양산서	408
오승주	경주서	376	오윤경	동안양서	176	오종수	광주청	314
오승준	송파서	131	오윤라	김포서	247	오종현	동화성서	202
오승진	천안서	304	오윤미	서인천서	235	오종현	조세연	449
오승찬	동화성서	202	오윤미	조세연	453	오종호	광주서	321
오승철	구리서	171	오윤서	조세연	452	오주경	대구청	354
오승필	의정부서	254	오윤식	서초서	124	오주연	분당서	179
오승헌	강남서	95	오윤화	구리서	170	오주영	동래서	410
오승현	부산진서	413	오은경	국세청	20	오주영	서울청	90
오승훈	동대구서	366	오은경	중부청	152	오주원	성동서	126
오승훈	서산서	297	오은비	남대구서	364	오주하	울산서	428
오승희	대전청	271	오은서	거창서	431	오주학	부평서	233
오승희	마산서	434	오은숙	동고양서	249	오주해	성동서	127
오승희	제주서	443	오은영	정읍서	338	오주희	경주서	376
오시원	양천서	133	오은정	국세청	26	오주희	중랑서	146
오신영	북전주서	332	오은정	국세청	43	오준오	대구청	356

이름	소속	쪽	이름	소속	쪽	이름	소속	쪽
오지민	서인천서	234	오현석	대전서	274	왕수현	천안서	305
오지섭	제주서	442	오현석	마포서	116	왕승현	조세연	454
오지연	서인천서	234	오현섭	구로서	102	왕아림	원주서	212
오지연	세제실	8	오현수	남양주서	173	왕윤미	남대문서	107
오지연	조세연	451	오현숙	역삼서	134	왕윤세	국세청	47
오지윤	동청주서	281	오현식	서대문서	123	왕정숙	금정서	406
오지윤	조세심판원	13	오현아	김해서	432	왕지선	강서서	98
오지은	국세청	47	오현정	강남서	94	왕지영	동청주서	281
오지은	용인서	193	오현정	서울청	85	왕춘근	중부청	166
오지철	서울청	62	오현정	영주서	388	왕혜연	부천서	251
오지현	부산진서	412	오현정	용인서	192	왕훈희	삼성서	121
오지현	안양서	190	오현주	서울청	78	용석환	동화성서	203
오지형	서울청	88	오현주	성동서	126	용수화	관악서	100
오지혜	수영서	421	오현주	용인서	193	용승환	서울청	82
오지혜	아산서	300	오현준	의정부서	254	용연주	용산서	138
오지훈	성동서	126	오현지	김포서	246	용연훈	송파서	130
오진명	광주청	316	오현직	안동서	384	용옥선	서울청	82
오진석	남대구서	365	오현창	광주청	317	용진숙	인천청	228
오진선	동화성서	203	오현택	인천서	230	우가람	구로서	103
오진성	대전청	270	오형주	북대구서	370	우경주	대전청	266
오진수	양산서	409	오형진	성동서	126	우경화	북부산서	415
오진용	동청주서	281	오혜경	북광주서	324	우나경	부산청	402
오진욱	시흥서	184	오혜선	양천서	133	우남구	안동서	385
오진택	구로서	102	오혜성	국세청	49	우남준	여수서	349
오창곤	제주서	442	오혜실	마포서	116	우덕규	서울청	67
오창은	반포서	119	오호석	김천서	380	우동윤	부산청	395
오채은	김해서	433	오홍희	도봉서	110	우동훈	통영서	440
오철민	국세청	48	오화섭	서울청	76	우동희	동안양서	176
오청은	동고양서	248	오효정	안양서	191	우명주	서대구서	372
오초롱	동울산서	426	오홍수	연수서	237	우명하	기흥서	194
오춘식	대구청	354	오희정	예산서	302	우문현	남양주서	172
오춘택	목포서	343	오희준	서울청	74	우미라	부산청	398
오치호	익산서	334	옥건주	창원서	438	우미라	용산서	139
오태경	부천서	250	옥경민	안양서	190	우민석	연수서	237
오태진	서인천서	235	옥상하	마산서	435	우민지	수원서	183
오태진	의정부서	255	옥석봉	남대문서	107	우병옥	포항서	390
오택기	아산서	300	옥수빈	국세청	36	우병재	영주서	388
오택민	아산서	300	옥수진	남대구서	364	우병호	북대구서	371
오하경	서울청	70	옥승오	구미서	378	우상준	대구청	358
오하나	북부산서	414	옥영주	잠실서	142	우상훈	북대구서	370
오하라	대전청	264	옥영출	조세연	455	우새은	구미서	378
오한솔	국세청	33	옥지웅	동청주서	280	우성락	수영서	420
오한울	조세연	453	옥창의	국세청	34	우성식	화성서	201
오항우	수원서	182	옥채순	창원서	438	우성현	서부산서	419
오해정	종로서	145	옥충경	통영서	440	우세진	평택서	199
오향아	대구청	355	옥혁규	동작서	115	우세훈	중부산서	423
오혁기	수영서	421	옥호근	해운대서	424	우수경	구미서	379
오현미	남원서	331	온상준	서울청	84	우수희	중부청	157
오현민	북대전서	277	옹주현	북대전서	276	우승철	노원서	109
오현빈	조세연	450	왕 화	구미서	378	우승형	대구청	358
오현서	동수원서	174	왕상현	중랑서	146	우시연	청주서	286
오현서	여수서	348	왕성국	구미서	378	우연희	국세청	23
오현서	충주서	289	왕수진	논산서	292	우영만	서광주서	327

우영재	대구청	355	우희준	서부산서	419	위찬필	남양주서	172
우용만	북대구서	370	원 욱	서부산서	418	위평복	서울청	66
우운하	영주서	388	원가영	고양서	243	위현후	시흥서	184
우원준	평택서	198	원계연	화성서	200	유 영	서초서	124
우유정	삼성서	121	원규호	인천청	227	유 철	구리서	171
우윤중	부산청	402	원대로	영등포서	137	유 현	반포서	118
우은선	종로서	145	원대연	성동서	126	유 진	국세청	34
우은주	홍성서	307	원대한	대전청	263	유가량	강릉서	205
우은혜	남동서	239	원두진	국세청	33	유가연	국세청	37
우을숙	국세청	42	원병덕	서울청	64	유가연	동고양서	248
우인영	울산서	429	원상호	서울청	65	유가현	이천서	196
우인제	해남서	350	원선혜	세제실	8	유강훈	구로서	102
우인혜	조세연	453	원설희	평택서	199	유경근	국세청	39
우인호	포항서	391	원성택	부산청	404	유경룡	공주서	290
우재만	서광주서	326	원수영	서초서	125	유경모	대전청	263
우재은	예산서	302	원순영	서산서	296	유경민	도봉서	110
우재진	통영서	441	원시열	서대문서	122	유경숙	마포서	117
우정규	서산서	296	원은미	수원서	183	유경열	서대전서	278
우정순	동울산서	426	원정윤	삼성서	121	유경원	송파서	130
우정은	남양주서	172	원정일	서울청	65	유경원	인천청	227
우정호	안동서	384	원종민	중부청	162	유경진	성남서	180
우정희	금천서	105	원종일	삼성서	120	유경훈	안양서	191
우제경	서대구서	372	원종학	조세연	451	유경희	청주서	286
우제선	익산서	335	원종호	서울청	82	유계영	국세청	41
우종하	남대구서	364	원종화	수성서	368	유고은	조세연	451
우종훈	국세청	42	원종훈	구리서	170	유관헌	북대전서	277
우주연	분당서	179	원지연	청주서	287	유관호	충주서	288
우주원	삼성서	121	원지현	중부청	163	유광선	춘천서	215
우주형	경산서	375	원지혜	서초서	124	유광열	남동서	239
우준영	아산서	301	원진희	영월서	211	유광호	서광주서	327
우지수	동고양세무서	248	원진희	제천서	284	유귀운	조세연	454
우지수	동화성서	202	원태우	성동서	126	유규호	강서서	99
우지안	세제실	9	원한규	성남서	180	유극종	중랑서	146
우지연	계양서	240	원현수	서울청	71	유근만	용산서	138
우지영	남양주서	173	원희경	서울청	73	유근순	전주서	336
우지은	조세연	451	원희정	수원서	182	유기무	관악서	100
우지혜	국세청	23	웜범석	남부천서	252	유기선	성북서	129
우지희	양산서	409	위 종	송파서	130	유기성	영등포서	137
우진원	용인서	192	위경진	금천서	104	유기연	동안양서	177
우진하	인천청	226	위경환	서울청	89	유나연	분당서	178
우창영	천안서	304	위광환	북광주서	325	유나영	국세청	27
우창완	서울청	86	위다현	마포서	116	유남렬	인천청	221
우창용	평택서	198	위민국	성북서	129	유다래	분당서	178
우철윤	포천서	259	위부일	진주서	437	유다연	평택서	198
우한솔	반포서	119	위성호	평택서	199	유다영	김포서	247
우해나	구리서	170	위승희	강서서	98	유다원	천안서	305
우현구	서대문서	123	위은혜	서인천서	234	유다정	영등포서	137
우현승	중랑서	147	위장훈	동화성서	203	유다형	세종서	299
우현하	마산서	435	위정호	천안서	304	유대현	인천청	225
우형래	양천서	133	위주안	서울청	71	유도권	김해서	433
우형수	울산서	429	위지혜	국세청	37	유동규	울산서	429
우혜지	은평서	140	위지혜	서부산서	418	유동균	구로서	103
우희정	중부청	154	위진성	잠실서	143	유동균	잠실서	142

이름	소속	번호	이름	소속	번호	이름	소속	번호
유동민	조세심판원	13	유선영	연수서	237	유승주	진주서	437
유동석	서울청	75	유선우	충주서	288	유승창	조세연	455
유동완	역삼서	134	유선정	남동서	239	유승천	중부청	164
유동원	마포서	116	유선정	세제실	6	유승철	목포서	342
유동재	서인천서	235	유선종	금천서	105	유승현	동수원서	174
유동준	부산청	402	유선화	강남서	95	유승현	동화성서	202
유동준	서울청	65	유선희	동청주서	280	유승현	인천청	224
유동철	동대문서	112	유선희	상주서	383	유승현	조세연	453
유득렬	중부청	164	유선희	통영서	440	유승현	청주서	287
유래경	파주서	257	유성두	노원서	109	유승혜	수원서	182
유래연	파주서	257	유성만	경주서	377	유승환	서울청	70
유로아	서울청	83	유성엽	강동서	97	유승희	강동서	97
유명훈	국세청	31	유성욱	양산서	409	유시은	중부청	152
유문희	김해서	432	유성운	청주서	286	유신아	분당서	178
유미나	대구청	359	유성은	중부청	165	유신혜	구로서	103
유미나	반포서	119	유성주	동안양서	176	유신혜	동대문서	112
유미선	서울청	64	유성진	정읍서	338	유아람	서울청	65
유미선	용인서	192	유성춘	분당서	179	유어진	분당서	179
유미선	주류센터	59	유성훈	인천청	227	유연숙	부산청	396
유미성	고양서	242	유성희	역삼서	134	유연우	대전청	268
유미숙	예산서	303	유세곤	대전청	270	유연진	도봉서	111
유미숙	홍성서	306	유세아	중부청	158	유영근	순천서	346
유미영	부산청	397	유세영	종로서	144	유영근	용인서	192
유미영	중부청	165	유세은	구미서	378	유영숙	동대구서	367
유민상	서인천서	234	유세종	서울청	82	유영재	강동서	97
유민설	안양서	191	유세희	이천서	196	유영주	서대전서	278
유민수	서울청	82	유소열	서울청	80	유영준	남대문서	107
유민아	파주서	256	유소정	마포서	116	유영진	부산청	399
유민지	동대구서	366	유소정	분당서	178	유영환	수성서	369
유민호	진주서	437	유소정	성북서	128	유영희	서울청	85
유민희	부산청	401	유소진	반포서	119	유예림	국세청	26
유민희	북광주서	325	유솔리	포천서	258	유예림	서울청	86
유민희	삼성서	121	유송화	창원서	438	유예림	잠실서	143
유병길	수성서	369	유수경	서울청	63	유예진	김포서	246
유병모	대구청	357	유수권	중부서	149	유옥근	금정서	406
유병민	북대전서	276	유수재	동고양서	248	유요덕	익산서	334
유병선	중부청	166	유수정	성동서	126	유용환	동안양서	177
유병수	삼성서	120	유수지	천안서	304	유우용	고양서	242
유병욱	용인서	193	유수향	대전청	265	유원숙	원주서	212
유병창	서울청	62	유수현	강서서	98	유원형	국세청	28
유보아	안동서	385	유수현	동대구서	367	유윤희	분당서	178
유상선	동울산서	426	유수현	중부청	159	유은미	고양서	242
유상욱	서울청	62	유수호	남원서	331	유은선	의정부서	255
유상원	광산서	322	유순희	서인천서	235	유은숙	용산서	138
유상윤	중부서	148	유순희	중랑서	146	유은애	익산서	334
유상호	인천서	231	유승규	서대문서	123	유은영	북대전서	277
유상화	중부청	164	유승명	부산청	401	유은주	고양서	242
유서진	서초서	125	유승아	대전청	269	유은주	대전서	274
유서현	대전서	274	유승연	서울청	85	유은주	서대문서	122
유석모	세제실	6	유승연	평택서	198	유은주	중부서	149
유선아	군산서	328	유승우	중부청	152	유은지	동작서	115
유선애	양천서	133	유승원	동청주서	281	유은진	용산서	139
유선영	연수서	236	유승종	중랑서	146	유이슬	삼성서	120

유이슬	세제실	7	유종선	전주서	336	유창석	북대구서	370
유인선	서울청	90	유종일	서초서	124	유창인	영월서	210
유인성	서울청	85	유종현	상담센터	57	유창진	경주서	377
유인수	예산서	303	유종호	대구청	356	유채민	인천서	230
유인숙	상담센터	58	유주만	남대문서	106	유채원	보령서	295
유인숙	아산서	300	유주미	광주청	312	유채원	평택서	199
유인식	용인서	192	유주민	강서서	99	유채정	세제실	8
유인혜	관악서	101	유주상	대전서	274	유춘선	해남서	350
유인호	춘천서	215	유주연	국세청	46	유탁균	잠실서	143
유일민	속초서	209	유주희	송파서	131	유태건	세제실	6
유자연	국세청	42	유주희	수원서	183	유태웅	대전서	275
유장현	북대전서	277	유준상	파주서	256	유태정	서광주서	327
유재곤	남원서	331	유준영	경기광주서	168	유태준	금천서	104
유재남	아산서	301	유준오	조세연	454	유태호	경기광주서	168
유재랑	수영서	421	유준호	서울청	66	유판종	해남서	350
유재룡	국세청	41	유지민	국세청	36	유하선	천안서	304
유재민	조세연	449	유지선	마포서	117	유학승	영등포서	136
유재복	중부청	161	유지수	해남서	350	유한나	의정부서	255
유재상	중부청	156	유지연	구미서	379	유한순	구리서	170
유재석	동작서	115	유지영	도봉서	110	유한진	서울청	81
유재식	남동서	239	유지영	영등포서	137	유항수	국세청	18
유재연	남부천서	253	유지원	세종서	299	유행철	전주서	336
유재웅	상담센터	56	유지원	안산서	187	유향란	양천서	132
유재원	천안서	304	유지유	영등포서	137	유헌정	북대구서	371
유재은	의정부서	255	유지유	충주서	289	유현민	중부청	162
유재준	서울청	77	유지은	광명서	245	유현상	안산서	187
유재학	진주서	437	유지인	남양주서	172	유현수	성남서	180
유재현	경주서	376	유지인	조세연	453	유현숙	대구청	355
유재현	성남서	180	유지향	마산서	434	유현식	서울청	86
유정림	성동서	126	유지현	국세청	19	유현아	강동서	96
유정미	국세청	38	유지현	남양주서	172	유현인	서인천서	234
유정선	삼성서	121	유지현	대전청	271	유현재	부평서	232
유정수	제천서	285	유지현	부산청	395	유현정	상담센터	56
유정식	김포서	247	유지혜	북부산서	415	유현정	조세연	454
유정아	남동서	239	유지호	수원서	182	유현정	춘천서	215
유정완	남동서	238	유지화	여수서	348	유현종	북대구서	371
유정우	마산서	434	유지환	구리서	171	유현주	김포서	247
유정은	동안양서	176	유지희	국세청	40	유현지	화성서	201
유정은	마포서	117	유진선	김천서	380	유현희	전주서	337
유정찬	동작서	115	유진선	화성서	201	유형근	정읍서	338
유정현	중부서	148	유진아	서울청	70	유형대	성동서	127
유정화	삼성서	121	유진아	연수서	236	유형래	용산서	139
유정화	은평서	141	유진영	인천청	226	유형우	중부청	153
유정환	포천서	258	유진옥	마포서	116	유형진	분당서	179
유정훈	삼성서	120	유진우	인천청	220	유혜경	국세청	21
유정훈	연수서	236	유진재	조세심판원	12	유혜민	대전서	274
유정희	서울청	85	유진하	연수서	236	유혜빈	남양주서	173
유정희	중부청	154	유진호	중부청	154	유혜정	동수원서	175
유제근	성동서	126	유진희	노원서	108	유혜정	동안양서	177
유제석	북전주서	332	유진희	서울청	63	유혜정	세제실	6
유제언	중부청	165	유진희	양산서	408	유혜진	남대구서	364
유제연	안양서	190	유진희	중부청	153	유호경	성동서	127
유제이	중부청	160	유창경	부산청	402	유호근	천안서	304

유흥근	인천청	224		윤경림	시흥서	184		윤동규	서울청	81
유흥재	안양서	190		윤경옥	강남서	94		윤동석	서울청	76
유흥주	울산서	429		윤경주	고양서	243		윤동수	부산청	396
유화윤	수영서	420		윤경출	동래서	411		윤동숙	서울청	69
유화진	남부천서	252		윤경현	중부청	152		윤동연	구미서	378
유환동	동화성서	203		윤경현	진주서	436		윤동현	국세청	23
유환성	마포서	116		윤경효	남양주서	173		윤동호	중부청	152
유환일	파주서	256		윤경희	서울청	77		윤동환	강서서	98
유효정	조세연	452		윤경희	성동서	126		윤동희	금천서	105
유효진	부산청	397		윤경희	여수서	348		윤만성	상담센터	58
유후양	마포서	116		윤경희	역삼서	135		윤만식	도봉서	111
유훈식	광산서	322		윤공자	은평서	140		윤명덕	도봉서	110
유훈주	광산서	323		윤광섭	중부청	163		윤명준	서울청	90
유훈희	기흥서	194		윤광철	금정서	407		윤명한	청주서	286
유휘곤	서울청	85		윤광현	서초서	125		윤문원	대전서	275
유희경	광주청	313		윤국한	서울청	65		윤미경	경기광주서	168
유희경	남원서	330		윤권옥	송파서	131		윤미경	계양서	240
유희근	인천청	228		윤근호	부산청	403		윤미경	국세청	45
유희민	삼성서	121		윤근희	대구청	359		윤미경	동작서	114
유희붕	부평서	233		윤기덕	중랑서	147		윤미나	송파서	130
유희수	중부서	148		윤기섭	삼성서	121		윤미성	삼성서	121
유희정	영등포서	137		윤기성	은평서	141		윤미영	수원서	182
유희준	의정부서	254		윤기송	홍성서	307		윤미자	동대문서	113
유희진	중부청	157		윤기숙	서초서	125		윤미정	남양주서	172
유희태	중부청	163		윤기순	수원서	182		윤미진	평택서	199
육강일	강릉서	204		윤기찬	국세청	24		윤미희	강남서	94
육경아	천안서	304		윤기찬	국세청	37		윤민경	이천서	196
육규한	중부청	158		윤기철	동안양서	177		윤민경	중부청	157
육근영	중부서	149		윤기철	반포서	118		윤민서	천안서	304
육동선	중랑서	146		윤기한	남대구서	365		윤민수	포천서	258
육소연	수원서	183		윤길성	광주청	310		윤민숙	광산서	322
육송희	노원서	109		윤길성	안양서	191		윤민영	조세심판원	12
육예연	아산서	300		윤나영	국세청	40		윤민오	성동서	126
육재하	대전청	270		윤난영	영등포서	137		윤민정	세제실	6
육현수	경기광주서	169		윤난희	서인천서	234		윤민정	은평서	140
윤 경	중부청	165		윤남식	수영서	420		윤민지	국세청	23
윤 미	역삼서	135		윤노영	부산진서	413		윤민혜	안양서	190
윤 산	제주서	442		윤다니엘	순천서	347		윤민호	서울청	70
윤 석	잠실서	143		윤다민	삼척서	206		윤민희	동울산서	426
윤 솔	서울청	83		윤다솜	조세연	453		윤범일	서울청	74
윤 용	구리서	170		윤다영	인천청	220		윤병준	광주청	311
윤 창	기흥서	194		윤다예	진주서	436		윤병준	조세연	454
윤 한	부산진서	413		윤다은	남동서	239		윤병진	파주서	257
윤 환	중부청	158		윤다희	여수서	348		윤병현	남양주서	172
윤 희	평택서	198		윤단비	중부서	148		윤보람	역삼서	134
윤가연	동안산서	189		윤대호	중부청	157		윤보배	충주서	289
윤가연	북광주서	325		윤덕원	통영서	441		윤보영	잠실서	142
윤가영	동래서	411		윤덕현	충주서	288		윤봉원	마산서	435
윤간오	창원서	438		윤덕희	북부산서	414		윤상건	마포서	116
윤강로	포항서	390		윤도란	구리서	171		윤상락	춘천서	215
윤강훈	서인천서	234		윤도식	남양주서	173		윤상목	중부청	153
윤건주	수원서	182		윤도현	서인천서	234		윤상봉	부산청	397
윤겸주	남부천서	252		윤동규	대전청	262		윤상섭	서울청	86

윤상아	수성서	369	윤성호	조세연	454	윤여찬	서광주서	327
윤상용	송파서	130	윤성훈	동래서	410	윤여흔	광주서	321
윤상욱	국세청	23	윤세영	창원서	438	윤연심	예산서	302
윤상원	충주서	288	윤세정	서울청	85	윤연원	조세심판원	12
윤상탁	대전청	267	윤세진	구로서	103	윤연자	광주청	312
윤상필	부산진서	412	윤소라	영등포서	137	윤연주	경기광주서	169
윤상현	용산서	139	윤소미	제주서	442	윤영규	영등포서	136
윤상호	대전청	268	윤소연	삼성서	120	윤영근	김해서	433
윤상환	경산서	375	윤소영	강릉서	205	윤영길	포천서	259
윤서영	강남서	95	윤소영	영월서	210	윤영랑	서울청	70
윤서울	강서서	99	윤소영	조세연	449	윤영민	서초서	125
윤서진	서울청	62	윤소월	잠실서	143	윤영민	조세연	449
윤석길	나주서	341	윤소윤	반포서	119	윤영상	중부청	164
윤석미	부산청	403	윤소윤	성북서	128	윤영섭	연수서	237
윤석배	동화성서	203	윤소현	시흥서	185	윤영섭	인천청	228
윤석범	인천서	231	윤소희	서울청	68	윤영수	거창서	430
윤석주	중랑서	146	윤수빈	기흥서	195	윤영순	원주서	213
윤석준	양천서	132	윤수빈	역삼서	134	윤영식	김포서	246
윤석중	해운대서	424	윤수연	광주청	316	윤영우	동수원서	175
윤석진	서울청	89	윤수열	강서서	98	윤영우	해운대서	424
윤석창	대전청	264	윤수웅	거창서	430	윤영자	울산서	428
윤석천	남대구서	364	윤수인	연수서	236	윤영재	아산서	300
윤석태	강남서	94	윤수정	연수서	237	윤영준	홍성서	306
윤석헌	광산서	322	윤수향	은평서	140	윤영진	성남서	181
윤석현	의정부서	254	윤수현	영등포서	137	윤영진	안양서	191
윤석환	잠실서	143	윤수현	제주서	442	윤영택	안양서	191
윤선기	동대문서	112	윤수환	대전청	268	윤영현	청주서	286
윤선민	삼성서	120	윤수훈	금천서	104	윤영훈	경주서	376
윤선영	강동서	97	윤숙영	서산서	296	윤영훈	조세연	454
윤선영	고양서	242	윤순녀	노원서	108	윤영훈	조세연	452
윤선태	국세청	42	윤순상	국세청	49	윤예지	상주서	382
윤선태	해운대서	425	윤순영	대전서	275	윤예지	인천서	230
윤선화	잠실서	143	윤순옥	서대문서	122	윤예진	서부산서	418
윤선희	강서서	98	윤슬기	노원서	109	윤예진	제주서	442
윤선희	중랑서	147	윤승갑	제천서	284	윤옥진	예산서	303
윤설진	서울청	69	윤승빈	속초서	209	윤용호	용인서	193
윤성귀	서대문서	122	윤승철	순천서	345	윤용화	예산서	303
윤성기	북부산서	414	윤승출	서울청	69	윤우식	이천서	196
윤성두	광산서	323	윤시원	해운대서	424	윤우찬	서울청	81
윤성미	국세청	31	윤신애	강남서	95	윤웅희	구미서	378
윤성민	국세청	25	윤아름	광명서	244	윤원정	수성서	368
윤성민	군산서	329	윤아름	화성서	201	윤원준	서대전서	279
윤성민	도봉서	111	윤애림	남동서	239	윤유선	여수서	349
윤성민	마포서	116	윤양경	송파서	131	윤윤숙	화성서	200
윤성아	대구청	357	윤양호	연수서	236	윤윤식	서울청	82
윤성양	서울청	68	윤여관	광주청	312	윤은미	국세청	37
윤성욱	수성서	368	윤여용	동청주서	280	윤은미	동래서	410
윤성조	대전청	266	윤여준	국세청	27	윤은미	용인서	192
윤성조	수영서	421	윤여준	기흥서	194	윤은미	중랑서	146
윤성준	관악서	101	윤여중	세종서	299	윤은미	중부서	148
윤성중	서울청	89	윤여진	국세청	30	윤은수	분당서	178
윤성혜	진주서	436	윤여진	인천서	230	윤은숙	성동서	127
윤성호	남대문서	106	윤여진	조세연	455	윤은지	서울청	64

이름	소속	쪽	이름	소속	쪽	이름	소속	쪽
윤은지	의정부서	255	윤종호	순천서	346	윤진우	강동서	96
윤은택	대전청	262	윤종훈	강동서	97	윤진일	안산서	187
윤이슬	아산서	300	윤종훈	대구청	359	윤진호	지방세제	446
윤인경	서울청	72	윤주련	부산청	400	윤진희	영등포서	136
윤일식	수성서	369	윤주민	동울산서	427	윤창복	중부청	157
윤일주	중부청	162	윤주상	여수서	348	윤창용	관악서	100
윤일지	북부산서	414	윤주영	마포서	116	윤창인	국세청	22
윤일한	용인서	192	윤주영	부천서	251	윤창중	거창서	430
윤장원	동화성서	203	윤주영	종로서	144	윤채린	광주청	312
윤장현	중부청	163	윤주호	강동서	97	윤철민	서울청	88
윤장훈	광주서	321	윤주휘	수원서	183	윤철원	서산서	296
윤재길	서울청	80	윤주희	도봉서	110	윤청연	동작서	115
윤재도	서광주서	327	윤주희	동수원서	174	윤춘미	국세청	23
윤재두	대전청	269	윤주희	상주서	382	윤태경	동안양서	176
윤재련	수영서	420	윤준식	동대문서	113	윤태영	창원서	438
윤재복	동대구서	366	윤준영	순천서	344	윤태영	포항서	390
윤재성	국세청	41	윤준웅	상주서	383	윤태요	보령서	294
윤재연	중부청	162	윤준호	제주서	442	윤태우	서부산서	418
윤재웅	용인서	193	윤준호	중부청	153	윤태준	삼성서	121
윤재원	남동서	238	윤준희	시흥서	184	윤태진	의정부서	254
윤재원	인천청	227	윤중해	진주서	437	윤태현	국세청	26
윤재철	수성서	368	윤중호	북대구서	370	윤태현	국세청	44
윤재헌	강남서	95	윤지미	노원서	108	윤태훈	동작서	114
윤재현	인천청	226	윤지수	노원서	109	윤태희	수성서	369
윤점희	은평서	140	윤지수	도봉서	111	윤판호	남대구서	365
윤정무	상담센터	56	윤지승	영덕서	386	윤하서	제천서	284
윤정미	마산서	434	윤지연	부산청	394	윤하영	고양서	243
윤정미	마포서	116	윤지연	북대구서	371	윤하정	삼척서	206
윤정민	강남서	95	윤지연	연수서	236	윤한미	중부청	158
윤정민	관악서	100	윤지영	구로서	103	윤한빛	익산서	335
윤정민	마포서	116	윤지영	동울산서	427	윤한수	서인천서	235
윤정선	영등포서	137	윤지영	송파서	131	윤한슬	동작서	115
윤정선	조세연	454	윤지영	중부청	157	윤한철	원주서	212
윤정아	김해서	432	윤지우	관악서	101	윤현경	영등포서	137
윤정원	진주서	437	윤지원	나주서	340	윤현경	은평서	141
윤정은	국세청	42	윤지원	서초서	125	윤현경	화성서	200
윤정익	순천서	345	윤지원	성북서	129	윤현구	청주서	286
윤정인	세제실	9	윤지원	영등포서	137	윤현미	은평서	141
윤정임	경기광주서	169	윤지원	인천청	220	윤현숙	대전청	264
윤정재	강동서	96	윤지윤	마포서	116	윤현숙	서대문서	123
윤정현	남동서	238	윤지은	화성서	201	윤현숙	용산서	139
윤정호	서광주서	326	윤지인	해남서	351	윤현식	고양서	242
윤정호	익산서	335	윤지현	삼성서	121	윤현식	관악서	100
윤정화	구로서	103	윤지현	서광주서	327	윤현식	해운대서	425
윤정환	경기광주서	169	윤지현	인천청	227	윤현아	수영서	420
윤정환	시흥서	185	윤지현	인천청	220	윤현웅	목포서	343
윤정훈	포항서	391	윤지현	포천서	259	윤현정	김포서	247
윤정희	동수원서	174	윤지형	서울청	71	윤현주	금천서	105
윤제현	해운대서	425	윤지혜	잠실서	143	윤현진	나주서	341
윤종근	기흥서	194	윤지혜	중부청	152	윤현호	중부청	162
윤종식	부산청	402	윤지희	대전청	270	윤현화	창원서	439
윤종혁	남동서	238	윤지희	인천청	222	윤형길	광주청	314
윤종현	영등포서	137	윤진명	마산서	434	윤형석	국세청	18

이름	소속	쪽	이름	소속	쪽	이름	소속	쪽
이경민	남대구서	365	이경표	중부서	149	이광호	부산청	395
이경민	동대문서	112	이경하	강서서	98	이광환	인천청	226
이경민	동작서	114	이경한	국세청	28	이광희	국세청	18
이경민	분당서	179	이경향	포항서	390	이광희	이천서	196
이경민	분당서	178	이경현	안산서	186	이교환	국세청	41
이경민	안동서	384	이경현	중부청	152	이국근	강남서	95
이경민	창원서	438	이경혜	인천청	227	이국성	수원서	183
이경민	평택서	199	이경화	서광주서	327	이국영	분당서	178
이경부	영등포서	137	이경화	서울청	90	이권식	서울청	79
이경분	서울청	72	이경환	국세청	42	이권열	대전서	275
이경빈	역삼서	134	이경환	남원서	330	이권형	서울청	69
이경빈	파주서	256	이경환	북광주서	325	이권희	대전청	269
이경상	상담센터	56	이경환	진주서	436	이귀병	강동서	96
이경서	노원서	109	이경훈	김해서	433	이귀영	성동서	126
이경석	남동서	239	이경훈	조세연	452	이규림	서산서	297
이경석	역삼서	134	이경훈	조세연	451	이규림	조세심판원	14
이경선	북대전서	276	이경희	광주청	311	이규미	서초서	125
이경선	서울청	78	이경희	부산진서	413	이규석	안산서	187
이경선	서울청	64	이경희	서부산서	419	이규석	역삼서	135
이경섭	남원서	330	이경희	서울청	71	이규선	수원서	182
이경수	구로서	103	이경희	종로서	144	이규열	인천청	224
이경수	송파서	130	이경희	화성서	201	이규영	마산서	435
이경수	중부청	157	이계숙	동안산서	188	이규완	북대전서	276
이경숙	광명서	245	이계승	서대문서	122	이규완	중부청	152
이경숙	남대구서	364	이계승	의정부서	254	이규원	분당서	178
이경숙	대전청	269	이계홍	세종서	299	이규은	노원서	109
이경숙	반포서	118	이계훈	구미서	378	이규의	연수서	237
이경순	국세청	50	이고운	용인서	192	이규종	인천서	231
이경순	대전청	262	이고은	이천서	196	이규진	국세청	49
이경순	수성서	368	이관노	서울청	83	이규태	구로서	102
이경심	중부청	165	이관열	남양주서	172	이규혁	서울청	70
이경아	경주서	376	이관재	서인천서	234	이규현	국세청	18
이경아	시흥서	185	이관희	경기광주서	168	이규현	중부서	149
이경아	예산서	303	이광민	수성서	369	이규형	동래서	410
이경아	포천서	259	이광선	군산서	329	이규형	서울청	69
이경애	동대문서	112	이광섭	성동서	126	이규형	서울청	88
이경애	은평서	140	이광성	강남서	94	이규호	국세청	40
이경열	국세청	31	이광수	서초서	125	이규호	대구청	361
이경옥	경산서	374	이광숙	국세청	33	이규호	인천청	227
이경옥	금천서	105	이광식	강서서	98	이규호	중부산서	422
이경옥	동대구서	367	이광연	서울청	74	이규화	국세청	25
이경욱	동청주서	281	이광열	군산서	329	이규환	동수원서	175
이경원	이천서	196	이광용	경산서	374	이근수	대전서	275
이경은	중랑서	146	이광용	파주서	256	이근아	성북서	129
이경은	지방세제	447	이광은	서초서	125	이근애	북대구서	370
이경임	강동서	97	이광의	서울청	72	이근우	서초서	125
이경자	삼성서	120	이광일	지방세제	446	이근웅	의정부서	255
이경자	원주서	213	이광자	서대전서	278	이근원	북전주서	333
이경재	동울산서	427	이광재	관악서	100	이근호	경주서	376
이경주	동작서	114	이광재	김해서	432	이근호	인천청	220
이경준	수성서	368	이광재	북대구서	371	이근환	서부산서	419
이경진	군산서	328	이광철	중부청	163	이근후	조세심판원	14
이경진	영등포서	137	이광형	금천서	104	이근희	영등포서	136

이름	소속	번호	이름	소속	번호	이름	소속	번호
이금미	남대문서	106	이나현	동대구서	366	이대구	창원서	438
이금숙	성동서	126	이나현	북전주서	332	이대근	강동서	96
이금연	홍천서	217	이낙영	화성서	201	이대근	은평서	141
이금옥	마포서	117	이난영	성동서	127	이대식	삼성서	121
이금조	서초서	125	이난영	송파서	130	이대연	서산서	296
이금희	고양서	243	이난주	수원서	182	이대일	포천서	259
이기각	중부청	154	이난희	고양서	242	이대정	강남서	94
이기덕	역삼서	135	이난희	서울청	83	이대헌	영주서	389
이기돈	대구청	354	이남경	용산서	139	이대현	부산강서서	416
이기동	대구청	359	이남곤	삼척서	206	이대호	수성서	369
이기련	인천청	223	이남국	조세연	453	이대훈	동수원서	174
이기병	동고양서	249	이남범	북부산서	414	이대훈	중부청	165
이기쁨	조세연	451	이남영	서대전서	279	이대희	남대구서	364
이기섭	송파서	130	이남정	동청주서	280	이대희	분당서	179
이기수	대전서	274	이남주	동안양서	176	이덕종	삼척서	206
이기수	인천청	227	이남주	조세연	451	이덕주	홍성서	307
이기숙	종로서	145	이남진	중부청	152	이덕형	동청주서	281
이기순	나주서	341	이남형	용산서	139	이덕화	서울청	91
이기순	은평서	140	이남호	홍천서	217	이도겸	남대구서	365
이기순	홍성서	306	이노을	원주서	212	이도경	고양서	242
이기언	이천서	196	이다경	노원서	109	이도경	남대구서	364
이기업	국세청	23	이다경	성북서	128	이도경	서부산서	419
이기연	구리서	171	이다미	남원서	331	이도경	양천서	132
이기연	남대구서	365	이다빈	부산강서서	417	이도연	중부청	162
이기영	마산서	434	이다빈	예산서	303	이도영	기흥서	194
이기영	부천서	251	이다솜	국세청	19	이도영	수성서	368
이기웅	전주서	337	이다솜	김해서	433	이도은	평택서	198
이기원	남원서	330	이다애	광주서	321	이도인	동안양서	177
이기원	북전주서	333	이다영	국세청	39	이도한	안동서	384
이기정	울산서	428	이다영	북광주서	325	이도헌	국세청	20
이기정	파주서	256	이다영	수영서	420	이도현	서대구서	373
이기주	광명서	245	이다영	인천서	231	이도현	송파서	131
이기주	서울청	73	이다예	목포서	343	이도현	포항서	390
이기철	파주서	257	이다예	역삼서	134	이도형	광명서	245
이기택	남부천서	253	이다운	화성서	200	이도형	인천서	231
이기현	남양주서	173	이다원	양천서	133	이도혜	강서서	98
이기현	양천서	133	이다윤	동안양서	176	이도희	분당서	178
이기훈	동안양서	177	이다은	국세청	44	이돈영	서광주서	327
이기훈	정읍서	339	이다은	부산청	402	이동건	국세청	30
이길녀	화성서	201	이다인	동수원서	174	이동건	성동서	126
이길형	서울청	71	이다인	평택서	198	이동경	성북서	129
이나경	대구청	354	이다현	군산서	329	이동곤	경산서	374
이나경	원주서	213	이다현	성동서	126	이동광	강서서	98
이나라	북광주서	325	이다혜	국세청	25	이동광	북부산서	415
이나래	구리서	170	이다혜	반포서	119	이동구	구리서	171
이나미	아산서	300	이다혜	상담센터	58	이동구	대전청	263
이나연	금정서	407	이다혜	포천서	258	이동규	김포서	247
이나영	관악서	101	이다훈	영등포서	137	이동규	대전청	262
이나영	구미서	378	이다희	아산서	300	이동규	동울산서	426
이나영	국세청	41	이다희	안양서	190	이동규	북대구서	371
이나영	북부산서	415	이다희	충주서	288	이동규	정읍서	339
이나은	수성서	369	이단비	창원서	439	이동규	중부서	148
이나은	조세연	450	이대건	용산서	139	이동규	통영서	441

이동균	대구청	355	이동진	북광주서	325	이명기	중부서	148
이동근	동고양서	249	이동찬	고양서	243	이명길	동안양서	176
이동근	북대전서	277	이동철	중부산서	422	이명례	남원서	330
이동근	창원서	438	이동출	남부천서	253	이명문	동작서	115
이동기	국세청	19	이동하	서대구서	372	이명석	서대전서	278
이동락	인천청	220	이동헌	동청주서	280	이명선	노원서	108
이동면	부산청	397	이동혁	동울산서	426	이명수	남대구서	364
이동명	경주서	377	이동혁	지방세제	446	이명수	서울청	65
이동목	부산강서	417	이동현	구리서	170	이명수	성남서	180
이동민	광주서	320	이동현	국세청	49	이명옥	이천서	197
이동민	김천서	380	이동현	서울청	80	이명용	성동서	127
이동민	김해서	433	이동현	순천서	345	이명욱	종로서	145
이동백	노원서	108	이동현	시흥서	184	이명원	용산서	139
이동석	고양서	243	이동현	양산서	408	이명인	조세연	454
이동섭	충주서	288	이동현	울산서	428	이명재	국세청	48
이동수	역삼서	135	이동형	부산진서	412	이명준	익산서	335
이동수	중부청	158	이동호	동대구서	366	이명하	동수원서	175
이동숙	금천서	105	이동호	평택서	199	이명하	서대전서	278
이동언	원주서	213	이동환	대전서	274	이명해	서대전서	279
이동연	구로서	103	이동환	통영서	440	이명행	의정부서	255
이동열	강서서	98	이동환	평택서	198	이명호	부산진서	412
이동열	서인천서	234	이동훈	경산서	375	이명훈	연수서	236
이동엽	광주청	310	이동훈	계양서	241	이명훈	평택서	198
이동엽	동수원서	174	이동훈	고양서	242	이명희	관악서	101
이동영	원주서	212	이동훈	나주서	340	이명희	동작서	114
이동우	강서서	99	이동훈	북대구서	370	이명희	삼성서	120
이동우	동대구서	367	이동훈	서울청	77	이명희	서대구서	373
이동우	부산진서	412	이동훈	중랑서	147	이명희	서울청	90
이동우	수성서	369	이동희	강남서	95	이명희	의정부서	254
이동욱	강동서	96	이동희	국세청	48	이모성	아산서	301
이동욱	경주서	376	이동희	영덕서	387	이묘금	양산서	408
이동욱	금정서	407	이동희	진주서	436	이무황	아산서	300
이동욱	영덕서	386	이두원	논산서	292	이무훈	국세청	36
이동욱	원주서	212	이두원	서울청	88	이무훈	국세청	25
이동욱	청주서	287	이두호	국세청	20	이문석	제천서	284
이동원	대구청	360	이두호	동안양서	177	이문수	도봉서	110
이동원	서대문서	122	이득규	국세청	33	이문영	의정부서	255
이동윤	창원서	438	이란희	평택서	199	이문원	국세청	41
이동은	기흥서	194	이래경	강남서	94	이문원	용인서	193
이동일	대구청	360	이래하	상담센터	57	이문진	연수서	237
이동일	송파서	131	이령아	광산서	322	이문태	포항서	390
이동주	강동서	97	이령조	용인서	193	이문형	인천청	223
이동주	경주서	376	이로아	인천청	227	이문호	북부산서	415
이동주	동고양서	249	이루리	동고양서	248	이문환	강서서	99
이동준	경산서	375	이류기	용산서	138	이문희	기흥서	194
이동준	대전청	266	이륜경	서울청	71	이문희	중부청	157
이동준	북대구서	371	이만식	이천서	197	이미경	국세청	33
이동준	성동서	126	이만준	세종서	299	이미경	남대문서	107
이동준	성북서	129	이만호	부산강서서	417	이미경	동대문서	113
이동준	수영서	421	이명건	국세청	48	이미경	부산진서	413
이동준	중부청	153	이명곤	의정부서	255	이미경	서초서	124
이동준	청주서	286	이명구	서울청	69	이미경	해운대서	425
이동진	금천서	105	이명규	중부청	165	이미나	화성서	200

이미남	북대구서	370		이미희	서대전서	278		이민철	인천서	230
이미라	관악서	100		이미희	중부청	163		이민해	대구청	358
이미라	대전청	266		이미희	해운대서	425		이민혜	남원서	330
이미라	역삼서	135		이민경	영등포서	136		이민호	공주서	290
이미란	서인천서	235		이민경	용산서	138		이민훈	인천청	220
이미랑	포천서	259		이민경	의정부서	254		이민희	국세청	49
이미령	구리서	171		이민경	통영서	441		이민희	동수원서	175
이미선	구미서	378		이민구	서울청	91		이민희	부산청	398
이미선	동안산서	188		이민규	남양주서	173		이민희	안양서	190
이미선	동작서	114		이민규	동고양서	249		이민희	조세심판원	14
이미선	마포서	116		이민규	서광주서	326		이민희	화성서	200
이미선	수성서	369		이민규	서울청	68		이배삼	동래서	411
이미선	예산서	302		이민규	평택서	198		이백용	북광주서	324
이미선	통영서	441		이민상	조세연	453		이백춘	남대구서	365
이미소	부평서	232		이민석	서울청	85		이범구	영주서	389
이미송	포천서	258		이민선	화성서	201		이범규	용산서	138
이미숙	강남서	95		이민성	경기광주서	168		이범석	부산청	404
이미숙	남대문서	106		이민수	중부청	153		이범수	수원서	183
이미숙	상주서	382		이민순	삼성서	121		이범연	강남서	95
이미숙	서초서	124		이민영	구로서	102		이범주	남양주서	173
이미숙	중부산서	422		이민영	동래서	411		이범주	중부청	152
이미애	부산강서서	416		이민영	양산서	409		이범준	용산서	139
이미애	부평서	233		이민영	역삼서	135		이범철	남대구서	364
이미애	서울청	91		이민영	익산서	334		이범훈	김포서	246
이미애	조세연	455		이민옥	부산진서	413		이법진	인천청	221
이미연	금정서	406		이민용	송파서	131		이병국	창원서	438
이미연	금천서	105		이민우	동래서	411		이병노	부평서	232
이미연	동안산서	189		이민우	북대구서	371		이병노	서인천서	235
이미영	부산청	399		이민우	안동서	384		이병석	구리서	170
이미영	북대전서	276		이민우	중부청	152		이병수	송파서	131
이미영	서울청	62		이민욱	동대문서	112		이병영	북대구서	370
이미영	서울청	81		이민의	경기광주서	168		이병옥	동안산서	189
이미영	수성서	368		이민재	서울청	64		이병용	대전청	269
이미영	인천청	227		이민정	관악서	100		이병용	인천청	220
이미영	중부서	148		이민정	광명서	245		이병욱	동청주서	281
이미자	영주서	389		이민정	김포서	247		이병재	인천서	230
이미정	강서서	99		이민정	삼성서	120		이병조	국세청	39
이미정	광명서	245		이민정	수영서	420		이병주	경주서	376
이미정	동수원서	174		이민정	영등포서	137		이병주	대구청	361
이미정	성북서	129		이민정	천안서	304		이병주	부산청	401
이미정	역삼서	135		이민종	김천서	380		이병주	양천서	132
이미정	영월서	210		이민주	부산청	404		이병준	은평서	140
이미진	고양서	243		이민주	시흥서	185		이병준	창원서	439
이미진	동안양서	177		이민지	국세청	36		이병직	서초서	125
이미진	반포서	118		이민지	국세청	25		이병진	성남서	181
이미진	서대문서	122		이민지	금천서	105		이병철	마산서	434
이미진	인천서	230		이민지	김포서	246		이병탁	남대구서	364
이미향	금정서	406		이민지	대전청	264		이병택	부산청	399
이미현	금천서	105		이민지	부천서	250		이병현	목포서	342
이미현	대전청	271		이민지	양천서	132		이병현	성동서	127
이미현	조세연	450		이민지	인천청	226		이보라	강서서	99
이미형	노원서	108		이민창	서울청	63		이보라	고양서	243
이미화	성북서	129		이민철	수원서	183		이보라	남대구서	365

이보라	마포서	117	이상도	수영서	420	이상준	국세청	36
이보라	삼성서	121	이상두	연수서	236	이상준	마산서	435
이보라	삼척서	207	이상목	남양주서	172	이상준	서광주서	326
이보라	세종서	299	이상무	서광주서	327	이상준	제천서	284
이보라	지방세제	447	이상묵	부산청	402	이상준	중부청	160
이보라	진주서	436	이상묵	서울청	89	이상직	성북서	129
이보라	청주서	286	이상문	역삼서	135	이상진	영월서	211
이보람	순천서	347	이상미	김포서	246	이상철	광주청	314
이보름	서초서	124	이상미	김포서	247	이상표	통영서	441
이보배	강남서	95	이상민	금천서	104	이상필	서울청	80
이보배	성북서	129	이상민	대구청	355	이상헌	대구청	354
이보영	경산서	375	이상민	동대문서	112	이상헌	서울청	87
이보영	정읍서	339	이상민	마산서	434	이상헌	서울청	77
이보영	제주서	443	이상민	마포서	116	이상혁	서대문서	123
이보은	창원서	439	이상민	부평서	232	이상현	국세청	26
이보화	조세연	451	이상민	북대구서	371	이상현	국세청	44
이복남	영주서	388	이상민	중랑서	146	이상현	도봉서	111
이복자	서울청	72	이상민	중부청	153	이상현	동청주서	280
이복재	부산청	397	이상민	창원서	438	이상현	마산서	435
이봉근	광주청	316	이상범	기흥서	195	이상현	부산청	398
이봉림	시흥서	184	이상봉	대전청	267	이상현	양산서	409
이봉숙	성북서	128	이상봉	충주서	288	이상현	연수서	237
이봉숙	중부청	159	이상분	북대구서	370	이상현	의정부서	254
이봉철	창원서	439	이상선	의정부서	255	이상현	중부청	155
이봉현	대전서	274	이상수	대전청	266	이상협	수성서	369
이봉화	마산서	435	이상수	부천서	251	이상호	노원서	108
이봉희	성동서	127	이상숙	서울청	70	이상호	부산진서	413
이부경	마산서	434	이상언	부산청	399	이상호	서대구서	372
이부연	조세연	453	이상언	서울청	69	이상호	서울청	63
이부창	서초서	124	이상열	역삼서	135	이상화	종로서	145
이빛나	부산강서서	416	이상영	이천서	196	이상환	의정부서	255
이빛나	성남서	181	이상왕	고양서	243	이상훈	국세청	29
이삼기	안양서	191	이상요	대전청	262	이상훈	나주서	341
이삼섭	중부청	166	이상용	경산서	374	이상훈	대구청	358
이상건	경주서	376	이상용	부평서	233	이상훈	동대문서	112
이상건	여수서	348	이상용	세종서	299	이상훈	부산진서	413
이상걸	대구청	355	이상우	동청주서	281	이상훈	부산청	399
이상경	수성서	368	이상욱	대구청	357	이상훈	서광주서	326
이상곤	남동서	239	이상욱	동대문서	113	이상훈	서울청	65
이상곤	부산진서	412	이상욱	상담센터	56	이상훈	서울청	80
이상곤	부평서	233	이상운	부산청	397	이상훈	안양서	190
이상국	안양서	191	이상원	국세청	18	이상훈	포항서	391
이상규	동대구서	366	이상원	대구청	358	이상훈	해운대서	425
이상근	서울청	76	이상윤	용인서	193	이상희	경기광주서	169
이상근	이천서	196	이상윤	원주서	213	이상희	부평서	232
이상금	동청주서	281	이상윤	이천서	196	이상희	제주서	443
이상기	강남서	95	이상은	금정서	407	이서구	국세청	25
이상길	서울청	70	이상은	수원서	182	이서아	역삼서	134
이상길	정읍서	339	이상일	동래서	411	이서연	기흥서	194
이상길	조세심판원	12	이상일	수원서	183	이서연	성동서	126
이상덕	강동서	96	이상재	강남서	95	이서연	여수서	348
이상덕	동래서	411	이상재	예산서	303	이서연	중랑서	146
이상덕	송파서	131	이상준	광주청	311	이서영	경산서	375

이름	소속	번호	이름	소속	번호	이름	소속	번호
이서영	국세청	23	이선영	대전청	265	이성수	관악서	100
이서영	서초서	125	이선영	북대구서	371	이성식	북전주서	333
이서영	성동서	127	이선영	서대문서	122	이성실	순천서	347
이서원	성북서	128	이선영	서초서	124	이성애	노원서	108
이서은	남부천서	253	이선영	양천서	133	이성애	서울청	86
이서정	목포서	342	이선영	영등포서	137	이성영	서산서	297
이서정	성남서	180	이선영	충주서	289	이성용	나주서	340
이서준	반포서	119	이선우	남대문서	107	이성욱	계양서	241
이서진	강릉서	204	이선우	도봉서	110	이성욱	수성서	369
이서진	전주서	337	이선우	부산청	394	이성웅	김해서	433
이서현	도봉서	110	이선우	서대전서	279	이성원	강서서	98
이서현	영등포서	136	이선육	상주서	382	이성원	남대문서	106
이서형	동작서	115	이선의	서울청	67	이성은	강남서	95
이서희	잠실서	142	이선이	대구청	355	이성은	광주청	314
이석규	세제실	9	이선재	양천서	132	이성은	동래서	410
이석기	아산서	300	이선정	구미서	379	이성인	김포서	246
이석아	안양서	191	이선정	서울청	72	이성일	중부청	165
이석열	부산강서서	417	이선주	강남서	94	이성일	천안서	304
이석원	조세심판원	14	이선주	국세청	19	이성재	부산청	402
이석임	이천서	197	이선주	동작서	114	이성재	부산청	394
이석재	대전청	267	이선주	서울청	91	이성재	시흥서	184
이석재	삼성서	121	이선주	양산서	408	이성종	잠실서	142
이석준	반포서	119	이선진	청주서	286	이성준	대전청	267
이석중	해운대서	424	이선하	성동서	126	이성준	성동서	127
이석진	상주서	382	이선호	구미서	379	이성준	양천서	133
이석화	동작서	115	이선화	목포서	342	이성준	익산서	335
이선경	서울청	63	이선화	양산서	409	이성준	해운대서	424
이선경	역삼서	134	이선희	대구청	355	이성진	관악서	100
이선경	정읍서	339	이선희	분당서	178	이성진	국세청	18
이선구	역삼서	135	이선희	평택서	198	이성진	삼성서	120
이선규	김해서	433	이설이	속초서	209	이성진	안산서	187
이선림	논산서	292	이설희	나주서	341	이성진	은평서	140
이선미	경산서	374	이설희	진주서	436	이성창	나주서	341
이선미	금천서	104	이성경	은평서	140	이성철	대전서	274
이선미	반포서	118	이성관	고양서	242	이성철	동래서	411
이선미	서대전서	278	이성규	서울청	84	이성필	서울청	84
이선미	서울청	63	이성규	서울청	73	이성한	수성서	368
이선미	송파서	130	이성근	구리서	170	이성현	삼성서	120
이선민	강남서	94	이성근	북광주서	324	이성현	수원서	183
이선민	서대문서	122	이성글	서울청	85	이성혜	동대문서	113
이선민	서울청	69	이성도	역삼서	135	이성혜	영등포서	137
이선민	중랑서	146	이성률	광주서	320	이성호	경주서	376
이선민	파주서	256	이성민	관악서	100	이성호	국세청	48
이선아	구로서	102	이성민	광주청	314	이성호	대전청	266
이선아	국세청	30	이성민	구리서	171	이성호	보령서	294
이선아	동고양서	248	이성민	서대전서	279	이성호	부산청	402
이선아	부천서	250	이성민	울산서	429	이성호	상담센터	56
이선아	영등포서	137	이성민	제주서	443	이성호	순천서	347
이선아	천안서	305	이성민	중부서	149	이성호	안산서	186
이선아	파주서	257	이성복	동작서	114	이성호	영등포서	136
이선애	상담센터	56	이성복	잠실서	142	이성환	서울청	80
이선영	강남서	94	이성삼	원주서	212	이성환	수성서	369
이선영	경주서	376	이성수	경기광주서	169	이성환	영덕서	386

이성훈	남동서	238	이소은	마산서	434	이수복	익산서	335
이성훈	노원서	108	이소은	북전주서	332	이수비	성남서	181
이성훈	대구청	358	이소의	전주서	336	이수빈	광주청	312
이성훈	부산강서서	417	이소정	경주서	377	이수빈	구리서	170
이성훈	중부청	156	이소정	광산서	322	이수빈	기흥서	195
이성훈	통영서	440	이소정	금천서	104	이수빈	대전청	270
이성희	도봉서	111	이소정	동대문서	113	이수빈	동청주서	281
이성희	속초서	209	이소정	부평서	233	이수빈	서울청	83
이세나	국세청	25	이소정	서울청	80	이수빈	양천서	133
이세라	구리서	170	이소정	영등포서	136	이수빈	천안서	304
이세라	여수서	348	이소정	인천청	224	이수빈	포항서	390
이세란	남양주서	173	이소정	조세연	449	이수아	부천서	250
이세미	강남서	94	이소진	의정부서	254	이수안	포천서	258
이세미	조세연	449	이소현	북대전서	277	이수연	공주서	290
이세민	서울청	74	이소현	성북서	128	이수연	국세청	25
이세연	강서서	99	이소형	김포서	246	이수연	김천서	380
이세연	안산서	186	이소희	수성서	368	이수연	동울산서	427
이세영	영등포서	137	이솔아	강서서	98	이수연	동화성서	202
이세영	청주서	286	이솔지	계양서	240	이수연	서울청	74
이세은	도봉서	111	이송미	보령서	294	이수연	서울청	89
이세인	김천서	380	이송우	김해서	432	이수연	서울청	64
이세정	경기광주서	169	이송이	동안양서	176	이수연	시흥서	185
이세정	도봉서	111	이송이	인천청	223	이수연	조세연	451
이세주	양천서	132	이송이	중부청	157	이수연	중부서	149
이세진	반포서	118	이송하	서울청	66	이수연	해운대서	425
이세풍	강동서	97	이송하	세제실	8	이수영	대구청	354
이세현	여수서	349	이송향	금천서	104	이수영	아산서	300
이세호	동래서	410	이송화	영등포서	137	이수용	북부산서	414
이세호	영월서	211	이송희	원주서	213	이수원	역삼서	134
이세훈	김해서	433	이수경	북대구서	371	이수은	용산서	139
이세희	영덕서	386	이수경	영등포서	137	이수인	동대문서	113
이세희	통영서	440	이수경	은평서	140	이수정	경기광주서	168
이소라	중부청	153	이수경	진주서	437	이수정	국세청	31
이소민	서울청	71	이수길	김해서	433	이수정	금천서	105
이소애	통영서	441	이수덕	이천서	196	이수정	대구청	358
이소연	광주청	316	이수라	광주청	317	이수정	북부산서	414
이소연	국세청	27	이수란	동작서	115	이수정	서울청	83
이소연	김천서	380	이수련	양천서	132	이수정	서울청	88
이소연	북부산서	414	이수미	국세청	23	이수정	잠실서	143
이소연	용인서	193	이수미	김천서	380	이수지	강서서	98
이소연	의정부서	255	이수미	분당서	179	이수지	경기광주서	168
이소연	인천서	230	이수미	서대전서	278	이수지	세제실	7
이소연	종로서	145	이수미	양산서	408	이수지	수성서	369
이소영	경기광주서	168	이수미	양천서	133	이수지	용인서	192
이소영	국세청	45	이수민	계양서	240	이수진	경기광주서	169
이소영	금정서	407	이수민	고양서	243	이수진	국세청	33
이소영	대구청	355	이수민	동작서	114	이수진	국세청	32
이소영	서울청	76	이수민	서부산서	419	이수진	부산청	401
이소영	울산서	429	이수민	서산서	296	이수진	부천서	250
이소영	인천서	230	이수민	제주서	443	이수진	북광주서	325
이소영	지방세제	447	이수민	종로서	144	이수진	분당서	178
이소원	구리서	171	이수민	화성서	200	이수진	서울청	85
이소원	국세청	26	이수복	남양주서	172	이수진	서울청	81

이수진	성동서	127	이승구	삼성서	121	이승찬	상담센터	58
이수진	성북서	128	이승규	부산청	402	이승찬	서인천서	235
이수진	세종서	299	이승규	통영서	440	이승찬	중부청	159
이수진	순천서	347	이승근	평택서	198	이승찬	충주서	289
이수진	인천청	225	이승렬	대구청	360	이승철	목포서	342
이수창	목포서	343	이승록	통영서	441	이승철	용산서	139
이수철	마포서	116	이승리	안산서	187	이승철	해남서	350
이수현	군산서	328	이승명	충주서	288	이승택	동대구서	366
이수현	대전청	267	이승모	포항서	391	이승택	보령서	295
이수현	동안양서	177	이승미	중부청	153	이승필	노원서	108
이수현	북대구서	370	이승민	강서서	98	이승하	서초서	125
이수현	서광주서	327	이승민	김해서	432	이승학	강동서	97
이수현	서초서	125	이승민	삼성서	121	이승한	국세청	24
이수현	세종서	299	이승배	중부청	165	이승현	경주서	377
이수현	의정부서	255	이승범	중랑서	147	이승현	구로서	102
이수현	익산서	334	이승수	중부청	152	이승현	노원서	108
이수형	분당서	179	이승아	동대구서	366	이승현	마포서	117
이수형	중부청	157	이승아	청주서	287	이승호	강남서	95
이수호	안산서	187	이승언	수성서	369	이승호	경주서	376
이수호	지방세제	446	이승연	서울청	65	이승호	국세청	48
이수화	구로서	103	이승연	서초서	125	이승호	노원서	108
이수환	목포서	343	이승연	순천서	344	이승호	북전주서	333
이수환	평택서	198	이승엽	경산서	375	이승호	서울청	81
이수희	양천서	132	이승엽	구미서	379	이승호	조세심판원	15
이숙경	광주서	320	이승엽	나주서	341	이승환	경기광주서	168
이숙영	중랑서	147	이승완	광주청	314	이승환	광산서	322
이숙정	기흥서	194	이승용	구미서	378	이승환	광산서	323
이숙희	공주서	290	이승용	북전주서	333	이승환	구미서	379
이순기	상주서	383	이승우	부산강서서	416	이승환	국세청	29
이순길	서산서	296	이승우	부평서	233	이승환	동고양서	248
이순복	동안산서	189	이승유	남동서	238	이승환	서울청	63
이순아	중부청	154	이승윤	대전청	271	이승환	서인천서	235
이순엽	서울청	79	이승은	남양주서	172	이승환	제주서	442
이순영	대전청	267	이승은	대구청	361	이승환	제주서	443
이순영	성동서	126	이승은	포항서	390	이승훈	광주청	312
이순영	양산서	408	이승익	서부산서	419	이승훈	국세청	42
이순영	은평서	140	이승일	송파서	131	이승훈	기흥서	195
이순옥	춘천서	214	이승일	익산서	334	이승훈	부산청	395
이순용	남부천서	252	이승재	분당서	178	이승훈	부산청	394
이순임	거창서	431	이승재	영덕서	387	이승훈	북전주서	332
이순정	삼척서	207	이승재	의정부서	254	이승훈	서대구서	372
이순철	동화성서	203	이승재	충주서	288	이승훈	서울청	72
이순향	조세연	450	이승종	종로서	145	이승훈	양천서	133
이순화	서울청	72	이승주	나주서	340	이승훈	영등포서	137
이슬기	강동서	97	이승주	대전청	266	이승훈	중랑서	146
이슬기	서울청	79	이승주	성북서	128	이승휘	대구청	356
이슬기	송파서	130	이승준	광산서	322	이승희	광명서	244
이슬기	조세연	449	이승준	나주서	340	이승희	광주청	313
이슬비	부평서	232	이승준	북대구서	370	이승희	서부산서	419
이슬비	은평서	141	이승준	송파서	131	이시경	강동서	96
이슬비	인천청	225	이승준	수영서	421	이시원	양천서	132
이슬비	중부청	164	이승준	영등포서	136	이시윤	제천서	284
이승걸	서부산서	419	이승진	동울산서	426	이시은	용산서	139

이시형	대구청	355		이연숙	포항서	390		이영아	강동서	96
이시형	서광주서	326		이연실	영등포서	137		이영아	동안양서	176
이시화	국세청	26		이연실	예산서	303		이영아	화성서	200
이신숙	의정부서	255		이연우	서울청	83		이영애	북대구서	370
이신애	해운대서	424		이연재	강남서	94		이영옥	김포서	246
이신열	서대전서	279		이연주	대전청	269		이영옥	상담센터	56
이신영	북대전서	276		이연주	안산서	186		이영옥	서울청	85
이신정	강릉서	205		이연주	인천청	226		이영우	경산서	374
이신정	대전서	274		이연주	제주서	442		이영우	서울청	87
이신혜	서울청	89		이연지	반포서	119		이영욱	양천서	133
이신화	동작서	114		이연진	대구청	357		이영욱	파주서	257
이신화	중부청	153		이연호	반포서	119		이영은	동화성서	203
이아라	남원서	331		이연호	춘천서	215		이영은	시흥서	184
이아람	북대전서	276		이연화	중부청	158		이영은	해남서	350
이아름	강남서	94		이연희	대전청	262		이영일	금정서	406
이아름	강릉서	205		이연희	북광주서	325		이영재	경주서	377
이아름	동안산서	189		이영경	성북서	129		이영재	대전서	275
이아름	성북서	129		이영구	대전청	265		이영재	동안산서	189
이아름	송파서	131		이영권	김포서	246		이영재	부산청	404
이아름	양산서	408		이영길	부평서	233		이영재	양산서	409
이아름	인천청	224		이영락	서대전서	278		이영정	세종서	298
이아름	조세연	451		이영란	서인천서	235		이영주	보령서	295
이아름	창원서	439		이영란	중부산서	422		이영주	부산청	398
이아린	강동서	97		이영례	남부천서	252		이영주	부평서	232
이아린	동대구서	366		이영롱	남동서	238		이영주	서대문서	123
이아림	순천서	347		이영림	파주서	256		이영주	서산서	297
이아연	인천청	227		이영미	분당서	179		이영주	서울청	67
이아영	조세연	453		이영미	영월서	210		이영주	세제실	7
이안나	동작서	115		이영미	진주서	437		이영주	영주서	389
이안수	충주서	289		이영민	도봉서	110		이영주	용산서	139
이안희	국세청	35		이영민	목포서	342		이영주	잠실서	142
이안희	대전서	274		이영민	부평서	233		이영주	중부청	156
이애경	국세청	22		이영민	북전주서	333		이영준	광산서	322
이애란	성동서	126		이영민	서울청	88		이영지	북대구서	370
이애신	동대문서	112		이영민	포항서	390		이영진	서부산서	418
이양래	중부청	165		이영범	대전서	274		이영진	서울청	86
이양로	천안서	304		이영빈	관악서	100		이영진	서울청	80
이양호	충주서	289		이영서	부산강서서	416		이영진	서인천서	235
이어루	세제실	9		이영석	서울청	78		이영진	포항서	390
이언우	영주서	388		이영석	성남서	181		이영찬	국세청	25
이언종	구로서	102		이영선	세제실	7		이영찬	홍성서	306
이언주	경산서	374		이영선	인천서	230		이영철	남대구서	364
이여경	파주서	257		이영수	구로서	102		이영태	광산서	322
이여성	중부청	158		이영수	국세청	18		이영태	동화성서	202
이여울	서울청	71		이영수	서대구서	372		이영태	중부청	166
이여진	서울청	84		이영수	서인천서	235		이영호	관악서	100
이연경	북대구서	370		이영수	통영서	440		이영호	반포서	119
이연경	성북서	128		이영숙	김포서	246		이영호	서울청	83
이연석	시흥서	184		이영숙	인천서	231		이영호	이천서	196
이연선	원주서	212		이영숙	포천서	259		이영화	대전청	262
이연수	동안양서	177		이영순	서대전서	278		이영환	인천서	230
이연수	인천청	220		이영신	부산청	397		이영훈	광주청	314
이연숙	동래서	410		이영심	포항서	391		이영휘	홍성서	306

이영희	금천서	105	이용수	금천서	104	이원경	세종서	298
이영희	동청주서	280	이용수	서초서	125	이원교	북전주서	332
이영희	부산청	398	이용수	천안서	304	이원구	동수원서	174
이예래수	성남서	180	이용식	양천서	133	이원근	대전청	271
이예림	동수원서	174	이용우	도봉서	111	이원기	동작서	115
이예미	중부청	160	이용우	파주서	257	이원나	서울청	88
이예솔	세제실	6	이용욱	반포서	118	이원녕	청주서	286
이예솔	평택서	199	이용욱	원주서	213	이원도	남대문서	107
이예슬	남동서	238	이용욱	이천서	196	이원락	중부청	158
이예슬	동대문서	113	이용재	인천청	228	이원명	남대구서	365
이예슬	서울청	90	이용재	중부청	156	이원복	용산서	138
이예슬	의정부서	254	이용정	서부산서	419	이원빈	동작서	114
이예영	금정서	406	이용제	성북서	128	이원섭	중부청	163
이예원	금정서	407	이용주	인천청	226	이원영	김천서	381
이예원	포항서	390	이용주	조세연	455	이원영	동수원서	175
이예은	광산서	323	이용준	안양서	191	이원우	서울청	62
이예은	충주서	288	이용진	김해서	433	이원일	대전청	266
이예지	국세청	32	이용진	서울청	90	이원자	안산서	186
이예지	부산청	403	이용진	익산서	334	이원정	강남서	94
이예지	서울청	80	이용진	잠실서	142	이원정	서광주서	326
이예지	성남서	181	이용철	순천서	344	이원종	충주서	288
이예지	송파서	131	이용출	군산서	329	이원주	충주서	289
이예지	시흥서	184	이용혁	여수서	349	이원준	국세청	27
이예지	용산서	139	이용형	조세심판원	12	이원준	세제실	6
이예지	중부청	153	이용호	성북서	129	이원진	광명서	244
이예진	기흥서	194	이용환	김해서	432	이원진	국세청	45
이예진	동대문서	112	이용환	대전서	275	이원진	중부청	163
이예진	서울청	84	이용환	서인천서	234	이원형	경주서	376
이예함	금정서	406	이용후	대전청	270	이원형	세종서	298
이오나	서울청	87	이용훈	삼성서	121	이원희	공주서	291
이오령	국세청	18	이용희	서인천서	234	이원희	도봉서	110
이오섭	동안산서	189	이용희	의정부서	255	이원희	연수서	237
이오형	중부청	165	이우경	이천서	196	이원희	원주서	212
이옥녕	국세청	40	이우근	관악서	101	이유경	금천서	105
이옥선	원주서	212	이우남	상담센터	58	이유경	부평서	233
이옥임	울산서	428	이우석	국세청	48	이유경	서울청	77
이옥주	김해서	433	이우석	서울청	66	이유나	마산서	434
이옥진	서광주서	326	이우성	구리서	170	이유나	아산서	301
이온유	김포서	246	이우영	논산서	293	이유나	원주서	213
이완배	양천서	132	이우영	동안양서	177	이유나	익산서	334
이완표	동청주서	281	이우영	영월서	211	이유라	서인천서	234
이완희	천안서	304	이우재	서울청	86	이유라	중부청	165
이왕수	대전서	275	이우정	남양주서	173	이유리	서울청	71
이요셉	중부청	161	이우정	부산강서서	416	이유리	중부청	164
이용광	서울청	77	이우진	서울청	86	이유림	국세청	27
이용권	강남서	94	이우진	성동서	127	이유림	용인서	193
이용균	경산서	374	이우철	남대문서	106	이유만	김해서	432
이용문	국세청	45	이우현	대전청	268	이유미	광산서	322
이용문	서울청	87	이우현	상담센터	56	이유미	북대전서	277
이용배	남양주서	172	이우현	용인서	193	이유미	서대문서	122
이용선	국세청	26	이웅진	춘천서	215	이유민	동고양서	249
이용성	연수서	237	이웅희	수원서	182	이유민	중부청	166
이용수	금정서	407	이원경	상담센터	58	이유빈	부평서	233

이름	소속	쪽	이름	소속	쪽	이름	소속	쪽
이유상	서울청	67	이윤석	서울청	75	이은경	조세연	450
이유상	서인천서	235	이윤선	광산서	323	이은경	조세연	451
이유상	성동서	126	이윤선	동안양서	176	이은경	종로서	144
이유상	포항서	390	이윤선	동작서	114	이은경	청주서	286
이유선	동작서	115	이윤선	중부청	152	이은광	남원서	330
이유선	천안서	304	이윤성	서대문서	122	이은교	동화성서	203
이유성	수영서	420	이윤수	고양서	243	이은규	서울청	66
이유수	잠실서	143	이윤수	금천서	105	이은규	춘천서	214
이유안	영등포서	136	이윤애	용산서	139	이은기	김포서	246
이유영	서울청	81	이윤옥	동안양서	176	이은미	경기광주서	168
이유영	영등포서	136	이윤우	동화성서	202	이은미	국세청	33
이유영	화성서	201	이윤의	경기광주서	168	이은미	진주서	436
이유원	도봉서	111	이윤재	구로서	103	이은미	창원서	438
이유정	경산서	375	이윤재	대구청	354	이은배	용산서	138
이유정	계양서	240	이윤정	경산서	374	이은범	화성서	201
이유정	김포서	246	이윤정	구로서	103	이은비	김포서	246
이유정	북부산서	415	이윤정	서대문서	122	이은비	남대구서	365
이유정	서대문서	122	이윤정	서울청	91	이은빈	포천서	259
이유정	서울청	77	이윤정	정읍서	338	이은상	금천서	105
이유정	수영서	420	이윤정	중랑서	146	이은상	마산서	435
이유정	중부청	157	이윤정	중부청	156	이은상	마포서	117
이유정	천안서	305	이윤정	중부청	153	이은상	창원서	439
이유정	화성서	200	이윤종	포항서	390	이은새	포항서	390
이유조	북대구서	371	이윤주	경산서	375	이은서	북대전서	277
이유지	안동서	384	이윤주	남대구서	364	이은서	평택서	198
이유진	나주서	341	이윤주	삼성서	120	이은석	남대구서	365
이유진	대전서	275	이윤주	서울청	77	이은석	서인천서	234
이유진	동안양서	176	이윤주	영등포서	136	이은선	대전청	268
이유진	서대구서	373	이윤주	은평서	140	이은선	역삼서	135
이유진	서대전서	278	이윤주	중부청	160	이은선	중부청	166
이유진	서산서	297	이윤진	강남서	94	이은섭	인천청	222
이유진	서울청	66	이윤채	포항서	390	이은성	안산서	186
이유진	서울청	84	이윤하	영등포서	137	이은솔	조세연	451
이유진	서울청	75	이윤행	노원서	108	이은송	남동서	239
이유진	성북서	129	이윤호	김포서	247	이은송	서산서	296
이유진	세제실	7	이윤호	순천서	346	이은수	경기광주서	168
이유진	안동서	385	이윤희	구로서	103	이은수	부평서	233
이유진	양천서	132	이윤희	서울청	71	이은수	삼척서	207
이유진	용산서	138	이윤희	서울청	63	이은수	제주서	443
이유진	원주서	213	이윤희	서울청	80	이은수	중부청	159
이윤경	기흥서	194	이윤희	서울청	67	이은숙	국세청	21
이윤경	동래서	411	이윤희	포천서	259	이은숙	북대전서	276
이윤경	마포서	117	이율배	남동서	239	이은숙	충주서	289
이윤경	서광주서	327	이융건	서울청	91	이은순	진주서	437
이윤경	성동서	126	이은경	구로서	103	이은실	도봉서	110
이윤경	송파서	131	이은경	목포서	342	이은실	제주서	443
이윤경	연수서	237	이은경	성동서	127	이은아	광산서	322
이윤규	조세연	453	이은경	수원서	182	이은아	동래서	411
이윤기	마산서	434	이은경	수원서	183	이은아	서초서	124
이윤노	영등포서	137	이은경	안산서	187	이은아	영등포서	136
이윤미	동대문서	113	이은경	연수서	237	이은애	성남서	180
이윤미	부산청	401	이은경	이천서	196	이은영	강서서	98
이윤서	김포서	246	이은경	익산서	334	이은영	구로서	102

이은영	국세청	46	이은진	부산청	398	이인희	세종서	298
이은영	대구청	354	이은진	여수서	348	이일생	국세청	41
이은영	동대문서	112	이은창	기흥서	195	이일성	서울청	65
이은영	동안양서	177	이은창	부평서	232	이일재	광주청	317
이은영	북대전서	277	이은형	동수원서	174	이임동	국세청	28
이은영	삼성서	120	이은혜	국세청	50	이임순	서울청	89
이은영	상담센터	56	이은혜	남동서	238	이자연	광산서	323
이은영	서대구서	373	이은혜	서울청	78	이자연	역삼서	135
이은영	성북서	128	이은혜	청주서	286	이자영	안산서	186
이은영	파주서	257	이은혜	평택서	199	이장석	부산청	402
이은옥	동고양서	248	이은호	포항서	390	이장영	서울청	64
이은옥	양산서	409	이은희	강남서	94	이장원	광주청	314
이은우	송파서	131	이은희	동대문서	113	이장호	마산서	435
이은자	남부천서	253	이은희	동작서	114	이장환	구미서	379
이은정	강서서	99	이은희	서부산서	419	이장환	양산서	408
이은정	구미서	378	이은희	송파서	130	이장훈	역삼서	134
이은정	국세청	32	이은희	울산서	429	이재갑	순천서	347
이은정	기흥서	194	이은희	포항서	390	이재경	대전청	266
이은정	동안양서	177	이응구	대전서	274	이재경	삼성서	120
이은정	동화성서	203	이응석	서울청	86	이재곤	조세심판원	12
이은정	부산진서	412	이응선	도봉서	110	이재관	마산서	435
이은정	분당서	179	이응수	서울청	65	이재관	중부청	155
이은정	서대구서	372	이응준	조세연	451	이재국	조세연	451
이은정	서울청	62	이응찬	마포서	117	이재균	고양서	243
이은정	성북서	129	이응찬	안양서	190	이재균	북광주서	325
이은정	송파서	130	이의신	천안서	304	이재근	남부천서	252
이은정	영등포서	136	이의태	잠실서	142	이재남	서광주서	326
이은정	인천청	222	이이네	서울청	89	이재남	시흥서	184
이은정	중부청	161	이익중	대전청	271	이재락	경주서	377
이은정	중부청	165	이익진	인천청	227	이재령	춘천서	215
이은제	남부천서	252	이인권	남대문서	106	이재룡	경기광주서	168
이은종	서울청	64	이인권	수영서	420	이재만	국세청	20
이은주	강남서	94	이인근	천안서	304	이재명	공주서	291
이은주	구미서	378	이인선	서울청	65	이재명	대전청	268
이은주	권익위	448	이인섭	국세청	39	이재민	인천청	228
이은주	대구청	356	이인숙	광주서	320	이재민	평택서	199
이은주	동안산서	188	이인숙	동작서	114	이재복	경주서	377
이은주	부산강서서	417	이인숙	반포서	119	이재복	국세청	32
이은주	서울청	72	이인숙	북대전서	276	이재봉	화성서	200
이은주	안산서	186	이인숙	중부청	165	이재빈	부산청	402
이은준	동작서	114	이인심	이천서	197	이재상	영등포서	136
이은지	강남서	95	이인아	서울청	86	이재상	용산서	139
이은지	기흥서	195	이인우	서대구서	372	이재석	관악서	100
이은지	김포서	246	이인우	송파서	130	이재석	해운대서	425
이은지	논산서	293	이인원	경주서	376	이재선	조세연	450
이은지	목포서	342	이인이	서인천서	235	이재성	강동서	96
이은지	서초서	125	이인자	은평서	141	이재성	군산서	329
이은지	연수서	236	이인재	양천서	133	이재성	부산청	404
이은지	연수서	237	이인재	진주서	437	이재성	삼성서	121
이은지	의정부서	254	이인혁	국세청	18	이재성	서대전서	279
이은지	인천서	231	이인혜	동래서	411	이재성	서부산서	418
이은진	광주청	317	이인혜	북부산서	414	이재성	서울청	76
이은진	도봉서	110	이인호	경주서	377	이재성	안동서	385

이재성	중부청	165	이재준	동화성서	202	이정노	남대구서	364
이재성	천안서	304	이재준	동화성서	203	이정례	진주서	437
이재성	해남서	351	이재중	세제실	9	이정모	종로서	144
이재승	청주서	286	이재진	남양주서	173	이정묵	국세청	23
이재식	서울청	89	이재진	천안서	304	이정문	인천청	225
이재아	광주청	314	이재철	부산청	398	이정미	대전청	265
이재연	강남서	94	이재철	분당서	178	이정미	목포서	342
이재연	부산강서	417	이재철	포항서	391	이정미	반포서	118
이재연	서울청	65	이재춘	동울산서	427	이정미	세제실	9
이재열	서대전서	279	이재춘	인천청	225	이정미	용인서	192
이재열	서울청	62	이재택	분당서	179	이정미	조세연	454
이재열	중부산서	422	이재하	구로서	103	이정미	중부서	148
이재열	창원서	438	이재한	국세청	21	이정민	강릉서	204
이재영	김해서	433	이재향	중랑서	146	이정민	강서서	98
이재영	서부산서	418	이재혁	마산서	434	이정민	반포서	119
이재영	서울청	90	이재혁	삼성서	121	이정민	서산서	296
이재영	서울청	64	이재혁	안산서	186	이정민	아산서	300
이재영	서울청	79	이재혁	중부청	154	이정민	정읍서	338
이재영	역삼서	135	이재현	국세청	45	이정민	중부서	149
이재영	익산서	334	이재현	남대구서	365	이정민	중부청	152
이재영	조세연	453	이재현	안양서	191	이정범	대구청	355
이재영	화성서	201	이재현	천안서	304	이정복	광주청	313
이재완	노원서	108	이재현	충주서	289	이정상	구로서	102
이재완	북광주서	325	이재호	서울청	72	이정석	북광주서	324
이재용	서울청	73	이재호	지방세제	447	이정선	공주서	290
이재우	세제실	7	이재홍	남대구서	365	이정선	남대구서	364
이재우	의정부서	255	이재홍	남동서	238	이정선	세종서	299
이재우	인천서	230	이재환	의정부서	254	이정수	이천서	197
이재욱	구로서	103	이재훈	경주서	377	이정숙	관악서	101
이재욱	금정서	406	이재훈	동수원서	174	이정숙	구로서	103
이재욱	북대구서	371	이재훈	동안양서	176	이정숙	창원서	438
이재욱	북대전서	276	이재훈	동화성서	203	이정순	대구청	358
이재욱	삼성서	121	이재훈	양천서	132	이정순	대전청	264
이재욱	서울청	66	이재훈	인천청	221	이정아	강남서	95
이재욱	안양서	190	이재희	동화성서	202	이정아	국세청	39
이재웅	창원서	439	이재희	보령서	294	이정아	대전청	265
이재원	고양서	243	이재희	수원서	183	이정아	동대문서	113
이재원	동고양서	248	이재희	익산서	335	이정아	중부서	149
이재원	동래서	411	이전봉	서울청	87	이정안	광명서	244
이재원	북대전서	277	이전승	진주서	437	이정애	동울산서	426
이재원	성북서	128	이전형	동수원서	174	이정애	부산청	397
이재원	순천서	345	이점순	김해서	432	이정애	익산서	334
이재원	양천서	133	이점희	해남서	350	이정언	수원서	183
이재원	영덕서	387	이정걸	구로서	102	이정연	국세청	28
이재원	조세연	452	이정걸	동울산서	426	이정영	서대구서	372
이재원	중부청	163	이정관	양산서	409	이정옥	마산서	435
이재윤	성남서	180	이정관	익산서	334	이정용	중부청	157
이재윤	잠실서	143	이정국	대구청	357	이정우	광주청	316
이재은	국세청	37	이정규	부산청	396	이정우	삼척서	207
이재은	도봉서	110	이정균	성남서	180	이정욱	서울청	64
이재일	강서서	99	이정길	북대전서	277	이정운	대전청	262
이재준	국세청	39	이정길	익산서	335	이정웅	성북서	128
이재준	남양주서	172	이정남	동대구서	366	이정웅	통영서	441

이정원	경기광주서	168	이정환	포항서	391	이종영	동수원서	175
이정원	고양서	243	이정환	화성서	200	이종완	동안양서	176
이정윤	포천서	259	이정훈	강서서	99	이종용	아산서	300
이정윤	홍천서	217	이정훈	국세청	43	이종우	광명서	245
이정은	노원서	108	이정훈	대구청	360	이종우	동대구서	366
이정은	동고양서	249	이정훈	대전청	262	이종우	동수원서	175
이정은	동화성서	202	이정훈	부평서	233	이종우	부평서	232
이정은	마포서	117	이정훈	북대구서	370	이종욱	논산서	292
이정은	북대전서	276	이정훈	서울청	64	이종욱	마산서	434
이정은	서대구서	373	이정훈	양천서	132	이종욱	부산청	403
이정은	서울청	74	이정훈	조세심판원	13	이종운	군산서	328
이정은	서초서	124	이정훈	진주서	436	이종원	안양서	191
이정은	은평서	140	이정훈	해남서	351	이종원	진주서	437
이정은	전주서	337	이정희	강동서	96	이종은	인천서	230
이정은	제주서	443	이정희	노원서	109	이종일	국세청	26
이정은	조세연	451	이정희	마포서	117	이종준	서울청	80
이정은	평택서	198	이정희	북대전서	276	이종찬	인천청	223
이정은	해운대서	425	이정희	영덕서	386	이종철	국세청	50
이정인	계양서	240	이정희	인천청	224	이종태	세종서	299
이정인	조세연	452	이정희	조세심판원	12	이종혁	세제실	6
이정일	삼성서	121	이제안	서울청	83	이종혁	천안서	305
이정임	대전청	271	이제연	김해서	432	이종현	김포서	247
이정주	국세청	24	이제욱	서대구서	372	이종현	영주서	388
이정주	동안양서	176	이제일	성북서	128	이종현	전주서	337
이정주	세종서	299	이제헌	노원서	109	이종호	부산청	394
이정택	국세청	26	이제현	대전청	268	이종호	전주서	336
이정택	국세청	44	이조은	강남서	95	이종호	천안서	305
이정표	관악서	101	이존열	성북서	128	이종훈	경산서	375
이정표	평택서	198	이종건	부산청	404	이종훈	광산서	322
이정필	동래서	410	이종경	삼성서	120	이종훈	삼성서	120
이정하	구리서	170	이종경	역삼서	135	이종훈	서인천서	235
이정학	송파서	130	이종관	인천청	220	이종훈	영월서	210
이정한	의정부서	254	이종국	해운대서	424	이종휘	상주서	382
이정현	경기광주서	169	이종기	부평서	232	이주경	노원서	108
이정현	구리서	170	이종남	수원서	182	이주경	서울청	69
이정현	국세청	46	이종대	서인천서	235	이주경	서울청	64
이정현	부산강서서	416	이종룡	노원서	108	이주경	조세연	453
이정현	서울청	64	이종률	목포서	343	이주덕	잠실서	142
이정현	천안서	304	이종면	경주서	377	이주령	해운대서	424
이정형	남양주서	172	이종민	국세청	21	이주미	동수원서	175
이정호	금정서	406	이종민	서대구서	372	이주빈	영등포서	137
이정호	대구청	359	이종민	시흥서	185	이주석	대구청	355
이정호	동울산서	427	이종민	원주서	212	이주석	마산서	435
이정호	북광주서	324	이종배	울산서	429	이주석	삼성서	121
이정호	북전주서	332	이종보	안산서	186	이주선	양천서	132
이정화	광주청	314	이종석	파주서	257	이주선	역삼서	135
이정화	국세청	24	이종섭	부천서	251	이주성	남부천서	252
이정화	동고양서	248	이종성	강동서	96	이주성	서대전서	279
이정화	은평서	140	이종성	세제실	9	이주안	남대구서	364
이정화	조세심판원	12	이종숙	서대구서	372	이주연	경기광주서	169
이정화	중부산서	423	이종순	삼성서	120	이주연	광명서	245
이정환	동청주서	280	이종신	보령서	295	이주연	국세청	38
이정환	서광주서	327	이종영	국세청	33	이주연	부산청	397

이지영	서울청	83	이지헌	서울청	79	이진석	동고양서	248
이지영	서인천서	234	이지현	기흥서	194	이진석	동화성서	202
이지영	성남서	180	이지현	나주서	340	이진선	상담센터	56
이지영	수영서	420	이지현	대전청	266	이진선	서인천서	234
이지영	수원서	182	이지현	도봉서	110	이진선	세제실	9
이지영	영덕서	387	이지현	동대문서	113	이진수	강동서	96
이지영	울산서	428	이지현	동안산서	189	이진수	김포서	247
이지영	충주서	289	이지현	동안양서	176	이진수	부산청	398
이지영	화성서	201	이지현	마포서	117	이진수	서대전서	279
이지우	강남서	94	이지현	반포서	119	이진숙	국세청	42
이지우	금정서	407	이지현	부산강서서	417	이진숙	남동서	238
이지원	구로서	103	이지현	부평서	233	이진실	용산서	139
이지원	국세청	48	이지현	서초서	125	이진아	양천서	132
이지원	서대문서	122	이지현	시흥서	185	이진아	영등포서	137
이지원	서부산서	419	이지현	연수서	237	이진아	인천청	220
이지원	송파서	130	이지현	영등포서	137	이진영	동안양서	176
이지원	수원서	182	이지현	화성서	200	이진영	서울청	70
이지원	잠실서	142	이지형	중부서	149	이진영	울산서	428
이지원	중부청	164	이지형	천안서	304	이진영	이천서	196
이지원	중부청	166	이지혜	남대구서	364	이진영	인천청	223
이지원	파주서	256	이지혜	도봉서	110	이진영	잠실서	143
이지원	해운대서	425	이지혜	삼성서	121	이진영	춘천서	215
이지유	영주서	388	이지혜	서울청	86	이진우	광주청	317
이지윤	강동서	97	이지혜	송파서	131	이진우	동대문서	112
이지윤	고양서	242	이지혜	양천서	132	이진우	부평서	233
이지윤	구리서	171	이지혜	춘천서	214	이진욱	경주서	377
이지윤	남대문서	107	이지호	서울청	84	이진욱	대구청	360
이지윤	대전청	267	이지호	역삼서	134	이진재	삼성서	121
이지윤	북대구서	370	이지환	상담센터	58	이진주	국세청	40
이지윤	서대구서	373	이지후	광명서	245	이진주	서대문서	123
이지윤	영동서	282	이지훈	서대문서	122	이진주	양산서	408
이지윤	청주서	286	이지훈	아산서	300	이진주	조세심판원	12
이지율	송파서	130	이지훈	의정부서	254	이진주	화성서	201
이지은	광산서	322	이지훈	인천청	221	이진택	국세청	33
이지은	금천서	105	이지훈	춘천서	214	이진하	대전서	275
이지은	김포서	246	이지훈	포천서	258	이진하	동작서	115
이지은	남대구서	365	이지희	동대문서	113	이진호	성동서	127
이지은	대전청	264	이지희	수영서	420	이진호	역삼서	134
이지은	동래서	411	이지희	익산서	334	이진호	인천청	220
이지은	마포서	116	이지희	제주서	443	이진호	중부청	166
이지은	목포서	342	이진경	부산청	396	이진호	통영서	440
이지은	반포서	119	이진경	부산청	397	이진화	강남서	95
이지은	삼성서	120	이진경	중랑서	147	이진화	마산서	435
이지은	서울청	77	이진경	진주서	437	이진환	광주청	317
이지은	역삼서	135	이진구	강동서	96	이진희	국세청	49
이지은	용인서	193	이진규	서울청	85	이진희	국세청	44
이지은	종로서	145	이진균	삼성서	120	이진희	김해서	433
이지은	파주서	257	이진동	송파서	130	이진희	분당서	179
이지은	해운대서	424	이진례	남부천서	253	이진희	분당서	178
이지인	종로서	144	이진명	화성서	200	이진희	화성서	200
이지하	부산청	395	이진문	서울청	82	이찬무	성북서	128
이지하	북대구서	371	이진서	남양주서	172	이찬송	동안양서	176
이지헌	대전청	266	이진석	공주서	290	이찬수	인천서	230

이찬우	구미서	378	이창흠	용산서	138	이충호	대구청	355
이찬웅	구리서	170	이창희	통영서	440	이충환	제주서	443
이찬주	금천서	105	이채곤	마포서	117	이치권	북부산서	414
이찬형	성북서	129	이채린	종로서	144	이치욱	북대구서	370
이찬희	계양서	240	이채민	대구청	357	이치웅	동수원서	174
이찬희	서울청	77	이채민	대전청	268	이치원	성북서	129
이창건	남대구서	364	이채민	서대전서	279	이치훈	북부산서	414
이창구	동대구서	367	이채빈	부평서	233	이탁수	강남서	94
이창권	서대전서	278	이채아	남대문서	107	이탁신	여수서	349
이창규	남대구서	364	이채연	서울청	88	이탁희	서부산서	418
이창근	광주서	320	이채원	북대구서	370	이태경	강동서	96
이창남	서울청	85	이채원	양천서	132	이태경	남대문서	106
이창남	용산서	139	이채원	평택서	198	이태경	서대문서	123
이창렬	김해서	432	이채윤	대구청	359	이태곤	인천청	220
이창민	강릉서	205	이채윤	대전청	265	이태규	구미서	378
이창민	서대문서	123	이채윤	포항서	391	이태균	수원서	182
이창민	서울청	62	이채은	김해서	433	이태상	중부서	149
이창석	서울청	65	이채은	양산서	408	이태순	성북서	128
이창수	국세청	36	이채현	광명서	244	이태영	경기광주서	169
이창수	동안산서	188	이채현	광주청	314	이태용	인천서	231
이창수	용산서	138	이채희	창원서	439	이태우	조세연	449
이창수	중부청	166	이철경	국세청	31	이태욱	기흥서	195
이창언	북광주서	325	이철민	구리서	170	이태원	반포서	118
이창열	부산진서	412	이철승	여수서	349	이태윤	김포서	247
이창엽	세제실	9	이철용	천안서	305	이태진	의정부서	254
이창오	서울청	76	이철우	대전청	262	이태진	통영서	440
이창우	대구청	361	이철우	부천서	251	이태현	서울청	84
이창우	인천서	230	이철우	화성서	200	이태형	통영서	441
이창원	시흥서	185	이철원	국세청	26	이태호	국세청	44
이창인	국세청	26	이철원	국세청	44	이태호	북부산서	414
이창일	금정서	406	이철원	동작서	114	이태호	양산서	409
이창재	서대전서	279	이철원	이천서	196	이태호	울산서	429
이창주	광산서	323	이철종	제주서	443	이태환	서울청	77
이창주	북부산서	415	이철주	충주서	288	이태환	안동서	384
이창준	반포서	118	이철호	경주서	377	이태훈	부산청	398
이창준	파주서	257	이철호	전주서	337	이태훈	순천서	345
이창진	경기광주서	169	이철환	안산서	186	이태훈	청주서	286
이창학	서인천서	235	이철효	논산서	292	이태희	대구청	357
이창한	성남서	181	이청림	해운대서	425	이태희	대전청	268
이창헌	전주서	336	이초롱	평택서	198	이택건	중부산서	423
이창현	서광주서	326	이춘근	영등포서	137	이택수	부천서	251
이창현	인천청	223	이춘복	북대구서	370	이평년	관악서	101
이창호	서울청	62	이춘형	광산서	323	이평재	성남서	180
이창호	조세연	455	이춘희	동대구서	366	이평호	동대문서	112
이창호	중부산서	422	이충구	국세청	18	이평희	동청주서	281
이창호	춘천서	215	이충섭	서울청	77	이푸르미	시흥서	185
이창화	국세청	25	이충원	부평서	233	이푸름	북대구서	371
이창훈	강남서	94	이충원	서울청	90	이풍훈	국세청	50
이창훈	광산서	323	이충원	충주서	288	이풍훈	동안양서	176
이창훈	국세청	45	이충인	서부산서	418	이필용	순천서	344
이창훈	국세청	44	이충인	평택서	199	이하경	인천서	231
이창훈	동울산서	427	이충일	주류센터	59	이하경	청주서	286
이창훈	중부청	160	이충혁	대전서	275	이하나	국세청	38

이하나	동대구서	366	이해자	용인서	192	이현아	송파서	130
이하나	영등포서	137	이해진	국세청	25	이현애	연수서	236
이하나	중부청	162	이해진	대구청	356	이현영	김천서	380
이하나	중부청	158	이해진	동안산서	189	이현영	조세연	450
이하나	중부청	155	이햇살	구미서	378	이현영	중부서	148
이하림	동작서	114	이향규	서울청	67	이현우	대전청	270
이하림	삼척서	206	이향선	동수원서	174	이현우	대전청	266
이하림	성남서	180	이향섭	중부청	162	이현우	서울청	78
이하섬	구로서	102	이향옥	북대구서	371	이현우	은평서	141
이하연	남양주서	173	이향은	경기광주서	168	이현우	진주서	436
이하영	구미서	379	이향주	강남서	95	이현우	창원서	439
이하영	부산진서	412	이향화	광주청	313	이현욱	영등포서	136
이하영	서광주서	326	이헌석	삼척서	206	이현이	서울청	72
이하은	수원서	183	이헌진	아산서	300	이현익	중부청	162
이하은	전주서	337	이혁섭	거창서	431	이현일	구로서	103
이학승	고양서	243	이혁재	송파서	130	이현재	거창서	431
이학승	동안양서	177	이혁재	포천서	259	이현재	국세청	39
이한기	대전청	269	이현규	파주서	257	이현재	부산청	398
이한나	성북서	128	이현규	평택서	199	이현정	계양서	240
이한나	아산서	300	이현균	평택서	198	이현정	기흥서	194
이한나	평택서	198	이현근	서울청	68	이현정	김해서	432
이한라	수성서	368	이현기	전주서	337	이현정	남대구서	364
이한민	성남서	180	이현도	국세청	33	이현정	동안양서	177
이한배울	서울청	65	이현동	부산청	394	이현정	동작서	115
이한상	서울청	90	이현란	춘천서	214	이현정	마산서	435
이한샘	구미서	378	이현만	서울청	85	이현정	북대전서	277
이한설	수원서	182	이현무	이천서	196	이현정	서대구서	372
이한성	논산서	293	이현문	구리서	171	이현정	시흥서	184
이한솔	부산청	399	이현미	잠실서	142	이현정	용인서	193
이한솔	조세연	455	이현민	계양서	240	이현정	제주서	442
이한솔	포천서	258	이현민	김포서	246	이현정	중부청	163
이한송	동대문서	113	이현민	영월서	211	이현정	평택서	199
이한슬	동울산서	426	이현상	대전청	268	이현종480	남대구서	364
이한승	서대전서	279	이현상	서산서	297	이현주	강동서	97
이한아	서부산서	418	이현석	서대문서	122	이현주	경기광주서	168
이한이	여수서	348	이현석	성동서	127	이현주	국세청	30
이한일	익산서	335	이현석	춘천서	214	이현주	김포서	246
이한임	국세청	36	이현선	고양서	242	이현주	삼성서	120
이한임	국세청	25	이현성	양천서	133	이현주	서울청	86
이한주	의정부서	254	이현수	경산서	374	이현주	성동서	127
이한준	부산청	397	이현수	대구청	361	이현주	시흥서	184
이한택	고양서	243	이현수	서울청	86	이현주	이천서	196
이해남	중부청	154	이현수	양산서	408	이현주	전주서	337
이해미	송파서	130	이현숙	삼척서	206	이현주	통영서	440
이해봉	수성서	368	이현숙	서울청	81	이현준	동화성서	202
이해섭	서울청	68	이현순	중랑서	146	이현준	성남서	181
이해성	구로서	102	이현승	부산청	394	이현준	인천청	222
이해성	남양주서	172	이현승	북부산서	414	이현준	잠실서	143
이해영	중부청	155	이현승	진주서	436	이현지	관악서	100
이해욱	파주서	256	이현아	강서서	99	이현지	동작서	114
이해운	서울청	69	이현아	남양주서	172	이현지	마포서	116
이해웅	수영서	421	이현아	마포서	116	이현지	목포서	343
이해인	서울청	68	이현아	서울청	65	이현지	부산청	400

이현지	북대구서	371	이혜란	잠실서	142	이혜진	정읍서	338
이현지	분당서	179	이혜란	해운대서	424	이혜진	충주서	289
이현지	서울청	70	이혜령	김해서	432	이혜진	화성서	200
이현지	중부청	157	이혜령	양산서	408	이호경	상담센터	57
이현지	창원서	438	이혜리	강서서	99	이호광	화성서	200
이현진	대전청	266	이혜리	용인서	193	이호남	남원서	331
이현진	동수원서	174	이혜리	은평서	140	이호상	김해서	433
이현진	동안산서	188	이혜리나	동화성서	202	이호석	해남서	351
이현진	부산청	399	이혜린	대전청	266	이호섭	조세심판원	13
이현진	북부산서	414	이혜린	서울청	89	이호성	북부산서	415
이현진	양산서	408	이혜림	국세청	49	이호성	서초서	125
이현진	은평서	140	이혜림	양산서	408	이호수	중부청	166
이현진	천안서	304	이혜미	남동서	238	이호승	광산서	322
이현철	고양서	243	이혜미	도봉서	110	이호연	도봉서	110
이현택	평택서	199	이혜민	기흥서	195	이호열	서울청	62
이현혜	중부청	157	이혜민	서대전서	279	이호열	영주서	388
이현호	국세청	32	이혜민	서울청	87	이호영	대전서	274
이현화	공주서	291	이혜민	송파서	130	이호영	해운대서	424
이현화	양천서	133	이혜민	중부청	154	이호용	평택서	198
이현희	부산청	399	이혜서	분당서	178	이호윤	대전청	266
이현희	서울청	80	이혜선	나주서	341	이호은	서울청	80
이현희	양천서	132	이혜선	서초서	124	이호인	안동서	384
이형구	동안양서	176	이혜선	제주서	442	이호재	역삼서	135
이형근	울산서	429	이혜선	중랑서	147	이호정	연수서	236
이형근	원주서	213	이혜성	서울청	91	이호준	서울청	89
이형래	평택서	198	이혜수	동래서	411	이호준	전주서	337
이형민	조세연	450	이혜수	서울청	62	이호철	순천서	345
이형배	서울청	72	이혜승	중부서	148	이호필	원주서	213
이형석	삼척서	206	이혜연	북대전서	276	이홍규	대구청	360
이형석	서부산서	419	이혜연	성남서	181	이홍비	수원서	183
이형석	조세연	451	이혜영	구리서	171	이홍석	광주서	321
이형섭	대전서	275	이혜영	국세청	38	이홍숙	금천서	104
이형섭	종로서	145	이혜영	김포서	246	이홍순	대전서	275
이형우	대구청	354	이혜영	남동서	238	이홍엽	연수서	237
이형원	부산진서	413	이혜영	대구청	357	이홍욱	성동서	126
이형원	상담센터	57	이혜은	송파서	131	이홍조	대전청	265
이형일	동대구서	366	이혜이	세종서	298	이홍준	구리서	171
이형준	경주서	376	이혜인	동대구서	366	이홍준	안동서	384
이형진	경주서	376	이혜인	용인서	192	이홍환	경주서	377
이형진	부산진서	412	이혜전	강서서	99	이화경	동화성서	203
이형철	동고양서	249	이혜정	부산청	402	이화명	영동서	282
이형호	원주서	213	이혜정	용인서	192	이화선	고양서	242
이형훈	세종서	298	이혜지	동고양서	249	이화섭	남원서	330
이혜경	경산서	374	이혜지	상담센터	57	이화영	구로서	103
이혜경	광주서	320	이혜지	성동서	126	이화영	마산서	434
이혜경	마산서	435	이혜진	강남서	95	이화용	논산서	292
이혜경	북부산서	415	이혜진	동안산서	188	이화용	서산서	296
이혜경	세종서	298	이혜진	부산청	398	이화진	북대전서	277
이혜경	인천청	227	이혜진	분당서	178	이화진	서초서	125
이혜규	중부청	158	이혜진	서울청	89	이화진	조세심판원	15
이혜나	수원서	182	이혜진	성남서	181	이환규	대전청	270
이혜란	대구청	354	이혜진	성북서	128	이환선	진주서	437
이혜란	속초서	209	이혜진	수원서	182	이환수	강남서	94

이환운	구리서	170	이희영	서울청	88	임교진	화성서	201
이환주	인천청	224	이희윤	상담센터	58	임구민	수원서	182
이환희	국세청	38	이희정	김포서	247	임규만	마포서	116
이황희	대전청	266	이희정	동안산서	189	임규빈	부산진서	412
이효경	국세청	32	이희정	동울산서	426	임규성	천안서	305
이효나	동수원서	174	이희정	성남서	180	임규진	지방세제	447
이효민	포항서	390	이희정	진주서	436	임근재	국세청	26
이효빈	광산서	322	이희종	아산서	301	임근재	국세청	44
이효빈	김천서	380	이희진	김해서	432	임근재	서울청	86
이효선	여수서	349	이희진	마포서	116	임기양	서울청	65
이효선	정읍서	339	이희진	부산청	398	임기제	인천청	224
이효승	남동서	238	이희태	잠실서	142	임기향	국세청	25
이효영	통영서	440	이희환	동작서	115	임길수	강서서	98
이효원	노원서	109	인길성	제천서	284	임나경	부산진서	412
이효원	이천서	196	인길식	시흥서	185	임나영	서인천서	234
이효재	중랑서	146	인보현	광산서	322	임나영	울산서	428
이효정	경기광주서	169	인순영	은평서	140	임남순	지방세제	446
이효정	고양서	243	인윤경	인천청	223	임남이	순천서	347
이효정	부산청	397	인정덕	구리서	170	임다림	천안서	305
이효정	서울청	66	인한용	이천서	196	임다윗	남원서	330
이효주	서초서	124	임 엽	용산서	139	임달순	영동서	283
이효진	강동서	97	임 욱	상담센터	58	임담윤	반포서	118
이효진	강서서	98	임 훈	남양주서	173	임대규	조세심판원	14
이효진	국세청	24	임강욱	종로서	144	임대근	인천서	230
이효진	동래서	411	임강혁	순천서	344	임덕수	인천서	230
이효진	북대구서	370	임거성	마포서	116	임도성	세제실	9
이효진	북부산서	415	임건아	안산서	187	임도연	대전청	266
이효진	서울청	65	임경남	반포서	119	임도윤	광명서	244
이효진	인천서	230	임경미	도봉서	110	임도은	삼성서	121
이효진	평택서	198	임경미	서울청	84	임도훈	부산청	399
이효진	포천서	259	임경석	고양서	242	임동민	중부서	149
이효철	상담센터	58	임경선	북광주서	325	임동엽	국세청	23
이후건	성동서	126	임경섭	상담센터	57	임동영	서울청	88
이후돈	평택서	199	임경수	분당서	178	임동욱	국세청	22
이후림	송파서	130	임경수	천안서	305	임동호	세제실	7
이후인	중부청	160	임경수	춘천서	215	임득균	부산강서서	417
이훈기	분당서	179	임경순	서인천서	234	임명규	삼성서	121
이훈희	부산진서	413	임경욱	삼성서	121	임명숙	부천서	250
이훈희	용인서	193	임경주	동울산서	426	임무일	삼척서	207
이휘승	서울청	86	임경준	서울청	78	임문숙	반포서	118
이휴련	대전청	263	임경태	노원서	109	임미라	서울청	70
이희경	조세연	450	임경태	동고양서	248	임미란	광주청	315
이희라	중랑서	146	임경표	제주서	442	임미선	부산청	397
이희령	성동서	127	임경희	영덕서	387	임미선	중부서	148
이희령	중부산서	423	임관수	평택서	198	임미송	반포서	118
이희범	대전청	269	임관호	동작서	115	임미애	서대문서	122
이희범	세제실	6	임광빈	인천청	224	임미영	도봉서	110
이희석	중부청	159	임광섭	북광주서	324	임미영	중부서	148
이희선	안양서	190	임광열	경기광주서	169	임미정	공주서	291
이희선	조세연	449	임광준	해남서	351	임미화	조세연	453
이희수	마포서	116	임광혁	국세청	21	임민경	중부청	157
이희숙	송파서	130	임광현	국세청	18	임민채	남대구서	365
이희영	반포서	118	임광훈	동작서	114	임민철	영등포서	137

임병섭	마산서	434	임성찬	역삼서	134	임아름	강동서	96
임병수	서울청	76	임성혁	원주서	213	임아름	동안양서	177
임병현	의정부서	254	임성호	춘천서	214	임아사	동화성서	202
임병훈	부산청	403	임성훈	구미서	379	임아현	원주서	212
임보금	광명서	245	임세실	중부청	163	임안나	상담센터	58
임보라	국세청	29	임세영	강남서	94	임애리	시흥서	185
임보라	서울청	71	임세창	용산서	139	임양건	서울청	81
임보람	수영서	420	임세현	광주서	321	임양미	화성서	200
임보람	은평서	141	임세희	홍성서	307	임양주	정읍서	339
임보현	동대문서	112	임소라	파주서	257	임여경	대전청	266
임봉숙	영등포서	136	임소연	남양주서	172	임여울	동대문서	112
임부선	남양주서	172	임소연	노원서	108	임연빈	조세연	450
임부은	동울산서	427	임소영	동안양서	177	임연우	서인천서	235
임빛나	경기광주서	169	임소영	서울청	82	임영교	동수원서	174
임상규	포천서	258	임소영	조세연	453	임영미	서울청	91
임상록	성남서	180	임소현	대전청	268	임영선	강릉서	205
임상만	진주서	436	임소현	동고양서	249	임영수	강남서	95
임상미	조세연	455	임소형	포천서	258	임영수	원주서	212
임상민	국세청	22	임소희	전주서	336	임영신	서울청	71
임상빈	진주서	436	임송빈	북대전서	276	임영신	성동서	126
임상조	마산서	435	임수경	광주청	310	임영아	양천서	133
임상진	서대구서	373	임수경	남대구서	365	임영운	마포서	117
임상진	성북서	128	임수기	은평서	141	임영은	중랑서	146
임상헌	부산청	396	임수미	북광주서	325	임영진	대구청	359
임상현	북부산서	414	임수민	청주서	286	임영희	동울산서	427
임상훈	안산서	186	임수민	평택서	198	임예은	구로서	103
임상희	남대구서	365	임수봉	북광주서	325	임예인	동래서	410
임새봄	청주서	287	임수빈	분당서	178	임예진	남부천서	253
임샘터	서울청	81	임수연	종로서	145	임옥경	종로서	145
임서영	광주서	321	임수정	중부청	166	임옥규	인천서	231
임서윤	마포서	117	임수정	창원서	438	임온순	안산서	187
임석민	서울청	87	임수정	충주서	289	임완수	남대구서	365
임석봉	안양서	190	임수정	통영서	440	임완진	북전주서	333
임석호	부천서	251	임수진	계양서	240	임완진	중부산서	423
임선근	시흥서	184	임수진	서울청	87	임용걸	중랑서	146
임선기	부산강서서	416	임수진	서울청	89	임용규	충주서	288
임선미	국세청	46	임수진	양천서	133	임용주	연수서	237
임선아	서울청	79	임수현	경기광주서	169	임우영	수원서	182
임선영	세종서	298	임수현	대전청	266	임우찬	군산서	329
임선정	천안서	304	임수현	서대구서	373	임우철	해운대서	425
임선진	종로서	145	임수현	수원서	182	임우현	중부청	163
임선하	천안서	304	임순종	강서서	99	임원주	서울청	84
임선희	분당서	178	임슬기	청주서	286	임원희	진주서	437
임성도	마포서	117	임승명	영등포서	136	임유란	논산서	292
임성미	금정서	406	임승빈	경기광주서	169	임유리	대전청	267
임성미	아산서	300	임승섭	분당서	178	임유리	평택서	198
임성민	광주청	310	임승수	춘천서	215	임유선	북대구서	370
임성아	제주서	442	임승용	용인서	193	임유정	서울청	65
임성애	국세청	28	임승원	평택서	198	임유진	중부청	153
임성연	용인서	192	임승하	반포서	118	임유화	강서서	98
임성영	구로서	102	임식용	서인천서	234	임유화	인천서	230
임성옥	제천서	285	임신희	서초서	125	임윤영	동래서	411
임성준	부산강서서	417	임아련	전주서	337	임윤정	부산강서서	416

임윤정	조세심판원	12
임윤종	성동서	127
임윤지	부산진서	412
임윤택	노원서	109
임은경	마포서	116
임은경	청주서	287
임은미	서울청	81
임은식	인천청	226
임은영	서인천서	234
임은주	중랑서	146
임은지	제주서	442
임은철	국세청	43
임은형	동작서	114
임은화	남대문서	106
임인섭	부산강서서	416
임인재	마포서	116
임인정	서울청	83
임인택	청주서	287
임인혁	기흥서	194
임일훈	삼성서	121
임자혁	부평서	233
임장섭	경기광주서	169
임재규	중부청	153
임재돈	대전청	264
임재미	동화성서	203
임재빈	동화성서	203
임재상	서울청	65
임재석	인천청	220
임재성	북전주서	332
임재승	기흥서	194
임재욱	반포서	119
임재은	남동서	238
임재일	삼척서	206
임재주	양천서	133
임재철	천안서	305
임재학	경주서	377
임재혁	춘천서	214
임재현	도봉서	111
임정경	동안양서	177
임정관	대구청	355
임정묵	인천서	230
임정미	남대문서	106
임정미	세종서	298
임정미	순천서	345
임정민	광주청	313
임정민	양천서	133
임정석	서초서	124
임정섭	부산청	400
임정숙	반포서	118
임정숙	조세연	455
임정아	수성서	369
임정연	전주서	336
임정은	성동서	126

임정은	중부청	163
임정일	동수원서	174
임정진	국세청	39
임정혁	동수원서	175
임정혁	조세연	454
임정현	동고양서	249
임정혜	대전청	268
임정호	관악서	100
임정환	부산청	403
임정환	중부청	165
임정훈	상담센터	57
임정훈	수영서	420
임정희	반포서	119
임정희	은평서	140
임종권	조세연	454
임종민	잠실서	143
임종수	반포서	118
임종수	잠실서	142
임종순	안산서	187
임종안	나주서	341
임종진	부산청	398
임종철	서대구서	372
임종철	영주서	388
임종필	양산서	408
임종헌	관악서	100
임종호	북대구서	370
임종화	논산서	293
임종훈	경기광주서	169
임종훈	국세청	34
임종훈	서울청	62
임종훈	울산서	429
임종희	종로서	145
임주경	부산청	399
임주리	서광주서	326
임주리	조세연	449
임주영	제주서	443
임주원	안양서	190
임주현	동안산서	188
임주형	서인천서	234
임주형	의정부서	255
임준빈	성북서	128
임준일	인천청	226
임준환	고양서	242
임중균	포항서	390
임지남	삼성서	120
임지민	남동서	238
임지민	서대문서	123
임지수	북대구서	371
임지숙	반포서	118
임지아	국세청	25
임지영	반포서	119
임지영	서울청	81
임지완	홍성서	306

임지원	영덕서	386
임지윤	조세연	454
임지은	부산청	403
임지은	서울청	80
임지은	시흥서	184
임지은	포항서	390
임지혁	고양서	243
임지현	반포서	118
임지현	서울청	80
임지형	강서서	98
임지혜	대전서	274
임지혜	마산서	434
임지혜	중부청	159
임지훈	국세청	32
임지훈	북전주서	332
임지훈	성남서	180
임진규	대전서	275
임진묵	삼척서	206
임진아	국세청	45
임진연	고양서	242
임진영	서대문서	122
임진영	의정부서	254
임진옥	성북서	128
임진옥	의정부서	254
임진이	홍성서	307
임진주	종로서	145
임진혁	인천청	224
임진호	서울청	83
임진화	강동서	97
임찬혁	영등포서	137
임창관	해남서	351
임창규	수원서	183
임창범	남대문서	107
임창빈	서울청	88
임창섭	인천청	223
임창섭	창원서	439
임창수	마산서	434
임창수	서대전서	278
임창현	강릉서	204
임채경	인천청	223
임채규	북대전서	277
임채연	조세연	450
임채영	광산서	323
임채영	부산청	404
임채준	국세청	24
임채현	수성서	369
임채현	영동서	283
임채현	해남서	350
임채홍	대구청	354
임철우	중부청	159
임철주	조세연	449
임철진	순천서	346
임청하	중부청	153

임치성	동안양서	177
임치수	대구청	356
임치영	나주서	340
임칠성	노원서	108
임태수	진주서	437
임태순	부산청	397
임태호	금천서	105
임태호	인천청	226
임하경	성동서	127
임하나	서울청	63
임하은	강릉서	204
임한경	수성서	368
임한솔	대전청	268
임한솔	서초서	125
임한영	강동서	97
임해균	부천서	251
임행완	서울청	83
임향숙	순천서	344
임향원	수성서	368
임현경	송파서	130
임현구	남양주서	172
임현석	홍천서	217
임현수	청주서	287
임현영	서울청	65
임현우	파주서	256
임현정	남부천서	253
임현정	서울청	63
임현정	조세연	451
임현지	남대구서	365
임현진	송파서	131
임현진	통영서	440
임현철	보령서	294
임현택	여수서	348
임형목	시흥서	184
임형빈	국세청	24
임형빈	북대전서	277
임형수	조세연	454
임형용	광주청	312
임형우	고양서	243
임형은	용산서	139
임형준	서울청	85
임형철	관악서	101
임형태	서울청	81
임혜경	중부산서	422
임혜령	의정부서	255
임혜미	용인서	193
임혜빈	금천서	104
임혜숙	인천서	230
임혜영	동화성서	203
임혜정	부산진서	412
임혜진	용산서	138
임호성	삼척서	207
임호진	서울청	91

임홍철	서울청	64
임화영	성북서	128
임화춘	국세청	36
임화춘	국세청	25
임효빈	경주서	376
임효선	관악서	101
임효신	구미서	378
임효정	영등포서	136
임홍식	성남서	181
임희경	화성서	201
임희선	북전주서	332
임희영	조세연	453
임희운	동대문서	113
임희원	종로서	144
임희정	동안산서	189
임희정	중부청	152
임희지	천안서	305
임희택	창원서	438

ㅈ

장 민	구로서	103
장 준	김해서	433
장 훈	경산서	374
장 훈	대전청	270
장건수	구로서	102
장건식	강동서	96
장건후	노원서	108
장경숙	영덕서	387
장경애	동안양서	176
장경일	국세청	32
장경호	국세청	27
장경화	서울청	85
장경희	대구청	358
장경희	동수원서	174
장광석	국세청	21
장광식	영월서	211
장광웅	수영서	421
장광택	동울산서	427
장교준	수성서	369
장규복	중부서	148
장근영	경주서	376
장근철	대구청	355
장금희	경기광주서	169
장기승	서인천서	234
장기영	북광주서	325
장기원	대전청	267
장기현	상담센터	57
장기훈	성남서	181
장낙원	조세연	451
장남식	시흥서	185

장노기	금정서	406
장대성	원주서	212
장대완	부천서	250
장덕구	충주서	288
장덕윤	중부서	148
장덕진	영주서	388
장덕희	금정서	406
장동규	서광주서	326
장동근	대전청	266
장동영	성북서	128
장동인	서울청	86
장동환	동작서	115
장동환	청주서	286
장동훈	강서서	99
장두수	금정서	407
장두영	성북서	128
장두진	부산진서	413
장명섭	안양서	190
장명수	부산청	401
장명숙	동작서	114
장명진	서대구서	372
장명화	대전서	274
장명훈	시흥서	185
장문경	국세청	25
장문경	중부청	156
장문근	서울청	76
장문석	조세연	451
장문수	구미서	378
장미랑	광주서	321
장미선	성북서	129
장미숙	분당서	179
장미숙	서울청	64
장미영	대전청	264
장미영	북전주서	332
장미진	구리서	171
장미진	울산서	428
장미향	고양서	242
장미혜	강서서	99
장민경	잠실서	142
장민기	안양서	190
장민석	광산서	322
장민수	화성서	200
장민영	부평서	232
장민영	지방세제	446
장민우	동대문서	112
장민재	중부청	163
장민지	천안서	304
장민혜	조세연	451
장민환	북대전서	276
장바롬	울산서	428
장병국	서울청	67
장병찬	포천서	258
장병호	구미서	378

장병호	영주서	389	장수민	동울산서	426	장우진	남부천서	252		
장보수	평택서	199	장수안	구로서	102	장우현	조세연	454		
장상우	대전청	267	장수연	목포서	343	장운정	조세연	451		
장상원	부산진서	412	장수연	부산청	401	장원대	부산진서	412		
장서라	국세청	31	장수연	수성서	368	장원미	종로서	145		
장서영	목포서	343	장수영	인천청	225	장원식	국세청	27		
장서영	서부산서	418	장수은	해운대서	424	장원식	용산서	139		
장서영	서울청	84	장수정	경산서	374	장원용	시흥서	185		
장서영	서울청	79	장수정	국세청	41	장원일	국세청	28		
장서윤	구로서	102	장수진	중랑서	147	장원창	부산청	397		
장서현	서울청	81	장수창	의정부서	255	장유경	용인서	193		
장서현	천안서	305	장수현	성동서	127	장유나	경주서	377		
장서희	삼성서	121	장수희	광주서	321	장유나	동울산서	426		
장석만	성남서	181	장수희	광주청	316	장유나	여수서	348		
장석문	부산청	397	장슬미	광주청	311	장유란	북광주서	325		
장석민	조세연	450	장슬빈	부평서	233	장유리	안양서	190		
장석안	천안서	305	장승연	남부천서	252	장유림	서인천서	234		
장석준	평택서	199	장승일	진주서	437	장유민	대전청	263		
장석진	화성서	201	장승희	동안산서	188	장유정	권익위	448		
장석현	대전청	268	장시원	광주청	310	장유정	인천서	230		
장석화	화성서	200	장시원	동대구서	367	장유진	금정서	407		
장선균	익산서	335	장시찬	충주서	289	장유진	남대구서	364		
장선미	동화성서	203	장아론	조세연	451	장유진	원주서	213		
장선영	김포서	247	장아름미	용산서	138	장유진	통영서	440		
장선영	서인천서	235	장엄지	인천청	221	장윤규	대전서	274		
장선우	김해서	432	장연경	의정부서	254	장윤미	인천서	230		
장선정	인천청	228	장연근	의정부서	254	장윤서	상담센터	58		
장선희	강남서	95	장연숙	국세청	18	장윤정	서초서	125		
장선희	대구청	357	장연숙	남대구서	365	장윤정	양산서	408		
장설희	고양서	243	장연주	용산서	139	장윤지	조세연	454		
장성근	부산청	395	장연화	인천서	230	장윤하	국세청	33		
장성기	익산서	334	장영림	서울청	77	장윤호	인천서	230		
장성미	청주서	286	장영석	대전청	265	장윤희	국세청	46		
장성봉	아산서	300	장영수	광산서	322	장은경	대구청	356		
장성우	반포서	118	장영애	김포서	247	장은경	부산청	397		
장성우	북대전서	276	장영일	삼척서	206	장은석	국세청	26		
장성욱	김해서	433	장영주	북전주서	332	장은솔	수원서	182		
장성재	광주서	321	장영준	충주서	289	장은수	경주서	377		
장성주	안동서	385	장영진	역삼서	135	장은심	중부청	160		
장성진	인천청	228	장영진	주류센터	59	장은영	대구청	358		
장성필	광주서	321	장영철	익산서	335	장은영	지방세제	447		
장성하	구로서	102	장영태	제주서	442	장은용	인천청	227		
장성환	중부청	162	장영호	부산청	403	장은정	구로서	102		
장세리	동화성서	202	장영환	관악서	100	장은정	동대문서	113		
장세연	북대전서	277	장영훈	서초서	125	장은정	조세연	449		
장세철	울산서	429	장예라	서대문서	123	장은주	대전청	263		
장세황	북대구서	370	장예원	부평서	233	장이삭	국세청	36		
장소연	시흥서	184	장예지	서초서	125	장이삭	국세청	25		
장소영	용산서	138	장완재	북전주서	332	장이지	반포서	118		
장소영	잠실서	142	장외자	경산서	375	장익성	중부청	158		
장소영	제주서	443	장용경	서울청	73	장익준	상담센터	58		
장소영	화성서	201	장용준	구미서	378	장인섭	중부청	166		
장송이	잠실서	143	장우정	대구청	358	장인섭	화성서	200		

이름	소속	쪽	이름	소속	쪽	이름	소속	쪽
장인숙	부산청	397	장지은	기흥서	194	장현준	시흥서	185
장인식	국세청	34	장지은	동안양서	177	장현진	양산서	409
장인영	서울청	89	장지은	반포서	118	장현진	역삼서	135
장인영	성남서	180	장지혜	서울청	71	장현진	원주서	212
장인영	안양서	190	장지혜	서울청	67	장현하	대전청	267
장인철	금정서	407	장지혜	수원서	182	장형구	역삼서	135
장인호	동안양서	177	장진경	양산서	408	장형보	동안산서	189
장일영	동작서	115	장진아	김포서	247	장형순	서대구서	373
장일웅	파주서	256	장진영	대구청	360	장형욱	해남서	350
장재림	서울청	62	장진영	대구청	358	장형원	부천서	250
장재민	중부청	157	장진영	의정부서	254	장형준	북전주서	332
장재연	강서서	99	장진욱	북대구서	371	장혜경	금정서	406
장재연	창원서	439	장진혁	광주청	315	장혜경	도봉서	111
장재영	동화성서	203	장진혁	파주서	257	장혜경	송파서	131
장재영	북부산서	414	장진화	북대전서	276	장혜린	대전서	274
장재영	역삼서	134	장진희	서울청	68	장혜림	용인서	193
장재웅	남동서	239	장찬순	서산서	297	장혜미	금천서	104
장재원	강서서	98	장창걸	경주서	377	장혜미	종로서	145
장재윤	수영서	421	장창렬	국세청	25	장혜민	전주서	336
장재호	동안양서	177	장창하	중부청	163	장혜민	해운대서	425
장재훈	서인천서	235	장창호	영주서	388	장혜영	중부서	149
장재희	화성서	200	장창환	금천서	105	장혜원	창원서	438
장정순	조세연	450	장철성	양천서	132	장혜인	포천서	259
장정순	조세연	454	장철현	구리서	171	장혜정	충주서	289
장정엽	고양서	243	장철현	김천서	380	장혜주	동수원서	174
장정우	충주서	289	장충규	서대문서	123	장혜주	잠실서	142
장정욱	의정부서	254	장태성	중부청	160	장혜진	구리서	170
장정윤	조세연	454	장태희	조세심판원	14	장혜진	노원서	109
장정은	서울청	65	장필효	연수서	237	장혜진	서초서	125
장조희	중랑서	146	장하영	익산서	334	장혜진	해운대서	425
장종현	동안산서	188	장하용	구로서	103	장호우	대구청	357
장주아	수원서	183	장한나	울산서	429	장호욱	중부청	162
장주열	의정부서	255	장한별	강남서	95	장호은	영등포서	136
장주영	부산진서	413	장한별	국세청	26	장호정	부산강서서	417
장주환	의정부서	254	장한슬	대구청	356	장호철	울산서	428
장주환	진주서	436	장한울	국세청	21	장홍정	창원서	439
장준영	해남서	350	장해미	수영서	420	장효경	계양서	240
장준우	반포서	118	장해성	서대문서	123	장효경	남대구서	364
장준원	서울청	65	장해성	중부청	164	장효선	충주서	288
장준원	인천서	230	장해순	동안양서	176	장효섭	잠실서	143
장준재	강남서	94	장해연	연수서	237	장효은	세제실	6
장준희	조세연	452	장해준	북전주서	332	장희라	부산청	401
장지민	서광주서	327	장해탁	남대구서	364	장희숙	강동서	97
장지안	북전주서	333	장현기	대구청	354	장희숙	고양서	243
장지연	서부산서	419	장현미	북대구서	370	장희원	남대문서	107
장지영	분당서	179	장현봉	평택서	199	장희정	강남서	94
장지영	서울청	85	장현성	부천서	250	장희정	구로서	103
장지영	수영서	420	장현수	공주서	291	장희정	용산서	138
장지우	도봉서	111	장현수	부평서	232	장희진	시흥서	185
장지원	광주청	317	장현우	경산서	375	장희철	강동서	97
장지원	조세연	454	장현정	군산서	328	전 근	김천서	380
장지윤	서울청	74	장현정	서대구서	372	전 영	북대전서	277
장지윤	양산서	408	장현주	김포서	247	전 운	용인서	192

이름	소속	쪽	이름	소속	쪽	이름	소속	쪽
전 진	국세청	41	전병무	이천서	197	전수영	남원서	331
전 진	중부청	159	전병우	중부청	153	전수진	국세청	42
전 확	금천서	105	전병준	잠실서	143	전수진	김천서	380
전가람	분당서	179	전병진	서울청	73	전수진	포항서	391
전갑수	경주서	376	전병천	삼성서	120	전수현	익산서	334
전강식	북전주서	332	전병헌	국세청	43	전승병	조세연	455
전건모	고양서	243	전보람	국세청	41	전승준	북대구서	370
전건욱	구리서	170	전보현	서울청	62	전승진	조세연	454
전경란	금천서	104	전복진	남원서	330	전승한	국세청	22
전경선	동화성서	202	전봄내	양산서	408	전승헌	동고양서	248
전경선	조세심판원	13	전봉민	부산청	394	전승현	국세청	45
전경옥	부평서	232	전봉철	군산서	329	전승호	동수원서	175
전경일	영등포서	137	전상규	국세청	24	전승환	서울청	77
전경호	중랑서	146	전상배	천안서	304	전승훈	잠실서	143
전경화	세제실	6	전상영	용산서	138	전시영	북대전서	277
전광준	노원서	109	전상주	영주서	388	전신희	동화성서	202
전광현	서울청	62	전상현	중부서	148	전아라	반포서	119
전광희	대전청	267	전상호	포천서	259	전애진	대전청	268
전국화	동울산서	426	전상훈	시흥서	185	전양호	안동서	385
전국휘	구리서	170	전샛별	강동서	97	전연욱	진주서	437
전기석	시흥서	185	전서동	충주서	289	전연주	남대문서	106
전기승	동작서	115	전선빈	청주서	286	전연주	인천청	225
전기희	안양서	190	전선영	서울청	89	전연진	조세심판원	15
전다솜	서울청	65	전선화	서울청	88	전영무	서울청	87
전다영	국세청	19	전선희	서울청	81	전영수	김해서	433
전다인	구리서	170	전선희	중부청	166	전영심	부산진서	412
전다혜	부산진서	412	전성곤	울산서	429	전영우	역삼서	134
전대웅	국세청	38	전성수	영등포서	137	전영욱	통영서	441
전대진	국세청	40	전성우	김천서	380	전영의	구로서	102
전동근	의정부서	254	전성익	조세심판원	13	전영지	구리서	170
전동길	국세청	26	전성준	해남서	351	전영진	국세청	41
전동철	중부청	163	전성화	중부산서	423	전영철	진주서	436
전동표	세제실	8	전성훈	동대문서	113	전영출	서인천서	234
전동호	서울청	63	전세리	동안양서	177	전영현	서대구서	372
전만기	역삼서	135	전세연	남양주서	173	전영호	동대구서	367
전명성	광주서	320	전세영	분당서	179	전영훈	원주서	212
전명진	서산서	297	전세정	삼성서	121	전옥선	세종서	298
전문숙	수영서	420	전세진	국세청	28	전왕기	서울청	84
전미라	영등포서	137	전세현	동래서	410	전요셉	충주서	289
전미례	용산서	138	전세형	광명서	245	전요찬	군산서	329
전미선	순천서	346	전세훈	창원서	439	전용수	강서서	99
전미숙	삼성서	120	전소민	평택서	199	전용원	용산서	138
전미애	강서서	99	전소연	국세청	37	전용준	통영서	441
전미영	마포서	116	전소원	남대구서	364	전용현	광산서	322
전미자	남대구서	364	전소윤	인천청	220	전우범	서울청	81
전민재	마포서	117	전소희	동수원서	175	전우정	영주서	388
전민정	북대전서	276	전소희	북대전서	277	전우찬	영등포서	137
전민정	서울청	67	전수미	서부산서	419	전원실	동안양서	176
전민지	성동서	127	전수민	부산진서	412	전원진	김포서	247
전민채	강동서	96	전수빈	부평서	233	전유경	동청주서	281
전범수	용인서	193	전수연	성남서	181	전유광	남동서	239
전범준	서산서	296	전수연	중부서	149	전유나	남부천서	252
전범철	안양서	190	전수연	천안서	304	전유리	국세청	38

전유림	중부청	156	전종호	천안서	304	전해일	세제실	7
전유민	서울청	64	전주석	부평서	232	전해철	광주서	321
전유빈	인천서	230	전주현	서울청	69	전현명	중부산서	422
전유영	인천청	222	전주희	영등포서	136	전현숙	제천서	284
전유완	남동서	238	전준오	조세연	453	전현아	북대전서	276
전유정	서울청	62	전준호	서인천서	235	전현우	중부서	149
전유진	익산서	334	전준희	국세청	38	전현정	구리서	170
전윤석	동작서	114	전중원	청주서	286	전현정	대구청	357
전윤아	구리서	170	전지민	양천서	133	전현정	서대전서	279
전윤지	부산청	396	전지민	창원서	438	전현정	인천청	225
전윤현	포항서	391	전지연	인천청	221	전현주	강릉서	204
전윤화	경기광주서	168	전지연	잠실서	142	전현주	수영서	420
전윤희	대전청	268	전지영	서대구서	373	전현진	김천서	380
전은미	서대구서	372	전지용	진주서	437	전현혜	국세청	41
전은상	광산서	322	전지원	부천서	250	전형정	평택서	199
전은상	삼성서	120	전지원	영등포서	137	전형주	서대전서	279
전은선	의정부서	255	전지은	북대전서	276	전혜영	강서서	99
전은수	서울청	65	전지현	대전청	263	전혜영	대전청	264
전은애	동안양서	177	전지현	부산청	404	전혜영	중부청	162
전은영	안양서	190	전지현	아산서	300	전혜영	화성서	200
전은정	중부청	155	전지혜	금천서	105	전혜원	금정서	406
전은지	남양주서	172	전지혜	김해서	433	전혜윤	의정부서	254
전은지	순천서	347	전지희	북대구서	370	전혜정	광주청	315
전은혜	서대구서	372	전진무	시흥서	185	전혜정	서울청	86
전이나	대전청	267	전진수	동대문서	113	전혜정	인천서	231
전익선	정읍서	339	전진아	중랑서	147	전호종	수성서	369
전익성	구미서	379	전진우	안산서	186	전홍근	남동서	239
전인경	서울청	78	전진욱	남동서	238	전홍미	김해서	432
전인석	동래서	411	전진원	수영서	420	전홍석	나주서	340
전인아	분당서	179	전진철	평택서	199	전화영	분당서	178
전인향	관악서	100	전찬범	남대구서	364	전후영	삼성서	121
전일권	대전청	266	전찬희	익산서	335	전훈희	동작서	114
전일수	중부청	161	전창석	창원서	438	전희경	서초서	125
전재달	김천서	380	전창선	김포서	246	전희선	안산서	186
전재령	서대전서	279	전창우	영동서	282	전희원	동래서	410
전재형	국세청	18	전창훈	동대구서	367	전희은	동작서	114
전재홍	동안산서	189	전채환	중부청	164	정 건	마포서	117
전재희	경산서	375	전충선	서부산서	419	정 란	광주서	320
전정영	서울청	75	전태병	역삼서	135	정 민	구리서	171
전정은	국세청	18	전태영	광명서	244	정 일	순천서	347
전정화	서초서	125	전태욱	수성서	368	정 철	역삼서	135
전정훈	동대문서	112	전태원	구로서	102	정 훈	동래서	410
전제영	부산청	400	전태현	광주서	320	정 훈	평택서	199
전종경	경산서	375	전태호	서부산서	418	정 희	동화성서	202
전종근	상담센터	56	전태회	부산강서서	417	정가영	수영서	420
전종상	국세청	32	전태훈	동대문서	113	정가희	안양서	190
전종상	성동서	127	전하나	해운대서	425	정강미	남양주서	173
전종선	강동서	97	전하돈	시흥서	185	정강영	연수서	236
전종원	통영서	440	전하영	종로서	145	정강훈	서대구서	372
전종태	북광주서	324	전하윤	부산진서	413	정건화	부산진서	412
전종태	서부산서	419	전하준	남부천서	252	정건희	동고양서	249
전종현	세제실	8	전학심	영등포서	136	정경남	경주서	377
전종호	창원서	438	전한식	성동서	126	정경돈	서인천서	234

정경미	거창서	430	정나영	서대구서	373	정동혁	은평서	141
정경미	구미서	378	정난영	서울청	65	정동환	노원서	108
정경미	대구청	355	정남숙	성북서	129	정동환	상담센터	56
정경민	서울청	64	정년숙	동청주서	280	정두레	분당서	179
정경민	수영서	420	정녕현	수성서	369	정맑음	고양서	243
정경민	안산서	187	정다겸	국세청	29	정맹헌	중부청	164
정경순	동대문서	112	정다솔	수원서	183	정명교	금천서	104
정경순	조세연	449	정다영	마포서	116	정명근	목포서	342
정경식	대구청	360	정다영	역삼서	135	정명기	안산서	186
정경식	순천서	345	정다운	안양서	190	정명린	삼성서	120
정경영	서울청	76	정다운	연수서	237	정명수	북전주서	332
정경원	동수원서	174	정다운	조세연	449	정명숙	광주서	320
정경원	영주서	389	정다운	중부청	164	정명숙	국세청	27
정경윤	시흥서	184	정다움	평택서	198	정명숙	충주서	288
정경일	순천서	346	정다윗	부산청	394	정명순	동수원서	174
정경임	수영서	420	정다은	광주서	320	정명용	세종서	298
정경종	순천서	345	정다은	동안산서	188	정명주	서초서	124
정경주	제주서	442	정다은	서인천서	234	정명진	서광주서	326
정경주	중부산서	423	정다은	용인서	192	정명하	세종서	298
정경진	마포서	116	정다은	이천서	196	정명환	해운대서	424
정경진	삼척서	207	정다은	인천청	221	정명훈	동작서	114
정경택	강동서	97	정다이	김포서	247	정문승	평택서	198
정경화	동수원서	175	정다정	세제실	8	정문정	조세연	449
정경화	영등포서	136	정다혜	김포서	247	정문제	서대구서	372
정경화	조세연	449	정다혜	역삼서	134	정문현	동고양서	249
정경화	평택서	199	정다희	북광주서	325	정문희	동작서	115
정경희	남대구서	365	정다희	정읍서	338	정미경	도봉서	110
정계승	대전청	271	정대교	부산청	399	정미경	서울청	63
정광륜	서울청	87	정대석	대구청	355	정미경	역삼서	135
정광표	종로서	145	정대성	서부산서	418	정미경	용산서	138
정교민	잠실서	142	정대수	서초서	125	정미경	인천청	223
정교필	서울청	70	정대영	잠실서	143	정미나	금정서	406
정구휘	인천청	225	정대혁	서초서	125	정미라	고양서	243
정국일	중부청	165	정대환	중부청	159	정미라	광주청	315
정권술	창원서	438	정대희	마산서	434	정미란	국세청	19
정규명	서울청	67	정덕균	목포서	343	정미란	성동서	127
정규삼	영동서	282	정덕주	상담센터	56	정미리	부산청	399
정규식	서초서	124	정도령	인천청	226	정미선	금천서	104
정규호	영등포서	137	정도식	부산강서서	416	정미선	김해서	433
정근욱	남동서	238	정도연	인천서	230	정미선	나주서	341
정금희	동청주서	281	정도영	부산진서	412	정미선	목포서	342
정기석	광주서	320	정도영	성동서	127	정미선	부산진서	412
정기선	마포서	117	정도진	인천청	227	정미애	평택서	199
정기선	인천청	226	정도희	반포서	119	정미연	김천서	381
정기숙	논산서	292	정동기	동화성서	202	정미연	김해서	432
정기원	금정서	407	정동욱	동안산서	188	정미연	서광주서	326
정기종	광주서	321	정동욱	마포서	117	정미영	국세청	44
정기주	인천청	225	정동원	서울청	86	정미영	금천서	104
정기현	나주서	340	정동인	정읍서	338	정미영	논산서	292
정기환	국세청	24	정동재	국세청	49	정미영	서대문서	123
정나겸	영동서	282	정동주	국세청	32	정미영	서인천서	234
정나눔	안양서	190	정동준	김천서	380	정미원	용산서	138
정나영	강릉서	205	정동철	남대구서	365	정미진	북광주서	325

정미진	중부청	153	정봉훈	서초서	125	정성연	국세청	27
정미향	북광주서	324	정부교	성동서	127	정성영	서울청	67
정미현	대전서	274	정부원	창원서	438	정성오	북광주서	324
정미현	세종서	298	정빛나	조세연	449	정성용	양산서	409
정미호	안양서	191	정상기	조세연	452	정성용	울산서	428
정미화	종로서	144	정상남	서대전서	279	정성우	진주서	436
정민경	진주서	437	정상덕	성동서	126	정성우	창원서	439
정민국	강남서	95	정상미	국세청	49	정성욱	수영서	421
정민기	서울청	70	정상민	종로서	145	정성욱	역삼서	134
정민기	홍성서	306	정상봉	통영서	441	정성욱	창원서	438
정민석	동울산서	427	정상수	국세청	45	정성원	진주서	437
정민석	서인천서	235	정상수	충주서	289	정성윤	경주서	377
정민수	대전청	266	정상술	도봉서	110	정성윤	부산강서서	416
정민수	서울청	68	정상아	기흥서	194	정성은	성동서	127
정민수	원주서	213	정상열	경산서	375	정성은	용인서	193
정민순	용산서	138	정상열	성동서	126	정성은	인천청	225
정민아	남대구서	364	정상원	양천서	132	정성의	북광주서	325
정민영	동울산서	427	정상천	홍성서	307	정성익	인천청	222
정민욱	서광주서	326	정상헌	홍천서	217	정성진	국세청	18
정민재	안산서	187	정상화	기흥서	195	정성택	정읍서	338
정민재	포천서	258	정상훈	김해서	433	정성한	국세청	47
정민주	금천서	105	정새하	북전주서	332	정성현	중랑서	147
정민주	남대구서	364	정샛별	서광주서	326	정성호	국세청	48
정민지	북대구서	370	정서빈	서울청	90	정성호	북대구서	371
정민철	용산서	139	정서영	서울청	70	정성화	국세청	45
정민혜	서인천서	234	정석규	서울청	91	정성화	부산청	394
정민호	강남서	95	정석우	부산청	397	정성환	북전주서	332
정민호	역삼서	135	정석환	홍천서	216	정성훈	국세청	18
정민화	반포서	118	정석훈	서초서	125	정성훈	동작서	114
정병록	잠실서	142	정석훈	잠실서	142	정성훈	마산서	435
정병민	마포서	116	정선경	해운대서	424	정성훈	인천서	230
정병숙	부평서	232	정선균	국세청	26	정성훈	해운대서	424
정병주	광주청	312	정선례	파주서	256	정성희	북대구서	370
정병주	춘천서	215	정선아	평택서	198	정성희	서대구서	373
정병진	이천서	197	정선애	춘천서	215	정세경	김포서	246
정병창	중부청	156	정선영	동작서	115	정세나	서대문서	122
정병철	해남서	351	정선영	연수서	236	정세미	광주서	320
정병호	국세청	33	정선옥	북광주서	325	정세미	김해서	432
정병호	원주서	213	정선우	인천서	230	정세미	평택서	199
정보겸	동울산서	427	정선이	분당서	178	정세연	성북서	128
정보경	서울청	63	정선재	고양서	242	정세영	광주서	320
정보경	성동서	126	정선태	순천서	346	정세영	도봉서	111
정보근	중부청	157	정선현	동안산서	188	정세윤	서울청	91
정보기	마포서	117	정선화	동대문서	112	정세인	서울청	84
정보길	인천청	222	정설아	동울산서	426	정세훈	광산서	323
정보람	서울청	75	정성곤	화성서	201	정세희	서부산서	419
정보름	조세연	451	정성만	김해서	433	정세희	조세연	451
정보성	이천서	196	정성모	대전청	270	정소라	예산서	302
정보연	고양서	243	정성무	동청주서	281	정소라	청주서	287
정보영	광명서	244	정성문	여수서	349	정소연	동수원서	175
정보현	정읍서	339	정성민	김천서	380	정소연	영등포서	137
정봉균	양천서	132	정성수	광산서	322	정소연	이천서	196
정봉석	중부청	155	정성수	천안서	304	정소영	경주서	376

정소영	광주청	315	정슬기	춘천서	214	정연재	중부산서	422
정소영	국세청	41	정슬기	파주서	257	정연주	이천서	196
정소영	김포서	246	정슬아	이천서	196	정연주	중부서	149
정소영	서초서	124	정승갑	동대문서	112	정연호	관악서	100
정소영	전주서	336	정승기	상담센터	58	정연훈	통영서	440
정소영	종로서	145	정승기	서광주서	326	정열회	인천청	224
정소영	진주서	436	정승렬	중랑서	147	정영건	국세청	42
정소윤	서울청	62	정승복	천안서	305	정영균	강서서	98
정소윤	통영서	440	정승식	강남서	95	정영달	강동서	97
정소정	고양서	243	정승아	서대구서	373	정영록	국세청	35
정소정	논산서	293	정승오	동안양서	177	정영무	포천서	258
정수경	성북서	129	정승용	평택서	199	정영미	남양주서	172
정수길	경기광주서	169	정승우	남양주서	172	정영서	진주서	436
정수미	송파서	130	정승우	서부산서	418	정영석	서대전서	279
정수빈	부산강서서	417	정승원	성북서	129	정영석	중부청	153
정수빈	성북서	128	정승재	서산서	296	정영선	북대전서	277
정수연	강남서	94	정승태	연수서	236	정영선	서초서	124
정수연	동작서	115	정승하	경주서	376	정영순	국세청	36
정수연	아산서	301	정승현	강동서	96	정영식	서울청	80
정수연	양산서	409	정승현	동울산서	427	정영욱	중부청	155
정수연	제주서	443	정승호	역삼서	135	정영웅	대전청	263
정수영	금천서	104	정승환	용산서	138	정영은	동청주서	281
정수영	김해서	433	정승훈	인천청	220	정영은	익산서	334
정수영	마포서	116	정승희	역삼서	135	정영인	인천청	225
정수영	인천청	223	정시온	북광주서	324	정영일	북대구서	370
정수영	진주서	436	정시온	분당서	178	정영진	반포서	118
정수용	성북서	129	정시은	통영서	440	정영천	나주서	340
정수인	서울청	74	정시혜	잠실서	143	정영철	동청주서	281
정수인	서초서	124	정신영	이천서	197	정영현	북광주서	325
정수일	화성서	201	정쌍화	경주서	376	정영현	송파서	131
정수자	순천서	344	정아람	서울청	83	정영호	동래서	410
정수지	김포서	246	정아름	강남서	95	정영화	국세청	36
정수진	구로서	103	정아름	성남서	181	정영화	의정부서	255
정수진	마산서	435	정아영	강릉서	204	정영훈	서울청	82
정수진	북전주서	332	정아영	성남서	180	정영훈	춘천서	214
정수진	서울청	74	정아영	이천서	196	정영훈	포항서	390
정수진	울산서	428	정안석	금천서	105	정영희	광명서	244
정수진	인천청	226	정애라	동안산서	189	정영희	수영서	420
정수현	광주청	316	정애리	북전주서	332	정영희	수원서	182
정수현	수성서	369	정애정	강남서	95	정예린	서울청	81
정수호	대구청	357	정애진	서울청	85	정예림	분당서	178
정수환	북전주서	332	정양기	지방세제	447	정예슬	조세연	453
정수환	창원서	438	정에녹	광주청	310	정예원	남양주서	173
정수희	동울산서	427	정여명	영등포서	136	정예지	용인서	193
정숙경	정읍서	339	정여원	마포서	116	정오영	나주서	341
정숙희	북부산서	414	정연경	강동서	96	정옥상	진주서	436
정순남	안양서	191	정연경	청주서	286	정옥진	광주청	313
정순삼	서초서	124	정연국	진주서	436	정완규	수원서	183
정순욱	부천서	251	정연득	원주서	212	정완기	북광주서	325
정순임	양천서	133	정연선	서울청	64	정완수	동작서	114
정순재	서대구서	372	정연선	중부서	148	정용관	마포서	117
정순철	서울청	64	정연옥	구미서	378	정용구	삼척서	207
정슬기	부산청	401	정연웅	서울청	63	정용대	대전청	262

정용석	성남서	181	정유진	지방세제	447	정은주	김포서	247
정용석	의정부서	254	정유진	진주서	436	정은주	서대구서	373
정용선	기흥서	195	정유진	창원서	438	정은주	인천서	231
정용섭	통영서	440	정유철	경주서	377	정은지	국세청	43
정용수	서울청	74	정유현	중부서	148	정은지	중부청	159
정용수	중부청	166	정유형	포천서	258	정은진	수성서	368
정용승	반포서	118	정유희	남동서	239	정은채	포천서	259
정용주	북전주서	333	정윤경	광명서	244	정은하	서울청	68
정용협	논산서	293	정윤기	광주서	321	정은하	역삼서	134
정용효	의정부서	254	정윤기	기흥서	194	정은해	동화성서	203
정용희	종로서	144	정윤미	종로서	145	정은화	서인천서	234
정우도	국세청	43	정윤서	해운대서	424	정을영	중부청	156
정우선	구로서	102	정윤석	강남서	95	정의범	금천서	104
정우수	동울산서	426	정윤석	중부청	160	정의선	안양서	190
정우중	역삼서	134	정윤선	용인서	193	정의숙	홍천서	216
정우진	익산서	335	정윤재	세제실	7	정의웅	진주서	436
정우철	광주청	312	정윤정	논산서	293	정의재	서대문서	123
정우현	제주서	443	정윤정	시흥서	185	정의주	중부서	148
정운월	서대구서	372	정윤주	부천서	250	정의지	부산청	397
정운형	영등포서	136	정윤주	원주서	212	정의진	국세청	22
정원대	부산청	404	정윤지	동울산서	426	정의진	대전청	266
정원미	김해서	432	정윤철	대구청	359	정이수	동안양서	177
정원석	분당서	178	정윤철	의정부서	255	정이열	경산서	375
정원석	시흥서	185	정윤환	서인천서	235	정이준	국세청	40
정원영	도봉서	111	정윤희	경기광주서	168	정이천	대구청	356
정원영	중부서	148	정윤희	중부청	156	정이현	해운대서	425
정원용	경주서	377	정율아	조세연	454	정인경	기흥서	195
정원준	남동서	239	정은경	조세연	452	정인경	북부산서	415
정원중	나주서	340	정은미	국세청	47	정인교	평택서	199
정원호	강남서	94	정은미	기흥서	194	정인구	부산강서서	417
정월선	창원서	439	정은미	북부산서	415	정인률	김해서	432
정월옥	송파서	131	정은미	진주서	436	정인선	관악서	101
정유리	광주서	321	정은선	성동서	127	정인선	서울청	90
정유리	동고양서	248	정은성	경주서	376	정인선	파주서	256
정유리	역삼서	135	정은솔	화성서	201	정인수	종로서	144
정유빈	성북서	128	정은수	국세청	45	정인숙	대전서	274
정유선	제주서	442	정은숙	동안산서	189	정인아	은평서	141
정유성	국세청	37	정은순	동안양서	176	정인애	국세청	35
정유영	마산서	434	정은아	계양서	240	정인영	국세청	36
정유영	창원서	439	정은아	동청주서	281	정인월	금천서	104
정유정	도봉서	110	정은아	마포서	116	정인재	해남서	350
정유정	영등포서	136	정은아	성남서	181	정인지	송파서	130
정유진	거창서	431	정은아	인천서	231	정인철	동울산서	426
정유진	관악서	100	정은연	남원서	331	정인태	제주서	442
정유진	광주서	321	정은영	광주서	320	정인현	북대구서	370
정유진	대전서	275	정은유	충주서	289	정인형	서대전서	279
정유진	마포서	117	정은이	서초서	124	정인환	광산서	323
정유진	반포서	118	정은재	구리서	171	정인회	경산서	374
정유진	시흥서	184	정은정	금정서	406	정인희	서초서	124
정유진	안산서	186	정은정	부평서	233	정일범	도봉서	111
정유진	원주서	212	정은정	서울청	83	정일영	북광주서	324
정유진	조세연	452	정은정	이천서	196	정자단	서울청	86
정유진	중부산서	422	정은정	종로서	144	정장군	국세청	47

이름	소속	번호	이름	소속	번호	이름	소속	번호
정장환	남동서	238	정종호	광산서	323	정지영	서울청	62
정재근	남대문서	106	정주관	대전서	274	정지영	평택서	199
정재기	서대구서	373	정주리	남양주서	172	정지예	대전서	274
정재남	대전청	271	정주리	북광주서	325	정지완	창원서	438
정재민	부평서	232	정주연	반포서	118	정지용	강동서	96
정재상	춘천서	215	정주연	잠실서	143	정지용	분당서	179
정재연	노원서	109	정주연	청주서	286	정지우	국세청	50
정재영	서울청	81	정주영	서울청	87	정지운	세제실	7
정재영	제천서	285	정주영	서울청	78	정지운	순천서	344
정재용	국세청	50	정주영	서울청	68	정지운	인천서	231
정재욱	안산서	187	정주영	포항서	390	정지원	동작서	114
정재원	광주청	314	정주인	강동서	97	정지원	서울청	75
정재원	조세연	455	정주현	성북서	129	정지원	세제실	9
정재윤	경기광주서	169	정주희	국세청	28	정지원	영주서	389
정재윤	남양주서	173	정주희	남양주서	173	정지윤	연수서	237
정재일	강동서	96	정주희	대전청	265	정지윤	조세연	454
정재임	상담센터	56	정주희	동울산서	427	정지윤	충주서	288
정재조	상담센터	56	정주희	북광주서	324	정지윤	평택서	199
정재한	경산서	374	정주희	분당서	179	정지윤	화성서	201
정재혁	조세연	450	정준갑	여수서	348	정지은	고양서	242
정재현	대구청	360	정준규	진주서	437	정지은	서울청	78
정재현	동울산서	427	정준기	부산청	402	정지은	순천서	344
정재호	동래서	411	정준모	서울청	66	정지은	순천서	347
정재호	조세연	449	정준영	동화성서	203	정지은	인천청	220
정재호	중랑서	147	정준영	중부청	159	정지헌	대구청	358
정재훈	광주청	312	정준용	동래서	411	정지헌	중부청	152
정재훈	동화성서	202	정준호	동청주서	280	정지현	강서서	98
정재훈	서울청	78	정준호	삼성서	120	정지현	김해서	433
정재훈	원주서	212	정준호	서울청	78	정지현	분당서	179
정재희	관악서	101	정준호	잠실서	142	정지혜	기흥서	194
정재희	성동서	127	정준희	대전청	271	정지혜	김천서	381
정전화	부산청	397	정준희	중부청	159	정지혜	상담센터	56
정정민	국세청	25	정중수	경산서	375	정지혜	중부서	149
정정민	서부산서	418	정중원	은평서	140	정지환	경기광주서	169
정정섭	연수서	237	정중현	대구청	354	정지환	포항서	390
정정오	서대구서	373	정중호	서울청	63	정지훈	국세청	25
정정우	동고양서	249	정지나	화성서	200	정지훈	서부산서	418
정정하	영덕서	386	정지명	인천청	226	정지훈	여수서	348
정정희	부산청	397	정지문	도봉서	111	정지훈	인천청	220
정정희	삼성서	120	정지석	서산서	297	정직한	송파서	131
정제준	동작서	115	정지선	동청주서	281	정진걸	동청주서	281
정종국	동대문서	112	정지선	중부청	154	정진범	성동서	127
정종권	경산서	374	정지수	동안산서	188	정진성	청주서	287
정종대	순천서	344	정지양	국세청	23	정진숙	김포서	247
정종룡	서울청	80	정지연	동고양서	248	정진아	서울청	75
정종오	부평서	233	정지연	서울청	91	정진영	기흥서	194
정종우	연수서	237	정지연	송파서	131	정진영	서울청	71
정종원	기흥서	195	정지연	인천청	223	정진영	서울청	70
정종원	성남서	181	정지열	서울청	65	정진영	종로서	144
정종은	순천서	347	정지영	계양서	240	정진우	상담센터	56
정종천	남동서	238	정지영	기흥서	195	정진욱	국세청	18
정종철	북전주서	332	정지영	대전청	266	정진욱	서울청	87
정종현	서울청	64	정지영	동화성서	202	정진욱	조세심판원	13

정진웅	수원서	183	정필섭	해남서	351	정현석	시흥서	184
정진원	서대전서	279	정필영	보령서	294	정현석	조세연	449
정진원	은평서	140	정필윤	중부청	165	정현수	서울청	69
정진원	인천청	224	정하나	동화성서	202	정현수	시흥서	185
정진택	서울청	76	정하나	속초서	208	정현숙	마포서	117
정진학	남대문서	107	정하미	구리서	171	정현숙	인천청	223
정진혁	서초서	125	정하석	세제실	6	정현숙	중랑서	147
정진형	중부청	153	정하선	부산청	398	정현아	목포서	343
정진호	국세청	29	정하영	노원서	108	정현엽	세제실	7
정진환	중랑서	147	정하정	통영서	440	정현오	세제실	8
정진후	구미서	379	정학기	대구청	361	정현옥	국세청	43
정진희	동청주서	281	정학순	삼성서	121	정현우	금정서	406
정진희	용인서	192	정학식	진주서	436	정현우	서울청	74
정찬상	삼성서	120	정한나	부산청	401	정현원	대전청	269
정찬성	광주청	311	정한나	안산서	187	정현위	이천서	196
정찬영	이천서	196	정한록	해남서	350	정현정	경산서	374
정찬우	정읍서	338	정한수	평택서	198	정현정	남대구서	364
정찬일	순천서	345	정한신	구로서	102	정현정	반포서	119
정찬조	여수서	349	정한진	중랑서	146	정현정	수원서	182
정찬진	역삼서	134	정해동	국세청	46	정현정	용인서	193
정찬호	구로서	103	정해란	기흥서	194	정현정	인천청	221
정찬호	영주서	388	정해란	중부청	157	정현정	중부청	155
정창국	김해서	432	정해룡	동래서	410	정현주	국세청	25
정창근	대구청	356	정해빈	조세심판원	14	정현주	국세청	43
정창우	동작서	114	정해선	수영서	420	정현주	수원서	183
정창원	해운대서	425	정해시	용산서	138	정현주	안산서	186
정창재	부산청	402	정해식	통영서	441	정현주	안양서	191
정창훈	대전서	274	정해연	금정서	407	정현주	양산서	409
정채연	고양서	242	정해연	상담센터	56	정현주	천안서	304
정채영	서울청	84	정해영	부산청	401	정현준	안동서	384
정철기	해남서	350	정해욱	제주서	442	정현준	중부청	157
정철우	노원서	109	정해원	도봉서	110	정현준	파주서	257
정철화	광명서	245	정해은	대전청	267	정현중	구로서	102
정초희	순천서	346	정해진	구미서	378	정현지	김포서	246
정춘영	해운대서	424	정해진	삼성서	121	정현지	성동서	126
정치권	동안양서	177	정해천	서울청	79	정현지	전주서	336
정치중	동대문서	113	정헌미	역삼서	134	정현진	국세청	39
정치헌	인천서	231	정헌호	대전서	275	정현진	남부천서	252
정태경	반포서	118	정혁철	동울산서	426	정현진	노원서	108
정태경	안양서	191	정현규	남대구서	365	정현진	도봉서	110
정태민	의정부서	254	정현규	수성서	368	정현진	잠실서	143
정태상	잠실서	142	정현규	충주서	288	정현철	동작서	115
정태식	중부청	166	정현기	강남서	95	정현철	북대전서	276
정태영	국세청	26	정현달	수영서	420	정현철	서울청	69
정태옥	수영서	421	정현대	서인천서	235	정현태	광주서	320
정태윤	잠실서	142	정현덕	경기광주서	168	정현표	평택서	199
정태윤	평택서	198	정현명	동래서	410	정현호	광주청	312
정태호	광주청	313	정현모	구미서	379	정현호	성북서	129
정택주	경기광주서	169	정현미	순천서	347	정형범	반포서	118
정택준	용인서	193	정현민	동안산서	188	정형석	김포서	247
정판균	영동서	283	정현민	서대구서	373	정형주	서울청	78
정필경	익산서	334	정현빈	성남서	180	정형준	광주서	320
정필규	국세청	34	정현석	삼성서	120	정형준	서울청	62

이름	소속	번호	이름	소속	번호	이름	소속	번호
정형진	서울청	62	정호형	남대문서	107	제갈형	서부산서	419
정형창	아산서	300	정홍석	성동서	126	제갈희진	마포서	117
정형태	경주서	376	정홍선	강릉서	204	제민경	북부산서	414
정형필	목포서	343	정홍주	인천청	225	제범모	금정서	407
정혜경	북광주서	324	정화선	성동서	127	제병민	인천서	231
정혜경	서초서	124	정화승	구로서	103	제상훈	국세청	18
정혜린	김포서	246	정화영	중랑서	146	제우성	종로서	144
정혜림	김천서	380	정환동	서대구서	372	제은아	남대문서	106
정혜림	상주서	382	정환철	동고양서	249	제재호	양산서	408
정혜림	서울청	69	정회정	경기광주서	168	제현종	서울청	73
정혜미	서광주서	327	정회창	속초서	209	조 란	익산서	334
정혜미	서울청	80	정회훈	금천서	105	조 식	해남서	350
정혜수	동고양서	248	정효림	조세연	450	조 연	보령서	295
정혜아	광명서	245	정효민	중부청	160	조 융	강서서	98
정혜영	동래서	410	정효성	부천서	251	조 은	조세연	454
정혜영	서울청	71	정효숙	서울청	70	조 현	동래서	411
정혜영	성동서	127	정효주	북부산서	414	조가람	인천청	223
정혜영	영등포서	136	정효주	중부서	148	조가연	중부청	163
정혜원	경산서	375	정효준	중부서	149	조가영	목포서	342
정혜원	관악서	101	정효중	평택서	198	조가영	서인천서	234
정혜원	국세청	43	정휘섭	역삼서	134	조가윤	남원서	331
정혜원	부산청	396	정휘언	대전청	270	조가을	북전주서	333
정혜윤	관악서	100	정흥기	북전주서	333	조강우	평택서	199
정혜윤	중부청	156	정흥엽	익산서	335	조강호	상주서	383
정혜인	서울청	63	정희경	광주청	311	조강훈	부산청	394
정혜임	대전청	266	정희경	중부청	161	조강희	국세청	33
정혜정	안산서	186	정희남	대전청	262	조강희	부천서	250
정혜정	역삼서	135	정희라	서울청	86	조건희	전주서	336
정혜정	용인서	192	정희석	수성서	369	조경민	청주서	286
정혜지	구로서	103	정희선	부평서	232	조경배	해운대서	425
정혜지	잠실서	142	정희선	서부산서	419	조경상	서초서	125
정혜진	공주서	291	정희선	성동서	127	조경숙	상주서	382
정혜진	광주청	311	정희섭	목포서	343	조경제	익산서	334
정혜진	금정서	406	정희섭	서초서	125	조경진	김해서	433
정혜진	대전청	268	정희수	남부천서	252	조경진	대전청	266
정혜진	북대구서	370	정희숙	은평서	140	조경진	서초서	125
정혜진	서울청	85	정희연	구로서	102	조경태	영등포서	137
정혜진	조세연	453	정희연	잠실서	143	조경혜	통영서	440
정혜화	광주청	312	정희옥	대전서	274	조경호	중부청	159
정호석	대전청	269	정희원	광명서	245	조경화	경기광주서	168
정호선	대구청	355	정희원	광주서	321	조경화	인천서	230
정호성	부산청	400	정희은	국세청	49	조경훈	정읍서	338
정호성	부천서	251	정희재	중랑서	146	조경희	수성서	368
정호성	평택서	199	정희정	경기광주서	168	조계호	화성서	201
정호영	송파서	131	정희정	영월서	210	조광덕	광주서	321
정호영	인천청	220	정희정	용인서	192	조광래	반포서	118
정호영	해남서	350	정희정	충주서	288	조광제	분당서	178
정호용	북대구서	371	정희종	부산청	400	조광진	인천청	222
정호진	부산강서서	417	정희진	국세청	43	조광호	서울청	75
정호진	세제실	6	정희진	은평서	140	조광희	전주서	336
정호진	잠실서	143	정희태	성동서	126	조광희	중부청	152
정호철	역삼서	135	정희현	파주서	256	조구영	종로서	144
정호태	수성서	369	제갈융	중부서	149	조규봉	광주서	320

조규상	이천서	197	조미혜	청주서	287	조상미	정읍서	339
조규창	역삼서	134	조미화	서울청	88	조상옥	전주서	337
조근비	창원서	439	조미희	서울청	67	조상원	세종서	298
조금옥	포항서	390	조미희	창원서	439	조상준	충주서	288
조기현	진주서	436	조민경	속초서	209	조상진	광주청	314
조길현	북전주서	332	조민경	순천서	344	조상희	평택서	199
조길현	서울청	71	조민경	창원서	439	조서영	안산서	187
조나래	경기광주서	169	조민래	부산청	394	조서이	노원서	108
조남건	서초서	125	조민서	안동서	384	조서현	서울청	64
조남명	남동서	238	조민석	서울청	81	조서혜	중부서	149
조남욱	성북서	128	조민석	중부청	157	조석균	동고양서	248
조남웅	청주서	287	조민성	국세청	20	조석정	북대전서	277
조남철	대구청	357	조민성	중부서	148	조석주	동래서	411
조다인	서인천서	234	조민수	도봉서	111	조선경	서광주서	326
조다현	구로서	103	조민숙	양천서	132	조선미	중부청	164
조다혜	의정부서	254	조민영	김해서	432	조선영	거창서	430
조담비	국세청	26	조민영	동고양서	248	조선영	경기광주서	169
조담비	국세청	44	조민영	서울청	73	조선영	대전청	262
조대규	고양서	242	조민영	세제실	9	조선영	북광주서	324
조대연	아산서	300	조민영	조세연	451	조선영	청주서	287
조대연	청주서	287	조민영	해운대서	424	조선제	해운대서	424
조대현	강남서	95	조민재	고양서	243	조선진	관악서	100
조대훈	반포서	119	조민재	북대구서	371	조선희	서초서	124
조덕상	동화성서	202	조민재	세종서	298	조선희	송파서	130
조동진	동대문서	112	조민정	대전청	262	조성경	서울청	62
조동표	반포서	119	조민제	동대구서	367	조성광	금천서	105
조동혁	금정서	406	조민주	군산서	329	조성구	속초서	209
조라경	대구청	357	조민지	부천서	250	조성규	서울청	78
조래성	남대구서	365	조민지	서울청	65	조성덕	계양서	241
조명근	마포서	117	조민철	고양서	242	조성래	금정서	406
조명기	도봉서	110	조민현	성동서	126	조성래	동울산서	427
조명상	영동서	283	조민호	인천청	220	조성문	동대문서	112
조명상	종로서	144	조민희	부산청	401	조성문	중부청	165
조명석	대구청	355	조민희	중부청	158	조성민	대구청	359
조명순	국세청	36	조범래	삼성서	120	조성빈	예산서	302
조명순	국세청	25	조범제	경주서	376	조성수	안산서	187
조명완	국세청	49	조병녕	서부산서	418	조성수	중부청	165
조명익	부산청	400	조병덕	의정부서	254	조성수	포천서	259
조문균	세제실	6	조병만	영등포서	137	조성식	중랑서	147
조문현	성동서	127	조병민	국세청	31	조성아	세제실	8
조미겸	동청주서	281	조병성	삼성서	121	조성애	해남서	351
조미경	남대구서	365	조병옥	용인서	193	조성연	서인천서	234
조미란	수영서	421	조병욱	분당서	179	조성오	양천서	132
조미성	양천서	132	조병준	반포서	119	조성용	동안양서	176
조미애	북부산서	414	조병철	상담센터	56	조성용	반포서	119
조미애	용산서	138	조병환	김해서	432	조성용	부산청	398
조미영	서울청	62	조보연	삼성서	120	조성용	서울청	75
조미영	예산서	303	조복환	북대전서	277	조성용	조세연	455
조미옥	분당서	179	조봉경	안동서	385	조성우	광주청	310
조미옥	정읍서	338	조봉기	남동서	238	조성욱	국세청	26
조미주	수영서	421	조상래	동래서	411	조성욱	국세청	44
조미진	영등포서	137	조상미	강릉서	204	조성원	동작서	115
조미현	계양서	241	조상미	국세청	22	조성원	이천서	196

이름	소속	번호	이름	소속	번호	이름	소속	번호
조성윤	영등포서	136	조슬기	서초서	125	조영준	이천서	197
조성윤	의정부서	255	조승모	도봉서	111	조영진	동고양서	249
조성익	중부서	149	조승연	북부산서	415	조영진	인천청	224
조성인	동화성서	203	조승철	동안양서	176	조영탁	성동서	127
조성재	광주청	315	조승현	강서서	99	조영혁	국세청	33
조성조	고양서	243	조아라	국세청	30	조영혁	서울청	75
조성주	동안양서	177	조아라	도봉서	110	조영현	서울청	74
조성주	동울산서	427	조아라	동안산서	189	조영호	서울청	63
조성주	송파서	130	조아라	동작서	115	조영호	파주서	257
조성진	서울청	75	조아라	동화성서	203	조예리	서울청	90
조성진	조세연	452	조아라	삼성서	120	조예린	서울청	80
조성찬	종로서	145	조아라	평택서	198	조예림	서대문서	123
조성현	삼성서	120	조아람	동작서	115	조예슬	마산서	434
조성현	익산서	334	조아름	구리서	170	조예언	부산청	395
조성호	강남서	94	조아름	역삼서	135	조예현	삼척서	207
조성훈	서초서	124	조아연	공주서	290	조예훈	관악서	101
조성훈	용인서	192	조아영	인천서	230	조예흠	수성서	368
조성훈	익산서	334	조안나	서대문서	122	조완정	서광주서	327
조성희	국세청	23	조애정	구로서	102	조요한	구리서	171
조성희	삼성서	120	조양선	동고양서	248	조용권	인천서	230
조세영	양산서	408	조언혜	경주서	376	조용길	북대구서	371
조세원	부평서	232	조여경	구미서	378	조용문	제주서	442
조세은	서광주서	327	조연상	중부서	148	조용민	조세심판원	13
조세진	용산서	139	조연수	양산서	408	조용석	서울청	88
조세진	천안서	304	조연숙	정읍서	338	조용석	서울청	91
조세현	동대문서	113	조연심	고양서	243	조용수	의정부서	255
조세희	광주서	320	조연우	동대문서	112	조용식	남동서	239
조소연	강서서	99	조연정	해운대서	425	조용식	북전주서	332
조소연	동울산서	427	조연종	광주청	315	조용재	중부청	152
조소영	화성서	201	조연주	부산강서서	416	조용진	중부청	166
조소윤	안산서	186	조연주	북광주서	324	조용택	부산청	400
조소현	부산청	396	조연화	계양서	240	조우진	대전청	268
조소현	성동서	126	조영규	이천서	197	조우현	북전주서	333
조소희	강남서	95	조영기	남동서	239	조운지	국세청	27
조송화	김포서	246	조영도	삼성서	121	조운학	서울청	83
조송희	동대문서	113	조영미	경기광주서	169	조원배	상주서	383
조수동	금정서	407	조영미	부천서	250	조원석	연수서	237
조수빈	안산서	186	조영미	해운대서	425	조원영	김천서	381
조수빈	양천서	132	조영빈	광주서	321	조원영	잠실서	143
조수연	남대문서	106	조영상	도봉서	110	조원준	반포서	118
조수연	중부청	156	조영성	관악서	100	조원철	서울청	76
조수연	충주서	289	조영수	화성서	200	조원희	마산서	435
조수영	고양서	242	조영숙	국세청	49	조원희	중부청	161
조수영	국세청	43	조영순	김포서	246	조위영	국세청	33
조수정	강남서	95	조영우	서대전서	279	조유리	의정부서	255
조수진	중부청	162	조영은	용인서	192	조유빈	의정부서	254
조수현	서울청	68	조영일	부산청	398	조유정	북광주서	325
조수현	은평서	140	조영자	영동서	282	조유진	대전서	274
조숙연	서울청	85	조영재	삼성서	120	조유흠	서울청	71
조숙연	중부청	162	조영종	동고양서	249	조윤경	국세청	31
조숙영	수원서	182	조영주	관악서	100	조윤경	서광주서	326
조숙현	김해서	432	조영주	대전서	275	조윤경	인천서	230
조순행	안동서	384	조영주	영등포서	136	조윤미	구로서	102

이름	소속	번호	이름	소속	번호	이름	소속	번호
조윤민	북대전서	276	조은희	안산서	187	조정주	대전청	271
조윤방	강릉서	204	조은희	영등포서	136	조정진	삼성서	121
조윤서	잠실서	142	조이은	북대구서	371	조정해	부천서	251
조윤서	통영서	441	조익찬	안동서	384	조정헌	강릉서	205
조윤수	서대문서	122	조익한	춘천서	215	조정현	해남서	350
조윤아	서울청	79	조익현	지방세제	446	조정혜	경산서	374
조윤영	경기광주서	168	조인국	금정서	406	조정화	성동서	126
조윤영	서인천서	234	조인애	서대구서	373	조정환	동화성서	202
조윤정	국세청	46	조인영	마포서	116	조정효	광주청	316
조윤정	노원서	108	조인영	목포서	342	조정훈	수영서	420
조윤주	남부천서	252	조인영	서대문서	122	조정휘	조세심판원	13
조윤주	영주서	388	조인옥	서울청	65	조정희	서울청	72
조윤주	전주서	336	조인정	역삼서	135	조종수	부평서	232
조윤주	제주서	442	조인찬	서울청	78	조종식	김포서	247
조윤주	통영서	441	조인태	제주서	443	조종연	논산서	292
조윤철	세제실	9	조인혁	동작서	115	조종읍	조세연	452
조윤희	반포서	119	조인호	연수서	236	조종읍	조세연	451
조은경	상주서	383	조일성	국세청	31	조종필	여수서	349
조은기	종로서	144	조일훈	경기광주서	169	조종환	목포서	343
조은나	동고양서	248	조장호	인천서	230	조주경	서울청	66
조은덕	서울청	77	조재규	북대전서	277	조주현	동수원서	174
조은비	도봉서	110	조재량	강서서	99	조주형	김포서	247
조은비	동화성서	203	조재령	마포서	117	조주호	부산청	402
조은비	서대구서	373	조재범	남대구서	365	조주환	국세청	48
조은비	수영서	420	조재범	종로서	144	조주희	서울청	85
조은비	수원서	182	조재승	부산청	395	조주희	서울청	82
조은비	청주서	287	조재식	안동서	384	조준구	국세청	28
조은빈	국세청	18	조재연	서광주서	326	조준기	원주서	212
조은빛	부평서	232	조재영	서대구서	373	조준서	수성서	368
조은빛	조세연	451	조재영	서울청	86	조준식	익산서	335
조은상	분당서	178	조재완	강남서	94	조준영	북부산서	414
조은서	마산서	435	조재웅	부천서	250	조준우	부산청	396
조은서	충주서	288	조재윤	양천서	133	조준호	부산청	399
조은솔	잠실서	142	조재일	진주서	437	조준환	상주서	383
조은아	안양서	191	조재천	울산서	428	조준희	포항서	390
조은애	대전서	274	조재평	잠실서	142	조중현	도봉서	111
조은애	서대전서	279	조재형	거창서	430	조중현	동울산서	427
조은애	포천서	259	조재화	울산서	429	조지영	동고양서	249
조은영	남대문서	107	조재훈	남양주서	172	조지영	서울청	71
조은영	포항서	390	조재훈	서울청	62	조지영	안동서	384
조은용	중부청	164	조재희	부평서	232	조지영	익산서	335
조은재	중랑서	146	조정대	아산서	300	조지윤	동고양서	249
조은정	도봉서	110	조정목	마산서	435	조지현	구리서	170
조은정	수영서	421	조정미	성동서	126	조지현	국세청	43
조은정	중부청	156	조정미	안산서	187	조지훈	동청주서	281
조은지	대전청	266	조정민	중부산서	423	조진동	인천청	221
조은진	서광주서	326	조정연	국세청	31	조진숙	수영서	420
조은하	북부산서	414	조정원	서초서	125	조진용	국세청	27
조은효	잠실서	142	조정은	고양서	243	조진희	조세심판원	14
조은희	김포서	247	조정은	수영서	420	조창국	강릉서	205
조은희	서울청	70	조정은	수원서	182	조창권	용인서	193
조은희	서초서	124	조정은	파주서	256	조창래	중부산서	423
조은희	성동서	127	조정자	인천청	223	조창우	성남서	180

조창일	시흥서	184	조현수	양천서	133	조혜진	서울청	84
조창현	김해서	433	조현숙	삼척서	206	조혜진	익산서	335
조채연	동안양서	177	조현승	국세청	19	조혜진	인천청	220
조채원	속초서	209	조현아	마산서	435	조혜진	조세연	449
조천령	종로서	144	조현아	부평서	232	조혜진	중부청	157
조철호	수성서	369	조현용	진주서	436	조호연	나주서	341
조초희	인천청	226	조현우	역삼서	135	조호연	남대구서	364
조춘원	상담센터	57	조현우	중부청	161	조호준	양천서	133
조치상	아산서	300	조현욱	금천서	105	조호철	주류센터	59
조태성	서부산서	418	조현은	서울청	89	조호형	나주서	340
조태욱	의정부서	255	조현정	동화성서	202	조홍기	서울청	89
조태희	천안서	304	조현준	강남서	94	조홍섭	경기광주서	169
조판규	동대문서	112	조현준	인천청	226	조홍수	전주서	336
조하나	동안산서	188	조현지	구로서	103	조홍준	동작서	115
조하나	성남서	180	조현지	인천청	226	조화경	서광주서	327
조하나	중랑서	146	조현진	국세청	40	조화영	동대구서	366
조하나	진주서	436	조현진	부산청	395	조효미	서부산서	418
조하연	동래서	411	조현진	부산청	403	조효신	성남서	180
조하영	대전청	265	조현진	성동서	127	조효진	광산서	322
조하은	고양서	243	조현진	평택서	199	조흥규	부산청	404
조학래	부산청	397	조현희	대전청	270	조훈연	대전청	262
조학준	국세청	37	조현희	삼척서	206	조희근	성남서	180
조한경	서울청	73	조현희	성북서	128	조희선	대구청	355
조한규	구미서	379	조형나	북부산서	415	조희성	삼성서	121
조한덕	종로서	145	조형래	동래서	410	조희정	중부청	158
조한민	홍성서	306	조형석	금천서	104	조희정	중부청	153
조한빛	성남서	180	조형석	부산청	396	조희정	진주서	437
조한솔	국세청	24	조형오	전주서	336	조희진	남대문서	107
조한송이	서울청	64	조형우	서부산서	418	조희찬	조세연	453
조한아	은평서	140	조형주	울산서	429	좌길훈	춘천서	214
조한영	동작서	115	조형준	국세청	42	좌용준	제주서	443
조한용	송파서	130	조형진	지방세제	447	좌현미	수원서	182
조한우	평택서	199	조형택	지방세제	446	좌혜미	김천서	380
조한정	수원서	182	조혜경	수원서	182	주 란	동수원서	175
조항진	대전청	262	조혜리	성북서	129	주경관	동화성서	203
조해동	중부청	164	조혜리	양천서	133	주경섭	서울청	80
조해리	기흥서	194	조혜림	강동서	96	주경탁	관악서	101
조해린	포항서	390	조혜민	북대전서	276	주광수	경주서	376
조해영	종로서	144	조혜민	시흥서	184	주기영	평택서	198
조해일	중부청	161	조혜선	광산서	323	주기환	반포서	119
조해정	광주청	316	조혜연	서울청	63	주나라	구로서	102
조해정	중부청	163	조혜연	제천서	285	주남균	조세연	452
조행순	중부청	153	조혜영	군산서	329	주동철	성동서	126
조현경	동안산서	188	조혜원	동대구서	367	주명오	대구청	356
조현경	북대전서	276	조혜원	서울청	76	주명진	통영서	440
조현관	의정부서	254	조혜윤	동래서	410	주명화	서울청	72
조현구	세종서	299	조혜인	서인천서	235	주미균	북부산서	414
조현국	광주청	311	조혜정	양천서	133	주미영	국세청	37
조현국	인천청	227	조혜정	용인서	192	주미진	동화성서	202
조현덕	대구청	360	조혜정	인천청	228	주민규	공주서	290
조현민	안산서	186	조혜정	조세심판원	13	주민혁	세제실	8
조현선	국세청	48	조혜진	구리서	170	주민희	부천서	250
조현성	시흥서	185	조혜진	목포서	343	주민희	부평서	233

주보영	인천청	225	주재민	조세연	452	지소정	성동서	127
주보은	국세청	30	주재철	대전청	265	지수연	남양주서	173
주선돈	동울산서	427	주재현	국세청	24	지슬찬	춘천서	215
주선영	북광주서	325	주정권	세종서	298	지승룡	북전주서	333
주선영	북부산서	415	주종기	거창서	430	지승환	국세청	26
주선영	서울청	62	주지홍	부산청	397	지신영	마포서	117
주선정	상담센터	57	주지훈	김해서	433	지연우	강동서	97
주성민	중부산서	423	주진선	경기광주서	169	지연주	부산청	396
주성숙	고양서	242	주진수	대전청	270	지영은	성남서	181
주성용	송파서	131	주진아	중부청	153	지영주	동고양서	248
주성재	상담센터	57	주진영	강남서	95	지영호	대전서	275
주성진	성남서	180	주철우	부산진서	412	지영환	동화성서	202
주성태	국세청	43	주충용	화성서	200	지영환	용인서	193
주성희	종로서	145	주태웅	남양주서	172	지예은	광산서	322
주세정	서울청	69	주하나	시흥서	185	지용권	동수원서	174
주소미	인천청	224	주향미	중부청	162	지우석	중부산서	423
주소영	북광주서	324	주현경	남대문서	106	지원민	서울청	75
주수미	반포서	118	주현경	영등포서	137	지유미	시흥서	184
주수진	금천서	104	주현수	울산서	428	지은정	서산서	296
주승윤	인천청	220	주현식	관악서	101	지은호	북광주서	324
주승찬	의정부서	254	주현아	서대문서	123	지임구	국세청	24
주승철	원주서	212	주현정	상주서	383	지장근	영등포서	137
주아람	은평서	141	주현진	마산서	435	지장근	조세심판원	13
주아름	서초서	124	주현철	서대문서	122	지재홍	대구청	357
주애란	인천청	221	주형석	진주서	436	지정국	정읍서	338
주에나	수원서	182	주혜령	용산서	138	지창익	국세청	45
주연봉	여수서	348	주혜진	창원서	438	지충환	서산서	296
주연신	양산서	408	주화연	서울청	75	지행주	해남서	350
주영상	동작서	114	주환욱	국세청	50	지현민	부산청	400
주영서	동청주서	281	주희은	서광주서	327	지현배	남부천서	252
주영석	성북서	128	주희정	성북서	128	지현배	양천서	133
주영욱	지방세제	447	주희진	구로서	102	지현철	제주서	442
주영철	청주서	287	지 만	북부산서	415	지혜림	서광주서	326
주용태	서울청	65	지 성	국세청	31	지혜연	서산서	296
주용호	강남서	94	지 수	고양서	243	지혜주	화성서	201
주우성	서대구서	373	지 현	의정부서	255	지희창	관악서	100
주원숙	중부청	164	지광민	부산진서	412	진 경	인천청	225
주유미	국세청	26	지대진	파주서	256	진 솔	안양서	190
주유미	국세청	44	지대현	북대전서	277	진 정	순천서	346
주윤숙	잠실서	143	지명희	성동서	126	진 준	안산서	187
주윤재	동작서	115	지민경	수원서	182	진경준	진주서	437
주윤정	청주서	287	지민영	수원서	183	진경철	부천서	251
주윤중	화성서	201	지상근	서울청	91	진경희	제주서	442
주은규	양산서	408	지상선	분당서	179	진관수	종로서	145
주은미	중부청	160	지상수	대전청	270	진나현	평택서	199
주은상	광주청	315	지상준	국세청	22	진누리	평택서	199
주은영	광명서	244	지서연	서초서	124	진동권	정읍서	338
주은영	남원서	330	지석란	시흥서	184	진문수	광산서	322
주은진	동울산서	427	지선경	서인천서	234	진미란	남대구서	364
주은화	국세청	34	지선영	동수원서	175	진미선	서초서	124
주인규	국세청	50	지성근	홍천서	216	진미정	동대구서	366
주자연	화성서	201	지성수	성북서	129	진민정	서울청	91
주재명	동안산서	189	지성은	서울청	62	진민정	파주서	257

진민종	제주서	442	진정록	강서서	99	차세원	인천청	227
진민혜	동대구서	366	진정욱	천안서	304	차송근	중부청	164
진민희	금천서	104	진정호	역삼서	134	차수빈	국세청	20
진병환	도봉서	110	진종호	평택서	199	차수빈	인천서	230
진병훈	마포서	117	진종희	부산진서	412	차수현	동수원서	174
진보람	국세청	39	진주연	분당서	178	차순백	양천서	132
진석주	창원서	438	진주원	남양주서	172	차순조	서초서	124
진선미	원주서	212	진주희	구로서	102	차순화	용인서	192
진선미	해운대서	425	진준식	제주서	442	차승기	반포서	118
진선호	성동서	127	진채영	수영서	421	차양호	삼성서	121
진성민	마포서	117	진태호	조세연	454	차연수	국세청	21
진성범	국세청	38	진한일	국세청	32	차연주	서대문서	123
진성욱	도봉서	110	진향미	용인서	193	차연주	안양서	190
진성은	해운대서	424	진혁환	서광주서	326	차영석	용인서	193
진세미	익산서	334	진현덕	창원서	439	차영준	남원서	331
진소영	대전청	271	진현서	성동서	126	차영진	동울산서	426
진소영	상주서	382	진현석	이천서	197	차용희	도봉서	111
진소정	마산서	434	진현정	아산서	300	차유경	종로서	144
진소현	남양주서	173	진현진	부산강서서	416	차유곤	여수서	349
진솔민	종로서	144	진현탁	진주서	437	차유나	제주서	442
진송은	지방세제	447	진현호	거창서	431	차유미	영등포서	137
진수미	서울청	83	진형석	중부서	149	차유해	성동서	127
진수민	남대구서	364	진혜경	구로서	103	차윤주	서부산서	418
진수민	북대전서	277	진혜정	서울청	62	차윤중	남양주서	172
진수성	북광주서	324	진혜진	남동서	238	차은영	안양서	191
진수영	익산서	334	진호근	통영서	441	차은정	북광주서	324
진수정	국세청	45	진호범	계양서	241	차은정	중부서	148
진수진	화성서	200	진홍탁	잠실서	143	차인혜	부천서	250
진수환	서울청	65	진효영	동울산서	427	차일현	인천청	224
진승연	분당서	178	진훈미	김해서	433	차재익	상주서	383
진승철	부평서	232	진희성	서울청	64	차정미	반포서	118
진승환	평택서	198				차정우	국세청	18
진언지	대구청	358				차정은	남양주서	172
진영근	인천청	221		**ㅊ**		차정환	대전서	274
진영상	시흥서	184				차준형	노원서	108
진영석	중부청	163				차중협	도봉서	110
진영숙	동래서	410	차건수	대전청	264	차지숙	북대전서	277
진영한	경기광주서	168	차경진	북광주서	325	차지연	남부천서	252
진예슬	노원서	109	차광섭	대전청	268	차지연	여수서	348
진예슬	익산서	334	차규현	경산서	375	차지원	남동서	238
진우영	서부산서	418	차기숙	울산서	428	차지원	서울청	70
진우형	부산청	399	차나리	강서서	99	차지해	잠실서	142
진원용	홍성서	307	차나리	평택서	199	차지현	양천서	132
진유빈	포항서	391	차무중	서울청	78	차지훈	광주청	317
진유신	부산청	394	차무환	부산청	397	차지훈	춘천서	214
진유진	창원서	438	차미선	의정부서	255	차진선	역삼서	135
진윤영	기흥서	194	차민식	마산서	434	차현근	중랑서	146
진윤영	중랑서	147	차보미	대전청	271	차현서	포천서	258
진윤지	강남서	95	차상윤	군산서	329	차호현	제주서	442
진익현	경기광주서	168	차상진	부산청	402	차회윤	충주서	289
진인수	삼성서	121	차상훈	국세청	46	창보라	기흥서	194
진재경	국세청	34	차선영	서울청	69	채가람	지방세제	446
진재화	국세청	38	차선주	분당서	179	채거환	시흥서	184

채경수	상담센터	57	채정석	구리서	171	천승범	서산서	296
채경연	마산서	434	채정화	성북서	128	천영수	잠실서	143
채규욱	부산강서서	417	채정환	서울청	89	천영현	서대문서	122
채규일	광주청	312	채정훈	국세청	18	천영환	서대문서	122
채규홍	서울청	80	채종철	서대문서	122	천요한	김천서	380
채남기	나주서	340	채종희	동작서	114	천우남	순천서	346
채다빈	삼척서	206	채주희	서대구서	372	천원철	동래서	410
채만식	서울청	87	채준석	군산서	329	천은영	대전청	265
채명석	여수서	349	채준형	중부청	153	천인호	부평서	232
채명신	대구청	356	채중석	경기광주서	168	천정희	남대구서	364
채명우	주류센터	59	채지현	남동서	238	천주석	국세청	39
채명훈	서인천서	234	채진병	남부천서	252	천주헌	의정부서	254
채문석	의정부서	254	채진우	국세청	19	천준환	파주서	257
채미연	북대구서	370	채창현	동대구서	366	천지영	해운대서	424
채미옥	남동서	238	채충우	영덕서	387	천지은	부산진서	412
채민기	서울청	91	채칠용	김해서	432	천진해	용산서	138
채민석	평택서	198	채한기	금정서	407	천태근	금정서	406
채민재	이천서	197	채현석	용산서	138	천해령	동안양서	177
채민정	영등포서	137	채현우	대전서	274	천해자	수성서	368
채민호	홍천서	217	채현진	서대문서	123	천혜미	울산서	428
채민화	경주서	376	채혜란	인천청	224	천혜미	중부청	160
채범식	진주서	436	채혜미	연수서	236	천혜빈	역삼서	135
채병윤	대전청	266	채혜인	춘천서	214	천혜원	지방세제	446
채상윤	안산서	187	채혜정	서울청	90	천혜정	북대구서	371
채상조	화성서	201	채홍선	대전청	262	천혜진	국세청	43
채상철	국세청	26	채희문	인천청	226	천호철	부산강서서	417
채상철	국세청	44	채희영	북전주서	333	천효순	서부산서	418
채상희	세종서	299	채희원	안산서	187	천훈영	파주서	256
채성운	서대문서	122	채희주	국세청	40	최 민	국세청	42
채성호	동안양서	177	채희준	평택서	198	최 선	순천서	344
채송화	서인천서	234	천 일	서울청	73	최 솔	반포서	119
채수민	국세청	48	천경식	광주서	321	최 영	동화성서	202
채수정	군산서	328	천경필	강서서	99	최 용	남양주서	172
채수필	상담센터	56	천근영	잠실서	143	최 웅	서대문서	123
채수향	잠실서	142	천만진	수원서	183	최 웅	안산서	187
채숙경	북광주서	324	천문희	송파서	131	최 일	용산서	139
채승아	수영서	420	천미영	광명서	245	최 준	서울청	70
채승훈	경산서	374	천미진	서울청	86	최 진	경주서	377
채아름	익산서	334	천민근	구미서	379	최 진	마포서	117
채여정	부산청	396	천상미	예산서	303	최 혁	춘천서	214
채연기	강동서	96	천상수	구미서	378	최 현	인천청	226
채연식	중부청	158	천새봄	동작서	114	최 훈	광주청	314
채연주	서초서	124	천서정	북광주서	324	최가람	잠실서	143
채영태	국세청	27	천선경	상담센터	56	최가영	영등포서	137
채예지	종로서	145	천성운	김해서	432	최가을	동울산서	426
채용문	잠실서	142	천세훈	제주서	443	최가인	광산서	322
채용찬	노원서	108	천세희	원주서	212	최가인	북대전서	276
채우리	광주청	315	천소현	동화성서	203	최갑순	북부산서	414
채웅길	익산서	335	천수영	의정부서	255	최강선	인천청	220
채원식	동고양서	248	천수현	국세청	40	최강원	이천서	196
채유진	부천서	251	천승렬	경산서	375	최강이	동청주서	280
채유찬	관악서	100	천승리	통영서	440	최건호	서인천서	235
채은정	상담센터	58	천승민	진주서	437	최건희	북전주서	332

최경락	동수원서	174	최기웅	성동서	126	최명환	서대구서	372
최경미	남대구서	364	최기현	부천서	250	최명환	통영서	441
최경배	익산서	334	최기환	광주청	317	최명훈	마포서	116
최경수	부산청	403	최기환	영등포서	137	최문경	양천서	132
최경식	분당서	178	최길만	서울청	90	최문석	용산서	139
최경아	연수서	237	최길숙	서울청	79	최문영	광주청	314
최경아	영월서	211	최나연	연수서	236	최문자	광주서	320
최경애	포항서	391	최나영	나주서	340	최미경	군산서	329
최경은	동울산서	426	최낙상	부산청	399	최미경	동고양서	248
최경인	동청주서	280	최낙훈	금정서	406	최미경	서울청	66
최경준	영월서	210	최남숙	포항서	391	최미녀	부산청	394
최경철	상담센터	56	최남철	서울청	64	최미란	북전주서	333
최경초	기흥서	194	최노용	평택서	198	최미란	서울청	91
최경하	충주서	289	최누리	종로서	144	최미란	영주서	388
최경호	서초서	125	최다솜	아산서	300	최미리	종로서	144
최경화	경주서	377	최다연	공주서	290	최미선	금천서	105
최경화	인천청	221	최다연	동청주서	280	최미선	조세연	452
최경희	마산서	434	최다연	은평서	141	최미숙	논산서	293
최고든	광주서	320	최다영	안양서	191	최미숙	서울청	72
최고은	광주서	320	최다예	국세청	36	최미순	강서서	99
최고은	반포서	118	최다정	수영서	421	최미애	포항서	390
최고은	중부청	163	최다혜	광산서	323	최미영	광산서	323
최고은	해운대서	424	최대경	진주서	437	최미영	동안양서	177
최고진	해운대서	424	최대림	부산청	396	최미영	삼성서	121
최관수	세제실	6	최대현	대전서	274	최미영	조세연	450
최광민	부평서	233	최대현	양산서	409	최미영	조세연	449
최광식	제천서	284	최도석	서울청	83	최미옥	구리서	170
최광신	관악서	101	최도영	대구청	361	최미옥	삼성서	121
최권호	정읍서	339	최돈희	중부청	159	최미정	동화성서	202
최규선	경기광주서	168	최동기	안양서	191	최미정	중부청	155
최규식	노원서	109	최동석	동울산서	426	최미진	북대전서	276
최규진	부산진서	413	최동수	종로서	145	최미혜	구리서	171
최규철	대전서	275	최동주	화성서	201	최민경	동작서	115
최규한	남동서	239	최동진	동고양서	249	최민경	인천청	220
최근보	원주서	212	최동찬	예산서	303	최민규	부천서	251
최근수	성북서	128	최동혁	국세청	48	최민규	은평서	141
최근식	부산청	394	최동혁	서울청	88	최민서	부산진서	412
최근영	동화성서	202	최동현	종로서	144	최민석	영등포서	136
최근영	은평서	140	최동훈	북대전서	277	최민성	마포서	116
최근재	남대구서	364	최동휘	포천서	259	최민수	송파서	131
최근창	역삼서	135	최두이	기흥서	195	최민식	부산청	403
최근형	평택서	199	최두현	대전서	274	최민애	경기광주서	169
최근호	국세청	22	최라원	의정부서	255	최민애	대전청	270
최근호	용인서	192	최락진	성남서	181	최민엽	의정부서	254
최금년	대전청	265	최만석	양산서	408	최민우	국세청	39
최금주	조세연	449	최명순	인천청	223	최민우	삼척서	207
최금주	조세연	454	최명식	중부서	149	최민정	마포서	117
최금해	동작서	114	최명일	국세청	46	최민정	서대전서	278
최기순	아산서	301	최명준	서울청	90	최민정	송파서	131
최기영	남부천서	252	최명진	중부청	162	최민정	역삼서	135
최기영	영덕서	386	최명현	서울청	73	최민정	전주서	337
최기용	남대구서	364	최명호	중부청	164	최민준	부산진서	412
최기웅	노원서	108	최명화	안양서	190	최민지	강남서	94

이름	소속	쪽	이름	소속	쪽	이름	소속	쪽
최민지	논산서	293	최상채	잠실서	143	최성은	조세연	452
최민지	서산서	296	최상혁	목포서	342	최성은	조세연	451
최민혁	대전청	266	최상혁	양천서	132	최성일	노원서	108
최민혜	대전서	274	최상형	북대전서	277	최성일	화성서	200
최민혜	평택서	198	최새연	북전주서	332	최성임	울산서	428
최민호	서초서	124	최서나	서울청	76	최성준	북부산서	415
최방석	광주서	321	최서연	강서서	99	최성지	원주서	212
최범식	성동서	126	최서영	노원서	108	최성찬	제천서	284
최병구	대구청	358	최서영	천안서	304	최성한	청주서	287
최병구	마포서	116	최서우	김해서	433	최성현	중부청	162
최병국	강서서	98	최서윤	강서서	98	최성호	대전청	270
최병국	인천서	231	최서윤	부천서	250	최성호	반포서	118
최병길	영등포서	136	최서윤	진주서	436	최성화	강남서	94
최병달	서대구서	372	최서진	도봉서	111	최성환	계양서	240
최병민	북전주서	332	최서진	세종서	298	최성희	중부청	164
최병석	서초서	124	최서현	의정부서	254	최성희	창원서	439
최병석	종로서	145	최서현	청주서	286	최세라	서울청	79
최병우	서울청	86	최석운	서인천서	234	최세영	부산청	397
최병윤	순천서	347	최석종	시흥서	184	최세은	구로서	102
최병재	인천청	220	최선경	분당서	178	최세임	천안서	305
최병준	대구청	354	최선규	구로서	103	최세진	이천서	196
최병천	충주서	289	최선근	국세청	50	최세현	국세청	39
최병철	창원서	439	최선모	반포서	119	최세희	서울청	76
최병하	익산서	334	최선미	논산서	293	최소담	광주청	314
최병화	용인서	192	최선미	안양서	190	최소아	경주서	377
최보경	중부산서	423	최선우	노원서	108	최소영	삼성서	120
최보라	의정부서	255	최선우	통영서	440	최소윤	동래서	410
최보람	여수서	349	최선웅	삼성서	121	최소은	마포서	117
최보령	국세청	39	최선이	성북서	128	최송아	용산서	138
최보문	강남서	94	최선주	서울청	90	최송엽	평택서	198
최보미	노원서	109	최선학	동작서	114	최송희	수원서	182
최보미	인천서	231	최선혜	파주서	257	최수경	동고양서	249
최보선	양천서	133	최선호	관악서	100	최수경	목포서	343
최보영	경기광주	168	최선호	금천서	105	최수미	상담센터	56
최보영	금천서	105	최선효	삼성서	120	최수미	잠실서	142
최보영	순천서	345	최선희	노원서	109	최수민	광산서	322
최보윤	김포서	246	최선희	도봉서	110	최수민	국세청	20
최복기	평택서	198	최설희	국세청	46	최수빈	반포서	118
최봉렬	양천서	132	최성관	군산서	328	최수식	김해서	432
최봉수	청주서	287	최성규	반포서	119	최수아	이천서	196
최봉순	국세청	46	최성균	국세청	49	최수연	서울청	80
최부중	부산강서서	417	최성례	성남서	180	최수연	익산서	334
최상덕	동래서	410	최성미	서대전서	279	최수연	중부서	148
최상만	국세청	21	최성미	영등포서	137	최수영	대전청	266
최상미	삼성서	121	최성민	김해서	432	최수인	구로서	103
최상복	대구청	356	최성민	수원서	182	최수인	구리서	170
최상선	충주서	289	최성배	광주서	320	최수인	북대전서	277
최상연	도봉서	111	최성순	성동서	127	최수정	분당서	179
최상연	인천청	225	최성실	동대구서	367	최수종	서대전서	279
최상운	중부청	152	최성열	남부천서	253	최수진	국세청	38
최상임	종로서	144	최성영	서울청	74	최수진	김천서	381
최상재	국세청	49	최성용	안산서	187	최수진	노원서	108
최상준	구리서	171	최성욱	서울청	63	최수현	국세청	21

최수현	울산서	429	최연정	양산서	409	최영호	금천서	104
최수현	잠실서	143	최연주	중부청	154	최영호	마포서	117
최숙경	통영서	441	최연평	전주서	336	최영환	경기광주서	169
최숙현	용산서	138	최연하	서울청	71	최영환	관악서	100
최숙희	기흥서	194	최연희	관악서	100	최영훈	광주청	311
최순봉	부산진서	413	최연희	광산서	322	최예린	광주청	310
최순희	북전주서	332	최연희	구리서	171	최예영	중부산서	422
최순희	영등포서	136	최연희	도봉서	110	최예은	송파서	130
최슬기	국세청	49	최영권	대전청	262	최오동	서울청	91
최슬기	서울청	80	최영근	전주서	336	최오미	대전청	265
최슬기	청주서	286	최영둘	대전청	265	최옥구	중부청	158
최슬기	평택서	198	최영란	조세연	455	최옥미	부천서	250
최승규	인천서	230	최영미	서대전서	279	최완규	은평서	140
최승리	경기광주서	168	최영미	조세심판원	15	최완규	중부청	166
최승민	서울청	71	최영미	중부청	156	최완규	화성서	201
최승복	분당서	179	최영보	동대문서	113	최용규	동작서	115
최승빈	화성서	201	최영봉	서울청	82	최용근	송파서	130
최승식	예산서	302	최영선	부산청	403	최용민	역삼서	134
최승오	보령서	294	최영수	서울청	70	최용복	동청주서	281
최승욱	연수서	236	최영숙	구로서	102	최용선	부천서	251
최승일	서울청	70	최영실	마포서	116	최용세	중부산서	422
최승재	광주서	320	최영아	서울청	83	최용우	서울청	62
최승철	강릉서	204	최영우	국세청	25	최용철	강릉서	205
최승택	조세심판원	12	최영우	춘천서	214	최용호	강동서	97
최승혁	성동서	127	최영윤	대구청	361	최용호	화성서	201
최승현	안동서	384	최영윤	화성서	201	최용화	이천서	197
최승훈	국세청	41	최영은	북대구서	370	최용훈	경산서	375
최승훈	조세연	453	최영은	역삼서	134	최용훈	구미서	379
최승훈	통영서	440	최영인	서울청	75	최용훈	서울청	88
최승희	도봉서	110	최영임	광주서	320	최용훈	수영서	421
최시온	종로서	145	최영임	광주청	312	최우경	동대문서	113
최시은	거창서	431	최영조	분당서	178	최우경	북대전서	277
최시은	광산서	323	최영조	서초서	125	최우녕	인천청	226
최신애	북부산서	415	최영주	목포서	342	최우석	수원서	183
최신호	정읍서	338	최영주	원주서	213	최우석	중부산서	422
최아라	김해서	432	최영준	서울청	81	최우성	강동서	96
최아라	인천청	220	최영준	안양서	191	최우성	화성서	200
최아름	영등포서	137	최영준	예산서	302	최우신	분당서	178
최아영	광주서	320	최영준	조세심판원	13	최우영	수영서	421
최아현	남대문서	107	최영준	포항서	391	최우영	수원서	182
최안나	경기광주서	168	최영지	용산서	139	최우일	구로서	102
최안욱	부산청	394	최영진	강서서	98	최우정	고양서	242
최연경	파주서	257	최영진	국세청	28	최우정	북대구서	371
최연구	경기광주서	169	최영진	성북서	129	최우진	국세청	26
최연덕	부산청	396	최영진	순천서	347	최우진	국세청	44
최연서	광주서	320	최영진	용인서	193	최우현	중부청	159
최연수	구로서	103	최영철	국세청	20	최욱경	진주서	436
최연수	북광주서	325	최영철	북대구서	371	최운식	동대문서	112
최연옥	영동서	283	최영철	서부산서	418	최웅렬	파주서	257
최연우	영등포서	136	최영학	서울청	83	최원규	광주청	316
최연우	원주서	212	최영현	강남서	94	최원미	남대문서	106
최연욱	중부청	153	최영현	서울청	85	최원봉	삼성서	120
최연정	구리서	170	최영호	국세청	46	최원상	원주서	212

최원석	구로서	103	최윤영	구미서	379	최은영	수성서	369
최원석	파주서	257	최윤영	대구청	354	최은영	의정부서	254
최원수	국세청	18	최윤영	서울청	79	최은옥	동고양서	248
최원영	북광주서	325	최윤영	수원서	182	최은유	서울청	69
최원영	양천서	132	최윤영	울산서	429	최은정	남부천서	253
최원우	김해서	433	최윤용	조세연	454	최은정	서울청	84
최원익	평택서	198	최윤정	강서서	99	최은정	성동서	127
최원정	서광주서	327	최윤정	동안양서	177	최은지	국세청	49
최원제	대구청	359	최윤정	서초서	124	최은지	국세청	31
최원준	강남서	95	최윤정	안산서	187	최은지	동수원서	174
최원준	남대구서	364	최윤정	인천서	230	최은진	마산서	434
최원진	금정서	406	최윤정	충주서	289	최은진	부천서	250
최원태	수영서	421	최윤정	통영서	441	최은진	서대구서	373
최원현	국세청	20	최윤주	광주청	312	최은진	서초서	124
최원화	삼성서	121	최윤주	인천청	223	최은창	용인서	192
최원희	동작서	115	최윤진	서울청	87	최은철	익산서	335
최원희	성북서	129	최윤진	화성서	200	최은태	울산서	428
최유건	강남서	95	최윤혁	창원서	439	최은하	서울청	66
최유나	김포서	247	최윤형	경주서	377	최은혜	동청주서	280
최유나	서인천서	234	최윤호	대전청	266	최은혜	마포서	117
최유나	영주서	388	최윤호	서울청	62	최은호	대구청	354
최유리	북대전서	276	최윤회	용인서	193	최은화	부평서	232
최유림	조세연	455	최윤희	서울청	91	최은희	동청주서	281
최유림	종로서	144	최윤희	세제실	7	최은희	서울청	85
최유림	해운대서	425	최은경	동작서	115	최이진	남동서	238
최유미	동대구서	367	최은경	부산청	400	최익성	서울청	64
최유미	조세심판원	13	최은경	서울청	67	최익수	대전청	265
최유성	서인천서	235	최은경	통영서	440	최익영	강서서	98
최유영	평택서	199	최은경	파주서	257	최익훈	부평서	232
최유일	동대구서	366	최은미	서울청	66	최인경	기흥서	195
최유진	대구청	356	최은미	세종서	298	최인광	북광주서	324
최유진	동고양서	248	최은미	제주서	443	최인국	용산서	138
최유진	분당서	178	최은복	포천서	258	최인귀	영등포서	136
최유진	서울청	64	최은빈	남부천서	252	최인규	서울청	62
최유철	대구청	356	최은빈	부산청	400	최인범	시흥서	184
최윤겸	부산청	394	최은선	구미서	379	최인석	서울청	62
최윤경	대전청	271	최은수	동울산서	427	최인식	금정서	406
최윤기	수원서	182	최은수	서울청	86	최인실	부산강서서	416
최윤미	강서서	99	최은수	성동서	126	최인아	서울청	70
최윤미	부산청	394	최은수	화성서	200	최인아	창원서	439
최윤미	시흥서	185	최은숙	국세청	27	최인애	홍성서	307
최윤미	인천청	222	최은숙	서울청	74	최인영	동화성서	203
최윤미	조세연	451	최은숙	안동서	385	최인영	부산청	399
최윤서	서울청	82	최은애	동대문서	113	최인영	서울청	79
최윤서	수원서	183	최은애	북대구서	370	최인영	중부청	163
최윤석	성남서	181	최은애	중부청	156	최인옥	국세청	43
최윤선	동청주서	281	최은영	고양서	243	최인옥	서대전서	278
최윤선	제주서	443	최은영	국세청	23	최인혁	조세연	450
최윤성	용인서	192	최은영	금천서	105	최인혁	조세연	449
최윤성	종로서	144	최은영	김포서	246	최인혜	국세청	18
최윤실	김해서	432	최은영	반포서	119	최인효	순천서	344
최윤실	부산청	397	최은영	서울청	64	최일암	국세청	48
최윤아	성남서	181	최은영	서울청	88	최자명	홍천서	217

최자연	동화성서	203	최정욱	광주청	314	최준웅	동대문서	113
최장규	상주서	383	최정운	금정서	406	최준재	인천서	231
최장균	순천서	347	최정웅	수영서	420	최준호	영덕서	387
최장영	인천서	231	최정원	성북서	128	최준환	중부청	152
최장원	국세청	49	최정윤	종로서	145	최중갑	조세연	454
최재강	이천서	196	최정은	남대구서	365	최중진	원주서	213
최재광	평택서	199	최정은	상담센터	58	최중현	대전청	266
최재규	북전주서	333	최정은	서대전서	278	최지나	부산강서서	417
최재규	서울청	73	최정은	성동서	126	최지민	서산서	296
최재균	제천서	285	최정이	북광주서	324	최지민	인천청	220
최재덕	동작서	114	최정인	경기광주서	168	최지민	중랑서	147
최재득	삼성서	121	최정인	국세청	41	최지선	마산서	434
최재림	의정부서	254	최정임	송파서	131	최지선	북대전서	277
최재명	부산청	400	최정재	조세연	451	최지선	해운대서	425
최재선	중부서	148	최정주	울산서	428	최지수	동청주서	281
최재성	국세청	50	최정헌	국세청	39	최지수	서울청	74
최재성	동수원서	175	최정현	서울청	88	최지숙	대구청	357
최재영	구미서	379	최정혜	경주서	376	최지아	구로서	102
최재영	세제실	8	최정훈	구로서	103	최지안	북대구서	370
최재영	영등포서	136	최정훈	동래서	411	최지연	경주서	376
최재용	북부산서	415	최정훈	부산강서서	416	최지연	용인서	192
최재우	동대구서	367	최정희	기흥서	195	최지연	중부청	164
최재원	성북서	128	최정희	중부청	166	최지영	광명서	244
최재은	김해서	433	최제환	울산서	429	최지영	국세청	45
최재진	구리서	170	최제후	목포서	343	최지영	금천서	105
최재천	용인서	192	최종기	남대구서	365	최지영	대구청	358
최재철	마포서	117	최종묵	역삼서	135	최지영	보령서	294
최재혁	북광주서	324	최종미	중부청	156	최지영	삼성서	121
최재혁	수성서	369	최종민	목포서	342	최지영	조세연	454
최재혁	의정부서	254	최종선	북광주서	325	최지우	구로서	102
최재혁	해운대서	424	최종수	마포서	117	최지우	의정부서	255
최재현	대구청	357	최종욱	남동서	238	최지우	화성서	200
최재현	마포서	116	최종욱	충주서	288	최지원	구리서	170
최재협	구미서	379	최종운	남대구서	364	최지원	김포서	246
최재형	서울청	87	최종태	서초서	125	최지원	성동서	127
최재호	중부산서	422	최종호	금천서	104	최지원	안동서	384
최재화	동대구서	367	최종호	삼성서	121	최지은	군산서	328
최재훈	거창서	430	최종훈	평택서	199	최지은	대전청	263
최정규	역삼서	135	최주광	김포서	247	최지은	동화성서	203
최정명	부천서	250	최주연	강남서	95	최지은	부산진서	412
최정민	삼성서	121	최주연	부산청	395	최지은	북대구서	370
최정심	화성서	200	최주영	김해서	432	최지은	북대전서	276
최정아	금정서	406	최주영	대구청	354	최지은	춘천서	214
최정아	서울청	69	최주영	동울산서	426	최지인	전주서	337
최정애	마산서	434	최주원	삼척서	206	최지현	거창서	431
최정연	군산서	328	최주희	인천청	220	최지현	김포서	247
최정연	통영서	440	최준기	경주서	376	최지현	노원서	109
최정연	화성서	201	최준민	서광주서	327	최지현	역삼서	135
최정열	상담센터	57	최준성	시흥서	185	최지현	잠실서	143
최정영	동작서	115	최준영	서대전서	279	최지현	중부산서	423
최정완	계양서	240	최준영	서대전서	278	최지현	중부청	158
최정용	북광주서	324	최준완	중부청	163	최지혜	목포서	342
최정우	강남서	94	최준욱	조세연	449	최지혜	양산서	408

이름	소속	쪽	이름	소속	쪽	이름	소속	쪽
최지훈	광주청	316	최태영	중부산서	423	최현옥	전주서	337
최지훈	대전청	267	최태용	남대구서	364	최현정	동청주서	280
최지훈	북부산서	414	최태용	서울청	85	최현정	속초서	209
최지훈	천안서	304	최태전	여수서	349	최현정	은평서	141
최지희	국세청	26	최태주	삼성서	121	최현정	평택서	198
최지희	군산서	328	최태진	서초서	125	최현정	해운대서	424
최진경	경기광주서	168	최태현	상담센터	57	최현주	중부청	153
최진관	통영서	440	최태형	평택서	199	최현주	청주서	287
최진규	기흥서	195	최태훈	국세청	31	최현주	포항서	390
최진규	서초서	124	최파란	제주서	443	최현준	동대문서	112
최진규	세제실	6	최필규	수원서	183	최현지	삼성서	120
최진남	국세청	18	최하나	서초서	125	최현진	부산강서서	416
최진미	서울청	65	최하나	용산서	138	최현진	인천청	222
최진민	부산청	397	최하나	중랑서	147	최현진	청주서	286
최진석	안양서	191	최하나	중부청	153	최현창	서울청	86
최진선	김해서	432	최하나	청주서	287	최현태	속초서	209
최진선	인천청	221	최하림	영주서	388	최현호	파주서	256
최진수	성동서	127	최하연	서울청	65	최현희	수성서	368
최진숙	대전청	266	최하영	조세연	450	최형윤	서초서	125
최진숙	창원서	439	최하은	김해서	433	최형준	서울청	73
최진영	도봉서	110	최하진	포항서	390	최형준	포천서	258
최진영	부산청	394	최학규	국세청	21	최형지	원주서	213
최진영	서인천서	234	최한근	서울청	78	최형화	삼성서	121
최진영	양천서	132	최한뫼	서울청	69	최혜경	대전서	275
최진옥	북대전서	276	최한빈	북부산서	414	최혜경	동대구서	366
최진욱	동화성서	203	최한솔	이천서	196	최혜련	서울청	65
최진원	성동서	127	최한영	조세연	451	최혜리	부산청	395
최진이	논산서	292	최한호	울산서	429	최혜림	남양주서	172
최진철	강동서	96	최항호	울산서	428	최혜미	수영서	421
최진하	아산서	300	최해민	영월서	211	최혜선	김해서	433
최진현	조세심판원	12	최해성	제주서	443	최혜선	마산서	435
최진화	원주서	213	최해수	서부산서	419	최혜옥	삼성서	120
최찬규	중부청	161	최해영	서울청	64	최혜원	남동서	238
최찬민	속초서	208	최해욱	청주서	287	최혜원	인천청	227
최찬배	국세청	33	최해원	서초서	125	최혜윤	서광주서	326
최창무	광주청	310	최해철	고양서	243	최혜정	광명서	245
최창열	인천서	230	최행용	잠실서	142	최혜정	이천서	196
최창우	부산청	395	최향미	광주청	313	최혜지	북대전서	277
최창욱	광주청	314	최향성	도봉서	111	최혜진	김포서	246
최창원	조세심판원	12	최헌순	동고양서	248	최혜진	수영서	421
최창주	용산서	139	최혁진	동화성서	203	최혜진	시흥서	185
최창현	인천청	227	최현빈	통영서	440	최혜진	잠실서	142
최창호	동대문서	113	최현석	강서서	99	최호림	관악서	101
최창호	해운대서	425	최현석	동대구서	366	최호상	연수서	237
최창훈	국세청	27	최현석	서대문서	123	최호성	동래서	410
최천식	상담센터	56	최현선	익산서	334	최호열	서산서	296
최철승	북광주서	324	최현성	김포서	247	최호영	원주서	213
최청림	분당서	179	최현수	국세청	31	최호영	의정부서	254
최초로	서울청	81	최현숙	동수원서	174	최호영	진주서	437
최춘자	남대구서	364	최현신	구로서	102	최호윤	역삼서	135
최치권	마포서	116	최현아	여수서	348	최호일	전주서	337
최치환	국세청	39	최현영	익산서	334	최호준	의정부서	254
최태규	역삼서	135	최현영	중부청	155	최호진	통영서	440

이름	소속	쪽
최홍서	서울청	77
최홍신	국세청	39
최홍열	대전청	266
최환규	강릉서	204
최환석	보령서	294
최환석	정읍서	339
최회윤	김포서	246
최효선	강남서	94
최효선	제주서	443
최효영	금천서	105
최효영	북광주서	325
최효임	성남서	181
최효진	경기광주서	169
최효진	서울청	91
최효진	양천서	132
최훈정	부산강서서	416
최휘철	충주서	288
최흥길	수성서	368
최흥진	서인천서	234
최희경	공주서	290
최희경	김포서	247
최희경	상담센터	58
최희권	청주서	286
최희선	대전청	266
최희숙	북부산서	414
최희원	국세청	42
최희재	수원서	183
최희정	강남서	94
최희정	양천서	133
최희주	경기광주서	169
추교석	강동서	96
추근식	서울청	70
추근우	중부청	163
추다솔	삼성서	120
추명운	정읍서	338
추민성	대구청	358
추민재	부산강서서	417
추병욱	부산청	401
추성영	서울청	68
추세웅	강서서	99
추수연	울산서	429
추시은	동대구서	367
추아민	중부산서	423
추언우	금정서	406
추원규	예산서	303
추원득	천안서	304
추원욱	국세청	32
추원희	서부산서	418
추은경	북대구서	371
추은정	인천청	221
추정현	서울청	72
추종완	동래서	410
추지연	광주서	320
추지연	금천서	104
추지희	마산서	435
추현종	강남서	95
추현희	제주서	442
추혜진	대구청	360

ㅌ

이름	소속	쪽
탁경석	연수서	236
탁기욱	영등포서	137
탁봉진	동안양서	177
탁성찬	서울청	70
탁승해	수원서	183
탁용성	도봉서	110
탁현희	북대전서	277
탁희경	성북서	129
탄정기	삼척서	207
태대환	동고양서	248
태민성	남동서	238
태상미	대전청	268
태영연	파주서	256
태종배	구리서	171

ㅍ

이름	소속	쪽
판현미	마포서	116
팽동준	중부청	165
편나래	동대문서	112
편대수	안양서	190
편무창	영월서	211
편상원	상담센터	56
편정아	예산서	303
편지현	동래서	410
편혜란	구로서	103
표미경	청주서	286
표민경	부산강서서	416
표삼미	서울청	69
표석진	부천서	250
표선임	서울청	77
표성진	동안양서	177
표우중	서울청	64
표정범	마포서	117
표지선	서울청	78
표창환	조세연	449
표혜선	부산진서	412
피근영	남부천서	252
피연지	김포서	247
피정빈	동화성서	202

ㅎ

이름	소속	쪽
하건우	진주서	436
하경숙	동대구서	366
하경아	송파서	131
하경아	해남서	350
하경종	이천서	197
하경혜	창원서	438
하관수	지방세제	447
하광무	시흥서	184
하광열	중부청	158
하구식	국세청	38
하기성	강동서	97
하나임	중부청	165
하나정	포항서	391
하남우	광주청	316
하두영	남동서	239
하륜광	은평서	140
하명균	조세심판원	13
하명림	금천서	105
하명선	동고양서	249
하명진	원주서	212
하미숙	광명서	244
하미현	대전청	264
하민경	진주서	437
하민수	진주서	437
하민영	서울청	87
하민정	수원서	182
하민정	평택서	198
하민혜	창원서	438
하병욱	진주서	436
하복수	진주서	436
하봉남	광주청	316
하상돈	동수원서	174
하상우	부산청	402
하상욱	국세청	36
하상욱	국세청	25
하상진	광산서	322
하상철	성동서	127
하서연	부산청	396
하선우	울산서	428
하선우	원주서	213
하성균	국세청	18
하성우	인천청	224
하성준	금정서	407
하성철	순천서	345
하성호	대구청	359
하세일	제주서	442
하세정	조세연	452
하세정	조세연	451
하수민	해운대서	424
하수정	파주서	256

하수진	북대구서	371	하태완	서인천서	235	한다은	중부청	160
하수현	은평서	140	하태욱	용인서	193	한다정	남원서	330
하승민	김해서	433	하태운	포항서	391	한덕수	중부서	148
하승민	서울청	70	하태희	성동서	127	한덕우	남동서	239
하승민	중부산서	422	하한울	남양주서	172	한덕윤	서울청	90
하승범	거창서	430	하헌욱	북대구서	370	한도흔	광주청	317
하승훈	동울산서	426	하현균	지방세제	446	한동석	서광주서	327
하승훈	서울청	80	하현정	국세청	37	한동훈	부산청	394
하승희	서부산서	418	하현주	국세청	23	한동훈	원주서	213
하신행	서울청	84	하현주	부산진서	413	한동희	아산서	301
하신호	금천서	104	하형준	청주서	287	한만훈	동안산서	188
하에스더	조세연	452	하회성	동래서	411	한면기	해운대서	425
하연정	서대구서	372	하효연	동화성서	202	한명민	성동서	127
하영미	경주서	376	하희완	화성서	200	한명수	이천서	196
하영미	구미서	378	한 란	대전청	264	한무현	파주서	256
하영우	중부청	159	한 용	대전청	270	한문식	의정부서	254
하예진	북대구서	371	한 현	지방세제	446	한미경	마포서	116
하원경	국세청	42	한 대희	동화성서	202	한미연	기흥서	194
하유정	국세청	24	한 장미	서울청	78	한미영	국세청	24
하유정	화성서	201	한 장우	서울청	87	한미영	동안양서	176
하윤경	삼성서	120	한 장혁	서울청	62	한미자	평택서	199
하윤정	부평서	233	한 채윤	광주청	314	한미현	서대전서	279
하윤철	천안서	304	한가영	부산청	400	한미희	성남서	180
하윤희	경기광주서	168	한건희	거창서	430	한민규	수원서	182
하은미	부산청	401	한건희	부천서	250	한민수	제주서	443
하은석	남대구서	365	한겨레	전주서	337	한민수	중부청	158
하은지	서광주서	326	한경란	용인서	192	한민아	예산서	303
하은지	서울청	81	한경석	강동서	97	한민우	영주서	388
하은혜	서울청	90	한경수	국세청	36	한민지	서울청	71
하이레	통영서	440	한경은	마포서	117	한범희	중부청	162
하인선	부산진서	412	한경진	조세연	451	한보경	금천서	104
하재은	안양서	191	한경태	국세청	35	한보름	역삼서	134
하재현	마산서	434	한경태	중부청	162	한보미	서울청	77
하정권	강서서	99	한경화	양천서	133	한봉수	경기광주서	169
하정란	진주서	437	한경화	용인서	192	한비룡	동수원서	174
하정민	서울청	64	한광인	중부청	154	한비치	홍성서	307
하정민	중부청	162	한광희	서울청	81	한빛나	천안서	304
하정영	북대전서	276	한구환	충주서	288	한상국	영덕서	386
하정우	천안서	304	한국일	국세청	32	한상명	제주서	442
하정욱	김해서	432	한권수	군산서	328	한상민	의정부서	255
하정욱	연수서	237	한규리	남대구서	364	한상배	충주서	288
하종면	고양서	242	한규민	논산서	292	한상범	경기광주서	168
하종수	분당서	179	한규원	경주서	376	한상범	안양서	190
하주연	김천서	381	한규진	송파서	131	한상범	은평서	141
하준찬	시흥서	184	한그루	중부청	158	한상수	부산청	399
하지경	창원서	439	한기연	시흥서	184	한상수	화성서	201
하지영	남원서	330	한기준	서울청	66	한상영	중부청	159
하창경	국세청	49	한기청	해남서	350	한상용	광산서	322
하창수	대전청	266	한길완	전주서	337	한상원	국세청	40
하치석	서부산서	419	한길택	의정부서	255	한상윤	남양주서	173
하태상	춘천서	214	한나라	광주청	311	한상재	인천청	221
하태연	도봉서	111	한나라	조세심판원	14	한상춘	해남서	350
하태영	부산청	403	한누리	관악서	101	한상화	동화성서	202

한상훈	공주서	291	한수진	동안양서	177	한원찬	연수서	237
한상훈	군산서	329	한수진	서대전서	278	한유경	서울청	65
한상훈	서울청	79	한수철	수원서	183	한유미	조세연	449
한상희	남부천서	253	한수현	동안산서	188	한유정	중부청	162
한서연	수원서	183	한수현	서광주서	327	한유진	강남서	95
한서인	서인천서	235	한수현	수원서	182	한유진	부산진서	412
한서희	아산서	301	한수현	영등포서	136	한유진	부천서	251
한석복	북부산서	415	한수현	중부청	161	한유현	목포서	342
한석영	잠실서	143	한수현	중부청	166	한윤구	국세청	20
한석원	익산서	334	한수홍	북광주서	325	한윤숙	용산서	138
한석윤	김포서	246	한숙란	세종서	299	한윤정	마포서	116
한석희	예산서	302	한숙향	마포서	116	한윤채	성북서	128
한선배	종로서	145	한숙희	정읍서	338	한윤희	목포서	343
한선희	동화성서	202	한순국	포항서	390	한은미	조세연	454
한설희	북전주서	332	한순규	남부천서	253	한은숙	고양서	242
한성경	충주서	288	한순근	수원서	182	한은숙	동고양서	248
한성미	중부청	165	한승구	강서서	98	한은숙	부산진서	413
한성민	제주서	443	한승기	구리서	170	한은우	동수원서	175
한성삼	부산청	400	한승만	성동서	127	한은정	강남서	94
한성욱	동대구서	367	한승민	남동서	238	한은정	북광주서	325
한성일	금천서	104	한승배	의정부서	255	한은정	서인천서	234
한성준	대전청	268	한승범	도봉서	110	한은정	순천서	347
한성호	서울청	76	한승아	남대문서	107	한은정	평택서	198
한성호	화성서	200	한승우	안산서	186	한은주	강남서	95
한성희	정읍서	338	한승일	중부청	157	한은혜	용산서	138
한세영	국세청	23	한승철	중부청	161	한인수	동청주서	280
한세영	서인천서	234	한승학	청주서	286	한인정	부평서	232
한세훈	시흥서	185	한승협	동고양서	248	한인표	남동서	238
한세희	서울청	68	한승희	홍성서	307	한일용	광주청	311
한소라	서울청	62	한시윤	국세청	32	한임철	진주서	437
한소백	서대문서	123	한아름	국세청	37	한자람	광주서	321
한소영	조세연	454	한아름	서대문서	122	한재민	이천서	196
한소은	익산서	334	한아림	안양서	190	한재식	구로서	103
한송이	광주청	315	한연근	김포서	247	한재식	성동서	127
한송이	국세청	30	한연식	북광주서	325	한재영	강동서	97
한송이	남원서	331	한연주	인천청	223	한재영	부산청	404
한송이	북광주서	324	한영규	중랑서	147	한재영	부천서	251
한송희	광명서	245	한영섭	잠실서	143	한재일	서울청	68
한송희	대전청	268	한영수	반포서	119	한재진	남양주서	173
한송희	인천청	223	한영임	홍천서	216	한재현	인천서	230
한송희	지방세제	447	한영준	남양주서	172	한재현	조세연	452
한수경	전주서	336	한예숙	영등포서	136	한재희	강서서	99
한수관	예산서	302	한예슬	용인서	192	한정관	서광주서	326
한수민	안양서	191	한예향	서부산서	419	한정규	나주서	340
한수연	강동서	96	한완상	남동서	239	한정덕	반포서	118
한수연	분당서	179	한요섭	분당서	178	한정미	국세청	38
한수영	진주서	436	한용균	조세연	455	한정민	논산서	293
한수영	홍성서	306	한용석	안산서	186	한정민	부산청	394
한수은	삼성서	121	한용희	여수서	348	한정민	충주서	289
한수이	대전서	274	한웅희	서대전서	278	한정수	국세청	38
한수정	기흥서	194	한원석	용산서	138	한정식	은평서	141
한수정	삼성서	121	한원윤	전주서	337	한정아	금천서	105
한수지	인천청	224	한원주	보령서	294	한정예	서부산서	418

홍기범	속초서	209	홍성기	진주서	437	홍영숙	창원서	438
홍기석	익산서	335	홍성도	예산서	303	홍영실	노원서	108
홍기선	강동서	96	홍성민	국세청	49	홍영유	서인천서	235
홍기성	부산강서서	416	홍성민	국세청	20	홍영준	광주청	311
홍기연	용산서	138	홍성민	남양주서	173	홍영진	남동서	239
홍기오	제천서	285	홍성수	제주서	442	홍영표	서광주서	326
홍나경	서울청	72	홍성수	천안서	305	홍영호	인천서	231
홍다영	계양서	240	홍성아	조세연	453	홍예령	계양서	240
홍다예	서울청	65	홍성애	송파서	130	홍완표	북광주서	324
홍다혜	조세연	454	홍성옥	구로서	103	홍용석	강서서	98
홍단비	마포서	117	홍성완	조세심판원	15	홍우환	동화성서	202
홍대건	용인서	192	홍성일	삼성서	120	홍욱기	반포서	118
홍덕길	아산서	300	홍성자	천안서	304	홍원의	동래서	411
홍덕표	삼척서	207	홍성준	강동서	96	홍유남	조세연	449
홍명숙	세종서	298	홍성준	광명서	244	홍유종	서울청	88
홍명하	제주서	443	홍성준	천안서	304	홍윤기	익산서	335
홍문선	국세청	33	홍성천	삼성서	120	홍윤석	구로서	103
홍문희	동화성서	202	홍성한	서울청	71	홍윤석	서울청	76
홍미라	서울청	71	홍성훈	국세청	42	홍윤석	포천서	259
홍미숙	여수서	349	홍성훈	송파서	131	홍윤선	평택서	198
홍미숙	종로서	145	홍성희	서울청	64	홍윤종	마산서	435
홍미영	관악서	101	홍성희	조세연	450	홍윤진	조세연	453
홍미영	중부서	148	홍세민	구로서	102	홍은기	서울청	88
홍민기	강남서	95	홍세정	국세청	46	홍은아	도봉서	110
홍민기	서초서	124	홍세진	동작서	114	홍은아	마산서	434
홍민아	김천서	380	홍소영	국세청	44	홍은영	순천서	346
홍민영	청주서	287	홍소영	서울청	86	홍은정	대전청	269
홍민정	창원서	438	홍솔아	안산서	187	홍은지	동대구서	366
홍민지	부산청	394	홍수경	정읍서	338	홍은화	대전서	275
홍민표	양산서	409	홍수림	김천서	380	홍이정	조세심판원	15
홍범식	성동서	127	홍수민	부산진서	413	홍자빈	창원서	438
홍병진	조세연	450	홍수영	역삼서	135	홍장원	동화성서	203
홍병진	조세연	449	홍수옥	강서서	98	홍재옥	춘천서	214
홍보희	용인서	192	홍수은	제주서	443	홍정기	반포서	119
홍삼기	조세심판원	15	홍수지	의정부서	255	홍정기	해남서	350
홍상기	삼성서	121	홍수현	서울청	68	홍정민	강동서	96
홍상우	대전청	264	홍수현	인천서	230	홍정민	중랑서	146
홍새로미	강릉서	205	홍순국	대전청	267	홍정연	서울청	86
홍서윤	중부청	166	홍순영	강서서	99	홍정우	안동서	384
홍서준	은평서	140	홍순태	조세심판원	15	홍정욱	안양서	190
홍서진	조세연	455	홍순호	이천서	197	홍정은	서울청	62
홍석민	원주서	212	홍슬기	광주서	321	홍정자	동래서	411
홍석우	충주서	289	홍승영	삼척서	206	홍정표	구로서	102
홍석원	서울청	68	홍승표	서초서	124	홍정화	수원서	182
홍석의	강릉서	205	홍승현	부산청	394	홍정희	중부산서	423
홍석주	부산청	395	홍승희	종로서	145	홍제용	이천서	196
홍석현	동안산서	188	홍아름	인천서	231	홍제용	중부청	160
홍석후	부평서	233	홍연옥	용산서	138	홍종복	강서서	98
홍석희	인천청	224	홍연희	광주서	321	홍종은	분당서	179
홍선아	용산서	139	홍영국	종로서	145	홍주연	북광주서	324
홍선영	구리서	170	홍영균	제주서	442	홍주현	성동서	126
홍성걸	동고양서	249	홍영민	서울청	78	홍주희	이천서	197
홍성권	화성서	200	홍영선	성동서	126	홍준경	서인천서	235

홍준영	남대문서	106	황경애	대전청	267	황민희	부평서	232
홍준영	전주서	337	황경주	성동서	127	황병광	국세청	39
홍준혁	대구청	360	황경호	동울산서	426	황병권	구로서	102
홍지민	중부청	155	황경희	안양서	191	황병록	영주서	388
홍지석	성북서	128	황계순	경기광주서	168	황병석	안동서	384
홍지성	송파서	131	황광국	서울청	64	황병준	전주서	336
홍지성	수영서	420	황광선	계양서	240	황보경	조세연	451
홍지수	강릉서	205	황교언	여수서	349	황보람	동화성서	202
홍지아	인천청	224	황규동	천안서	305	황보영미	서울청	89
홍지안	고양서	243	황규봉	국세청	32	황보웅	경산서	375
홍지연	국세청	25	황규석	금정서	406	황보정여	수성서	369
홍지연	서울청	74	황규영	여수서	349	황보주경	서울청	70
홍지영	창원서	438	황규용	대전청	271	황보주연	종로서	144
홍지우	삼척서	206	황규현	국세청	21	황보현	서울청	71
홍지은	분당서	179	황규형	구로서	102	황상인	동작서	115
홍지혜	고양서	242	황기오	동대문서	112	황상준	동래서	410
홍지혜	구로서	102	황기훈	진주서	437	황상준	안동서	384
홍지화	도봉서	111	황길례	대구청	354	황상진	동수원서	174
홍지흔	서울청	89	황길하	남양주서	172	황상진	부산청	394
홍진국	용산서	139	황나경	평택서	199	황서하	노원서	108
홍진기	구리서	170	황남돈	동청주서	281	황석규	대전청	269
홍진영	세종서	299	황남욱	대구청	360	황석현	대구청	356
홍진주	경산서	374	황다검	동대문서	112	황석현	시흥서	184
홍진표	삼성서	121	황다영	북대구서	370	황선민	동작서	114
홍차령	잠실서	142	황다영	분당서	179	황선우	영등포서	136
홍창규	국세청	21	황다해	안양서	190	황선우	해남서	350
홍천상	서초서	124	황다혜	영등포서	137	황선유	천안서	304
홍철수	국세청	47	황대근	강남서	94	황선익	남대문서	107
홍충훈	수영서	421	황대림	대전서	275	황선주	마산서	435
홍태영	강서서	99	황도연	북전주서	333	황선진	광주청	312
홍필성	구리서	170	황동수	부산청	394	황선진	동고양서	248
홍학봉	삼척서	206	황동욱	서광주서	327	황선태	동안양서	176
홍해라	아산서	300	황동일	창원서	439	황선태	여수서	348
홍해성	마포서	117	황동형	중부청	160	황선혜	도봉서	111
홍헌민	안동서	384	황득현	광주청	314	황선화	강동서	96
홍현기	아산서	300	황명하	부평서	232	황선화	영등포서	136
홍현정	북대구서	371	황무근	대구청	358	황성만	경산서	375
홍현지	북전주서	332	황미경	부산청	399	황성업	부산강서서	416
홍형석	홍성서	306	황미경	서대문서	122	황성연	동안양서	177
홍혜령	국세청	18	황미연	조세연	449	황성원	상담센터	58
홍혜연	인천청	225	황미영	노원서	108	황성윤	안양서	190
홍혜영	성남서	181	황미영	인천청	224	황성진	동대구서	367
홍혜영	조세연	451	황미정	동울산서	426	황성택	마산서	434
홍혜진	서울청	75	황미정	진주서	436	황성필	서울청	74
홍후진	춘천서	215	황미진	부산청	402	황성훈	국세청	31
화종원	금정서	407	황미향	남대문서	107	황성희	강남서	94
황 민	경기광주서	169	황미화	국세청	21	황성희	대전서	274
황 현	군산서	328	황민영	동울산서	426	황세웅	중부청	163
황 현	세제실	6	황민정	서울청	88	황소원	대전청	262
황건영	북부산서	415	황민주	부산청	398	황소은	삼성서	120
황경미	나주서	340	황민철	서울청	74	황소정	서울청	86
황경서	남동서	238	황민호	대전청	268	황송이	동작서	114
황경숙	인천서	230	황민훈	마산서	435	황수빈	동안양서	176

황수연	김포서	246	황윤정	안산서	187	황정현	나주서	340
황수영	창원서	439	황윤철	논산서	292	황정화	관악서	101
황수인	서인천서	234	황은미	서울청	70	황제헌	성동서	127
황수지	구리서	171	황은비	포천서	258	황종욱	안양서	191
황수진	서대구서	372	황은서	홍성서	307	황종하	부산진서	413
황수진	용산서	138	황은아	포항서	390	황종하	북광주서	325
황순민	마산서	434	황은영	대구청	356	황종하	통영서	440
황순영	기흥서	194	황은영	북부산서	415	황주미	북대구서	371
황순영	김천서	381	황은영	서울청	80	황주연	서울청	70
황순영	남대문서	106	황은옥	강동서	96	황주이	역삼서	134
황순진	삼척서	206	황은주	잠실서	143	황주현	도봉서	110
황순하	관악서	100	황은지	국세청	48	황준기	구로서	103
황순호	서울청	75	황은진	삼성서	121	황준석	서대전서	278
황순희	성동서	126	황은희	김포서	246	황준호	창원서	438
황승규	경기광주서	168	황은희	제천서	284	황지선	광주청	312
황승진	순천서	344	황인범	중부청	164	황지성	경주서	377
황승현	북부산서	414	황인산	지방세제	446	황지아	영등포서	137
황승화	서울청	64	황인선	경기광주서	169	황지언	마산서	434
황승환	조세심판원	15	황인성	양산서	408	황지연	천안서	304
황시연	서울청	79	황인성	인천청	226	황지영	경산서	374
황시윤	구리서	171	황인아	중부서	149	황지영	국세청	33
황신영	중부청	154	황인자	홍성서	307	황지영	남양주서	172
황신원	중랑서	146	황인주	삼성서	120	황지영	부산청	402
황아름	관악서	101	황인철	광주청	310	황지영	성동서	127
황아름	서울청	90	황인태	동고양서	248	황지용	잠실서	143
황연성	의정부서	255	황인하	남양주서	172	황지원	구미서	379
황연실	강동서	97	황인혜	서대전서	278	황지원	서울청	73
황연주	서대전서	279	황인화	서울청	91	황지유	평택서	199
황연희	삼성서	121	황인환	도봉서	110	황지은	국세청	42
황영규	도봉서	110	황일섭	원주서	212	황지은	서울청	87
황영삼	파주서	257	황일성	남대구서	364	황지현	광주청	314
황영숙	남대구서	365	황장우	제주서	442	황지현	전주서	337
황영숙	청주서	286	황재민	강서서	98	황지혜	거창서	430
황영지	국세청	41	황재민	금정서	407	황지혜	삼성서	121
황영희	중부청	164	황재선	파주서	257	황지혜	파주서	256
황예슬	세제실	8	황재섭	대구청	358	황지환	화성서	200
황왕규	북대구서	371	황재승	남부천서	253	황진구	천안서	305
황요셉	시흥서	185	황재연	춘천서	214	황진영	인천서	230
황용연	평택서	199	황재원	상담센터	57	황진하	국세청	41
황용택	이천서	196	황재인	화성서	201	황진하	영등포서	136
황우오	평택서	199	황재중	청주서	286	황진희	해운대서	424
황웅재	성동서	126	황재호	조세심판원	12	황찬연	남대문서	106
황원복	나주서	341	황재홍	동대문서	113	황창민	상주서	382
황유성	양천서	133	황정록	부천서	250	황창연	서울청	72
황유숙	서대문서	122	황정만	국세청	27	황창혁	시흥서	185
황유진	삼척서	206	황정미	노원서	108	황창훈	의정부서	255
황유진	천안서	304	황정미	성동서	127	황채은	경산서	374
황윤섭	국세청	47	황정미	원주서	213	황치순	홍천서	217
황윤숙	구로서	102	황정민	통영서	440	황치운	국세청	24
황윤숙	마포서	117	황정욱	서울청	85	황태문	서울청	62
황윤식	김천서	380	황정원	춘천서	214	황태연	서울청	62
황윤영	서인천서	234	황정태	중부청	158	황태연	서초서	124
황윤정	구리서	170	황정하	인천청	226	황태영	부평서	233

2026 세무인명록

2026년 4월 14일 인쇄
2026년 4월 21일 발행

발 행 인 **오 연 관**
발 행 처 **삼일피더블유씨솔루션**

서울특별시 용산구 한강대로 273 용산빌딩
등록번호 : 1995. 6. 26 제3-633호
전   화 : (直) (02) 3489-3100
F A X : (02) 3489-3141
I S B N : 979-11-6784-547-4 93320

※ 삼일인포마인 회원께는 무료로 증정합니다   정 가 40,000원

※ '삼일인포마인'은 '삼일피더블유씨솔루션'의 단행본 브랜드입니다.
※ 파본은 교환하여 드립니다.

조세법전 | 지방세법전

2026년 개정판

조세법전

● 정 가 : 120,000원

국세공무원과 재경실무자가 가장 많이 구매하는 조세법전!
만족하는 이유가 있습니다.

삼일 조세법전은 삼일회계법인의 세무/회계 전문가가 집필하고 삼일인포마인이 만듭니다.

가독성을 높이기 위해
더 커진 활자!

三逸 조세법전만의 특장점!

● **완벽한 3단 대사 체계 구현**
상호 관련된 법·령·규칙을 3단 대사 배열

● **정제된 편주 및 핵심 예판 수록**
해당 조문의 완벽 이해를 위한 삼일회계법인 조세전문가가
엄선하고 정제한 편주 및 핵심예규판례 요약문 수록

● **관련 세법 정보를 한 면에서 한 눈에**
법·령·규칙 뿐만 아니라 관련 기본통칙, 법령, 핵심
예판 및 편주를 동일면에 배치

● **현행 법령의 개정 내용을 한 눈에 파악할 수 있도록 구법 존치**
현행 법령과 직전 구법령간 용이한 비교·대조를 위한
음영처리된 구법 존치

● **전면 한글화 완성**
법령제목 및 내용을 한글로 처리하여 신속한 검색 및 접근 가능

● **주요 9대 세법에 대한 핵심 용어 색인화**
주요 9대 세법의 핵심 용어를 법조문과 연결시켜 줌으로써
신속한 접근 가능

2026년 개정판

지방세법전

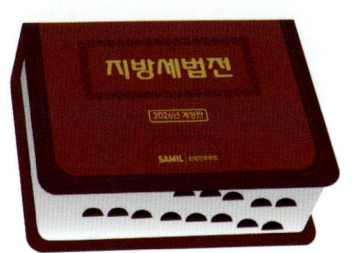

● 정 가 : 60,000원

지방세 실무자와 삼일이 야심차게 준비한
지방세법전 바이블!!

"본서를 소장하는 것 만으로 귀하도 지방세 전문가입니다."

주요 내용과 특징

1. 2025년 대법원판례, 조세심판례, 행안부 유권해석 반영
2. 2026년 시행 지방세 4법 개정내용 및 적용요령 수록
3. 지방세특례 감면율 변동에 따른 조문별 연혁정리 표시(Note 기능)

단행본

법인세 조정과 신고 실무

삼일회계법인 저

삼일회계법인 Know-how의 역작

현장의 실무 경험을 바탕으로 다양한 사례(관련 사례·계산 사례)를 수록, 기재 방법과 서식 간 유기적 관계 설명으로 서식 작성기법을 한눈에 볼 수 있어 합리적 경영관리의 새로운 기준을 제시합니다.

법인세의 실무

신찬수·이철재·정창모 공저

법인세를 가장 쉽게 이해하고 실무에 바로 적용할 수 있는 명쾌한 해설서

개정된 법인세와 관련 법령들을 상호 비교하여 모든 궁금증을 해결하고 법인세제의 흐름을 한 눈에 파악할 수 있게 하였습니다.

2026년 신고대비 핵심 세액공제 감면의 정석

손창용 저

2026년 신고대비 핵심 세액공제 완벽 정리

통합고용세액공제와 기존의 고용증대세액공제를 도표로 비교하여 그 차이점을 한눈에 파악할 수 있도록 하였으며 통합고용세액공제와 기존의 고용증대세액공제(추가공제 포함)의 적용방법에 대한 부분도 자세히 설명하였습니다.

부가가치세 실무

황종대·백지은 공저

전문가와 실무자를 위한 부가가치세의 바이블

부가가치세 실무, 불복과정에서 발생할 수 있는 다양한 사례에 대한 심층분석과 다양한 예규, 심판례, 대법원 판례 등을 수록하기 위해 핵심내용을 간략하게 요약·서술하였습니다.

상속세와 증여세 실무

최성일 저

상속세 및 증여세법 개정작업과 유권해석 및 강의경험을 바탕으로 실무해설

세법 개정의 계기가 된 사건내용을 감안한 입법배경을 기술하는 등으로 독자들의 이해 및 적용능력을 높이고 예규판례 내용을 요약·정리하여 적용방법을 추가 기술하였습니다.

가업승계와 상속·증여세

김주석·김정수 공저

국내 유일의 가업승계 관련 상속·증여세 테마형 실무해설서

170여 개의 해석사례 및 심판례를 각 유형별로 정리하였고 공제 및 특례요건별, 사후관리 유형별 사례를 정리·수록하여 제도의 이해와 활용에 도움이 됩니다.

사례로 이해하는 핵심 양도소득세

이득근 저

국세청 재산세제 및 개업세무사로서 실무 경험을 통한 획기적인 양도소득세 해설서

양도소득세 분야 중 재개발·재건축, 겸용주택, 이월과세, 부담부증여, 임대주택, 농지·신축주택의 감면 등에 대해서는 계산사례를 수록하여 학습효과 극대화하였습니다.

양도소득세 정석 편람

한연호 저

양도소득세 관련 법령을 사례 중심으로 해설과 함께 도표화

양도소득세 이론과 관계 법령을 사례별로 심층 분석하여 설명하였고 다양하고 난해한 각종 세액 계산 사례와 유형별 유권해석 및 심판례를 통하여 적법한 절세 방안을 제시하였습니다.

그림으로 풀어낸 양도소득세 실무해설

위 용 저

도표 등을 이용해서 최대한 쉽게 구성한 양도소득세 실무서

사례의 핵심내용을 상단에 3줄 이내로 요약하였고 요약된 내용을 그대로 목차로 구성하여 목차만 보아도 어떤 내용인지 쉽게 이해할 수 있도록 하였습니다.

사례와 함께하는 상속세 및 증여세법 해설

나성길·정찬우·정평조 공저

대학생 및 수험생과 연구자, 세무공무원과 기업의 실무자에게 적법한 세법 기본서

국세청 현직 세무서장과 회계법인 전문 세무사의 공동 저술로 상속세 및 증여세법의 법령내용을 이론과 사례를 곁들여 알기 쉽게 서술하였습니다.

성공적인 가업승계와 절세전략

안성희 저

최적의 가업승계 의사결정과 실행전략을 돕는 실무 가이드북!!!

단순하게 법령에 대한 설명이 아닌 현행 법령을 활용하여 최고의 절세효과를 누리면서 성공적인 가업승계를 할 수 있는 각 케이스별 전략적인 실행 전략을 소개하였습니다.

무역 회계와 세무실무

김겸순·정재완·황종대 공저

수출입실무 관련 무역이론과 조세법률 적용을 이해하기 쉽고 간략하게 전달

물품의 수출입과 관련된 무역실무와 조세법률의 적용을 경리업무를 담당하는 조세전문인에게 이해하기 쉽고 간략하게 전달하는 데 중점을 두었습니다.

지방세특례제한법 이론과 실무

구본풍 · 현기수 · 이광영 공저

현직 지방세 전문가가 집필한 체계적이고 종합적인 지방세특례 실무 해설서

지방세입법 및 다양한 실무를 경험하고 있는 전문가가 집필한 지방세특례의 입법배경, 상세한 개정연혁 및 실무사례를 통해 지방세특례제도의 흐름과 방향을 제시하였습니다.

지방세 이해와 실무

박광현 저

사례를 중심으로 지방세관계법의 올바른 해석 · 적용을 위한 최선의 접근방법 모색

주요 쟁점별 법원판례, 심판례 및 유권해석 등을 중심으로 구체적이고 실제적인 해석 · 적용사례를 제시하였고, 과세관청의 해석이나 현행 법령 · 제도상 문제점과 해결대안에 대해 설명하였습니다.

지방세 쟁점별 판례해설

정지선 · 오정의 · 박영모 공저

모든 지방세 주요 판례 한 권의 책자에 수록

지방세 관련 모든 중요 대법원 판례를 수록하고, 판례의 쟁점과 핵심 내용을 쉽고 빨리 파악할 수 있도록 정리하였습니다.

지방세기본법의 이해와 실무

김기명 저

행안부 운영자의 경험을 바탕으로 기술한 「지방세기본법」에 대한 독립적이고 전문적인 실무도서

지방세에 대한 기본적이고 공통적인 사항들을 규정하고 있는 법률이므로 타 분야의 연계사항들을 종합적으로 제시합니다.

도산과 지방세

전대규 저

도산과 지방세(국세 포함)를 다룬 유일한 이론서이자 실무서

도산(채무자회생법)과 지방세를 쉽게 접근할 수 있도록 핵심적인 내용을 중심으로 쉽게 서술하였습니다.

사례와 함께하는 조세범처벌법

최상림 저

강산이 한번 바뀔 동안 경찰청에서 강의한 전문가가 집필한 업무편람 같은 조세범처벌법 입문서

조세범처벌법 입문을 위해 필요한 세법 내용을 사례와 함께 수록하고, 이론을 판례 등에 기초를 두고 기술하여 이론의 신뢰성을 확보하였습니다.

국제조세 실무

김준석 · 한경배 · 김지원 공저

국내세법의 개정사항을 완벽하게 반영하여 설명한 국제조세 전문서

국내에서 유일하게 OECD BEPS보고서의 내용과 그에 따라 2024년 초까지 개정된 OECD 조세조약모델, 이전가격지침 및 필라 1 및 필라 2 보고서의 내용과 국내세법의 개정사항을 완벽하게 반영하여 설명한 국제조세 전문서입니다.

조세특례제한법 해설과 실무

윤충식 · 장태희 · 한민희 공저

조세 실무에서 절세의 길을 찾아주는 절세 가이드

신설 및 개정된 조문의 입법 및 개정취지를 상세히 소개하고 활용빈도가 높은 조세지원제도에 대한 설명을 재정비하여 보다 심도 있게 해설하였으며 조세지원제도와 관련된 예규해설을 통해 각 제도의 이해도를 높였습니다.

상업등기실무

김상균 저

변호사가 실제 사용하는 업무매뉴얼 그대로 보정제로에 도전하는 실전서

저자의 업무매뉴얼을 기반으로 집필한 실전서로서 실무상 중요한 사항, 간과하거나 실수하면 안되는 사항, 업무노하우를 중심으로 이론과 서식을 알차게 구성하였습니다.

부동산개발 세무실무

임영택 · 박흥수 공저

다양한 형태의 부동산개발 세무실무 및 세부담 최소화 방법서

부동산개발사업의 진행 단계별로 적용할 세법 및 관련 법령을 관련 판례와 더불어 간결하게 정리하였습니다.

주요 부담금의 쟁점과 해설

천명철 · 장보원 공저

부동산 개발에 따른 개발부담금 등 5대 부담금의 이해

부동산 개발 시 부담하는 개발부담금, 재건축부담금, 과밀부담금, 학교용지부담금, 광역교통시설부담금을 중심으로 집필했으며, 최근 부과처분 무효와 관련 있는 상하수도 원인자부담금도 소개하였습니다.

세법상 특수관계인 범위와 과세문제

안성희 저

세법상 특수관계인 범위에 대해 심도 있게 조명한 국내 유일의 실무해설서!!!

국세기본법, 소득세법, 부가가치세법, 법인세법, 상속세 및 증여세법, 조세특례제한법, 지방세기본법상 특수관계인 범위에 대한 설명과 특수관계인 판단 시 쟁점이 될 수 있는 핵심사항 중점을 정리하였습니다.

www.samili.com

단행본

기업가치평가와 재무실사

이중욱 · 김성수 공저

가치평가 및 재무실사의 실무자와 이해관계자가
필요로 했던 바로 그 책

이 책은 다양한 실무사례를 소개할 뿐 아니라 자본비용 등
여러 가지 실무적용 사례 분석을 수행하여 시장의 Practice
를 참고할 수 있도록 구성하였습니다.

기업구조조정실무와 DART 사례

임희주 · 김진석 공저

기업구조조정(합병 · 분할 · 주식의 포괄적교환 및
이전)을 진행하는 기업의 실무자를 위한 종합실무서

전자공시시스템(DART)상 공시사례를 통하여 벤치마킹을
제공하고 해당 시사점을 설명함으로 실무상 활용방안을 제시
하였습니다.

M&A와 투자, 기업재편 가이드

이중욱 · 김성수 · 박윤진 공저

국내 환경에 맞는 M&A의 전반적인 프로세스에 대한
설명과 각 프로세스별로 개념적인 이해와 실무 적용
이 용이하도록 깊이 있는 해설을 다루고 있는 최고의
M&A 가이드북

국내 환경에 맞는 M&A와 기업재편에 대한 쉽고 폭넓은 이해
를 위한 책입니다.

합병과 분할의 세무

윤선귀 저

합병과 분할에 관한 기업회계기준(K-IFRS 포함)과
세법을 많은 분개와 사례를 통해 설명함으로서 이 책
한 권으로 합병 · 분할을 마스터

합병과 분할에 대한 기업회계기준(K-IFRS 포함)에 대해
자세히 설명하고 세법과의 연관관계에 대해서도 자세히 설명
하였습니다.

자본거래와 세무

홍성대 저

자본거래에 따른 세무문제를 심층분석하여 고차원의
경영권승계 · 기업확장 전략 제공

궁극적으로 기업을 경영하는 데 자본거래를 활용할 수 있는
방안을 제시하고 높은 단계의 전략을 구사하려는 경영권승계
와 기업확장에 대해 이론적, 논리적 근거를 서술하였습니다.

하도급법 해설과 쟁점

정종채 저

공정거래위원회와 법원에서 하도급법 조사사건 및
관련 소송을 담당하면서 얻은 실무경험 반영

14년간 하도급법과 공정거래법을 전문으로 처리해 온 현직
로펌변호사의 역작으로 하도급법의 이론과 실무, 그리고 개
별 쟁점까지 심층적으로 분석한 실무 해설서입니다.

기업금융과 M&A

최상우 · 전우수 · 박준영 공저

합병 · 분할 및 자금조달 관련 등 기업금융 실무를
중심으로 명쾌한 해설

자본시장 업무종사자에게 10여 년간 많은 호응을 받아온 최고
의 업무 실무서로 단순한 규정 나열이 아닌, 오랜 실무경험을
바탕으로 요약 · 서술된 기업금융 및 M&A실무 매뉴얼입니다.

M&A금융과 실무

전경준 저

M&A금융의 실무에서 제기되는 다양한 법률문제를
계약서 기재례 및 판례와 함께 파악

20여 년간 금융자문업무를 담당한 현직 변호사가 그의 경험을
바탕으로 M&A금융 시 고려해야 할 사항과 실무에서 제기되
는 다양한 법률문제에 대해 정리하였습니다.

경영권승계와 지배구조개선

박길동 · 최대현 공저

분할 · 합병, 가업상속공제, 이익의 증여, 기업지배
구조, 주식 평가 등에 대한 핵심 규정 및 사례 소개

분할 합병, 지주회사, 현물출자, 가업상속공제, 주식평가를
활용한 경영권승계와 지배구조개선에 대한 최근 사례를 분석
하여 시사점을 도출하고, 업무의 전체적인 흐름과 핵심규정
및 유의사항 소개하였습니다.

성실신고사업자 법인전환실무와
가족법인의 활용

조남철 저

성실신고 사업자 절세와 가족법인, 임대법인 설립을
고민 중이라면 읽어야 할 필독서

개인사업자가 처음으로 법인을 설립하는 모든 것이 새로울
수 있는데 법인을 처음하는 경우 그리고 현물출자 등 어려운
실무를 하는 경우에도 필요한 모든 정보가 담겨있습니다.

조문별 가맹사업법 실무 가이드

장춘재 · 이상명 공저

실무를 담당했던 경험을 토대로 가맹사업법을 조문별
로 설명하고, 사례, 이슈 검토, 핵심 판례 등을 일목
요연하게 체계적으로 정리한 종합 실무지침서

가맹사업법령 및 정책 · 제도, 사건처리 등에 관한 내용을 7개
의 장으로 구성, 실무자가 알아야 할 조문별 내용을 설명하고,
사례, 이슈, 심결례, 판례 등을 알기 쉽게 정리하였습니다.

조문별 하도급법 실무 가이드

장춘재 저

실무를 담당했던 경험을 토대로 하도급법 조문별 사례 및
이슈검토, 핵심판례 등을 종합적으로 정리한 실무지침서

하도급법 관련 실무자(원 · 수급사업자의 담당직원, 조사공
무원, 분쟁조정실무자 등)가 알아야 할 내용을 이해하기 쉽게
각 조문과 연계하여 사례위주로 설명하였습니다.

K-IFRS 주요 계정과목별
회계처리와 세무실무

이항수 저

반드시 알아야 하는 국제회계기준의 중요한 내용에 대한 설명과 이에 따른 법인세 세무조정을 누락없이 기술한 도서

국제회계기준의 최근 개정 및 제정내용에 대해 상세히 설명하였습니다.

K-IFRS 법인세 회계

정태권 저

자산부채법하의 이연법인세회계를 분명히 이해하고 이에 기초하여 기준서 규정을 이해하도록 한 국내 최초의 유일한 도서

다양한 법인세 회계처리의 오류가 어떻게 기준서 규정을 반영하지 못한 것인지 구체적인 예시를 통하여 법인세 회계를 학습하도록 하였습니다.

계정과목별 K-IFRS와 세무 해설

삼일회계법인 저

계정과목별로 K-IFRS 적용 하에서 기업회계와 세무회계의 차이를 체계적으로 설명

국제회계기준 하에서 기업회계와 세무회계의 내용을 각 계정과목별로 분류하고, 실무중심의 다양한 사례를 곁들여 알기 쉽게 설명하였기 때문에 해당 주제에 대한 깊은 지식이 없는 실무자들도 업무지침서로 활용할 수 있습니다.

K-IFRS 연결회계 이론과 실무

박길동 저

K-IFRS 지분법 및 연결회계 대상 기업과 전문가들의 필독서

실무에 직접 적용할 수 있는 접근 방법을 제시하였으며 지분법과 연결회계에 대한 목표(Should be)와 방향을 제시하였고 독자들의 이해와 가독성을 위한 문체로 서술하였습니다.

계정과목별 일반회계와 세무해설

삼일피더블유씨솔루션 저

일반기업회계기준의 내용을 종합적으로 이해할 수 있도록 계정과목별로 사례와 함께 설명

일반기업회계기준과 세법의 내용을 계정과목별로 비교 해설함으로써 기업회계와 세무회계의 차이를 체계적으로 설명하였습니다.

일반기업회계기준 연결회계 이론과 실무

박길동 저

지분법과 연결회계 대상 비상장기업 실무자와 전문가의 필독서

지분법과 연결회계에 대한 목표(Should be)와 방향을 제시하고, 사업 결합 개념에 기초한 일관된 접근방법을 제시하였습니다.

비영리법인 회계와 세무 실무

삼일회계법인 비영리전문팀 저

비영리법인 및 단체의 실무자, 회계 · 세무전문가도 쉽게 활용할 수 있는 최고의 지침서

30년 이상 축적된 Know-how를 보유하고 있는 삼일회계법인과 세무전문가의 공동역작으로 비영리법인의 경영, 회계, 세무에 대한 실무적 경험 및 차별성과 특수성에 대해 알기 쉽게 해설하였습니다.

국제회계기준 해설

김태식 저

새롭게 제 · 개정된 기준서 및 해석서 포함

K-IFRS를 주제별로 구분하여 가능한 많은 사례와 K-IFRS Bound Volume의 중요한 결론도출근거, 실무지침 및 적용사례의 내용을 체계적이고 이해하기 쉽게 설명하였습니다.

업종별 회계와 세무실무

이강오 · 박상용 공저

세무전문가 및 회계사무소 종사 임직원의 필독서

다양한 업종(50여 업종)의 거래형태, 관련 법령, 세무처리 등을 서술하여 세무상담, 기장대리 등을 위한 세무전문가 및 회계사무소 종사 임직원의 필독서입니다.

외국환거래법과 검사, 모르면 당한다

신민호 · 공일규 · 하만석 공저

외국환 신고실무, 관세청 정기 외국환검사 대응, 외국환 사전점검 및 자진신고 실무, 이 책 한 권으로 끝낸다!

한국은행 사례, 기획재정부 사례, 실제 외국환 조사사례, 법원 판결례 등을 수록하여 외국환거래법 이해도 심화한 실무서입니다.

내부회계관리제도 실무

김형남 · 김덕래 공저

내부회계관리제도 구축 및 운영을 위한 훌륭한 실무지침서

내부회계관리제도는 미국의 Sarbanse-Oxley Act에 기반한 만큼 미국의 SEC와 PCAOB의 해석, 해외 컨설팅 기관의 적용기법을 이용하여 그 배경이론을 설명하였습니다.

너만 몰랐던 지출증빙 실무

윤희원 · 최영경 · 최세영 · 김정윤 공저

실무자를 위한 실제 증빙을 이용한 회계처리와 세무처리 및 유의사항 정리

증빙과 관련하여 발생하는 단계별 체크사항 및 유의사항을 체계적으로 정리하고 실질증빙을 활용한 풍부하고 구체적인 실전 회계 및 세무처리 사례를 수록하였습니다.

부동산 가족법인 절세의 모든 것

나태현 저

부동산 승계를 위한 가족법인 주제의 유일한 책

VVIP들만 받던 가족법인 절세 컨설팅! 자산가들의 부동산
승계 비법과 법인을 통한 투자방법을 이 책으로 살펴볼 수
있습니다.

현금흐름분석과 현금흐름표 작성

박길동 저

현금흐름의 개념과 분석방법, 현금흐름표의 작성원리
를 이론부터 실무까지 간결한 문체로 설명, 분석 사례
와 양식(Template)을 통해 즉시 실무에 접목되는 도서

실제 기업들에 대한 현금흐름 분석 사례를 제시하고, 기업에서
사용하는 양식에 따라 현금흐름표 설명으로 실무 적용에 매우
용이한 도서입니다.

한국과 미국의 상속 · 증여, 차이를 알면 답이 보인다

김상훈 · 박유진 · 박하얀 공저

한국과 미국 양쪽에 걸쳐 발생하는 상속증여 문제
해결을 위한 지침서!

한국과 미국 상속, 증여에 관현 법제와 세제를 비교하고 기초
개념부터 상속플래닝, 상속분쟁 그리고 상속증여세까지 포괄
적으로 다룬 도서입니다.

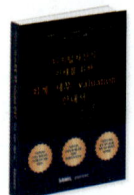

디지털자산의 이해를 위한 회계 · 세무 · valuation 안내서

전우수 · 김성수 · 이중욱 공저

회계, 세무, valuation을 통해 디지털자산의 이해의
폭을 넓혀주는 책

4차산업과 블록체인, 가상자산, 암호화폐, NFT의 개념 및
시장의 이해, 가치평가, 회계, 세무 설명서입니다.

내 재산을 물려줄 때 자산승계신탁

신관식 저

내 재산을 물려줄 때 반드시 고려할 수밖에 없는 법,
규정, 세금, 비용 등에 대해 알기 쉽게 문답식(Q&A)
으로 구성한 도서

'내 재산을 자녀, 손주 등에게 물려주고 싶은 약 1,000여 명
의 상담 사례'를 바탕으로, '공통적이고 핵심적인 질문 53
가지'로 신탁 · 서비스를 활용하여 고객의 자산승계 전략을
제시하고 있는 도서입니다.

절세컨설팅의 숨겨진 비밀

황범석 · 황희곤 공저

절대 실패하지 않는 절세컨설팅 핵심가이드

대한민국 최고의 방패 중 하나인 법무법인 율촌과 유일한
창인 국세청에서 근무한 경험을 가지고 있는 (전)조사국 겸임
교수가 들려주는 실전 이야기입니다.

세무조사의 기술

이정희 저

조사전문가가 오랜 경험에서 얻은 조사 노하우와
개인적인 통찰을 넣은 세무조사의 필독서(비기서)

세무조사 A부터 Z까지 수록 : 세무조사의 구조와 운용부터
조사개념과 조사실시 방법까지 세무조사 전반을 누구나 쉽게
이해하고 활용할 수 있도록 하였습니다.

혼자서 터득하는 원천징수와 4대보험 업무 가이드

윤지영 · 최세영 공저

원천징수의 개념부터 원천징수 신고, 지급명세서
제출까지 혼자서 척척!!

원천징수제도에 대한 기본적인 개념을 혼자서도 터득할 수 있도록
상세하게 설명하였고 원천징수대상 소득에 대하여 소득구분을
정확히 할 수 있도록 법규정 및 예규를 자세히 수록하였습니다.

세무조사 이것만 알면 된다

황성훈 · 송영관 · 김하나 공저

경리 실무자라면 반드시 알아야만 하는 국세청의
세무조사 관련 규정과 최근 사례

국세청 근무 경험이 없는 세무전문가, 세무조사가 불안한 경리
실무자들이 반드시 알아야 되는 각종 세무조사 관련 규정
(조사대상자 선정, 조사절차, 조사방법, 조사유형 등)을 수록
하였습니다.

가치투자를 위한 나의 첫 주식가치평가

이중욱 저

가치평가가 무엇인지 알려주는 가장 쉽고 친절한 안내서!

주식가치평가방법을 쉽고 단순하게 이해할 수 있도록 도와주며,
그 과정에서 주식가치평가의 가장 중요한 요소인 회사의 핵심
가치에 다가갈 수 있도록 하는 것을 돕고자 하는 책입니다.

창업 · 법인 · 개인사업자 절세의 기초와 노하우

장보원 · 조현우 · 최현의 공저

창업, 법인, 개인사업자 절세를 위한 기초를 다지고
실제적인 절세노하우를 이해하자!

단순히 절세사례를 소개하기보다는 해당 세금의 기본적인
원리와 구조를 설명하고 더 나아가 실제적인 절세노하우를
제시함으로써 절세 근본 원리를 깨닫는데 중점을 두었습니다.

재개발 재건축 권리와 세금 뽀개기

김예림 · 안수남 · 장보원 공저

재개발 재건축 입주권 투자와 관련된 모든 사람들이
반드시 읽어야 할 책

재개발 재건축 투자상담 시 세금과 절세에 관한 답을 주기
위해 반드시 읽어야 할 책입니다.